Die DDR-Geschichtswissenschaft als Forschungsproblem

10 0144043 4
KU-546-283
DUE FOR RETURN

HISTORISCHE ZEITSCHRIFT

Beihefte
(Neue Folge)

Herausgegeben von Lothar Gall

Band 27

R. Oldenbourg Verlag München 1998

Georg G. Iggers, Konrad H. Jarausch,
Matthias Middell und Martin Sabrow
(Hrsg.)

Die DDR-Geschichtswissenschaft als Forschungsproblem

NOTTINGHAM
UNIVERSITY LIBRARY

R. Oldenbourg Verlag München 1998

Die Deutsche Bibliothek – CIP-Einheitsaufnahme

[Historische Zeitschrift / Beihefte]
Historische Zeitschrift. Beihefte. – München : Oldenbourg
Früher Schriftenreihe. – Früher angezeigt u. d. T.: Historische Zeitschrift / Beiheft
Reihe Beihefte zu: Historische Zeitschrift
ISSN 0342-5363

N.F., Bd. 27. Die DDR-Geschichtswissenschaft als Forschungsproblem. – 1998

Die Deutsche Bibliothek – CIP-Einheitsaufnahme

Die **DDR-Geschichtswissenschaft als Forschungsproblem** / Georg G. Iggers … (Hrsg.). – München : Oldenbourg, 1998
(Historische Zeitschrift : Beihefte ; N.F., Bd. 27)
ISBN 3-486-64426-2 1001440434

© 1998 R. Oldenbourg Verlag GmbH, München
Rosenheimer Straße 145, D-81671 München
Internet: http://www.oldenbourg.de

Das Werk einschließlich aller Abbildungen ist urheberrechtlich geschützt. Jede Verwertung außerhalb der Grenzen des Urheberrechtsgesetzes ist ohne Zustimmung des Verlages unzulässig und strafbar. Das gilt insbesondere für Vervielfältigungen, Übersetzungen, Mikroverfilmungen und die Einspeicherung und die Bearbeitung in elektronischen Systemen.

Umschlaggestaltung: Dieter Vollendorf

Gedruckt auf säurefreiem, alterungsbeständigem Papier (chlorfrei gebleicht)

Gesamtherstellung: R. Oldenbourg Graphische Betriebe GmbH, München

ISBN 3-486-64426-2 T

Inhalt

Vorwort. Von *Georg G. Iggers* und *Konrad H. Jarausch* VII

Störfall DDR-Geschichtswissenschaft. Problemfelder einer kritischen Historisierung. Von *Konrad H. Jarausch, Matthias Middell* und *Martin Sabrow* 1

Teil I: Das Wissenschaftsverständnis der DDR-Historiographie

Die Geschichtswissenschaft der DDR und ihr „objektiver Gegner". Von *Martin Sabrow* 53

Die Westbeziehungen der Historiker im Auge der Staatssicherheit. Von *Rainer Eckert* 93

Die DDR-Historiographie in der „Ökumene der Historiker". Selbstverständnis und Praxis als Wissenschaftsdisziplin. Von *Wolfgang Küttler* 107

Der Selbstwiderspruch der DDR-Historiker als analytisches Problem. Befunde einer Diskussion. Von *Ralf Possekel* 131

Die DDR-Geschichtsschreibung aus westdeutscher Perspektive. Von *Wolfgang J. Mommsen* 153

Teil II: Ostdeutsche Geschichtswissenschaft in chronologischer Perspektive

Geschichtswissenschaft in der DDR – Strukturgefängnis oder individuelle Handlungsmöglichkeiten im Wandel von 45 Jahren. Von *Matthias Middell* 159

Von der historischen Mission der SED. Wandel der politischen Vorgaben in den sechziger Jahren und die Entpolitisierung der Historiker der DDR. Von *Bernd Florath* 205

Die DDR-Geschichtswissenschaft in der Mitte der siebziger Jahre: Paradigmawechsel oder konservative Wende? Von *Helga Schultz* 227

Eine soziale Klasse ißt, trinkt und schläft nicht. Die Arbeitsgruppe „Kulturgeschichte der deutschen Arbeiterklasse". Von *Adelheid von Saldern* 241

Teil III: Sprachstile und Kommunikationsformen der DDR-Geschichtswissenschaft

Historische Texte der DDR aus der Perspektive des *linguistic turn*. Von *Konrad H. Jarausch* ... 261

Die Zensur historischer Literatur in der DDR unter Ulbricht. Von *Siegfried Lokatis* ... 281

Scharf gezielt und nicht getroffen – Zur Kritik in der DDR-Geschichtswissenschaft. Von *Gerald Diesener* ... 295

Historische Diskursformen ostdeutscher Intellektueller – die Weimarer Republik und die „Sieger der Geschichte". Von *Wolfgang Bialas* ... 309

Teil IV: Erfahrungen

Unterwegs zwischen Wirtschafts- und Mentalitätsgeschichte. Von *Jan Peters* ... 325

Die „marxistische" Regionalgeschichte. Ideologischer Zwang und Wirklichkeitsferne. Von *Karlheinz Blaschke* ... 341

Wer handelt? Die Akteure der Geschichte. Zur DDR-Geschichtsschreibung über Arbeiterklasse und Faschismus. Von *Alf Lüdtke* ... 369

Zur Alten Geschichte in der DDR. Von *Wolfgang Schuller* ... 411

DDR-Geschichtswissenschaft und Geschichtspolitik. Von *Mary Fulbrook* ... 419

Nachbemerkung

Überlegungen zum Vergleich der DDR-Geschichtswissenschaft mit den „gespaltenen" Historiographien Ostmitteleuropas nach 1945. Von *Frank Hadler* und *Georg G. Iggers* ... 433

Abkürzungen ... 445

Autorenverzeichnis ... 447

Vorwort

Der Anstoß zu diesem Beiheft ging von Alexander Fischers kritischen Rezensionen zweier jüngerer Arbeiten zur DDR-Geschichtswissenschaft in der Historischen Zeitschrift[1]) aus. In der von ihm herausgegebenen Publikation „Ein anderer historischer Blick" (Frankfurt am Main 1991) hatte Georg G. Iggers einige aus seiner Sicht innovative Beispiele aus der ostdeutschen Sozialgeschichte vorgestellt, während in dem Sammelband „Zwischen Parteilichkeit und Professionalität" (Berlin 1991) Konrad H. Jarausch für einen differenzierteren Umgang mit der Historiographie der DDR plädiert hatte. Die in Fischers Besprechungen aufgeworfenen Fragen darüber, welche Maßstäbe einer Beurteilung der vergangenen DDR-Historie zugrunde gelegt werden sollten, waren von so prinzipieller Natur, daß Lothar Gall als Herausgeber dieser Zeitschrift vorschlug, statt in einer Replik dieses Thema auf einem gesonderten Forum ausgiebiger zu diskutieren.

Zu diesem Zweck veranstalteten die Herausgeber dieses Beiheftes vom 30. Mai bis zum 1. Juni 1996 eine internationale Tagung über „Geschichtswissenschaft in der DDR" am Max-Planck-Institut für Geschichte in Göttingen. Ihre Finanzierung wurde durch die großzügige Unterstützung der Gerda-Henkel-Stiftung und die Mithilfe des Zentrums für Höhere Studien der Universität Leipzig ermöglicht. Während die Vorbereitungen vom Zentrum für Zeithistorische Forschung in Potsdam koordiniert wurden, trugen die Mitarbeiter des Max-Planck-Instituts für Geschichte die Hauptlast der eigentlichen Durchführung. Ihnen allen sei an dieser Stelle wärmstens für ihre tatkräftige Hilfe gedankt.

Um die Diskussion durch unterschiedliche Standpunkte zu beleben, zielte dieses Symposium darauf, einer möglichst großen Vielfalt von Perspektiven Raum zu geben. In den Beiträgen kamen westdeutsche wie ostdeutsche, auf unterschiedlichen Erfahrungen mit der DDR-Geschichtswissenschaft und divergierenden methodischen Überzeugungen fußende männliche wie weibliche Stimmen unterschiedlicher Generationen von Wissenschaftlern zu Wort. Nicht zuletzt, um die Schärfe der „querelles allemandes" in eine vergleichende Perspektive einzubetten, nahmen an den Diskussionen auch russische, italienische und anglo-amerikanische Kollegen als Kommentatoren teil. Im Herangehen

[1]) S. *Alexander Fischer,* Rez. von Georg G. Iggers (Ed.), Marxist Historiography in Transformation. East German Social History in the 1980s. New York/Oxford 1991, in: HZ 260, 1995, 131; sowie *ders.,* Rez. von Konrad H. Jarausch (Hrsg.), Zwischen Parteilichkeit und Professionalität. Bilanz der Geschichtswissenschaft der DDR, Berlin 1991, in: HZ 260, 1995, 131f.; s. auch *ders.,* Rez. von Konrad H. Jarausch/Matthias Midell (Hrsg.), Nach dem Erdbeben. (Re-)Konstruktion ostdeutscher Geschichte und Geschichtswissenschaft. Leipzig 1994, in: HZ 261, 1995, 655f.

der Herausgeber selbst spiegeln sich Innen- und Außensichten, innerdeutsche Nähe und transatlantische Distanz zur Kontroverse um die DDR-Geschichtswissenschaft.

Die Aufsätze dieses Beihefts gingen aus den Referaten der Göttinger Konferenz hervor. Dabei handelt es sich einerseits um Texte, die auf neuen Quellenforschungen beruhen, andererseits um auf Erfahrungen gestützte Beiträge zu einzelnen Kernproblemen ostdeutscher Historiographie sowie schließlich um Kommentare zu herausgehobenen Schlüsselthemen. Die Anordnung der Aufsätze folgt der Göttinger Tagungskomposition, die zunächst das Wissenschaftsverständnis der DDR-Geschichtswissenschaft thematisierte, dann sich der zeitlichen Entwicklungsdynamik zuwandte, des weiteren die spezifische Qualität der Texte diskutierte und schließlich die aufgeworfenen Fragen in einzelnen Fallstudien konkretisierte.

Ziel dieses Beiheftes ist es, aufgrund neuer Quellen und innovativer Ansätze zu einem tieferen Verständnis der Widersprüchlichkeit ostdeutscher Geschichtswissenschaft anzuregen. In der Umstrukturierung der ostdeutschen Wissenschaftslandschaft war ein historiographisch, moralisch und politisch „evaluierender Blick" zweifellos unvermeidlich; aber inzwischen haben die Öffnung vorher verschlossener Archive und die Entwicklung post-strukturalistischer Forschungsperspektiven komplexere Zugänge ermöglicht, deren Chancen es zu nutzen gilt, um vereinfachende Polarisierungen zwischen amerikanischen und deutschen wie zwischen östlichen und westlichen Standpunkten aufzubrechen. Letztlich verlangt auch die allmähliche Überwindung der politischen Aufladung der bisherigen Diskussion über die ostdeutsche Historiographie mehr Selbstreflexivität über die jeweilig eigene Beziehung des Urteilenden zu diesem sperrigen Gegenstand.

Göttingen/Potsdam, im Juli 1997 Georg G. Iggers, Konrad H. Jarausch

Störfall DDR-Geschichtswissenschaft

Problemfelder einer kritischen Historisierung

Von

Konrad H. Jarausch, Matthias Middell, Martin Sabrow

Auch fast ein Jahrzehnt nach dem Zusammenbruch der DDR bleibt die zweite deutsche Geschichtswissenschaft ein kontroverser Gegenstand. Während Diskussionen über Einzelprobleme der westlichen Historiographiegeschichte meist nur Spezialisten interessieren, gehen bei Auseinandersetzungen über die marxistisch-leninistische Forschung noch immer die Wogen hoch.[1])

Die Schärfe der Polemik hat damit zu tun, daß die Geschichtswissenschaft in der DDR Teil der öffentlichen Diskussion über die Bewertung der ostdeutschen Vergangenheit geworden ist. Gern werden die Verfehlungen oder Leistungen der DDR-Historiographie in Übereinstimmung mit einer generellen Charakterisierung des Systems als „Unrechtsstaat" oder als „antifaschistischer Neuanfang" eingestuft. Und oft geht es dabei weniger um die Anwendung innerfachlicher Kriterien als um auch moralisch gefärbte Urteile über die Rolle der historischen Disziplin bei der Legitimierung des zweiten deutschen Staates. Nicht zuletzt ist die Debatte um die DDR-Geschichtswissenschaft untrennbar verknüpft mit dem anhaltenden Streit um die Konstruktion von historischen Orientierungspunkten im vereinigten Deutschland.[2])

Daß der Gegenstand sich als so sperrig erweist, liegt auch an seiner engen Verbindung mit dem tiefgreifenden Umstrukturierungsprozeß der ostdeutschen Universitätslandschaft, dem die einzelnen Generationen auf unterschiedliche Weise ausgesetzt waren und sind. Der komplexe Evaluierungsprozeß, der durch gleichzeitige Sparzwänge verschärft wurde, führte zu einem drastischen Austausch des Personals, dem nur wenige besonders ausgewiesene und unbelastete DDR-Historiker entgingen.[3]) Die Diskussion über die

[1]) Als Beispiele vgl. *Rainer Eckert/Ilko-Sascha Kowalczuk/Ulrike Poppe* (Hrsg.), Wer schreibt die DDR-Geschichte? Ein Historikerstreit um Stellen, Strukturen, Finanzen und Deutungskompetenz. Berlin 1995, sowie *Gustavo Corni/Martin Sabrow* (Hrsg.), Die Mauern der Geschichte. Historiographie in Europa zwischen Diktatur und Demokratie. Leipzig 1996.

[2]) *Rainer Eckert/Bernd Faulenbach* (Hrsg.), Halbherziger Revisionismus: Zum postkommunistischen Geschichtsbild. München 1996, und *Konrad H. Jarausch*, The GDR as History in United Germany: Reflections on Public Debate and Academic Controversy, in: German Politics and Society 15, 1997, 33–48.

[3]) *Jürgen Kocka*, Vereinigungskrise. Zur Geschichte der Gegenwart. Göttingen 1995, *Peer Pasternack*, DDR-Wissenschaftsgeschichte und Umbau von Hochschule und Wissenschaft

ostdeutsche Geschichtswissenschaft blieb nicht unberührt davon, daß sie gleichzeitig immer auch eine Auseinandersetzung um das berufliche Überleben ihrer Vertreter war. Unterschiedliche lebensgeschichtliche Prägungen, divergierende methodische Ausgangspunkte für das historiographische Selbstverständnis und auseinanderdriftende Erwartungen an die künftige Gestalt der Geschichtswissenschaft bestimmten vor allem die ostdeutschen Positionen in dieser Debatte. Generationszugehörigkeit und Zuordnung auf einer Skala zwischen Trägern und Gegnern des SED-Regimes erweisen sich dabei als die entscheidenden Faktoren, die die einander gegenüberstehenden Gruppen strukturieren.

Für westdeutsche Historiker bildete die DDR-Geschichtswissenschaft – sofern sie sie überhaupt zur Kenntnis nahmen – hingegen zunächst vornehmlich eine Provokation, die prononcierte Gegengeschichte zur nationalen Meistererzählung.[4]) Schon die Berufung auf den Marxismus-Leninismus bedeutete eine Betonung materieller Kausalfaktoren in der historischen Entwicklung, die zumindest bei älteren Vertretern einer Politik- oder Ideengeschichte Ablehnung auslösen mußte. Auch brach eine Geschichtsschreibung, in deren Zentrum die Geschichte der Volksbewegungen und der Arbeiterbewegung stand, mit der bis in die sechziger Jahre tonangebenden Konzentration auf das Handeln von großen Staatsmännern im Westen. Schließlich stellte die antifaschistische Kritik an den bürgerlichen Eliten das Selbstverständnis der deutschen Historiographie in Frage, indem es auf die katastrophalen Folgen nationaler Selbstverherrlichung hinwies. Obwohl der Generationswechsel in der westdeutschen Historikerschaft und die Hinwendung zur Gesellschaftsgeschichte seit Anfang der sechziger Jahre manche dieser Irritationen beseitigt haben, wirken die dadurch ausgelösten Spannungen unterschwellig noch nach.

Vor allem aber schwingt in der nach der Wende ausgebrochenen Debatte um die DDR-Geschichtswissenschaft ein Gefühl des Versagens der eigenen Disziplin gegenüber der Erziehungsdiktatur der SED mit. Viele Wissenschaftler aus der ehemaligen DDR werden von einem schlechten Gewissen beherrscht, weil sie trotz mancher Skrupel dem realen Sozialismus zu lange und zu bereitwillig gedient und dadurch Glaubwürdigkeit eingebüßt haben.[5]) Im Westen hingegen werden unangenehme Erinnerungen an die Beziehungen zu „Reise-

in Ostdeutschland. Bibliographie 1989–1993. Leipzig 1994, und *ders.*, Geisteswissenschaften in Ostdeutschland 1995. Eine Inventur. Leipzig 1996, 242–287.

4) *Konrad H. Jarausch*, Die DDR-Geschichtswissenschaft als „Meta-Erzählung", in: Martin Sabrow (Hrsg.), Verwaltete Vergangenheit. Geschichtskultur und Herrschaftslegitimation in der DDR. Leipzig 1997, 19–34, hier 26 f.

5) Vgl. die unterschiedlichen Texte in *Rainer Eckert/Wolfgang Küttler/Gustav Seeber* (Hrsg.), Krise – Umbruch – Neubeginn. Eine kritische und selbstkritische Dokumentation der DDR-Geschichtswissenschaft 1989/90. Stuttgart 1992.

kadern" der östlichen Seite wach, Beziehungen, deren Pflege bei aller Kritik am realsozialistischen Regime eine Hinwendung zu oppositionellen Ansätzen blockierten. Hinter diesen persönlichen Erinnerungen steht die grundsätzliche Frage des Spannungsverhältnisses von Geschichtswissenschaft und Politik, das auch im demokratischen Kontext nicht immer eine eindeutige Entscheidung für das Prinzip der Wertfreiheit zuläßt. In der Tat: Der Rückblick auf die Rolle des Fachs in der Diktatur gibt weniger zu Stolz auf heldenhafte Widerständigkeit Anlaß als zu Scham über die erschreckende ideologische Instrumentalisierbarkeit historischer Forschung und Lehre im 20. Jahrhundert.

Die eher normativ-anklagende Position in dieser Diskussion sieht die ostdeutsche Geschichtswissenschaft gleichsam mit einem „evaluierenden Blick". Sie geht generell von westlichen Wissenschaftsvorstellungen aus und beurteilt die DDR-Historiographie nach dem Grad ihrer Abweichung oder Übereinstimmung mit der internationalen Fachentwicklung. Solch eine bilanzierende Perspektive bevorzugt die Untersuchung von Leistungen und Fehlleistungen auf einzelnen Feldern der Historie, indem sie ostdeutsche Forschungen und Interpretationen mit einschlägigen westdeutschen Ergebnissen vergleicht und so vorrangig auf die augenfälligen Defizite der östlichen gegenüber der westlichen Fachpraxis stößt. Dabei analysiert der „evaluierende" Ansatz vor allem den Grad der fachfremden Instrumentalisierung, also die institutionelle und thematische Nähe zu außerwissenschaftlichen Einflüssen der Politik, die Existenz von Freiräumen in sogenannten „Nischen" sowie schließlich den Umgang von Wissenschaftlern mit den Zumutungen der Einheitspartei.[6])

Diesem „evaluierenden" Blick steht auf der Ebene der Bewertungen eine pragmatisch-entlastende Position gegenüber. Sie reicht von schonungslos (selbst-)kritischen bis hin zu offen apologetischen Urteilen, betont dabei aber durchweg die Notwendigkeit einer differenzierenden Beurteilung und hält den plakativen Vorwürfen an die Adresse der DDR-Geschichtswissenschaft eine Argumentation entgegen, die den antifaschistischen Impuls des Anfangs hervorhebt und die bedeutenden Unterschiede zwischen den verschiedenen Gruppen von Historikern in der DDR betont.[7]) Während aus der Perspektive der unübersichtlichen und zerklüfteten West-Wissenschaft die Uniformität der zentral organisierten DDR-Forschungen hervorsticht, unterstreichen deren frühere Repräsentanten die lebhaften Kontroversen hinter dieser normierten

[6]) Zum Beispiel *Rainer Eckert/Ilko-Sascha Kowalczuk/Isolde Stark* (Hrsg.), Hure oder Muse? Klio in der DDR. Dokumente und Materialien des Unabhängigen Historiker-Verbandes. Berlin 1994. Vgl. auch *Konrad H. Jarausch*, Die DDR denken. Narrative Strukturen und analytische Strategien, in: Berliner Debatte Initial 1995, Nr. 4/5, 9–15.

[7]) *Kurt Pätzold*, Die Geschichtsschreibung in der Deutschen Demokratischen Republik (DDR) in der Retrospektive, in: Corni/Sabrow (Hrsg.), Die Mauern der Geschichte (wie Anm. 1), 187–203. Vgl. *Konrad H. Jarausch/Matthias Middell*, Die DDR als Geschichte: Verurteilung, Nostalgie oder Historisierung?, in: dies. (Hrsg.), Nach dem Erdbeben. (Re-) Konstruktion ostdeutscher Geschichte und Geschichtswissenschaft. Leipzig 1994, 8–20.

Oberfläche. Statt einer deformierten Legitimationswissenschaft war sie für ihre ehemaligen Teilhaber je nach Fachgebiet und Betrachtungszeitraum mehr oder minder eine marxistisch-leninistisch inspirierte ‚Normalwissenschaft' mit – in freilich unterschiedlichem Maß – auch bleibenden historischen Ergebnissen, denen ein angemessener Platz im intellektuellen Leben der vergrößerten Bundesrepublik zustehe. Anders als ihre Vertreter oft suggerieren, decken die diese Argumentation kennzeichnenden Tendenzen des selektiven Erinnerns sich nicht mit den verschiedenen Strategien einer differenzierenden Betrachtung. Tatsächlich verläuft eben hier die Grenze zwischen einem vorrangig auf Entlastung angelegten Diskurs und einer Verfachlichung der Debatte durch eine theoretisch reflektierte und empirisch gesättigte Aufhellung der Vielfalt, die die ‚Wirklichkeiten in der Geschichtswissenschaft der DDR' ausmachte.

Die Ritualisierung des Schlagabtauschs zwischen den gegensätzlichen Einschätzungen erschwert eine umfassende Aufarbeitung der DDR-Geschichtswissenschaft, so sehr beide Sichtweisen jeweils wesentliche Aspekte der vierzigjährigen Wissenschaftspraxis unter SED-Herrschaft zu identifizieren fähig sind. Die Schwäche des dem evaluierenden Blick zugrundeliegenden ethischen Rigorismus ist seine unreflektierte Übertragung eigener Maßstäbe auf ein anderes System, die komplexe Tatbestände unzulässig zu vereinfachen droht. Demgegenüber tendiert die entlastende Argumentationslinie dazu, die vielen unangenehmen Seiten der SED-Wissenschaftspraxis zu beschönigen[8]) und die fortbestehenden Wesensgegensätze zwischen westlicher und östlicher Fachwissenschaft unter Verweis auf die deutsch-deutschen Brückenschläge der achtziger Jahren einzuebnen. Trotz ihrer entgegengesetzten Beurteilungen huldigen beide Lager so einem bewertenden Wissenschaftsverständnis, das die komplexe Wirklichkeit der zweiten deutschen Geschichtswissenschaft nur ausschnitthaft und perspektivisch verzerrt erfassen kann.[9])

In letzter Zeit sind jedoch die Chancen einer stärker theoretisch reflektierten und nicht ausschließlich auf Bewertung ausgerichteten Auseinandersetzung über die DDR-Geschichtswissenschaft deutlich gewachsen. Die größere zeitliche Distanz und der Abschluß der institutionellen Umstrukturierungsprozesse schaffen langsam einen gewissen inneren Abstand, der zur Entschärfung der Gegensätze und ihrer rhetorischen Untermalung beiträgt.[10]) Auch hat die

[8]) Hierzu aufschlußreich die Kontroverse zwischen Walter Schmidt und Gerhard Lozek über die Rolle des Rates für Geschichtswissenschaft: *Walter Schmidt,* Geschichte zwischen Professionalität und Politik, in: ZfG 40, 1992, 1013–1030; *Gerhard Lozek*, Zum Artikel von W. Schmidt „Geschichte zwischen Professionalität und Politik", in: ZfG 41, 1993, 622f.

[9]) Vgl. hierzu *Martin Sabrow*, Das Wahrheitsproblem in der DDR-Geschichtswissenschaft, in: Tel Aviver Jahrbuch für deutsche Geschichte 25, 1996, 233–257.

[10]) So *Clemens Burrichter/Gerd-Rüdiger Stephan*, Die DDR als Untersuchungsgegenstand einer Historischen Sozialforschung, in: DA 29, 1996, 444ff.; *Hermann Weber*, „Asymme-

Öffnung der Archive mittlerweile die Informationsbasis über viele Bereiche des wissenschaftlichen Umgangs mit der Vergangenheit in der DDR wesentlich verbessert, so daß die Forschung nun immer genauer hinter die Kulissen blicken und das Zustandekommen von Publikationen und Entscheidungen, Tabus und Freiräumen, Vorgaben und Kurswechseln Schritt für Schritt rekonstruieren kann. Dadurch werden Intentionen und Selbstwahrnehmungen sowie Auseinandersetzungen zugänglich, die das einst uniforme Außenbild differenzieren. Auch werfen vom *linguistic turn* und von der Diskursanalyse inspirierte Ansätze neue Fragen an die Historiographiegeschichte auf, die den Verlauf der weiteren Diskussion zu beeinflussen begonnen haben.[11])

Ein wesentliches Merkmal dieser theoriegeleiteten Verfachlichungstendenz in der Diskussion um die Historiographie in der DDR besteht darin, daß dem „evaluierenden“ Blick nunmehr immer stärker eine „kritische oder reflektierte Historisierung“ an die Seite tritt, die sich ihres eigenen theoretisch-methodischen Instrumentariums zu vergewissern bestrebt ist. Sie sucht sich von der unmittelbaren Betroffenheit der ersten Jahre nach dem Zusammenbruch der DDR und ihrer Geschichtswissenschaft frei zu machen und zielt auf die genauere Rekonstruktion der Kontexte, Verläufe, Ergebnisse und Binnendifferenzierungen von Geschichtswissenschaft in der DDR. Sie versteht sich als *reflektierte* Historisierung, weil sie den Aporien einer bloßen Übertragung des eigenen Wissenschaftsverständnisses auf das Untersuchungsphänomen einer „zweiten deutschen Geschichtswissenschaft“ ebenso zu entgehen trachtet wie der distanz- und maßstabslosen Nachzeichnung ihres vierzigjährigen Werdegangs. *Kritische* Historisierung[12]) meint aber zugleich die besondere Aufmerksamkeit für jene Instrumentalisierbarkeit von Geschichtsschreibung und die Verantwortung der Historiker für die Stabilisierung des SED-Regimes durch professionelle Produktion von herrschaftslegitimierenden Geschichtsbildern, die in der Diskussion um die DDR-Historiographie nach 1989 so stark in den Mittelpunkt gerückt ist.

Die folgenden einleitenden Bemerkungen sollen dazu dienen, den historiographiegeschichtlichen Stellenwert der Debatte um die DDR-Geschichtswis-

trie“ bei der Erforschung des Kommunismus und der DDR-Geschichte, in: PolZG B 26, 1997, 3–14; sowie zuletzt *Ilko-Sascha Kowalczuk*, Legitimation eines neuen Staates. Parteiarbeiter an der historischen Front. Geschichtswissenschaft in der SBZ/DDR 1945 bis 1961. Berlin 1997, 9 ff., und *Karl Heinrich Pohl* (Hrsg.), Historiker in der DDR. Göttingen 1997, 13 ff.

[11]) *Peter Jelavich*, Poststrukturalismus und Sozialgeschichte – aus amerikanischer Perspektive, in: GG 21, 1995, 259–289; und *Peter Schöttler*, Wer hat Angst vor dem *linguistic turn*?, in: GG 23, 1997, 134–151.

[12]) *Jarausch/Middell*, Die DDR als Geschichte (wie Anm. 7), 19 f.; *Martin Sabrow*, Schwierigkeiten mit der Historisierung. Die DDR-Geschichtswissenschaft als Forschungsgegenstand, in: ders./Peter Th. Walther (Hrsg.), Historische Forschung und sozialistische Diktatur. Beiträge zur Geschichtswissenschaft der DDR. Leipzig 1995, 9–28.

senschaft zu erhellen und die analytischen Chancen des gegenwärtigen Verfachlichungsprozesses näher auszuloten. Zunächst gilt unsere Aufmerksamkeit den verschiedenen Phasen der zeitgenössischen Beschäftigung mit der DDR-Geschichtswissenschaft bis 1989, die selbst zu durchaus unterschiedlichen Interpretationsmodellen und Ergebnissen geführt hat. Im zweiten Teil stehen die verschiedenen Deutungsachsen im Mittelpunkt, welche die nachzeitige Auseinandersetzung mit der vergangenen Historiographie eines zusammengebrochenen SED-Staates seit 1989 dominieren und die das vielschichtige Bild einer von innerer Widersprüchlichkeit geprägten historischen Wissenschaft in der sozialistischen Diktatur entwerfen.

I. Zur Entwicklung des Forschungsstands

Die wissenschaftliche Beschäftigung mit der ostdeutschen Geschichtswissenschaft kann im deutschen Sprachraum auf eine langjährige Tradition zurückblicken. Sie setzte schon unmittelbar nach der auf dem Trierer Historikertag 1958 manifest gewordenen Teilung der deutschen Geschichtswissenschaft ein, ohne sich allerdings je von dem „asymmetrischen Verhältnis" der deutsch-deutschen Geschichtsbeziehungen zu lösen: Bis 1989 wurden Arbeiten ostdeutscher Historiker in der westdeutschen Forschung nur auf wenigen Forschungsfeldern und auch dort nur von einer – allerdings im Wachsen begriffenen – Minderheit rezipiert, blieben Untersuchungen zur zweiten deutschen Historiographie ein randständiges Thema zwischen wissenschaftlicher Analyse und politischer Prognose.[13]) Zugespitzt ausgedrückt: Weniger die Normalität unterschiedlicher historischer Deutungsangebote als vielmehr die Besonderheit des Umgangs mit der Vergangenheit in der Diktatur, die Fragwürdigkeit einer politisierten Geschichtswissenschaft sicherten der Disziplingeschichte in der DDR über Jahrzehnte ein entscheidendes innerfachliches und öffentliches Interesse. Hinter dieser Kontinuität verbirgt sich allerdings die Geschichte eines radikalen Perspektivenwandels, an dem sich die zeitbedingten Geltungsgrenzen auch des wissenschaftlich abgesicherten Urteils über historische Forschung unter kommunistischen Regimen offenbaren.

[13]) Repräsentativ hierzu die Veröffentlichungen des Instituts für Gesellschaft und Wissenschaft (IGW) Erlangen mit seinen Jahresberichten auch zur DDR-Geschichtswissenschaft. *Winfried Schulze,* Die deutsche Geschichtswissenschaft nach 1945. München 1989, thematisiert deren ostdeutschen Zweig nur im Zusammenhang mit dem Bruch von Trier und auch hier allein aus der Perspektive des westdeutschen Historikerverbandes (S. 183 ff.).

1. Das verfallsgeschichtliche Paradigma

Die mit der Gründung der DDR 1949 einsetzende Spaltungsgeschichte der deutschen Historiographie fand auf beiden Seiten nicht nur aufmerksame Beobachter, sondern mobilisierte bis 1958 auch erhebliche Anstrengungen, um die Einheit der deutschen Geschichtswissenschaft zu wahren. Bewußt gab sich die 1949 in München neu begründete Standesvertretung den gesamtdeutschen Anspruch anmeldenden Namen „Verband der Historiker Deutschlands" (VHD); bewußt kooptierte der Gründungsausschuß mit Fritz Hartung einen ostdeutschen Repräsentanten[14]), der wie kein anderer bis an die Grenze der Selbstverleugnung den immer schmaleren Spielraum von Nicht-Marxisten in der DDR zu nutzen versuchte[15]). Auch innerhalb der sich zur marxistischen Weltanschauung bekennenden Historikerschaft zeichnete sich bis zu dieser Zeit für den außenstehenden Beobachter keine einheitliche Linie ab. Wenn auf der einen Seite das Zentralkomitee der SED 1953 ein feierliches Bekenntnis zur „Allmacht der marxistischen Lehre" und zum Monopolanspruch der „in sich geschlossene[n] einzig wissenschaftliche[n] Lehre der ihre Geschicke meisternden Menschheit"[16]) ablegte, hatte auf der anderen Seite Walter Markov 1947 erklärt, daß niemand wünsche, „den historischen Materialismus für seine Unterdrückung in anderen Teilen Deutschlands durch ein Monopol in der Ostzone zu entschädigen"[17]), und das erste Heft der neu gegründeten „Zeitschrift für Geschichtswissenschaft" an der Einheit der deutschen Geschichtswissenschaft festgehalten: „Der Kreis der Mitarbeiter an der ‚Zeitschrift für Geschichtswissenschaft' soll sich nicht auf Wissenschaftler beschränken, die sich zum Marxismus bekennen".[18])

Doch die an den Historikertagen der fünfziger Jahre ablesbare Entwicklung wies in eine andere Richtung: Schon auf dem Münchner Kongreß 1949 hatte Georg Stadtmüller namens der Mehrheit seiner Kollegen Markovs Appell, „die Sperrmauern gegen den Osten niederzureißen", mit der Erklärung beantwortet, daß das deutsche Volk „nie in wirklicher Frontstellung gegen das russische Volk gestanden (habe), geschweige denn die deutsche Historie gegen

[14]) *Schulze*, Die deutsche Geschichtswissenschaft (wie Anm. 13), 182.

[15]) Näheres hierzu bei: *Richard Dietrich*, Fritz Hartung zum Gedächtnis, in: Jahrbuch für die Geschichte Mittel- und Ostdeutschlands 16/17, 1968, 721–729; *Werner Schochow*, Fritz Hartung. Ein Historiker in der Zeit. Versuch über Fritz Hartung (1883-1967), in: ebd. 32, 1983, 218–250.

[16]) Aufruf des ZK der Sozialistischen Einheitspartei Deutschlands zum Karl-Marx-Jahr 1953, in: ZfG 1, 1953, 7–11, hier 10 u. 9.

[17]) *Walter Markov*, Historia docet?, in: Forum 1, 1947, 129.

[18]) Vorwort, in: ZfG 1, 1953, 3–6, hier 3. Daß es sich in dieser programmatischen Erklärung der ZfG-Redaktion nicht um bloße Rhetorik handelte, zeigen die internen Diskussionen, die ihrer Formulierung vorausgingen (Stiftung Archiv der Parteien und Massenorganisationen im Bundesarchiv, Abteilung Wissenschaft [künftig: SAPMO-BA], DY 30, IV 2/9.04/ 114).

eine als Wissenschaft bis in die neueste Zeit nicht vorhanden gewesene russische Historiographie".[19]) In dieser divergierenden Beurteilung der jüngsten Geschichte kündigte sich bereits der Riß an, der schon bald über die unterschiedliche Interpretation der Historie hinaus zur Entwicklung unterschiedlicher Historiographien in Ost und West mit unterschiedlichem Wissenschaftsverständnis führen sollte.

Im Gegensatz zu dem von DDR-Seite offiziell ignorierten Historikertag 1951 in Marburg bot zwei Jahre später der Historikertag in Bremen ein unübersichtlicheres Bild. Die angereisten DDR-Teilnehmer selbst trugen durch ihr unpolemisches Diskussionsverhalten dazu bei, dem Treffen den Charakter eines „gesamtdeutschen Gesprächs" zu geben.[20]) Die anschließende Polemik der ZfG aber gegen die „reaktionären und unwissenschaftlichen Bestrebungen" der westdeutschen Geschichtswissenschaft[21]) führte beinahe zwangsläufig zu dem westlichen Gegenvorwurf, daß die ostdeutsche Wissenschaft „politischen Zwecken dienstbar" gemacht werde[22]). Auch in der Folgezeit schwankte der VHD zwischen scharfem Protest gegen die „politische Diffamierung durch Umdeutung wissenschaftlich erarbeiteter Einsichten"[23]) und fortbestehender Überzeugung, daß „wir (...) nichts tun dürfen, was den Zusammenhalt mit den Ost-Kollegen gefährden kann"[24]).

Der Historikertag von Ulm 1956 schien sogar die Hoffnung zu rechtfertigen, daß die sich abzeichnende Spaltung der deutschen Historikerschaft bald überwunden werden könne und die Einheit der Wissenschaft letztlich über die politischen Störeinflüsse der SED obsiege. Das moderate Diskussionsklima während der Tagung wie deren anschließende Würdigung in der ZfG zeugten von der Bereitschaft der östlichen Seite, anzuerkennen, daß zumindest „die jüngere Generation der westdeutschen Geschichtswissenschaft sich um ein objektives Bild der Geschichte bemüht". Stärker noch mußte die Erwartung der Ost-Seite, „daß die Auseinandersetzung zwischen Marxisten und Nichtmarxisten auf dem Gebiet der Geschichtswissenschaft trotz der prinzipiellen

[19]) Zit. nach *Franz Worschech*, Der Weg der deutschen Geschichtswissenschaft in die institutionelle Spaltung (1945–1965). Diss. phil. Erlangen 1987, 65. Vgl. zum Folgenden auch *Martin Sabrow*, Ökumene als Bedrohung. Die Haltung der DDR-Historiographie gegenüber den deutschen Historikertagen von 1949 bis 1962, in: Comparativ 6, 1996, H. 5/6, 178–202.

[20]) Ebd. 79.

[21]) *Fritz Klein*, Der 22. Deutsche Historikertag, in: ZfG 1, 1953, 905–908, hier 907.

[22]) *Ludwig Dehio*, Rez. Zeitschrift für Geschichtswissenschaft, in: HZ 178, 1954, 151 f., hier 152.

[23]) In diesem Sinne argumentierte die – nicht verabschiedete – „Heppenheimer Erklärung", mit der der Ausschuß des Verbandes der Historiker Deutschlands (VHD) sich 1954 gegen die Berichterstattung über den Bremer Historikertag in der ZfG zu Wehr zu setzen unternahm. Näheres bei *Schulze*, Die deutsche Geschichtswissenschaft (wie Anm. 13), 190.

[24]) Archiv des Verbandes der Historiker Deutschlands Göttingen (künftig: AVHD) 6, Herbert Grundmann an Hermann Aubin, 17.4.1954.

Verschiedenheit des Klassenstandpunktes beider Seiten nicht nur möglich, sondern fruchtbringend ist“[25]), auch in der bundesdeutschen Zunft den Glauben nähren, daß die Einheit der historischen Disziplin in Deutschland trotz aller Irritationen fortbestehe oder sich mindestens erneuere.

Diese Hoffnung zerstob spätestens zwei Jahre später mit der spektakulären Abreise der DDR-Delegation vom Trierer Historikertag, nachdem die VHD-Führung den Ostdeutschen Leo Stern, Max Steinmetz und Ernst Engelberg das Rederecht entzogen hatte. Dieser Schritt war eine Reaktion auf die wachsende Repression in der DDR gegen die wenigen verbliebenen Nicht-Marxisten, die aus ihrem Lehramt gedrängt wurden – wie Heinrich Sproemberg in Leipzig[26]) –, ihre Leitungspositionen räumen mußten – wie Fritz Hartung als Herausgeber der „Jahresberichte für deutsche Geschichte“[27]) –, nach ihrer „Republikflucht“ mit dem Entzug ihres akademischen Grades bedroht wurden – wie Irmgard Höß – oder gar den Freitod wählten – wie Karl Griewank, Martin Lintzel und Willy Flach. Unter dem Eindruck einer wissenschaftspolitischen Linie in der DDR, die die ‚ideologische Koexistenz‘ mit dem Westen aufgekündigt[28]) und auf der III. Hochschulkonferenz im März 1958 den Marxismus-Leninismus zur verbindlichen Grundlage der Gesellschaftswissenschaften in der DDR erklärt hatte, gab der VHD die Einheit der deutschen Geschichtswissenschaft verloren und erklärte die in Trier ausgeschlossenen DDR-Historiker zu Trägern eines „Kurses, mit denen wir die wissenschaftliche Gemeinschaft nicht weiter aufrechterhalten können“[29]). Damit hatte sich vorerst auch öffentlich ein Denkstil durchgesetzt, der die Entwicklung des Faches unter dem SED-Regime als Verfallsgeschichte begriff, als zunehmende ideologische Knebelung einer Wissenschaft, deren Bedeutung in eben dem Maße sank, in dem der politische Wille der Partei über die fachlichen Maximen der Geschichtsschreibung triumphierte.[30])

[25]) 23. Versammlung deutscher Historiker in Ulm, in: ZfG 5, 1957, 124–131, hier 127.

[26]) *Veit Didczuneit*, Heinrich Sproemberg – ein Außenseiter seines Faches. Unter besonderer Berücksichtigung seiner Tätigkeit als Leipziger Hochschullehrer 1950 bis 1958, in: ders./Manfred Unger/Matthias Middell, Geschichtswissenschaft in Leipzig: Heinrich Sproemberg. Leipzig 1994, 11–90.

[27]) Den Vorgang behandelt *Worschech*, Der Weg der deutschen Geschichtswissenschaft (wie Anm. 19), 180ff.

[28]) *Ernst Hoffmann*, Über Tendenzen, die den weiteren Fortschritt unserer Geschichtswissenschaft hemmen, in: Einheit. Zeitschrift für Theorie und Praxis des wissenschaftlichen Sozialismus 12, 1957, 1146–1163, hier 1150.

[29]) Erklärung des VHD, zit. nach *Schulze*, Die deutsche Geschichtswissenschaft (wie Anm. 13), 198.

[30]) Schon 1951 klagte der Leipziger Mediävist Heinrich Sproemberg gegenüber Ritter: „Leider fehlen die Zeugnisse einer recht unfreundlichen Haltung aus den Historikerkreisen des Westens gegen uns nicht. (...) Wie schade ist es, daß der persönliche wie auch der wissenschaftliche Austausch gerade mit dem Westen so stark zurückgegangen ist.“ (AVHD 4, Heinrich Sproemberg an Gerhard Ritter, 23.11.1951).

Entsprechend schloß das verfallsgeschichtliche Paradigma die in der DDR entstehende parteimarxistische Geschichtsschreibung aus der Fachdisziplin aus und bewertete ihre Andersartigkeit als Unwissenschaftlichkeit.[31]) Vertreter der „sowjetzonalen Geschichtsbetrachtung" konnten aus dieser Sicht „keine vollwertigen Wissenschaftler nach westlichen Begriffen"[32]) sein, sondern verkörperten vielmehr den „Typ des Funktionärs (...), der ganz im Dienste der Staatspartei Geschichte schreibt"[33]). Aus der tradierten Geschichtswissenschaft war unter Ulbricht „ein politisches und propagandistisches Mittel ersten Ranges" geworden, das „den Forderungen des Tages dienen und sich, ihres Wissenschaftscharakters entkleidet, mißbrauchen lassen (muß) wie selten zuvor".[34]) Eine solche Forschung bedeutete keine wissenschaftliche Bereicherung, sondern kam vornehmlich als politische Gefahr in Betracht: „Man mag das Niveau dieser scheinwissenschaftlichen Schriften einschätzen wie man will, politisch gewichtig sind sie auf alle Fälle, denn die darin vorgetragenen Auffassungen haben eine zwar primitive, aber geschlossene und blendende Scheinlogik in sich, die auf gewisse Leserkreise durchaus wirken kann."[35]) Die verfallsgeschichtliche Betrachtungsweise klammerte die ostdeutsche Historiographie als „pseudowissenschaftlich"[36]) aus dem fachlichen Diskurs aus und ordnete die Beschäftigung mit ihr in den Kontext antitotalitärer Gefahrenabwehr ein: „Bei der

[31]) Freilich blieben auch hier in der westdeutschen Historikerschaft unterschiedliche Nuancierungen durchaus bestehen, wie etwa Ritters briefliche Kritik an Dehios Ausführungen zur neugegründeten „Zeitschrift für Geschichtswissenschaft" in der HZ anzeigt: „Im ganzen scheinen sie mir etwas matt. Ich bin nicht der Meinung, daß die ‚Zeitschrift für Geschichtswissenschaft' ‚ernsthaft gelesen zu werden verdient', daß sie ‚Anregungen wissenschaftlicher Natur' enthält, daß sie ‚Scharfsinn' zeigt, daß die ‚geistige Eigenart und Kraft des Gegners' hervortritt, und daß die marxistische Doktrin heute noch als ‚erzieherische Aufrüttelung' unserer Wissenschaft dienen kann. Außerdem bin ich nicht geneigt, den ‚zeitgeschichtlichen Quellenwert' der Berliner Schmierereien sehr hoch einzuschätzen und ärgere mich über so viele Verbeugungen vor diesen Berliner Gesinnungslumpen." (AVHD 7, Gerhard Ritter an Hermann Aubin, 23.9.[?]1954).

[32]) *Fritz Kopp*, Die Wendung zur „nationalen" Geschichtsbetrachtung in der Sowjetzone. 2. Aufl. München 1955, 6.

[33]) *Reinhart Beck*, Die Geschichte der Weimarer Republik im Spiegel der sowjetzonalen Geschichtsschreibung. Bonn/Berlin 1965, 66. Im Vorfeld des Internationalen Historikertags in Rom 1955 äußerte der VHD-Vorsitzende Aubin sich besorgt, „welchen Eindruck wir den Ausländern vermitteln, wenn eine solche Zahl von sogenannten Historikern der Ostzone aufmarschiert und ihnen gegenüber Deutschland repräsentiert. Wir tun damit diesen Genossen das an, worauf alle ihre Politik derzeit gerichtet ist: Wir machen sie hoffähig, wir stellen ihnen das Zeugnis aus, daß wir sie wissenschaftlich für gleichwertig halten, während ihre Haltung nach dem Bremer Kongresse deutlich bewiesen hat, daß sie mit aller Geschichtskenntnis nur Politik treiben." (AVHD 7, Hermann Aubin an Holzmann, 7.8.1955.)

[34]) *Albrecht Timm*, Das Fach Geschichte in Forschung und Lehre in der Sowjetischen Besatzungszone seit 1945. 3. Aufl. Bonn/Berlin 1961, 7.

[35]) *Kopp*, Die Wendung (wie Anm. 32), 6f.

[36]) *Walther Hofer*, Geschichtsschreibung als Instrument totalitärer Politik, in: ders. (Hrsg.), Wissenschaft im totalen Staat. München 1964, 198–227, hier 206.

Auseinandersetzung mit dem totalen Bolschewismus, die auf allen Ebenen erfolgt, darf kein entscheidendes Gebiet übersehen werden."[37])

Die aus dieser Zeit stammenden Publikationen waren daher vor allem Enthüllungsschriften, die über die Entwicklung der ostdeutschen Geschichtsschreibung aus genauer Beobachtung oder eigenem Erleben[38]) aufzuklären versuchten. Durchgängig verfuhren sie chronologisch, und sie beschrieben die „Sowjetisierung des Geschichtsbildes in Mitteldeutschland" als einen Niedergangsprozeß in seinen einzelnen „Etappen"[39]), dessen Schlußpunkt die gänzliche Instrumentalisierung der „parteihörigen" Wissenschaft bildete und damit die „Aufspaltung des deutschen Geschichtsbildes in ein westliches und ein östliches"[40]). Diese zog so unvermeidlich das Ende jeder innerwissenschaftlichen Verständigungsmöglichkeit nach sich: „Zwischen West und Ost jedoch scheint auch auf dem Boden einer fachwissenschaftlichen Auseinandersetzung kein echtes Gespräch mehr möglich".[41])

Es war daher nur folgerichtig, daß die Literatur zur DDR-Historiographie sich bis zur Mitte der sechziger Jahre vornehmlich bemühte, Unstimmigkeiten und Widersprüche zwischen wissenschaftlichem Anspruch und politisch gelenkter Realität aufzudecken: „Die Grenze zwischen Wissenschaft und Propaganda wird weitgehend verwischt", resümierte Jürgen von Hehn schon 1954[42]), und Georg von Rauch kommentierte ein Jahr später: „Es wird in Moskau beschlossen, welche Maßstäbe jeweils zu gelten haben und ob sie (…) auch den Satelliten zustehen"[43]). Der ausgrenzende Betrachtungsansatz fokus-

[37]) *Kopp*, Die Wendung (wie Anm. 32), 7.

[38]) Erfahrungsberichte von in den Westen gewechselten Historikern standen freilich vor dem paradoxen Umstand, ihre höhere Authentizität mit einer in gleichem Maße sinkenden Glaubwürdigkeit bezahlen zu müssen, hatten sie doch im Berichtszeitraum in eben den Verhältnissen gewirkt, über die sie warnend aufklären wollten. Der in die Bundesrepublik geflüchtete Albrecht Timm, der von 1952 bis zu seiner Flucht im August 1955 eine außerplanmäßige Professur für mittelalterliche Geschichte an der Berliner Humboldt-Universität bekleidet hatte, löste dieses Problem als Verfasser einer Publikation über „Das Fach Geschichte in Forschung und Lehre in der Sowjetischen Besatzungszone seit 1945" so: „Die hier vorgelegte Untersuchung (…) schöpft aus dem eigenen Erleben und aus Beobachtungen während eines Jahrzehnts praktischer Tätigkeit in der Sowjetzone, wo der Verfasser zwar Auseinandersetzungen mit dem Marxismus-Leninismus nicht vermied, von dessen Interpreten aber stets als ‚Nichtmarxist' und ‚Bürgerlicher' gekennzeichnet wurde." (*Timm*, Das Fach Geschichte [wie Anm. 34], 5.) Vgl. auch Timms schriftliche Erklärung vom 17.1.1956 über seine wissenschaftliche Arbeit in der DDR gegenüber Hermann Heimpel und Percy Ernst Schramm (AVHD 7).

[39]) *Jürgen von Hehn*, Die Sowjetisierung des Geschichtsbildes in Mitteldeutschland, in: Europa-Archiv 19, 1954, 6929–6938 u. 6973–6977, hier 6929f.

[40]) *Georg von Rauch*, Das Geschichtsbild der Sowjetzone, in: Jahrbuch der Ranke-Gesellschaft 1954 (1955), 101–119, hier 101.

[41]) Ebd.

[42]) *von Hehn*, Die Sowjetisierung des Geschichtsbildes (wie Anm. 39), 6976.

[43]) *von Rauch*, Das Geschichtsbild der Sowjetzone (wie Anm. 40), 108. Konsequenterweise bestätigt sich dieser Sammelbefund für von Rauch auch im Detail: „Natürlich wird auch in der Geschichte der neuesten Zeit mit verschiedenen Maßen gemessen." (Ebd. 110).

sierte auf die „nicht zu übersehende[n] Lücken“[44]); er insistierte auf den „zahlreiche[n] weiße[n] Flecken“[45]), und er tadelte „die offensichtliche Ungleichmäßigkeit, mit der in Mitteldeutschland bis jetzt die Geschichte der Weimarer Republik erforscht wurde“[46]). Die Leistungskraft dieses lange dominanten Paradigmas lag in der Aufmerksamkeit für die genuine Verschiedenheit der beiden deutschen Geschichtswissenschaften und die politische Abhängigkeit einer „unfreien, völlig dirigierten Geschichtsschreibung, die sich als Mittel im Kampf um die totale kommunistische Welteroberung versteht“.[47])

Nur mit Mühe vermochte dieses Deutungskonzept jedoch dem Umstand zu begegnen, daß auch eine SED-hörige Disziplin gleichzeitig lohnende Erkenntnisse produzieren konnte, die auch nach westlichen Maßstäben eine „gediegene wissenschaftliche Leistung“[48]) darstellten. Um anerkennen zu können, daß auch aus „einer z.T. sehr subjektiven, ideologisch voreingenommenen Kritik (...) allerdings manches neue Licht auf die Geschichte“ fallen könnte[49]), setzte sich daher 1955 von Rauch für ein Verfahren ein, das in der westdeutschen Zunft zunächst auf erhebliche Reserven stieß – die Trennung von empirischem Quellenbefund und ideologischer Deutung: „Von der stofflichen Seite aus rein pragmatisch betrachtet, wird man diesen Forschungen jedoch eine größere Bedeutung zubilligen müssen, als dies im allgemeinen geschieht“.[50]) Aber nur wenige Fachkollegen unterzogen sich wie der Mediävist Percy Ernst Schramm regelmäßig der Mühe, die in der DDR erschienene Forschungsliteratur nach brauchbaren empirischen Resultaten zu mustern, um auf diesem Wege die fehlende Zugänglichkeit ostdeutscher Archivalien auszugleichen. Je näher diese Teilgebiete an politisch sensiblere Bereiche der Zeitgeschichte und der Arbeiterbewegung heranrückten, desto mehr ging der pragmatische Nutzungswillen ins Leere, desto deutlicher zeigte sich – oder schien sich zu zeigen –, daß die ostdeutsche Pseudowissenschaft nicht einmal die Fakten zu respektieren gewillt sei.[51])

[44]) *Beck*, Die Geschichte der Weimarer Republik (wie Anm. 33), 20.

[45]) Ebd. 21. Zu „weißen Flecken“ in der kommunistischen Geschichtsschreibung vgl. insbesondere *Hermann Weber*, Ulbricht fälscht Geschichte. Köln 1964; *ders.*, „Weiße Flecken“ in der DDR-Geschichtsschreibung, in: PolZG B 11, 1990, 3–15; *ders.*, „Weiße Flecken“ in der Geschichte. Die KPD-Opfer der Stalinschen Säuberungen und ihre Rehabilitierung. Frankfurt am Main 1990.

[46]) *Beck*, Die Geschichte der Weimarer Republik (wie Anm. 33), 21.

[47]) Ebd. 22f.

[48]) *von Rauch*, Das Geschichtsbild der Sowjetzone (wie Anm. 40), 113 Anm. 2.

[49]) Ebd. 113.

[50]) Ebd. 112.

[51]) Ein prägnantes Beispiel bildete die Auseinandersetzung um *Eberhard Czichons* Skandalwerk „Der Bankier und die Macht. Hermann Josef Abs in der deutschen Politik“ (Köln 1970). Vgl. *Wilhelm Treue*, Mason, Czichon und die historische Wahrheit, in: PolZG B 20, 1972, 43–47, hier 45.

2. Das aufstiegsgeschichtliche Paradigma

Zur selben Zeit aber begann sich bereits neben dem verfallsgeschichtlichen Deutungskonzept eine andere Betrachtungsweise zu entwickeln, die auch eine marxistisch-leninistische Historiographie wieder in die „Ökumene der Historiker“ aufzunehmen bereit war, um ihre Erklärungskraft fallweise in der wissenschaftlichen Diskussion zu erproben. Hinter dem Appell, daß „sich eine unvoreingenommene Geschichtswissenschaft zu einer neuen Sicht [wird] durchringen müssen“, statt „auf dem westlichen oder dem östlichen Standpunkt zu verharren“[52]), verbarg sich eine allmähliche Unterminierung und schließlich weitgehende Verdrängung des verfallsgeschichtlichen Interpretationsmusters. Der damit einhergehende Perspektivenwechsel etablierte ein entgegengesetztes Paradigma, das die Entwicklung der ostdeutschen Geschichtswissenschaft nicht länger als fortschreitende Zerstörung der Fachwissenschaft durch die Parteiideologie begriff, sondern im Gegenteil als zwar zögerliche und uneinheitliche, aber im ganzen doch fortschreitende Emanzipation des historischen Denkens von den Fesseln der Politik. Sichtbar reagierte dieses neue Denken nicht nur auf innerfachliche Differenzierungs- und Professionalisierungstendenzen in der DDR, sondern vor allem auf die Veränderungen des politischen Kontextes in der Entspannungsära und besonders auf die Erkenntnis, daß die deutsche Teilung und auch eine zweite deutsche Geschichtswissenschaft keine bloßen Übergangsphänomene waren. Vielmehr galt nun, „daß mit der DDR zu leben ist und nur die Beibehaltung des Status quo in Europa langfristig Sicherheit und Entspannung garantieren kann“, was für die DDR-Forschung den Verzicht darauf bedeuten müsse, „Ideologien, Hypothesen oder ‚Theorien‘ zu produzieren und in Umlauf zu setzen, die eben diesen status quo in Frage stellen können“.[53])

Der Wandel vom „ausgrenzenden“ zum „ökumenischen“ Deutungsmuster läßt sich an der Entwicklung der Diskussion über die DDR-Geschichtswissenschaft in den siebziger und achtziger Jahren Schritt für Schritt ablesen. An ihrem Anfang standen Zweifel an der normativen Totalverurteilung der Ost-Wissenschaft und ihrer monolithischen Festgefügtheit, die mit dem gewachsenen Forschungsertrag ostdeutscher Arbeiten in einzelnen Bereichen[54]), den

[52]) *Hans Joachim Berbig*, Thomas Müntzer in der Geschichtswissenschaft der DDR, in: GWU 27, 1976, 211–222, hier 216. Ähnlich Werner Conze, der in seinem Schlußvortrag auf dem Mannheimer Historikertag im selben Jahr forderte, die Gemeinsamkeiten beider Geschichtswissenschaften stärker in die Betrachtung zu rücken: *Werner Conze*, Die deutsche Geschichtswissenschaft seit 1945. Bedingungen und Ergebnisse, in: HZ 225, 1977, 1–28.

[53]) *Josef Foschepoth*, Reformation und Bauernkrieg im Geschichtsbild der DDR. Zur Methodologie eines gewandelten Geschichtsverständnisses. Berlin 1976, 23, unter Bezug auf eine Einlassung von *Wolfgang Pfeiler*, Über den politischen Wert einer wissenschaftlichen DDR-Forschung, in: DA 6, 1973, 493–499, hier 497.

[54]) Die Existenz „eindringender (...) und im einzelnen durchaus fruchtbarer neuer Forschungen der marxistischen Wissenschaft“ konstatierte Thomas Nipperdey 1967 ungeach-

inneren Zäsuren des marxistisch-leninistischen Geschichtsbildes[55]) oder den gravierenden, politisch induzierten Schwankungen argumentierten[56]) und in späteren Jahren selbst die ideologisch besonders aufgeladene Zeitgeschichtsforschung nicht mehr als in sich geschlossen wahrnahmen, sondern auch hier eine „differenziertere Sicht in der Historikerdiskussion" nachzuzeichnen versuchten[57]). Die sich mehrenden Befunde verlangten nach einer allgemeineren Erklärung. Sie wurde durch die in den siebziger Jahren rasche Verbreitung findende These geliefert, daß es in der DDR eine erheblich größere Diskrepanz zwischen Sachforschung und ideologischen Grundlagen gebe, als bislang wahrgenommen. Hatte die Partei den politischen Primat über die Wissenschaft womöglich gar nicht konsequent oder doch nur zeitweise durchgesetzt[58]), und

tet seiner grundsätzlich normativ-ablehnenden Haltung gegenüber der marxistisch-leninistischen Historie (*Thomas Nipperdey*, Die Reformation als Problem der marxistischen Geschichtswissenschaft, in: Dietrich Geyer [Hrsg.], Wissenschaft in kommunistischen Ländern. Tübingen 1967, 228–258, hier 242). Auf allgemeinerer Ebene stellte Eckart Förtsch drei Jahre später fest: „Das, vorwiegend eindimensionale, Interesse des Staates legt die Versuchung nahe, historische Forschung in der DDR rein instrumental zu begreifen. Andererseits aber sind die Anforderungen der SED an die Geschichtswissenschaft nicht die Wissenschaft selbst." (*Eckart Förtsch*, Geschichtswissenschaft, in: Hans Lades/Clemens Burrichter [Hrsg.], Produktivkraft Wissenschaft. Sozialistische Sozialwissenschaften in der DDR. Hamburg 1970, 93–136, hier 93). Ebenso in bezug auf die sowjetische Historiographie schon früher *Kurt Marko*, Sowjethistoriker zwischen Ideologie und Wissenschaft. Aspekte der sowjetrussischen Wissenschaftspolitik seit Stalins Tod, 1953–1963. Köln 1964. 1974 schließlich bilanzierte Andreas Dorpalen in seinem Überblick über die Geschichtswissenschaft in der DDR bereits, daß nicht allein die empirischen Erhebungen, sondern auch die theoretischen Fragestellungen der ostdeutschen Paralleldisziplin Aufmerksamkeit verdienten: „Andererseits haben die marxistischen Fragestellungen neue Perspektiven eröffnet – besonders in bezug auf die werktätigen Klassen und Schichten, ihre geschichtliche Rolle und sozialen Verhältnisse –, die die nicht-marxistische Geschichtsschreibung nicht unberührt lassen werden. Ereignisse und Entwicklungen, die selbstverständlich erschienen, werden nun neu durchforscht werden müssen. (...) Darüber hinaus haben die DDR-Forschungen umfassendes Tatsachenmaterial zu Tage gefördert, das wesentliche neue Einblicke in die deutsche Geschichte vermittelt." (*Andreas Dorpalen*, Die Geschichtswissenschaft der DDR, in: Bernd Faulenbach [Hrsg.], Geschichtswissenschaft in Deutschland. Traditionelle Positionen und gegenwärtige Aufgaben. München 1974, 121–137, hier 136).

55) *Alexander Fischer/Günther Heydemann*, Weg und Wandel der Geschichtswissenschaft und des Geschichtsverständnisses in der SBZ/DDR seit 1945, in: dies. (Hrsg.), Geschichtswissenschaft in der DDR. Bd. 1: Historische Entwicklung, Theoriediskussion und Geschichtsdidaktik. Berlin 1988, 3–30, hier 7.

56) *Ulrich Neuhäußer-Wespy*, Die SED und die Historie. Probleme und Aspekte der gegenwärtigen Umorientierung in der Geschichtswissenschaft der DDR, in: PolZG B 41, 1976, 30–45; vgl. *ders.*, Zur Neuorientierung der DDR-Geschichtswissenschaft seit 1971, in: GWU 31, 1980, 172–187.

57) *Christina von Buxhoeveden*, Geschichtswissenschaft und Politik in der DDR. Das Problem der Periodisierung. Köln 1980, 220. Vgl. auch *Hans-Dieter Schütte*, Zeitgeschichte und Politik. Deutschland- und blockpolitische Perspektiven der SED in den Konzeptionen marxistisch-leninistischer Zeitgeschichte. Bonn 1985, 201.

58) So argumentierte *Johannes Kuppe*, Die Geschichtsschreibung der SED im Umbruch, in: DA 18, 1985, 278–294.

war die DDR-Geschichtswissenschaft vielleicht weit weniger das starre Gebilde verbindlicher Antworten, als das sie unter dem Einfluß einer normativen Sichtweise über Jahrzehnte angesehen worden war?[59])

Aus dieser veränderten Perspektive erhielt das Bild von der geistigen Verfassung der Historiographie unter kommunistischer Herrschaft neue Konturen. Es stellte ihre Entwicklung nicht mehr als rapiden Verfall von Wissenschaft infolge politischer Vereinnahmung dar, sondern als allmähliche Emanzipation von ideologischer Gängelung, als wissenschaftliche Aufstiegsgeschichte. Damit aber war eine Ökumene der Historiker denkbar geworden, die auch der verstaatlichten Historie der DDR einen Platz bot: Ihre vordem unbeirrte Enthüllung als gelenkte Pseudowissenschaft wurde mehr und mehr durch das beharrliche Bemühen um ihre allmähliche Integrierung in die *scientific community* abgelöst. Hatte die Historikerschaft der DDR auf politischen Druck nach 1964 ihre institutionellen Beziehungen zur Bundesrepublik fast gänzlich gelöst[60]), nahmen seit Mitte der siebziger Jahre infolge der fortgesetzten Kontaktbemühungen der „bürgerlichen" Historiographie die Gastaufenthalte ostdeutscher Fachkollegen im Westen Deutschlands wieder so zu, daß sie gegen alle politischen Bremsversuche der SED-Behörden bald das Reiseaufkommen in sozialistische „Bruderländer" zu erreichen drohten und in den letzten Jahren vor der Wende schließlich sogar überflügelten. Nicht zu Unrecht sahen die Geschichtsfunktionäre der DDR in der werbenden Öffnung des Westens eine größere Gefahr als in seiner schroffen Abgrenzung, bedeutete doch der wissenschaftliche Ritterschlag für marxistisch-leninistische Studien im Rahmen „des Theorien- und Methodenpluralismus als einer wissenschaftstheoretisch grundlegenden Forderung unseres Wissenschaftsbegriffes"[61]) immer auch deren kritische Herausforderung[62]).

[59]) „Betrachtet man die konkreten Schritte der Wissenschaftspolitik der DDR-Führung etwas näher, so verstärkt sich der Eindruck, daß die Partei zwar vehement ihren Primat forderte, ihn aber gerade gegenüber der Geschichtswissenschaft nicht durchsetzte, und zwar aus wohlverstandenem Eigeninteresse." (*Helmut Rumpler*, Parteilichkeit und Objektivität als Theorie-Problem der DDR-Historie, in: Reinhart Koselleck/Wolfgang J. Mommsen/ Jörn Rüsen [Hrsg.], Objektivität und Parteilichkeit in der Geschichtswissenschaft. München 1977, 228–262, hier 241). Ähnlich Dorpalen: „Trotz scharf umgrenzter Methodik und Zweckbestimmtheit ist somit die DDR-Geschichtswissenschaft kein starres entwicklungsloses Gebilde mit stets einheitlichen, verbindlichen Antworten. Auch die historischen Gesetzmäßigkeiten des marxistischen Historikers lassen die Tür offen für differenzierte historiographische Entwicklungen und unterschiedliche Interpretationen." (*Dorpalen*, Geschichtswissenschaft in der DDR [wie Anm. 54], 136).

[60]) Den Abschluß bildeten der Abbruch des neben den „Monumenta Germaniae Historica" letzten gesamtdeutschen Unternehmens auf historischem Gebiet, der mit dem Austritt der Hansischen Arbeitsgemeinschaft in der DDR aus dem Hansischen Geschichtsverein und ihrer Neukonstituierung in der Historiker-Gesellschaft der DDR 1970 vollzogen wurde.

[61]) *Rainer Wohlfeil* (Hrsg.), Der Bauernkrieg 1524-26. Bauernkrieg und Reformation. Neun Beiträge. München 1975, 20.

[62]) Ein prägnantes Beispiel sind hier die von der Historischen Kommission der SPD initi-

Damit waren die Pole markiert, zwischen denen sich der fachliche Umgang mit der DDR-Historiographie in der Bundesrepublik fortan bewegen sollte. Zu dem tradierten Denkmuster, das auf Ausgrenzung der kommunistischen Widersacher setzte, war das neue Konzept der Integrierung durch Anverwandlung getreten. Wie sehr beide Denkrichtungen nebeneinander bestanden, sich überlappten, ergänzten und einander annäherten, demonstrierte schon 1972 Rainer Wohlfeil mit einem Sammelband „Reformation oder frühbürgerliche Revolution", der neben fünf westdeutschen neun ostdeutsche Sichtweisen auf die Umbruchzeit zwischen 1476 und 1535 vorstellte. In seiner Einleitung plädierte Wohlfeil dafür, sich der Arbeit marxistisch-leninistischer Historiker zu öffnen, auch wenn die grundsätzlichen Differenzen ihm selbst kaum überwindbar schienen.[63]) In seiner Sicht verlief die eigentliche Trennlinie nicht mehr zwischen freier und gelenkter Wissenschaft, sondern zwischen den dogmatischen Gegnern und den dialogbereiten Anhängern einer fachlichen Verständigung auf beiden Seiten.[64]) Auch auf anderen Forschungsgebieten wie der Geschichte des Zweiten Weltkriegs setzte sich nun die Auffassung durch, daß die zweite deutsche Klio nicht mehr als „Unperson"[65]) behandelt zu werden verdiene[66]).

ierten „SPD-SED-Historikertreffen" 1987 und 1989; vgl. *Susanne Miller/Malte Ristau* (Hrsg.), Erben deutscher Geschichte. DDR–BRD: Protokolle einer historischen Begegnung. Reinbek 1988.

[63]) Der „Zustand, daß Veröffentlichungen marxistisch-leninistischer Historiker der DDR einfach übergangen oder mit kurzen belehrenden Sätzen abgewiesen wurden, sollte überwunden werden. Es geht nicht mehr an, daß in der DDR Arbeiten nichtmarxistischer Historiker aufmerksam studiert und besprochen werden, in der Bundesrepublik aber Publikationen aus der DDR von der Fachwissenschaft kaum angezeigt, geschweige denn rezensiert werden. Die gegenwärtigen Positionen scheinen allerdings so wenig Gemeinsamkeiten aufzuweisen, daß sich auf den ersten Blick kaum ein Ansatzpunkt zur Diskussion erkennen läßt". (*Rainer Wohlfeil*, Einleitung: Reformation oder frühbürgerliche Revolution, in: ders. [Hrsg.], Reformation oder frühbürgerliche Revolution. München 1972, 7–41, hier 19).

[64]) „Der Behauptung von Steinmetz, es sei ‚gänzlich unmöglich, daß' die Reformationsauffassungen der marxistischen Geschichtswissenschaft und der imperialistisch-bourgeoisen Historiker jemals zur Deckung kommen könnten' (...), entspricht die harte Absage an die DDR-Historiographie durch Walther Peter Fuchs. Beide Autoren lehnen die Methoden des anderen ‚Lagers' als unwissenschaftlich ab. Sie verwerfen damit nicht nur dessen Problemstellungen und Formen historischer Analyse, sondern weisen auch die Forschungsergebnisse und deren Interpretation zurück. Jedes ‚Lager' bezichtigt das andere, es vergewaltige die Tatsachen, zerreiße die historischen Zusammenhänge und fälsche damit die Geschichte – Behauptungen, die zugleich für die eigene Position den Anspruch einschließen, den absolut richtigen Weg zu sehen." (Ebd. 19f.)

[65]) *Günther Heydemann*, Geschichtswissenschaft und Geschichtsverständnis in der DDR seit 1945, in: PolZG B 13, 1987, 15–26, hier 15; vgi. *Fischer/Heydemann* (Hrsg.), Geschichtswissenschaft in der DDR (wie Anm. 55), Bd. 1, XVI.

[66]) Ein eindrucksvolles Beispiel dieses Perspektivenwandels bietet der einzelnen Forschungsfeldern und -fragen gewidmete gewidmete Band 2 der von *Fischer* und *Heydemann* herausgegebenen „Geschichtswissenschaft in der DDR", der nach der Wende erschien (Berlin 1990).

Das sich in diesem Urteilswandel abzeichnende Integrationsangebot setzte allerdings eine Reihe filternder Operationen voraus, die das „sozialistische Geschichtsbild" in den Rahmen des westlichen Wissenschaftsverständnisses einzupassen erlaubten. Ihr wichtigstes Instrument hieß Differenzierung. Der abwägenden Unterteilung der in der DDR praktizierten Historiographie in stärker und schwächer kontaminierte Bereiche widmeten sich seit Beginn der siebziger Jahre eine Vielzahl von Forschungsberichten, die die einzelnen Themenfelder der parteimarxistischen Historiographie auf ihren wissenschaftlichen Ertrag bzw. ihre dogmatische Engführung hin musterten.[67]) Besonders herrschaftssensible Themenbereiche wie die deutsche Geschichte nach 1945, die politische Geschichte der Arbeiterbewegung sowie die Faschismusforschung blieben im westdeutschen Verständnis auch weiterhin Felder, in denen ein ernsthafter wissenschaftlicher Dialog hoffnungslos zu sein schien.[68]) Ungeachtet der vielen relativierenden Feststellungen, denen zufolge beispielsweise selbst in der kommunistischen Parteigeschichte die „stalinistischen Methoden (...) wohl endgültig der Vergangenheit an(gehören)" und auf Fälschungen nunmehr verzichtet werde[69]), blieb die westliche Verständigungsbereitschaft bis 1989, wollte sie sich nicht selbst *ad absurdum* führen, auf die Trennung zwischen den besonders instrumentalisierten und daher kooperationsuntauglichen Zonen der Zeitgeschichte[70]) und den Zentren vermeintlich

[67]) Vgl. neben den bereits zitierten Titeln beispielsweise *Karl Heinz Schäfer*, 1813 – Die Freiheitskriege in der Sicht der marxistischen Geschichtsschreibung der DDR, in: GWU 21, 1970, 2–21; *Lutz Winckler*, Die Novemberrevolution in der Geschichtsschreibung der DDR, in: GWU 21, 1970, 216–234; *Dieter Riesenberger*, Zeitgeschichte in der DDR, in: GWU 28, 1977, 579–598; *Eckart Förtsch*, Revision des Preußenbildes? Ein neuer wissenschaftlicher Ansatz in der DDR, in: DA 12, 1979, 168–173; *Winfried Schulze*, Unterschiede und Gemeinsamkeiten zwischen marxistischer und nichtmarxistischer Müntzerforschung, in: Koselleck/Mommsen/Rüsen (Hrsg.), Objektivität und Parteilichkeit (wie Anm. 59), 199–211; *Thomas Vogtherr*, „Reformator" oder „frühbürgerlicher Revolutionär"? Martin Luther im Geschichtsbild der DDR, in: GWU 39, 1988, 594–613. In theoretisch differenzierender Absicht exemplarisch: *Förtsch*, Geschichtswissenschaft (wie Anm. 54).

[68]) Weithin negativ verliefen daher auch die Bemühungen der jüngeren Sozialgeschichte, bei ihrer eigenen Fundierung Anknüpfungspunkte bei der marxistischen Geschichtswissenschaft der DDR zu finden. Hierzu *Jürgen Kocka*, Sozial- und Wirtschaftsgeschichte, in: Dieter Kernig (Hrsg.), Sowjetsystem und demokratische Gesellschaft. Eine vergleichende Enzyklopädie. Bd. 6, Freiburg/Basel/Wien 1972, 1–39; *ders.*, Zur jüngeren marxistischen Sozialgeschichte. Eine kritische Analyse unter besonderer Berücksichtigung sozialgeschichtlicher Ansätze in der DDR, in: Peter Christian Ludz (Hrsg.), Soziologie und Sozialgeschichte. Aspekte und Probleme. Opladen 1972, 491–514.

[69]) *Hermann Weber*, Einleitung, in: Ossip K. Flechtheim, Die KPD in der Weimarer Republik. Frankfurt am Main 1969, 15.

[70]) Gleichwohl schien sich auch hier in den achtziger Jahren aus der Sicht westlicher Beobachter ein bemerkenswerter Wandel vollzogen zu haben: „Nach wie vor wohnt ihr (der Zeitgeschichtsforschung, d. Verf.) (...) eine besondere legitimatorische Funktion inne; der stark apologetische und nicht selten lobrednerische Ton der früheren Jahre hat sich jedoch in jüngster Zeit erheblich abgeschwächt. (...) Auffassungsunterschiede und daraus resultierender Meinungsstreit werden in der Zeitgeschichtsschreibung inzwischen offen ausgetra-

politikfreierer, wissenschaftlicher Arbeit wie etwa der vergleichenden Revolutionsforschung oder der Imperialismusgeschichte[71]) substantiell angewiesen.

Um nicht gegen ihre eigenen Fachstandards zu verstoßen, war die Dialogbereitschaft der bundesdeutschen Zunft an die Voraussetzung gebunden, daß auch in einer politisch beherrschten Ost-Wissenschaft die universalen Normen wissenschaftlicher Verständigung nicht grundsätzlich außer Kraft gesetzt worden waren, so oft gegen sie im fachlichen Alltag auch verstoßen werden mochte. In einem grundsätzlich angelegten Essay befand Jürgen Kocka 1977, daß fachspezifische Kontroll- und Überprüfungsmöglichkeiten in der DDR geringer als im Westen, aber eben nicht ganz ausgeschaltet gewesen seien[72]), und setzte so der prinzipienfesten Gegenüberstellung von westlicher Wissenschaft und östlicher Pseudo-Wissenschaft eine graduelle Abstufung auf einer gemeinsamen Skala entgegen: Auch die ostdeutsche Forschung habe innerwissenschaftliche Angemessenheits- und Überprüfungsregeln, deren Verletzung nicht einmal von der Partei selbst zu weit getrieben werden könne, um die internationale Stellung der ihr verpflichteten Wissenschaft nicht zu sehr zu gefährden.[73])

gen." (*Heydemann*, Geschichtswissenschaft und Geschichtsverständnis [wie Anm. 65], 23).

[71]) *Helmut Rumpler*, Revolutionsgeschichtsschreibung in der DDR, in: GWU 31, 1980, 178–187, hier 185.

[72]) „Historische Erkenntnis im institutionell abgesicherten Rahmen historisch-materialistischer Geschichtsphilosophie legitimiert somit ihre eigene politische Indienstnahme, wenn auch die von der DDR-Historie im Prinzip geteilte Verpflichtung gegenüber den im Untersuchungsgegenstand und in den wissenschaftlichen Verfahren liegenden Wahrheitskriterien und Überprüfungsregeln solcher Indienstnahme gewisse – allerdings bei politisch relevanten Themen häufig überschrittene – Grenzen setzt. (...) in einem System, das die Angemessenheit wissenschaftlicher Urteile in den Grundzügen außerwissenschaftlich zu garantieren unternimmt, ist die Betonung innerwissenschaftlicher Kontroll- und Überprüfungsmechanismen offenbar weniger dringlich und weniger möglich, wenn auch (...) weder völlig überflüssig noch nicht-existent." (*Jürgen Kocka*, Parteilichkeit in der DDR-marxistischen Geschichtswissenschaft. Einige Thesen, in: Koselleck/Mommsen/Rüsen (Hrsg.), Objektivität und Parteilichkeit [wie Anm. 59], 263–269, hier 265 ff.).

[73]) Vgl. Rumpler: „Nach wie vor hat sich die Geschichtswissenschaft einen Freiraum als autonome, wenn nicht ganz, so doch zum Teil bürgerlichen Objektivitätskriterien verpflichtete Wissenschaft zu wahren verstanden." (*Rumpler*, Parteilichkeit und Objektivität [wie Anm. 59], 256). Auch Kocka unterstreicht mit leicht unterschiedlicher Akzentuierung, daß „die Verletzung innerwissenschaftlicher Angemessenheitsregeln und Überprüfungsregeln (die eben auch in der DDR-marxistischen Geschichtswissenschaft ganz ähnlich wie in der ‚bürgerlichen' gelten und im Prinzip ein hohes Maß an Kommunikationsmöglichkeit zwischen diesen verbürgen) nicht zu häufig erzwungen und nicht zu weit getrieben werden (darf), wenn nicht andererseits die Wissenschaftlichkeit der Geschichtswissenschaft allzusehr riskiert werden soll, ohne die diese aber die ihr zugemuteten gesellschaftlichen Funktionen [...] nur schlecht erfüllen könnte und überdies internationale Einfluß- und Selbstdarstellungsmöglichkeiten einbüßen müßte." (*Kocka*, Parteilichkeit in der DDR-marxistischen Geschichtswissenschaft [wie Anm. 72], 266 Anm. 4).

Damit allerdings war die Meta-Diskussion der westlichen Zunft auf einer kategorialen Ebene angelangt, auf der sich die Frage nach dem Gegensatz der in West und Ost geltenden Wissenschaftsbegriffe mit neuer Schärfe stellte. Alle Differenzierungsbereitschaft vermochte nicht zu überspielen, daß auf theoretischer Ebene die ostdeutsche Zunft an einer grundsätzlich anderen Definition von ‚wahrer Wissenschaft' als Einheit von Objektivität und Parteilichkeit festhielt. Einen möglichen, wenn auch wenig befriedigenden Ausweg aus diesem Dilemma bot ein Ansatz, der im Zusammenhang mit der systemimmanenten DDR-Forschung von der grundsätzlichen Gleichwertigkeit des westlichen wie des östlichen Wissenschaftsverständnisses auszugehen vorschlug.[74]) Eine andere Lösung skizzierte Jörn Rüsen in einem Aufsatz, der einerseits „die Frage nach der Objektivität und Parteilichkeit der historischen Erkenntnis für (...) eine Frage nach Leben und Tod ihrer Wissenschaft"[75]) erklärte, andererseits aber das an Weber orientierte Wertfreiheitspostulat wie den normativen Begriff der Klassenparteilichkeit für gleichermaßen unbefriedigend erklärte. Sein überraschender Lösungsvorschlag ging gerade von der unstreitigen Gegensätzlichkeit beider Objektivitätsstrategien aus – um sie gleichwohl miteinander zu versöhnen: „Allerdings ist unschwer zu erkennen, daß sie sich zu einander fast komplementär verhalten, so daß der Versuch naheliegt, sie so miteinander zu vermitteln, daß ihre Nachteile vermieden und ihre Vorteile genutzt werden."[76])

Als in der Praxis erfolgreicher erwies sich aber eine wissenschaftsgeschichtliche Denkhaltung, die einen Gegensatz zwischen Theorie und Praxis, Anspruch und Wirklichkeit in der ostdeutschen Historiographie selbst konstatierte.[77]) Die DDR-Geschichtswissenschaft war aus dieser Sicht nie nur poli-

[74]) Diese Richtung propagierte zuerst 1976 Foschepoth: „Anerkennung der Realitäten – wenn man so will – bedeutet hier zunächst einmal nichts anderes als die marxistisch-leninistische Geschichtswissenschaft als Wissenschaft ernstzunehmen und den Historikern der DDR nicht von vornherein jeden Anspruch auf Wissenschaftlichkeit abzusprechen, nur weil sie eine andere als hierzulande übliche Wissenschaftskonzeption vertreten. Sollte nicht vielmehr die Tatsache, daß es unterschiedliche Auffassungen darüber gibt, was Wissenschaft ist, jeden Wissenschaftler zu der Überlegung veranlassen, ob und wenn ja wie man sich überhaupt der Wissenschaftlichkeit, will sagen der Objektivierbarkeit oder auch des Wahrheitsgehaltes der Erkenntnisse vergewissern könne. (sic!)" (*Foschepoth*, Reformation und Bauernkrieg [wie Anm. 53], 23). Vor „der Versuchung, den eigenen, wie auch immer verstandenen, Wissenschaftsbegriff auf die DDR zu übertragen (was zur einseitigen Betonung des Instrumentalcharakters führen kann)", warnte auch *Frank Reuter*, Geschichtsbewußtsein in der DDR. Programm und Aktion. Köln 1973, 9.

[75]) *Jörn Rüsen*, Zum Problem der historischen Objektivität, in: GWU 31, 1980, 188–198, hier 189.

[76]) Ebd. 192.

[77]) So argumentierte etwa Kocka: „Glücklicherweise prägen die (...) Grundsätze DDR-marxistischer Parteilichkeit den ostdeutschen Wissenschaftsalltag nicht durch und durch" (*Kocka*, Parteilichkeit in der DDR-marxistischen Geschichtswissenschaft [wie Anm. 72], 269).

tisch oder nur wissenschaftlich, sondern immer beides zugleich und auch in ihren Anfänge nicht allein Manipulation und Propaganda, sondern immer auch zugleich „historische Verifikationsforschung".[78]) Die Annahme einer inneren Spaltung in der ostdeutschen Nachbarwissenschaft bot die Möglichkeit, hinter der für utopisch erklärten Verbindung von Objektivität und Parteilichkeit die Gleichzeitigkeit von diskussionswürdigem Forschungsertrag und ideologischer Befangenheit zu erkennen: „Weil aber diese Verbindung so schwer gelingt, anerkennt man beides, die Parteilichkeit als Bekenntniswillen, die Objektivität der Wissenschaft aus sachlich-logischen Gründen".[79]) Den bis zur Wende erreichten Entwicklungsstand dieser Denkform dokumentiert in konzentrierter Form etwa das Deutschland-Handbuch 1989. Es billigte der anderen deutschen Geschichtswissenschaft ein geändertes Verständnis von Wissenschaft zu, die heute relative Autonomie genieße und eine immanentkritische Funktion besitze. Unschwer ließen sich vor diesem Hintergrund über die Differenzierung in unterschiedlich systemnahe Forschungsgebiete hinaus beispielsweise die historiographischen Arbeiten ideologischer *hardliner* an den historischen Parteiinstituten von denen ihrer Kollegen an staatlichen Einrichtungen unterscheiden, die stärker wissenschaftlichen Standards verpflichtet seien, oder auch die Texte von DDR-Historikern als Palimpseste lesen, deren ideologische Lippenbekenntnisse im Eingangs- oder Schlußteil dem eigentlichen Sachgehalt keinen wesentlichen Abtrag täten.

Mit dieser grundsätzlich veränderten Haltung gegenüber der DDR-Geschichtswissenschaft wurde das überkommene verfallsgeschichtliche Paradigma, ohne je gänzlich seinen Kurswert zu verlieren, mehr und mehr durch eine aufstiegsgeschichtliche Sicht überlagert. So attestierte ihr Günther Heydemann 1986 einen „Qualitätssprung" und verallgemeinerte seine Erkenntnis, daß das marxistisch-leninistische Geschichtsbild nuancenreicher und differenzierter geworden sei, zu dem mehrfach vorgetragenen Leitgedanken, „daß die Geschichtswissenschaft der DDR inzwischen von einer ehemals selektiven, nur einzelne Geschichtsepochen oder -themen bearbeitenden Forschung zu einem integralen, d.h. die gesamte Geschichte umfassenden, Ansatz gelangt ist".[80]) Ebenso betonte Agnes Blänsdorf 1988, daß sich die totale Abhängig-

[78]) *Johannes Schradi*, Die DDR-Geschichtswissenschaft und das bürgerliche Erbe. Frankfurt am Main/Bern/New York 1984, 266. Entsprechend baut Schradi seine Untersuchung auf der Annahme auf, „daß jede Analyse der DDR-Geschichtswissenschaft und ihrer Forschungsresultate deren politisch-wissenschaftlichen Doppelcharakter zu berücksichtigen hat: „Geschichtswissenschaftliche Arbeit in der DDR (...) ist weder nur wissenschaftlich noch auch nur politisch, sondern stets politisch und wissenschaftlich zugleich." (Ebd. 263 f.)

[79]) *Rumpler*, Parteilichkeit und Objektivität (wie Anm. 59), 260.

[80]) *Günther Heydemann*, Zwischen Diskussion und Konfrontation – Der Neubeginn deutscher Geschichtswissenschaft in der SBZ/DDR 1945–1950, in: Christoph Cobet (Hrsg.), Einführung in Fragen an die Geschichtswissenschaft in Deutschland nach Hitler

keit der Geschichtswissenschaft von der SED schon in den sechziger Jahren zu lockern begonnen habe und mit dem Beginn des Folgejahrzehnts „der Geschichtswissenschaft eine größere Unabhängigkeit in der Organisation der Forschung und der Erstellung der Forschungspläne eingeräumt" worden sei. „Die Folgen waren eine zunehmende Verwissenschaftlichung, eine Ausweitung der Arbeitsfelder und Methodendiskussionen, bei denen nach den Simplifizierungen der Anfangszeit flexiblere Möglichkeiten für eine Erklärung der Geschichte im Lichte der marxistischen Lehre gesucht wurden".[81]) Auf dieser Grundlage war es nun möglich, die achtbändige Geschichte der deutschen Arbeiterbewegung 1966 in rein innerfachlichen Kategorien als „die erste geschlossene, eigenständige geschichtswissenschaftliche Forschungsleistung" zu bewerten[82]), und dieses Urteil beruhte auf einer aufstiegsgeschichtlichen Argumentation, der zufolge sich die ostdeutsche Geschichtsschreibung zunehmend aus den Fesseln fachfremder Gängelung gelöst habe und nun in ihre „Verwissenschaftlichungsphase" eingetreten sei[83]).

Mit der Erklärung, daß alle Parteilichkeit die ‚Verwissenschaftlichung der Wissenschaft' nicht habe aufhalten können[84]), war zugleich eine Rechtfertigung für den aus westlicher Sicht oft mühevollen Dialog mit einer von so vielen „Halbwahrheiten"[85]) und Dogmen geprägten Ost-Wissenschaft gefunden. Wenn die DDR-Geschichtswissenschaft also im Denkhorizont der achtziger Jahre „eine dynamische Gesellschaftswissenschaft" geworden war, „die ihr erkenntnistheoretisches und forschungspraktisches Niveau weiterentwickelt"[86]), ja, einen „hohen Grad an Plausibilität und historischer Erklärungskraft" erworben habe[87]), dann sei dies ihrem „Doppelcharakter als politische Historiographie und zugleich erkenntnisaufschließende Wissenschaft" zu verdanken, der sich seit Ende der sechziger Jahre zugunsten der letzteren zu

1945–1950. Frankfurt am Main 1986, 12–29, hier 12. Ebenso in: *ders.*, „Die andere deutsche Klio": Geschichtswissenschaft in der DDR und deutsche Geschichte, in: Streitfall deutsche Geschichte. Geschichts- und Gegenwartsbewußtsein in den 80er Jahren. Essen 1988, 209–224, hier 209; und *Fischer/Heydemann*, Weg und Wandel (wie Anm. 55), 3.

[81]) *Agnes Blänsdorf*, Die deutsche Geschichte in der Sicht der DDR. Ein Vergleich mit der Entwicklung in der Bundesrepublik Deutschland und in Österreich seit 1945, in: GWU 39, 1988, 263–290, hier 276.

[82]) *Heydemann*, Geschichtswissenschaft und Geschichtsverständnis (wie Anm. 65), 19.

[83]) Deren besondere Kennzeichen stellten nach Heydemann „ein dialogisches Verhältnis zur Partei sowie bemerkenswert erweiterte theoretische und methodologische Freiräume" dar. (Ebd. 25.)

[84]) *Werner Maibaum*, Geschichte und Geschichtsbewußtsein in der DDR, in: Peter Christian Ludz (Hrsg.), Wissenschaft und Gesellschaft in der DDR. München 1971, 187–207, 199.

[85]) *Weber*, Einleitung (wie Anm. 69), 17.

[86]) *Helmut Alexander*, Geschichte, Partei und Wissenschaft. Liberale und demokratische Bewegungen in der Zeit der Restauration und im Vormärz aus der Sicht der DDR-Geschichtswissenschaft. Frankfurt am Main 1988, 162.

[87]) *Schradi*, Die DDR-Geschichtswissenschaft (wie Anm. 78), 275.

verschieben begonnen habe. Damit war das normativ-ausgrenzende Paradigma, das das Verhältnis der west- zur ostdeutschen Geschichtswissenschaft bis in die siebziger Jahre bestimmt hatte, nicht für zwangsläufig falsch erklärt. Wohl aber mußte es nun historisch überholt erscheinen, weil die DDR-Geschichtswissenschaft der Honecker-Jahre eben nicht mehr bloßes Instrument der Politik gewesen sei, sondern sich einen gewachsenen Freiraum erobert, beträchtliches Eigengewicht erworben habe, sich also von einer politisch gesteuerten zu einer mehr und mehr ihren eigenen innerwissenschaftlichen Interessen folgenden Wissenschaft entwickelt habe.[88]) In einem auf drei Bände angelegten Überblick über die DDR-Geschichtswissenschaft bilanzierten Fischer und Heydemann 1988 dementsprechend, daß seit der Einführung des Rates für Geschichtswissenschaft im Jahre 1968 „das Prinzip bisheriger Dekretierung politisch-ideologischer Aufgaben der Geschichtswissenschaft durch die SED“ schrittweise aufgehoben worden sei.[89]) Die Feststellung, daß die frühere Diktatur der Ideologie über das Fach „einem diskursiven Kommunikationsprozeß zwischen SED und Geschichtswissenschaft gewichen“ sei[90]), stellte den Schlußpunkt dieses Sichtwandels vor 1989 dar.

Diese voranschreitende Einpassung der DDR-Historiographie in die „Ökumene der Historiker“ eröffnete neue Aussichten auf bisher unbeachtete Gemeinsamkeiten und Wechselwirkungen der beiden deutschen Geschichtswissenschaften. Schon Werner Conze konstatierte 1977 eine Annäherung von Forschungsinteressen und Fragestellungen im Zuge der innerwissenschaftlichen Traditionskritik der sechziger Jahre und des neu erwachten sozialhistorischen Interesses.[91]) Eine ‚erstaunliche Parallelität‘ beider Historiographien in ihrer Grundlagenkrise, in ihren Paradigmawechseln und in ihren Leitbildern stellte Heydemann in seiner vergleichenden Dissertation über die „Geschichtswissenschaft im geteilten Deutschland“ fest.[92]) Sein Glaube an die

[88]) Entsprechend unterlegte etwa Förtsch 1979 führenden DDR-Vertretern der Historiographie ein Bewußtsein „für die Gefahr, die eine unkontrollierte Dynamik wissenschaftlicher Aussagen (…) bedeuten“ könne. (*Förtsch*, Revision des Preußenbildes [wie Anm. 67], 173).

[89]) *Fischer/Heydemann*, Weg und Wandel (wie Anm. 55), 15.

[90]) Ebd. 15f.

[91]) *Conze*, Die deutsche Geschichtswissenschaft (wie Anm. 52), 25 u. 28. Ebenso *Schradi*: „Doch sollten die Unterschiede nicht den Blick dafür verstellen, daß es in der Sache heute auch Gemeinsamkeiten gibt.“ (*Schradi*, Die DDR-Geschichtswissenschaft [wie Anm. 78], 277.)

[92]) *Günther Heydemann*, Geschichtswissenschaft im geteilten Deutschland. Entwicklungsgeschichte, Organisationsstruktur, Funktionen, Theorie- und Methodenprobleme in der Bundesrepublik Deutschland und in der DDR. Frankfurt am Main 1980, 246. In die gleiche Richtung wies bereits im Jahr zuvor eine vom Institut für Gesellschaft und Wissenschaft veranstaltete Tagung, aus der ein eigenes GWU-Heft hervorging; vgl. *Karl-Heinz Ruffmann*, Warum müssen wir uns mit der Geschichtswissenschaft in der DDR beschäftigen?, in: GWU 31, 1980, 129–132, und *Hans Lades*, Zum Verhältnis der Geschichtswissenschaften in den beiden deutschen Staaten, in: ebd. 133–148.

parallele Evolution der Geschichtswissenschaften[93]) war freilich an die Bereitschaft auch der westdeutschen Seite geknüpft, „sich zunächst einmal vorurteilslos und werturteilsfrei mit der Historiographie in der DDR auseinanderzusetzen“.[94]) Sofern aber aus dem einstigen Gegeneinander ein „friedliches Nebeneinander“[95]) werden würde, hätten gegensätzliche Anschauungen ihre trennende Kraft verloren. Auf dem Boden einer gemeinsamen Basisidentität wäre so selbst der nationalen Teilung ein Positives abzugewinnen, könnte die DDR-Geschichtswissenschaft vielmehr den innerdeutschen Dialog durch „produktive Spannung“ beleben und damit letztlich auch der bundesdeutschen Geschichtswissenschaft selbst helfen.[96]) Folgerichtig vermochte Jürgen Kocka 1988 einen Überblick über ‚prinzipielle Unterschiede und gemeinsame Probleme‘ beider deutscher Geschichtswissenschaften mit der programmatischen Feststellung einzuleiten: „Die Historiker in der Bundesrepublik und in der DDR haben heute mehr gemeinsam als vor zehn oder zwanzig Jahren“.[97])

Aufgrund dieser Entwicklung verlor das Bild einer klaren Hierarchie zwischen pluraler und gelenkter Wissenschaft in den siebziger und achtziger Jahren allmählich seine Konturen und machte einer Vorstellung tendenzieller Gleichwertigkeit Platz. Auch bundesdeutsche Historiker betonten bereits seit Anfang der siebziger Jahre, daß die Standortgebundenheit jeder Forschung geltender Minimalkonsens auf beiden Seiten sein müsse und das Ideal des freien Forschers auch im Westen nicht mehr haltbar sei.[98]) Ende der achtziger Jahre begann dann sogar der östliche Vorhalt, „daß Parteilichkeit ein Merkmal auch der bundesdeutschen Historiographie sei“, im Westen Widerhall zu finden.[99]) So schienen am Vorabend der revolutionären Wende von 1989 die ge-

[93]) *Günther Heydemann*, Relativierung des Dogmas? Zur Entwicklung geschichtswissenschaftlicher Theorie und Methodologie in der DDR seit 1967, in: ebd. 159–171, hier 168.

[94]) *Ders.*, Geschichtswissenschaft und Geschichtsverständnis (wie Anm. 65), 16.

[95]) „Ein friedliches Nebeneinander, wie es beide deutsche Staaten als ihr Ziel proklamieren, wäre nicht zuletzt auch durch die gemeinsame Reflexion über die deutsche Geschichte und ihre Konsequenzen für die Gegenwart zu fördern.“ (*Blänsdorf*, Die deutsche Geschichte [wie Anm. 81], 284.)

[96]) *Heydemann*, Geschichtswissenschaft und Geschichtsverständnis (wie Anm. 65], 26.

[97]) *Jürgen Kocka*, Prinzipielle Unterschiede – gemeinsame Probleme, in: Miller/Ristau (Hrsg.), Erben deutscher Geschichte (wie Anm. 62), 26–32, hier 26. Ohne darüber die fortbestehenden und gravierenden Gegensätze zu übersehen, begründete Kocka sein Urteil so: „In vielen Einzelbereichen der empirischen Forschung verfolgt man ähnliche Fragestellungen, benutzt man gleiche Methoden und lernt voneinander. Hier wie dort zeigen sich ähnliche Trends, etwa eine gesteigerte Beschäftigung mit Sozialgeschichte. (…) Das gegenseitige Verhältnis ist durch zunehmende Differenzierung und größere Sachlichkeit bestimmt. (Ebd.)

[98]) *Foschepoth*, Reformation und Bauernkrieg (wie Anm. 53), 13; *Maibaum*, Geschichte und Geschichtsbewußtsein (wie Anm. 84), 187.

[99]) *Dietrich Staritz*, DDR-Geschichte im deutsch-deutschen Wissenschaftsdialog, in: PolZG B 34, 1989, 10–17, hier 17. Ähnlich zuvor schon *Rumpler*, Parteilichkeit und Objektivität (wie Anm. 59), 229.

stiegene internationale Anerkennung und Beweglichkeit der DDR-Geschichtswissenschaft wie die gewachsene Öffnungsbereitschaft der westdeutschen Gegenseite den Weg zu einer schrittweisen Vereinigung der geteilten Historiographie vorzuzeichnen. Sie hätte sich als das folgerichtige Ergebnis einer konvergierenden Entwicklung dargestellt, die zumindest aus der Sicht einzelner Historiker die bislang fundamentale Abgrenzung zwischen einer „bürgerlichen" und einer „marxistischen" Geschichtswissenschaft bereits zu überholen sich angeschickt hatte.[100])

Damit erreichte die im deutschen Sprachraum angesiedelte Urteilsbildung über die DDR-Historiographie kurz vor deren Ende einen Stand, der sich in der westlichen Diskussion außerhalb der Bundesrepublik schon erheblich früher herausgebildet hatte. Vor allem die marxistisch beeinflußte französische Revolutionsforschung, die Erforschung des Kolonialismus und der Befreiungsbewegungen im spanischsprachigen Raum und die historische Afrikaforschung hatten bereits in den sechziger Jahren die Arbeiten von DDR-Historikern wie Walter Markov und Manfred Kossok vorbehaltlos als seriösen Beitrag zu eigenen Fragekomplexen anerkannt.[101]) Auch in der nordamerikanischen Geschichtswissenschaft begegnete man der zweiten deutschen Geschichtswissenschaft seit ihrer Herausbildung mit einer deutlich unverkrampfteren Haltung als in der Bundesrepublik. Zwar drangen ostdeutsche Arbeiten kaum in den englischen Sprachraum vor[102]), doch betonte beispielsweise die

[100]) *Staritz*, DDR-Geschichte im deutsch-deutschen Wissenschaftsdialog (wie Anm. 99), 11. Instruktiv in diesem Zusammenhang auch eine Studie zur ostdeutschen Geschichtsschreibung über die Weimarer Republik von 1988, die die Schwierigkeiten einer vergleichenden Betrachtung der beiden deutschen Geschichtswissenschaften aus erkenntnistheoretischer Äquidistanz begründet: „Bereits die sprachliche Fassung eines Vorgangs ist eine Reduktion(,) und so ist jede historische Darstellung, auch wenn sie sich den Maßstäben der Objektivität verpflichtet fühlt, subjektiv. Nun ist bereits dieser Maßstab in DDR und Bundesrepublik umstritten; jede Seite hat ihre eigene Definition von Objektivität (...). Die Historiker der DDR können sogar mit einem gewissen Recht von einer höheren Objektivität ihrer Arbeiten reden(,) als extreme Standpunkte und Subjektivismen, das heißt von der Mehrheit abweichende Wertungen, nicht geduldet werden und der Standard intersubjektiver Konformität mit einer Definition von Objektivität vereinbar ist. Parteinahme für die eine oder andere Seite erschwert einen Vergleich und macht eine echte Auseinandersetzung unmöglich. Allerdings ist es für den westlichen Rezipienten schwierig, sich vom gewohnten Blickwinkel zu distanzieren und die Parteilichkeit für den Sozialismus trotz kritischer Prüfung als Prämisse zu respektieren." *Renate Reuther*, Die Weimarer Republik im Urteil der DDR-Geschichtswissenschaft – Kontinuität und Wandel. Erlangen 1988, 208.

[101]) Zur Afrikaforschung vgl. die Retrospektiven von *Immanuel Geiss*, The Study of African History in Germany, in: Christopher Fyfe (Ed.), African Studies since 1945. A Tribute to Basil Davidson. London 1976, 209–219, und *Hermann Bley*, Deutsche Überseegeschichte, in: Peter C. Emmers/Henk Wesseling (Eds.), Reappraisals in Overseas History. Leiden 1979, 160. Zur Leipziger Lateinamerikaforschung vgl. *Josip Fontana*, Introducíon, in: Manfred Kossok, Las revoluciones burguesas. Barcelona 1983, 5 ff.

[102]) Eine Aufstellung der bis 1989 übersetzten Arbeiten von DDR-Historikern bei *Georg G. Iggers* (Hrsg.), Ein anderer historischer Blick. Beispiele ostdeutscher Sozialgeschichte. Frankfurt am Main 1991, 7.

breit angelegte Studie von Andreas Dorpalen[103]), daß auch „die historischen Gesetzmäßigkeiten des marxistischen Historikers (...) die Tür offen (lassen) für differenzierte historiographische Entwicklungen und unterschiedliche Interpretationen".[104]) Besonders aber hat Georg Iggers die Frage nach dem Ort der gelenkten Staatshistoriographie der DDR in der Geschichte der Disziplin gestellt und neben der theoretischen Bedeutung marxistischen Geschichtsdenkens auch den praktischen Beitrag osteuropäischer Historiker zur internationalen Forschung gewürdigt.[105])

II. Die Diskussion um die DDR-Geschichtswissenschaft nach 1989

Die so rasche wie überraschende Implosion des zweiten deutschen Staates hat diesem Denken die Grundlage entzogen. Zwar erschienen auch nach der Wende noch einige Arbeiten, die in ihrer Anlage aus der Zeit vor 1989 stammten, aber ihre überwiegend reservierte Aufnahme in der Fachwelt zeigte bereits an, daß sich der Urteilsrahmen mit der Verwandlung der DDR von einem politischen Gegenüber zu einem historischen Gegenstand gründlich verschoben hatte.[106]) Mehr noch: Mit dem Fall des Regimes konnte sich im Osten zu Wort melden, wer bisher zum Schweigen verurteilt war, und war im Westen die Rücksichtnahme überflüssig geworden, die sich mancher im Interesse einer Fortführung des innerdeutschen Dialogs auferlegt hatte. Schnell wuchs daher die Zahl der Erinnerungen und kritischen Stellungnahmen einstiger Akteure, Beobachter und Ausgegrenzter, die entweder aufgrund eigener Erfahrung oder neuer Einsicht in vorher unzugängliche Akten die Schattenseiten der zweiten deutschen Geschichtswissenschaft bloßlegten. Die einzelnen Phasen dieses Wandels von den ersten Selbstkritiken der Leitung des Akademie-Instituts für Geschichte im Herbst 1989[107]) über den Gründungsaufruf des Un-

[103]) Die 1980 fertiggestellte Arbeit erschien posthum 1985: *Andreas Dorpalen*, German History in Marxist Perspective. The East German Approach. Detroit 1985.
[104]) *Andreas Dorpalen*, Die Geschichtswissenschaft der DDR (wie Anm. 54), 136.
[105]) *Georg G. Iggers*, Einige Bemerkungen zu neueren historischen Studien aus der DDR, in: Fischer/Heydemann (Hrsg.), Geschichtswissenschaft in der DDR (wie Anm. 55), Bd. 1, 155–175; *ders.*, Einige Aspekte neuer Arbeiten in der DDR über die neuere Deutsche Geschichte, in: GG 14, 1988, 542–557.
[106]) Vgl. entsprechende Rezensionen etwa zu *Jan Herman Brinks*, Die DDR-Geschichtswissenschaft auf dem Weg zur deutschen Einheit. Luther, Friedrich II. und Bismarck als Paradigmen politischen Wandels. Frankfurt am Main/New York 1992, und *Matthias Willing*, Althistorische Forschung in der DDR. Eine wissenschaftsgeschichtliche Studie zur Entwicklung der Disziplin Alte Geschichte vom Ende des Zweiten Weltkrieges bis zur Gegenwart (1945–1989). Berlin 1991, durch *Wolfgang Schuller* (HZ 256, 1993, 713–715) und *Ilko-Sascha Kowalczuk* (Zwei neue Bücher zur Geschichtswissenschaft in der DDR, in: Eckert/Kowalczuk/Stark [Hrsg.], Hure oder Muse? [wie Anm. 6], 224–230).
[107]) *Wolfgang Küttler/Walter Schmidt*, Interview, in: Berliner Zeitung, 21./22.10.1989; *Jürgen John/Wolfgang Küttler/Walter Schmidt*, Für eine Erneuerung des Geschichtsverständ-

abhängigen Historikerverbandes vom Januar 1990 bis hin zu den öffentlichen Auseinandersetzungen um die Frage, wem die DDR-Geschichte gehöre[108]), sind bereits anderweitig ausführlich dokumentiert[109]).

Aus der Rückschau stellt sich das erste Jahrfünft der Beschäftigung mit der Geschichte der DDR-Geschichtswissenschaft nach 1989 als „Distanzierungs- und Bilanzierungsphase" dar. Hier fanden grundlegende Verschiebungen in der Beurteilung der ostdeutschen historischen Wissenschaft statt. Ihnen fiel naturgemäß zuallererst der verklärende Blick auf die Errungenschaften der eigenen Disziplin zum Opfer, der vor 1989 die offiziöse Sicht auf die eigene Fachgeschichte in der DDR gekennzeichnet hatte. Vor der Wende hatte die hagiographische Selbstdarstellung der DDR-Geschichtswissenschaft einen kontinuierlichen Reifeprozeß zu „einer der sozialistischen Gesellschaft gemäßen, voll ausgebildeten, produktiven Geschichtswissenschaft" attestiert.[110]) Nach 1989 hingegen fand sich in der publizistischen Diskussion buchstäblich keine Stimme mehr, die die Entwicklung der Historiographie unter den Bedingungen der sozialistischen Diktatur als linearen Fortschritt *per aspera ad astra* darzustellen bereit wäre. Selbst Historiker, die mit Kurt Pätzold die gegenwärtige Debatte als Reflex einer beendeten Systemauseinandersetzung werten, in der die „Sieger (...) die Geschichte ihrer Siege und zugleich die Geschichte der Niederlagen ihrer Gegner (schreiben)"[111]), tun dies nicht, ohne auf den gleichzeitig ‚legitimen und mißratenen' Charakter der abgewickelten Historiographie hinzuweisen[112]).

Einen anderen Weg nahm das aufstiegsgeschichtliche Deutungsmuster, das vor 1989 im Westen dominant geworden war. Diese Hegemonie hat es nach dem November 1989 in der engagierten und oft konfrontativen Auseinandersetzung um die Gültigkeit der tradierten Interpretationsmuster rasch eingebüßt. Auch einstmals sehr viel milder urteilende Historiker wie Wolfgang J. Mommsen[113]), Heinrich August Winkler oder Hans-Ulrich Wehler vertraten

nisses in der DDR, wiederabgedruckt in: Eckert/Küttler/Seeber (Hrsg.), Krise – Umbruch – Neubeginn (wie Anm. 5), 152–159.

108) *Eckert/Kowalczuk/Poppe* (Hrsg.), Wer schreibt die DDR-Geschichte? (wie Anm. 1).

109) Zu nennen sind hier vor allem die in den Sammelbänden „Krise – Umbruch – Neubeginn" (wie Anm. 5) und „Hure oder Muse? Klio in der DDR" (wie Anm. 6) sowie „Umstrittene Geschichte. Beiträge zur Vereinigungsdebatte der Historiker" (= Berliner Debatte Initial 1991, Nr. 2) vereinigten Texte. Einen Eindruck von den Diskussionslinien der Wendezeit vermittelt auch der „Bericht über die 38. Versammlung deutscher Historiker in Bochum 26. bis 29. September 1990". Stuttgart 1991, 38–53.

110) *Walter Schmidt*, Zur Geschichte der DDR-Geschichtswissenschaft vom Ende des zweiten Weltkriegs bis zur Gegenwart, in: BzG 27, 1985, 614–633.

111) *Kurt Pätzold*, Die Geschichtsschreibung in der Deutschen Demokratischen Republik, in: Corni/Sabrow (Hrsg.) Die Mauern der Geschichte (wie Anm. 1), 187.

112) Ebd. 194.

113) „Die Historiker unterwarfen sich in ihrer großen Mehrheit ohne sichtliches Murren den beständigen Manipulationen der Partei und des ‚Rates der Geschichte' (sic!), (...) ohne daß ihr wissenschaftliches Ethos ihnen dabei sonderliche Gewissensbisse gemacht zu haben

nach der deutschen Vereinigung die Meinung, daß die geschichtswissenschaftliche Literatur der DDR aufgrund ihrer totalen Ideologisierung ‚wissenschaftlich nahezu bedeutungslos' und in ihr ‚von intellektueller Redlichkeit nichts zu spüren' gewesen sei.[114]) Statt dessen aber erlebte das Bild einer deutschen Wissenschaftsökumene in der Zeit der deutschen Teilung nach der Wende eine überraschende Renaissance im Osten. Besonders wurde es zum bevorzugten Interpretationsrahmen vieler früherer DDR-Historiker, die dieses Modell ihren eigenen Reflexionen über den künftigen Ort der vergangenen DDR-Historiographie zugrunde legten, und bildete so einen der beiden Pole in der nach 1989 entbrannten Diskussion um Rolle und Charakter der DDR-Geschichtswissenschaft.

1. Der relativierende Denkansatz

Explizit auf Erdmann bezog sich beispielsweise Wolfgang Küttler in seinem Vorschlag, die Geschichte der DDR-Geschichtswissenschaft in „der intersystemaren Wechselwirkung gegensätzlicher Typen des Historismus in Ost und West"[115]) zu untersuchen. Sein Plädoyer für eine vergleichende Standortbestimmung, die „Systemspezifik und allgemeine Problemgeschichte in einen plausiblen geschichtlichen Kontext"[116]) bringt, stellte den „intersystemaren Diskurs"[117]) zwischen den verfeindeten Geschichtswissenschaften in Ost und West heraus, um so neben der marxistisch-leninistischen Besonderheit der ostdeutschen Historiographie auch deren disziplinäre Gemeinsamkeiten mit ihrem westlichen Pendant in den Blick zu nehmen.

Eine defensive Grundhaltung verbindet diese Sicht mit allgemeineren postkommunistischen Interpretationsmodellen der vergangenen DDR[118]): Ihre Charakteristika sind einerseits vor allem die legitimitätsverbürgende Distanzierung von der ‚fünften Grundrechnungsart'[119]) und das Bekenntnis zu kom-

scheint." (*Wolfgang J. Mommsen*, Der Ort der DDR in der deutschen Geschichte, in: Jürgen Kocka/Martin Sabrow [Hrsg.], Die DDR als Geschichte. Fragen – Hypothesen – Perspektiven. Berlin 1994, 26–39, hier 36).

[114]) Interview mit *Hans-Ulrich Wehler,* Es rächt sich, daß wir nie über Europa gestritten haben, in: Die Welt, 26.2.1996, 7; vgl. auch Interview mit *Heinrich August Winkler,* Offen bleiben für die politische Kultur des Westens, in: Die Welt, 29.7.1996, 7.

[115]) *Wolfgang Küttler*, Das Historismus-Problem in der Geschichtswissenschaft der DDR, in: Otto-Gerhard Oexle/Jörn Rüsen (Hrsg.), Historismus in den Kulturwissenschaften. Köln/Weimar/Wien 1996, 239–262, hier 241.

[116]) Ebd. 258.

[117]) Ebd.

[118]) Hierzu besonders: *Konrad H. Jarausch*, Die DDR denken, in: Berliner Debatte Initial 1995, Nr. 4/5, 9–15, u. *ders.*, „Sich der Katastrophe stellen": (Post-)Kommunistische Erklärungen für den Zusammenbruch der DDR, in: Eckert/Faulenbach (Hrsg.), Halbherziger Revisionismus (wie Anm. 2), 141–150.

[119]) *John/Küttler/Schmidt*, Für eine Erneuerung (wie Anm. 107), 152 ff.

promißloser Aufarbeitung eigener Fehlentwicklung[120]), andererseits die Ablehnung einer „Kollektivschuld"[121]) und die „Warnung vor neuer Kurzschlüssigkeit"[122]) im Urteil über die ostdeutsche Historikerschaft, das Einklagen eines ‚kritischen und ausgewogenen Umgangs' mit der eigenen Vergangenheit[123]) und der Wille, ungeachtet einer ‚unabdingbaren Katharsis'[124]) vierzig Jahre historiographischer Arbeit nicht völlig in Frage zu stellen[125]).

Ob unverhohlen apologetisch oder radikal selbstkritisch, gründen die rhetorischen Strategien ehemaliger Akteure im Rückblick auf vierzig Jahre erlebter DDR-Geschichtswissenschaft in einer Reihe argumentativer Grundfiguren, deren wichtigste das wissenschaftliche Erkenntnisprinzip ‚Differenzieren statt Generalisieren' ist. „Es gab nicht nur Anpassung und Stagnation", befanden DDR-Historiker im Nachhinein vielfach und hoben „bedeutende Fortschritte neben ernsten Mängeln" hervor. Kurt Pätzold wandte sich pointiert gegen jeden Versuch, die DDR-Historikerschaft über einen Leisten zu schlagen: „Verdienste und Mängel, Leistungen und Versagen der Geschichtswissenschaft der DDR frei von politischen Interessen abzuwägen und zu beurteilen, wird eine Aufgabe für längere Zeit bleiben".[126])

Dieses abwägende Deutungsmuster betont die Unterschiede zwischen politisch stärker und schwächer gesteuerten Teilgebieten der Historie und geht da-

120) Vgl. beispielsweise die in der „Wende" verfaßten Stellungnahmen von *Fritz Klein*, Eine Fehler-Diskussion, in: Die Weltbühne, 23. 1. 1990, wiederabgedruckt in: Eckert/Küttler/Seeber (Hrsg.), Krise – Umbruch – Neubeginn (wie Anm. 5), 44–50, und *Wolfgang Ruge*, Die Doppeldroge. Zu den Wurzeln des Stalinismus, in: ebd. 33–43.

121) In seiner Rede auf der außerordentlichen Mitgliederhauptversammlung der Historiker-Gesellschaft der DDR vom 10.2.1990 hielt Scheel sich und seinen Kollegen vor, daß „die Geschichtswissenschaft (...) zu *den* Wissenschaften (gehörte), die in besonderem Maße zur Magd der Politik herabgewürdigt wurden (...). Ich spreche damit keiner Kollektivschuld das Wort, keinem pater peccavi, das sich im geschlossenen Chorus sehr viel leichter aussprechen läßt als vor dem Spiegel, in den der einzelne allein hineinschaut. Der Anteil, den der einzelne Historiker an den Deformationen unserer Wissenschaft zu verantworten hat, ist ganz gewiß sehr unterschiedlich." (*Heinrich Scheel*, Zum Platz und zu den nächsten Aufgaben der Historiker-Gesellschaft, in: ebd. 162–169, hier 162; Hervorhebung im Original).

122) *Heinz Heitzer*, Für eine radikale Erneuerung der Geschichtsschreibung über die DDR, in: ZfG 38, 1990, 498–509, hier 498.

123) *Günter Benser*, Das Jahr 1945 und das Heute. Brüche – Rückgriffe – Übergänge, in: Eckert/Küttler/Seeber (Hrsg.), Krise – Umbruch – Neubeginn (wie Anm. 5), 63–74, hier 73.

124) *Walter Schmidt*, DDR-Geschichtswissenschaft im Umbruch. Leistungen – Grenzen – Probleme, in: ebd. 175–192, hier 189.

125) So der Direktor des Zentralinstituts für Geschichte bei der Akademie der Wissenschaften, Walter Schmidt, auf einer Podiumsdiskussion der Technischen Universität Berlin am 3.5.1990, zitiert nach *Nana Brink*, Existenzkrise der DDR Historiker, in: Der Tagesspiegel, 5.5.1990 (wiederabgedruckt in: Eckert/Küttler/Seeber (Hrsg.), Krise – Umbruch – Neubeginn (wie Anm. 5), 193 f.

126) *Kurt Pätzold*, Die Geschichtsschreibung in der Deutschen Demokratischen Republik (DDR), in: Corni/Sabrow (Hrsg.), Die Mauern der Geschichte (wie Anm. 1), 194.

von aus, daß es in der diktatorisch verfaßten DDR neben zeitgeschichtlichen und politiknäheren auch gegenwarts- und politikfernere Gebiete gab, auf denen bedeutende wissenschaftliche Leistungen erzielt werden konnten. Folgerichtig tendiert es dazu, die Historikerschaft der DDR in verschiedene Kategorien einzuteilen, zwischen Dogmatikern, Anpassungsbereiten und Querdenkern zu unterscheiden und die im ganzen unbestreitbare Glorifizierung der DDR durch ihre historische Wissenschaft vor allem in ihren individuell unterschiedlichen Anteilen zu messen.[127])

Ein zweiter, mit dem ersten in enger Korrespondenz stehender Grundzug dieses Umgangs mit der Historiographie in der DDR bei den ehemals etablierten ostdeutschen Vertretern des Faches liegt in der Betonung der Innensicht. Der Blick auf die alltägliche disziplinäre Praxis spiegelt in dieser Sichtweise eine Geschichtswissenschaft, die zu keiner Zeit identisch war mit politischen Vorgaben oder publizierten Leittexten oder öffentlich abgegebenen Erklärungen. In diesen Kontext gehören Argumentationen, die z.B. hinter der dogmatischen Bedienung des SED-Geschichtsbilds in ungezählten Veröffentlichungen eine interne, non-konforme Debatte um historische Grundfragen identifizieren oder im Nachhinein offenbaren, welche Konflikte unter der nach außen hin so glatt scheinenden Oberfläche brodelten, wie implizit Front gemacht wurde gegen die staatsoffizielle Sicht des Erbebegriffs, wie quälend der Kampf um kleine Konzessionen war und wie verantwortliche Leiter diese Konflikte aus Sorge um den Bestand ihrer Institute abzudämpfen suchten.[128])

Eine dritte Argumentationsfigur, die vor allem bei ehemaligen Akteuren der ostdeutschen Historiographie verbreitet ist, knüpft an westliche Phasenmodelle der Zeit vor 1989 an und unterstreicht den zeitlichen Wandel, den die nur scheinbar monolithische Ost-Historiographie im Laufe ihrer eigenen Geschichte durchgemacht habe. Helga Schultz etwa erinnerte an die Aufbruchs-

[127]) *Heitzer*, Für eine radikale Erneuerung (wie Anm. 122), 498ff., ähnlich: *Jan Peters*, Über Historikerverhalten, in: Berliner Debatte Initial 1991, Nr. 2, 185–186, der in die „bedingungslosen Apologeten“, die „unbekümmerten Anpaßlinge“, die „Eigensinnigen“, die „Subversiven“ und schließlich die „Historiker-Opposition politischen Charakters“ einteilt.

[128]) Vgl. hierzu beispielsweise neben den im folgenden genannten Titeln: *Kurt Pätzold*, Martin Broszat und die Geschichtswissenschaft in der DDR, in: ZfG 39, 1991, 663–676; *Jörn Schütrumpf*, Steuerung und Kontrolle der Wissenschaft durch die SED-Führung am Beispiel der Akademie der Wissenschaften der DDR, in: Utopie Kreativ 1993, H. 31/32, 141–153; *Wolfgang Küttler*, Geschichtstheorie und -methodologie in der DDR, in: ZfG 42, 1994, 8–20; *Fritz Klein*, Dokumente aus den Anfangsjahren der ZfG (1953–1957), in: ebd. 39–55; *Joachim Petzold*, Die Auseinandersetzung zwischen den Lampes und den Hampes. Zum Konflikt zwischen Parteidoktrinären und Geschichtswissenschaftlern in der NS-Zeit, in der SBZ und in der frühen DDR, in: ebd. 101–117; *Olaf Groehler*, Zur Geschichte des deutschen Widerstandes. Leistungen und Defizite, in: Eckert/Küttler/Seeber (Hrsg.), Krise – Umbruch – Neubeginn (wie Anm. 5), 408–418; *Walter Schmidt*, Das Zwei-Nationen-Konzept der SED und sein Scheitern. Nationsdiskussionen in der DDR in den siebziger und achtziger Jahren, in: BzG 38, 1996, 3–35.

stimmung der sechziger Jahre, die kräftig genug war, drückende Dogmen zu sprengen, und dann doch in die Abkoppelung von der internationalen Wissenschaftsentwicklung mündete, und Walter Schmidt notierte stellvertretend für viele andere rückblickend den erkennbaren Rückgang der politischen Steuerung durch wissenschaftliche Selbstverwaltung in der DDR-Geschichtswissenschaft seit dem Ende der sechziger Jahre.[129])

Ein viertes, weniger deutlich ausgeprägtes Deutungsmuster unter den führenden Historikern der untergegangenen DDR zielt auf die Ambivalenz der eigenen und nun kritischer Reflexion unterzogenen Wissenschaftspraxis in der DDR. Am deutlichsten hob Walter Schmidt hervor, daß der Einfluß der SED nicht nur hemmend, sondern auch fördernd gewesen sei. Dieselben Kräfte, die der Entfaltung der Geschichtswissenschaft in der DDR hinderlich gewesen seien, hätten ihr auf der anderen Seite auch Wege gebahnt; selbst der als parteiliches Lenkungsorgan geschaffene „Rat für Geschichtswissenschaft" sei nicht nur für die ideologische Reglementierung zuständig, sondern auch der „Historiographie als Wissenschaftsdisziplin verpflichtet"[130]) gewesen.

Diese in zuweilen sich ausschließenden Argumentationen vorgebrachte gleichzeitig kritische wie selbstkritische und entlastende Sichtweise wollte zwischen Ehrenrettung und Distanzierung die Waage halten. Ihr Ziel war es, der Ost-Historiographie – in jeweils unterschiedlichem Ausmaß – ihre Normalität zurückzugeben. Darum betonte sie gern die Vergleichbarkeit, ja in mancher Hinsicht Gleichartigkeit der beiden deutschen Geschichtswissenschaften. Einen kritischen Blick auf die West-Wissenschaft forderte Küttler, um die allgemeinen Belastungen moderner Wissenschaft von den spezifischen DDR-Defiziten abzuheben. Benser erinnerte daran, daß die deutsche Zweistaatlichkeit bis 1989 auch eine im Westen fraglos Geltung genießende Annahme gewesen sei. Eine besondere Rolle spielt in diesem Zusammenhang das *Tu-quoque*-Argument, das die Normalität der DDR-Historiographie mit der Annahme begründet, Wissenschaft sei unter allen Umständen und auch in nicht-sozialistischen Ländern immer politisch. Wenn auch die Historikerschaft der DDR unter politischen Indienstnahmeversuchen stärker gelitten habe als ihre Kollegen aus dem Westen Deutschlands[131]), gebe es doch auf der

[129]) *Helga Schultz*, Was bleibt von der Geschichtswissenschaft der DDR, in: Eckert/Küttler/Seeber (Hrsg.), Krise – Umbruch – Neubeginn (wie Anm. 5), 452–467; *Walter Schmidt*, Die 1848er-Revolutionsforschung in der DDR. Historische Entwicklung und Kritische Bilanz, in: ZfG 42, 1994, 21–38, bes. 30ff.

[130]) *Walter Schmidt*, Geschichte zwischen Professionalität und Politik. Zu zentralen Leitungsstrukturen und -mechanismen in der DDR, in: ZfG 40, 1992, 1013–1030, hier 1030.

[131]) *Ders.*, Zu Leistungen, Grenzen und Defiziten der Erbedebatte der DDR-Historiker, in: Eberhard Fromm/Hans-Jürgen Mende (Hrsg.), Vom Beitritt zur Vereinigung. Schwierigkeiten beim Umgang mit deutsch-deutscher Geschichte. Akademische Tage des Luisenstädtischen Bildungsvereins e. V. vom 21. bis 23. Oktober 1993. Protokoll. Berlin 1993, 106–116, hier 110.

anderen Seite „genügend Beispiele, wo es gelungen ist, sich freizumachen von dogmatischen Erwartungen"[132]).

Auch positiv läßt sich in dieser Perspektive die Normalität der DDR-Historiographie mit Hilfe des deutsch-deutschen Vergleichs begründen: Frühere DDR-Historiker lasen die DDR-Geschichte ihrer Disziplin verbreitet als eine Fachentwicklung, die dem konservativen Historismus der frühen Bundesrepublik ganz legitimerweise eine andere, marxistische Geschichtsauffassung entgegenzusetzen versucht[133]) und dafür auch im Westen eine – nach 1989 gern verdrängte – Anerkennung gefunden habe. Unter dieser Voraussetzung läßt sich die Nachkriegsentwicklung der geteilten deutschen Geschichtswissenschaft als eine Beziehungsgeschichte darstellen, in der die ostdeutsche Seite einen in vieler Hinsicht gleichberechtigten Part spielte: „Der Bruch des Monopols, das die Vertreter einer konservativ-liberalen Sicht in der älteren akademischen Geschichtsschreibung innehatten, und die (...) thematische Hinwendung nicht nur zu parlamentarischen, sondern auch zu demokratischen und revolutionären Traditionen der deutschen Geschichte, die Annahme der Geschichte der Arbeiterbewegung als eines legitimen Forschungsfeldes, die stillschweigende oder auch offen deklarierte Annahme von methodologischen Anleihen bei der historisch-materialistischen Theorie durch eine ganze Reihe von BRD-Historikern, alle diese Veränderungen im Gesamtbild der BRD-Historiographie darf man bis zu einem gewissen Grade auch als eine produktive Reaktion auf die Herausforderung begreifen, die die sich entwickelnde DDR-Geschichtswissenschaft darstellte."[134])

2. Das anklagende Argumentationsmuster

Doch weder Panegyriker noch Pragmatiker gaben der Kontroverse um die Rolle der historischen Wissenschaft in der DDR-Diktatur das eigentliche

[132]) Interview mit *Ernst Engelberg*, in: Thomas Grimm (Hrsg.), Was von den Träumen blieb. Eine Bilanz der sozialistischen Utopie. Berlin 1993, 38.

[133]) Vgl. hierzu den gleichwohl kritischen Rückblick von *Fritz Klein*, Der Erste Weltkrieg in der Geschichtswissenschaft der DDR, in: ZfG 42, 1994, 293–301.

[134]) *Helmut Bleiber*, 40 Jahre DDR-Geschichtswissenschaft – Leistungen und Grenzen, in: Österreichische Osthefte 33, 1991, 556–568, hier 562. Auf dieser Folie erscheint dann das Ende dieser vierzigjährigen Historiographietradition nicht als folgerichtiges Ergebnis des staatlichen Untergangs, sondern als später Sieg einer konservativen Richtung der westlichen Seite, die die Gelegenheit genutzt habe, um nach der Vereinigung „mit der von Anbeginn bekämpften und in Frage gestellten nichtkapitalistischen Alternative in Deutschland und also auch mit der Geschichtswissenschaft" in der DDR und ihren Institutionen aufräumen zu können (*Schmidt*, Zu Leistungen, Grenzen und Defiziten [wie Anm. 130], 113). Nicht anders *Werner Röhr*, Entwicklung oder Abwicklung der Geschichtswissenschaft. Polemische Bemerkungen zu den Voraussetzungen einer Urteilsbildung über Historiker und historische Institutionen der DDR, in: Berliner Debatte Initial 1991, Nr. 4, 425–434, u. 1991, Nr. 5, 542–550.

Gepräge. Die Deutungsachse, die statt dessen in den ersten Jahren nach dem Zusammenbruch der DDR zu einer gewissen Hegemoniestellung gelangte, betonte vielmehr das Versagen der diktaturgeschädigten Geschichtswissenschaft in Ostdeutschland. Sie setzte der Entlastungs*defensive* eine gezielte Anklage*offensive* entgegen, der angestrebten Normalisierung die unbequeme Erinnerung an die Ungeheuerlichkeit einer instrumentalisierten Wahrheitswissenschaft. Sie begegnete der Rechtfertigung und Selbstrechtfertigung mit Verurteilung, dem Beharren auf Leistungsfähigkeit auch unter diktatorischen Umständen mit dem Hinweis auf peinliche Kollaboration mit dem Regime, dem versöhnlichen Zudecken mit dem Ruf nach kompromißlosem Aufdecken.[135]) Zu Protagonisten dieser Sicht wurden nach der Wende vor allem diejenigen, deren Stimme vor 1989 kein öffentliches Gehör erhalten hatte, vielfach ostdeutsche Nachwuchshistoriker, die in ihrem beruflichen Werdegang behindert worden waren und ihren radikalen Bruch mit der Legitimationswissenschaft des zusammengebrochenen Honecker-Staates in ihrem Aufruf zur Gründung eines eigenen Unabhängigen Historiker-Verbandes zum Ausdruck brachten: „Auf dem Gebiet der Geisteswissenschaften herrscht eine erschreckende Situation. Jahrzehntelang erstickte ein ungenießbarer Brei aus Lügen und Halbwahrheiten jede freie geistige Regung. (...) Philosophie, Soziologie, selbst Kunst- und Literaturwissenschaft wurden zu Bestätigungsinstanzen der SED-Beschlüsse. Das traurigste Los aber traf die Geschichtswissenschaft".[136])

Dieses auf Delegitimierung und Anklage gerichtete Gegenkonzept kehrte gewissermaßen zu dem in der Frühzeit der deutschen Teilung dominierenden normativen Paradigma zurück, ohne allerdings dessen Betonung totalitärer Zwanghaftigkeit zu teilen. Vielmehr ersetzte der anklagende Duktus die Abscheu vor der alles durchdringenden Diktatur durch die Abscheu vor seinen willigen Werkzeugen. Er verwandelte das in den fünfziger und sechziger Jahren dominante und politisch argumentierende Opferbild einer in die Fänge der roten Staatspartei geratenen Wissenschaft in ein moralisch gefärbtes Täterbild, das weniger auf den Zumutungen von oben als auf der Kollaborationsbereitschaft von unten insistierte und nach dem „Versagen" der Wissenschaftler vor den Imperativen der Wissenschaft fragte. Dieser Fundamentalkritik schlossen sich verbreitet auch westliche Historiker an.[137])

[135]) „So kann und wird es auch keine ‚von oben' verordnete Versöhnung geben. Diese kann nur wachsen, wenn auf dem Weg der Offenlegung der DDR-Vergangenheit noch ein beträchtliches Stück zurückgelegt worden ist." (*Rainer Eckert*, Geschichte als Instrument: Geschichtsbild und Agitprop in der PDS und ihrem Umfeld, in: ders./Faulenbach [Hrsg.], Halbherziger Revisionismus [wie Anm. 2], 153–197, hier 182).

[136]) *Armin Mitter/Stefan Wolle*, Aufruf zur Bildung einer Arbeitsgruppe unabhängiger Historiker in der DDR, in: Eckert/Kowalczuk/Stark (Hrsg.), Hure oder Muse? (wie Anm. 6), 22f., hier 22.

[137]) Vgl. etwa *Alexander Fischer*, Rezension zu Eckert/Kowalczuk/Stark (Hrsg.), Hure oder Muse? (wie Anm. 6), in: HZ 261, 1995, 657f., hier 658); *Jens Hacker*, Deutsche Irr-

Die analytische Struktur dieses normativ-anklagenden Denkmodells ist zunächst in direkter Entgegensetzung zum pragmatisch-entlastenden Ansatz auf Generalisierung statt auf Abwägen gerichtet: „Denn bevor es um Einordnung und Differenzierung gehen kann, müssen erst einmal die Rahmenbedingungen, die politische Einbindung der historischen Forschung in der DDR hinreichend geklärt sein".[138]) „Im Zweifel lieber abwickeln"[139]), forderte Christian Meier, als die Zukunft der ostdeutschen Wissenschaftsinstitutionen vor dem Hintergrund der Zusammenführung der ehedem getrennten Disziplinen diskutiert wurde. In dieser Sicht erscheint die DDR-Historiographie als eine zur Propaganda deformierte Legitimationswissenschaft ohne bleibende Ergebnisse, deren Institutionen aufzulösen und deren intellektuelle Spuren möglichst gründlich zu tilgen seien.

Der moralisch-politische Grundzug[140]) des anklagenden Interpretationsmusters bringt es zweitens mit sich, daß es der Erkenntnis personaler Verantwortung vielfach einen höheren Rang einräumt als der Erhellung überpersönlicher Strukturen: Es „geht um das Versagen der Historiker angesichts der totalitären Herausforderung unseres Jahrhunderts; und es geht vor allem um die politische Instrumentalisierung der Geschichte zur Herrschaftssicherung totalitärer

tümer. Schönfärber und Helfershelfer der SED-Diktatur im Westen. Berlin/Frankfurt am Main 1992.

[138]) *Ilko-Sascha Kowalczuk*, Die Durchsetzung des Marxismus-Leninismus in der Geschichtswissenschaft der DDR (1945–1961), in: Sabrow/Walther (Hrsg.) Historische Forschung (wie Anm. 12), 31–58, hier 33. Ebenso schon an anderer Stelle: „Meinen Arbeiten könnte leicht der Vorwurf gemacht werden, daß ich ein generelles Verdikt über die DDR-Geschichtswissenschaft ausspreche. Aber ich bin nicht gegen Differenzierung. Nur versuche ich, zuvor ein ‚Bild zu zeichnen', das das Prinzip festhält, und von dem aus dann Differenzierungen erfolgen können. Ich denke, daß es der falsche Weg ist, mit Differenzierungen zu arbeiten, ohne zu wissen, wovon eigentlich differenziert werden soll." (Geschichtswissenschaft im Dissens. Gespräch zwischen Wolfgang Küttler und Ilko-Sascha Kowalczuk über methodische Differenzen bei der Erforschung von DDR und DDR-Historiographie, in: Berliner Debatte Initial 1994, Nr. 4, 99–104, hier 99.)

[139]) *Christian Meier*, Im Zweifel lieber abwickeln, in: Eckert/Küttler/Seeber (Hrsg.), Krise – Umbruch – Neubeginn (wie Anm. 5), 258–261.

[140]) Vgl. etwa in diesem Zusammenhang die Forderung Eckerts: „Gerade bei der Entscheidung darüber, wer von den ehemaligen Historikern der DDR öffentlich finanziert Zeitgeschichtsforschung betreiben soll oder darf, sind neben dem Kriterium der Innovationsfähigkeit moralische und politische Faktoren nicht zu vernachlässigen. Es geht darum zu klären, ob es einen für historische Forschung und Lehre (wie auch für andere Disziplinen) verbindlichen Moralkodex geben kann, wie dieser auszusehen hat, und wie er durchgesetzt werden könnte." (*Rainer Eckert*, Replik. Politisches Engagement und institutionelle Absicherung: Die Geschichtsschreibung über die DDR, in: Berliner Debatte Initial 1995, Nr. 1, 99 f., hier 99). Andere Vertreter dieser Richtung bekennen sich darüber hinaus explizit zu einem Wissenschaftsverständnis, dem zufolge in „jeder zeithistorischen Forschung – und auch darüber hinaus – (...) von vornherein ein politisches Kalkül und ein ethischer Ansatz umgesetzt (wird)." (So *Kowalczuk*, in: Geschichtswissenschaft im Dissens [wie Anm. 137], 99.)

Cliquen", postulierte in diesem Sinn Stefan Wolle.[141]) Die hierin beschlossene Delegitimierungsstrategie gegenüber den Hinterlassenschaften der zweiten deutschen Diktatur kann angesichts der Bedeutung des totalitären Falles DDR-Historiographie im Selbstverständnis ihrer Vertreter gar keine präzise Trennung von Wissenschaft und Wissenschaftspolitik zulassen: „Offenkundiger als bei anderen historischen Diskussionen ist", so argumentierte beispielsweise Ilko-Sascha Kowalczuk, „daß es hier zugleich um die Gegenwart und Zukunft geht: Wer darf, wer sollte wo und worüber forschen und lehren?"[142]) Im Mittelpunkt dieser Denkrichtung steht die politische Indienststellung der historischen Wissenschaft, stehen „die Strukturen und Funktionsweisen der Macht".[143]) Entsprechend konzentrierte sich das hieraus abgeleitete Forschungsinteresse zunächst vor allem auf die Beteiligung von DDR-Historikern an Repression und politisch motivierten Verfolgungskampagnen[144]), an der Durchdringung der Disziplin durch die Staatssicherheit[145]) und an ihrer Beteiligung bei der Verwandlung der Historiographie in eine historische Legitimationswissenschaft[146]).

Zum dritten operiert das anklagende Bewertungsmuster mit einem von den neueren geschichtstheoretischen Diskussionen einigermaßen unbeeinflußten Wahrheitsbegriff, der auf der eindeutigen Trennung von historischer Wirklichkeit und ideologischer Verformung insistiert. Dies geschieht in bewußter Entgegensetzung zur Erfahrung mit einer Parteiwissenschaft, der es eben nicht um die Wahrheit gegangen sei und die gerade deshalb nur durch ein Beharren auf eben dieser Wahrheit überwunden werden könne: „Wie es mit der Wahrheit steht", faßte Karlheinz Blaschke sein Urteil über die ihn jahrzehntelang ins Abseits drängende offizielle Historiographie zusammen, „spielt keine Rolle, die simple Theorie muß immer als richtig bewiesen werden".[147]) Viel-

[141]) *Stefan Wolle*, Das Versagen der Historiker, in: Berliner Debatte Initial 1991, Nr. 2, 195–197, hier 196.

[142]) *Kowalczuk*, Die Durchsetzung des Marxismus-Leninismus (wie Anm. 137), 31. Vgl. auch *Eckert/Kowalczuk/Poppe* (Hrsg.), Wer schreibt die DDR-Geschichte? (wie Anm. 1).

[143]) *Stefan Wolle*, Rezension von Sabrow/Walther (Hrsg.), Historische Forschung (wie Anm. 12), in: HZ 264, 1997, 543 f., hier 544.

[144]) *Rainer Eckert/Mechthild Günther/Stefan Wolle*, „Klassengegner gelungen einzudringen ..." Fallstudie zur Anatomie politischer Verfolgungskampagnen am Beispiel der Sektion Geschichte der Humboldt-Universität zu Berlin in den Jahren 1968 bis 1972, in: Jahrbuch für historische Kommunismusforschung 1993, 197–225.

[145]) *Wolle*, Rezension (wie Anm. 142), 544. Vgl. *Rainer Eckert*, Wissenschaft mit den Augen der Staatssicherheit: Die Hauptabteilung XVIII/5 des Ministeriums für Staatssicherheit in den Jahren vor der Herbstrevolution von 1989, in: Corni/Sabrow (Hrsg.), Die Mauern der Geschichte (wie Anm. 1), 138–158, mit weiteren Angaben.

[146]) Vgl. beispielsweise *Ilko-Sascha Kowalczuk*, Die Historiker der DDR und der 17. Juni 1953, in: GWU 44, 1993, 705–724; *ders.*, Legitimation eines neuen Staates (wie Anm. 10).

[147]) *Karlheinz Blaschke*, SED-Historiker nach langem Schweigen kräftig in der Wende, in: Eckert/Küttler/Seeber (Hrsg.), Krise – Umbruch – Neubeginn (wie Anm. 5), 201–212, hier 203.

fach unter Bezug auf Vaclav Havels Anspruch, „in der Wahrheit zu leben“[148]), setzt diese Radikalkritik an der DDR-Geschichtswissenschaft dem pragmatischen Urteil des ‚Entlastungslagers‘ ein normatives Gegenbild entgegen, das auf der Vetokraft der Quellen und den Minimalstandards jeder Wahrheitswissenschaft fußt. Aus dieser Sicht war ein Historiker „grundsätzlich dann disqualifiziert, wenn er wissentlich die Wahrheit verschwiegen, gelogen, seine Erkenntnisse entsprechend einer Parteilinie eingerichtet und trotz Quellenkenntnis ‚weiße Flecke‘ geschaffen hat“.[149]) In einer solchen ‚Wahrheitsprüfung‘ meinte die anklagende Interpretation der ostdeutschen Historiographiegeschichte über eine Richtschnur zu verfügen, in der sich wissenschaftsethische Normen und fachliche Analysestandards verbinden lassen, wissenschaftliche und wissenschaftspolitische Vergangenheitsbewältigung zur Deckung gelangen.[150])

In letzter Zeit mehren sich die Anzeichen, daß die Phase dieser polarisierten Diskussion ihrem Ende entgegengeht. Sichtbar ist der Streit um Klio als ‚Hure oder Muse‘ abgeflaut und ebenso die Auseinandersetzung um die ‚langen Schatten der Vergangenheit‘ und die Frage, ‚ob linientreue Genossen die DDR-Geschichte neu schreiben sollen‘, um nur einige der ‚Beiträge zur Vereinigungsdebatte der Historiker‘ aus den Umbruchsjahren nach 1989 zu zitieren.[151]) Auch der Umbau der ostdeutschen Wissenschaftslandschaft ist sieben Jahre nach der deutschen Vereinigung abgeschlossen. Ein Teil der vor 1989 ausgegrenzten oder marginalisierten Nachwuchshistoriker hat in der Zwischenzeit erfolgreich seine Professionalisierung betrieben, ein anderer sich aus der öffentlichen oder fachinternen Diskussion wieder zurückgezogen. Neben der normativ-anklagenden hat auch die pragmatisch-entlastende Argumentationsrichtung an öffentlicher Wirkung eingebüßt: Hier setzt nicht zuletzt auch ein erkennbarer Generationswandel fort, was der Elitenaustausch einge-

[148]) „Unser Ziel muß es sein, ‚in der Wahrheit zu leben‘, auch wenn denjenigen, die sich dafür einsetzen, immer wieder eigennützige Ziele unterstellt werden, um sie damit wieder in die Welt der allgemeinen Demoralisierung zu integrieren.“ (*Rainer Eckert*, Vergangenheitsbewältigung oder überwältigt uns die Vergangenheit? Oder: Auf einem Sumpf ist schlecht bauen, in: ders./Kowalczuk/Stark [Hrsg.], Hure oder Muse (wie Anm. 6), 201–206, hier 206). Vgl. auch *ders.*, Handlungsspielraum oder Parteiindoktrination? Langzeitwirkungen der SED-Herrschaft in der Geschichtswissenschaft, in: DA 26, 1993, 1409–1412.

[149]) *Rainer Eckert*, Ein gescheiterter Neuanfang?, in: GG 20, 1994, 609–615, hier 614.

[150]) Symptomatisch hierfür die medienwirksame Kontroverse um den Potsdamer Forschungsschwerpunkt Zeithistorische Studien in den Jahren 1993/94. Aufschlußreich insbesondere: *Armin Mitter/Stefan Wolle*, Der Bielefelder Weg. Die Vergangenheitsbewältigung der Historiker und die Vereinigung der Funktionäre, in: FAZ, 10.8.1993, und die Replik von *Peter Hübner*, Ein Labyrinth, in dem es nur falsche Wege gibt, in: FAZ, 8.9.1993 (beide wiederabgedruckt in: Eckert/Kowalczuk/Stark [Hrsg.], Hure oder Muse? [wie Anm. 6], 260–265 bzw. 273–276.)

[151]) *Ilko-Sascha Kowalczuk*, Lange Schatten aus der Vergangenheit, und *Guntolf Herzberg*, Sollen linientreue Genossen die DDR-Geschichte neu schreiben?, beide in: Eckert/Kowalczuk/Stark (Hrsg.), Hure oder Muse? (wie Anm. 6), 109–111 bzw. 107f.

leitet hat, und vermindert die Gruppe einstiger Akteure, die nach 1989 in ihrem „Nachdenken über die DDR-Geschichtswissenschaft“[152]) Zeitgeschichtsforschung und Selbstreflexion zugleich betrieben hatten.

Der Distanzierungs- und Bilanzierungsphase scheint daher seit 1995 immer deutlicher eine zweite Periode der Entpolitisierung und „Verfachlichung“ der Diskussion zu folgen.[153]) Statt um pauschalisierende oder differenzierende Evaluierung ist diese neuere Tendenz eher um die genaue Rekonstruktion der Hinterlassenschaft der zweiten deutschen Diktatur und um ihre Einbettung in die deutsche und internationale Zeitgeschichtsforschung bemüht. Nicht mehr Innensichten und Erfahrungsberichte, Anklagen und Rechtfertigungen dominieren das Bild der andauernden Diskussion, sondern eine zunehmende Vielfalt vorgelegter Analysekonzepte und zugleich eine ständig wachsende Zahl empirischer Detailstudien. Die Einbeziehung von Impulsen aus der neuen Kulturgeschichte und eine Ausweitung des herangezogenen Quellenmaterials über intentionale Texte des Herschaftsapparats hinaus erlauben es, die Spezifik und die Spannungshaftigkeit der ostdeutschen Wissenschaftskonzeption in ihrer alltäglichen Praxis deutlicher in den Blick zu nehmen.

III. Neue Ansätze, Ergebnisse und Interpretationen

Dieses Beiheft spiegelt die gegenwärtige Entwicklung der Debatte um die Geschichtswissenschaft in der DDR wider. In ihm mischen sich daher Ansätze, die einen stärker ‚evaluierenden‘ Blick bevorzugen, mit historisierenden Verfahren, die sich der DDR-Geschichtswissenschaft als einem „erkaltenden Gegenstand“ zu nähern suchen und die sich ganz unterschiedlicher sozial-, kultur- und diskursgeschichtlicher Analysestrategien bedienen.

Die folgenden Beiträge sind vier Themenkomplexen zugeordnet, die grundsätzliche Fragen zum Charakter der DDR-Geschichtswissenschaft aufwerfen, ohne den Gegenstand flächendeckend behandeln zu wollen. Erster Schwerpunkt ist das Wissenschaftsverständnis der DDR, das Theorie und Praxis der ostdeutschen Historiographie bestimmte, und daher die Voraussetzung für jede Einordnung ihrer Ergebnisse bildet. Den zweiten Themenkreis bildet die

[152]) *Wolfgang Ruge*, Nachdenken über die Geschichtswissenschaft der DDR, in: ZfG 41, 1993, 583–592.

[153]) Seit 1994 führte der Forschungsschwerpunkt Zeithistorische Studien Potsdam mehrere Workshops – zusammen mit dem Max-Planck-Institut für Wissenschaftsgeschichte Berlin und dem Institut für Kultur- und Universalgeschichte Leipzig e.V. – und eine monatliche Veranstaltungsreihe zur Geschichte der DDR-Wissenschaftsgeschichte durch, in deren Verlauf die Ablösung von Konfrontationen unterschiedlicher Zeitzeugenschaften durch wissenschaftshistorische Verfachlichung deutlich wahrnehmbar war. Vgl. die entsprechenden Berichte von *Martin Sabrow*, in: Potsdamer Bulletin für Zeithistorische Studien 1 und 2, 1994, 32f. bzw. 28–30; 3, 1995, 52f.; 6 und 8, 1996, 39f. bzw. 56–58; sowie 9, 1997, 54–56.

chronologische Entwicklung der DDR-Geschichtswissenschaft, die allen statischen Stereotypen zum Trotz eine erhebliche Dynamik aufwies, auch wenn ihre Beurteilung als Fortschritt oder Auflösung im einzelnen kontrovers bleiben wird. Ein drittes Diskussionsfeld ist der besonderen Textqualität der ostdeutschen Geschichtsschreibung gewidmet, die anhand von linguistischen und diskursanalytischen Ansätzen sichtbar wird. Als letzter Fokus der Analyse schließlich wurde eine Reihe von unterschiedlichen Fallstudien exemplarischer Arbeitsgebiete gewählt, in denen der intellektuelle Ertrag der jeweiligen Einzelgebiete, aber auch die Binnendifferenzierung der ostdeutschen Geschichtslandschaft thematisiert werden sollten. Diesen vier Dimensionen des Umgangs mit Historie in der DDR gelten die anschließenden Überlegungen.

1. Das Wissenschaftsverständnis der DDR-Geschichtswissenschaft

Eine erste Gruppe von Aufsätzen wendet sich dem sehr spezifischen Charakter von Historiographie in der DDR zu, indem sie das Wissenschaftsverständnis der akademischen und politischen Akteure zu rekonstruieren sucht. Denn eins wird deutlich in der Kontroverse um das Einverständnis mit – und den ‚Eigen-Sinn' gegenüber – einer explizit instrumentellen Vorstellung von Wissenschaft bei jenen politischen Funktionären, denen das Fach als bloße Hilfswissenschaft zur Legitimationsbeschaffung und für Propagandaeffekte galt: Das Wissenschaftsverständnis der universitären und außeruniversitären Historiker kann nicht einfach aus den Intentionen der Vertreter des Herrschaftsapparates geschlußfolgert werden, aber es war mit ihm permanent konfrontiert. Doch die Frage, wie sich die aus dieser Konstellation ergebenden Kompromisse deuten lassen, führt auf ein grundsätzliches Interpretationsproblem: Ist es angemessen, die (oftmals überaus peinlichen) Befunde am Maßstab einer im Westen unbestritten anerkannten Konzeption von der Autonomie des forschenden Subjektes und von seiner Freiheit in der Entscheidung für politische und soziale Rücksichtnahmen zu messen?

In der Zustimmung zu einer solchen Position[154]) und ihrer gleichsam universalisierenden Übertragung der eigenen Wissenschaftskriterien auf den Untersuchungsgegenstand verlängert sich die Erfahrung der siebziger und achtziger Jahre, daß aus einer hegemonialen Position des Westens, die sich auch in der Definitionsmacht über die Maßstäbe von Wissenschaftlichkeit niederschlug,

[154]) Vgl. den Beitrag von *Wolfgang J. Mommsen* in diesem Band, wie auch schon *ders.,* Die Geschichtswissenschaft in der DDR, in: PolZG B 17/18, 1992, 35–43; sowie eine Reihe weiterer Texte, unter denen *Winfried Schulze*, „Das traurigste Los aber traf die Geschichtswissenschaft", in: GWU 41, 1990, 683–696, der früheste war. Auf dem Göttinger Kolloquium spitzte Jürgen Kocka die Diskussion auf die Alternative zwischen der Anerkennung universeller Kategorien von Wissenschaftlichkeit, die den Evaluierungsprozeß geleitet haben, und einer relativistischen Position zu, die die DDR-Historiographieentwicklung gewissermaßen einer allgemeinen und übergreifenden Beurteilung entziehe.

„Wandel durch Annäherung“ tatsächlich möglich war – wenn auch nicht so schnell und nicht so weitgehend, wie man sich das vielleicht wünschen mochte und zuweilen in fataler Konzentration auf diejenigen, denen man die Definitionsmacht auf östlicher Seite zuschrieb. Es ist nur konsequent, wenn diese Position nicht zuletzt bei jenen Verständnis findet, die in der DDR versucht hatten, ihre Spielräume im Sinne eines westlichen Wissenschaftsverständnisses zu verbreitern, mithin für Annäherung plädierten und wirkten, ohne den Anspruch auf eine eigene Bestimmung der Perspektiven des Wandels aufzugeben.[155]) Beide Argumentationslinien benutzen einen Maßstab für die Beurteilung der DDR-Geschichtswissenschaft, der sie als auf dem Wege zu einer historischen ‚Normalwissenschaft‘ sieht und ihre vierzigjährige Entwicklung als allmähliche Annäherung an das westliche Wissenschaftsmodell auffaßt, wenn auch 1989 noch weit entfernt vom Ideal einer pluralen Wissenschaft und mit erheblicher Skepsis, ob eine solche Konvergenz je erreicht werden könnte.

Martin Sabrow versucht nun diesen beinahe von allen zeitgenössischen Interpreten der DDR-Geschichtswissenschaft akzeptierten Interpretationsrahmen mit seiner These aufzubrechen, daß die Eigenlogik von Geschichtswissenschaft in der DDR ernstgenommen werden müsse, um den historischen Ort des Faches in der sozialistischen Diktatur zu fixieren. Die gleichsam archäologische Befreiung der in der DDR betriebenen Vergangenheitsverwaltung von gleichzeitigen Fremdeinflüssen und nachzeitigen Überformungen durch den konkurrierenden westlichen Fachhorizont lege ein spezifisches Wissenschaftsverständnis der ostdeutschen Geschichtsschreibung frei, das sich gerade nicht aus dem Gegenüber von Wissenschaftlichkeit und Parteilichkeit, sondern aus einer „Wissenschaftlichkeit in der Parteilichkeit“ ergebe.[156]) Die Überlegungen von Martin Sabrow könnten so einen Ansatzpunkt bieten, um aus einem wechselweisen Mißverstehen zwischen ost- und westdeutschen Teilnehmern herauszufinden, das sich aus der impliziten Annahme speist, die

155) Vgl. das Plädoyer von Wolfgang Küttler für die Zugehörigkeit der DDR-Geschichtswissenschaft zu einer universellen Kriterien folgenden *scientific community*, das viele Argumente etwa von Fritz Klein, Manfred Kossok oder Jan Peters u.a. aufgreift. Helga Schultz nuanciert dagegen weiter, wenn sie grundsätzliche Unterschiede zwischen historistischem und sozialgeschichtlichem Ansatz ausmacht und die Kontroverse zwischen beiden bis in die DDR verfolgt.

156) Neben der in diesem Band vorgeführten Figur des objektiven Gegners als Konstituante dieses Wissenschaftsbegriffs hat Martin Sabrow diese These auch am Beispiel der Reiseberichte ostdeutscher Historiker in westliche Gefilde und anhand einiger herausragender ideologischer Konflikte am Zentralinstitut für Geschichte der Akademie der Wissenschaften exemplifiziert. Vgl. *Martin Sabrow*, Parteiliches Wissenschaftsideal und historische Forschungspraxis. Überlegungen zum Akademie-Institut für Geschichte (1956–1989), in: Sabrow/Walther (Hrsg.), Historische Forschung (wie Anm. 12), 195–225; *ders.*, Historia militans in der DDR. Legitimationsmuster und Urteilskategorien einer parteilichen Wissenschaft, in: Historieum. Zeitschrift für Geschichte 1995, Frühjahr, 18–25; *ders.*, Zwischen Ökumene und Diaspora. Die Westkontakte der DDR-Historiographie im Spiegel ihrer Reiseberichte, in: Berliner Debatte Initial 1996, Nr. 3, 86–97.

jeweils eigenen Erfahrungen seien aufgrund universalisierbarer kognitiver Grundlagen umstandslos kommunizierbar. Die ganze Geschichte der DDR-Geschichtswissenschaft wäre dann nur im Plural der intern widerstreitenden Auffassungen zu rekonstruieren, in denen die Perspektiven von oben und von unten, von innen und von außen jeweils andere Bilder des nur scheinbar identischen Phänomens erzeugen.

Doch nicht nur diese Wechselbezüge zwischen Berichten und Beobachtungen auf der phänomenologischen Ebene einerseits und ihrer Fundierung in divergierenden Konzepten von (Geschichts-)Wissenschaft andererseits machen die zweite deutsche Klio zu einem auch theoretischen Störfall der Historiographiegeschichte. *Wolfgang J. Mommsen* weist auf die Asymmetrie in der wechselseitigen Wahrnehmung von ost- und westdeutschen Historikern hin. Während die bundesdeutsche Geschichtswissenschaft für DDR-Fachkollegen gewollt oder ungewollt immer stärker zum Bezugspunkt wurde, blieb das ostelbische Geschichtsbild im Westen bis zum Schluß im ganzen wenig attraktiv gegenüber den Herausforderungen, die von Amerika und Westeuropa ausgingen. *Helga Schultz* erinnert an den seltsamen Konservativismus der DDR-Geschichtswissenschaft in den sechziger und siebziger Jahren, wie er sich etwa in der Neubewertung Rankes niedergeschlagen hat, und beleuchtet den wachsenden Historismus in der DDR, der antizyklisch zum Vormarsch der Sozialgeschichte im Westen auftrat, aber in anderem gesellschaftlichem und diskursivem Kontext gleichzeitig öffnende *und* innovationshemmende Wirkungen entfalten konnte.[157])

Alf Lüdtke zeigt dagegen anhand der ostdeutschen Arbeitergeschichtsschreibung, die sich nur zögerlich und in einzelnen Fällen von einer Arbeiterbewegungsgeschichte zu einer subjektzentrierten und handlungsorientierten Sozialgeschichte erweiterte, wie auf diesem Kerngebiet des SED-Legitimationsanspruchs die ursprüngliche Originalität ostdeutscher Ansätze verloren ging, so daß später der Anschluß an die internationale Debatte mühsam auf dem Umweg über die Rezeption neuer kultur- und sozialgeschichtlicher Fragestellungen aus den USA, Frankreich oder Italien in Westdeutschland gesucht werden mußte.

Von einer anderen Seite befragt *Rainer Eckert* das Selbstverständnis der zweiten deutschen Geschichtswissenschaft, indem er die Mechanismen der politischen und geheimdienstlichen Lenkung und die Motive der Kollaboration von Historikern betrachtet. Seine Analyse konzentriert sich auf die Nutzung wissenschaftlicher Reisen für geheimdienstliche Tätigkeit und identifiziert ein ganzes Bündel von Gründen, warum sich Historiker dem MfS zur Verfügung stellten: Sie reichen von der ‚ideologisch-politischen Überzeugung' bis hin zur subjektiven Annahme, die Staatssicherheit für eigene wis-

[157]) Vgl. *Küttler*, Das Historismus-Problem (wie Anm. 115).

senschaftliche und außerwissenschaftliche Absichten instrumentalisieren zu können. Die zitierten Berichte enthalten sowohl Nichtigkeiten, die die fehlende Orientierung über das eigentlich auszuspähende (westliche) Wissenschaftssystem auf eine manchmal geradezu groteske Weise vorführen, wie auch Beispiele willentlicher Bespitzelung und Denunziation von Kollegen. Fragt man nach der Bedeutung und den Folgen dieses Kontroll- und Disziplinierungssystems für die Geschichtswissenschaft wie die Wissenschaftspolitik der DDR, so scheint beim gegenwärtigen Kenntnisstand der aus den unzähligen Quellen der Staatssicherheit kondensierte Informationsertrag für wissenschaftspolitische Entscheidungen eher gering, die Wirkung für einzelne Betroffene und für das Arbeitsklima dagegen verheerend. Die Zerrüttung des Vertrauens untereinander zwischen Fachkollegen und Institutsmitarbeitern, zwischen Kommilitonen und ihren akademischen Lehrern führte in der Konsequenz zur Ausbildung habitueller Verkehrsformen im innerfachlichen Umgang, die ebenso weitere Untersuchung verdienen wie das Schicksal jener vielen, die Opfer von Spitzeltum und Entscheidungswillkür wurden.

Ralf Possekel erinnert daran, daß sich die auf dem evaluierenden Paradigma beruhende Diskussion nach 1989 von Anfang an in einem Dilemma befand, weil sich sehr bald herausstellte, daß es anscheinend „nur ganz wenige, die professionell qualifiziert und gleichzeitig völlig unbelastet waren", gab.[158]) Von diesem Ansatzpunkt her entwickelt Possekel den Vorschlag, in Anlehnung an den Berliner Philosophen Hans-Peter Krüger von einer „Kultur sich selbst widersprechender Individuen" auszugehen, die in sich die Widersprüche einer durchherrschten Gesellschaft trugen, weshalb eine eindeutige Zuordnung der Subjekte zu jeweils einem Pol des Widerspruchs in die Irre führe.[159]) Es bleibt zu prüfen, ob sich aus dieser Perspektive ein Ausweg aus dem Labyrinth evaluatorischer Deutungsmuster bahnen läßt, die letztlich stärker auf wissenschaftspolitische Entscheidungen über die Zukunft der akademischen DDR-Historiographie als auf analytische Rekonstruktion ihrer Vergangenheit hin angelegt waren. Zumindest ergeben sich aus Possekels Interpretationsvorschlag weitere Fragen nach Gründen, Formen und Handlungsdispositionen für Historiker, die sich durch solche Selbstwidersprüchlichkeit kennzeichnen lassen.

2. Die DDR-Geschichtswissenschaft in chronologischer Perspektive

Auf dieser Basis gewinnt auch eine Periodisierung der geschichtswissenschaftlichen Entwicklung in der DDR neue Ansatzpunkte, wie sie im Zentrum der zweiten Gruppe der hier vorgestellten Beiträge steht. Besonderes Interesse

[158]) Vgl. den Beitrag von *Ralf Possekel* in diesem Band.
[159]) *Hans-Peter Krüger*, Demission der Helden. Berlin 1992, 72 f.

verdient der Übergang von einer Phase, in der sich die Widersprüche zwischen den Wissenschaftsauffassungen und -praxen noch als Gegensatz von „bürgerlichen" und „marxistisch-leninistischen" Historikern fassen lassen, zu einer Folgezeit, die sich mit Possekel als Phase der subjektinternen Selbstwidersprüchlichkeit darstellte. Der Gewinn, der sich mit einer solchen Perspektive verbindet, liegt vor allem darin, den Blick auf das Handeln der Akteure wieder freizulegen, das sich in der Rede von der Historiographie als Legitimationswissenschaft ganz gegen die Intention ihrer Anhänger seltsam zu verflüchtigen scheint.

Hier ist das Anliegen der Beiträge von *Matthias Middell, Bernd Florath, Helga Schultz* und *Adelheid von Saldern* verankert, die sich mit dem Wandel in chronologischer Perspektive befassen. Auch sie gehen davon aus, daß die Schemata, in denen die Entwicklung des Großobjektes „DDR-Geschichtswissenschaft" gedacht werden kann, sich bei näherem Hinsehen als viel zu widersprüchlich erweisen: So kollidiert die Geschichte des steten Niedergangs z. B. mit der These von einer schrittweisen Verwissenschaftlichung, und die Überlegungen zum fortschreitenden Verlust an Originalität des marxistischen Ansatzes[160]) prallen gegen die Auffassung, daß man keinesfalls der „Legende vom guten Anfang" aufsitzen dürfe[161]), vielmehr die Geschichte der DDR-Historiographie nur als Verfallsgeschichte aus den deformierenden herrschaftsstrukturellen Gegebenheiten deduziert werden könnte. Andere beobachten dagegen die langsame und widersprüchliche Konstituierung einer DDR-spezifischen Praxis von Verquickung zwischen Herrschaft und Wissenschaft, die sich bis etwa 1958 herausbildete und seit Mitte der achtziger Jahre wieder erodierte, weshalb auch gar nicht mehr von einem Zusammenbruch der DDR-Geschichtswissenschaft, sondern höchstens von der Vollendung ihrer Erosion gesprochen werden könne.[162])

Einig sind diese sich scheinbar wechselseitig ausschließenden Deutungsmuster nur im Versuch, eine allgemeine Tendenz zu ermitteln, in der die Subjekte in Strukturen verschwinden und alles individuelle Handeln zum nichtigen Akzidens größerer Einheiten wird, deren Teil der einzelne Historiker vom Mo-

[160]) Vgl. das Urteil von *Wolfgang J. Mommsen*: „Überdies ging der DDR-Historiographie zunehmend die ursprünglich von marxistischen Ansätzen gespeiste innovative Kraft verloren" (in diesem Band S. 156).

[161]) Diesen Titel trug eine vom Unabhängigen Historikerverband getragene Sektion des Münchener Historikertages 1996. Zum allgemeinen Hintergrund: *Jürgen Danyel* (Hrsg.), Die geteilte Vergangenheit. Zum Umgang mit Nationalsozialismus und Widerstand in beiden deutschen Staaten. Berlin 1995, und die dort akribisch zusammengetragene Literatur (S. 247–264).

[162]) So knapp zusammengefaßt die von Martin Sabrow an verschiedenen Stellen auf Beobachtung von Einzelphänomenen gegründete Auffassung; vgl. beispielsweise: *Martin Sabrow*, Der staatssozialistische Geschichtsdiskurs im Spiegel seiner Gutachtenpraxis, in: ders. (Hrsg.), Verwaltete Vergangenheit (wie Anm. 4), 35–66.

ment seines Karrierebeginns an wird. Gegenläufige Erzählungen von eigensinnigem Beharren auf Wissenschaftlichkeit nach anderen Kriterien als den scheinbar allgemein gültigen und auf einer antizyklischen Praxis von Historiographie bleiben dann ungehört oder werden als randständige Erscheinungen ausgesondert. Es gehört zu den Paradoxa der Bilanzierungs- und Distanzierungsphase 1989–1995, daß beinahe alle Teilnehmer der Debatte – seien sie um Anklage oder Entlastung bemüht – an der Konstruktion einer „DDR-Geschichtswissenschaft" als kollektivem Gesamtakteur teilgenommen haben und den ständigen Rufen nach differenzierendem Urteil oder Hervorhebung der persönlichen Verantwortung zum Trotz eine auf den individuellen Akteur zentrierte Perspektive vernachlässigt haben. Diese Tendenz zur Verallgemeinerung kann sich einerseits auf das Bemühen vieler Historiker in der DDR berufen, eine gemeinsame Identität auszuprägen, sich auf ein einheitliches marxistisch-leninistisches Paradigma zu berufen und beides ihrer wissenschaftlichen Praxis zugrunde zu legen.[163]) Andererseits spiegelt sich das instrumentelle Wissenschaftsverständnis einer geschlossenen Verfügbarkeit parteilicher Wissenschaft vor allem in den nach 1989 zuerst verfügbaren und deshalb bevorzugt ausgewerteten intentionalen Akten des SED-Apparates.[164])

Um eine akteurzentrierte Perspektive zurückzugewinnen, plädiert *Matthias Middell* deshalb dafür, zwischen Phasen größerer Diskussions- und Handlungsmöglichkeiten und solchen Zeitabschnitten zu unterscheiden, in denen sich bleierne Schwere auf eine in Ritualen der Selbstbestätigung verharrende Geschichtswissenschaft senkte.[165]) Es scheint daher geradezu zum Charakter der Historiographie in der DDR zu gehören, daß einzelne Mikrokommunikationsräume sich nicht einfach zu einer im gleichen Takt voranschreitenden DDR-Geschichtswissenschaft zusammenfügten, sondern weitgehend voneinander isoliert blieben.[166])

Bernd Florath wendet sich den sechziger Jahren zu und führt vor, wie selbst im Kern des Selbstverständnis spendenden Paradigmas marxistisch-leninistischer Grundlegung und ihrer Umsetzung in der Arbeiterbewegungsgeschichte

[163]) Man denke an die wie selbstverständlich erfolgende Formierung von Delegationen bei internationalen Kongressen als nationale Repräsentanz „der" DDR-Wissenschaft. Vgl. dazu *Gerald Diesener/Matthias Middell* (Hrsg.), Historikertage im Vergleich, in: Comparativ 6, 1996, H. 5/6. Leipzig 1996.

[164]) So zum Beispiel *Kowalczuk*, Legitimation eines neuen Staates (wie Anm. 10), 17 u. 147 ff.

[165]) Vgl. *Matthias Middell*, Gab es in der Historiographie der DDR wissenschaftliche Schulen?, in: Sabrow (Hrsg.), Verwaltete Vergangenheit (wie Anm. 4), 67–115.

[166]) Daher kam auch der zentrale Streit darüber, ob die alte nationale Meistererzählung durch eine „fortschrittliche" Metanarrative abzulösen oder durch einen neuen Typ der internationalistischen Emanzipationsgeschichte zu ersetzen sei, faktisch in der DDR nicht zum Austrag. Vgl. *Matthias Middell*, Jenseits unserer Grenzen? Zur Trennung von deutscher und allgemeiner Geschichte in der Geschichtswissenschaft und Geschichtskultur der DDR, in: Jarausch/Middell (Hrsg.), Nach dem Erdbeben (wie Anm. 7), 88–120.

Vieldeutigkeit dominierte und eine Befestigung ideologisch fundierter Positionen immer nur zeitweise möglich machte. *Helga Schultz* erweitert ihre früher geäußerte Kritik an der historistischen Wende der DDR-Geschichtswissenschaft um Überlegungen zu deren nicht-intendierten Folgen und Paradoxien in einer die Geschichtskultur stärker (und anders als geplant) verändernden Debatte um Erbe und Tradition in der DDR der späten siebziger Jahre. Die spektakuläre Wirkung vor allem einiger biographischer Arbeiten etwa zu Martin Luther und Otto von Bismarck auf die öffentliche Wahrnehmung, die häufig als Aufbruch zu einem integralen Geschichtsbild gedeutet wird[167]), gerät so vor allem als Absage an eine alternative Meistererzählung deutscher Geschichte in den Blick[168]). An dieser für das Selbstverständnis der DDR-Führung außerordentlich sensiblen Diskussion läßt sich eine Bruchzone vermuten, in der (wie zu anderen Momenten der DDR-Entwicklung auch) Konflikte um grundsätzliche methodische Orientierungen ausgetragen wurden. *Adelheid von Saldern* geht schließlich anhand der kulturwissenschaftlich orientierten Forschungsgruppe um Dietrich Mühlberg darauf ein, wie an den Rändern der Zunft in den achtziger Jahren auf methodische Herausforderungen der kulturalistischen Wende in den Geistes- und Sozialwissenschaften reagiert wurde.

3. Die DDR-Geschichtswissenschaft als Diskursgemeinschaft

Um diesen Auseinandersetzungen auf die Spur zu kommen, genügt es offensichtlich nicht, etwa einige herausragende Texte von Fachhistorikern mit intentionalen Erklärungen der politischen Führung abzugleichen. Vielmehr – und diesem Anliegen nähern sich die Beiträge im dritten Abschnitt dieses Bandes – geht es um die Rekonstruktion der Spezifik einer Diskursgemeinschaft, die sich in ihren Ausdrucksformen von westlichen *communities* unterscheidet. Mit diskursanalytischen Verfahren läßt sich so eine Brücke zu *Martin Sabrows* Rekonstruktion der Denkfigur des „objektiven Gegners" in der ostdeutschen Historiographie schlagen. *Konrad H. Jarausch* plädiert in seinem Beitrag dafür, die Fremdheit jener Hinterlassenschaft anzunehmen, deren Denken und Sprachgebrauch uns heute so fern erscheint, anstatt sie voreilig durch paßgerechte Reformulierung aufzulösen. Er zielt darauf, unter der normiert erscheinenden Sprachoberfläche[169]) die Spannungen zu ermitteln, die

[167]) Jan Herman Brinks geht sogar soweit, den Historikern eine Vorreiterrolle bei der intellektuellen Bewältigung der deutschen Vereinigung zuzuschreiben.

[168]) So etwa *Fischer/Heydemann*, Weg und Wandel (wie Anm. 55), 18 f. Vgl. auch *Blänsdorf*, Die deutsche Geschichte (wie Anm. 81), 263 ff.

[169]) Weit oberhalb dieses Problems der Uniformität vieler Texte siedelte beispielsweise Walter Markov ein grundsätzlicheres Problem an. Es sei hier zitiert, um die Breite der bei einem diskursanalytischen Ansatz zu beachtenden Schwierigkeiten sichtbar werden zu lassen und vor oberflächlichen Annahmen zu warnen: „Für den talentierten Schriftsteller sehe

sich aus dem widersprüchlichen Versuch ergaben, ein alternatives Geschichtsbild zu entwerfen, das zugleich wissenschaftlich und parteilich sein sollte – und oft auch wollte.

Die sprachlichen Felder, auf die die Untersuchung sich folglich stärker zu stützen hätte als auf die politische Funktion der produzierten Geschichtsbilder, unterschieden sich dabei gewaltig: Wer über weit vergangene historische Epochen schrieb, war mit dem auch im Westen geläufigen Problem konfrontiert, daß die Sprache entfernter Vergangenheiten bei der wissenschaftlichen Analyse durch Übersetzung deformiert, durch Beibehaltung aber auch als Mittel mentaler Annäherung des Publikums an den Gegenstand eingesetzt werden konnte. Wer sich mit zeitgeschichtlichen Themen befaßte, stand einer Phalanx exakt normierter Sprachregulierungen gegenüber; Verbotsschilder für tabuisierte Begriffe wurden durch gestanzte Formeln ergänzt, die sich zur Benutzung für kanonisierte Sachverhalte und Interpretamente anboten. Standardisierte Bezeichnungen für historische Formationen gewährleisteten die interne Schnellverständigung über Epochengrenzen hinweg und sicherten die Zugehörigkeit zu einer kollektiven Großdeutung. Ihre Alternativlosigkeit legte den Fluß der theoretischen Debatte in einer sterilen adjektivischen Erweiterung altbekannter Kategorien trocken.[170]) Immer weiter tat sich auf dieser Ebene die Schere zwischen den innerhalb der ostdeutschen Diskursgemeinschaft praktizierten Sprachformen und ihrer Transformation auf, sobald auswärtige Sprecher hinzutraten, sei es bei bilateralen Kontakten oder auf internationalen Kongressen.

Das diskursanalytische Vorgehen ordnet sich einerseits einer herrschaftsgeschichtlichen Perspektive zu, wenn nämlich nach den Folgen sprachlicher Hegemonieverhältnisse für die soziopolitische Intergrationskraft historiographischer Darstellungen gefragt wird. Andererseits sind Einsichten in einer wissenschaftsgeschichtlichen Blickrichtung zu erwarten, wenn gegenstandsbezogene oder methodische Hemmnisse und die Binnengliederungen der Diskursformation DDR-Geschichtswissenschaft in Rede stehen. *Wolfgang Bialas* thematisiert in seinem Beitrag die historischen Diskursformen in der DDR als gemeinsame Bezugsräume von Befürwortern und Kritikern, die keinen Ausstieg erlaubten. Gleichzeitig fragt er aber auch nach dem Nachleben dieser diskursiven Prägungen über den Bruch von 1989/90 hinaus und argumentiert, daß ihnen, die immer noch die Diskussion über die ostdeutsche Historiographie zu einem Gutteil bestimmen, nur durch größere Selbstreflexivität zu

ich keine Molesten, sich ebenso über Julius Cäsar auszulassen wie über eine ahistorische Figur, sagen wir Raskolnikow. Ihm ist von vornherein die licentia poetica zugestanden (...). Den Historiker unterscheidet von ihm der Verzicht im Ausschöpfen dichterischer Freiheiten, er muß sich zügeln und bescheiden innerhalb enger gezogener Grenzen auch des sprachlichen Spiels." (*Walter Markov*, Zwiesprache mit dem Jahrhundert. Berlin 1989, 236)

[170]) Hierauf macht anhand des DDR-typischen Differenzierungsmittels der Unterscheidung zwischen dem Gebrauch einer Kategorie „im engeren Sinne" und „im weiteren Sinne" in diesem Band *Ralf Possekel* aufmerksam.

entgehen ist. Schließlich dient die Auseinandersetzung um die Interpretation der Weimarer Republik in den achtziger Jahren auch als Beispiel für eine inhaltliche Festschreibung von Interpretationen, deren Starrheit ein internes Verständnis für die finale Krise der DDR ausschlossen.

Gerald Diesener rekonstruiert dagegen anhand einer von Jürgen Kuczynski ausgelösten Debatte um das Rezensionswesen in historischen Zeitschriften der DDR die hinter den einzelnen Wortmeldungen liegenden Auffassungen von der Tiefendimension, die der „innermarxistischen" Kritik zugebilligt wurde. Er wirft damit ein Licht auf die scheinbare Übereinstimmung und den Mangel an Kontroversen, die vermeintlich die Existenz einer DDR-Geschichtswissenschaft *une et indivisible* garantierten und hinter der sich oftmals eine subtile Aufkündigung des fachlichen Konsenses verbarg.

Von einer anderen Seite setzt *Siegfried Lokatis* an. Aus der Erhellung der ebenso vielfältig wie zeitweise chaotisch anmutenden Einflußfaktoren im Zensurgeschehen der DDR folgert er, daß weder die Historiker noch die Geschichtsfunktionäre alleinige Herren ihrer Texte waren. Die kollektive Produktion und Zensur der geschichtswissenschaftlichen Literatur folgte vielmehr den inzwischen schon besser bekannten Mechanismen im Falle schöngeistiger Literatur - mit einem gravierenden Unterschied allerdings: Die Autoren handelten nicht als Individuen, sondern als Teile einer vollständig institutionalisierten Korporation und waren damit in einem umfassenden Zensursystem den „Mitschreibneigungen" kommentierender, korrigierender und ergänzender Gremien in Universität bzw. Forschungseinrichtung, Partei und Gewerkschaft ausgesetzt. Wen kann die verbreitete Kritiklosigkeit nach der Veröffentlichung eines Textes wundern, wenn alle kompetenten Fachleute bereits als Mitglieder des Autorenkollektivs einbezogen waren, das ihn verfaßte und als Mitdiskutanten oder als Gutachter die Stufen seines Entstehens begleitet hatten? Zugleich brachte das komplexe System wechselseitiger Abhängigkeiten zwischen den Institutionen habituelle Differenzen etwa zwischen den Parteieinrichtungen, den Akademieinstituten und den universitären Sektionen hervor, die eine differenzierte Darstellung der ostdeutschen Fachpraxis berücksichtigen muß und die bisher noch ganz ungenügend aufgedeckt sind.

4. Exemplarische Themenfelder

Die im vierten Abschnitt zusammengefaßten Texte von *Karlheinz Blaschke* über die Regional- und Landesgeschichte, von *Konrad Schuller* über die Alte Geschichte, von *Jan Peters* über seine Erfahrungen am Institut für Wirtschaftsgeschichte und von *Alf Lüdtke* über die Arbeitergeschichtsschreibung orientieren sich an einer Differenzierung anderer Art. Indem sie die ein subdisziplinäres akademisches Feld konstituierenden Personen und Institutionen in den Blick nehmen, tritt die auch in der DDR nicht ausgelöschte Wechselbeziehung zwischen allgemeinen wissenschaftspolitischen und konzeptuell-kognitiven Faktoren und die Eigenheit der Forscher und Einrichtungen plastisch hervor. Die Unterschiede sind gravierend, und für jeden einzelnen Historiker stellt sich diese Frage neu.

Solche Falldarstellungen führen vor Augen, daß wir von einer detaillierten Kenntnis der historiographischen Landschaft in der DDR noch weit entfernt sind. Sie entzog sich in ihrer genauen Topographie den Blicken von Außenbeobachtern, weil sie ihre diskursiven und symbolischen Praktiken und die aktenmäßig niedergelegten Verstrickungen in den Herrschaftsapparat vor 1989 nur in Ausnahmefällen preisgab. Sie bot sich aber auch den *insidern* nicht ohne Komplikationen zur Entschlüssselung an, weil die eher schwach ausgebildete Binnenkommunikation eine nähere Kenntnis der Nachbarfelder zumindest erschwerte. Das Bild einer Wabenkonstruktion bietet sich an, in der jeder zusammen mit dem anderen, aber zugleich separiert von ihm lebte und doch glaubte, das Ganze überblicken zu können. Von daher bleibt es auch weiterhin schwierig, die rhetorische Figur von der „DDR-Geschichtswissenschaft" angemessen zu füllen und nicht mit den Faktoren individuellen Erlebens zu verwechseln.

Mary Fulbrook schlägt schließlich mit einem Vergleich des Verhältnisses von Politik und Historiographie in West und Ost den Bogen zu den Ausgangsfragestellungen dieses Bandes zurück. Sie erinnert damit noch einmal daran, daß die Erforschung der Spezifika von Geschichtswissenschaft in der DDR und besonders ihres Verhältnisses zur Gesellschaft und zum Herrschaftsapparat nicht den Blick dafür verstellen darf, daß diese Geschichtswissenschaft vor Problemen stand, die sich auch anderen Historiographien außerhalb des sozialistischen Lagers stellten. Ein Vergleich der Lösungsstrategien schließt auch die Beachtung der Wechselwirkungen zwischen ihnen ein.

IV. Strategien kritischer Historisierung

Die hier versammelten Texte verstehen sich als Beitrag zur weiteren Verfachlichung der Diskussion, ohne deswegen einheitliche Standpunkte zu vertreten. Die schwierige Gratwanderung zwischen verallgemeinernder Verdammung und relativierender Entlastung nähert sich der DDR-Geschichtswissenschaft auf eine Weise, für die sich in Anlehnung an die bekannte Formel Martin Broszats der oben entwickelte Begriff „kritische" oder „reflektierte Historisierung" anbietet. Es geht um die Notwendigkeit eines gleichzeitig verstehenden und erklärenden Zugangs zu der mit wachsendem Abstand immer fremder werdenden Welt der staatssozialistischen Geschichtswissenschaft; es geht um die Gleichberechtigung unterschiedlicher Betrachtungswinkel wie der vor-

und der nachzeitigen, der östlichen und der westlichen, der Akteurs- und der Beobachterperspektive; es geht vor allem aber um Interpretationsansätze, die die SED-Diktatur und ihre Historiographie weder allein von ihrem Anfang als hoffnungsvolles Experiment noch von ihrem Ende her als zum Tode verurteilte Mißgeburt begreifen, sondern gleichsam von ihrer Mitte her und in ihrer Vielschichtigkeit rekonstruieren.

Das vorliegende HZ-Sonderheft ordnet sich in die Bemühungen ein, dem „Störfall DDR-Geschichtswissenschaft" nach dem sich abzeichnenden Ende der 1989/90 hereingebrochenen Distanzierungs- und Delegitimierungswelle nunmehr stärker durch kognitive als durch politisch-moralische Abstandsgewinnung Rechnung zu tragen. Dieser Absicht dienen neben seiner thematischen Schwerpunktsetzung auch eine bewußte Pluralität theoretisch-methodischer Positionen, die der Band spiegelt. Eine erste Methode der Distanzgewinnung ist die Reflexion über den Wissenschaftscharakter der DDR-Geschichtswissenschaft. Läßt sich die in der Fachwelt mehrheitlich vertretene Annahme aufrechterhalten, daß sie eine im Prinzip moderne, nach internationalen Standards ausgerichtete Disziplin gewesen sei, die ungeachtet ihrer politischen Instrumentalisierung im Kern „Wissenschaft" im westlich-universalen Sinne blieb und in sich den beständigen Kampf zwischen Parteilichkeit und Professionalität austragen mußte? Oder aber muß sie als das Produkt eines ganz anderen Umgangs mit der Vergangenheit gedeutet werden, das die tradierten Standards der Disziplin und ihre fachspezifischen Objektivitätsregeln durch ein andersartiges Wissenschaftsverständnis und andere fachliche Rationalitätskriterien und Prozeduren der Erkenntnisgewinnung zu ersetzen versucht hätte und als ‚Professionalität in der Parteilichkeit' zu einer dem inneren Selbstverständnis nach genuin instrumentellen Wissenschaft geworden wäre?[171]) Zumindest eröffnet der Verzicht auf eine unreflektierte Übertragung des in der Idee universellen, in der Realität zunächst nur westlichen Wissenschaftsmodells rekonstruierende Zugänge zur DDR-Geschichtswissenschaft, die auf diese Weise ihre Funktionsweise und innere Stabilität transparent werden lassen.

Eine weitere Strategie der intellektuellen Distanzierung ist der systematische Vergleich, sei es mit der Rolle der Historiker in der vorausgegangenen Diktatur des Nationalsozialismus, sei es mit der Entwicklung der Geschichtswissenschaft in den marxistisch-leninistischen Nachbarstaaten oder mit den Entwicklungstendenzen der Historiographie in der westlichen Welt. Aus der erstgenannten Blickrichtung enthüllen sich vor allem strukturelle Ähnlichkeiten in der gemeinsamen Verzerrung von Vergangenheitsdeutungen durch die freiwillige Indienststellung der Geschichtswissenschaft unter diktatori-

[171]) Hierzu *Martin Sabrow*, Die Geschichtswissenschaft der DDR und ihr ‚objektiver Gegner', in diesem Band.

schen Regimen.[172]) Die zweite Blickrichtung hingegen zeigt manche vergleichbare Systemzwänge der ideologischen und machtpolitischen Dominanz der Sowjetunion, aber auch ein gegenüber anderen sozialistischen Staaten willfährigeres Verharren vieler ostdeutscher Historiker in den Schablonen einer historischen Parteiwissenschaft. Bis 1968 vor allem in der Tschechoslowakei und nach 1968 vor allem in Polen und Ungarn versuchten unabhängige Wissenschaftler, sich vom herrschenden Dogmatismus der Partei zu lösen, Anschluß an die internationale Entwicklung zu gewinnen und eigene nationale Deutungen der Vergangenheit zu erarbeiten. Vergleiche mit den osteuropäischen Nachbarn deuten daher auch auf die wachsende Isolierung der DDR-Historiographie im eigenen Lager hin.[173]) Die dritte Vergleichsebene hingegen greift nicht nur die Debatte um das gemeinsame bzw. unterschiedliche Wissenschaftsverständnis in Ost und West auf, sondern sucht die Historisierung über die Rekonstruktion des jeweiligen internationalen Diskussionstandes, auf den die Historiker in der DDR reagierten oder den sie ignorierten. Auf dieser Folie kann ermittelt werden, in welchem Verhältnis sich die DDR-Historiographie zu den Traditionen deutscher Geschichtsschreibung befand und welche anderen westlichen Ansätze sie aufzunehmen versucht hat.

Eine andere Möglichkeit der Abstandsgewinnung liegt in einem wissenschaftsgeschichtlichen Ansatz, der weniger auf die ideologische Determiniertheit als auf die innerwissenschaftliche Entwicklung der DDR-Historiographie abhebt.[174]) Aus einer solchen Perspektive stellten sich daher Fragen nach den eigentlichen Forschungsmethoden, den dominierenden Großkonzepten, den unterschiedlichen Schulen, den führenden Institutionen, der Verteilung der Ressourcen und der personellen Rekrutierung von Forschern. Im Gegensatz zur Konzentration des Diktaturvergleichs auf allein politische Funktionen zielt eine wissenschaftsgeschichtliche Perspektive auf die Bedingungen und Prioritäten der alltäglichen wissenschaftlichen Praxis. Sie thematisiert so eher die relative Normalität des Wissenschaftsalltags als seine andersartigen Rahmenbedingungen.

Auf einen weiteren Weg aus der Polarisierung der Urteile verweisen die unter dem Schlagwort der „Postmoderne“ zusammengefaßten methodologischen

[172]) *Heinz-Gerhard Haupt/Jürgen Kocka* (Hrsg.), Geschichte und Vergleich. Ansätze und Ergebnisse international vergleichender Geschichtsschreibung. Frankfurt am Main 1996. Für gegensätzliche Standpunkte zur Einordnung der DDR siehe die Ausführungen von *Horst Möller* und *Jürgen Kocka* im Potsdamer Bulletin für Zeithistorische Studien Nr. 2, 1994, 9–28.

[173]) Siehe den Beitrag von *Frank Hadler/Georg G. Iggers* in diesem Band.

[174]) Als Beispiel siehe *Mitchell G. Ash*, Wissenschaft in historischen Umbruchsituationen, in: Luise Schorn-Schütte (Hrsg.), ‚Ideologie und wissenschaftliche Verantwortung‘. Potsdam 1996, 7–33. Vgl. auch *Gerd-Rüdiger Stephan*, Ergebnisse der DDR-Geschichtswissenschaft diskutieren!, in: Das Parlament, 27.6.1996.

Strömungen des Poststrukturalismus.[175]) So bietet eine aus den Impulsen des *linguistic turn* hervorgegangene Textanalyse in ihrer Mehrschichtigkeit einen neuen Zugang zu einem nach 1989 paradoxerweise fast verlorengegangenen Aspekt der ostdeutschen Geschichtswissenschaft, nämlich zu ihren veröffentlichten Synthesen und Monographien. In dieser Blickachse konzentriert sich das Untersuchungsinteresse auf das ideologische Vokabular der Schriften, ihre Argumentationsmuster und narrativen Strukturen, um den Einfluß der Normierung durch eine DDR-spezifische Wissenschaftssprache zu erhellen.[176]) Eine komplementäre, eher beim Diskurbegriff ansetzende Methode nimmt den internen Produktionsprozeß von der Konzeption bis zur Veröffentlichung eines Geschichtstextes in der DDR in den Blick, um dadurch die indirekte Steuerung der ostdeutschen Historiker durch ihre gemeinsamen Diskursstrukturen herauszuarbeiten. Mit Hilfe eines solchen Ansatzes ist es möglich, die tatsächlichen Auswirkungen politischer Vorgaben und Rahmenbedingungen auf die alltägliche Praxis des Faches zu beschreiben und der gleichsam subkutanen Ordnungsmacht eines historischen Herrschaftsdiskurses nachzugehen, der die DDR-Geschichtswissenschaft in ihrer einheitlichen Abgrenzung nach außen wie in ihrer inneren Differenziertheit auf den verschiedenen fachlichen Handlungsebenen von der Führungstätigkeit des Parteiapparates bis zur Begutachtung fertiggestellter Manuskripte charakterisierte.[177])

Als eine letzte Differenzierungsstrategie bleibt die akribische Aufarbeitung der Entwicklung einzelner Spezialgebiete zu nennen. Analog zur jüngeren Diskussion über die Kollaboration der Wissenschaften mit dem Nationalsozialismus können erst detaillierte Einzelanalysen von Fachrichtungen die verschiedenen Grade und Abstufungen ideologischer Instrumentalisierung in der parteimarxistischen Fachpraxis herausarbeiten und dadurch die vielen unterschiedlichen Steinchen liefern, aus denen sich das Gesamtmosaik schließlich wird zusammensetzen lassen. Eine solche Rekonstruktion von unten steht gleichzeitig vor der Herausforderung, aufgrund ihrer größeren Detailtreue nicht die allgemeineren Konturen aus dem Auge zu verlieren. Ebenso gilt aber, daß jede einzelne der hier angesprochenen Methoden immer nur einen

[175]) Siehe die Texte in dem Sonderheft der Zeitschrift Central European History 22, 1989, über die Herausforderung der Postmoderne von *Michael Geyer* und *Konrad H. Jarausch*. Vgl. *dies*., Great Men and Postmodern Ruptures: Overcoming the ‚Belatedness' of German Historiography, in: German Studies Review 18, 1995, 253–273, und jetzt auch *Thomas Mergel/Thomas Welskopp* (Hrsg.), Geschichte zwischen Kultur und Gesellschaft. Beiträge zur Theoriedebatte. München 1997.

[176]) Als Beispiel dazu *Ann Rigney*, The Rhetoric of Historical Representation: Three Narrative Histories of the French Revolution. Cambridge 1990.

[177]) *Martin Sabrow*, Projektvorstellung: Geschichte als Herrschaftsdiskurs in der DDR. Institutionen, Leitbilder, Praktiken, in: Potsdamer Bulletin für Zeithistorische Studien Nr. 5, 1995, 53–63. Vgl. auch *ders*., Der ‚ehrliche Meinungsstreit' und die Grenzen der Kritik. Mechanismen der Diskurskontrolle in der Geschichtswissenschaft der DDR, in: Corni/Sabrow (Hrsg.), Die Mauern der Geschichte (wie Anm. 1), 79–117.

Teil des Gegenstandes in den Blick zu nehmen vermag und andere Aspekte ausblendet: Die Geschichte der DDR-Geschichtswissenschaft wird nicht ohne eine Kombination der verschiedenen Strategien zu schreiben sein.

Wenn man die DDR-Geschichtswissenschaft nicht in gegenwartsbezogener Absicht bilanzierend, sondern kritisch-rekonstruierend betrachtet, ergibt sich ein vielschichtiges Bild. Gleichzeitig einem universellen Professionalismus verhaftet wie durch ideologische Imperative der Parteilichkeit bestimmt, verblüfft das ostdeutsche Wissenschaftsverständnis den außenstehenden Beobachter durch seine „fremde Nähe", erscheint die DDR-Historiographie gleichsam als eine Art „anormaler Normalwissenschaft", die alle Charakteristika einer gewöhnlichen Wissenschaftsdisziplin wie Fachvereine, Zeitschriften, Institute usw. aufwies und gleichzeitig doch substantiell ideologisch bestimmt war.[178]) Eine reflektierte Rekonstruierung kann zeigen, daß solche Widersprüche nicht zufällig, sondern für die DDR-Geschichtswissenschaft konstitutiv sind. Statt einer pluralistischen Meinungsvielfalt kannte die ostdeutsche Historiographie nur eine „gelenkte Öffentlichkeit", die durch Sprachnormierung und Diskurskontrolle die Forschung in eine ideologisch vorgegebene Richtung steuern sollte. Wohl schloß auch dieser Mechanismus Konflikte nicht aus, machte er politische Disziplinierungen nicht überflüssig, aber er sorgte über drei Jahrzehnte lang für ein erstaunlich reibungsloses Funktionieren einer ‚sozialistischen deutschen Geschichtswissenschaft' auf überwiegend freiwilliger Basis, bevor dieses spezifische Wissenschaftssystem dann ab Mitte der achtziger Jahre von innen und außen gleichzeitig zu erodieren begann.[179])

Mit einem Plädoyer, das eine Charakterisierung der DDR-Geschichtswissenschaft als ‚Nur-Propaganda' oder ‚Nur-Wissenschaft' für eine unzulässige Vereinfachung hält und ihr den Erkenntnisgewinn vielschichtiger und methodendifferenzierter Untersuchungen der ostdeutschen Fachpraxis entgegensetzt, ist kein Zeitalter der Unübersichtlichkeit ausgerufen, das alles gelten lassen will. Vielmehr geht es darum, von der Polarisierung der Werturteile zur Pluralisierung der Analysekonzepte zu kommen, die erst die zahlreichen Widersprüche, Reibungsflächen und Ungleichzeitigkeiten zutage treten läßt, von denen die DDR-Geschichtswissenschaft stärker durchzogen war, als ihre pauschale Stempelung zur ‚Normal-' oder ‚Legitimationswissenschaft' zu erkennen gibt. So erst wird es gelingen, die *moralisch-politische* Unruhe, die vor und nach 1989 von dem „Störfall DDR-Geschichtswissenschaft" ausgegangen ist, in eine *methodisch-theoretische* Unruhe zu verwandeln, die die vierzigjährige Parallel-Existenz zweier historischer Wahrheitswissenschaften zum Ausgangspunkt einer Reflexion auf ihre eigenen Grundlagen nimmt.

[178]) *Martin Sabrow*, Beherrschte Normalwissenschaft, in: GG 24, 1998 (im Druck).
[179]) *Jarausch*, Geschichtswissenschaft aus der Perspektive des ‚linguistic turn', in diesem Band.

Teil I: Das Wissenschaftsverständnis der DDR-Historiographie

Die Geschichtswissenschaft der DDR und ihr „objektiver Gegner“

Von

Martin Sabrow

I. Der Begriff des objektiven Gegners

Seit einer Reihe von Jahren ist die historische Fachöffentlichkeit Teilhaber einer unermüdlichen Auseinandersetzung um den Ort der ostdeutschen Historiographie in der Geschichte. Die Verhandlung ist öffentlich, und sie wird beherrscht von Klägern und Verteidigern, die wechselseitig ihre Zeugen und Sachverständigen aufbieten. Bekannt sind die erhobenen Vorwürfe wie die Entlastungsstrategien. Man hat gehört von der moralischen Korruptheit der fünften Grundrechnungsart und ihrer Lehrer, vom Verrat an der Wissenschaft und der Teilhabe an der Macht der Parteidiktatur. Man weiß ebenso um den Appell an die bleibenden Leistungen von DDR-Historikern, um die Notwendigkeit zeitlicher wie innerdisziplinärer Differenzierung und die Gefahr vereinfachender Urteile über das „Labyrinth, in dem es nur falsche Wege gibt“[1]). Die nachzeitige Perspektive bringt es mit sich, daß die zweite deutsche Geschichtswissenschaft vor allem als historiographiegeschichtlicher Störfall begriffen wird, als vierzigjährige Anomalie; ihre oft befremdlichen Verfahren und Ergebnisse erklärt man sich gern mit dem Druck wissenschaftsfremder Interessen und der traurigen Gefügigkeit ohnmächtiger oder korrupter Vergangenheitsdeuter. Doch den inneren Bau dieses Labyrinths, die jahrzehntelange Haltbarkeit und plötzliche Brüchigkeit seiner Konstruktion, die Eigenart der Wege, die es den in ihm gefangenen Historikern vorschrieb oder versagte, lassen sich nur erkennen, wenn die zweite deutsche Geschichtswissenschaft in ihrer Fremdheit und Normalität zugleich rekonstruiert wird. Wollen wir uns nicht in der nach 1989/90 gewachsenen „Demut bei der Darstellung und der Analyse von Geschichtsabläufen“ angesichts ihrer wieder deutlich gewordenen Unberechenbarkeit üben[2]), bedarf es dazu theoretischer Zugriffe, die die Nähe der dichten Beschreibung durch die distanzierende Leistung des analyti-

[1]) *Peter Hübner*, Ein Labyrinth, in dem es nur falsche Wege gibt, in: Frankfurter Allgemeine Zeitung, 8.9.1993.

[2]) *Gerhard A. Ritter*, Der Umbruch von 1989/91 und die Geschichtswissenschaft (Sitzungsberichte der Bayerischen Akademie der Wissenschaften, philosophisch-historische Klasse, 1995, H. 5.), 23. Vgl. auch *Friederike Föcking*, Primat der Kontingenz. Der Umbruch 1989 und die Geschichtswissenschaft, in: Frankfurter Allgemeine Zeitung, 22.5.1996.

schen Konzeptes ergänzen. Einen solchen Zugang zum Charakter historischer Wissenschaft in der DDR will die folgende Betrachtung anhand eines Schlüsselbegriffs aus der Totalitarismustheorie Hannah Arendts erproben: der Kategorie des *objektiven Gegners*.

Für Hannah Arendt ist totalitäre Herrschaft anders als nach dem deskriptiven Ansatz von Friedrich und Brzezinski immer nur im unerreichbaren Anspruch, nie in der Vollendung denkbar: Aus der unstillbaren Differenz von Norm und Wirklichkeit, die auch im Versuch einer rückstandslosen politischen Bemächtigung durch den Menschen nicht überwunden werden kann, leitet sie die eigentümliche Dynamik der Zerstörung und Selbstzerstörung ab, die ihren Begriff totalitärer Herrschaft kennzeichnet. Entkleiden wir diesen Vernichtungstotalitarismus seiner anthropologischen Dimension, bleibt das Bild eines schrankenlosen, aber nie in der Vollendung zur Ruhe kommenden Durchdringungsanspruchs politischer Herrschaft, die sich, will sie bestehen, über jeden Widerstand hinwegzusetzen und gegen jeden äußeren Einfluß zu immunisieren versuchen muß. Die dazu erforderliche Leistung bezeichnet Hannah Arendt als die ,Verwandlung des Tatsächlichen in die Fiktion', die wiederum die kategoriale Konstruktion eines objektiven Gegners voraussetzt. Er „ist für das Funktionieren totalitärer Regime wichtiger als die ideologisch festgelegte Bestimmung, wer der Gegner jeweils ist". Denn: „Der ,objektive Gegner' unterscheidet sich von dem ,Verdächtigen' früherer Geheimpolizeien dadurch, daß er nicht durch irgendeine Aktion oder einen Plan, dessen Urheber er selber ist, sondern nur durch die von ihm unbeeinflußbare Politik des Regimes selbst zum ,Gegner' wird."[3])

Unschwer läßt sich die ,Verwandlung des Tatsächlichen in die Fiktion' bei Arendt für den Bereich der Geisteswissenschaften in der sozialistischen Diktatur als Ablösung eines weithin autonomen, seinen eigenen Rationalitätskriterien folgenden Fachdiskurses durch ein heteronomes Fachverständnis übersetzen. Der Topos des objektiven Gegners bezeichnet dann das die eigene Identität verbürgende Feindbild, das die politisch beherrschten Wissenschaften sowjetischen Typs in ihren westlichen Gegenwissenschaften gesehen hätten und das sich vom Wollen und Handeln dieses Gegners, ja selbst von der bloßen Existenz eines feindlichen Gegenüber gelöst habe. Hiervon ausgehend, möchte ich die DDR-Geschichtswissenschaft mit einem anderen Besteck als dem für gewöhnlich verwandten sezieren. Ich gehe nicht nach ihrer üblichen Einteilung in Fachgebiete und Phasen vor, die aus dem Interpretationskonzept einer – wiewohl politisch bedrängten und teils verformten – historischen „Normalwissenschaft" in der zweihundertjährigen Tradition des Faches folgen, und stütze mich auch nicht auf das andere Paradigma, das sie als vierzig-

[3]) *Hannah Arendt*, Elemente und Ursprünge totaler Herrschaft. 2. Aufl. München 1991, 654f.

jährigen Ausnahmezustand konzipiert, als fremdbeherrschte Pseudo-Wissenschaft unter dem willkürlichen Diktat der kommunistischen Einheitspartei. Meine These lautet statt dessen, daß die Untersuchung ihrer diskurssteuernden Ordnungskategorien mindestens ebenso aufschlußreich ist für das Verständnis von vierzig Jahren DDR-Geschichtswissenschaft wie herkömmliche Analyseansätze, die nach fachlichen Forschungsfeldern, bleibenden Leistungen und einwirkenden Fremdeinflüssen fragen.

II. Feindbild und Wissenschaftsverständnis

Als Ausgangspunkt bietet sich der Beschluß des SED-Politbüros über die Verbesserung der Lage in der Geschichtswissenschaft vom Juli 1955 an, der die stagnierende Umwandlung der ostdeutschen Geschichtsdisziplin in eine Parteiwissenschaft vorantreiben sollte und über ihr westdeutsches Pendant statuierte:

„Im Gegensatz zur Deutschen Demokratischen Republik, wo sich eine neue volksverbundene, friedliebende, patriotische Geschichtswissenschaft entwickelt, sind in den letzten Jahren seit dem Wiedererstehen des deutschen Imperialismus in der Geschichtsschreibung in Westdeutschland antinationale, volks- und friedensfeindliche Auffassungen und Kräfte herrschend geworden und damit ernste Gefahren für die deutsche Wissenschaft und unser ganzes Volk entstanden."[4])

In der Konsequenz forderte der „Geschichtsbeschluß" der SED die Durchsetzung der marxistischen Geschichtsauffassung im eigenen Fachbetrieb und im gleichen Atemzug auch die Verbindungsaufnahme zu „fortschrittlichen" Kollegen der Bundesrepublik, um so vereint den ‚Kampf gegen die imperialistische Geschichtsfälschung' zu führen:

„Hand in Hand mit der Verstärkung des Kampfes gegen die Apologeten der Kriegspolitik des westdeutschen und amerikanischen Monopolkapitals unter den westdeutschen Historikern muß eine Verstärkung der Verbindungen zu denjenigen westdeutschen Historikern, Archivaren, Geschichtslehrern, Museenfachleuten, Heimatforschern gehen, die den Frieden lieben und der Wissenschaft ergeben sind."[5])

Weniger der prinzipielle Gegensatz zweier unvereinbarer Ideologien als vielmehr der Anspruch auf ein offenes Kräftemessen nach den gemeinsamen Regeln des wissenschaftlichen Streitaustrags leitete die Autoren des Geschichtsbeschlusses in ihren praktischen Vorschlägen, wie die Verbindungen nach dem Westen zu stärken seien:

[4]) Die Verbesserung der Forschung und Lehre in der Geschichtswissenschaft der Deutschen Demokratischen Republik, in: ZfG 3, 1955, 507–527, hier 509. Die verschiedenen Entwürfe des „Geschichtsbeschlusses" in: Stiftung Archiv der Parteien und Massenorganisationen im Bundesarchiv (künftig: SAPMO-BA), Dy 30, IV A 2/9.04/90.
[5]) Die Verbesserung der Forschung und Lehre (wie Anm. 4), 526.

„Einladung westdeutscher Historiker, Archivare, Geschichtsstudenten zu wissenschaftlichen Diskussionen an die historischen Institute in der Deutschen Demokratischen Republik und zu wissenschaftlichen Konferenzen, Veröffentlichung von wissenschaftlichen Beiträgen fortschrittlicher westdeutscher Historiker in entsprechenden Fachzeitschriften unserer Republik; Heranziehung westdeutscher Wissenschaftler zu gemeinsamen wissenschaftlichen Forschungsarbeiten, vor allem durch das Institut für Geschichte an der Akademie der Wissenschaften; verstärkter Austausch von geschichtswissenschaftlicher Literatur zwischen der DDR und Westdeutschland, Einführung des Leihverkehrs von Archivmaterialien."[6])

In ihrer gleichzeitigen Negation und Anerkennung einer gemeinsamen gesamtdeutschen Geschichtswissenschaft zeigte sich diese regierungsamtliche Lagebeurteilung von seltsamer Uneindeutigkeit. Sie repräsentiert den Augenblick, in dem die SED-Führung die herrschaftslegitimatorische Einbindung einer Historiographie in der DDR zu vollenden unternahm, deren wissenschaftliche Eigenständigkeit gegenüber ihrer westdeutschen Konkurrenz noch gar nicht präzise fixiert war, sondern sich im unterschiedlichen theoretischen und methodischen Herangehen von Marxisten und Nicht-Marxisten erschöpfte.

Diesen Widerspruch sah niemand so deutlich wie der *primus inter pares* der Marxisten unter den DDR-Historikern in der frühen DDR, Alfred Meusel. In einer detaillierten Kritik des zitierten Beschlußentwurfs wehrte sich Meusel dagegen, den „Professor in Westdeutschland (...) als einen Mann (hinzustellen), der um bestimmter politischer Zwecke und Ziele willen fälscht, verheimlicht und entstellt" und die verbrecherischen Dokumente der bürgerlichen Klassenherrschaft tief ins Archiv vergrübe. Dieser Unterstellung hielt der Direktor des Museums für deutsche Geschichte entgegen, daß es allein weltanschauliche und wissenschaftstheoretische Gründe, nicht objektive Klassenschranken seien, die dem Nicht-Marxisten den Weg zur Erkenntnis verschließe:

„Weil die bürgerlichen Historiker niemals dazu erzogen wurden, die Bedeutung der Klassenkämpfe richtig einzuschätzen, haben sie mitunter gar nicht gewußt, welche wertvollen und aufschlußreichen Dokumente sie in Händen hielten. Die Formulierungen (im Geschichtsbeschluß; M. S.) (...) machen den Eindruck, als ob die bürgerlichen Historiker eigentlich ein marxistisches Bewußtsein hätten und wegen ihrer bürgerlichen Klasseninteressen gegen ihre bessere Erkenntnis handelten."[7])

Meusel nutzte die Gelegenheit, um das eine Modell einer fachlich zwar überholten, aber doch in sich durchaus differenzierten und vor allem in Teilen grundsätzlich überzeugbaren Wissenschaftsschule aus dem Westen gegen das andere Bild zweier sich unversöhnlich gegenüberstehenden „Klassenwissenschaften" auszuspielen. Fälschlich werde in dem Entwurf der Eindruck erweckt, „als ob eine geschlossene, einheitliche Auffassung der Historiker in der

[6]) SAPMO-BA, Dy 30, IV A 2/9.04/90, Die Verbesserung der Forschung und Lehre in der Geschichtswissenschaft der Deutschen Demokratischen Republik, 4. Entwurf.
[7]) Ebd., Einwände des Gen. Prof. Meusel zum Geschichtsbeschluß, 26.4.1955.

Bundesrepublik existiert, denen eine geschlossene, einheitliche Auffassung der Historiker in der Deutschen Demokratischen Republik gegenübertritt. Sicher gibt es Tendenzen in dieser Richtung, aber sie haben sich bis heute noch nicht vollkommen durchgesetzt“.[8]) Unter diesen Umständen aber sei eine harte Konfrontation fehl am Platze, weil sie jede Möglichkeit einer wissenschaftlichen Überzeugung der westdeutschen Kollegen durch die Vertreter der fortschrittlichen, marxistischen Fachrichtung verspiele:

„Wenn man über die westdeutschen Historiker in der Weise urteilt, wie es auf diesen Seiten geschieht, so muß man sich nicht darüber wundern, wenn westdeutsche Historiker es ablehnen, zu uns zu kommen, und wenn die Genossen Historiker nicht auf westdeutschen Historikerkongressen auftreten können. Umgekehrt, wenn man die Auseinandersetzung zwischen westdeutschen und ostdeutschen Historikern für das Wichtigste hält (ich halte sie für das Wichtigste), so muß man sich in der Terminologie, mit der man die reaktionären und imperialistischen Historiker bekämpft, einige Zurückhaltung auferlegen. Tertium non datur.“[9])

Zu welcher Seite die SED-Führung allerdings angesichts der so formulierten Alternative von interner Sicherung und externer Ausstrahlungskraft der eigenen Historiographie neigte, zeigte sich schon daran, daß Meusels Kritik in dem dann im Juli 1955 verabschiedeten „Geschichtsbeschluß“ fast gänzlich ignoriert worden war. Doch der Direktor des zentralen Geschichtsmuseums in der DDR wußte eine Fachströmung hinter sich, die auch unter sozialistischem Vorzeichen und durch alle Kursänderungen der SED-Wissenschaftspolitik hindurch an der Einheit der deutschen Historie als Wissenschaft festgehalten hatte. Besonders Tagungen der von einer gesamtdeutschen Tradition zehrenden Einrichtungen wie der Akademie der Wissenschaften zu Berlin (Ost) (DAW) oder auch des Verbandes der Historiker Deutschlands (VHD) dienten ungeachtet des sich verschärfenden Systemgegensatzes zu einem gerade von der östlichen Seite immer wieder gesuchten Kräftemessen, das von der Zuversicht getragen wurde, in ihm die Überlegenheit der marxistischen Erkenntnismethode augenfällig nachzuweisen.[10])

Insbesondere nach dem Juniaufstand 1953 forcierte etwa die Akademie ihre Anstrengungen, west- und ostdeutsche Wissenschaftler zusammenzuführen.[11]) Noch im März 1954 konstatierte die Klasse für Gesellschaftswissen-

[8]) Ebd.

[9]) Ebd., Alfred Meusel an Ernst Diehl, 29.4.1955.

[10]) In diese Richtung wies etwa Walter Markovs Plädoyer für einen Methodenwettstreit zwischen dem historischen Materialismus und der traditionellen Geschichtswissenschaft: *ders.*, Historia docet?, in: Forum 1947, 128f. Vgl. *ders.*, Zur Krise der deutschen Geschichtsschreibung, in: Sinn und Form 2, 1950, H. 2, 109–155.

[11]) „Der Akademie gelang es außerdem, einige gute Fachtagungen in der DDR zu organisieren, an denen auch bedeutende Wissenschaftler aus Westdeutschland teilnahmen. (Z.B. Tagung für Vor- und Frühgeschichte in Berlin, Chemiker-Tagung in Leipzig.) Die Akademie wird in der kommenden Zeit außerdem einen erheblichen Teil der ihr zur Verfügung stehenden Mittel benützen, um bekannte westdeutsche Wissenschaftler durch unmittelbare

schaften der DAW, daß das „von Professor Stern praktizierte Prinzip einer Zusammenarbeit von marxistischen und nichtmarxistischen Historikern richtig ist“ und ermächtigte den Nicht-Marxisten Fritz Hartung und den Marxisten Alfred Meusel gemeinsam, diese Feststellung auch dem stellvertretenden Ministerpräsidenten Walter Ulbricht zu übermitteln.[12]) Mochte für diese moderate Haltung auch das Kalkül verantwortlich sein, den empfindlichen Mangel an parteiverbundenen SED-Historikern durch die zeitweilige Duldung von Nicht-Marxisten zu überbrücken, zeugte sie doch gleichzeitig auch von einem Wissenschaftsverständnis, für das noch nicht die Abgrenzung von einem objektiven Gegner im Sinne Hannah Arendts konstitutiv war, sondern der Glaube an die argumentativ beweisbare Überlegenheit des eigenen Paradigmas.[13])

An dieser Grundeinstellung änderte der zitierte „Geschichtsbeschluß“ 1955 nichts. Noch zu Anfang des darauffolgenden Jahres gestand Kurt Hager ein, daß beim Aufbau des Museums für deutsche Geschichte eine falsche Richtung eingeschlagen worden sei: Der Gründungsbeirat habe sich auf eine abgeschlossen wirkende Konzeption für die Geschichtsausstellung verständigt, die einer Zusammenarbeit mit nichtmarxistischen Historikern jeden Boden entzogen habe.[14]) Die Konkurrenz zwischen den beiden Historiographien in

Auftragserteilung mit der Akademie zu verbinden.“ (SAPMO-BA, Dy 30, IV 2/9.04/380, Der Verwaltungsdirektor der Akademie der Wissenschaften an Kurt Hager, 27.10.1953.)

[12]) Archiv der Berlin-Brandenburgischen Akademie der Wissenschaften (künftig: ABBAW), Klasse für Philosophie, Geschichte, Staats- und Rechtswissenschaften, 36, Der Referent für Gesellschaftswissenschaften an Fritz Hartung, 25.3.1954. Auch Stern gab in diesem Zusammenhang seiner Hoffnung Ausdruck, daß es gelinge, „die gute Zusammenarbeit zwischen den marxistischen und nicht-marxistischen Historikern, die in unserer Forschungsgemeinschaft schon seit über drei Jahren sich erfolgreich bewährt hat, auch weiterhin zu fördern“. (Ebd., Leo Stern an Johannes Irmscher, 27.3.1954.)

[13]) Anschaulich wurde diese optimistische Auffassung etwa in einer Beratung der sowjetischen Geschichtsfunktionärin Ewgenia Stepanowa, die im Herbst 1953 die historischen Einrichtungen der DDR visitiert hatte, mit Kurt Hager als Leiter der ZK-Abteilung Hochschulen und Wissenschaft über die Ergebnisse ihrer Evaluierung. In dem Gespräch beklagte Hager sich lebhaft über „sektiererische Tendenzen“ der marxistischen Historiker in der DDR gegenüber ihren bürgerlichen Kollegen: „Denn unsere Historiker sagen sich eben nicht: Wir werden nun einmal diesen oder jenen parteilosen bürgerlichen Historiker ganz systematisch bearbeiten, um ihn zu überzeugen, zu gewinnen und heranzuziehen, auch wenn das drei Jahre dauern sollte, bis er sich langsam unseren Anschauungen nähert. Es wird unter Umständen einige Jahre dauern, bis dieser Historiker sein erstes marxistisches Werk schreibt.“ (SAPMO-BA, Dy 30, IV 2/1.01/238, Stenographische Niederschrift der Aussprache der Abteilung Wissenschaft und Hochschulen des Zentralkomitees der SED mit der Genossin Ewgenia Akimowna Stepanowa, Stellvertretender Direktor des Marx-Engels-Lenin-Stalin-Instituts beim ZK der KPdSU, 27.11. 1953.)

[14]) „Hager: Wir hatten beim Aufbau des Museums für deutsche Geschichte einen schweren Fehler gemacht. Die damalige Leitung hatte einen wissenschaftlichen Rat gebildet, in dem marxistische und nichtmarxistische Historiker zusammensaßen, die von der Regierung berufen worden waren. Dann hatte man Thesen über die Gestaltung des Museums verschickt, die bei den nichtmarxistischen Institutionen den Eindruck erweckten: Das ist ja alles gewissermaßen schon fix und fertig! Wir haben also nichts mehr zu sagen! Es lohnt sich nicht mehr, darüber zu diskutieren! – Es war eine Tatsache, daß sich in der ersten Zeit alle nicht-

Deutschland blieb jedenfalls aus östlicher Sicht zunächst noch offen; sie ähnelte in mancher Hinsicht mehr einem Streit der Schulen als einer Auseinandersetzung zwischen unterschiedlich verfaßten Wissenschaften. Während einerseits der innerdeutsche Fachaustausch argwöhnischer Kontrolle und Behinderung ausgesetzt blieb, wie dies etwa der von Heinrich Sproemberg initiierte „Leipziger Arbeitskreis mittelalterlicher Historiker" erleben mußte[15]), konnten andere Fachkollegen in ihren pflichtgemäß abgefaßten Reiseberichten westdeutsche Tagungen wegen ihrer „vielfache(n) Gelegenheit" rühmten, „alte Bekanntschaften zu erneuern und mit westdeutschen Gelehrten gemeinsame Angelegenheiten zu besprechen".[16]) Entsprechend fiel es in diesem noch vom ‚Neuen Kurs' beeinflußten Entwicklungsstadium der DDR-Historiographie zwischen 1953 und 1956 selbst einer Versammlung führender SED-Historiker bei Kurt Hager schwer, ein klares und vor allem eindeutiges Bild ihres wissenschaftlichen Gegners in Westdeutschland zu gewinnen, wie ein Teilnehmer zu erkennen gab:

„Der Vergleich mit der westdeutschen Geschichtsschreibung beruht auf einer optischen Täuschung. Es wird gesagt, die westdeutschen Historiker haben ein viel größeres Maß von politischem Kampfeswillen sozusagen für ihre Gesellschaftsordnung als wir für unsere. Aber wie sieht es aus? Man darf ja nicht vergessen, daß in der Tat dort drüben ein Vielfaches mehr Historiker vorhanden sind als hier. Darunter gibt es einen Kreis, der im allgemeinen nicht sehr groß ist, der auch führende Leute umfaßt, der unerhört aktiv und unmittelbar und aktuell in die politischen Dinge eingreifend, sich Problemen der neuesten Geschichte zuwendet. Wenn man diese Gruppe zahlenmäßig vergleicht mit der unerhört großen Zahl von Historikern in Westdeutschland, die sich um diese Dinge überhaupt nicht kümmern, entsteht natürlich erst das richtige Bild und bekommt man die richtige Perspek-

marxistischen Historiker plötzlich wieder zurückzogen und nicht mehr an der Arbeit teilnahmen. Erst allmählich ist es uns dann gelungen, sie davon zu überzeugen, daß wir sehr wohl über die verschiedensten historischen Probleme diskutieren können und wollen. So haben wir eine Tagung durchgeführt, auf der über die Stellung Luthers diskutiert wurde, wo auch verschiedene Genossen gegeneinander aufgetreten sind. So bin ich dort mit einer These aufgetreten, der Genosse Kuczynski mit einer anderen These und der Genosse Meusel mit einer dritten These. Diese Diskussion hat nach meinem Dafürhalten eine gewisse Änderung gebracht, weil sie gezeigt hat, daß man auch mit den Marxisten diskutieren kann, die selbst verschiedene Meinungen haben. Dadurch ist eine größere Bereitschaft wieder entstanden, mit uns zusammenzuarbeiten. Ich glaube, daß jetzt auch günstigere Bedingungen dafür bestehen, um wieder mit ihnen in einen engeren Kontakt zu kommen. Aber ein solcher Fehler, wie wir ihn hier gemacht haben, kann uns auf längere Sicht hemmen. Das hat sich hier besonders gezeigt." (Ebd.)

15) *Veit Didczuneit*, Heinrich Sproemberg – ein Außenseiter seines Faches. Unter besonderer Berücksichtigung seiner Tätigkeit als Leipziger Hochschullehrer 1950 bis 1958, in: ders./Manfred Unger/Matthias Middell (Hrsg.) Geschichtswissenschaft in Leipzig: Heinrich Sproemberg. Leipzig 1994, 11–90, hier 67 ff.

16) ABBAW, Reiseberichte, 24, H. Teuchert, Bericht über die Tagung des Vereins für niederdeutsche Sprachforschung, 12.8.1955. Zum Reiseberichtswesen der DDR-Geschichtswissenschaft: *Martin Sabrow*, Zwischen Ökumene und Diaspora. Die Westkontakte der DDR-Historiographie im Spiegel ihrer Reiseberichte, in: Berliner Debatte Initital 1996, Nr. 3, 86–97.

tive dafür, die, glaube ich, nötig ist, um solche Vergleiche zurückzuweisen. Es stimmt nicht, was selbstverständlich nicht heißt, daß nicht auf Grund der Aktivität dieser nur relativ kleinen Gruppe eine unerhörte Gefahr für unsere DDR und eine große Aufgabe für uns entsteht, der man entgegentreten, die man lösen muß. Aber dieser Gesamtvorwurf gegen die Historiker bei uns stimmt nicht. Er ist nicht richtig."[17])

Daß sich im östlichen Fachverständnis die Trennlinie zwischen den Lagern und die Scheidung zwischen einer ‚wahren' und einer bloß ‚vermeintlichen' Wissenschaft von der Geschichte noch nicht verfestigt hatte, sondern je nach taktischem Wollen und politischem Kontext verschiebbar blieb, demonstriert augenfällig die eingehende Berichterstattung der Ost-Berliner Zeitschrift für Geschichtswissenschaft (ZfG) über den Ulmer Historikertag 1956. Sie ebnete im Gefolge der durch den 20. Parteitag der KPdSU ausgelösten Erschütterung vordem befestigte Grabenstellungen gegenüber der westdeutschen Zunft wieder ein und rühmte das Treffen mit Worten, die von grundsätzlicher Abgrenzung gegenüber einer anderen Form von Wissenschaft nichts spüren ließen:

„An der teilweise recht lebhaften Diskussion (...) nahmen die Historiker der DDR regen Anteil. Es ist erfreulich, daß die Diskussion, von unbedeutenden Ausnahmen abgesehen, in sachlicher und objektiver Weise geführt wurde. Zahlreiche persönliche Verbindungen wurden im Laufe der Kongreßtage neu geknüpft bzw. schon bestehende gefestigt. Wir werden (...) ausführliche Berichte über Verlauf, Ergebnisse und Bedeutung des Ulmer Historikertages veröffentlichen und damit die in Ulm begonnene Diskussion zwischen den Historikern aus Ost und West von unserer Seite fortsetzen."[18])

Wie sollte sich dieses ganz traditionelle Modell eines westöstlichen Austauschs über die Leistungskraft der beiderseitigen Forschungsmethoden und -ergebnisse vertragen mit der von der Parteispitze verlangten „Zerschlagung" der „der Kriegsvorbereitungen dienenden imperialistischen Fälschungen" und der „Aufdeckung der historischen Wahrheit über die Vergangenheit auf der Grundlage der marxistisch-leninistischen Theorie" als „Beitrag zum Sieg des nationalen Befreiungskampfes unseres Volkes"?[19]) Schwerlich auch ließ sich mit der zustimmenden Wiedergabe des „gehaltvollen und nachdenklich stimmenden Vortrag(s)"[20]) von Karl-Dietrich Bracher auf dem Ulmer Historikertag über die Anfänge nationalsozialistischer Außenpolitik die im „Geschichtsbeschluß" getroffene Einschätzung untermauern, „daß die imperialistische Geschichtsschreibung in Westdeutschland ein Instrument der gefährlichsten Feinde der deutschen Nation – der deutschen Imperialisten und Militaristen – zur ideologischen Kriegsvorbereitung geworden ist"[21]). Eine Geschichtswis-

[17]) SAPMO-BA, Dy 30, IV 2/1.01/304, Stenographische Niederschrift der Beratung des Gen. Prof. Kurt Hager mit Genossen Historikern am 12. Jan. 1956.
[18]) 23. Versammlung deutscher Historiker in Ulm, in: ZfG 4, 1956, 1255.
[19]) SAPMO-BA, Dy 30, IV 2/9.04/90, Beschlußentwurf über die Kaderentwicklung in der Geschichtswissenschaft, die Aufgaben der Institute und Archive, o. D. (Anfang 1954).
[20]) 23. Versammlung deutscher Historiker in Ulm, in: ZfG 5, 1957, 325–352, hier 325.
[21]) Die Verbesserung der Forschung und Lehre (wie Anm. 4), 510.

senschaft, die ihr westliches Gegenüber als fördernden und fordernden Konkurrenten um die Erkenntnis der historischen Wahrheit annahm, sich mit ihm sozusagen auf gleichem Fuß maß, konnte kein zuverlässiges Instrument heimischer Herrschaftssicherung sein. Unvermeidlich blieben ihre Identität und ihre Legitimität als eigenständige, ‚fortschrittliche‘ Geschichtswissenschaft der DDR an den immer aufs Neue zu erbringenden Nachweis wissenschaftlicher Überlegenheit geknüpft. Wo dieser Nachweis sich nicht oder nicht glaubwürdig erbringen ließ, vermochte sich die Geltungskraft des marxistischen Geschichtsdenkens im eigenen Staat nicht mehr aus sich selbst heraus, sondern nur noch über die Macht der politischen Disziplinierung und die Kraft der ideologischen Propaganda zu behaupten. Stets blieb so die politisch gewollte Abgrenzung gegenüber der angeblich bankrotten Geschichtswissenschaft der Bundesrepublik wissenschaftlich gefährdet, stand das parteimarxistische Paradigma in einer bedrohlichen Rivalität zu seinem historistischen Pendant im Westen.

Mehr noch: Gerade unter dem Eindruck des 20. Parteitags der KPdSU 1956 und der zunehmenden Risse im sozialistischen Lager, die die gleichzeitige Entwicklung in Polen und Ungarn vor Augen führten, begünstigte die offene Gedankengrenze zu westlichen Historiographien Ausbruchsversuche aus dem verordneten Denken auch unter parteiloyalen Historikern. Parallel zum versöhnlichen Kurs der ZfG hatte auch das glänzendste Aushängeschild sozialistischer Gesellschaftwissenschaften, Jürgen Kuczynski, 1956 zwei auf Marx gestützte Vorstöße lanciert, die den Rahmen des sozialistischen Geschichtsbildes noch vor seiner endgültigen Ausgestaltung zu zerbrechen drohten. In einem ZfG-Aufsatz warb Kuczynski für die Ansicht, daß die Ikonisierung der Volksmassen als Subjekt der Geschichte für die vorsozialistischen Epochen gerade aufgrund ihrer Unterdrückung durch die jeweiligen Ausbeuterklassen unmarxistisch sei.[22]) Mit der Anerkennung dieser Auffassung wären einer wissenschaftlichen Beschäftigung mit der Geschichte dieser herrschenden Klassen die bisherigen ideologischen Hürden aus der Bahn geräumt gewesen. Ebenfalls auf die Autorität der Klassiker gestützt, wollte Kuczynski in einem weiteren, geschichtstheoretischen Aufsatz, der ganz im Zeichen der antidogmatischen Bewegung nach dem März 1956 stand, die leninistische Parteilichkeit mit der wissenschaftlichen Objektivität versöhnt wissen, indem er nämlich die historische Wirklichkeit selbst als parteilich definierte und von der willkürlichen Parteilichkeit zugunsten einer politischen Partei abhob.[23])

[22]) *Jürgen Kuczynski*, Der Mensch, der Geschichte macht. Zum 100. Geburtstag von G. W. Plechanow am 11. Dezember 1956, in: ZfG 5, 1957, 1–17. Zu den Hintergründen siehe *ders.*, Frost nach dem Tauwetter. Mein Historikerstreit. Berlin 1993; dort auch ein wörtlicher Neuabdruck beider Artikel.

[23]) *Jürgen Kuczynski*, Parteilichkeit und Objektivität in Geschichte und Geschichtsschreibung, in: ZfG 4, 1956, 873–888.

III. Das Konstrukt des objektiven Gegners

Der bald nach der Niederschlagung des Ungarnaufstandes zu Ende des Jahres 1956 einsetzende *Rollback* in der Geschichtspolitik des Parteiapparats mochte von außen als einer unter vielen Versuchen der SED erscheinen, ihre Historiker zu disziplinieren und auf die geltende ideologische Linie zu verpflichten. Aus dem Blickwinkel des hier gewählten Ansatzes erscheint er als die eigentlich entscheidende Zäsur in der Entwicklung einer eigenständigen Historiographie als parteilicher Wissenschaft. So sah es auch Fritz Hartung, der Ende 1956 die Herausgeberschaft an den seit 1925 erscheinenden Jahresberichten für deutsche Geschichte resigniert aufgab. Er, der zu manchem Kompromiß bereit gewesen war, fand nun die gemeinsame wissenschaftliche Grundlage endgültig zerstört, nachdem Meusel gefordert hatte, „daß die Jahresberichte (...) eine Auswahl der zu verzeichnenden Literatur nach politischen Geschichtspunkten vornehmen sollen. Die Erfüllung dieser Forderung bedeutet den Tod einer ernsthaften wissenschaftlichen Bibliographie. (...) Für mich ist nach den Grundsätzen, die ich bisher in der Wissenschaft vertreten habe, eine Nachgiebigkeit ausgeschlossen.“[24])

Weniger diskret verfuhr man mit Kuczynski. Mit ihrer sich über ein volles Jahr hinziehenden Kampagne gegen den obstinaten Kritiker eines ‚instrumentellen Parteilichkeitsbegriffs‘[25]) bewiesen die befaßten Parteiorgane, daß sie sich der Reichweite seiner Überlegungen wohl bewußt waren. Im Anschluß an den Auftrag des 30. ZK-Plenums vom Januar und Februar 1957, alle ‚revisionistischen Erscheinungen‘ aufzuspüren, wurde gegen Kuczynski ein Parteiverfahren in Gang gesetzt, das von einer koordinierten Polemik gegen Kuczynskis geschichtsphilosophischen Vorstoß in der ZfG begleitet war. Die weitere Öffentlichkeit wurde im Herbst desselben Jahres durch einen Artikel in der SED-Zeitschrift „Einheit“ ins Bild gesetzt, der bezeichnenderweise seinen Ausgangspunkt in der Feststellung wählte, daß der Aufstieg der „junge(n) Ge-

[24]) ABBAW, Klasse für Philosophie, Geschichte, Staats- und Rechtswissenschaften, 36, Fritz Hartung an den Präsidenten der Deutschen Akademie der Wissenschaften, 13.5.1958. Es mutet fast wie Ironie an, daß es Meusel selbst nicht besser ging, als er fast gleichzeitig in der ZfG einen Artikel „Über den Charakter und die Bedeutung wissenschaftlicher Diskussionen“ zu veröffentlichen versuchte, der die eigene Seite an die gebotene Sachlichkeit in der Auseinandersetzung mit nichtmarxistischen Historikern erinnern wollte. In der Redaktion der ZfG wurde sein Beitrag als überflüssige Hervorhebung selbstverständlicher Grundsätze abgelehnt: „Außerdem ist in dem Artikel die Bedeutung des eigenen wissenschaftlichen Standortes nicht genügend hervorgehoben. Infolge dessen können die an sich richtigen Gedanken doch objektivistische Auffassungen hervorrufen.“ (Protokoll der Sitzung des Redaktionskollegiums am 1.11.1956, zit. nach *Fritz Klein*, Dokumente aus den Anfangsjahren der ZfG (1953–1957), in: ZfG 42, 1994, 39–55, hier 52.)

[25]) Näher hierzu *Martin Sabrow*, Historia militans in der DDR. Legitimationsmuster und Urteilskategorien einer parteilichen Wissenschaft, in: Historicum. Zeitschrift für Geschichte, Frühling 1995, 18–25.

schichtswissenschaft der Deutschen Demokratischen Republik (...) unter der Bedingung (...) eines Landes bei offener Grenze vor sich geht"[26]). Um mit Kuczynski und seinen Sympathisanten argumentativ fertig zu werden, legte der Autor Ernst Hoffmann seiner Interpretation das Modell zweier gegensätzlicher Historiographien auf deutschem Boden zugrunde.[27]) In diesem Ordnungsraster erschien die von Kuczynski ausgelöste Diskussion als bedrohlicher Einbruch des politisch-wissenschaftlichen ‚Gegners', der in einer „beispiellosen Hetz- und Wühltätigkeit" bei einem Teil der DDR-Historiker „Schwankungen und revisionistische Tendenzen" ausgelöst habe.[28]) Die eigentliche Schwäche des eigenen Lagers machte Hoffmann in der verfehlten Anerkennung einer gemeinsamen Grundlage von marxistischer und nichtmarxistischer Historiographie dingfest, kurz: in der ideologischen Koexistenz.[29]) Verfehlt sei daher die in der ZfG abgedruckte Hoffnung, daß die in Ulm begonnene Diskussion von Historikern unterschiedlicher Weltanschauung fortgesetzt werden möge, weil sie für beide Seiten fruchtbringend sei:

„Diese Einschätzung geht nicht von der Hauptfrage, dem wissenschaftlichen Kampf gegen die imperialistische Geschichtsschreibung, aus. Wenn man aber von dieser Hauptfrage abstrahiert, dann gleitet man, ob man will oder nicht, auf die Position der ideologischen Koexistenz ab."[30])

Mit dieser Deutung, in der es auf die Intentionen der Protagonisten hüben und drüben nicht mehr ankam, hatte der Autor des „Einheit"-Artikels die deutsche Historiographie nach einem Konzept der ideologischen Gegnerschaft modelliert, in dem ‚ein einheitliches deutsches Geschichtsbild aller aufrichtigen deutschen Historiker' von der Bedingung abhing, „ob die Historiker die Geschichte (...) vom Standpunkt der aufsteigenden Arbeiterklasse oder vom Standpunkt der untergehenden Bourgeoisie betrachten, ob sie die reaktionäre Rolle des deutschen Imperialismus und Militarismus in der Geschichte ent-

[26]) *Ernst Hoffmann*, Über Tendenzen, die den weiteren Fortschritt unserer Geschichtswissenschaft hemmen, in: Einheit 12, 1957, 1146–1163, hier 1146.

[27]) Auf der einen Seite stehe die fortschrittliche Geschichtswissenschaft, deren „Aufwärtsentwicklung (...) vor allem der Fürsorge und richtungweisenden Hilfe seitens der Parteiführung der Sozialistischen Einheitspartei Deutschlands zu verdanken" sei, auf der anderen „die imperialistische Geschichtswissenschaft des westdeutschen Klassenfeindes", die eine führende Rolle in der „ideologischen Kampagne zur Stärkung des deutschen Imperialismus und zur Durchsetzung der Remilitarisierung und Refaschisierung Westdeutschlands" spiele (ebd. 1148).

[28]) Ebd., 1149.

[29]) „Die Konzeption der ideologischen Koexistenz revidiert das marxistische Prinzip vom unversöhnlichen Gegensatz und Kampf zwischen der Ideologie der Arbeiterklasse und der Ideologie der Bourgeoisie. Angewandt auf die Lage der Geschichtsschreibung im heutigen Deutschland bedeutet eine solche Konzeption in erster Linie die friedliche Koexistenz der marxistischen Geschichtswissenschaft mit der imperialistischen Historiographie in Westdeutschland." (Ebd. 1150.)

[30]) Ebd. 1151.

larven oder verherrlichen".[31]) Schon im Ansatz falsch mußte also Kuczynskis Versuch sein, „in den prinzipiellen Fragen der Objektivität und Parteilichkeit gemeinsame Grundlagen der marxistischen und der bürgerlichen Geschichtsschreibung zu entdecken".[32]) Ebenso wie sich die Gestalt des objektiven Gegners einzig aus der parteilichen Sicht des eigenen Denkens abzeichnete, konnte auch die historische Objektivität nur eine Funktion des Klassenkampfes darstellen: „Die Objektivität der wissenschaftlichen Geschichtsschreibung beruht jedoch auf dem Materialismus, auf dessen richtiger Anwendung auf die geschichtlichen Erscheinungen."[33]) Auf der Basis dieses Wissenschaftsverständnisses war jeder Verständigung von Historikern beider Lager der Boden grundsätzlich entzogen – und mußte es sein, um nicht die besondere Identität eines staatssozialistischen Geschichtsdenkens zu zerstören.

Das von Hoffmann gegen Kuczynski ins Feld geführte Grundmuster einer parteilichen Verständigung über die Vergangenheit erhielt seine alleinverbindliche Geltungskraft mit der Partei-Kampagne gegen „Revisionismus und Objektivismus" 1957 und wahrte sie – nicht als Realität, aber als Norm – bis zum Ende der DDR. Von nun an war – offen ausgesprochen, unwillig hingenommen oder auch nur auf die offizielle Kommunikation im internen Wissenschafts- und Parteiapparat zurückgedrängt – das Selbstverständnis der staatssozialistischen Historiographie nicht mehr von der Grundannahme zu trennen, daß unabhängig von Produktivität, Beweislage und Außenwirkung nur sie allein ein ‚allseitig wissenschaftlich begründetes Geschichtsbild' zu schaffen fähig war. In folgerichtiger Auslegung konnte es hinfort keine Wertschätzung bürgerlicher Arbeit geben, die nicht gleichzeitig eine Herabsetzung der eigenen bedeutete. Auch eine ganz beiläufige Respektbekundung vor der anderen Seite, die dem Außenbeobachter nichtig erscheinen mochte, konnte so aus der Binnenperspektive ein bedrohlicher Vorfall werden, der die Regeln des parteilichen Fachdiskurses verletzte und damit in der Konsequenz den Bestand der sozialistischen Geschichtswissenschaft selbst in Frage stellte. Nur so ist verständlich, daß selbst die Reverenz, die abermals Jürgen Kuczynski „dem harmlosen Charme und der mild-weisen Atmosphäre" eines von ihm rezen-

[31]) Ebd. 1154.
[32]) Ebd.
[33]) Ebd. „Durch die Konzeption der ideologischen Koexistenz mit der imperialistischen Geschichtsschreibung in Westdeutschland kann unsere Geschichtswissenschaft nur ihr eigenes Gesicht verlieren. Ihre wissenschaftliche und politische Kraft schöpft unsere Geschichtsschreibung aus der Arbeiterklasse, deren grundlegende Klasseninteressen völlig mit der objektiven Wahrheit der geschichtlichen Entwicklung vom Kapitalismus zum Kommunismus übereinstimmen, aus dem Marxismus-Leninismus, der einzigen Lehre, die über eine wissenschaftliche Theorie und Methode für die Erkenntnis der menschlichen Geschichte verfügt, aus der Arbeiter-und Bauern-Macht und ihrer führenden Kraft, der marxistisch-leninistischen Partei." (Ebd. 1156.)

sierten Buches aus der Feder eines ‚bürgerlichen‘ Gelehrten[34]) erwiesen hatte, die heftigsten Reaktionen in Parteigruppe und SED-Apparat zeitigen konnte:

„Aber gerade in einem solchen Fall, wenn die Form bestechend schön und lehrreich ist, muß erst recht eine ideologische Auseinandersetzung mit dem Inhalt des Buches gefordert werden. Unterbleibt sie, so wird die Form zu einem Mittel des Gegners, die Aufmerksamkeit vom Wesentlichen abzulenken und seine feindliche Ideologie einzuschleusen. (...) Das ist gefährlich und führt zur friedlichen Koexistenz.“[35])

Mit dieser Erkenntnis über die tatsächliche Gefährlichkeit auch des scheinbar harmlosesten ‚bürgerlichen‘ Werkes hatte der „objektive Gegner“ in der ostdeutschen Historiographie seine eigentliche Gestalt angenommen. Er war zu einem Strukturmoment der in der DDR geltenden Verständigungsregeln über die Vergangenheit geworden, das hinfort einen verläßlichen Orientierungspunkt zur Bewegung im Raum der historischen Fachwissenschaft zu bieten vermochte. Als der Parteiapparat beispielsweise im Dezember 1958 die führenden Historiker der SED zusammenrief, um gemeinsam eine Strategie zur besseren Bekämpfung der westlichen Geschichtsschreibung festzulegen, konnte Ulbricht wie selbstverständlich die eigene Indienstnahme der Wissenschaft auf den behaupteten Feind projizieren:

„Adenauer hat diese ganzen Historiker zusammen genommen und ihnen klar gemacht, daß sie beweisen müssen die geschichtliche Notwendigkeit der europäischen Integration und die Rolle Westdeutschlands in der Nato. Und sie schreiben alle tapfer in dem Sinne, wie ihnen das angeordnet wurde, alle, angefangen bei Ritter bis hin zum letzten Schulmeister in den Dörfern. (...) Die ganze Geschichtsschreibung, wie sie jetzt dort im Westen betrieben wird, dient dieser Aufgabe. Es gibt dort eine einheitliche ideologisch-politische Leitung der gesamten Geschichtsforschung.“[36])

Mehr noch: Den Fachhistorikern, die Ulbrichts Einschätzung auf Grundlage ihrer professionellen Kompetenz erörterten, wollte es im weiteren Verlauf ihrer Beratung so vorkommen, daß, recht besehen, gar nicht beide deutsche Geschichtswissenschaften gleichermaßen gebunden seien, sondern vielmehr in Wahrheit allein der objektive Gegner die politische Hörigkeit besitze, die er den marxistischen Historikern fortwährend unterstelle. Unter dem Beifall seiner Kollegen griff Ernst Hoffmann Ulbrichts Äußerung auf und entwickelte aus ihr ein Konstrukt des „objektiven Gegners“, das ausschließlich auf Projektion beruhte:

[34]) Es handelte sich um *Paul Kirn*, Das Bild des Menschen in der Geschichtsschreibung von Polybios bis Ranke. Göttingen 1955, rezensiert von *Jürgen Kuczynski* in: ZfG 4, 1956, 1267–1271, hier 1267.

[35]) SAPMO-BA, Dy 30, IV 2/9.04/397, Heinrich Scheel (Referat vor der Parteiorganisation der DAW, Dezember 1957).

[36]) Ebd., IV 2/1.01/392, Stenographische Niederschrift der Abteilung Wissenschaften beim ZK mit Genossen Historikern im Großen Sitzungssaal des Zentralhauses der Einheit am Mittwoch, dem 17. Dezember 1958.

„Ich habe den Genossen Ulbricht so verstanden; die imperialistische Geschichtsschreibung in Westdeutschland reagiert unmittelbar und sofort auf die heutigen Ereignisse, d.h. auf die Erfordernisse des deutschen Imperialismus. Trotz der immer wieder von ihnen vorgegebenen Wahrheitsliebe, Objektivitätssuche und ähnlichen Geschichten müssen wir feststellen, daß sie unvergleichlich politischer sind als wir. (...) Wir haben folgenden, eigenartigen Zustand: Wir, die wir auf dem Standpunkt der offenen, klassenmäßigen Parteilichkeit stehen, reagieren weitaus weniger für unsere Partei, für die Partei der objektiven Wahrheit, für die Partei der Arbeiterklasse, als diejenigen, die vorgeben, außerhalb des Parteienkampfes zu stehen oder über ihm zu stehen. (...) Dort haben wir ein von oben zusammengezimmertes und dirigiertes Kollektiv von Historikern, das in wissenschaftlichen Zeitschriften und Büchern, in Zeitungen, im Rundfunk und überall tagtäglich reagiert, sämtliche Wege nutzt, um historiographisch den deutschen Imperialismus bei der Vorbereitung des Atomkrieges zu unterstützen. Das ist doch die Sache. Und wir, die wir doch nicht von diesen Widersprüchen zerrissen sind, wo doch unsere wissenschaftliche Arbeit völlig mit der objektiven Wahrheit des historischen Forstschritts übereinstimmt, wir tun es nicht. (...) Das heißt, wir haben ein Klassenbewußtsein, das weniger entwickelt ist als das politische Klassenbewußtsein der monopolkapitalistischen Geschichtsschreiber drüben."[37])

IV. Der Feind in der Maske des Freundes

Die vehemente Verneinung einer „Geschichtswissenschaft schlechthin"[38]) konnte sich ihrer diskursinternen Geltung um so sicherer sein, je augenfälliger die westdeutsche Zunft dieses Urteil durch eigene schroffe Abgrenzung zu bestätigen schien.[39]) Ihre eigentliche Bewährungsprobe hatte die Diskursfigur

[37]) Ebd.

[38]) Der Ausdruck findet sich in einer Auseinandersetzung der Parteiorganisation der DAW mit einer Rezension des Territorien-Ploetz durch drei DDR-Historiker: „Da wird von ‚Grundsätzen der modernen Landesgeschichtsforschung', vom ‚altbewährten Ploetz-Stil' gesprochen, den man vermisse, und von einer Aufgabe der Geschichtswissenschaft schlechthin gesprochen, ein solches Werk zu schaffen! Die Autoren, meist westdeutsche bürgerliche Archivare, feiert man als beste Kenner der Landesgeschichte, was für die Solidität ihrer Arbeit bürge. Bei einer Auseinandersetzung über den Begriff ‚historischer Raum' verweisen die marxistischen Historiker der DDR Hoffmann, Lehmann und Wick auf den bürgerlichen Historiker Schlesinger und solidarisieren sich mit ihm, statt ihre Position zu vertreten. Den gröbsten Verstoß gegen die marxistisch-leninistische Parteilichkeit leisten sich die Genossen bei der Behandlung von 6 in der DDR tätigen Autoren, durchweg Historiker, die leitende Funktionen in unserem Archivwesen bekleiden. Unsere Genossen schreiben selbst, daß sich deren Abschnitte nicht von denen der westdeutschen Autoren unterscheiden, und sie drücken ihr Bedauern darüber aus. Nichts weiter!" (SAPMO-BA, Dy 30, IV 2/9.04/397.)

[39]) Ein instruktives Beispiel bietet hier eine Beratung der Fachkommission Geschichte bei der Abteilung Wissenschaften des ZK am 20.2.1957, die sich im Kampf gegen „Revisionismus" und „Objektivismus" maßgeblich auf die Trierer Ereignisse stützte: „Ihren klarsten Ausdruck fand die politische Frontstellung der reaktionären westdeutschen Geschichtsschreibung einerseits und der marxistischen Historiker der DDR andererseits bisher auf der westdeutschen Historikertagung in Trier. Hier wurde für jedermann (!) die Tatsache (!) offenbar, daß der NATO-Kurs gleichbedeutend ist mit Spaltung. Selbst die westdeutsche Presse mußte zugeben, daß der Abbruch des wissenschaftlichen Gesprächs von den reaktionären Kräften im westdeutschen Historikerverband provoziert wurde, von den Kräften also,

des objektiven Gegners erst zu bestehen, als auch in der Bundesrepublik eine Bewegung gegen den tradierten Historismus entstand, die von einer jüngeren Generation getragen wurde und überdies manche Anstrengungen unternahm, um von der bisherigen Konfrontation zu einer Kooperation mit der DDR-Seite zu kommen. In dieser anfangs der sechziger Jahre einsetzenden Entwicklung, die maßgeblich von der sogenannten Fischer-Kontroverse um die deutsche Kriegsschuldfrage 1914, aber auch um die Rolle der Räte in der Novemberrevolution 1918 bestimmt wurde, zeichnete sich aus Sicht der östlichen Seite zunächst allerdings nur ein Fortschritt ab: die immer erhoffte und herbeigeschriebene Zerklüftung der gegnerischen Front.

Die SED-Führung, die sich seit der Abriegelung der innerdeutschen Grenze der inneren Mauern auch ihrer Historiographie wieder sicherer wähnen konnte, reagierte bald. Zu Beginn des Jahres 1964 registrierte Kurt Hager namens der beim Politbüro angesiedelten „Ideologischen Kommission“, „daß sich in steigendem Maße Mitglieder der Gewerkschaft, Sozialdemokraten und andere friedliebende Kräfte für unsere historischen Arbeiten interessieren. Das müssen wir berücksichtigen und unser Wirken offensiv nach Westdeutschland verstärken mit allen Möglichkeiten, die uns zu Gebote stehen“.[40]) Damit gab er den Weg frei für eine vorsichtige Wiederbelebung der seit dem Trierer Historikertag 1958 abgebrochenen Westkontakte, die allerdings nunmehr von der grundsätzlichen Unterschiedlichkeit der beiden deutschen Geschichtswissenschaften ausging. So veranlaßte der vom VHD im Oktober 1964 in Berlin (West) anberaumte Historikertag insgeheim auch in der DDR Partei und Historiker zu einem organisatorischen Aufwand, der dem der West-Berliner Veranstalter fast ebenbürtig war und dessen Grundlage eine ausführliche „Analyse der wissenschaftspolitischen Zielsetzung des Programms des westdeutschen Historiker-Kongresses“[41]) bildete. Der vorgeschlagene Maßnahmeplan analysierte das Tun des westdeutschen Gegners wie selbstverständlich mit den Normen der eigenen Wissenschaft und hielt es daher für ausgemacht, daß die Abhaltung einer Konferenz in Berlin eine „noch weitere Steigerung der in Trier begonnenen Provokation“ bezweckte:

> „Offenbar hofft die westdeutsche Leitung auch, von Westberlin aus stärker auf die DDR propagandistisch einwirken zu können. (...) Die Historikertagung ist offenbar zugleich als eine Gegendemonstration zu den Feierlichkeiten zum 15. Jahrestag der DDR gedacht.“[42])

die sich eindeutig auf den imperialistisch-militaristischen Standpunkt festgelegt haben.“ (Ebd., IV 2/9.04/134, Beratung der Fachkommission Geschichte am 20. 2. 1957.)

[40]) SAPMO-BA, Dy 30, IV A 2/9.04/331, Kurt Hager zur Gründung der Sektion Geschichte der DAW, 29. 1. 1964.

[41]) Ebd., 165, Ernst Engelberg an Johannes Hörnig, 25. 6. 1964.

[42]) Ebd., Vorschläge zur Reaktion auf die 26. Tagung des westdeutschen Historikerverbandes in Westberlin vom 7.–11. 10. 1964.

Die Themen des Historikertags spiegelten in der Sicht der SED-Bürokratie „eine eindeutige politisch-ideologische Stoßrichtung", demonstrierten aber in vielen Fragen auch ungewollt die Stärke der DDR-Historiographie, wie in bezug auf das ‚Problem der Räte in der Weimarer Republik': „Bei diesem Thema wird allerdings auch deutlich, daß sich die bürgerliche westdeutsche Geschichtsschreibung unter dem Einfluß der marxistischen Geschichtswissenschaft der DDR (...) immer stärker mit der Geschichte der Arbeiterbewegung beschäftigen muß."[43]

Im Schatten des Kongresses und ohne Wissen seiner Veranstalter kam es auf Initiative des Akademie-Instituts sogar zu einer ersten deutsch-deutschen Historikerbegegnung seit Trier, auf der Fachvertreter beider Seiten sich über ihre Ansichten zu Nationalsozialismus und Kriegsschuld 1939 austauschten.[44] Das Ziel dieser Gespräche bestand im Verständnis der befaßten SED-Gremien darin, „die marxistisch-leninistische Geschichtsauffassung zu verbreiten, imperialistische Konzeptionen zu widerlegen und – soweit vorhanden – die relative Aufgeschlossenheit bürgerlicher westdeutscher Historiker für die Fragen unserer Wissenschaft und für die Praxis des sozialistischen Aufbaus im Geiste der friedlichen Koexistenz, des sozialen und politischen Fortschritts auszunutzen".[45] In den Denkstrukturen ihres eigenen Diskurses gefangen, kamen die Geschichtswächter der SED allerdings nicht auf den Gedanken, daß im Ergebnis weniger die westdeutsche als vielmehr die eigene Geschichtskonzeption Schaden nehmen könnte. Eben dies aber trat ein. Wohl hielt der Berichterstatter über das innerdeutsche Historikertreffen am Rande des Berliner Historikertags die Spielregeln des östlichen Diskurses ein und referierte neben den Stärken auch die Schwächen der parteimarxistischen Argumentation, ohne auch nur im geringsten die Frage aufkommen zu lassen, ob die westdeutsche Position folglich in der Sache nicht auch eine gewisse Berechtigung besitzen könne.[46] Andere DDR-Historiker aber forderten, die

[43] Ebd.

[44] Siehe hierzu *Martin Sabrow*, In geheimer Mission. Mitten im Kalten Krieg trafen sich Historiker aus Ost und West, in: Die Zeit, 12.4.1996, 34.

[45] SAPMO-BA, Dy 30, IV A 2/9.04/331, Rechenschaftsbericht der Parteileitung der Grundorganisation Historische Institute an der DAW (Entwurf), 2.5.1965.

[46] Was immer die westdeutsche Seite also entgegnete, konnte daher nie die inhaltliche Auffassung ihrer Kontrahenten erschüttern, sondern einzig Mängel ihrer Vermittlung offenbaren: „Die Aussprache wurde (...) auf das Problem der Kontinuität der Politik des deutschen Imperialismus und seiner Verantwortung für die beiden Weltkriege gelenkt. (...) Unsere Genossen wiesen (...) nach, daß die Kräfte des Imperialismus und Militarismus die Schuld an der Vorbereitung, dem Ausbruch und den Folgen der Weltkriege trifft. Es wurde deutlich, daß wir uns bei diesem Nachweis heute auf ein ungleich reicheres Material stützen können, als das vor drei – fünf Jahren der Fall war. (...) Gleichzeitig machte die Diskussion für uns aber auch sichtbar, wie dringend es ist, die Arbeit in den Archiven konsequent fortzusetzen und Lücken in der historischen Forschung zu schließen. (...) In der Diskussion wurde auch die Stärke unserer methodologischen Position sichtbar. In der Behandlung einiger Fragen des historischen Materialismus sind durch die Forschungen der letzten Zeit

Auffassungen der Kollegen aus dem Westen ernst zu nehmen[47]) und ihren wissenschaftlichen Vorsprung anzuerkennen[48]). Unter dem Eindruck des westöstlichen Gedankenaustauschs schrieb der Leiter der Forschungsgruppe Zweiter Weltkrieg am Akademie-Institut für Geschichte gegen die Auffassung an, Hitler sei nur eine Marionette des Monopolkapitals; ein anderer übte offene Kritik an der beschönigenden Bewertung der Sozialfaschismus-Politik der KPD durch einen führenden Geschichtsfunktionär; ein dritter vertraute seinen persönlichen Notizen die Auffassung an, daß nun zum Angriff auf die ‚Dimitroff-These‘ und andere Kernbestände des herrschaftslegitimatorischen Geschichtsbildes in der DDR geblasen werden müsse.[49])

Mit dem Rückenwind des im Dezember 1965 abgehaltenen 11. ZK-Plenums, das den Kalten Krieg in die Kultur zurückbrachte, entfachte die alar-

vereinfachende Vorstellungen überwunden worden. Oft versuchten die westdeutschen Teilnehmer mit Argumenten zu operieren, die eine gewisse Berechtigung hatten, als und solange unter dem Einfluß des Dogmatismus Probleme des Zusammenhangs zwischen Ökonomie und Politik vereinfacht gesehen und dargestellt wurden. (...) Bereits bei dieser Diskussion zeigte sich aber, daß der billige Vorwurf des Schematismus, der von einigen westdeutschen Teilnehmern erhoben wurde, im Grunde nur rhetorischen Wert hatte. Er wurde durch eine richtige Verbindung zwischen dem unterbreiteten Tatsachenmaterial und den daraus zulässigen Schlußfolgerungen zurückgewiesen.“ (Ebd. 334, Kurt Pätzold, Bericht über einen Diskussionsabend mit westdeutschen Historikern am 9. Oktober 1964 in der Akademie-Zentrale, 10.10.1964.)

[47]) So berichtete Fritz Klein über einen Vortragsabend in Hamburg: „Ein scharfer Streit entspann sich in der Frage des Zusammenhangs zwischen Politik und Wissenschaft. (...) Ich habe mich bemüht, (...) den jungen Leuten zu erklären, daß es einen solchen Zusammenhang gibt (...) An der Hartnäckigkeit jedoch, mit der meine Gesprächspartner die Vorstellung verteidigten, daß der Historiker in Westdeutschland (...) lediglich seinem wissenschaftlichen Gewissen folgend forsche, ist mir klar geworden, daß hier ein Punkt ist, in dem wir noch sehr viel überzeugende Nachweise vorlegen müssen. Dabei muß jede vorschnelle Verallgemeinerung und jede Äußerung, die als unsachliche persönliche Beleidigung aufgefaßt werden kann, vermieden werden. (...) Jede vorschnelle, vermutete und nicht ganz klar bewiesene Behauptung in dieser Richtung richtet ganz außerordentlichen Schaden an. Wenn wir auf die Dauer ein sachliches Gespräch mit dem vernünftigen Teil der westdeutschen Historiker erreichen wollen, dann sollten wir unsere Veröffentlichungen gerade in diesem Punkt sehr sorgfältig überprüfen. Nicht, um die Apologeten und Propagandisten der modernen Politik des deutschen Imperialismus zu schonen, sondern um diejenigen Jüngeren an uns heranzuziehen, die bereit sind, auf sachliche Argumente zu hören und die gleichzeitig von der wissenschaftlichen und politischen Lauterkeit ihrer Lehrer überzeugt sind.“ (Ebd., Fritz Klein, Bericht über die Reise nach Hamburg vom 26. bis 29.8.1964.)

[48]) „Wir haben allen Anlaß, in unserer Auseinandersetzung mit der westdeutschen Geschichtsschreibung große Anstrengungen zu unternehmen. Die Produktivität der westdeutschen Historiker ist außerordentlich und wird in der nächsten Zeit noch wachsen. (...) An dieser Produktivität müssen wir uns ein Beispiel nehmen und alle unsere Anstrengungen auf die Erhöhung des wissenschaftlichen Niveaus unserer Arbeiten und auf die Produktion möglichst zahlreicher Schriften richten.“ (Ebd.)

[49]) Vgl. *Martin Sabrow*, Der „ehrliche Meinungsstreit“ und die Grenzen der Kritik. Mechanismen der Diskurskontrolle in der Geschichtswissenschaft der DDR, in: Gustavo Corni/ Martin Sabrow (Hrsg.), Die Mauern der Geschichte. Historiographie in Europa zwischen Diktatur und Demokratie. Leipzig 1996, 79–117.

mierte Abteilung Wisenschaft eine Kampagne, die die Einbruchsstelle abdichten und die Historiker der Republik wieder auf die Grundlagen der instrumentellen Geschichtswissenschaft verpflichten sollte. In ihrem Vorgehen stützten die SED-Geschichtsfunktionäre sich auf die bewährte Kategorie des objektiven Gegners, wie bereits der Bericht zeigt, mit dem Hager über die bedenklichen Diskussionen in den eigenen Reihen informiert wurde: „Folgende Fragestellung spielte eine große Rolle: 1. Fortsetzung oder Abbruch der Kontakte mit westdeutschen Historikern? 2. Offensive Politik oder Verschanzen in den Schützengräben? 3. Fachgespräche oder politische Gespräche? 4. Soll man diejenigen am meisten bekämpfen, die einem am nächsten stehen?“[50])

Mit einer ausführlichen Stellungnahme versuchte anschließend der Direktor des Akademie-Instituts die versammelten Institutsmitarbeiter davon zu überzeugen, daß sich der gefährlichere Feind nicht etwa in den konservativen Traditionalisten, sondern im Gegenteil in den kompromißbereiten Reformhistorikern des Westens verberge. Er warnte vor der Leichtgläubigkeit seiner Kollegen, die in ihrem Differenzierungsbemühen aus einzelnen Äußerungen oder Begegnungen zu einer allzu optimistischen Anschauung von der „ideologisch-politischen Verfassung“ der westdeutschen Reformhistoriker verführt worden seien:

„Ich darf, kann und muß aber auf einige *methodische* Gesichtspunkte aufmerksam machen. 1. Alle inhaltlichen und methodisch progressiven Äußerungen, Passagen, ja sogar ganze Kapitel in den literarischen Arbeiten dieser Leute müssen wir im Gesamtzusammenhang sehen. 2. Die literarischen Arbeiten müssen wiederum in ihrem Zusammenhang mit der praktisch-politischen Tätigkeit dieser Historiker (...) gesehen werden. 3. Unsere Vorstellungen vom Differenzieren müssen wir präzisieren.“[51])

Nachdem Engelberg auf diese Weise an die diskursinternen Bedingungen einer historisch-politischen Urteilsgewinnung erinnert hatte, konnte er durchaus konzedieren, daß beispielsweise „Mommsens Soziologismus in manchen Partien dem Marxismus entgegenkommt“, und doch jede Gemeinsamkeit mit ihm ablehnen, da

„uns zur Genüge bekannt (ist), daß Hans Mommsen in der CSSR politisch-ideologische Diversionsarbeit leistet. Nicht zuletzt müssen wir uns den politischen Sinn des Soziologismus solcher junger Historiker, wie Hans und Wolfgang Mommsen, klar machen. (...) Offensichtlich streiten sich im Lager des Imperialismus zwei entgegengesetzte methodische Prinzipien darüber, welches am besten ideologisch mit dem Marxismus-Leninismus und politisch mit den sozialistischen Staaten fertig wird“.[52])

[50]) SAPMO-BA, Dy 30, IV A2/9.04/331, Information an den Genossen Kurt Hager, 10.4.1965.

[51]) Ebd., Ernst Engelberg, Diskussionsbeitrag in der Mitgliederversammlung der SED-Grundorganisation des Institut für Geschichte der DAW, 6.3.1965 (Hervorhebung im Original).

[52]) Ebd.

Daß ein Fischer-Schüler wie Hans-Adolf Jacobsen Front gegen die ‚preußisch-deutsche nationalistische Schule‘ mache, besage daher gar nichts.

„Wir stoßen (...) hier wiederum auf zwei Varianten der imperialistischen Politik und Ideologie. Schon deswegen sollten wir uns hüten, die angebliche Fortschrittlichkeit der Jacobsen wegen ihrer Ablehnung der preußisch-deutschen Schule ernst zu nehmen. Welche Vertreter der beiden Varianten im Interesse unserer Politik auszunutzen sind, hängt letzten Endes von der Entwicklung des Klassenkampfes (...) ab.“[53])

Auf demselben Argumentationsfeld aber mußten sich auch Engelbergs institutsinterne Widersacher bewegen, wollten sie nicht gegen die Spielregeln der parteilichen Wissenschaft verstoßen. Die Befürworter eines Dialogs mit den Verständigungsbereiten unter den westdeutschen Zunftkollegen vermochten nicht, wie noch 1956 auf den gemeinsamen Nutzen kontroverser Diskussionen für Historiker unterschiedlicher Weltanschauungen zu verweisen, sondern konnten im Rahmen des parteilichen Wissenschaftsverständnisses den Dialog nur als bessere Variante zur ‚Zerschlagung der gegnerischen Konzeption‘ rechtfertigen. Dies machte es Engelberg leicht, in einer weiteren Institutsversammlung mit dem Wortführer seiner institutsinternen Gegner, Fritz Klein, fertig zu werden, der sich auf die Klassiker berufen hatte, um seine Position zu retten, und die ‚fortschrittliche‘ Haltung westdeutscher Historiker wie Karl Dietrich Bracher ins Feld geführt hatte:

„Um den Eindruck zu verstärken, als ob ich einer gleichsam sektiererischen Passivität huldige, brachte er Lenin ins Feld, der (...) darüber schrieb, daß wir den kleinsten Riß im gegnerischen Lager ausnutzen müßten. Gen. Fritz Klein rennt hier mit solch mahnenden Zitaten offene Türen ein. Natürlich müssen wir beispielsweise die Stellungnahme Brachers gegen die Notstandsgesetze ausnutzen. Wer ist denn dagegen?“[54])

In diesem ungleichen Kampf standen die Dialogverfechter auf verlorenem Posten. Engelbergs Beweisführung war der seines innerparteilichen Kontrahenten strukturell überlegen, weil sie den Graben zwischen den beiden unterschiedlichen Geschichtssystemen nicht übersah, die prinzipielle Differenz zwischen einem gebundenen und einem pluralen Wissenschaftsverständnis nicht kaschierte – also nach diskursimmanenten Urteilskriterien realitätsnäher war. Dem Direktor des Akademie-Instituts war klar, was seine Opponenten nicht sehen wollten, daß nämlich die Gefährlichkeit des Gegners nicht von dessen subjektivem Wollen, ja, nicht einmal von dessen tatsächlicher Nähe zum eigenen Geschichtsverständnis abhinge:

„Um zu begründen, daß die Kritik an meinen (Engelbergs; M.S.) Auffassungen doch einen rationellen Kern habe, brachte Gen. Klein folgendes Argument vor: Bei aller Anerkennung der zwei entgegengesetzten Positionen imperialistischer Politik und Ideologie dürfe man

[53]) Ebd.

[54]) Ebd., Ernst Engelberg, Diskussionsbeitrag in der Mitgliederversammlung der SED-Grundorganisation des Institut für Geschichte, 15.6.1965.

doch nicht übersehen, daß die liberalisierende Konzeption und Herrschaftsmethode für die Arbeiterbewegung weniger schädlich sei, ja günstigere Anknüpfungspunkte biete als die konservative. *Abstrakt* bertrachtet, ist eine solche Auffassung richtig. Aber die materialistische Dialektik lehrt uns, daß wir Ereignisse, Personen, Ideologien in ihrem *konkreten* Zusammenhang betrachten sollen. *Abstrakt* betrachtet, haben die linksliberalen Kathedersozialisten der Arbeiterbewegung nähergestanden als die Ideologen des Scharfmachertums; aber es gab eben längere Perioden, wo die Lujo Brentano und Werner Sombart als Verbündete des Revisionismus besonders gefährlich waren im Kampf um die Aufrechterhaltung des revolutionären Charakters der deutschen Arbeiterbewegung.“[55])

In dieser Nutzen-Kosten-Rechnung waren gerade die Liberalen und nicht die Konservativen unter den Westdeutschen der gefährlichere Gegner, denn „sie können einiges tun, um die innere Geschlossenheit der Genossen Historiker innerhalb und außerhalb der DDR und ihre Verbundenheit mit der Gesamtpartei zu lockern“. Auch ein Historiker dürfe als Genosse nicht vergessen, „daß die oberste Sorge der Arbeiterbewegung sein muß, den revolutionären Charakter der Partei der Arbeiterklasse und ihre innere Geschlossenheit zu wahren“.[56])

Engelbergs Argumentation war nach den Urteilsnormen des geltenden Fachdiskurses in sich stimmiger als die seiner Antipoden, und sie setzte sich durch. Bis zum Ende der DDR orientierten sich dem historischen Diskurs der gebundenen Geschichtswissenschaft unterworfene Wahrnehmungs- und Umgangsformen gegenüber der westdeutschen Historiographie an der Vorstellung eines Gegners, dessen Schädlichkeit nicht von seinem Wollen abhängig war, sondern in seiner bloßen Existenz begründet lag. Hier trafen sich so unterschiedliche Blickwinkel wie der eines in großer Auflage erschienenen Handbuchs über die westdeutsche Geschichtsschreibung, das das bürgerliche „Jonglieren mit Tatsachen“ dem historischen Wahrheitsstreben der Vertreter progressiver Klassenpositionen entgegenstellte[57]), mit den Reflexionen fachinterner Rechenschaftsberichte und den diskreten Feststellungen der Staatssicherheit. Sie alle spiegeln in ihren schriftlich fixierten Überlegungen zur westdeutschen Konkurrenzwissenschaft bis in die Spätphase des Regimes die Macht eines eigenständigen Wissenschaftsdiskurses, der sich vor jeder Infragestellung auf einer vorgedanklichen und der individuellen Stellungnahme

[55]) Ebd. (Hervorhebung im Original).

[56]) Ebd.

[57]) „Lenin verwies auf die Notwendigkeit, die Tatsachen ‚in ihrem *Zusammenhang*‘ und als Gesamtkomplex zu werten. Jedes ‚Jonglieren mit Tatsachen‘ kennzeichnete er als ‚politische Scharlatanerie‘. (...) Demzufolge ist es die entscheidende Frage, die historische Wahrheit und die sich daraus ergebenden Lehren aus dem geschichtlichen Gesamtzusammenhang aufzudecken, die objektiven historischen Gesetzmäßigkeiten der gesellschaftlichen Entwicklung historisch-konkret zu erforschen und ihr Wirken darzustellen. Trotz partieller Einsichten, auch dann, wenn diese aus der Verarbeitung mancher realer Tatsachen hervorgehen, vermag der bürgerliche Historiker dieses Anliegen infolge seiner reaktionären Klassenposition nicht zu erfüllen“ (*Werner Berthold* u.a. [Hrsg.]. Kritik der bürgerlichen Geschichtsschreibung. Handbuch. 4. Aufl. Köln 1977, 18f.; Hervorhebung im Original).

weitgehend entzogenen Ebene immunisiert hatte und das Denken des „Gegners" ohne inhaltliche Prüfung *a limine* als ‚Leugnung', ‚Negierung' und ‚Vertuschung' der objektiven Wahrheit denunzieren konnte.

Selbst wenn von bürgerlichen Historikern ausnahmsweise „mit Teilwahrheiten und unter Zuhilfenahme marxistischer Begriffe eine Deutung der Entwicklung gegeben (wird), die der Wahrheit mitunter ziemlich nahe kommt", sprach dies nicht für eine denkbare Annäherung ‚bürgerlicher' und sozialistischer Positionen, sondern erschien im gebundenen Geschichtsdiskurs lediglich als Beweis östlicher Stärke und westlicher Tücke zugleich:

„Zeigt sich hierin einerseits, daß die bürgerliche Geschichtsschreibung mehr und mehr gezwungen ist, alte Positionen aufzugeben und Zugeständnisse an die marxistische Historiographie zu machen, so liegt doch andererseits die besondere Gefahr darin, daß die damit erreichte Glaubwürdigkeit sich auf die gesamte Darstellung überträgt und so die alte Konzeption nur im neuen Gewande an den Mann gebracht wird."[58])

Unter diesen Umständen waren etwaige Kooperationsangebote diskussionsbereiter Kollegen aus dem Westen, gerade weil sie von grobschlächtig ablehnenden Positionen gegenüber der zweiten deutschen Geschichtswissenschaft abgerückt waren, als die gefährlichere Variante feindlichen Vernichtungswillens zu deuten:

„Gegenüber solchen Historikern wie Ritter, Rothfels u.a. versuchen sie, mit der Taktik des Aufweichens, des Differenzierens unter den Historikern der DDR zum Erfolg zu kommen."[59])

Es war aus diesem Blickwinkel nur konsequent, der drohenden Aufweichung der eigenen Wissenschaftsidentität durch Abschottung nach außen zu entgehen. Von 1965 an wurden auf Parteianweisung hin fast sämtliche Beziehungen zwischen ost- und westdeutscher Geschichtswissenschaft unterbrochen. Mit erheblichem bürokratischen Aufwand registrierte beispielsweise die Direktion des Instituts für Geschichte bei der Akademie der Wissenschaften neben allen Mitgliedschaften in westlichen Vereinigungen auch die persönlichen Kontakte und Korrespondenzen ihrer Mitarbeiter mit ausländischen Fachkollegen, um dann restriktiv über deren Fortführung zu entscheiden.[60])

[58]) Ebd. 475.

[59]) SAPMO-BA, Dy 30, IV A 2/9.04/334, Horst Bartel/Günther Benser, Bericht über ein Gespräch mit Prof. Dr. Geyer und Dr. Fischer vom Institut für osteuropäische Geschichte, Universität Frankfurt/M., 12.5.1965. Ebenso warnten auch die Autoren des Handbuchs „Kritik der bürgerlichen Geschichtsschreibung": „Hier zeigt sich ein wesentliches Merkmal der bürgerlichen Parteiengeschichtsschreibung: ihr prononcierter Antikommunismus und Antisowjetismus, der durch raffiniertere Formen und Methoden nur noch gefährlicher wird." (*Berthold* u. a. [Hrsg.], Kritik der bürgerlichen Geschichtsschreibung [wie Anm. 57], 485.)

[60]) ABBAW, Zentralinstitut für Geschichte (ZIG), 163/9, 174. Entsprechend hielt der am 18.11.1969 erstellte „Plan der internationalen Beziehungen des der Akademie der Wissenschaften für 1970" hinsichtlich des westlichen Auslands fest: „In kapitalistische Länder

Im Juni 1966 konnte ein als Inoffizieller Mitarbeiter verpflichteter Historiker am Akademie-Institut seinem Führungsoffizier berichten, daß vom ZK und von der Institutsleitung festgelegt wurde, daß „von seiten der Historiker der DDR mit den Historikern aus WD (Westdeutschland; M. S.) keine Verbindungen zu unterhalten sind".[61]) Wenn sich von westlicher Seite gleichwohl Karl-Dietrich Erdmann brieflich um die Weiterführung der 1964 in Berlin begonnenen und in Kiel fortgesetzten Treffen bemühte, kam seine unveränderte Haltung angesichts des Stellungswechsels auf DDR-Seite nun einem gegnerischen Angriff gleich, der die eigene Geschlossenheit gefährdete und insbesondere die Befürworter eines Dialogs mit der westdeutschen Seite zu vertrauensseliger Verkennung des unüberbrückbaren Gegensatzes zwischen den beiden deutschen Historiographien verleitete: „Da Dr. Klein in verschiedenen Fragen keine feste Meinung hat bzw. andere Auffassungen hat, ist er durch derartige Briefe leicht zu beeinflussen."[62]) Die Frage, „welche weiteren Personen erhalten Briefe von Historikern aus Westdeutschland"[63]), wurde so zu einem Fall für die Staatssicherheit.

Die nach 1956 forcierte und in den sechziger Jahren erneuerte Abgrenzung vom westlichen Gegner prägte den sozialistischen Geschichtsdiskurs bis zum Beginn seiner Erosion im letzten Jahrzehnt des SED-Regimes. Noch 1977 teilte das Akademie-Institut für Geschichte in einer „Meldung über Beziehungen (...) zu Einrichtungen und Personen in der BRD" mit:

> „Das ZI (Zentralinstitut; M.S.) für Geschichte ist an der Benutzung von Archiven und Bibliotheken in der BRD und in Westberlin (...) interessiert. Aus Archivbenutzung und Anforderung von Materialien auf dem Postwege ergeben sich sowohl schriftliche als auch persönliche Kontakte mit den Archiv- bzw. Bibliotheksleitungen und -verwaltungen bzw. einzelnen Angestellten. Eine wissenschaftliche Zusammenarbeit findet jedoch nicht statt."[64])

Aus dem Fachdiskurs einer in sich geschlossenen Wissenschaft konnten auf diese Weise ‚bürgerliche' Anschauungen als verbannt betrachtet werden. Ihre Leistungen mußten nicht rezipiert werden; zum Panorama des sozialistischen

wurden Studien- und Archivreisen nur beantragt, wenn sie zur Erfüllung der Schwerpunktaufgaben unbedingt erforderlich sind und die notwendigen Materialien aus anderen Quellen nicht beschafft werden können. (...) Anträge für Tagungsbesuche in kapitalistische Länder wurden nur dann eingereicht, wenn es sich um internationale Vorhaben handelt, an denen die DDR beteiligt ist, oder um internationale wissenschaftliche Gesellschaften, in denen die gleichberechtigte Mitgliedschaft oder Teilnahme der DDR-Wissenschaftler gesichert ist." (ABBAW, ZIG, 164.)

[61]) Der Bundesbeauftragte für die Akten des Staatssicherheitsdienstes der ehemaligen DDR, Zentralarchiv (künftig: BStU), 3237/71, Treffbericht v. 6.7.1966.

[62]) Ebd.

[63]) Ebd.

[64]) ABBAW, ZIG, 174, Meldung v. 7.6.1977, Anl.

Geschichtsbildes konnten sie keinen nennenswerten Beitrag liefern. Scheinbar paradoxerweise verminderte diese äußere Abgrenzung die interne Aufmerksamkeit nicht im geringsten, blieb die bürgerliche Wissenschaft für das Selbstverständnis der DDR-Historiographie so bedrohlich wie unentbehrlich zugleich. Auch weiterhin widmeten Jahresberichte und Forschungsbilanzen dem westlichen Gegner breitesten Raum, erhoben Wissenschaftsbereiche des Akademie-Instituts Klage, daß ihnen das Studium des Gegners unnötig erschwert werde:

„Schwierigkeiten bereitet nach wie vor die Beschaffung bzw. Auswertung der Auseinandersetzungsliteratur. Der dabei benötigte Aufwand ist durch Zersplitterung dieser Bestände und die Benutzungsbedingungen immer noch unvertretbar hoch."[65]

Daß institutionelle Abschottung vom Gegner und inhaltliche Fixierung auf ihn im historischen Fachdiskurs der siebziger Jahre durchaus nicht als Widerspruch empfunden werden mußten, belegt der Jahresbericht des Zentralinstituts für Geschichte 1978:

„Eine Zusammenarbeit auf institutioneller Ebene mit geschichtswissenschaftlichen Einrichtungen in nichtsozialistischen Ländern besteht nicht. Das betrifft auch alle Beziehungen zur BRD. Gelegentlich gab es von seiten der BRD Versuche, sogenannte ‚innerdeutsche' Kontakte anzuknüpfen, die alle zurückgewiesen wurden. Dank der Unterstützung des Forschungsbereichs Gesellschaftswissenschaften wurde einer Reihe von Mitarbeitern das Studium in Archiven und Bibliotheken nichtsozialistischer Länder ermöglicht. (...) Viele Arbeiten können dadurch auf soliderer quellenmäßiger Grundlage fertiggestellt werden und tragen zu einer noch (!) fundierteren offensiveren Auseinandersetzung mit den Verfälschungen und Entstellungen der bürgerlichen Geschichtsschreibung bei."[66]

Eine von Akademie-Historikern erstellte Analyse der ZfG deutete unter der Überschrift „Wie schätzen wir die Auseinandersetzung mit bürgerlichen und sozialdemokratischen Auffassungen ein?" allerdings 1974 immerhin schon den Widersinn einer Auseinandersetzung mit Auffassungen an, die dem eigenen Publikum gar nicht bekannt sein konnten, weil sie als bürgerlich aus dem eigenen Fachdiskurs ausgegrenzt waren:

„Die Beiträge, die im weiteren Sinne Probleme der DDR-Geschichte beinhalten, sind im Jahrgang 1974 stark auf konzeptionelle Fragen konzentriert und führen die Auseinandersetzung (...) in immanenter Form. (...) Die immanente Auseinandersetzung kann vom Leser nur als solche erfaßt werden, wenn er die wichtigste bürgerliche und reformistische Literatur zur Geschichte der DDR kennt."[67]

[65] Ebd., ZIG, 077, Wb Geschichte der DDR, Jahresbericht 1976, o.D.
[66] ABBAW, ZIG, 088.
[67] ABBAW, ZIG, 068.

V. Metamorphosen des objektiven Gegners

Offensichtlich erfaßt der von Hannah Arendt beschriebene Mechanismus der Gegnerbildung in totalitären Regimen ein Strukturmoment auch der fachlichen Selbstverständigung von Historikern in der DDR. Zu erörtern bleibt freilich, inwieweit er der DDR-Geschichtswissenschaft über ihre stalinistische Konstituierungsphase hinaus und in ihrer disziplinären Praxis gerecht zu werden vermag oder ob er an den Rändern ihres oktroyierten Diskurses und vor allem gegenüber ihren weiteren Entwicklungsschüben in den siebziger und achtziger Jahren seine analytische Brauchbarkeit einbüßt.

Unbestreitbar blieb trotz aller Anstrengungen die Figur des objektiven Gegners in der DDR-Historiographie auch in der Zeit weitgehender Abschottung eine künstliche Kategorie, deren Geltungskraft keineswegs selbstverständlich war. Nie entsprach die Diskursrealität dem Idealttypus ganz. Schon die massiven Restriktionen und Kontrollen, denen Westkontakte von Historikern in der DDR bis zum Jahr 1989 unterworfen blieben, sind hier beredte Zeugnisse. Daß der Zugang zu westlicher Literatur auch für Berufshistoriker beschränkt blieb, die Bestätigung der überdies geringen Zahl sogenannter „Reisekader" sorgsamer Prüfung unterlag, private Korrespondenz und privater Literaturaustausch sanktioniert blieben, zeigt nur zu deutlich, wie sehr der historische Herrschaftsdiskurs in der DDR auf die Errichtung schützender Außenmauern angewiesen blieb. Symptomatisch war hier etwa der Fall eines Mitarbeiters am Zentralinstitut für Geschichte, der 1975 entlassen wurde, nachdem er einen amerikanischen Kollegen brieflich gebeten hatte, „USA-Bücher u. Literatur zukünftig an die Institutsadresse zu senden. Das hätte zwar zur Folge, daß sie dann in DDR-Zeitschriften zerrissen würden, ihre ‚wohltuende Wirkung würden sie aber doch erreichen' ".[68])

Die fließenden Grenzen des Herrschaftsdiskurses deutete 1966 eine interne ZK-Analyse an, die als Hauptmangel der bisherigen Auseinandersetzung mit der westdeutschen Historiographie wertete, „daß sie sich meistens auf eine ‚akademische' Auseinandersetzung mit bestimmten historischen Fakten beschränkt und noch zu wenig prinzipiell die eigentlich politisch-ideologische Funktion der westdeutschen Geschichtsschreibung, die imperialistische Bonner Politik zu untermauern und für die Zukunft zu begründen, wirksam genug aufdeckt und zerschlägt".[69]) Mit Sorge wurde intern beispielsweise selbst der Umstand registriert, daß Volkskundler der DDR sich an einer Festschrift für den Marburger Fachkollegen Heilfurth beteiligt hatten: „Also eine gesamtdeutsche Festschrift. Der Gehalt dieser Artikel enthält keine marxistische Li-

[68]) BStU, 10269/84, Bericht v. 15.9.1975.

[69]) SAPMO-BA, Ny 30, 4182/1364, Abteilung Wissenschaften, Zu den vorherrschenden Tendenzen in der westdeutschen Geschichtsschreibung und historisch-politischen Publizistik, 28.7.1966.

nie, und wenn der Ort nicht angegeben wäre, wüßte man nicht, wo es (das Buch; M.S.) entstanden ist.“[70]) In den Denkschablonen dieses Feindverständnisses gab es keine Freiräume, ging jeder Einbruch des Gegners aufs Ganze. Einen Keulenschlag konnte daher auch eine eben nur scheinbar abseitige Buchveröffentlichung mit dem Titel „Historische Volkssagen zwischen Elbe und Niederrhein“ bedeuten, wie im April 1970 ein leitender Institutsmitarbeiter des Zentralinstituts für Geschichte bekannte:

„Bei Durchsicht des Buches und speziell der Einführung war ich erschrocken. Die Einführung ist eine bürgerliche Konzeption, sie klassifizieren alles so, daß es jeder bürgerliche Wissenschaftler unterschreiben kann. Alles ist vom Klasseninhalt gelöst.“[71])

Hier zeigte sich allerdings eine eigentümliche Dialektik des historischen Herrschaftsdiskurses. Gerade weil die Immunisierung gegen den behaupteten Gegner immer unvollkommen und löcherig blieb, ließ sich die stereotype Forderung nach Erhöhung der Wachsamkeit gegen ihn plausibel machen. Eben weil die Konkurrenzwissenschaft der Bundesrepublik und ihre politischen Organe vermeintliche ‚Einbrüche erzielt‘, ‚feindliche Agenturen errichtet‘ und ‚reisende Genossen anzuwerben‘ versucht hatten[72]), konnte das MfS ungescheut an das wissenschaftlich-politische Selbstverständnis von DDR-Historikern appellieren, um Inoffizielle Mitarbeiter unter den Reisekadern zu rekrutieren. Die Diskursfigur des objektiven Gegners besaß neben seinen defensiv immunisierenden auch offensiv mobilisierende und integrative Potenzen, die zusammen erst die Geschlossenheit des eigenen Lagers garantierten und etwa in den ständigen Appellen in Tätigkeitsberichten und Parteiversammlungsreferaten ihren Ausdruck fanden. Ahnungsvoll hielt der Jahresbericht des Zentralinstituts für Geschichte fest:

„Die in den letzten Jahren stärker sichtbare Tendenz innerhalb der imperialistischen Historiographie, theoretisch-methodologische Fragen in den Mittelpunkt ihrer Arbeit zu stellen und dabei direkt auf entsprechende Forschungen und Publikationen der DDR-Historiographie einzugehen, stellt zukünftig an die der Auseinandersetzung gewidmeten Arbeiten höhere Anforderungen.“[73])

[70]) BStU, 3237/71, Treffbericht, 20.4.1970.

[71]) Ebd.

[72]) Reiches Material für diese Sichtweise enthalten die zusammenfassenden Berichte der MfS-Hauptabteilung XVIII über den Stand der politisch-operativen Arbeit, die regelmäßig etwa die „Geschichtswissenschaft als bevorzugtes Angriffsobjekt des Gegners“ (BStU MfS HA XVIII – 6403) beurteilten und Anwerbungsversuche des Bundesnachrichtendienstes gegenüber Mitarbeitern historischer Institute der DDR (BStU MfS HA XVIII – 6405) registrierten, aber auch über thematische „Vorstöße des Gegners“ informierten, so beispielsweise über „Subversive Angriffe auf das Erbe-Traditions-Bild“ (BStU HA XVIII – 424) oder über Bemühungen von Mitarbeitern der Ständigen Vertretung der Bundesrepublik in Ost-Berlin, „die Erbeproblematik des Geschichtsbildes der DDR aufzuklären“ (BStU MfS HA XVIII – 4381).

[73]) ABBAW, ZIG 088.

Drei Jahre später vermerkte der Jahresbericht desselben Instituts dann:

„Höhere ideologische Anforderungen ergaben sich insbesondere aus den gezielten Versuchen bürgerlicher Historiker der BRD, ein ‚gesamtdeutsches Geschichtsbewußtsein' zu konstruieren und Historiker der DDR gegeneinander auszuspielen. Diesen Versuchen gilt es noch entschiedener entgegenzutreten."[74])

Exemplarisch zeigte sich dieser Mechanismus in der oft spannungsreichen Kooperation von staatlichen und SED-Einrichtungen auf dem Feld der historischen Forschung: Eben weil angeblich „der Gegner den Kampf mit vielfältigen und differenzierten Methoden führt" und „in intensiven Bemühungen (versucht), zwischen Historikern der DDR zu differenzieren und vor allem die Parteiinstitute und die Akademieeinrichtungen gegeneinander auszuspielen"[75]), konnten die Entfremdungen zwischen auch intern so unterschiedlich beleumdeten Institutionen wie der Parteihochschule „Karl Marx" und der Geschichtsinstitute der Akademie der Wissenschaften leichter überbrückt werden, damit der ‚Gegner' keine ‚Einbruchsmöglichkeit' erhalte.

Nicht durch wissenschaftliche ‚Nischen' oder ‚Schwachstellen' wurde die innere Geltungskraft des sozialistischen Geschichtsdenkens in der DDR entscheidend gefährdet. Im Gegenteil: Gerade dadurch, daß das Bild des objektiven Gegners ein nie erreichter Anspruch blieb, zu keiner Zeit mit der historiographischen Forschungsrealität zur Deckung kam, wuchs diesem Strukturelement ostdeutscher Geschichtswissenschaft mobilisierende Kraft zu. Wenn dennoch die Konturen des imaginierten Gegners sich besonders im letzten Jahrzehnt der SED-Herrschaft immer stärker abzuschleifen begannen, so war dies vor allem in der vorsichtigen und partiellen Annäherung der DDR-Geschichtswissenschaft an die internationale Wissenschaft begründet. Aus der Sicht der Parteiführung bestand zunächst kein prinzipieller Gegensatz zwischen der fachwissenschaftlichen Abgrenzung der DDR-Historiographie und dem politischen Streben nach ihrer internationalen Anerkennung, zu der die Historiker vor allem mit der Gründung eines „Nationalkomitees" und dem Aufnahmeersuchen in den Internationalen Historikerverband (CISH) beizu-

[74]) Ebd., ZIG 682, Zentralinstitut für Geschichte, Jahresbericht 1981, 30.12.1981.

[75]) Landesarchiv Berlin (künftig: LA Berlin), IV-C-7/221/001, Protokoll der Wahlversammlung der SED-Grundorganisation am 19.4.1972. Nicht anders teilte ein von der DDR-Seite auf den Historikerkongreß in West-Berlin 1964 geschickter Beobachter in seinem Bericht mit: „Dabei ist klar, daß sich die westdeutschen Historiker ebenfalls über uns informieren, differenzieren und spalten wollen. Da sie offenbar besonders zwischen den Historikern an der Akademie und den Universitäten einerseits und den Historikern an den Parteiinstituten andererseits differenzieren wollen, müßte bei allen Begegnungen eine gute Kombination aus Historikern aus den Parteiinstituten und anderen Historikern gebildet werden." (SAPMO-BA, Dy 30, IV A 2/9.94/165, Dritter Bericht über Westberliner Historikertag, 9.10.1964.) *In nuce* dieselbe Denkweise auch noch in den Beratungsprotokollen und Konzeptionsentwürfen zu den Treffen von SED- und SPD-Historikern 1989 (ABBAW, ZIG, 167/4).

tragen hatten. Doch die Aufgabe der „Nationalen Grundkonzeption“ nach Ulbrichts Sturz, die allmählich einsetzende Anerkennung von parteiloyalen Forschungsergebnissen auch im Westen, schließlich die wachsende Hoffnung auf Valutaeinnahmen aus dem „immateriellen Export“ und den Lizenzausgaben von DDR-Werken, all dies begann in den siebziger Jahren die klaren Fronten zwischen den feindlichen „Klassenwissenschaften“ zu bedrohen, wie interne Berichte immer wieder warnend hervorhoben:

„In den Beziehungen zu Wissenschaftlern aus den kapitalistischen Ländern“, hielt der Rechenschaftsbericht der Leitung der SED-Grundorganisation am Akademie-Institut für Geschichte 1973 fest, „wird nicht immer klar genug erkannt, daß Kontakte ein Mittel des Klassenkampfes zwischen Kapitalismus und Sozialismus sind und sein müssen. Eine Minderheit unserer Kollegen zeigt gerade in der Abgrenzung gegenüber der imperialistischen BRD (…) starke Vorbehalte, die sich auch in ihrer wissenschaftlichen Haltung (Ausweichen vor der Auseinandersetzung u. a.) auswirken.“[76])

Angesichts der gesamtpolitischen Rahmenbedingungen und einer gewachsenen Aufmerksamkeit für die Arbeit marxistisch-leninistischer Wissenschaftler auch in der westlichen Welt stieß die Immunisierung vor dem wissenschaftlichen Gegner durch Abschottung gegen ihn nach dem Machtwechsel von Ulbricht zu Honecker 1971 immer spürbarer an ihre Grenzen. Wohl wahrten die Lenkungsinstanzen ihren kanalisierenden und kontrollierenden Einfluß über die internationalen Wissenschaftskontakte ihrer Historikerschaft bis zum Zusamenbruch der DDR[77]), aber sie vermochten die besonders in den achtziger Jahren lawinenartig anwachsende Zahl der Archivreisen und Tagungsbegegnungen um so weniger zu unterbinden, als diese eben den Respekt vor den Leistungen marxistischer Historiographie bewiesen, der ihr in ihrem Selbstverständnis gebührte. Sich unter diesen Umständen dennoch gegenüber dem Gegner zu schützen, war nur unter Wahrung verschiedener Bedingungen

76) LA Berlin, IV C 7/221/001. Der Entwurf zu diesem Bericht hielt als besonders gravierendes Beispiel „mangelnder Wachsamkeit und leichtfertigen Verhaltens“ den Umstand fest, daß von ZIG-Mitarbeitern „Besucher aus der BRD empfangen (wurden), ohne daß eine Genehmigung vorlag oder darum ersucht wurde (bzw.) Kontakte mit bürgerlichen Wissenschaftlern (…) erst nach Aufforderung mitgeteilt“ wurden.

77) Wie sehr allerdings die politische Steuerung dieses Prozesses in die Defensive geraten war, zeigte in den achtziger Jahren die neuerlich erkennbare Bereitschaft, innerhalb des gegnerischen Lagers zwischen Gegnern und Anhängern des deutsch-deutschen Dialogs zu differenzieren. So heißt es im Jahrsbericht des ZIG für 1986 über die Kontakte mit der westdeutschen Seite: „Es häufen sich Einladungen zu Vorträgen, Tagungen und zu gemeinsamen Veröffentlichungen, besonders seit Abschluß des Kulturabkommens DDR-BRD. Realisiert werden vorrangig diejenigenVorschläge, die der DDR bedeutenden wissenschaftlichen und politischen (z.T. auch finanziellen) Nutzen bringen und die einer weiteren fruchtbaren Zusammenarbeit mit uns nahestehenden linksorientierten, liberalen sowie einem Dialog zugänglichen realistischen bürgerlichen Historikern dienen.“ (ABBAW, ZIG 163/1).

möglich. Die disziplinäre Selbstbehauptung bedurfte zum einen ständiger Wachsamkeit im Umgang mit der anderen Seite, zum anderen nachweislicher Überlegenheit in der direkten Auseinandersetzung, vor allem aber drittens der Gewißheit, daß der Gegner nicht anders vorgehe als man selbst. Gerade wenn unter veränderten politischen Rahmenbedingungen die vordem praktizierte Abschottung nicht mehr durchgehalten werden konnte, war die beste Immunisierung gegen ein anderes, nicht-politisches und nicht-parteiliches Wissenschaftsverständnis die schlichte Negierung seiner andersartigen Existenz.

In der Selbstverständigung der DDR-Historikerschaft trug der objektive Gegner daher die vertrauten Züge der eigenen Wissenschaft: Aus der Sicht der ostdeutschen betrieb auch die westdeutsche Fachwelt politische Erkenntnistätigkeit, wenn sie wissenschaftliche meinte, handelte auch sie nicht weniger geschlossen und überlegt als die DDR-Seite, nutzte sie ihre Erkenntnisse ebenso als Waffe in der Systemauseinandersetzung, kannte auch sie Reisedirektiven und Delegationsvorbereitungen, suchte auch sie in die Front des Gegners einzubrechen und versuchte auch sie, erlittene fachliche Niederlagen durch Auswertung und Taktikänderung wettzumachen. In ihrem westlichen Feindbild spiegelte sich die Geschichtswissenschaft der DDR in einer dem Außenbeobachter gelegentlich nahezu grotesk erscheinenden Weise. Die Projektion des eigenen auf ein fremdes Wissenschaftsverständnis beherrschte nicht nur das Denken der Staatssicherheit[78]), sondern auch das der Parteibürokratie und der Fachkollegen selbst:

„Das Auftreten der BRD-Historiker", heißt es in einem Bericht über den Internationalen Historiker-Kongreß 1975 in San Francisco, „war im wesentlichen durch eine flexible Linie bestimmt (...). Offensichtlich wurde in Vorbereitung auf den Kongreß ein einheitliches Vorgehen festgelegt und auch bestimmte Absprachen mit USA-Historikern getroffen (sic!). Bemerkenswert war, daß für die Auseinandersetzung mit der marxistisch-leninistischen Geschichtswissenschaft eine jüngere Historikergeneration systematisch vorbe-

[78]) So bewegten sich die Bewertungen der Hauptabteilung XVIII des MfS in einem Wahrnehmungsraster, das Wissenschaft überhaupt nur mit geheimdienstlichen Kategorien zu erfassen fähig war: „Durch die Fernuniversität Hagen werden Aufklärungsinteressen gegenüber der Geschichtsforschung der DDR, insbesondere mit dem Ziel der Aufklärung geplanter Vorhaben zu aktuellen Bezügen sichtbar (750. Berlin-Jubiläum, Erberezeption). Es liegen gesicherte Erkenntnisse vor, daß gerade durch (...) Ostforschungseinrichtungen Fragen der Vergangenheitsbewältigung, der Erbepflege und Traditionspolitik der DDR, insbesondere im Zusammenhang mit den Thesen des ZK zum 750. Berlin-Jubiläum, hinsichtlich ihrer Angreifbarkeit geprüft werden. Es wurde erarbeitet, daß diese Einrichtungen sowohl als legale Basen zur Fundierung staatlicher, ökonomischer, ideologischer Maßnahmen des Bonner Staates dienen, als auch als Agenturbasen und Zentren der politisch-ideologischen Diversion gegen die DDR wirksam werden." (BStU, MfS HA XVIII 6413, Stand der Realisierung der operativen Planaufgaben; Schlußfolgerungen für die weitere Qualifizierung der politisch-operativen Arbeit, 8. 5. 1986.)

reitet wird, die bereits auf diesem Kongreß relativ einheitlich und mit einer abgestimmten Konzeption auftraten (sic!).“[79])

Konsequenterweise war in diesem Verständnis daher auch nicht die eigene, sondern ganz im Gegenteil die westdeutsche Seite für all die Verstöße gegen die wissenschaftliche Redlichkeit verantwortlich, die sie der ostdeutschen so penetrant unterstellte, wie eine detaillierte Untersuchung der bundesdeutschen DDR-Forschung aus dem Jahre 1984 herauszuarbeiten unternahm:

„Dieses Konzept zur Verfälschung der Geschichte der SED und der DDR ist also nicht das Ergebnis wissenschaftlicher Analyse der Geschichte, auch nicht im Sinne traditioneller bürgerlicher Geschichtsbetrachtung. Es ist ein politisch motiviertes und gezielt erarbeitetes Konzept zur Verfälschung der Geschichte mit dem Ziel, zur Unterminierung, Zersetzung und Zerschlagung des Sozialismus in der DDR beizutragen. Die Aufgabe der ‚DDR-Forschung‘ besteht im wesentlichen darin, geschichtlicheTatsachen, Vorgänge und Prozesse in diesen konzeptionellen Rahmen ‚einzuordnen‘, um die politisch vorgegebenen Aussagen historisch zu ‚belegen‘ und zu rechtfertigen.“[80])

Freilich konnte auch die Anverwandlung des objektiven Gegners durch Projektion des eigenen Wissenschaftsverständnisses nicht verhindern, daß die parteimarxistische Geschichtswissenschaft mit der Wiederaufnahme der lange unterbundenen internationalen Kontakte rettungslos in die Defensive geriet. Nun nämlich mußte sie sich mehr und mehr auf einem Wissenschaftsfeld bewähren, auf dem ihre heimischen Diskursregeln außer Kraft gesetzt waren, wie alsbald schon die internen Begründungen für beantragte Westreisen erkennen ließen:

79) ABBAW, ZIG, 209/2, Abt. Wissenschaft, Bericht über die Teilnahme einer Delegation von Historikern der DDR am XIV. Internationalen Kongreß für Geschichtswissenschaften in San Francisco, USA, 11.9.1975.

80) *Manfred Teresiak*, Zur konzeptionellen Auseinandersetzung mit Verfälschungen der Geschichte der SED, insbesondere der führenden Rolle der Partei, in: Zur Kritik der imperialistischen „Ost- und Kommunismusforschung“. Materialien der Tagung der bilateralen Historikerkommission DDR/CSSR am 27. und 28. September 1983 in Frankfurt (Oder). Berlin (Ost) 1984, 65–73, hier 68. Diese Denkfigur findet sich besonders in auch intern als wissenschaftlich mehr oder minder problematisch empfundenen Bereichen wie der DDR-Geschichte vielfach. Nicht immer fällt ihre Bedeutung für den historischen Herrschaftsdiskurs allerdings so stark ins Auge wie in folgendem Beispiel aus dem Jahr 1976: „Die Arbeit von Prof. Badstübner ‚Restaurationsmythologie und Fortschrittsverteufelung. Kritik des konterrevolutionären Gegenentwurfs der bürgerlichen Geschichtsschreibung der BRD zum marxistischen Geschichtsbild von der Befreiung des deutschen Volkes bis zur Gründung der DDR‘ (180 MS) (Arbeitstitel ‚Die Entstehung der beiden deutschen Staaten im Zerrspiegel der Historiographie der BRD‘) wurde Anfang Dezember mit Erfolg verteidigt“. In ihm „wird eine umfassende Darstellung und Wertung der zur Thematik vorliegenden Publikationen der BRD-Zeitgeschichte und Politikwissenschaft vorgenommen, (...) der unwissenschaftliche Charakter und die politische Zweckbestimmung des bürgerlichen Geschichtsbildes in seinen Grundlagen und anhand der konkret-historischen Darstellung nachgewiesen, seine Grundpositionen und Aussagen widerlegt.“ (ABBAW, ZIG, 077, Wb Geschichte der DDR, Jahresbericht 1976.)

„Eine unabdingbare Voraussetzung für die historische Forschung ist die Auswertung historischer gedruckter und ungedruckter Quellen, d.h. von Archivalien und anderen zeitgenössischen Materialien. Da Beweiskraft und Wirksamkeit und damit die internationale Geltung unserer geschichtswissenschaftlichen Forschungsergebnisse in hohem Maße von der Erschließung neuen Quellenmaterials bestimmt werden, ist die optimale Nutzung der Möglichkeiten zu Archiv- und Bibliotheksstudien auch in nichtsozialistischen Ländern (...) unverzichtbar. (...) Andererseits dienen diese Reisen der Information über Trends nationaler und internationaler Wissenschaftsentwicklung, zur Selbstverständigung und zum Erkenntnisgewinn über Probleme, die neu ins Blickfeld der marxistischen Forschung getreten sind.“[81])

Damit wuchs die bislang latente in eine zunehmend offene Konkurrenz mit der gegnerischen Wissenschaft hinüber, mutierte der objektive Gegner vom proklamierten *Feindbild* zum heimlichen *Leitbild* der eigenen Arbeit. Als Martin Broszat 1986 bei der Leitung des Zentralinstituts für Geschichte für seinen Vorschlag warb, den Kontakt mit der DDR-Geschichtsschreibung auch auf dem Gebiet der Nachkriegsgeschichte zu intensivieren und dem internationalen Trend zu vergleichs- und erfahrungsgeschichtlichen Betrachtungen entgegenzukommen, hielt die DDR-Seite in einer Aktennotiz fest:

„Das Gespräch mit Broszat wirft allerdings für unsere Geschichtsschreibung auch die Frage auf, ob wir uns in unserer Forschung gegenüber den Ländern der Westzonen und auch der damaligen Sowjetischen Besatzungszone weiterhin so restriktiv verhalten können wie bisher, da sich ganz eindeutig die Gefahr abzeichnet, daß die Geschichtsschreibung der BRD hier auf dem Wege ist, sich dominante Forschungspositionen zu erobern und zwar auf einem Gebiet der Geschichtsschreibung, das in den kommenden Jahren immer stärker in das wissenschaftliche und politisch-ideologische Zentrum rücken wird.“[82])

Der sorgenvolle Befund demonstriert die verblassende Kraft eines Wissenschaftsverständnisses, das sich nicht mehr durch Ausgrenzung seines vermeintlichen Gegners behaupten konnte, sondern auf die Ebene des offenen Stärkevergleichs mit ihm geraten war. In diesem Wettlauf war die östliche Seite von vornherein unterlegen, und ihr Zurückbleiben hinter der Beweglichkeit und Innovativität einer plural organisierten West-Historiographie zeigte sich um so deutlicher, je entschlossener sie die Mauern ihres bisherigen Diskursgefängnisses abzutragen suchte. Mit etwas Geschick ließ sich diese Konkurrenzsituation von entsprechend gesinnten Historikern sogar gegenüber der eigenen Parteiführung nutzen, um die politische Bevormundung zurückzudrängen, wie der Direktor des Zentralinstituts für Geschichte, Walter Schmidt, in einer institutsinternen Beratung über Erbeerschließung und Traditionspflege 1985 zum Ausdruck brachte:

[81]) ABBAW, ZIG, 686, Bd. 2, Bericht über die Leistungsentwicklung und die Erfüllung der anteiligen Aufgaben des Zentralen Forschungsplanes (...) im Jahre 1986, 10.12.1986.
[82]) Ebd., 185, Olaf Groehler, Aktennotiz über ein Gespräch mit Prof. Dr. Martin Broszat (...) am 1. September 1986 im Zentralinstitut für Geschichte.

„Auf jeden Fall geht es aber nicht mehr so weiter, daß wir weiter differenzieren und breiter werden bei allen anderen Klassen und Schichten, nur bei der Führungskraft der sozialistischen Gesellschaft nicht. Wenn dort nicht nachgezogen wird, müssen wir bremsen, denn das ist dem Gegner schon so auffällig, daß es mich eigentlich wundert, daß er höflich, freundlich und zuvorkommend ist und uns das nicht tagtäglich um die Ohren haut. Alle Arbeiten von ihnen haben diesen Fragenkomplex noch nicht angepackt. Nur in persönlichen Gesprächen haben sich westdeutsche Vertreter geäußert und ganz brutal auf diesen offenkundigen Rückstand hingewiesen. Und dieser Rückstand liegt nicht bei uns. (...) Mehr können wir dazu nicht sagen, das müssen andere, dazu Berufene, tun. Von uns ist im Papier auf die Gefahr und daß Disproportionen und Unstimmigkeiten im Geschichtsbild (...) entstehen können, hingewiesen worden. (...) Aber die Frage bleibt bestehen, wie gehen wir ran an das ganze Erbe der Arbeiterbewegung, weil sonst die Gefahr besteht, daß der Gegner, Leute wie Niethammer, sich der Frage bemächtigen."[83])

Von zwei Fronten gleichzeitig bedroht, nämlich von der Ausstrahlungskraft der gegnerischen Wissenschaft und der Starrheit der eigenen politischen Führung, wandelte sich das Gegnerbild der DDR-Geschichtswissenschaft abermals. Aus den Reiseberichten in den Westen entsandter DDR-Historiker aus den achtziger Jahren verschwand die bis dahin obligatorische Versicherung der eigenen Parteilichkeit, und sie wich der nicht weniger stereotypen Bekundung des Nutzens deutsch-deutscher Begegnungen für die Arbeit beider Seiten.[84]) In der Berufung auf das gemeinsame Interesse am Weltfrieden fand das vergehende sozialistische Geschichtsdenken einen letzten Halt und suchte gleichsam um Waffenstillstand nach. Die Metamorphose des über Jahrzehnte aus dem eigenen Geschichtsdiskurs ausgegrenzten Gegners vollendete sich in der Wandlung des nachmaligen Konkurrenten zum nunmehrigen Kooperationspartner angesichts der gemeinsamen Bedrohung durch eine größere Gefahr: den Atomkrieg.

Der zu den Akten genommene „Bericht über die Teilnahme der DDR-Delegation am 16. Internationalen Kongreß für Geschichtswissenschaften in Stuttgart vom 25. August bis 1. September 1985" veranschaulicht diese Entwicklung, als er „die Durchsetzung des Prinzips der friedlichen Koexistenz und der Herausbildung neuer Formen ideologischer Auseinandersetzung" konstatierte, die „es im Interesse des Weltfriedens weiter zu beschleunigen" gelte.[85])

[83]) Ebd., 091/6, Diskussionsprotokoll zum Tagesordnungspunkt 1 der Dienstbesprechung vom 15.5.1985.

[84]) Typisch für diese Zeit sind die Ausführungen eines aus Bielefeld zurückgekehrten Historikers, der in einer Wahlberichtsversammlung der SED seine „Erfahrungen aus Diskussion mit BRD-Historikern in Bielefeld im Rahmen eines Studienaufenthaltes zur deutschen Geschichte des 19. Jahrhunderts" mitteilte: „gute Arbeitsbedingungen; Forschungsschwerpunkt: Sozialgeschichte des Bürgertums im 19. Jh.; trotz unterschiedlicher theoretischer, methodologischer Positionen ist Dialog möglich und nützlich, soll kritische Auseinandersetzungen einschließen; (...) großes Interesse an Ausbau der Wissenschaftsbeziehungen zu beiderseitigem Nutzen sichtbar, an das auf jeden Fall angeknüpft werden sollte." (LA Berlin, 00205, Protokoll der Wahlberichtsversammlung 11.10.1988.)

[85]) ABBAW, ZIG, 017.

Nun war vom systemübergreifenden „Grundkonsens" die Rede, von einer „Koalition der Vernunft", die Marxisten und Bürgerliche eine.[86]) Deutlich ist die nachklingende Verwunderung über den „gewissen neuartigen Konsens über die Formen der ideologischen Auseinandersetzung im Bereich der Geschichtswissenschaft" zu spüren. Wie einst die vermeintliche Gefährlichkeit des Gegners die Existenz der zweiten deutschen Geschichtswissenschaft sichern half, so jetzt seine Gnade:

> „Die (...) unter dem Druck der nuklearen Bedrohung erzwungene Versachlichung der Diskussion hat auch zu einer Versachlichung der Beziehungen der Historiker der BRD zur Geschichtswissenschaft der DDR geführt."[87])

Nur von ferne klang vier Jahre vor dem Untergang des SED-Regimes noch die einst für so gewiß gehaltene Überlegenheit der sozialistischen Historiographie in der Versicherung an, daß es immerhin doch „die von den Historikern der DDR erzwungene Sachlichkeit der Gegenseite" und ihre „Bereitschaft zum konstruktiv-kritischen Dialog mit den nichtmarxistischen Geschichtswissenschaftlern" gewesen sei, die die abermalige Metamorphose des objektiven Gegners bewirkt habe.[88]) Deutlich aber wurden in demselben Bericht auch die fatalen Folgen dieser Neukonturierung des Gegners für den Bestand der zweiten deutschen Geschichtswissenschaft. Während seine Autoren auf der einen Seite „die starke Position des Marxismus-Leninismus" und die Aufnahme der eigenen Wissenschaft in den internationalen Diskurs als Erfolg betonen konnten[89]), mußten sie auf der anderen auch auf die möglichen Kosten hinweisen:

> „Der Frontalangriff bürgerlicher Historiker mit Max Weber gegen den Marxismus ist in Stuttgart abgewiesen worden. Komplizierter steht es um die Auseinandersetzung mit den Fragen, die (...) zur Geschichtsanthropologie, Psychohistory, Narrative Geschichte usw. aufgeworfen wurden. Hier geht es um das Erarbeiten und Durchsetzen marxistischer Positionen. Mit der Diskussion um die ‚Alltagsgeschichte' haben wir begonnen."[90])

Der drohende Zerfall der sozialistischen Fachidentität beeindruckte die Historikerschaft der DDR offenbar entschieden weniger als die Aussicht, ihren wissenschaftlichen Handlungsspielraum durch Kooperation mit dem westlichen Gegenpart zu erweitern. Wie viele von ihnen sich unter das neuerrichtete Dach der gemeinsamen Friedenssicherung und damit vor drohenden ideologischen Unbilden zu retten versuchten, zeigt die steil ansteigende Zahl von

[86]) Ebd.
[87]) Ebd.
[88]) Ebd.
[89]) „Die marxistisch-leninistische Geschichtswissenschaft hat ihre Positionen in diesem Prozeß nicht nur bewahrt, sondern sie ausgebaut. Sie sind gewissermaßen Voraussetzung für diesen internationalen Vorgang unter den Historikern. Gegen die marxistisch-leninistische Geschichtswissenschaft kann ein internationaler Kongreß oder eine Weltvereinigung nicht mehr bestehen." (Ebd.)
[90]) Ebd.

historiographischen Unternehmungen in den achtziger Jahren, die sich dem Leitbild des „Friedenskampfes" und des „Weltfriedens" zuordneten. Entsprechende Bestrebungen nahmen etwa unter den Zeithistorikern des Zentralinstituts für Geschichte solche Formen an, daß bereits 1985 in einer Direktionsbesprechung zu dem geplanten Titel „Vom Untergang des Reiches zum sozialistischen Friedensstaat. Der Kampf des Reiches um Friedenssicherung auf deutschem Boden 1945–1949" Sorge gegenüber diesem Trend aufkam:

„Jedoch scheint sowohl im Titel als auch bei den einzelnen Kapiteln der Begriff ‚Friedenssicherung' zu stark betont worden zu sein, so daß beinahe eine penetrante Wirkung entsteht."[91])

Zum Verfall des Feindbildes in der DDR-Geschichtswissenschaft trug nicht zuletzt das am 6.5.1986 unterzeichnete Kulturabkommen zwischen Ost-Berlin und Bonn bei. Eine anschließend an das Akademie-Institut für Geschichte durchgereichte Information aus dem ZK zeugte von der Hoffnung, daß sich alle „übertriebenen Erwartungen", die an das Abkommen gestellt würden, immerhin noch zurückdrängen ließen:

„Von der BRD Flut von Aktivitäten zu Direktbeziehungen, Abschluß von Vereinbarungen im Abkommen nicht vorgesehen, deshalb keine Verpflichtung dazu. Ebenso nicht vorgesehen gegenseitiger Aufenthalt zu Studienzwecken, kein gegenseitiges Direktstudium und kein Studentenaustausch. Gutachten von DDR-Seite für BRD-Arbeiten möglich, umgekehrt nicht. (...) Insgesamt: keine zusätzliche Vertiefung der Kontakte durch das Abkommen im Gegensatz zu anderen NSW-Ländern."[92])

Eben dazu aber sollte es binnen kürzester Zeit kommen; der zum zeitweiligen Partner aufgestiegene Gegner erwies sich als Magnet von unwiderstehlicher Kraft. Mochte die Parteiführung noch so sehr fordern, daß „strengste ideologische Wachsamkeit (...) geboten (ist) und Beachtung des Unterschieds zwischen innerbetrieblicher Diskussion und Hervortreten in der Öffentlichkeit in bestimmten Fragen", mochte sie noch so sehr auf „der Notwendigkeit der totalen Informationspflicht über alle Kontaktversuche" pochen[93]), sie blieb hilflos gegenüber einer Entwicklung, in der deutsch-deutsche Wissenschaftsbeziehungen alsbald den ersten Platz einnahmen. Schon im Jahr nach Unterzeichnung des Kulturabkommens machte die Reisetätigkeit ins Bundesgebiet und nach West-Berlin „41% unserer Reisetätigkeit aus, wobei ganz eindeutig festzustellen ist, daß die Tendenz auf eine weitere Ausweitung und Intensivierung dieser Beziehungen hindeutet".[94])

[91]) ABBAW, ZIG 091/6, Protokoll der Dienstbesprechung vom 12.6.1985.
[92]) ABBAW, ZIG, 704/1, Protokoll der Dienstbesprechung des Direktors am 9.7.1986. Das Kürzel „NSW" steht für „nichtsozialistisches Wirtschaftsgebiet".
[93]) Ebd.
[94]) ABBAW, ZIG, 163/1, Olaf Groehler, Bericht über die Arbeit der Abteilung Internationale Beziehungen, 20.10.1987.

Wie sehr das Bild des objektiven Gegners seine strukturierende Kraft im historischen Diskursfeld der DDR verloren hatte, zeigte sich etwa an der mehrjährigen Zusammenarbeit von DDR-Historikern besonders des Akademie-Instituts für Geschichte mit einer Hagener Forschungsgruppe unter Lutz Niethammer, aus der eine Reihe von gemeinsamen Konferenzen zu zeitgeschichtlichen Fragen und auch ein alltagsgeschichtliches Befragungsprojekt in der DDR hervorgingen.[95]) Die beteiligten DDR-Wissenschaftler verteidigten die Kooperationsbeziehung mit bundesdeutschen Forschern in ihren Berichten durchweg als nützlich und überraschend erfolgreich. Besonders hervorhebenswert erschien ihnen, daß sich eine gegenseitige Verständigung auch auf dem Gebiet der DDR-Geschichte trotz ihrer untrennbaren Verbundenheit mit tagespolitischen Auseinandersetzungen ergeben habe.[96]) Etwas weniger euphorisch, aber immerhin doch auf Vermittlung zwischen Historikern und Parteiführung bedacht, argumentierte die ZK-Abteilung Wissenschaft in einer Information über Niethammer: Er sei „bemüht – trotz grundlegender politischer und ideologischer Unterschiede und deutlich artikulierter Gegensätze –, einen konstruktiven Dialog mit den Historikern der DDR herzustellen, um damit nach seinen eigenen Worten einen Beitrag zur Friedenssicherung zu leisten. Von Niethammer kann unterstellt werden, daß er zu denjenigen BRD-Historikern gehört, von denen am ehesten erwartet werden kann, von bestimmten Klischeebildern über KPD, SED und DDR abzurücken."[97])

Merkliche Urteilsunsicherheit hingegen demonstrierte der Leiter der ZK-Abteilung Wissenschaften, als er Niethammers Antrag auf Durchführung seines Oral-history-Projektes Hager zur Entscheidung unterbreitete:

„Ich bitte Dich um eine Stellungnahme. Meines Erachtens sollte berücksichtigt werden, a) daß er (Niethammer; M.S.) Verbindung zu J. Rau hat (...), b) daß er in Reinhardtsbrunn war, unsere Historiker ihn also kennen müssen, c) daß Befragungen dieser Art keinen Schaden für uns bringen werden."[98])

Unverändert in den Kategorien des objektiven Gegnerbildes dachte zu diesem Zeitpunkt nur noch die Staatssicherheit, die eine „Zielstellung zum Vorgehen des Prof. Niethammer erarbeitet" hatte:

„Er versucht, Ansatzpunkte zu finden, (...) um (...) insbesondere Widersprüche zur offiziellen Politik von Partei- und Staatsführung zu Fragen der Geschichtsauffassung und Gegenwartsentwicklung unter den Bedingungen des real existierenden Sozialismus festzu-

95) Vgl. *Lutz Niethammer/Alexander von Plato/Dorothee Wierling*, Die volkseigene Erfahrung. Eine Archäologie des Lebens in der Industrieprovinz der DDR. Berlin 1991. Der Anhang enthält eine Auswahl der von DDR-Seite verfaßten Betreuerberichte.

96) ABBAW, ZIG, 703/9, WB DDR-Geschichte im ZIG der AdW, Bericht über das Arbeitstreffen in der Fernuniversität Hagen (BRD) 30.9.–3.10.1988, 10.10.1988.

97) SAPMO-BA, Dy 30, vorl. SED, 40128, SED-Hausmitteilung an Gen. Hager von Abt. Wiss., 10.2.1986.

98) Ebd., Hörnig an Hager, 27.1.1986.

stellen; (...) Voraussetzungen für eine Fehlerdiskussion bezüglich der UdSSR-Nachkriegspolitik zu schaffen sowie (...) persönliche Stützpunkte unter den Historikern der DDR zu entwickeln."[99])

Als die Parteiführung dennoch Niethammers Werben zögernd nachgab und ein erstes Treffen west- und ostdeutscher Zeithistoriker in Sellin gestattet hatte, vermochte das MfS dieses unerwartete Ergebnis folgerichtig nur als taktische Finesse der eigenen Parteiführung in der Feindbekämpfung einzuordnen:

„Im Zusammenhang mit dieser Konferenz wurde nach Beratung der Abt. Wissenschaften beim ZK der SED (...) entschieden, daß der BRD-Professor Niethammer als Gegenpol zu Mommsen aufgebaut werden soll, daß aus diesem Grunde die Beziehungen zu Niethammer enger gestaltet werden müßten."[100])

In der finalen Krise der DDR begann das Bild des objektiven Gegners mehr und mehr zu verblassen, so daß auf Mitarbeiter- und Parteiversammlungen erinnert werden mußte, über das Interesse am Dialog nicht die Grenzen der Zusammenarbeit mit der ‚bürgerlichen' Historiographie zu vergessen.[101]) Daß solchen Appellen freilich längst der Boden entzogen war, verriet schon der Tenor entsprechender Diskussionen, die einen Gegner dingfest zu machen suchten, der seine diskursive Identität verloren hatte. So rettete sich die SED-Parteileitung des Zentralinstituts für Geschichte in die Erkenntnis, „daß wir in einer Umbruchperiode leben, in der früher bewährte Wertungen und Argumentationen gründlich überdacht werden müssen" und „in der die Welt auch manchmal auf dem Kopf zu stehen scheint".[102])

Immer sichtbarer auf den Kopf gestellt wurde jedenfalls mit dem Bild der bundesdeutschen Historiographie in der Bundesrepublik auch das der eigenen Gegenwissenschaft. Zügig räumte die DDR-Historiographie in den letzten Jahren vor der Wende die Hürden, die sie einst gegen das Wissenschaftsverständnis des imperialistischen Gegners aufgerichtet hatte. Von der Feststel-

[99]) BStU, HA XVIII – 6178, Arbeitsmaterial „Erkenntnisse über das Wirksamwerden imperialistischer Ostforschungseinrichtungen und den (sic!) mit ihnen zusammenwirkenden staatsmonopolistischen Institutionen in der BRD", 15.12.1986.
[100]) BStU HA XVIII, 5397/85, Treffbericht 11.4.1984.
[101]) „Jedoch sollte über alle flexibel zu haltenden Formen der Auseinandersetzung hinaus stets im Auge behalten werden, daß es sich (...) in der Hauptsache stets um eine geistige Auseinandersetzung handelt. Wir wären schlecht beraten – auch unter dem Aspekt, daß unsere Auslandstätigkeit mit dem NSL in der vergangenen Wahlperiode eine weitere beträchtliche Ausweitung erfahren hat – wenn wir diesen Gesichtspunkt über alle mannigfachen Formen des Dialogs und der bedingten Zusammenarbeit übersehen würden. Im Gegenteil: alle unsere Erfahrungen weisen aus, je prinzipienfester – was nichts mit dem Holzhammer zu tun hat – wir unser Anliegen offenlegen, nicht verteidigen, sondern darlegen (!), um so größer ist unsere Resonanz, unsere Wirksamkeit und unsere politische und wissenschaftliche Effektivität." (LA Berlin, 00205, Zentralinstitut für Geschichte, Grundorganisation der SED, Rechenschaftsbericht, Oktober 1988.)
[102]) Ebd.

lung, daß der Meinungsstreit mit ‚bürgerlichen' Auffassungen „Kenntnis- und Erkenntnisgewinne auch für unsere marxistische Geschichtswissenschaft bringt", war es nicht mehr weit zu der Überlegung, daß „zukünftige Forschungen nicht durch voreilige Einschätzungen zu behindern" seien und ein einmal erreichter Erkenntnisstand „nie allgemeingültige Wahrheit für alle Zeiten" sei, sondern „infolge der gegenwärtig sich vollziehenden internationalen Diskussion leicht als überholt gelten" könne.[103])

Der fortschreitende Identitätsverlust der sozialistischen deutschen Historiographie sparte schließlich auch deren weltanschauliche Substanz nicht mehr aus, und er trug dazu bei, daß das verblassende Bild des objektiven Gegners zunehmend in Einzelteile zerfiel, wie sich beispielsweise an den internen Berichten und Stellungnahmen der DDR-Seite zum Internationalen Historikertag 1985 in Stuttgart ablesen läßt. Ob es um den antifaschistischen Widerstand oder die Bedeutung Max Webers ging, immer machten die Tagungsberichte ostdeutscher Teilnehmer „bedeutende Divergenzen" auf seiten der Nicht-Marxisten aus und betonten, daß die Grenze zwischen theoriefeindlichen und „theorieorientierten, auf Generalisierung abzielenden Geschichtsbetrachtungen keinesfalls nur zwischen Marxisten und Nichtmarxisten, sondern quer durch das nichtmarxistische Lager verläuft".[104]) Mit dieser Differenzierung knüpfte der historische Diskurs in der DDR argumentativ an die Hoffnungen der frühen sechziger Jahre an – allerdings nicht mehr, um die ‚Festung Westwissenschaft' zu erobern, sondern nur noch, um die eigene Kapitulation zu verhindern. Einen aufschlußreichen Eindruck dieser Haltung vermittelt die Auswertung des zweiten SPD-SED-Historikerforums vom Mai 1989 durch die zuständigen Fach- und Parteigremien. Zustimmend nahm die Ideologische Kommission des ZK die anschließende Einschätzung zur Kenntnis, „daß sich die DDR-Seite in der Diskussion ordentlich geschlagen habe" und „im ganzen die historische Forschung in der DDR und die Diskussionen Wirkung gezeigt hätten". Bedauerlich sei einzig gewesen, „daß unsere Haltung in der BRD-Presse als lernend hingestellt worden sei", doch wollte die Kommission diesen Fauxpas der Westdeutschen bereitwillig mit der Überlegung entschuldigen, daß „Ursache dafür ihre bisherigen Klischeevorstellungen (seien), sie selbst also auch einen Lernprozeß durchmachen".[105]) Auch der für Ideologiefragen zuständige ZK-Sekretär Kurt Hager selbst fand offenbar nichts mehr dabei, sich Thema und Marschrichtung von der Gegenseite diktieren zu lassen und

103) Ebd.

104) ABBAW, ZIG, 017, Bericht über die Teilnahme der DDR-Delegation am 16. Internationalen Kongreß für Geschichtswissenschaften in Stuttgart vom 25. August bis 1. September 1985.

105) Ebd., ZIG, 167/4, Protokollnotiz über die Abschlußbesprechung am 19.7.1989 der DDR-Delegation zum Geschichtsforum mit Vertretern der Historischen Kommission der SPD (Mai 1989).

sah seinerseits „den Nutzen der Veranstaltung (...) darin, daß wir auf Gebiete gestoßen worden sind, die wir noch nicht bearbeitet haben".[106)]

Die dieser Wertung zugrundeliegende Konferenzanalyse gründete auf der Erkenntnis, daß sozialdemokratische West- und marxistische Ost-Kollegen neben unterschiedlichen Standpunkten auch „Berührungspunkte oder teilweise auch identische Positionen" besäßen, während „die Position von B. Seebacher-Brandt grundsätzlich sowohl von der der Position der anderen sozialdemokratischen Historiker als natürlich auch von den Auffassungen der marxistischen Historiker ab(wich). (...) Die extreme Position von B. Seebacher-Brandt (...), die sich auch vom Niveau her negativ von den anderen Beiträgen unterschied, beeinträchtigte die Diskussion. Einmal war eine gewisse Einseitigkeit der Diskussion nicht zu vermeiden, da alle Redner mehr oder weniger deutlich dagegen polemisierten. Zum anderen litt das Niveau der Diskussion, da (...) gegen triviale und primitive ‚Argumente' angegangen werden mußte."[107)]

Der solcherart zum heimlichen Bündnis mit dem progressiven gegen das konservative Lager des Gegners ausgebaute Waffenstillstand hatte freilich seinen Preis: Die Tagungsanalyse wies auf die Notwendigkeit hin, stärker über „die Würde und Rechte des einzelnen Menschen in der Gesellschaft" nachzudenken, und bedauerte die bei Kongreßbeobachtern vorherrschende Sicht, „neue Fragestellungen und weiterführende Erkenntnisse der marxistisch-leninistischen Geschichtsforschung als ein Abweichen vom Marxismus und eine Annäherung an Auffassungen nichtmarxistischer, besonders sozialdemokratischer Historiker zu denunzieren. Ignoriert wird hingegen bewußt, daß die sozialdemokratische Geschichtsschreibung in den letzten Jahrzehnten marxistisch-leninistische Erkenntnisse aufgenommen und in das Geschichtsverständnis integriert hat (Räte in der Novemberrevolution, Versagen der SPD-Führung, Rolle der Massenaktivitäten für die Entstehung eines parlamtentarisch-demokratischen Systems)."[108]

Unbeabsichtigt offenbarte die Analyse selbst, was von dieser Rhetorik zu halten war, und teilte kommentarlos den Wunsch der westlichen Seite mit, „bei späteren Treffen auf sog. weiße Flecken zu sprechen zu kommen wie die Rehabilitierung von unter Stalin ums Leben gekommenen Kommunisten, Fragen der deutsch-sowjetischen Abkommen vom August/September 1939".[109)] Und nicht einmal diese explosive Mitteilung zeitigte noch Konsequenzen: „Prof. Schmidt informierte, daß es seitens der Abt. Wissenschaften/ZK der

106) Ebd.
107) ABBAW, ZIG, 167/4, Bericht über das Diskussionsforum von Historikern der DDR mit Historikern der Historischen Kommission beim Parteivorstand der SPD in Berlin am 30/31. Mai 1989.
108) Ebd.
109) Ebd.

SED zum Bericht keine direkte Reaktion gegeben habe." Der staatssozialistische Geschichtsdiskurs war nicht weniger am Ende als der Staat, dessen Produkt er war, wie Kurt Hagers Stellungnahme zur selben Frage offenbarte:

„Zur Frage der künftig zu behandelnden Themen bemerkte er, es sei bisher offensichtlich zu wenig getan worden bekanntzumachen, was wir schon bei uns zur Beseitigung von weißen Flecken getan haben."[110])

Hier fand die Metamorphose des objektiven Gegners in der sozialistischen Historiographie ihr Ende: Mit ihrem Feindbild war die zweite deutsche Geschichtswissenschaft auch ihrer Identität als eigenständige sozialistische Fachdisziplin und zweite deutsche Geschichtswissenschaft verlustig gegangen.

VI. Der objektive Gegner als Diskursgarant

Der gemeinsame Befund der vorstehenden Beobachtungen lautet, daß die DDR-Geschichtswissenschaft zeit ihrer Existenz ein künstliches Diskursfeld bildete, das der fortwährenden Immunisierung nach außen gegen die Einflüsse eines anderen Fachdenkens und der gleichzeitigen Integration seiner divergenten Binnenfaktoren nach innen auf einer dem individuellen Erkenntnisprozeß vorgelagerten Ebene bedurfte. Diesem Zweck diente die Diskursfigur des objektiven Gegners. Mittels der Konstruktion eines in starkem Maße von der Realität gelösten Feindbildes ließ sich die DDR-Geschichtswissenschaft über lange Zeit ebenso erfolgreich gegen Fremdeinflüsse abschirmen wie etwa mit einem parteilichen Wahrheitsbegriff gegen die Vetomacht der Quellen. Durch die Übertragung des eigenen Wissenschaftsverständnisses war die Ausstrahlungskraft einer plural organisierten Geschichtswissenschaft im Westen besser als durch jede inhaltliche Argumentation einzudämmen; der oktroyierte Fachdiskurs der DDR-Historiographie neutralisierte seine westliche Konkurrenz, indem er sie nach dem Muster der eigenen Parteiwissenschaft begriff.

In der Abgrenzung von einem als strukturell gleichartig konstruierten Gegner fand die zweite deutsche Geschichtswissenschaft ihre Identität und innere Geschlossenheit. Doch zog dieser Funktionsmechanismus gleichzeitig eine permanente Fixierung auf die feindliche Gegenwissenschaft nach sich und macht erklärlich, warum der Befassung mit der ‚imperialistischen Geschichtsschreibung' selbst in der Zeit des völligen deutsch-deutschen Kontaktabbruchs ein so herausragender Stellenwert zukam. Jahr um Jahr mußten die Jahresberichte der akademischen Einrichtungen auf dem Feld der Geschichte ihren Beitrag zur Auseinandersetzung mit dem Gegner nachweisen, und im-

110) Ebd., Protokollnotiz über die Abschlußbesprechung am 19.7.1989.

mer wieder findet sich in ihnen auch die unerfüllbare Hoffnung, daß die „frühere, allzu einseitige Orientierung auf die Geschichtsschreibung der BRD (...) schrittweise überwunden" werde.[111]) Die DDR-Geschichtswissenschaft blieb zeit ihrer Existenz an einen Gegner gefesselt, der ihr über vier Jahrzehnte hinweg als Feindbild zugleich auch Leitbild war. Während aber Hannah Arendts Modell totalitärer Herrschaft seine Dynamik in einer permanenten Radikalisierung bis hin zur Vernichtung manifestiert, tritt diese Dynamik am Beispiel der DDR-Geschichtswissenschaft als eine sich über Metamorphosen des Gegnerbildes vollziehende Aushöhlung des Herrschaftsanspruchs in Erscheinung. So fand der Umschlag von Stabilität in Revolution, der den Zusammenbruch des SED-Regimes 1989 kennzeichnete, seine Entsprechung in einer äußerlich intakt scheinenden historischen Legitimationswissenschaft, die nach innerer Substanz und ideologischer Bindungskraft bereits in voller Auflösung begriffen war.

[111]) ABBAW, ZIG, 068, Einschätzung der Jahrgänge 1976/77 der „Zeitschrift für Geschichtswissenschaft".

Die Westbeziehungen der Historiker im Auge der Staatssicherheit

Von

Rainer Eckert

Fünf Jahre nach der Öffnung der Akten des Staatssicherheitsdienstes für Forschung, Massenmedien und Betroffene ist es an der Zeit, eine vorläufige Bilanz zu ziehen. Dabei schlägt positiv zu Buche, daß viele von der Staatssicherheit beobachtete und zersetzte Menschen die darüber angelegten Akten einsehen konnten, daß erste solide Forschungsergebnisse über diesen Repressionsapparat der SED vorliegen und weite Bereiche des öffentlichen Dienstes auf Mitarbeiter des Ministeriums für Staatssicherheit überprüft werden konnten. Gleichzeitig ist die Auseinandersetzung mit der Verstrickung einzelner gesellschaftlicher Bereiche der DDR in das Netz der Staatssicherheit weitgehend gescheitert. Das gilt auch für den Bereich akademischer bzw. universitärer Lehre und Forschung. Entscheidend hierfür ist, daß ein gesamtgesellschaftlicher Diskurs und eine inneruniversitäre Diskussion über ethische Maßstäbe für das Verhalten von Forschern und Universitätslehrern ausblieb.[1]) Die Frage, welche Grundanforderungen an persönliche Integrität, Glaubwürdigkeit und Redlichkeit zu stellen sind, ist unbeantwortet geblieben. So scheint weiterhin nicht klar zu sein, was moralisch angemessenes Verhalten gegenüber einem totalitären Geheimdienst bedeutet, und ebenfalls nicht, wer dazu berechtigt ist, heute diese Frage überhaupt zu formulieren. Nicht besser steht es um die Rolle der SED als Auftraggeber ihres Geheimdienstes und um die der hauptamtlichen Führungsoffiziere der Stasi. Nach den Denunzianten außerhalb der Staatssicherheit wird kaum gefragt, und die Aufmerksamkeit ist auf spektakuläre Fälle konzentriert. Auch die grundsätzliche Bedeutung von Verrat und Denunziation für eine akademische Lehr- und Forschungsgemeinschaft war bisher kein Thema. Darüber hinaus belastete die Diskussion, daß die Medien das Thema „IM" zu Tode hetzten und Erkenntnisse über die Mitarbeit beim MfS auch unter karriereegoistischen Gesichtspunkten ausgebeutet werden.

Trotz dieser Misere lassen sich inzwischen die Felder der Zusammenarbeit zwischen der Staatssicherheit und DDR-Wissenschaftlern in Umrissen aus-

[1]) Analog dazu blieb jahrzehntelang eine fundierte Diskussion über Denunziation im Nationalsozialismus aus. Vgl. neuerdings *Gisela Diewald-Kerkmann*, Politische Denunziation im NS-Regime oder Die kleine Macht der „Volksgenossen". Bonn 1995.

machen. Für die Westbeziehungen von Wissenschaftlern – so auch der Historiker – sind dies:

1. Arbeit für die Auslandsspionage
2. Abschirmung der DDR-Forschung gegenüber ausländischen Geheimdiensten
3. Überwachung der Auslandsbeziehungen von DDR-Wissenschaftlern
4. Kontrolle ausländischer Studenten und Wissenschaftler in der DDR
5. Genehmigung von Auslandsdienstreisen und Bespitzelung ostdeutscher Wissenschaftler im Ausland.

Die Analyse dieser fünf Bereiche erfolgt noch immer auf einer nur schmalen Literatur- und Quellenbasis. An Veröffentlichungen ist immer noch zuerst die Beschreibung des Innenlebens des MfS durch den Überläufer Werner Stiller zu nennen.[2]) Darüber hinaus geben in zwei Interview-Bänden ein Mitarbeiter der Hauptabteilung XVIII und ein „Abwehroffizier Wirtschaft" unzureichende und äußerst subjektive Auskunft über ihre Tätigkeit[3]), und Jörg Roesler versuchte eine knappe Darstellung der Industriespionage[4]). Zum Verhältnis zwischen Staatssicherheit und Wissenschaft legte die Wirtschaftsjournalistin Rosemarie Stein eine Monographie über das MfS an der Berliner Universitätsklinik Charité vor[5]), und Hanna Labrenz-Weiß wagte den Versuch einer systematischen Darstellung der Beziehungen zwischen MfS, SED und der Leitung der Humboldt-Universität[6]). Das Agieren der Staatssicherheit an dieser Universität im Herbst 1989 dokumentierten Malte Sieber und Ronald Freytag[7]), und ich setzte mich in mehreren Aufsätzen mit den Beziehungen zwischen dem MfS und den ostdeutschen Universitäten auseinander[8]). Dazu

[2]) *Werner Stiller*, Im Zentrum der Spionage. 5., verb. Aufl. Mainz 1986.

[3]) Vgl. *Gisela Karau*, Stasiprotokolle. Gespräche mit ehemaligen Mitarbeitern des „Ministeriums für Staatssicherheit" der DDR. Frankfurt am Main 1992, 20–34; *Ariane Riecker/Annett Schwarz/Dirk Schneider*, Stasi intim. Gespräche mit ehemaligen MfS-Angehörigen. Leipzig 1990, 9–31.

[4]) *Jörg Roesler*, Industrieinnovation und Industriespionage in der DDR. Der Staatssicherheitsdienst in der Innovationsgeschichte der DDR, in: Deutschland-Archiv 27, 1994, 1026–1040.

[5]) *Rosemarie Stein*, Die Charité 1945–1992. Ein Mythos von innen. Berlin 1992.

[6]) *Hanna Labrenz-Weiß*, Die Beziehungen zwischen Staatssicherheit, SED und den akademischen Leitungsgremien an der Humboldt-Universität zu Berlin, in: Wolfgang-Uwe Friedrich (Hrsg.), Totalitäre Herrschaft – totalitäres Erbe. (German Studies Review. Sonderheft 1994.) Tempe, Ariz. 1994, 131–145.

[7]) *Malte Sieber/Ronald Freytag*, Kinder des Systems. DDR-Studenten vor, im und nach dem Herbst '89. Berlin 1993, 272f.

[8]) *Rainer Eckert*, Die Berliner Humboldt-Universität und das Ministerium für Staatssicherheit, in: Deutschland-Archiv, 26, 1993, 770–785; *ders.*, Spie al Dipartimento di storia: Sicurezza dello Stato e Università nella RDT, in: Ventesimo Secolo 3, 1993, H. 9, 273–298; *ders.*, Geheimdienst und Hochschulen in der DDR, in: Konrad H. Jarausch/Matthias Middell (Hrsg.), Nach dem Erdbeben. (Re-)Konstruktion ostdeutscher Geschichte und Geschichtswissenschaft. (Beiträge zur Universal- und vergleichenden Gesellschaftsforschung, Bd. 5.) Leipzig 1994, 304–338; *ders.*, Die Berliner Humboldt-Universität und das Ministe-

kommt die Dokumentation einer großangelegten Fahndung der Staatssicherheit zur Ermittlung von zwei Flugblattautoren durch Rainer Schottlaender[9]) und Dietmar Linkes Dokumentensammlung zur politischen Verfolgung an der Sektion Theologie der Humboldt-Universität[10]). Am besten ist wohl weiterhin das Wirken der Staatssicherheit an der Universität Rostock erforscht[11]), und Aufmerksamkeit fanden die Reisekader als Erfüllungsgehilfen der Staatssicherheit[12]). Dagegen ist die Wissenschaftsspionage noch weitgehend ein weißer Fleck.[13])

Die Forschungssituation verschlechtert sich weiterhin dadurch, daß in den bereits vorliegenden Arbeiten über Leitungsstrukturen und -mechanismen in der DDR-Geschichtswissenschaft das Ministerium für Staatssicherheit nicht auftaucht[14]) oder bagatellisiert wird. Das gilt beispielsweise für Autoren wie Jörn Schütrumpf, der, als Parteisekretär des Instituts für deutsche Geschichte mit Insider-Kenntnissen ausgestattet, meinte, daß die Staatssicherheit nicht in er-

rium für Staatssicherheit. MfS und Hochschulen. Thesen, in: Humboldt 38, 1993/94, 9; *ders.*, Die Diskussion um die Staatssicherheitsverstrickungen an der Berliner Humboldt-Universität, in: Friedrich (Hrsg.), Totalitäre Herrschaft (wie Anm. 6.), 147–156; *ders.*, The Conflict between Academic Ethos and Security Intelligence Activity: Institutions of Higher Learning in the GDR, in: Margy Gerber/Roger Woods (Eds.), Understanding the Past – Managing the Future. The Integration of the Five New Länder into the Federal Republic of Germany. (Studies in GDR Culture and Society, Vol. 13.) Lanham/Maryland/New York/ London 1994, 87–107; *ders.*, Die Humboldt-Universität im Netz des MfS, in: Dieter Voigt/ Lothar Mertens (Hrsg.), DDR-Wissenschaft im Zwiespalt zwischen Forschung und Staatssicherheit. (Schriftenreihe der Gesellschaft für Deutschlandforschung, Bd. 45.) Berlin 1995, 169–196.

9) *Rainer Schottländer*, Das teuerste Flugblatt der Welt. Dokumentation einer Großfahndung des Staatssicherheitsdienstes an der Berliner Humboldt-Universität. Berlin 1993.

10) *Dietmar Linke*, Theologiestudenten an der Humboldt-Universität. Zwischen Hörsaal und Anklagebank. (Historisch-theologische Studien zum 19. und 20. Jahrhundert [Quellen], Bd. 3.) Neukirch-Vlyun 1994; vgl. die Angaben über IM unter den Ostberliner Theologen in: *Gerhard Besier*, Der SED-Staat und die Kirche 1969–1990. Die Vision vom „Dritten Weg". Berlin/Frankfurt am Main 1995, 893–895.

11) Arbeitsberichte über die Auflösung der Rostocker Bezirksverwaltung des Ministeriums für Staatssicherheit. Hrsg. v. Unabhängigen Untersuchungsausschuß Rostock. Rostock 1990; *Thomas Ammer/Hans-Joachim Memmler*, Staatssicherheit in Rostock: Zielgruppen, Methoden, Auflösung. (Edition Deutschlandarchiv.) Köln 1991; dazu auch *Thomas Ammer*, Universität zwischen Demokratie und Diktatur. Ein Beitrag zur Nachkriegsgeschichte der Universität Rostock. Neudruck Köln 1990.

12) *Sabine Gries/Dieter Voigt*, Reisekader der DDR – Kundschafter und Erfüllungsgehilfen der SED, in: hochschule ost 4/3, 1995, 73–85; *Sabine Gries*, Die Pflichtberichte der wissenschaftlichen Reisekader der DDR, in: Voigt/Mertens, DDR-Wissenschaft (wie Anm. 8), 141–168; *Paul Gerhard Klussmann*, Berichte der Reisekader aus der DDR, in: ebd. 131–140.

13) Zu einer ersten Information: *Rita Sélitrenny/Thilo Weichert*, Das unheimliche Erbe. Die Spionageabteilung der Stasi. Leipzig 1991.

14) *Walter Schmidt*, Geschichte zwischen Professionalität und Politik. Zu zentralen Leitungsstrukturen und -mechanismen in der Geschichtswissenschaft der DDR, in: ZfG 40, 1992, 1013–1029.

ster Linie durch ihre IMs, sondern durch ihren Mythos wirkte.[15]) Aber auch die verbreitete Instrumentalisierungsthese führt in die Irre. Das gilt sowohl für Georg Iggers, der ausführte: „Partei und Staat übten in der DDR eine totalere Kontrolle als im Nationalsozialismus über die Geschichtswissenschaft aus"[16]), als auch für Martin Sabrows Auffassung, daß die „Instrumentalisierung" zur Gefahr einer „inneren Oppositionsbildung" und zum „Widerstand gegen die Herrschaft der Partei über die Geschichtswissenschaft" geführt hätte[17]). Bei einem solchen Herangehen werden die SED-Historiker zu Opfern, ihre Zusammenarbeit mit dem Geheimdienst ihrer Partei scheint kaum ein lohnenswertes Thema zu sein.

Unter den überlieferten Archivalien des MfS zu unserem Thema sind die Sachakten der Hauptabteilung XVIII/5, die u.a. mit der „Sicherung" der Grundlagenforschung und der Akademie der Wissenschaften der DDR beschäftigt war, ergiebig. Dazu kommen die Akten „Inoffizieller Mitarbeiter", einzelne Informationen der Zentralen Auswertungs- und Informationsgruppe des MfS (ZAIG), verschiedene Sachakten der für die Hochschulen auf Bezirksebene zuständigen Abteilungen XX/3 der jeweiligen Bezirksverwaltungen, „operative Vorgänge" und Akten von bespitzelten Studenten und Hochschullehrern. Ergänzt werden diese Unterlagen durch verschiedene Diplom- und Doktorarbeiten der Juristischen Hochschule des MfS.[18]) Ich selbst

[15]) *Jörn Schütrumpf*, Steuerung und Kontrolle der Wissenschaft durch die SED-Führung am Beispiel der Akademie der Wissenschaften der DDR, in: Utopie kreativ, 31/32, 1995, 147. Zu einer weitaus kritischeren Sicht vgl. *Ulrich Neuhäußer-Wespy*, Der Parteiapparat als zentrale Lenkungsinstanz der Geschichtswissenschaft der DDR in den fünfziger und sechziger Jahren, in: Martin Sabrow/Peter Th. Walther (Hrsg.), Historische Forschung und sozialistische Diktatur. Beiträge zur Geschichtswissenschaft der DDR. (Beiträge zur Universalgeschichte und vergleichenden Gesellschaftsforschung, Bd. 13.) Leipzig 1995, 144–179.

[16]) *Georg G. Iggers*, Die Bedeutung des Marxismus für die Geschichtswissenschaft heute. Fritz Klein zum 70. Geburtstag, in: ZfG 43, 1995, hier 485.

[17]) Dazu: *Martin Sabrow*, Parteiliches Wissenschaftsideal und historische Forschungspraxis. Überlegungen zum Akademie-Institut für Geschichte (1956–1989), in: ders./Walther (Hrsg.), Historische Forschung und sozialistische Diktatur (wie Anm. 15), hier 213, 219; *ders.*, Schwierigkeiten mit der Historisierung. Die DDR-Geschichtswissenschaft als Forschungsgegenstand, in: ebd. 9–28.

[18]) *Andreas Bartsch*, Arbeitshinweise zur Gewinnung von operativ-bedeutsamen Ersthinweisen zu Auslands- und Reisekadern der Wilhelm-Pieck-Universität Rostock unter Einbeziehung der Möglichkeiten des Direktorats für Internationale Beziehungen in Richtung feindlicher nachrichtendienstlicher Tätigkeit, Diplomarbeit, Hochschule des MfS, 27. April 1989, in: Bundesbeauftragter für die Unterlagen des Staatssicherheitsdienstes der ehemaligen DDR, Juristische Hochschule (= BStU, JHS), 21 426; *Dietrich/Wagner*, Forschungsergebnisse zum Thema: Die Bekämpfung der imperialistischen Ost- und DDR-Forschung und ihrer Einrichtungen in der BRD, 2. Hauptteil = Geheime Verschlußsache MfS 160, Nr. 50/74/II, in: BStU, JHS, 21 836; *Dieter Knaut*, Zu einigen Fragen des zielgerichteten Einsatzes der IM zur politisch-operativen Sicherung operativ-bedeutsamer Personen aus dem Bereich Gesellschaftswissenschaften der Akademie der Wissenschaften der DDR, untersucht am Zentralinstitut für Wirtschaftswissenschaften, Diplomarbeit, Hochschule des

stütze mich auf acht IM-Akten, die ich aus den Unterlagen von über ca. 30 an der Akademie der Wissenschaften der DDR und an verschiedenen Universitäten Beschäftigter auswählte.[19]) Die von mir berücksichtigten Personen sind alle männlich, arbeiteten in Berlin bzw. Potsdam und waren bis auf eine Ausnahme Professoren. Daneben bekleideten sie in der Regel führende Positionen vom stellvertretenden Minister für Hoch- und Fachschulwesen[20]) bis zum stellvertretenden Generalsekretär der Akademie der Wissenschaften[21]). Beruflich handelt es sich überwiegend um Historiker sowie um einen Philosophen und einen Wirtschaftswissenschaftler.

Einer Analyse des Verhältnisses zwischen Staatssicherheit und Auslandskontakten ostdeutscher Wissenschaftler ist voranzuschicken, daß es dem Geheimdienst der SED dabei nicht in erster Linie um die Bekämpfung wirklicher oder vermeintlicher Gegner, sondern um volkswirtschaftlichen Nutzen (besonders im Rüstungsbereich) ging. Das bedeutete, daß Naturwissenschaftler und Techniker für das MfS wichtiger waren als beispielsweise Historiker. Das galt auch für die Bemühungen um eine möglichst wasserdichte „Abschir-

MfS, 16. Januar 1984, in: BStU, JHS, 20 123; *Hubert Schotte*, Der eigenständige Beitrag der KD Aschersleben zur Durchsetzung der DA 1/87 des Genosssen Minister zur komplexen Spionageabwehr im Zentralinstitut für Genetik und Kulturpflanzenforschung Gatersleben, Diplomarbeit, Hochschule des MfS, 16. Juni 1988, in: BStU, JHS, 21 295.
Eine Übersicht über Schriften der Juristischen Hochschule des MfS zu Spionage, zur Bekämpfung der Ost- und DDR-Forschung bei *Irene Chaker*, Die Arbeit der Hauptverwaltung Aufklärung (HVA) im „Operationsgebiet“ und ihre Auswirkungen auf oppositionelle Bestrebungen in der DDR, in: Materialien der Enquete-Kommission „Aufarbeitung von Geschichte und Folgen der SED-Diktatur in Deutschland“ (12. Wahlperiode des Deutschen Bundestages). Hrsg. v. Deutschen Bundestag. Bd. 8: Das Ministerium für Staatssicherheit. Seilschaften, Altlasten, Regierungs- u. Vereinigungskriminalität. Baden-Baden 1995, 172–177.

[19]) IM „Arno“ = Dr. Kurt Goßweiler, Historiker am Institut für Deutsche Geschichte der AdW, in: BStU, ZA, AIM 2 951/80. – IM „Aspirant“ = Prof. Ulrich Röseberg, Zentralinstitut für Philosophie der AdW, in: BStU, ZA, AIM 17 155/89. – IM „Hans“ = Prof. Kurt Finker, Historiker an der Pädagogischen Hochschule Potsdam, in: BStU, Außenstelle Potsdam, BV Potsdam, AIM 1 531/87. – IM „Klee“ = Prof. Hermann Klenner, Philosoph am Zentralinstitut für Philosophie der AdW und Akademiemitglied, in: BStU, ZA, AIM 17 340/89. – IM „Rolf“ = Prof. Gerhard Haß, Bereichsleiter am Zentralinstitut für Geschichte der AdW, in: BStU, ZA, AIM 11 190/85. – IM „Rothmann“ = Prof. Peter Sydow, stellvertretender Generalsekretär der Akademie der Wissenschaften und stellvertretender Leiter des Forschungsbereiches Gesellschaftswissenschaften der AdW, in: BStU, ZA, AIM 17 196/89. – IM „Stern“ = Prof. Gerhard Engel, Historiker an der Humboldt-Universität und stellvertretender Minister für Hoch- und Fachschulwesen, in: BStU, ZA, AIM 8 933/91. – IM „Walter“ = Prof. Horst Schützler, Historiker an der Humboldt-Universität, in: BStU, ZA AIM 18 576/85. Studentische IM-Akten (z.B. IM „Wildrose“), Akten von DDR-Wissenschaftlern mit keinen oder nur peripheren Westkontakten wurden – mit Ausnahme des IM „Walter“ – nicht systematisch ausgewertet (z.B. IM „Aal“, IM „Erik“, IM „Thomas“, IM „Gerhard Unger“).

[20]) IM „Stern“.

[21]) IM „Rothmann“.

mung" gegenüber dem Westen und für die Industriespionage.[22]) Grundsätzlich prägend für das Interesse der Staatssicherheit an Westkontakten von DDR-Wissenschaftlern war die Vorstellung der Führung des MfS, in der Bundesrepublik gäbe es ein enges Zusammenwirken zwischen Geheimdiensten, Unternehmen, Politik und Wissenschaft.[23]) In dieses Grundmuster hatten sich auch die Historiker der DDR einzuordnen, denen Westkontakte gestattet wurden. Das MfS sah auch hier eine Gefährdung angeblicher Forschungsgeheimnisse, wichtiger war aber die Gewinnung von Erkenntnissen über die bundesdeutsche Ostforschung, über westliche Forschungsstrategien und -vorhaben, war die gegenseitige Überwachung der DDR-Wissenschaftler auf Dienstreisen, die Bespitzelung von westlichen Wissenschaftlern in der DDR und die Weitergabe relevanter Informationen an das sowjetische Komitee für Staatssicherheit (KfS).[24]) Das Hauptmittel zur Umsetzung dieser Ziele waren die Inoffiziellen Mitarbeiter (IM), in unserem Fall besonders die Reisekader-IM. Grundsätzlich hatte das MfS an jedem Reisekader als potentiellem Mitarbeiter Interesse, jedoch wurde wohl nicht jeder auf eine solche Mitarbeit angesprochen, und von den Angesprochenen ging nicht jeder auf das Angebot ein. Neben die Spitzeltätigkeit der Reisekader-IM trat für das MfS die Auswertung der an die jeweilige Dienststelle gerichteten pflichtgemäßen Reiseberichte[25]), die Auswertung westlicher Publikationen und die Informationsgewinnung durch Spione der HVA. Die Berichterstattung der IM an ihren Führungsoffizier unterscheidet sich von dem jeweiligen entsprechenden Reisebericht in der Regel dadurch, daß dem MfS direkt geheimdienstliche verwertbare Angaben mitgeteilt wurden, und bei der Belastung anderer oft jede Rücksicht fehlte.

Strukturell konnten sich die verschiedensten Diensteinheiten der Staatssicherheit mit den Westverbindungen ostdeutscher Wissenschaftler beschäftigten. Entscheidend war der Sektor XIII Grundlagenforschung der Hauptverwaltung Aufklärung (HVA) für die Wissenschafts-Auslandsspionage, für die „Aufklärung" von Forschungseinrichtungen, Universitäten, Behörden und

[22]) *Karl Wilhelm Fricke*, Die DDR-Staatssicherheit. Entwicklung, Strukturen, Aktionsfelder. 3., aktual. u. erg. Aufl. Köln 1989, 107–110.

[23]) Ebd. 108–109.

[24]) Zu den Beziehungen zwischen MfS und KfS vgl. *Bernhard Marquardt,* Die Zusammenarbeit zwischen MfS und KGB, in: Karl Wilhelm Fricke/Bernhardt Marquardt, DDR Staatssicherheit. Das Phänomen des Verrats. Die Zusammenarbeit zwischen MfS und KGB. (Kritische Aufarbeitung der DDR und Osteuropas, Bd. 4.) Bochum 1995, 50–169. In der DDR übernahmen Reisekader-IM Aufgaben wie beispielsweise die „Wohngebietsarbeit".

[25]) Vgl. *Gries*, Pflichtberichte (wie Anm. 12). Die Autorin vertritt die Auffassung, daß die Reisekader durch ihre Berichte ihre Gastgeber verrieten und daß bei ihnen moralische Elementargrundsätze ins Wanken geraten wären. Recht hat sie mit ihrer Meinung, daß ein Aufenthalt im westlichen Ausland immer als Besuch im Feindesland verstanden wurde. Für Erich Mielke war jede Auslandsreise die „Tätigkeit sozialistischer Kundschafter an der unsichtbaren Front", vgl. *Fricke*, DDR Staatsicherheit (wie Anm. 22), 144.

Wirtschaftsinstituten sowie der Sektor Kontakte bundesrepublikanischer Einrichtungen zur wissenschaftlich-technischen Intelligenz der DDR.[26]) Dieser Sektor gehörte selbst als Abteilung XIII seinerseits seit den frühen 70er Jahren zum „Sektor Wissenschaft und Technik" (SWT), dem die Beschaffung von wissenschaftlich-technischen Erkenntnissen und ihre Nutzbarmachung für die Volkswirtschaft oblag und der für die Auswertung dieser Informationen zuständig war.[27]) Parallel zur HVA arbeitete die erwähnte Hauptabteilung XVIII/5.[28]) Allerdings ist die Annahme verfehlt, daß zwischen der „Aufklärung" im Ausland und der „Abwehr" in der DDR eine starre und exakt zu definierende Trennlinie auszumachen wäre. So war differenzierte Zusammenarbeit innerhalb der gleichen Diensteinheit vertikal „auf Linie", mit den unterschiedlichsten anderen Diensteinheiten und mit anderen „Organen", so der Polizei, der Nationalen Volksarmee und anderen Geheimdiensten möglich. In den letzten Jahren der DDR regelte schließlich eine „Koordinierungsvereinbarung" zwischen der HA XVIII und der HVA die Zusammenarbeit.[29]) Gedanklicher Ausgangspunkt der verstärkten Kooperation waren die Annahmen, daß „imperialistische" Ostforschungseinrichtungen im „Operationsgebiet"[30]) besonders auf die Gesellschaftswissenschaften in der DDR einwirken würden. Um dem entgegenzuwirken, sollte die HVA „neue Möglichkeiten für die Aufklärungsarbeit"[31]) durch den Einsatz von „Offizieren im besonderen Einsatz" und ausgewählter IM erschließen und die Aktionen der verschiedenen Diensteinheiten des MfS gegenüber westlichen Forschungseinrichtungen koordinie-

[26]) *Stiller*, Im Zentrum der Spionage (wie Anm. 2), 73; Die Organisationsstruktur des Ministeriums für Staatssicherheit 1989. Vorläufiger Aufriß nach dem Erkenntnisstand von Juni 1993. (Der Bundesbeauftragte für die Unterlagen des Staatssicherheitsdienstes der ehemaligen Deutschen Demokratischen Republik, Rh. A: Dokumente, 1993/2.) Berlin 1993, 185; vgl. MfS-Handbuch. Die Organisationsstruktur des Ministeriums für Staatssicherheit 1989. (V.1.) Berlin 1995, 366; HVA: „Informationsschwerpunkte zur politisch-ideologischen Diversion (PID) gegen die DDR und die anderen sozialistischen Staaten", 25. Januar 1988, in: *Chaker*, Arbeit (wie Anm. 18), 193.

[27]) Organisationsstruktur (wie Anm. 26), 185; *Sélitrenny/Weichert*, Erbe (wie Anm. 13), 28. Die entsprechende Zusammenarbeit zwischen dem MfS und der Akademie der Wissenschaft regelte: Vereinbarung über die Zusammenarbeit des Ministeriums für Staatssicherheit mit der Akademie der Wissenschaften der DDR bei der Sicherung der wissenschaftlich-technischen Aufgaben des Ministeriums für Staatssicherheit vom 1. Dezember 1988 (und die zeitlich davor liegenden Abmachungen), in: BStU, SdM 424, 183–188. Vgl. Generalleutnant Schwanitz an Genossen Minister über die „Vereinbarung ...", 18. Dezember 1988, in: ebd. 192–193.

[28]) *David Gill/Ulrich Schröter*, Das Ministerium für Staatssicherheit. Anatomie des Mielke-Imperiums. Berlin 1991, 44; Organisationsstruktur (wie Anm. 26), 100, 102.

[29]) Koordinierungsvereinbarung zwischen der Hauptabteilung XVIII und der Hauptabteilung A für das Zusammenwirken in den zum Sicherungsbereich der HA XVIII/5 gehörenden gesellschaftswissenschaftlichen Einrichtungen vom 1. Dezember 1986, in: BStU, ZA, HA XVIII, 116, 1–3.

[30]) Also in erster Linie in der Bundesrepublik.

[31]) Koordinierungsvereinbarung (wie Anm. 29), 1.

ren. Dabei unterstützte die HVA die HA XVIII/5 besonders bei der „Abwehr“ angenommener Aktionen gegen Wissenschaft und Technik in der DDR. Als Gegenleistung war vorgesehen, daß die HA XVIII/5 der HVA Hinweise auf „operativ besonders geeignete Institutionen des gesellschaftswissenschaftlichen Bereiches“ [in der Bundesrepublik][32]) geben sollte. Neben diesen Spionagehinweisen wurde von der HA XVIII/5 Unterstützung bei der „Absicherung“ konkreter Unternehmen der HVA erwartet; sie hatte Hinweise über die Beziehungen zwischen gesellschaftswissenschaftlichen Forschungseinrichtungen der DDR und einzelnen Forschern im Westen zu geben und dazu ihre „Inoffiziellen Mitarbeiter“ einzusetzen. Grundsätzlich war festgelegt worden, daß sich die beiden MfS-Diensteinheiten gegenseitig über „ihren spezifischen Informationsbedarf“ informieren.[33]) Diese enge Zusammenarbeit ist ein Indiz dafür, daß die HVA auch in die Unterdrückung der inneren DDR-Opposition involviert war, noch mehr aber dafür, daß sich die unterschiedlichsten Diensteinheiten des MfS für die Auslandsspionage engagierten.

Bei der grundsätzlichen Annahme der Staatssicherheit, daß westliche Forschungseinrichtungen, Gastwissenschaftler und das Personal der US-Botschaft und anderer diplomatischer Vertretungen „nachrichtendienstlich gesteuert“ seien[34]), galt das Interesse schwerpunktmäßig den bundesdeutschen Ostforschungseinrichtungen. Von diesen wurde angenommen, daß sie zum einen für die Bundesregierung Material zur Destabilisierung der DDR erarbeiteten, zum anderen als Zentren zur Organisation der „Politisch-ideologischen Diversion“ (PID)[35]) in der DDR dienten. Für besonders gefährlich hielt der SED-Geheimdienst:

- Bundesinstitut für ostwissenschaftliche und internationale Studien
- Bundeszentrale für Politische Bildung
- Deutscher Akademischer Austauschdienst (neokolonialistische Organisation)
- Deutsches Institut für Wirtschaftsforschung, Berlin
- die Fernuniversität Hagen
- Freundeskreis ostdeutscher Akademiker
- Gesellschaft für Deutschlandforschung
- Historische Kommission zu Berlin
- Informationsstelle für DDR-Forschung, Bonn

[32]) Ebd. 2.
[33]) Ebd. 3.
[34]) *Knaut*, Fragen (wie Anm. 18) 11.
[35]) Zu MfS-Abkürzungen vgl. Abkürzungsverzeichnis. Ministerium für Staatssicherheit. Häufig verwendete Abkürzungen und ausgewählte spezifische Begriffe. Berlin 1993; zu den Erklärungen von Begriffen aus MfS-Sicht: Das Wörterbuch der Staatssicherheit. Definitionen des MfS zur „politisch-operativen Arbeit“. (Bundesbeauftragter für die Unterlagen des Staatssicherheitsdienstes der ehemaligen DDR, Abteilung Bildung und Forschung: Rh. A 1/1993.) Berlin 1993.

- das Institut für Gesellschaft und Wissenschaft (IGW) der Universität Erlangen
- das östereichische Institut für Internationale Wirtschaftsvergleiche
- Otto-Suhr-Institut der Freien Universität, Berlin
- Wissenschaftskolleg, Berlin
- Wissenschaftszentrum, Berlin
- Zentralinstitut für Sozialwissenschaftliche Forschung der Freien Universität, Berlin

und die Förderung der US-Ostforschung durch International Research Exchange Board (IREX).[36])

Diese Einschätzung als „feindliche" Einrichtungen erstreckte sich auch auf deren Mitarbeiter und war ganz unabhängig von deren persönlichen Bemühungen um eine Annäherung an die DDR und deren Einschätzung der realsozialistischen Verhältnisse. Deutlich wird das beispielweise am Beispiel des Leiters des Erlanger IGW[37]), der noch im November 1989 die DDR für eine Diskursgesellschaft hielt und meinte, daß sich die Gesellschaft einer eigenständigen DDR in Richtung auf einen „menschenrechtlich geläuterten Sozialismus hin" modernisieren würde.[38]) Trotz oder gerade wegen einer solchen Haltung galt das Erlanger Institut als Instrument des Imperialismus und es wurde immer wieder vermutet, daß es mit westlichen Geheimdiensten zusammenarbeiten würde.[39])

Auf die erwähnten Einrichtungen konzentrierte das MfS besonders seine „Reisekader-IM". Diese IM waren zuvor von „IM in Schlüsselpositionen" in den Direktoraten für Internationale Beziehungen der Hochschulen bzw. entsprechenden Einrichtungen der Akademie ermittelt worden.[40]) Dann wurden

[36]) Erich Mielke am 15. Februar 1985 an die Leiter der Diensteinheiten „Bekämpfung feindlicher Stellen und Kräfte im Operationsgebiet, die subversiv gegen die DDR und andere sozialistische Staaten tätig sind", Anlage 1, in: *Chaker,* Arbeit (wie Anm. 18), 214–241.

[37]) Die Aufklärung und Kontrolle des IGW Erlangen oblag u.a. dem IM „Aspirant"; vgl. EEK [Einsatz- und Entwicklungskonzeption] für Reisekader-IM „Aspirant", 27. März 1984, in: IM „Aspirant". Der Berichterstattung über das IGW sollten Besuche dort und auch die Teilnahme an den Kolloquien „Wissenschaft und Humanismus" in Deutsch-Landsberg dienen, vgl. IM „Aspirant", in: AIM 17 155/89, II, 4–6, 47–48, 95–96.

[38]) *Clemens Burrichter,* Vom „Wandel durch Annäherung" zur Annäherung durch Wandel, in: IGW-report 3/4, 1989, 5–10; vgl. *ders.,* Zur Kontingenz ideologischer Reformation im wissenschaftlichen Zeitalter. Die Funktion der Wissenschaften bei der Reparatur des beschädigten marxistisch-leninistischen Orientierungssystems in der DDR, in: Ideologie und gesellschaftliche Entwicklung in der DDR. 18. Tagung zum Stand der DDR-Forschung in der Bundesrepublik Deutschland, 28.–31. Mai 1985. (Edition Deutschland Archiv.) Köln 1985.

[39]) *Dietrich/Wagner,* Forschungsergebnisse (wie Anm. 18), 6, 167.

[40]) Ebd. 23. An der Universität Rostock wurden die IM-Kandidaten der Abteilung XX der Bezirksverwaltung Rostock gemeldet, deren Referat XX/5 informierte die Abteilung XV der BV, diese dann die HVA.

sie nach der positiven Reisekaderentscheidung durch das MfS unter Einfluß der Staatssicherheit und teilweise mit Einbeziehung operativer Mitarbeiter geschult.[41]) Für die überregionale Koordination der „Reisekader-IM" war die Hauptabteilung XX des MfS in Berlin zuständig, die mit der Abteilung Auslandsdienstreisen (ADR) beim Ministerrat zusammenarbeitete. Das MfS nahm Einfluß auf die Zusammensetzung von Reisedelegationen und steuerte die IM für die Dauer ihres Einsatzes im Ausland durch die HVA. Die verschiedenen „Reisekader-IM" wurden zur gegenseitigen Kontrolle, Abwehr von westlichen Diensten und bei der „Feindbildvermittlung" eingesetzt.

Bei ihrer Rückkehr aus dem Ausland berichteten sie wie alle Reisenden in einem Sofortbericht, dem ein Reise- bzw. Abschlußbericht folgte, an die Direktorate für Internationale Beziehungen, die die Berichte an die ADR und diese sie wiederum an die Stasi weitergaben. Unklarheiten wurden durch „IM in Schlüsselposition" oder durch hauptamtliche MfS-Mitarbeiter direkt geklärt. Neben diesen Berichten informierten die IM ihre Führungsoffiziere auf informelle Art und Weise. An der Akademie der Wissenschaften traten für das MfS deshalb Schwierigkeiten auf, weil ihre IM, die als Zielgruppe des „Gegners" galten, in der Regel nicht regelmäßig in ihren Instituten arbeiteten.[42]) Deshalb mußten zu ihrer Abschirmung und Überwachung verstärkt IM im Wohnungs- und Freizeitbereich – von der BSG[43]) der Akademie der Wissenschaften der DDR bis zu eventuellen Saunabesuchen[44]) – eingesetzt werden.

Die Motive für Historiker und andere Gesellschaftswissenschaftler, sich dem MfS zur Verfügung zu stellen, waren sicher vielfältig. Entscheidend war jedoch in fast allen Fällen „politische Überzeugung", die in verschiedenen Fällen mit der Wahrnehmung persönlicher Interessen verbunden war. So wiesen IM ihre Führungsoffiziere darauf hin, daß für sie bestimmte Westreisen noch nötig wären, um die an sie gerichteten Erwartungen zu erfüllen, oder sie beschwerten sich über die lange Dauer der Bearbeitung ihrer Reiseanträge.[45]) Andere instrumentalisierten die Staatssicherheit in der ostdeutschen Mangelwirtschaft zur Beschaffung eines privaten PKW.[46]) Darüber hinaus scheinen viele IM auch der Meinung gewesen zu sein, daß eine Mitarbeit beim MfS ihrem Fortkommen nützlich sein könnte, und einige benutzten ihre Spitzeltätigkeit dazu, Kollegen aus eigensüchtigen Karrieregründen politisch und in anderer Weise zu belasten.

41) *Bartsch*, Arbeitshinweise (wie Anm. 18), 7 f.
42) *Knaut*, Fragen (wie Anm. 18), 14 f.
43) Betriebssportgruppe.
44) *Knaut*, Fragen (wie Anm. 18), 44.
45) So berichtete der IM „Stern" schon lange im voraus über beabsichtigte Reisen, ähnlich der IM „Rolf".
46) So der IM „Hans", in: AIM 1 531/87, I, 2, 64.

Im einzelnen berichteten die untersuchten „Historiker-IM" über fachliche Pläne und politische Einstellung westdeutscher Kollegen, suchten nach Kontakten für das MfS an westlichen Universitäten, informierten über internationale Historikertagungen, die 68er Studentenbewegung[47]), den Hansischen Geschichtsverein sowie über den Verband der Historiker Deutschlands, übergaben die vertraulichen Briefe westdeutscher Kollegen bzw. schrieben Briefe im Auftrag des MfS an ausländische Historiker[48]) und spitzelten Bibliotheken sowie Forschungseinrichtungen aus[49]). Dazu kamen Berichte über akademische Kreise[50]), die bundesdeutsche Grenzkontrolle, die Lebensverhältnisse der Bevölkerung und das soziale Milieu der besuchten Städte[51]). Weiterhin berichtete ein IM über den Besuch des Bundespräsidenten in Bremen[52]) und ein anderer über Sicherheitsmaßnahmen im Bundeskanzleramt und über den Personenschutz des Bundeskanzlers[53]). Der IM „Hans" nutzte seine Forschungen über Stauffenberg und den deutschen Widerstand, um im „operativen Auftrag" die Überlebenden des Widerstandes und die Familienangehörigen der Opfer auszuhorchen.[54])

In der DDR selbst wurden „Reisekader-IM" für die Bespitzelung von Gastwissenschaftlern und die Überprüfung der Westkontakte ihrer Kollegen eingesetzt.[55]) Gleichzeitig sollten sich die „IM mit Feindberührung" wissenschaftlich profilieren und in Erscheinung treten, um so für den Westen interessant zu werden. Darüber hinaus hielten sie ihre Kollegen „unter Kontrolle" und berichteten über eventuelles „partei- und staatsfeindliches" Auftreten[56]), bearbeiteten „Operative Vorgänge"[57]), sie bespitzelten ausländische und deutsche Studenten, berichteten über Verhältnisse in ihren Instituten aber auch über ihre Wohngebiete[58]). So konnte das Interesse Personen gelten, die „über ihre Verhältnisse leben und besonders enge Westkontakte pflegen".[59]) Dabei ist sowohl die „Qualität" dieser Berichte wie auch der Grad der in ihnen offenbarten

[47]) So der IM „Arno", in: AIM 2 951/80, I, 123.
[48]) Treffbericht vom 9. Juni 1967, in: IM „Rolf", AIM 11 190/85, II, 24.
[49]) So die IM „Rolf" und „Stern".
[50]) Vermerk zur weiteren Umsetzung der Arbeitskonzeption zum „Arbeitskreis ehemaliger DDR-Akademiker" im Ergebnis eines mit dem IM „Klee" am 4. April 1989 geführten Gespräches, in: IM Klee, AIM 17 340/89, I, 2, 122–123.
[51]) Berichte über Dienstreisen nach Bremen, in: IM „Stern", AIM 8 933/91, I, 109–122.
[52]) IM „Stern".
[53]) Bericht über den 16. Weltkongreß für Philosophie in Düsseldorf, 27. 8. – 2. 9. 78, in: IM „Aspirant", AIM 17 155/89, 174–176.
[54]) Bezirksverwaltung Potsdam des MfS, Abteilung XX an die Hauptabteilung XX in Berlin am 14. April 1972, in: BStU, Außenstelle Potsdam, BV Potsdam, AIM 1 531/87, I, 1, 236f.
[55]) *Knaut*, Fragen (wie Anm. 18), 35f.
[56]) So der IM „Arno", in: AIM 2 951/80, I, 53.
[57]) So der IM „Arno", vgl. Treffbericht vom 10. Juni 1959, in: ebd. 35.
[58]) Vgl. IM „Walter", in: AIM 18 576/85, II.
[59]) IM „Arno", in: AIM 2 951/80, I, 53.

Gemeinheit ganz unterschiedlich. Es ist aber durchaus nicht selten, daß über familäre Probleme und die psychische Situation von Kollegen berichtet wurde.[60]) Ein bekannter Historiker des Zentralinstitutes für Geschichte der AdW schätzte eine Kollegin als „faul und gesellschaftlich inaktiv ein“[61]) und belastete seinen Kollegen und Parteisekretär Olaf Groehler mit der Aussage, dieser sei nur in die SED eingetreten, weil ihm ein ZK-Mitglied die „Pistole auf die Brust gesetzt hätte“[62]). Außerdem instrumentalisierte dieser IM „Rolf“ seine Berichte in einem Machtkampf gegen den stellvertretenden Institutsdirektor, dessen Verhalten er als parteischädigend und dessen Charakter als „unsauber“ bezeichnete.[63]) Ein Assistent an der Humboldt-Universität berichtete in einem anderen Fall über die ihm anvertrauten Geschichtsstudenten, diese würden sich durch „Faulheit und impertinente Nörgelei“ auszeichnen, würden politische Resistenz zeigen, in Westberlin einkaufen, und er teilte mit: „Der Student … äußerte, er wäre längst republikflüchtig, wenn sich seine Mutter nicht weigerte, mitzukommen.“[64])

Für das MfS waren bei den IM neben politischer Überzeugungstreue spezifische fachliche Kenntnisse wichtig. So konnte es als Begründung für den Einsatz eines Informanten heißen, daß dieser „auf Grund der … vorhandenen spezifischen Kenntnisse auf dem Gebiet des ideologischen Klassenkampfes, seine Kenntnisse zu der Hauptangriffsrichtung, Mittel + Methode der PID + feindlichen KP/KT[65]) …“[66]) erfolgte. Als günstig galten dabei persönliche Kontakte zu westlichen Wissenschaftlern und Politikern, wie in einem Fall zum Bundesinnenminister Professor Maihofer.[67]) Ein anderer IM wurde u.a. wegen seiner guten Beziehungen zu westdeutschen Historikern geworben.[68]) Ein direkter und positiver Eingriff des MfS in berufliche Laufbahnen läßt sich bisher nicht eindeutig nachweisen.[69]) Die IM wurden in der Regel auch nicht bezahlt, dagegen aber verschiedentlich mit Orden und Ehrenzeichen ausgezeichnet.[70]) Dagegen nahm das MfS auf Auslandsreisen direkt Einfluß. So hieß es in einem Fall: „Es ist zu erreichen, daß der IM-Kandidat Dienstreisen

[60]) Zum Genossen Prof. Dr. …, 23. Januar 1980, in: IM „Walter“, AIM 18 574/85, II, 185.
[61]) IM „Rolf“, AIM 11 190/85, II, 180.
[62]) Ebd. 226.
[63]) Treffbericht vom 10. März 1975, in: ebd. I, 71 f.
[64]) IM „Stern“, AIM 8 933/91, II, 1, 8.
[65]) Kontaktperson/Kontakttätigkeit.
[66]) IM „Klee“, AIM 17 340/89, I, 2, 3–5.
[67]) Ebd., I, 1, 44–48.
[68]) IM „Rolf“, AIM 11 190/85, I, 8.
[69]) Vgl. Arbeitsaufnahme eines IM unserer Diensteinheit im Ministerium für Wissenschaft und Technik, Abt. Internationale Verbindungen, 2. Dezember 1971, in: IM „Aspirant“, AIM 17 155/89, I, 148.
[70]) Z.B. mit der „Medaille für Waffenbrüderschaft“, vgl. IM „Rothmann“, AIM 17 196/89, I, 180.

nach Westdeutschland durchführt".[71]) Verschiedene IM auch unter den Historikern arbeiteten bis zum Zusammenbruch der DDR für das MfS, andere verließen es wegen der Erreichung einer bestimmten Nomenklaturkaderebene in der SED, und ein IM wurde nach einem Ladendiebstahl in Westberlin als unzuverlässig aus dem IM-Bestand ausgesondert. In anderen Fällen ist das Ausscheiden aus dem MfS auf Grund der vorliegenden Akten nicht mehr zweifelsfrei nachzuvollziehen. Typisch dafür sind Begründungen wie arbeitsmäßige Überlastung und mangelndes Vertrauen der Staatssicherheit in den Informanten, der diesen den Kontakt erschwerte.[72])

Es bleibt die Frage, was die Denunziationen für die deutsch-deutschen Wissenschaftsbeziehungen und für die Denunzierten bedeuteten. Damit hängt die Auseinandersetzung mit der heutigen Schutzbehauptung vieler Spitzel, sie hätten doch niemandem geschadet, eng zusammen. Die erste Frage ist bei dem bisherigen Forschungsstand nicht zu beantworten. Bei der Frage nach den Folgen etwa einer Einschätzung von Gastgebern als „reaktionär" oder DDR-feindlich sei auf zurückgezogene Einladungen, verwehrte Archivbenutzung usw. verwiesen.[73]) So war einem IM der Zutritt zum Historischen Archiv der SPD in Bonn mit dem Argument versagt worden, seine Archivreise könne „der Tarnung einer politischen oder geheimdienstlichen Aufgabe" dienen.[74]) Nach seiner Rückkehr in die DDR empfahl der IM dann, die Haltung gegenüber westdeutschen Besuchern im SED-Archiv zu prüfen. Die Wirkung dieser „Empfehlung" ist noch ungeklärt. Auch die Frage nach den Wirkungen von Denunziationen innerhalb der DDR ist nur schwer zu beantworten, da eventuelle Verfolgungsmaßnahmen oder berufliche Behinderungen in der Regel – schon wegen der gefürchteten Dekonspiration – nicht mit dem Hinweis auf den Bericht eines IM begründet wurden. Hier gibt es weiteren Klärungsbedarf über die internen Funktionsmechanismen der SED-Diktatur. Äußerst hilfreich wäre es dabei, wenn die Handelnden von einst endlich ihr Schweigen brechen würden. Doch diese Forderung gibt es bereits seit Jahren, und bis heute ist die Situation unverändert.

[71]) IM „Rolf", AIM 11 190/85, I, 68. Allerdings schrieb ein anderer MfS-Offizier an den Rand dieser Bemerkung: „wie?"

[72]) So die Gründe für das Ausscheiden des IM „Arno", vgl. IM „Arno", in: AIM 2 951/80, I, 147.

[73]) *Gries*, Pflichtberichte (wie Anm. 12), 155.

[74]) [Offizieller] Bericht über meine Reise zum Historischen Archiv der SPD in Bonn, 31. Oktober 1965, in: IM „Stern", AIM 8 933/91, I, 124f.

Die DDR-Historiographie in der „Ökumene der Historiker"

Selbstverständnis und Praxis als Wissenschaftsdisziplin

Von

Wolfgang Küttler

Der Leipziger Revolutionshistoriker Walter Markov sagte in einem Universitätsvortrag im Oktober 1969, das „noch unmittelbar erschaubare Halbjahrhundert der sozialistischen Revolution bedeutete uns älteren die Mittegebung unserer Existenz" und speziell für marxistische Historiker, daß sie „nicht nur Mitschreibende, sondern auch Mitbauende" geworden seien.[1]) Markov, den die SED 1951 ausgeschlossen hatte und der – wenn auch später respektiert und geehrt – doch immer etwas am Rande stand, ist sicher für die Rolle der DDR-Historikerschaft im Herrschaftsmechanismus der SED nicht als typisch anzusehen und eignet sich auch nicht als Alibi zu deren Entlastung, wie Fritz Klein in einem Nachruf zu Recht betonte.[2])

Wenn wir es uns aber zur Aufgabe machen, Berufsbild und Praxis der DDR-Geschichtswissenschaft zu untersuchen, führt uns gerade das Unspezifische des Beispiels zum Kern der Problematik. Denn Markov hat im Kontrast zu eigenen widrigen Erfahrungen zeitlebens an der grundsätzlichen Parteinahme für den Sozialismus einschließlich des konkreten Engagements in der DDR festgehalten, zur Verwunderung westlicher Beobachter auch noch nach 1989.[3]) Person und Werk demonstrieren so einerseits in herausragender Weise die Chance, diese praktische Wertentscheidung mit unbestritten hoher Qualität von Forschung und Lehre zu verbinden – was keineswegs nur auf ihn zutrifft. Andererseits wird hier die dafür charakteristische Dichotomie der Möglichkeiten von Wissenschaft und der praktizierten Form von Parteilichkeit gerade durch die frühe Kollision mit den Realitäten der SED weit stärker als bei den anderen führenden Köpfen der Gründergeneration erkennbar.[4])

[1]) *Walter Markov*, Zur Typologie der Revolutionen, in: ders., Kognak und Königsmörder. Historisch-literarische Miniaturen. Hrsg. u. eingel. v. Manfred Kossok. Berlin/Weimar 1979, 33.

[2]) *Fritz Klein*, Ein König seines Faches, in: Neues Deutschland v. 9. Juli 1993, 14.

[3]) Vgl. *Holger Becker/Volker Külow* (Hrsg.), Zeugen der Zeitgeschichte. Berlin 1994, 131–144 (Interview mit Volker Külow, Neues Deutschland v. 6. August 1992, 11); *Walter Markov*, Zwiesprache mit dem Jahrhundert. Dokumentiert v. Thomas Grimm. Berlin/Weimar 1989, u. die Rez. v. *Harro Zimmermann*, in: Die Zeit v. 5. April 1991, 37.

[4]) Vgl. *Manfred Neuhaus/Helmut Seidel* (Hrsg.), „Wenn jemand seinen Kopf bewußt

Daß es diese Spannung mit äußerst negativen Folgen für die DDR-Historikerschaft insgesamt gab, wird heute kaum noch bestritten.[5]) Die heftigen, häufig immer noch emotional aufgeladenen und von tagespolitischen Interessen belasteten Kontroversen drehen sich um die Frage, was dieser Befund für den Status der anderen deutschen Historiographie als Wissenschaftsdisziplin bedeutet. Einerseits dient er diskurs- und herrschaftsanalytischen Ansätzen zur Begründung der These, daß es sich um eine mit modernen westlichen Wissenschaftsstrukturen nicht kompatible Historiographie „sui generis" gehandelt habe.[6]) Andererseits wurde der „evaluierende" Blick dadurch veranlaßt, Wissenschaft vom System getrennt zu erfassen, um konkrete Forschungsleistungen ausdifferenzieren zu können.[7]) Bei einer ex-post-Pauschalkritik erscheint die „Durchsetzung des Marxismus-Leninismus" praktisch als alternativlose Entscheidung für die Abschaffung einer kommensurablen Geschichts*wissenschaft,* abgesehen von wenigen Ausnahmen an der Spitze und von abseitigen Nischen widerständiger Beharrung.[8]) Im Gegenzug insistieren die Betroffenen auf der *fachlichen* Normalität ihrer Wissenschaft und verbinden die Kritik eigener Fehlentwicklungen hinsichtlich der *politischen* Verstrickungsmöglichkeiten mit Gegenrechnungen über das Verhalten bürgerlicher Historiker in anderen Epochen und im Kalten Krieg.[9])

Insgesamt hat sich die gesamte Sichtweise seit 1990 nicht nur in den öffentlichen Debatten, sondern auch in der neu etablierten DDR-Forschung drastisch zu funktionalen Problemen des Verhaltens der Historiker im Herrschaftssystem der SED verschoben.[10]) Derartige Fragestellungen liegen insoweit durchaus im Trend der jüngsten wissenschaftsgeschichtlichen Forschung,

hinhält...". Beiträge zu Werk und Wirken von Walter Markov. Hrsg. in Verb. mit *Gerald Diesener* u. *Matthias Middell.* Leipzig 1996.

[5]) Einen ersten Problemüberblick gibt *Konrad H. Jarausch*, Vom Zusammenbruch zur Erneuerung. Überlegungen zur Krise der ostdeutschen Geschichtswissenschaft, in: ders. (Hrsg.), Zwischen Parteilichkeit und Objektivität. Bilanz der Geschichtswissenschaft der DDR. Berlin 1991, 13–32.

[6]) Vgl. *Martin Sabrow*, Schwierigkeiten mit der Historisierung, Die DDR-Geschichtswissenschaft als Forschungsgegenstand, in: ders./Peter Walther (Hrsg.), Historische Forschung und sozialistische Diktatur. Beiträge zur Geschichtswissenschaft der DDR. Leipzig 1995, 9–28.

[7]) Vgl. *Wissenschaftsrat*, Stellungnahme zu den außeruniversitären Forschungseinrichtungen der ehemaligen Akademie der Wissenschaften der DDR auf dem Gebiet der Geisteswissenschaften. Düsseldorf 1991, bes. 6ff.

[8]) Vgl. *Rainer Eckert/Ilko-Sascha Kowalczuk/Isolde Stark* (Hrsg.), Hure oder Muse? Klio in der DDR. Dokumente und Materialien des Unabhängigen Historiker-Verbandes. Berlin 1994.

[9]) Vgl. u. a. *Kurt Pätzold*, Die Geschichtsschreibung in der Deutschen Demokratischen Republik (DDR) in der Retrospektive. Ein Diskussionsbeitrag, in: Gustavo Corni/Martin Sabrow (Hrsg.), Die Mauern der Geschichte. Historiographie in Europa zwischen Diktatur und Demokratie. Leipzig 1996, 187–203.

[10]) Vgl. *Christoph Kleßmann/Martin Sabrow*, Zeitgeschichte in Deutschland nach 1989, in: PolZG B 39, 1996, 4–6.

als dort die Ideologie-, Diskurs- und Kontextabhängigkeit von Wissenschaft als sozialer Tätigkeit thematisiert wird.[11]) Wenn die DDR-Historiographie aber unter diesem Aspekt einseitig in der Perspektive der Aussonderung von etwas Fremd- und Abartigem erscheint, fällt sie durch den Ausnahmezustand der Vergangenheitsdebatten aus einer offenen, multiperspektivischen Komparatistik moderner Wissenschaftsverhältnisse von vornherein heraus. Mein Anliegen soll es im folgenden sein, zur Öffnung der Perspektive in dieser Richtung beizutragen. Die Notwendigkeit grundsätzlicher Kritik wird dadurch keineswegs gegenstandslos – gerade dann, wenn wie in diesem Beitrag der Versuch einer objektivierenden Beobachtung aus den Erfahrungen eigener engagierter Teilnahme gewagt wird, ein Vorhaben, das bei den wegen des geringen Abstands zum Ende der DDR auf allen Seiten noch unvermeidlichen Vermischungen beider Perspektiven besonders kompliziert ist.[12])

Verfolgen wir den „Sitz im Leben“ und die kognititve Struktur des Typs DDR-Historiographie nach beiden Seiten des skizzierten Spannungsverhältnisses, so ist selbstverständlich zu berücksichtigen, daß die angenommene Gemeinsamkeit nur eine Verallgemeinerung von vielfältigen Erscheinungsformen darstellt, die nach Phasen, Generationen, Personen, Forschungsrichtungen, Institutionen und örtlichen Traditionen sehr heterogen waren. Aber gerade in dieser Vielschichtigkeit erweisen sich *Selbstverständnis* und *Berufspraxis* gleichermaßen als Teil des realsozialistischen Geschichts- und Herrschaftsdiskurses[13]) und auch – wie in Erdmanns Buch „Die Ökumene der Historiker“[14]) – als Glied der internationalen Kommunikation, der *scientific community* der Historiker in der Epoche des Systemdualismus. Dabei kann es selbstverständlich nicht um eine direkte Problemkontinuität gehen. Worauf es mir aber ankommt, ist der Versuch einer epochenspezifischen Zuordnung in einem offenen Vergleich von Geschichtskulturen und kognitiven Strukturen der Geschichte als Wissensdisziplin in unterschiedlichen Gesellschaftsformen.[15])

[11]) Vgl. u. a. *Andrew Pickering* (Ed.), Science as Practice and Culture. Chicago/London 1992, darin vor allem *ders.*, From Science as Knowledge to Science as Practice, 1–26.

[12]) *Wolfgang Küttler*, Hat „marxistische“ Geschichtsschreibung noch eine Zukunft?, in: Jarausch (Hrsg.), Zwischen Parteilichkeit und Objektivität (wie Anm. 5), bes. 174 ff.

[13]) Vgl. *Martin Sabrow*, Projektvorstellung: Geschichte als Herrschaftsdiskurs in der DDR. Institutionen, Leitbilder und Praktiken, in: PBZS 1995/5, 53–63.

[14]) Nach dem Titel von *Karl-Dietrich Erdmann*, Die Ökumene der Historiker. Geschichte der Internationalen Historikerkongresse und des Comité International des Sciences Historiques. Göttingen 1987.

[15]) Vgl. *Jörn Rüsen*, Historische Orientierung. Über die Arbeit des Geschichtsbewußtseins, sich in der Zeit zurechtzufinden. Köln/Weimar/Wien 1994, bes. 248 ff.

I. Die ursprüngliche Intention einer alternativen Geschichtswissenschaft und ihr Dilemma

Die erste in dieser Hinsicht zu erörternde Streitfrage ist das Problem des alternativen Anspruchs, mit dem sich die DDR-Historiographie konstituierte und legitimierte. Sie ist eng mit dem Antifaschismus verknüpft,[16]) der die älteste und grundlegende Identitätsschicht der DDR-Historikerschaft bildet. Er war Ausdruck der katastrophalen Erfahrungen mit NS-Diktatur und Krieg, für die Älteren auch mit der Weltwirtschaftskrise und dem Ende der Weimarer Republik, und motivierte zugleich bei den Vertretern der Gründergeneration und ihren ersten Schülern die grundsätzliche Entscheidung für eine radikale geschichtliche und wissenschaftliche Neuorientierung.[17]) Manfred Kossok hat mit Nachdruck betont, daß weder ihm noch seinen Lehrern irgend etwas an dieser Option verordnet werden mußte.[18])

Markovs eingangs zitierte „Mittegebung" drückt – durchaus kollektiv gemeint – die ursprüngliche Intention eines alternativen Geschichtsdenkens als frei gewählte Überzeugung und kognitiven Auftrag prägnant aus: Es sollte eine bewußt parteiliche, praktisch eingreifende Wissenschaft von Geschichte und Gesellschaft geschaffen werden, die sich in der Tradition von Marx, der deutschen und internationalen Arbeiterbewegung wie auch der russischen Revolution als Gegenentwurf zum bürgerlichen historischen Denken und in der Pflicht zum Mitbauen an einer neuen Gesellschaftsordnung verstand. Diese alternative Herausforderung war durchaus nicht bei allen und von Anfang an in die später verfestigten und verkrampften Gegensätze des Systemkonflikts eingebunden. Vielmehr wurde um Entscheidungen in einer zunächst relativ offenen Umbruchssituation gerungen. Das galt in der gesellschaftlichen Orientierung für die Vorstellungen vom Sozialismus ebenso wie in geschichtskultureller Hinsicht für die Rezeption des Marxismus und die Kritik der traditionellen Geschichtswissenschaft, deren nationalkonservative Dominante keineswegs nur von Kommunisten und ihren Sympathisanten als mitverantwortlich für Weltkriege und Naziherrschaft angesehen wurde.[19])

[16]) Vgl. *Jürgen Danyel* (Hrsg.), Die geteilte Vergangenheit. Zum Umgang mit Nationalsozialismus und Widerstand in beiden deutschen Staaten. (Zeithistorische Studien, Bd. 4.) Berlin 1995.

[17]) Vgl. die Diskussion der Betroffenen in: Ansichten zur Geschichte der DDR. Bd. 1–4. Hrsg. v. *Dietmar Keller, Hans Modrow* u. *Herbert Wolf*. Bd. 5. Hrsg. v. *Jochen Černy, Dietmar Keller* u. *Manfred Neuhaus*. Berlin 1993/94.

[18]) Vgl. *Manfred Kossok*, Im Gehäuse selbstverschuldeter Unmündigkeit oder Umgang mit der Geschichte, in: Beiträge zur Geschichte der Arbeiterbewegung 1993/2, 24 ff.

[19]) Vgl. *Heinz Heitzer/Karl-Heinz Noack/Walter Schmidt* (Hrsg.), Wegbereiter der DDR-Geschichtswissenschaft. Biographien. Berlin 1989; im kritischen Vergleich auch: *Ernst Schulin* (Hrsg.), Deutsche Geschichtswissenschaft nach dem Zweiten Weltkrieg (1945–1965). München 1989.

Innerwissenschaftlich bestanden vor diesem Hintergrund durchaus Chancen innovativer Veränderungen, um die deutsche Historiographie endlich für Entwicklungen der modernen Geschichtswissenschaft zu öffnen, für die auch der Marxsche Ansatz über vielfältige Rezeptionslinien wichtige Impulse gegeben hatte. In dieser Richtung argumentierten sowohl mit dem traditionellen Wissenschaftsbetrieb durch Bildung und Karriere vertraute Marxisten als auch kritische bürgerliche Historiker. Griewanks heute noch lesenswerte Arbeit über den neuzeitlichen Revolutionsbegriff[20]) und Markovs frühe konzeptionelle Aufsätze[21]) zeigen, daß in diesem Kontext die Rezeption des Marxismus und auch Lenins innovativen Erkenntniswert haben konnte. Wie das Beispiel Heinrich Sproembergs zeigt, war diese gegenseitige Annäherung auch von der historismuskritischen Rezeption der westeuropäischen Geschichtswissenschaft her möglich.[22])

Andererseits aber gewann gleichzeitig ein einseitiger Parteidiskurs der SED die Oberhand, der durch die absolute Priorität der ideologischen Funktion den Widerspruch von Parteiräson und wissenschaftlicher Tätigkeit sehr drastisch und in kruderen Formen, aber auch mit deutlicheren Kontrapositionen aufbrechen ließ, als sie später in einem bereits einseitig fixierten Wissenschaftsbetrieb auftraten. Hinter der Fassade eines anfangs noch relativ breiten Angebots an den historischen Seminaren und Instituten wurde schon Ende der vierziger Jahre und verstärkt in der frühen DDR ein harter Durchsetzungskampf der marxistisch-leninistischen Ideologie gegen alle bürgerlichen Erscheinungen geführt. Er war mit scharfem Druck auf Professoren und Studenten verbunden, der bald auch Marxisten betraf, wie u.a. das Beispiel Markovs zeigt.[23])

Diese Zuspitzung hatte unbestreitbar auch mit *äußeren* Konflikten im beginnenden Kalten Krieg zu tun, die im Fach Geschichte durch die restaurativen Tendenzen auf westdeutscher Seite zusätzlich verschärft wurden. Für unser Thema entscheidend ist aber, daß sich die im Osten angestrebte Alternative in ihrer praktisch vorherrschenden *inneren* Verfassung keineswegs als offen erwies. Es war die Substanz der Alternative selbst, die als „Marxismus-Leninismus“ in einer der Stalinschen Herrschaftsideologie weitgehend adaptierten Version auch gegen innere Widerstände und andere Konzepte in den eigenen

[20]) *Karl Griewank*, Der neuzeitliche Revolutionsbegriff. Entstehung und Entwicklung. Weimar 1955; 2. erw. Aufl. Frankfurt/Main 1969, bes. 216ff.

[21]) Vgl. *Walter Markov*, Zur Krise der deutschen Geschichtsschreibung, in: Sinn und Form 2, 1950 H. 2, 109–155; *ders.*, Historia docet, in: ders., Kognak und Königsmörder (wie Anm. 1), 15–20; *ders.*, Vom Nutzen der Historie, in: ebd. 21–24.

[22]) Vgl. *Heinrich Sproemberg*, Zur Neugliederung der Geschichtswissenschaft an den Universitäten, in: Veit Didczuneit/Manfred Unger/Matthias Middell, Geschichtswissenschaft in Leipzig: Heinrich Sproemberg. Leipzig 1994, 119–126.

[23]) Vgl. *Joachim Petzold*, Die Auseinandersetzung zwischen den Lampes und den Hampes. Zum Konflikt zwischen Parteidoktrinären und Geschichtswissenschaftlern in der NS-Zeit, in der SBZ und in der frühen DDR, in: ZfG 42, 1994, bes. 109ff.

Reihen repressiv durchgesetzt wurde. In diesem Kontext ist es daher auch fragwürdig, die berechtigte Würdigung der alternativen Bestrebungen beider Seiten unter das gemeinsame Vorzeichen von „Wegbereitern" und „Vorkämpfern" der DDR-Historiographie zu stellen.[24])

Gemäß kommunistischer Parteilichkeit wurden Kompromisse und Dialoge mit „Bürgerlichen" als Konzession in Übergangszeiten, nicht als Teil der eigenen wissenschaftlicher Kommunikation betrachtet. Für einen revolutionären Marxisten-Leninisten und Kommunisten waren bürgerlich-idealistische Theorien als Feindideologie, bestenfalls durch die Bereitstellung brauchbarer Fakten, aber nicht als Teil substantiellen wissenschaftlichen Fortschritts wichtig. Volle Wissenschaftsqualität besaß die Erkenntnis von Geschichte und Gesellschaft erst durch die „Klassiker des Marxismus-Leninismus", Marx, Engels, Lenin und vor 1956 auch noch Stalin. Für die Sozialwissenschaften sollte der Marxismus-Leninismus etwas Ähnliches bedeuten wie die Entstehung der experimentellen Wissenschaften für Naturerkenntis und Technik.[25])

Die Deutungsmacht in Grundlagenfragen hatte die Partei, d.h. praktisch deren Führung, und daran Zweifel zu äußern kam partei- und sozialismusfeindlichem Verhalten nahe. Ein unbedingter Glaube an die fortschrittsgestaltende Rolle der Wissenschaft, der einerseits wie eine übersteigerte Form moderner Lebensnormen erscheint, wurde andererseits als quasikanonische, oft regelrecht inquisitorisch sanktionierte Lehrmeinung in allen Grundfragen durch Parteibeschlüsse und durch Parteidisziplin praktiziert.[26]) Das aber entsprach eher prä- und antimodernen Grundhaltungen als dem theoretischen Erbe von Marx. Statt dessen Methode einer neuen „positiven Wissenschaft" als Alternative zu jeder Art von spekulativer Philosophie herrschte eine doktrinären Weltanschauung, die verbindliche Lebensnorm und theoretisches Paradigma in einem sein sollte.

Die so indoktrinierten Wissenschaften sollten kraft revolutionärer Umwälzung allein durch die eigenen Normen und Kategorien bestimmt und in diesem Kanon autark sein. Außergewöhnlich ist daran nicht die Radikalität und Einseitigkeit des Geschichtsdenkens im Umbruch, sondern vielmehr die Tatsache, daß wesentliche Elemente des damit dominierenden Denkstils alle Wandlungen des Sozialismus dieses Typs überdauerten. Die beteiligten Histo-

[24]) Vgl. *Heinz Heitzer/Karl-Heinz Noack/Walter Schmidt*, Vorwort, in: dies. (Hrsg.), Wegbereiter (wie Anm. 19), 5f.

[25]) Das gilt im Prinzip auch später, im Kontext flexiblerer methodologischer Bemühungen, für eigene Arbeiten; vgl. etwa *Heinz Heitzer/Wolfgang Küttler*, Eine Revolution im Geschichtsdenken. Marx, Engels, Lenin und die Geschichtswissenschaft. Berlin 1983.

[26]) Vgl. *Ulrich Neuhäuser-Wespy*, Geschichtswissenschaft unter der SED-Diktatur. Die Durchsetzung der Parteilinie in den fünfziger Jahren, in: PolZG B 39, 1996, 17–21, u. *Ilko-Sascha Kowalczuk*, „Wo gehobelt wird, da fallen Späne". Zur Entwicklung der DDR-Geschichtswissenschaft bis in die späten fünfziger Jahre, in: ZfG 42, 1994, 302–318, allerdings nur unter dem Blickwinkel dieser Seite der Relation.

riker trugen diese Widersprüche in sich selbst, mit allen Schwankungen und Anpassungsleistungen, wie sie im Verhältnis von Wissenschaft und Politik immer eine Rolle spielen[27]), aber sie waren dabei nicht etwa nur Objekte, sondern ganz bewußt als Akteure in die radikalen Umbruchsprozesse wie später mehr oder weniger auch in die Legitimierung, Stabilisierung und Erhaltung des DDR-Sozialismus involviert[28]).

Erst recht im Hinblick auf die internationale Integration hatte die separate Formierung der DDR-Historiographie damit in den 1950er Jahren eine negative Ausgangslage geschaffen. Sie war *gegen* die damalige westlich dominierte „Ökumene der Historiker" erfolgt, durch Abgrenzung nach außen, vor allem gegenüber der westdeutschen Geschichtswissenschaft, und im Innern durch Anpassung, Verdrängung und Marginalisierung der „bürgerlichen" Wissenschaft. Im Ergebnis dieser „Durchsetzung des Marxismus-Leninismus" schien die neu formierte Historiographie somit traditioneller Professionalität gleich welcher Richtung oder Couleur in der Tat als nicht mehr komparable Praktik gegenüberzutreten, die mit dieser höchstens noch den Namen „Geschichtswissenschaft" gemeinsam beanspruchte. Zugleich aber blieben die verpaßten Chancen als Lehren, Gefahren, Hoffnungen oder Enttäuschungen im Bewußtsein der Akteure präsent. Die inneren Widersprüche von Wissenschaftlichkeit und Parteiideologie waren nicht etwa aufgehoben oder ein für allemal für letztere entschieden, sondern traten beiderseits im weiteren Verlauf in immer neuen konkreten Problemsituationen in Erscheinung, jeweils als Folge veränderter gesellschaftlicher und wissenschaftlicher Rahmenbedingungen im Lande selbst und im internationalen Maßstab. Dabei veränderten sich nicht nur Berufsbild, Karriereverläufe und wissenschaftliche Praxis, sondern auch das parteioffizielle Verständnis von Aufgaben und Funktionen der Geschichts- und Sozialwissenschaften. Wenn Konrad Jarausch zur Vermeidung extremer Positionen der Rechtfertigung aus den Anfängen und der Stigmatisierung vom Ende her die vermittelnde Methode *kritischer* Historisierung der „Mitte" der DDR-Geschichte und ihrer Wissenschaft vorschlägt[29]), so kommt es gerade darauf an, beides einzubeziehen – sowohl die neue Professionalität nach dem Grundlagen- und Elitenwechsel als auch den Parteidiskurs selbst[30]).

[27]) Beispiele dafür gibt *Peter Walther*, It Takes Two to Tango. Interessenvertretungen an der Deutschen Akademie der Wissenschaften zu Berlin in den fünfziger Jahren, in: Berliner Debatte Initial 1995, H. 4/5, 68–78.

[28]) Zur Reflexion der Betroffenen vgl. u. a. *Rainer Eckert/Wolfgang Küttler/Gustav Seeber*, Krise – Umbruch – Neubeginn. Eine kritische und selbstkritische Dokumentation der DDR-Geschichtswissenschaft 1989/90. Stuttgart 1992, und *Eckert/Kowalczuk/Stark* (Hrsg.), Hure oder Muse (wie Anm. 8).

[29]) *Konrad H. Jarausch*, Die DDR denken. Narrative Strukturen und analytische Strategien, in: Berliner Debatte Initial 1995, H. 4/5, 9–15, bes. 10f.

[30]) Gegensätzliche Perspektiven dazu: *Ilko-Sascha Kowalczuk*, Die Durchsetzung des

II. Sozialistischer Systemdiskurs und Geschichtswissenschaft

Die wichtigste Veränderung trat ab Mitte der 1950er Jahre mit der nationalen und internationalen Verfestigung des Systemdualismus, d.h. des kontrollierten Ost-West-Konflikts gegensätzlicher Gesellschaftsordnungen und Blocksysteme, und der Zweistaatlichkeit in Deutschland ein. Die damit verbundene Fixierung der „friedlichen Koexistenz" etwa gleichstarker Blöcke und Gesellschaftsordnungen als epochale Tendenz wirkte sich nachhaltig auf die Grundlagen und Voraussetzungen des Geschichtsdenkens der neuen Historikerschaft und der Gesellschaftswissenschaften im realen Sozialismus überhaupt aus. Denn daraus folgte langfristig die Tendenz zu internationaler Öffnung und (Re-)Integration.

Die im parteioffiziellen Verständnis vor 1956 beanspruchte unbedingte Identität von Marxismus-Leninismus und Gesellschaftswissenschaft beruhte auf der Erwartung, daß die Richtigkeit dieser Lehre durch den gesamtnationalen und weltweiten Sieg des Sozialismus bewiesen würde. Aber dieses Momentum der sozialen und kulturellen Weltrevolution war schon verloren, als der Marxismus-Leninismus in dieser Version in der DDR erst dominant geworden war. Das sozialistische System expandierte zwar international, war aber zugleich langfristig zum Wettbewerb mit der Gesellschaftsordnung des Westens gezwungen, ohne daß es noch die Aussicht auf eine entscheidende „letzte" Schlacht gab, es sei denn, im Atomzeitalter wurde die Existenz der Menschheit aufs Spiel gesetzt. Je länger dieser Zustand anhielt, desto mehr hatte sich die neue Ordnung als Alternative unter anderen Möglichkeiten zu behaupten. Die Gesellschaftspolitik hatte mit den inneren Differenzierungen und Wechselwirkungen von Industriegesellschaften in internationalen Zusammenhängen zu rechnen, die nicht allein vom Sozialismus bestimmt werden konnten.

Der 20. Parteitag der KPdSU 1956 leitete die strategische Umorientierung auf diese neuen Rahmenbedingungen ein. Mit der Teilkritik am Stalinismus war auch ein verändertes Verständnis von Gegenstand und Funktion der gesellschaftswissenschaftlichen Einzeldisziplinen in der Arbeitsteilung untereinander wie auch besonders im Verhältnis zur marxistisch-leninistischen Philosophie verbunden. Dieser sollte – wenngleich mit mehr oder weniger wirksamen Modifikationen[31]) – nach wie vor die verbindliche philosophische Basistheorie sein, die „ideologische Koexistenz" mit westlichen Theorien aus-

Marxismus-Leninismus in der Geschichtswissenschaft der DDR (1945–1961), in: Sabrow/Walter (Hrsg.), Historische Forschung (wie Anm. 6), 31–48, und aus DDR-Sicht *Walter Schmidt*, Zur Konstituierung der DDR-Geschichtswissenschaft in den fünfziger Jahren, in: Sitzungsberichte der Akademie der Wissenschaften der DDR 1983/8G. Berlin 1984.

[31]) Vgl. *P. N. Fedossejew*, Der Marxismus im 20. Jahrhundert. Marx, Engels, Lenin und die Gegenwart. Berlin 1973, 181 ff.

schloß. Auch die einseitige ideologische und politische Indienstnahme der Wissenschaften durch die herrschenden kommunistischen Parteien blieb bestehen, wurde bei Systemerschütterungen wie schon 1956 in Polen und Ungarn sogar nach Bedarf phasenweise immer wieder verstärkt.

Für die DDR wirkte ihre Randsituation als Teilstaat mit prekärer nationaler Legitimation und an der Nahtstelle der Blöcke und Systeme zusätzlich problemverschärfend, und zwar sowohl wegen der inneren und äußeren Nähe zur westlichen Tradition als auch wegen der gleichzeitigen Systemintegration in das „sozialistische Lager" unter Führung der Sowjetunion. Die innerdeutschen Gegensätze spitzten sich gerade in der Phase um den 20. Parteitag und bis zum Mauerbau 1961 weiter zu, so daß die konfrontative Parteiräson und Praxis der Übergangs- und Konstitutionsphase auch in den 1960er Jahren dominierte. Das Auf und Ab stets nur halbherziger Reformen und Phasen der „Überwindung des Personenkults", wie die inkonsequente „Entstalinisierung" offiziell hieß, in der Sowjetunion kam zumeist den harten Positionen im Parteidiskurs zugute.[32])

Aber die notwendige funktionale und kognitive Anpassung an die neue Problemlage war dennoch langfristig nur auf dem Wege der Differenzierung der einzelwissenschaftlichen Disziplinen gegenüber der marxistisch-leninistischen Philosophie möglich, die bisher allein deren Theoriegrundlage sein und von ihnen lediglich mit Tatsachen untersetzt und ausgefüllt werden sollte.[33]) Neben Ideologie war nunmehr vor allem auch die Produktion von System- und Herrschaftswissen für die neue Ordnung, ihre inneren und äußeren Beziehungen, gefragt. Das erforderte einen neuen beträchtlichen Professionalisierungsschub in den mit Ökonomie, sozialen Strukturen, Kultur und Geschichte befaßten Disziplinen, wie er in der Sowjetunion etwa parallel zur Hochkonjunktur der Sozialwissenschaften in der westlichen Führungsmacht USA erfolgte. Besonders wichtig ist, daß auch im Westen Reformerfordernisse in den Industrieländern, die grundlegenden Veränderungen in der Dritten Welt und die Herausforderung des sozialistisch-kommunistischen Systems Um- und Neuorientierungen der Sozial- und Geschichtswissenschaften bedingten, mit denen kurzfristig auf die Konfrontation des Kalten Krieges, für die Dauer aber auf den Systemwettbewerb insgesamt reagiert wurde. Das bedeutete zunehmende Konjunktur von Konzepten langfristiger Entwicklung und großräumiger Strukturen, die mit den Erfordernissen innerer Reformen und äußeren

[32]) Vgl. *Fritz Klein*, Dokumente aus den Anfangsjahren der ZfG (1953–1957), in: ZfG 42, 1994, 39 ff., u. *Jürgen Kuczynski*, Frost nach dem Tauwetter. Mein Historikerstreit. Berlin 1993, 42 ff.

[33]) Vgl. das Lehrbuch Grundlagen der marxistischen Philosophie. 6. Aufl. Berlin 1965, 335 f.: Die Geschichte ist nur „Arithmetik" gegenüber der „Algebra" der marxistisch-leninistischen Philosophie.

Systemvergleichs zusammenhing, disziplinspezifisch umgesetzt in verschiedene Varianten historischer Soziologie und makrohistorischer Ansätze.[34])

„Sowjetsystem und demokratische Gesellschaft"[35]) auf der einen, „Imperialismus" und „Sozialismus" bzw. „Kapitalismus" und „Kommunismus" auf der anderen Seite[36]) waren die entsprechenden antinomischen Kategorien gesellschaftstheoretischer Rahmenvorstellungen.

Es war dies zunächst nicht mehr als eine Interdependenz der allgemeinen konzeptionellen Orientierungen, die sich aus den beiderseits – wenn auch von gegensätzlichen Positionen und Perspektiven ausgehend – akzeptierten Rahmenbedingungen des Systemdualismus ergab. Sie kam im direkten Umgang miteinander zunächst aber eher – vor allem östlicherseits – in einer Verschärfung der ideologischen Abgrenzung und der theoretischen Auseinandersetzung zum Ausdruck. Das gilt für die DDR und ihre Historiographie in besonderem Maße.

Insgesamt entwickelten sich Geschichtsdenken und Geschichtserkenntnis auch in der DDR als Teil des sozialistischen Systemdiskurses, der zur weiteren wissenschaftlichen Legitimierung vor allem einer eigenen Verfachlichung bedurfte. Die Geschichte nahm dadurch den Status einer historisch-materialistischen Gesellschaftswissenschaft mit dem Ziel der Erforschung der Gesetze der gesellschaftlichen Entwicklung in ihrem konkreten raumzeitlichen Verlauf an.[37]) Gleichzeitig wurde für das 20. Jahrhundert am Epochenanspruch eigener Progressivität versus bürgerlich-imperialistischer Reaktion ebenso festgehalten wie an den parteioffiziellen Interpretationen der epochalen Formationsentwicklung vom Kapitalismus zum Kommunismus.[38])

Erdmann kennzeichnet diesen Typ von Geschichtswissenschaft in scharfem Kontrast zum pluralen Historismus des Westens als marxistisch-leninistischen Historismus mit monistischer Grundorientierung. Er nimmt damit den sowjetischen Sprachgebrauch[39]) in einem historiographiegeschichtlich übergreifenden Sinne auf und stellt den normativen und kognitiven Begründungszusam-

[34]) Vgl. *Hans-Ulrich Wehler*, Modernisierungstheorie und Geschichte. Göttingen 1975.

[35]) So der Titel einer sozialwissenschaftlich vergleichenden Enzyklopädie: *Dieter Kernig* (Hrsg.), Sowjetsystem und demokratische Gesellschaft. Eine vergleichende Enzyklopädie. 6 Bde. u. Ergänzungsbd. Freiburg 1966–1972.

[36]) Vgl. die einschlägigen Lehrbücher, z. B. Autorenkollektiv unter Leitung von *Wolfgang Eichhorn*, Marxistisch-leninistische Philosophie. Berlin 1979, bes. 530ff.

[37]) Vgl. *Ernst Engelberg*, Über Gegenstand und Ziel der Geschichtswissenschaft, in: ZfG 16, 1968, 1117–1145.

[38]) Typisch für die Phasen Mitte der 1960er und Ende der 1970er Jahre: *Walther Eckermann/Hubert Mohr* (Hrsg.) Einführung in das Studium der Geschichte. Berlin 1966, und die von einem Herausgeberkollektiv unter Leitung von Hubert Mohr besorgte Neufassung: Einführung in das Studium der Geschichte. Berlin 1979.

[39]) Art. „istorizm", in: Bol'šaja Sovetskaja Enciklopedija. Bd. 10. Moskau 1972, 3f.

menhang dieser Historiographien der Grundstruktur westlicher Geschichtswissenschaft als konträr gegenüber.[40])

Wichtig an dieser Perspektive ist der epochale ideengeschichtliche Kontext. Geschichtsdenken und Historiographie im realen Sozialismus stehen einerseits im Zusammenhang mit der gesamten Folgeentwicklung des Marxismus und der Revolution von 1917, aus der ihre inneren Widersprüche und zum westlichen Wissenschaftsbetrieb konträren Merkmale resultierten. Andererseits werden sie nach etwa 1955 selbst auch in wissenschaftsinterner, kommunikativer Hinsicht mehr und mehr in den relativ stabilisierten Systemdualismus integriert, von dem Deutschland, Europa und die Welt geteilt und zugleich insgesamt kontrolliert waren. In der Tat war die DDR-Historiographie ein Produkt der letzteren Entwicklung, in ihrer Motivationsstruktur und Praxis aber durch internationale und spezifisch deutsche Zusammenhänge auf vielfältige Weise mit der gesamten Vorgeschichte verbunden wie auch auf eine besondere Kontraposition zum Westen fixiert. In diesen widersprüchlichen Zusammenhängen begann sie sich auch als neue Expertengemeinschaft bei fortdauernder prinzipieller Unterordnung unter den Herrschafts- und Legitimationsdiskurs der SED und des sozialistischen Staates auszudifferenzieren – *nicht etwa als Antithese zu diesem, sondern als notwendige und sogar offiziell geförderte Fachlichkeit im und für den Sozialismus.*

III. Zwiespältige Professionalität

Damit ist die Frage nach dem genuinen Berufs- und Praxisbild dieser Disziplin und ihrer Träger aufgeworfen. Im Werte- und Normenhaushalt[41]) dieses Historikertyps, vor allem im Selbstverständnis der Gründer- und Aufbaugeneration, blieb die Auffassung von Geschichte als parteilicher Wissenschaft für eine mit dem Anspruch wissenschaftlicher Wahrheit ausgestattete Parteipolitik ein wesentliches inneres Prinzip praktischer Orientierung in Wissenschaft und Leben. Der entsprechende bereits skizzierte Denkstil überdauerte mit der durch ihn geprägten neuen Elite im Prinzip alle Veränderungen des Systems.[42]) Seine Normen und Riten konnten noch so sehr in den Hintergrund ge- und auch verdrängt sein, sie blieben im Zweifels- und Konfliktfall immer zugunsten der Parteiräson einklagbar. Nicht so sehr gegenüber äußerem Oktroi, sondern gerade wegen der Verinnerlichung des entsprechenden Wertekodex waren sie dann von den Betroffenen nur schwer abzuwehren. Die mo-

[40]) *Erdmann*, Ökumene (wie Anm. 14), 424ff.

[41]) Vgl. allgemein dazu *Lorraine Daston*, The Moral Economy of Science, in: Osiris 1995/10, 3–24.

[42]) Vgl. *Wolfgang Ruge*, Nachdenken über die Geschichtswissenschaft der DDR, in: ZfG 41, 1993, bes. 586ff.

nopolisierte Parteilichkeit wurde also von den Historikern selbst keineswegs von vornherein als Gegensatz oder als grundsätzliche Behinderung von Professionalität empfunden. Wissenschaftliche Erkennntis der Entwicklungsgesetze der Gesellschaft und die darauf beruhende Parteilichkeit für Arbeiterklasse und Sozialismus wurden als wechselseitig zueinander vermittelt und untrennbar angesehen.[43])

Andererseits war, wie schon hervorgehoben, das Parteiverständnis von Geschichte als Bewußtseinsform und Wissenschaft selbst beträchtlichen Wandlungen unterworfen. Die Interessenlage am *Fach* Geschichte änderte sich auch für die SED als einer herrschenden Partei, die ihre Gesellschaftsstrategie aus wissenschaftlich fundierter Gesellschafts- und Geschichtserkenntnis rechtfertigen wollte, in dem Maße, wie nach vollzogener und äußerlich abgesicherter Umwälzung auch der Alltag der neuen Ordnung eines historischen Orientierungsmusters bedurfte. Fachlichkeit war von Anfang an für die Legitimationsfunktion einer neuen Historiographie erforderlich, und zwar je länger die DDR bestand, mit desto höherem Anspruch, wie Alexander Fischer und Günther Heydemann überzeugend herausgearbeitet haben[44]), und Parteilichkeit sollte nicht etwa die Abschaffung fachlicher Kompetenz bedeuten. Diese sollte im Gegenteil dem Sozialismus gemäß in Forschung, Lehre und gesellschaftlich wirksamer Verbreitung historischen Wissens ständig erhöht werden.

In dieser Hinsicht gehören System- und Expertendiskurs unzweifelhaft zusammen. Geschichtswissenschaft hatte die Doppelfunktion, die historische Orientierung und Legitimation eines Umbruchs mit der Produktion historischen Wissens zu verbinden, das den „Sozialismus auf deutschem Boden" gewissermaßen als die bessere, progressivere Alternative im Rahmen moderner Gesellschaftsentwicklung ausweisen sollte.[45]) Dies bedeutete eine praktisch-politische und fachliche Doppelverpflichtung gegenüber den Normensystemen von Wissenschaft in der modernen Kultur, zu der sich die DDR dezidiert als prätendierte Pflegestätte der besten und progressivsten Errungenschaften bekannte, einerseits und der „marxistisch-leninistische Kampfpartei des Proletariats" andererseits, deren führende Rolle unabhängig von zeitweiligen Lockerungen oder Verschärfungen unantastbar blieb.

[43]) Vgl. die Überschrift des ersten Teils: Die Weltanschauung der Arbeiterklasse und der historische Materialismus als philosophische Wissenschaft, in: *Erich Hahn/Wolfgang Eichhorn/Alfred Kosing/Reinhold Miller/Harald Schziwa* (Red.), Grundlagen des historischen Materialismus. Berlin 1976, 7 u. 9ff.

[44]) *Alexander Fischer/Günther Heydemann*, Weg und Wandel der Geschichtswissenschaft und des Geschichtsverständnisses in der SBZ/DDR seit 1945, in: dies. (Hrsg.), Geschichtswissenschaft der DDR. 2 Bde. Berlin 1989/90, hier Bd. 1, 9ff., 16ff.

[45]) Vgl. *Martin Sabrow*, Parteiliches Wissenschaftsideal und historische Forschungspraxis. Überlegungen zum Akademie-Institut für Geschichte, in: ders./Walther (Hrsg.), Historische Forschung (wie Anm. 6), 195–225.

Beide Prinzipien waren – wenn auch seitens der Fachlichkeit zumeist mit sehr viel geringeren Durchsetzungschancen – gegenseitig einklagbar. Daher war es auch nicht nur, wenngleich in manchem konkreten Fall durchaus eine Ironie des Systemdiskurses, daß sich die Wissenschaftspolitiker im Partei- und Staatsapparat nicht gern nachsagen lassen wollten, sie vernachlässigten die Erfordernisse wissenschaftlicher Qualität, so verbogen die Auffassungen davon auch gewesen sein mögen.[46])

Das bedeutete aber für die Disziplin auch, daß auf dem Boden grundsätzlicher Parteinahme für den Sozialismus von Anfang an vielschichtige Intentionen und Tendenzen vorhanden und möglich waren, mehr fachliche Eigenständigkeit zu bewahren oder vor dem Hintergrund der schon beschriebenen innersozialistischen Wandlungen später neu zu schaffen. In der Praxis der konkreten Forschung brachten die 1960er und 1970er Jahre mit der neuen Professionalisierung und Differenzierung der historischen Disziplinen[47]) zugleich einen beträchtlichen Aufschwung system- und strukturgeschichtlicher Ansätze. Die marxistische Orientierung auf die Geschichte der Volksmassen und unteren Schichten, der deutschen und internationalen Arbeiterbewegung, die Klassenkämpfe und großen Revolutionen wie generell auf den sozialökonomisch bedingten Fortschritt und die historische Eigenart gesellschaftlicher Formationen wurden in ein breites Spektrum von Forschungsrichtungen auf den meisten wichtigen Feldern der Geschichtswissenschaft umgesetzt.[48]) Berufsbild und Karrieremöglichkeiten erweiterten sich damit innerhalb der Profession auch in den nicht unmittelbar vom Partreidiskurs besetzen Branchen beträchtlich.[49])

Im theoretischen und methodologischen Begründungszusammenhang konnte dabei an den klassischen Marxismus angeknüpft werden, der ja stets zu den wichtigsten Traditionsinstanzen der SED gehörte und nun – in Rezeption der sowjetischen Diskussion – auch über die theoretischen Schriften Lenins flexibel für neue Forschungsrichtungen operationalisiert werden konnte. Da an der Monopolstellung des wenngleich angepaßten Marxismus-Leninismus nichts geändert werden sollte, war die unerläßliche Fachlichkeit in Forschung und Lehre nicht teil- oder delegierbar; sie mußte *innerhalb* der herrschenden Gesellschaftslehre und Geschichtsideologie garantiert werden, um diese in

[46]) Typisch dafür: *Kurt Hager*, Die entwickelte sozialistische Gesellschaft. Aufgaben der Gesellschaftswissenschaften nach dem VIII. Parteitag der SED. Berlin 1971.

[47]) Zur institutionellen Seite vgl. *Walter Schmidt*, Geschichte zwischen Professionalität und Politik. Zu zentralen Leitungsstrukturen und -mechanismen in der Geschichtswissenschaft der DDR, in: ZfG 40, 1992, 1013 ff.

[48]) Vgl. Historische Forschungen in der DDR 1960–1970. Sonderbd. der Zeitschrift für Geschichtswissenschaft. Berlin 1970, u. Historische Forschungen in der DDR 1970–1980. Sonderbd. der Zeitschrift für Geschichtswissenschaft. Berlin 1980.

[49]) Dazu allgemein *Ralph Jessen*, Zur Sozialgeschichte der ostdeutschen Gelehrtenschaft, in: Sabrow/Walther (Hrsg.), Historische Forschung (wie Anm. 6), 121–143.

den Stand zu setzen, die Funktion einer Basistheorie für operable Konzepte einzelwissenschaftlicher Forschung auszuüben.[50]) Professionalisierung und methodische Rationalisierung wurden somit *interne* Vorgänge im systemeigenen Wissenschaftsbetrieb. Dieses zwiespältige Bewußtsein einer relativ selbständigen wissenschaftlichen Tätigkeit läßt sich an der Rezeption und teils abschwächenden, teils vertiefenden Adaptation der sowjetischen Diskussionen über die Soziologie als selbständige Einzelwissenschaft[51]) – was bisher prinzipiell bestritten worden war und bis zuletzt prekär blieb[52]) –, über das Verhältnis von Soziologie und Geschichte zur marxistisch-leninistischen Philosophie[53]) und in den historischen Disziplinen über Wesen und Abfolge ökonomischer Gesellschaftsformationen zeigen[54]).

Die daran anschließenden Bemühungen um ein modifiziertes und relativ selbständiges fachinternes Theorie- und Methodologieverständnis – im Westen als „Theorieboom" wahrgenommen – betrafen vor allem die methodologische Systematisierung, theoriegeschichtliche Analyse[55]) und die forschungspaktische Anwendung der Marxschen Kategorie „ökonomische Gesellschaftsformation"[56]) wie auch davon abgeleitete Periodisierungs- und Begriffsprobleme[57]). Dabei fällt zum einen das Ausweichen von systematischer Theoriebildung auf Theorie- und Methodenfragen der Geschichte wie dort auf Probleme früherer Epochen und „vorkapitalistischer Gesellschaftsformen"[58]) und in der Theorie selbst in eine differenziertere Theorie- und Methodengeschichte u.a. im Rahmen der die Marx-Engels-Gesamtausgabe

[50]) Ausführlicher dazu *Wolfgang Küttler*, Geschichtstheorie und -methodologie in der DDR, in: ZfG 42, 1994, 8ff.

[51]) Vgl *Erich Hahn*, Historischer Materialismus und marxistische Soziologie. Berlin 1968; *ders.*, Theoretische Probleme der marxistischen Soziologie. Berlin 1974; *Peter Bollhagen*, Gesetzmäßigkeit und Gesellschaft. Berlin 1967.

[52]) Vgl. *Helmut Steiner*, Aufbruch, Defizite und Leistungen der DDR-Soziologie: Die sechziger Jahre, in: Hans Bertram (Hrsg.), Transformation der Sozialwissenschaften am Beispiel ausgewählter außer-universitärer Forschungseinrichtungen und Themen der Soziologie. Leverkusen 1997.

[53]) Vgl. *Peter Bollhagen*, Soziologie und Geschichte. Berlin 1966, Einleitung, 3ff.

[54]) *Klaus Naumann*, Ökonomische Gesellschaftsformation und historische Formationsanalyse. Köln 1983.

[55]) Vgl. u. a. *Ernst Engelberg/Wolfgang Küttler* (Hrsg.), Formationstheorie und Geschichte. Studien zur historischen Untersuchung von Gesellschaftsformation im Werk von Marx, Engels und Lenin. Berlin 1978.

[56]) Vgl. *Karl-Hermann Tjaden*, Formationstheorie, in: Hans Jörg Sandkühler (Hrsg.), Europäische Enzyklopädie zu Philosophie und Wissenschaften. Bd. 1. Hamburg 1990, 88–93; *ders.*, Gesellschaftsformation – Formationsfolge und -gliederung, in: ebd. 348–363.

[57]) Vgl. *Ernst Engelberg*, Fragen der Evolution und Revolution in der Weltgeschichte, in: ders., Theorie, Empirie und Methode in der Geschichtswissenschaft. Gesammelte Aufsätze. Berlin 1980, 101–115, u. *ders.*, Zu methodologischen Problemen der Periodisierung, in: ebd. 117–162.

[58]) Vgl. *Klaus Naumann*, Probleme antiker Gesellschaftsformationen. Wissenschaftsgeschichtliche Studien zur Geschichtsmethodologie. Budapest 1984.

begleitenden Detailforschungen[59]) auf. Zum anderen wurde eine reflexiv kritische, offene Rezeption anderer Konzepte und Theorien weiterhin abgelehnt. Es ging schon relativ weit, bei deren Kritik auch einen problemorientierten weiteren Ausbau des eigenen, in den Grundlagen nicht in Zweifel gezogenen Wissenschafts- und Theorieverständnisses einzufordern.[60])

Die Existenz weniger herausragender und vieler normaler Wissenschaft in der seit den 1960er Jahren rasch anwachsenden neuen Zunft von Historikern kennzeichnet die innere Differenzierung ebenso wie der überproportional große Bereich rein ideologischen Betriebs in den besonders politikrelevanten Gebieten der Zeitgeschichte und oft auch im Lehrfach aller Ebenen. Besonderheit und Differenz von Professionalität und Parteilichkeit läßt sich nicht einfach auf den Gegensatz weniger „Filetstücke" unbestreitbar wissenschaftlicher Qualität zu einer Gesamtatmosphäre wissenschaftsfremder und sogar direkt kontraproduktiver Ideologisierung reduzieren.[61]) Die Heterogenität und Differenziertheit der Historikerschaft in der DDR zeigt auch unterhalb der wie überall nur vereinzelten Spitzen vielschichtige Abstufungen der charakteristischen spannungsvollen Verbindung eines professionellen Berufsbildes mit der dominierenden System- und Parteibindung.[62])

Diese Vielschichtigkeit existierte von der Übergangssituation der Anfänge her über die ganze Existenzdauer der DDR. Die betrifft zunächst die Kontinuität von Institutionen wie Universitäten und Akademie der Wissenschaften sowie das Fortwirken traditioneller Strukturen und Auffassungen – beides konnte weder durch den Elitenwechsel noch die Hochschul- und Akademiereform Ende der 1960er Jahre gänzlich bedeutungslos gemacht werden. Im Alltag der Ausbildung, Forschung und Lehre war der angestrebte völlige Grundlagenwechsel zunächst nur sehr unvollständig gelungen. Sowohl die Altmarxisten als auch ihre Schüler waren in der fachlichen Orientierung alles andere als eine undifferenzierte Einheit gegen jeden Einfluß traditioneller deutscher oder auch – wenngleich seltener – wie im Fall Kuczynskis westeuropäischer und amerikanischer Traditionen.[63]) Schließlich hatten die anfangs in Forschung und Lehre noch vertretenen nichtmarxistischen Historiker, unter denen

[59]) Vgl. *Rolf Dlubek*, Die Entwicklung der zweiten Marx-Engels-Gesamtausgabe im Spannungsfeld von legitimatorischem Auftrag und editorischer Sorgfalt, in: Marx-Engels-Studien 1, 1994, 60–106.

[60]) *Ernst Engelberg*, Ereignis, Struktur und Entwicklung in der Geschichte, in: ders., Theorie (wie Anm. 57), 98ff.

[61]) Vgl. *Ilko-Sascha Kowalczuk*, Die DDR-Historiker und die deutsche Nation, in: PolZG B 39, 1996, 24: „Die ‚Filetstücke' entstanden *trotz* der wissenschaftlichen Atmosphäre in der DDR".

[62]) Vgl. *Gerald Diesener*, „DDR-Historiker" oder „Historiker in der DDR", in: Berliner Debatte Initial 1996, H. 3, 71–76.

[63]) Vgl. zuletzt *Jürgen Kuczynski*, Vom Zickzack der Geschichte. Letzte Gedanken zu Wirtschaft und Kultur seit der Antike. Köln 1996.

in bezug auf Theorie und Methode des Fachs sowohl Kritiker als auch dezidierte Anhänger des traditionellen Historismus waren, auf die Ausbildung des Nachwuchses keinen geringen Einfluß.

Die neu formierte Expertengemeinschaft war insgesamt in zunehmendem Maße auch als Profession mit bestimmten Aufgaben und Funktionen sozialisiert, die sich von anderen Professionen wie auch von Politik und Ideologie unterschieden. Berufsbild und Praxis wurden aber von einem Dualismus des System-(Partei-) und des Fachdiskurses bei praktischer Dominanz des ersteren in allen wichtigen wissenschaftspolitischen Fragen bestimmt. Dieses Dilemma zu überwinden erforderte den Gewinn einer systemeigenen Normalität der neuen Geschichtswissenschaft und der anderen Disziplinen in der DDR und international in der scientific community als wichtigen Gradmesser für eine intakte Expertengemeinschaft, hing also von der Entwicklung ihrer intendierten gesellschaftlichen Funktion und damit des realsozialistischen Systems insgesamt ab.

IV. „Ökumene der Historiker" als Ferment des Wandels

Damit ist zunächst die weitergehende Frage nach den Auswirkungen der von den 1960er Jahren an einsetzenden Integration der separaten DDR-Historiographie in die internationale Wissenschaftsentwicklung aufgeworfen. Hier vor allem ist Erdmanns Ansatz jenseits der Zeitgebundenheit seiner Darstellung internationaler wissenschaftspolitischer Vorgänge im Comité International des Sciences Historiques (CISH) und bei den Weltkongressen zwischen 1960 und 1985 nach wie vor wissenschaftsgeschichtlich aktuell. Im Kontrast zum offen konfrontativen Kalten Krieg beschreibt er die „Ökumene" nun auch als Wechselwirkung der historischen Wissenschaften und ihrer Grundlagendebatten in Ost und West. Dabei geht es über indirekte Wechselwirkungen hinaus um die systemübergreifende Kommunikation der Experten als – wenn auch nur partielle und immer gefährdete – Realisierung der „Ökumene der Historiker" in der wissenschaftlichen Praxis, d.h. vor allem auch im inhaltlichen Austausch auf konkreten Forschungsgebieten und in den Grundlagendebatten.[64])

Obwohl verspätet und angesichts der besonderen deutsch-deutschen Situation schwer behindert wie auch infolge der eigenen inneren Verfassung immer prekär[65]), beteiligte sich auch die DDR-Historiographie wieder am internationalen wissenschaftlichen Leben und wurde vor allem nach 1970 auch zunehmend organisatorisch in die scientific community integriert. Es ist hier nicht

[64]) *Erdmann*, Ökumene (wie Anm. 14), 424 ff.

[65]) Vgl. *Eckhardt Fuchs*, Nationale Wissenschaft und internationale scientific community, in: Berliner Debatte Initial 1996, H. 3, 66–70.

der Ort, auch nur ein annäherndes Bild der thematischen Wechselbeziehungen in dieser Periode, vor allem immer stärker mit den struktur- und sozialgeschichtlichen Ansätzen der westdeutschen Historiographie, zu geben. Die DDR-interne Forschungsdifferenzierung wurde oben schon skizziert. Es muß genügen, auf inhaltliche Analogien und gegenseitige Reaktionen bzw. Herausforderungen der formations- und systemgeschichtlichen Forschungen zur Antike, zum Mittelalter, zur frühen Neuzeit (Konzept der frühbürgerlichen Revolution), zur bürgerlichen Revolutionsgeschichte, zur bürgerlichen Umwälzung in Deutschland, aber auch zur Weltkriegs-, Imperialismus- und Faschismusforschung hinzuweisen – auf letzteren Feldern mit besonderes zugespitzten Kontrapositionen, aber auch schon aus der Frühzeit der DDR-Historiographie stammenden alternativen Impulsen. Auch in den Grundrichtungen korrespondierten die formationsgeschichtlichen Ansätze direkt und indirekt mit Wachstums-, Industriegesellschafts-, Entwicklungs- und Modernisierungstheorien im Westen. Waren diese erklärtermaßen als Antwort auf den Marxismus und mit partieller Rezeption Marxscher Ansätze konzipiert worden, so orientierten sich die DDR-Historiker nicht zufällig besonders auf die Auseinandersetzung mit diesen Ansätzen und insbesondere der „historischen Sozialwissenschaft" in der Bundesrepublik.[66])

Zu vielen gemeinsam interessierenden Forschungsgebieten und Diskussionsfeldern erschienen im Westen zunehmend Aufsatzsammlungen, die Konzepte und Forschungsstände beider Seiten mit repräsentativen Beispielen vorstellten. In der DDR, wo solche bilateralen Publikationen bis zuletzt Ausnahme blieben, veränderte sich damit die Form der offiziellen Auseinandersetzung und vor allem der Umgang mit westlichen Forschungsergebnissen sozusagen im Alltag der Forschung, vor allem dort, wo keine unmittelbare Politikrelevanz bestand.

Diese Analogien und schließlich auch gemeinsame Diskussionen wirkten zugleich als Impuls und auch ständige Gefährdung der Erweiterung der Spielräume, da bis zuletzt immer wieder dogmatische Vorbehalte gegen eine zu weitgehende Öffnung gegenüber der „imperialistischen Ideologie" die flexibleren Ansätze unter politischen Abweichungsverdacht stellten. Wegen der nationalen Randsituation der DDR und der in keiner Phase aufgehobenen deutsch-deutschen Wechselwirkung[67]) geriet die DDR-Historiographie gerade vom Moment internationaler Anerkennung ihres Staates an zur international von vornherein integrierten Profession in der Bundesrepublik immer

[66]) Vgl. ausführlich dazu *Hans Schleier*, Sozialgeschichtliche Alternativkonzeptionen in der BRD, in: Engelberg/Küttler (Hrsg.), Formationstheorie und Geschichte (wie Anm. 55), 669ff.

[67]) Vgl. *Christoph Kleßmann*, Verflechtung und Abgrenzung. Aspekte der geteilten und zusammengehörigen deutschen Nachkriegsgeschichte, in: PolZG B 29/30, 1993, 30ff.

mehr in den Zwang nachholenden Reagierens.[68]) In der Bundesrepublik kam es zwar nicht zu vergleichbaren inneren Rückwirkungen, so daß mit Recht von einer Asymmetrie gesprochen werden kann.[69]) Aber die übergreifende Bedeutung des dualistischen, auf langfristigen Wettstreit unterschiedlicher Gesellschaftsordnungen orientierten Systemdenkens auf beiden Seiten ist damit keineswegs in Frage gestellt.

Evidenz aus heutiger notwendigerweise kritischer Sicht können nur detaillierte Forschungen der Rezeptionsbeziehungen auf beiden Seiten und der je internen Wirkungen des „intersystemaren Diskurses" erbringen. Seit dem Ende des Ostblocks ist die Aufmerksamkeit für den gesamten Kompex der intersystemaren Wissenschaftsbeziehungen inhaltlich ebenso zurückgegangen wie funktional auf die Kritik des Mechanismus der Auslandsbeziehungen im Osten[70]) und der Kooperation von westlicher Seite fokussiert worden. Insbesondere die DDR-Historiographie ist trotz ihrer Aktualität als Streitobjekt nach 1990 kaum auf ihre inhaltlichen Resultate und deren Rezeption im Westen untersucht worden. Teilansätze gibt es nur für einzelne Bereiche, die Ost- und Westperspektive übergreifend für die Mediävistik[71]), teilweise auch für den Umgang mit der NS-Vergangenheit[72]), aus der Sicht der Beteiligten außerdem für einige Bereiche der deutschen Geschichte[73]), für die vergleichende Revolutionsforschung[74]) und die Methodologie[75]).

Der Kontrast zur Vielzahl einschlägiger Arbeiten, die im Westen vor 1989 erschienen[76]), ist nicht nur auffällig, sondern erhellt zugleich auch ein wesentliches Problem, das nüchterne Bilanzen gegenwärtig noch sehr erschwert: Kann der damalige *politische* Zusammenhang ohne weitere disziplinäre

[68]) Das dokumentiert ein Vergleich der 3., neu bearbeiteten und erweiterten Aufl. des Handbuchs: *Gerhard Lozek/Werner Berthold/Heinz Heitzer/Helmut Meier/Walter Schmidt* (Hrsg.), Unbewältigte Vergangenheit. Kritik der bürgerlichen Geschichtsschreibung in der BRD. Berlin 1977, mit der 1. u. 2. Aufl. Berlin 1970/74.

[69]) Vgl. *Wolfgang J. Mommsen*, Die DDR-Geschichtsschreibung aus westdeutscher Perspektive, in diesem Band.

[70]) Vgl. *Martin Sabrow*, Zwischen Ökumene und Diaspora. Westkontakte im Spiegel der Reiseberichte, in: Berliner Debatte Initial 1996, H. 3, 86–97.

[71]) Vgl. *Michael Borgolte* (Hrsg.), Mittelalterforschung nach der Wende 1989. (Historische Zeitschrift, Beiheft 20). München 1995.

[72]) Vgl. *Ulrich Herbert/Olaf Groehler*, Zweierlei Bewältigung. Vier Beiträge über den Umgang mit der NS-Vergangenheit in beiden deutschen Staaten. Hamburg 1992.

[73]) Vgl. u. a. *Walter Schmidt*, Die 1848er Revolutionsforschung in der DDR, in: ZfG 42, 1994, 21 ff.

[74]) Über die Leipziger welt- und revolutionsgeschichtlichen Forschungen vgl. *Michael Zeuske*, Materialien zu einer Geschichte des „Instituts für Kultur- und Universalgeschichte" seit 1949. Sowie ein Anhang zum Sinn der Universalgeschichte, in: Gerald Diesener (Hrsg.), Lamprecht weiterdenken. Universal- und Kulturgeschichte heute. Leipzig 1993, 99–131.

[75]) *Ralph Possekel*, Strategien im Umgang mit dem Dogma: Die geschichtstheoretische Diskussion in der DDR, in: Berliner Debatte Initial 1991, H. 2, 170–178.

[76]) Vgl. *Fischer/Heydemann* (Hrsg.), Die Geschichtswissenschaft der DDR (wie Anm. 44).

Selbstreflexion auch aus scharfer heutiger Distanz erklärt werden, so berührt die *innerfachliche* Kommunikation oder Rezeption sensiblere Bereiche von Kontinuität und Diskontinuität des Verhältnisses west- und ostdeutscher Historiker und besonders auch der letzteren untereinander über die Zäsur von 1989/90 hinweg. Hinzu kommt der allgemeine Perspektivenwechsel in den historischen Wissenschaften seit Ende der 1970er Jahre, der die Distanz zu den Problemen der 1960er und 1970er Jahre insgesamt vergrößert hat.

Aber auch mit diesen kritischen Einschränkungen und selbst wenn wir die Rezeptionswirkung der DDR-Historiographie im Westen weit niedriger veranschlagen, als es den Beobachtern beider Seiten vor 1989 schien, bleibt die wechselseitige Orientierung am Systemkonflikt als hervorstechendes Merkmal der Sozial- und Geschichtswissenschaften nach dem Kriege bis weit in die 1970er, in beiden deutschen Historiographien, vor allem in derjenigen der DDR, auch noch in den achtziger Jahren.

V. Paradigma ohne Normalität – die Rückkehr des Erbes

Mit dieser wenn auch immer instabilen internationalen Reintegration nahm der Reform- und Innovationsdruck, der seit den 1970er Jahren verstärkt von innen wirkte, auch von außen hinsichtlich der Legitimierung und Akzeptanz des sozialistischen Systems erheblich zu. In den Geschichts- und Gesellschaftswissenschaften der DDR schwand parallel dazu bei äußerer Kontinuität doch die innere Akzeptanz der Regeln und Normen des SED-Herrschaftsdiskurses in dem Maße, wie diese auch mit den Erfordernissen eines innovationsfähigen Systemdiskurses der sozialistischen Gesellschaft selbst in Konflikt gerieten. Das gilt vor allem für die in der DDR aufgewachsenen und sozialisierten jüngeren Altersgruppen. Auf die Vielschichtigkeit der konkreten Berufsbilder und praktischen Karrieren wurde schon verwiesen. Über die Jahrzehnte und Generationen hinweg konnte nicht ausbleiben, daß die Grundwerte und Normen der Anfänge von jeder rezipierenden Altersgruppe auf andere Weise aufgenommen und transformiert wurden. Wichtiger noch war, daß von der ursprünglich intendierten Funktion mitgestaltender Wissenschaft in der Systempraxis lediglich der Auftrag einseitiger Legitimation der jeweils herrschenden Politik, oft sogar tagespolitischer Wendungen und bei Jahrestagen und Jubiläen übrigblieb. Eine kritisch begleitende Funktion der Geschichtspolitik war kaum, höchstens bei der Beratung offizieller Texte und Dokumente in Einzelfragen, nicht aber in konzeptionellen Grundlinien möglich. Zugleich aber beruhte die DDR-Geschichtswissenschaft nach ihrem eigenen Normensystem und Theorieverständnis auf der Legitimation von Idee und Realität des Sozialismus. Je weniger diese gelang, desto stärker wurden seit Ende der 1970er Jahre Symptome von Erosion und Krise spürbar.

Konzeptionell zeigte sich die Krisenanfälligkeit gerade in den Bemühungen um eine neue umfassende historische Erbe- und Traditionserschließung als erweiterte Basis selbsttragender Legitimität des Systems besonders augenfällig. Die damit verbundenen Veränderungen waren von vornherein ambivalent. Einerseits existierte weiter die Tabuzone der eigenen Partei- und Staatsgeschichte, die auch institutionell in der Kompetenz der SED-Institutionen verblieb und nach den Glasnost-Debatten in der Sowjetunion aus kritischen Geschichtsdiskussionen herausgehalten werden sollte – auch zum Preis des Verlustes der Glaubwürdigkeit in den eigenen Reihen. Die Eckpfeiler der historischen Perspektiven auf Sozialismus und Kommunismus, die Epochenkonzeption und das Parteilichkeitsverständnis sollten jedenfalls unangetastet bleiben. Andererseits wurden für die übrige Geschichte relativ weitgehende inhaltliche Öffnungen zu nationalen Traditionen und internationaler Kommunikation zugelassen[77]), die Anhänger eines ernst gemeinten Marxismus, aber auch liberale Kritiker preußisch-deutscher Sonderwege irritierten.

Das äußerlich steigende Ansehen der DDR-Historiographie und einiger Genres ihrer Publikationen, verbunden mit großer Nachfrage nach Regional-, Heimat-, Fürstengeschichte, aber auch nach neuem Wissen über alte und mittelalterliche Kulturen usw., zeigte eher die Erosion des Paradigmas an, mit dem sie einst als Alternative angetreten war.[78]) Außerdem reproduzierten sich teilweise traditionelle Elemente geschichtswissenschaftlicher Normen, die unter der Decke des politisch und ideologisch dominierenden Marxismus-Leninismus nie ganz verdrängt worden waren. Darin kam – von westlichen Beobachtern frühzeitig erkannt, aber gleichzeitig nur von wenigen beteiligten DDR-Historikern kritisch wahrgenommen – gewissermaßen antithetisch verdeckt auch eine direkte Kompatibilität mit der bürgerlichen deutschen Geschichtstradition des 19. und 20. Jahrhunderts zum Vorschein: die Politik- und Staatslastigkeit, die zweifellos neben der ideologischen Verfremdung dabei mitwirkte, daß wesentliche Trends der internationalen Historiographieentwicklung nicht oder nur von Außenseitern wahrgenommen wurden.[79])

Während das herrschende Paradigma deutliche Risse zeigte, wurde somit – zugespitzt gesagt – die „Normalwissenschaft" teilweise in sehr herkömmliche Bahnen gelenkt, ohne daß die eigenen Ansätze wie Formations-, Klassen-, Revolutionsgeschichte, aber auch Imperialismus-, Weltkriegs- und Faschismusforschung selbst konsequent erneuert und für innovative Impulse z.B. geöffnet

[77]) Vgl. *Walter Schmidt*, Aspekte der Erbe- und Traditionsdebatte in der Geschichtswissenschaft. (Sitzungsberichte der Akademie der Wissenschaften der DDR, 1 G/1988.) Berlin 1988.

[78]) Vgl. *Helga Schultz*, Was bleibt von der Geschichtswissenschaft der DDR?, in: Österreichische Zeitschrift für Geschichtswissenschaft 2, 1991, bes. 27 ff.

[79]) *Georg G. Iggers*, Einleitung, in: ders., Ein anderer historischer Blick. Beispiele ostdeutscher Sozialgeschichte. Frankfurt am Main 1991, bes. 8 ff.

worden wären.[80]) Sie beschränkten sich auf Themen- und Gegenstandserweiterungen, auf ziemlich marginale Rezeption neuer Ansätze der Mentalitäts- und Kulturgeschichte[81]) und auf kryptische Analogien zu existentiellen Problem des Sozialismus wie z.B. in der vergleichenden Revolutionsgeschichte, die sich auf die bürgerlichen Revolutionen beschränkte[82]).

Die Spielräume und Möglichkeiten der Flexibilisierung und Operationalisierung des Marxismus-Leninismus, d.h. der Bewegung im Rahmen seines Geltungsmonopols, waren erschöpft bzw. an den Grenzen einer dieses sprengenden kritischen Theorie- und Methodenreflexion angelangt, wie sich am Beispiel der Beschäftigung mit Max Weber zeigen läßt.[83])

Auf diese Weise ungelöst führte die Kluft zwischen Anspruch und Realität zur Erosion und Krise des marxistisch-leninistischen Paradigmas, schließlich mit dem Fall des Systems und seiner Ideologie auch zum Zusammenbruch der DDR-Historiographie wie überhaupt des staatssozialistischen Typs von Geschichtskultur. Der alternative Versuch „marxistisch-leninistische Geschichtswissenschaft“ scheiterte somit letztlich daran, daß weder der Sozialismus als eine „andere Moderne“ noch der Marxismus-Leninismus als alternative Paradigmatik von Geschichts- und Sozialwissenschaft dauerhafte Normalität gewinnen konnten.

VI. Aspekte der Zuordnung: Geschichtsdenken einer anderen Moderne?

Damit kommen wir zur Frage nach dem Platz dieser in ihren institutionellen, kommunikativen und forschungspraktischen Kontexten einer kritischen Vergangenheit angehörenden Geschichtswissenschaft zurück.

Der eine Zugriff zu diesem Problem liegt in den aktuellen Debatten und Forschungen zur Wissenschaftsgeschichte insgesamt. Wenn diese sogar bei den härtesten „sciences“[84]) und erst recht in den Geistes- und Sozialwissenschaften, wo diese Debatte schon eine lange Tradition hat[85]), etwas drastisch

[80]) Vgl. dazu *Ralph Possekel*, Der Selbstwiderspruch der DDR-Historiker als analytisches Problem. Befunde einer Diskussion, in diesem Band.
[81]) Beispiele bei *Iggers*, Ein anderer historischer Blick (wie Anm. 79).
[82]) Vgl. *Manfred Kossok*, 1789 und die neuen Alternativen gesellschaftlicher Transformation. (Sitzungsberichte der Akademie der Wissenschaften der DDR, 9 G/1989.) Berlin 1989, und die Diskussion dazu, bes. 31 ff.
[83]) Vgl. *Frank Ettrich*, Auf dem Weg zur Wirklichkeitswissenschaft? Die Max-Weber-Rezeption in der DDR – Ein Rückblick, in: Berliner Journal für Soziologie 5, 1995, 379 ff., hier bes. 394 ff.
[84]) Vgl. u. a. *Bruno Latour*, Science in Action. Cambridge 1987.
[85]) Vgl. *Reinhart Koselleck/Wolfgang J. Mommsen/Jörn Rüsen* (Hrsg.), Objektivität und Parteilichkeit in der Geschichtswissenschaft. (Theorie der Geschichte. Beiträge zur Historik, Bd. 1.) München 1977.

gezeigt haben, dann die Perspektiven- und Kontextbindung jeder Wissenschaft als Form praktischer sozialer und kultureller Tätigkeit von Menschen. Die jeweiligen Interdependenzen zu Politik, Macht, Herrschaft, gesellschaftlichen Verhältnissen und wirtschaftlichen Ressourcen, zu religiösen oder anderen weltanschaulichen Normen werden generell nicht mehr als externe, sondern interne Gegenstände der Wissenschaftsgeschichte angesehen. Sie müssen zunächst erst einmal als in allen Gesellschaften in dieser oder jener Weise gegebene Bedingungen und Merkmale des Wissenschaftsbetriebs, der Motive wissenschaftlicher Tätigkeit und auch der Reichweite ihrer Resultate akzeptiert werden, ehe konkrete Unterschiede und Gegensätze verschiedener Typen der Beziehungen von Wissenschaft und Gesellschaft und auch Minimalforderungen an die kognitive Eigenständigkeit von Wissenschaft im Unterschied zu anderen Kulturformen auszumachen sind.

„Moderne Geschichtswissenschaft" ist eine hochgradige Abstraktion von sehr vielfältigen, nach Epochen, Ländern, Grundrichtungen und soziokulturellem Kontexten außerordentlich verschiedenartigen konkreten Erscheinungsformen, in denen Geschichte als arbeitsteilig ausdifferenzierte, methodisch geregelte Disziplin, d.h. als empirische Wissenschaft, existierte und noch existiert.[86]) Weder „modern" noch „Wissenschaft" sind dabei von vornherein durch positive Wertzuweisungen zu besetzen, sondern stecken lediglich den zeitlichen und strukturellen Rahmen für ein Möglichkeitsfeld unterschiedlicher Typen und Alternativen des Geschichtsdenkens und der Geschichtserkenntnis ab, das durch die säkularisierte Historizität der neuzeitlichen okzidentalen Gesellschaftsentwicklung bestimmt wird. Auch die DDR-Historiker, ihre Forschungsrichtungen, Schulen und lokalen Traditionen sind nach Selbstverständnis und Wissenschaftspraxis keineswegs nur an jener einen Stelle dieses Koordinatensystems zu verorten, die den Schnittpunkt von Wissenschaft und Diktatur markiert.

Die Kritik der DDR-Historiographie erhält dadurch eine andere Reflexionsebene als diejenige des Diktaturenvergleichs, ohne daß dessen Erkenntniswert negiert zu werden braucht.[87]) Denn der hier zugrunde gelegte Maßstab westlicher Wissenschaftsnormen ist selbst Gegenstand einer völlig offenen kritischen Historisierung geworden, auch im Hinblick auf Parteilichkeit und Ideologieabhängigkeit einerseits, Professionalität und wissenschaftliche Rationalität andererseits. In diesem Kontext erscheint der Streit um die grundsätzlche Kommensurabilität der Geistes- und Sozialwissenschaften der DDR ziemlich abwegig. Daß wissenschaftliche Diskurse kontextabhängig und damit nach

[86]) Vgl. *Wolfgang Küttler/Jörn Rüsen/Ernst Schulin* (Hrsg.), Geschichtsdiskurs. Bd. 1: Grundlagen und Methoden der Historiographiegeschichte. Frankfurt am Main 1993.
[87]) Vgl. *Jürgen Kocka* (Hrsg.), Historische DDR-Forschung. Aufsätze und Studien. Berlin 1993, darin bes. *ders.*, Die Geschichte der DDR als Forschungsproblem. Einleitung, 9ff.

Diskursform und Praktik zunächst erst einmal alle sui generis sind, gilt vielmehr als Ausgangsposition, von der aus die Differenzierung erst beginnt.

Dennoch wird damit die Frage nach den besonderen Abweichungen des Typs „marxistisch-leninistischer Historismus" nicht gegenstandslos. Es handelte sich nach Selbstverständnis und Praxis um eine Historiographie mit einem bestimmten Monopolparadigma, das außer- und innerwissenschaftliche Komponenten in einer besonderen, mit dem Wissenschaftsbetrieb im Westen in der Tat nicht kompatiblen Weise vereinigte.

Die wichtigste in den vorausgegangenen Ausführungen begründete Antwort auf diese Frage liegt in der Verbindung von allgemeiner Historiographieentwicklung und Epochenzusammenhang im 20. Jahrhundert. Im modernen Geschichtsdiskurs sind von Anfang an unterschiedliche Verknüpfungen „moderner" und „vormoderner" Elemente, kultureller Symbiosen und Konflikte wie auch konträre Prinzipien[88]) des Verhältnisses von Geschichtswissen und geschichtlicher Orientierung enthalten. Nach dem Zweiten Weltkrieg schuf die Dominanz des Gegensatzes zweier Grundtypen geschichtskultureller Konstellation eine neuartige Situation *innerhalb* der „Ökumene der Historiker". Sie überlagerte und verdrängte im Westen fortschreitend den alten Grundlagenstreit zwischen mehr theorieorientierten, strukturell und systemgeschichtlich vorgehenden und mehr hermeneutisch-narrativen Grundrichtungen, d.h. zwischen Historismus im engeren Sinne und sozialwissenschaftlich beeinflußten Auffassungen von historischer Wissenschaft zugunsten der letzteren. Im Osten führte sie zur Flexibilisierung des Marxismus-Leninismus und zur Differenzierung von Forschungsrichtungen, die ebenfalls mit dem Marxschen „Formationsdenken" in einer system- und strukturgeschichtlichen Perspektive standen. Sie konnten somit zunehmend mit ähnlichen Ansätzen zu vergleichbaren Themen im Westen kommunizieren und schließlich kooperieren. Darin bestand bis etwa Ende der 1970er Jahre, in vieler Hinsicht aber noch bis 1989 – um den Begriff von Ludwig Fleck aufzunehmen – ein systemübergreifender Denkstil, ein intersystemarer Diskurs, in den auch die DDR-Historiographie – verspätet zwar, dann aber um so stärker auf die deutsch-deutschen Beziehungen konzentriert – mit einbezogen wurde.

Die Systembindung durch den Marxismus-Leninismus schließt somit nicht aus, sondern bekräftigt eher die Annahme, daß im Staatssozialismus ein besonderer Typ moderner Geschichtswissenschaft unter bestimmten gesellschaftlichen Bedingungen und in einer bestimmten Periode konstituiert wurde. Dabei handelte es sich um eine besondere Formierung geschichtswissenschaftlicher Professionalilität, in der die grundsätzliche Spannung von praktischer Orientierung, kognitiver Struktur und gesellschaftlicher Funktion

[88]) Vgl. *Stephen Toulmin*, Kosmopolis. Die unerkannten Aufgaben der Moderne. Frankfurt am Main 1990.

in einem ideologisch geschlossenen Systemdiskurs reguliert werden sollte. Mitchell G. Ash hat – vorwiegend am Beispiel der Naturwissenschaften – in diesem Zusammenhang von Wissenschaften für eine „andere Moderne" gesprochen.[89]

Was nun die gegenseitigen und weiteren Wechselwirkungen der Geschichtswissenschaften in West und Ost angeht, so machen die aktuellen Kritiken an der damaligen Kooperation, unter systemkritischen Aspekten bis hin zum Vorwurf westlicher Kollaboration mit den Gehilfen einer Diktatur, die Frage nicht gegenstandslos, ob der heutige Abstand zu einer abgeschlossenen Phase es auch rechtfertigt, die Denkrichtungen und Probleme einer ganzen Periode generell oder wenigstens für den Osten ideen-, theorie- und wissenschaftsgeschichtlich für erledigt zu erklären. Die wissenschaftliche Rezeption ist, perspektivisch gesehen, natürlich eine spekulative Frage; die normative Kraft des Faktischen liegt hier ganz bei den nachfolgenden Generationen. Schon jetzt ist es aber im Interesse einer nüchternen Bilanz der Historiographieentwicklung im letzten Drittel unseres Jahrhunderts höchste Zeit, die Bedeutung von wissenschaftlichen Inhalten und Wirkungen der Historiographien vom Typ „marxistisch-leninischer Historismus" wieder sachbezogen, an den behandelten Problemen und den konkreten Lösungsansätzen einschließlich ihrer Resultate und Reichweite kritisch zu prüfen.[90] Es geht dabei neben dem subjektiven Wollen, Vermögen und Versagen vor allem auch darum, welche Probleme gestellt, welche Lösungswege beschritten wurden, wie die Ergebnisse in ihrer Zeit wirkten und was davon aktuell geblieben ist.

89) Vgl. *Mitchell G. Ash*, Wissenschaft, Politik und Modernität in der DDR, in: Karen Weisemann/Peter Kröner/Richard Toellner (Hrsg.), Genetik und Humangenetik in der DDR. Münster 1997, 1–25.

90) Vgl. *Georg G. Iggers*, Die Bedeutung des Marxismus für die Geschichtswissenschaft heute. Fritz Klein zum 70. Geburtstag, in: ZfG 43, 1995, 485–494.

Der Selbstwiderspruch der DDR-Historiker als analytisches Problem

Befunde einer Diskussion

Von

Ralf Possekel

1990 konnten die Deutschen in Ost und West eine gelungene deutsche Revolution feiern, die zudem noch – ohne die ansonsten bei dergleichen Ereignissen üblichen Schrecken wie Terror und Bürgerkrieg – friedlich ihren Sieg errang. Die Freude über diesen Lichtpunkt deutscher Geschichte wird allerdings gedämpft, wenn Historiker mit „einigem Bedauern"[1]) feststellen, daß es in der ehemaligen DDR verglichen mit anderen ostmitteleuropäischen Ländern nur eine bescheidene Dissidentenbewegung gab. Diese Kritik trifft auch die Historiker der DDR. Anders als in Polen, Ungarn oder der Sowjetunion spielten sie in der ohnehin nur bescheidenen Oppositionsbewegung keine Rolle. Der Aufruf zur Bildung einer Arbeitsgruppe unabhängiger Historiker in der DDR vom 10. Januar 1990 konstatierte daher mit Bitterkeit: „Wie eine tödliche Krankheit legten sich Provinzialismus und eine oft bis ins Lächerliche gehende fachliche Inkompetenz über die sogenannten Gesellschaftswissenschaften. Philosophie, Soziologie, selbst Kunst- und Literaturwissenschaft wurden zu Bestätigungsinstanzen der SED-Beschlüsse. Das traurigste Los aber traf die Geschichtswissenschaft."[2]) In der Tat war der Befund ernüchternd. Drei Jahre später, in der Auseinandersetzung um die personelle Ausstattung des Forschungsschwerpunktes Potsdam klagten die Verantwortlichen, daß es gerade auch unter den jüngeren Historikern aus den östlichen Bundesländern nur sehr wenige gibt, die nicht irgendwann und irgendwo „bedauerliche Kompromisse" mit der herrschenden Ideologie eingegangen sind.[3]) Es gab anschei-

[1]) *Wolfgang Mommsen,* Die Geschichtswissenschaft in der DDR, in: Aus PolZG B 17/18, 1992, 35. Diese Schwäche der DDR-Oppositionsbewegung ist sicherlich dafür verantwortlich zu machen, daß die Deutschen 1989/90, anders als die Völker Osteuropas, eine besondere Euphorie und Dankbarkeit gegenüber der Sowjetunion und dem KPdSU-Generalsekretär Michail Gorbatschow empfanden.

[2]) *Armin Mitter/Stefan Wolle,* Aufruf zur Bildung einer Arbeitsgruppe unabhängiger Historiker in der DDR, in: Rainer Eckert/Ilko-Sascha Kowalczuk/Isolde Stark (Hrsg.), Hure oder Muse? Klio in der DDR. Dokumente und Materialien des Unabhängigen Historiker-Verbandes. Berlin 1994, 22.

[3]) *Wolfgang Mommsen,* Von Bevormundung zu intellektueller Kolonialisierung, in: Eckert/Kowalczuk/Stark (Hrsg.), Hure oder Muse? (wie Anm. 2), 271.

nend „nur ganz wenige“, die professionell qualifiziert und gleichzeitig völlig unbelastet waren.[4]) Die Mehrheit hatte sich schon 1990 von dem auf Polarisierung zielenden Aufruf zur „deutliche(n) Abgrenzung derjenigen Historiker, die dem widerstanden haben und bereit sind, neue Wege zu gehen“[5]), nicht angesprochen gefühlt. Nur eine kleine Gruppe nahm seither für sich in Anspruch, ohne Kompromisse durchgehalten zu haben. Und selbst diese wenigen mußten sich vorhalten lassen, daß auch sie im Rückblick nicht eindeutig als Systemgegner, als „Neinsager“ identifizierbar seien.[6]) Offen blieb, ab wann jemand nicht mehr zur Kategorie „Stütze des Systems“ zähle, und es hieß, daß niemand, der z. B. in den Instituten der Akademie der Wissenschaften gearbeitet hatte, aus diesem Verwicklungszusammenhang ganz heraus war.[7])

Ließen sich 1989 in Ostdeutschland nur ganz wenige wirklich kompromißlose Systemgegner ausmachen, so galt dies aber erstaunlicherweise auch umgekehrt. Auch eindeutige Systembefürworter waren rar. Stefan Wolle mußte erstaunt feststellen, daß man fast vergeblich nach einem „aufrichtigen Verteidiger des untergegangenen SED-Staates“ sucht. Wohin „man schaut, sitzen nur aufrechte Anhänger der freiheitlich-demokratischen Grundordnung“.[8]) Die Massenhaftigkeit dieser Erscheinung prägte das geflügelte Wort vom „Wendehals“. Sie gilt vielen als Beleg für die besondere Charakterlosigkeit der SED-Kader. Bezogen auf die ehemaligen DDR-Historiker ist von einem neuen Wissenschaftlertyp die Rede – „pflegeleicht, stromlinienförmig, immer bereit, seinen Standpunkt zu ändern, im Innern natürlich zutiefst verunsichert und grenzenlos abhängig. (...) jedenfalls wird er die Großkopfeten des Historiker-Establishments weder inhaltlich noch personell in Frage stellen.“[9]) Der Opportunismusvorwurf wird auch von orthodox kommunistischer Seite erhoben.[10]) Solche Deutungen legen es nahe, den friedlichen Verlauf des Um-

[4]) *Jürgen Kocka,* Wem gehört die DDR-Geschichte? Ein Streitgespräch zwischen Jürgen Kocka und Stefan Wolle, in: Eckert/Kowalczuk/Stark (Hrsg.), Hure oder Muse? (wie Anm. 2), 296.

[5]) *Mitter/Wolle,* Aufruf (wie Anm. 2), 23.

[6]) Martin Sabrow kam am Beispiel der Karriere von Armin Mitter und Stefan Wolle zu dem Schluß, daß die Akten die Vermutung nicht stützten, „daß der politisch-wissenschaftliche Freiraum wenigstens an den Geschichtsinstituten der DDR groß genug war, um im nachhinein die Ja-Sager hinreichend trennscharf von den Nein-Sagern zu unterscheiden.“ *Martin Sabrow,* Interpretationsfähiges SED-Protokoll, in: Eckert/Kowalczuk/Stark (Hrsg.), Hure oder Muse? (wie Anm. 2), 291.

[7]) *Kocka,* Wem gehört die DDR-Geschichte? (wie Anm. 4), 295.

[8]) *Stefan Wolle,* Die DDR-Forschung nach dem Ende der DDR, in: Konrad H. Jarausch (Hrsg.), Zwischen Parteilichkeit und Professionalität: Bilanz der Geschichtswissenschaft der DDR. Berlin 1991, 156f.

[9]) *Arnim Mitter/Stefan Wolle,* Der Bielefelder Weg, in: Eckert/Kowalczuk/Stark (Hrsg.), Hure oder Muse? (Anm. 2), 265.

[10]) *Felicitas Walka,* „Diktaturenvergleich“ in Potsdam, in: Eckert/Kowalczuk/Stark (Hrsg.), Hure oder Muse? (Anm. 2), 285.

bruchs von 1989/90 zu einem gut Teil dem bloßen Opportunismus der SED-Kader und ihrer Mitläufer zuzuschreiben.

Die Auseinandersetzung seit 1989 um die DDR-Geschichtswissenschaft spiegelt an einem kleinen Ausschnitt die Schwierigkeiten, das Verhältnis der übergroßen Mehrheit der Ostdeutschen zum SED-Regime zu begreifen. Im folgenden werde ich zunächst einige Versuche zur Klärung dieses Verhältnisses vorstellen, um in Anlehnung an eine entsprechende Überlegung des ostdeutschen Philosophen Hans-Peter Krüger die These zu entwickeln, daß die besondere methodische Herausforderung wohl im Erfassen eines *Selbstwiderspruchs* besteht, den die meisten DDR-Historiker in ihrem alltäglichen Handeln kultivierten.

I.

Eine erste Reaktion auf das Dilemma sich auflösender Grenzen zwischen Systemgegnern und -trägern bestand darin, auf der deutlichen Scheidung zwischen beiden zu bestehen.[11]) „Bevor es um Einordnung und Differenzierung gehen kann, müssen erst einmal die Rahmenbedingungen, die politische Einbindung der historischen Forschung in der DDR hinreichend geklärt sein. Hier steht also die Frage nach den *hauptsächlichen und dominierenden Verhältnissen* im Vordergrund."[12]) Mit dieser Unterscheidung in wichtig und unwichtig ließen sich eindeutige Zuordnungen zurückgewinnen. Die marxistisch-leninistischen Historiker sind als eine „monolithische Gruppe" anzusehen, weil „sie den totalitären Führungsanspruch der SED weder politisch noch wissenschaftlich anzweifelten oder gar bekämpften".[13]) Mehr noch, sie haben sich „oftmals weniger als Wissenschaftler, sondern vielmehr als SED-Funktionäre verstanden".[14]) Wo es innerparteiliche Differenzen gab, „waren sie selten prinzipieller Natur"[15]), denn das Ziel „war immer das Gleiche: Es ging um die Ausschließlichkeit des Herrschaftsanspruches und die Unbegrenztheit des eigenen Herrschaftsbereiches".[16]) Konsequenterweise wendet sich Kowalczuk auch gegen die These von einer Instrumentalisierung der Geschichtswissenschaft durch die SED und hält dagegen, daß sie ein „immanenter

[11]) Vgl. *Ilko-Sascha Kowalczuk,* Die Durchsetzung des Marxismus-Leninismus in der Geschichtswissenschaft der DDR (1945–1961), in: Martin Sabrow/Peter Th. Walther (Hrsg.), Historische Forschung und sozialistische Diktatur. Beiträge zur Geschichtswissenschaft der DDR. Leipzig 1995, 33.

[12]) Ebd.

[13]) Ebd. 51.

[14]) *Ilko-Sascha Kowalczuk,* „Wo gehobelt wird, da fallen Späne". Zur Entwicklung der DDR-Geschichtswissenschaft bis in die späten fünfziger Jahre, in: ZfG 42, 1994, 302.

[15]) *Ders.,* Die Durchsetzung des Marxismus-Leninismus (wie Anm. 11), 54.

[16]) *Ders.,* „Wo gehobelt wird" (wie Anm. 14), 311.

Bestandteil der SED-Politik und ihrer jeweiligen Strategie“ war.[17]) Diesem monolithischen Block standen auf der anderen Seiten zumindest noch in den fünfziger Jahren in Ost und West die Vertreter der traditionellen deutschen Geschichtswissenschaft gegenüber.

Ein solches Vorgehen ist für die Zeit der Herausbildung der marxistisch-leninistischen Geschichtswissenschaft in der DDR, als klare Frontlinien die Situation bestimmten, ertragreich. Es bietet allerdings wenig Möglichkeiten für eine Untersuchung der Entwicklungen nach 1961, weil es keine inneren Differenzierungskriterien bereitstellt.[18]) Die folgenden dreißig Jahre können in dieser Sicht nur als eine Zeit der Stagnation bzw. des Verfalls begriffen werden. Die Erbe- und Traditionsdebatte der siebziger und achtziger Jahre z.B. wird nur als Ausdruck „scheinbarer Flexibilität“ gewertet, denn „oftmals“ handelte es sich um Fragen, die schon zehn, zwanzig oder dreißig Jahre zuvor in den internen Diskussionen zwischen SED-Apparat und SED-Wissenschaft behandelt worden waren.[19])

Eine zweite Reaktion bestand darin, zur Erfassung von Grautönen verschiedene *Skalen* zwischen den Extremen des hundertprozentigen Parteifunktionärs und des kompromißlosen Gegners zu entwerfen. So spricht etwa Martin Sabrow von einem Verhaltensspielraum, der zwischen den Polen völliger Ohn-Macht und distanzloser Mit-Macht bestanden haben muß und „von resignierender Anpassung über widerwillige Loyalität zu kritischer Überzeugtheit reichen konnte“.[20])

[17]) Ebd. 302.

[18]) Stärken und Schwächen dieses Vorgehens werden schon bei der Behandlung des 17. Juni sichtbar. In dem Moment, wo Kowalczuk versucht, das Verhältnis der SED-Historiker zur Politik ihrer Partei zu bestimmen, verfängt er sich in den Widersprüchen der SED-Parteiinformationen, die ihm als Quellengrundlage dienen. Da wird einerseits aus den SED-Akten berichtet, daß es den Historikern am 17. Juni an fester Verbundenheit zur SED und zur DDR gemangelt habe, daß „in allen Parteigruppen ... kleinbürgerliche Schwankungen aufgetreten“ sind, andererseits wird dagegen gehalten, daß in jenen Tagen alle Genossen an ihren Arbeitsplatz gekommen sind. Viele Wissenschaftler unterstützten die Niederschlagung des Aufstandes, „weil sie sich mit der Politik der SED identifizierten“, dann heißt es wieder, daß es zumindest in Berlin und Leipzig „viel schärfere Auseinandersetzungen innerhalb der Historikerschaft“ als etwa in Halle gab. Und schließlich heißt es resümierend gar, „daß die Diskussionen innerhalb der Universitäten insgesamt weit differenzierter waren, als die geringe Beteiligung an den Aktionen auf den Straßen vermuten ließ. Für die drohende Revolte der DDR-Intellektuellen im Jahr 1956 waren nicht zuletzt die Auseinandersetzungen verantwortlich, die nach dem 17. Juni 1953 einsetzten“. Was sich hinter der Fassade absurder Parteiverfahren tatsächlich abspielte, wird nicht recht deutlich. Interessant und systematische Begründung verdienend ist hingegen die im Schlußabsatz geäußerte Beobachtung, daß „viele“ derjenigen, die damals bei der Unterdrückung von innerparteilicher Kritik aktiv waren, später einflußreiche Positionen in der DDR-Geschichtswissenschaft eingenommen haben. Vgl. *Ilko-Sascha Kowalczuk,* Die Historiker und der 17. Juni 1953, in: GWU 44, 1993, 712, 717f., 723f.

[19]) *Kowalczuk*, „Wo gehobelt wird“ (wie Anm. 14), 318.

[20]) *Martin Sabrow,* Schwierigkeiten mit der Historisierung. Die DDR-Geschichtswissen-

Die methodische Problematik von Versuchen, das Feld zwischen den Polen Widerstand, Ohn-Macht und distanzlose Mit-Macht durch die Unterscheidung von *Abstufungen* analytisch zu fassen, ist besonders in der Diskussion um Opposition und Widerstand in der DDR sichtbar geworden. Ilko-Sascha Kowalczuk z. B. hat eine Unterteilung in folgende drei Formen vorgeschlagen: 1. die gesellschaftliche Verweigerung (Verweigerung offizieller Sprachregeln, Fernbleiben von Parteien und Massenorganisationen, Empfang westlicher Medien, Nichtteilnahme an Demonstrationen, Tragen geächteter Kleidungsstücke usw.); 2. der soziale Protest (Eingaben, Widerstand gegen die Kollektivierung, Arbeiterprotest mit Streik bzw. Streikandrohung); 3. der politische Dissens als „die bewußteste Form der Gegnerschaft" (reformsozialistische, „bürgerliche", soziokulturelle bzw. gesellschaftliche Opposition).[21]) Die Problematik einer solchen Skala ist nur allzu offensichtlich: Erstens wird man nur ganz wenigen DDR-Bürgern absprechen können, daß sie nicht mindestens eine dieser „Widerstandsformen" praktiziert haben. Der Umdeutung von Biographien in Widerstands- bzw. Verweigerungsgeschichten wird mit einer solchen Skala geradezu Vorschub geleistet. Kowalczuk sieht sich selbst gezwungen, davor zu warnen, das Bild einer *verfolgten Gesellschaft* zu zeichnen.[22]) Die Kritik an diesem „leicht zu verwässernden" Widerstandsbegriff folgte daher auch prompt.[23]) Zweitens wird das Bild unübersichtlich, wenn man, worauf Rainer Eckert aufmerksam gemacht hat, berücksichtigt, daß Dissens in manchen Fragen Konsens mit der Macht in anderen Fragen nicht ausschloß.[24]) Und in der Tat ließen sich, gäbe es das Forschungsgebiet „Mitläuferforschung", zu solchen „Widerstandsskalen" komplementäre Skalen von Graden des Mitmachens aufstellen, wie etwa: Mitläufer, aktive Träger des Systems aus sozialen Gründen (z. B. Karriere), aktive Träger des Systems aus politischen Gründen (Überzeugungen), Nomenklaturkader (bezahlte Funktionäre). Je nach Verwendung der einen oder anderen Skala erschiene die gleiche Person einmal als graduell widerständig oder aber als graduelle „Stütze des Sy-

schaft als Forschungsgegenstand, in: ders./Walther (Hrsg.), Historische Forschung und sozialistische Diktatur (wie Anm. 11), 24.

[21]) *Ilko-Sascha Kowalczuk,* Von der Freiheit, Ich zu sagen. Widerständiges Verhalten in der DDR, in: Ulrike Poppe/Rainer Eckert/Ilko-Sascha Kowalczuk (Hrsg.), Zwischen Selbstbehauptung und Anpassung. Berlin 1995, 108. Kowalczuk nennt als eine weitere vierte Form den „Massenprotest", der, im Unterschied zu den anderen Formen, kein individuelles Verhalten beschreibt.

[22]) Als Argument bleibt ihm dabei nur die Zuflucht zu einem Allgemeinplatz: „Wie jede andere Gesellschaft der Vergangenheit und Gegenwart war auch die DDR-Gesellschaft durch Aktionisten im Sinne des Systems wie durch wenige Aktionisten gegen das Regime gekennzeichnet. Die Masse der Bevölkerung stand dazwischen." Ebd. 114f.

[23]) *Rainer Eckert,* Widerstand und Opposition in der DDR, in: ZfG 44, 1996, 52. Eckert schlägt jedoch selbst nur eine andere Form von Skalierung vor (Widerstand – Opposition bzw. Dissidenz – Resistenz bzw. Verweigerung), die die gleichen Schwächen aufweist.

[24]) Ebd. 51.

stems“. Das Bild von der „verfolgten Gesellschaft“ ist beliebig austauschbar gegen das Bild von der „Mitläufergesellschaft“. Dieser fatale Effekt des Umschlagens von Wertungen ist darauf zurückzuführen, daß es sich bei den zugrundeliegenden Begriffsbildungen um *Skalierungen* handelt, auf die der Spruch zutrifft: „Das Glas ist halb voll bzw. das Glas ist halb leer.“ Drittens schließlich ist es unmöglich, mit derartigen Begriffen die innere Logik bzw. Dynamik der verschiedenen Verhaltensformen zu beschreiben. Es kann allenfalls festgestellt werden, daß sich die „Motivationen für widerständiges Verhalten wie für dessen spezifische Formen … von Anpassungsbereitem und Mitmacherischem nicht in jedem Falle“ unterschieden.[25])

Eine dritte Reaktion besteht in Versuchen, Verhalten zu typisieren. Im Unterschied zu Skalenbildungen beschreiben diese *idealtypischen* Begriffsbildungen verschiedene komplexe Verhaltenszusammenhänge, denen jeweils spezifische Logiken eigen sind und die verschiedene Dynamiken hervorbringen können. So schlug etwa Jan Peters eine „Verhaltenstypologie“ vor, bei der sich die verschiedenen Typen nach dem jeweiligen *Verhältnis zur Forderung nach wissenschaftlicher Wahrhaftigkeit* unterschieden: „Bedingungslose Apologeten“ orientierten sich ausschließlich an der Parteilinie, wissenschaftliche Redlichkeit spielte keine Rolle bei der Bestimmung ihres Verhaltens. „Unbekümmerte Anpasslinge“ betrieben ihre Forschungen, solange sie nicht auf ideologische Bevormundungen trafen; trat dieser Fall ein, unterwarfen sie sich freiwillig einer harten Selbstzensur, „ohne innere Konflikte zu spüren“, weil sie von dem Gefühl geleitet waren, „am Ende doch Nützliches für Wissenschaft und Erziehung in der DDR leisten zu können“. Für die „Eigensinnigen“ hingegen spielte ein „Wissenschaftlergewissen“ die entscheidende Rolle,

[25]) *Kowalczuk,* Von der Freiheit (wie Anm. 21), 114. Natürlich sind die hier benannten Mängel nicht erst im Zusammenhang mit der DDR-Forschung Gegenstand der Diskussion geworden. Sie haben sich bereits bei der Widerstandsforschung bezogen auf die Geschichte des Nationalsozialismus gezeigt. So resümiert etwa Peter Steinbach das Unbehagen dieser Diskussion: „Wichtig scheint weiterhin, daß Widerstand stets kontrastiert wird zu Anpassung. Dies kann verhaltensgeschichtliche Grundlagen von Widerständigkeit und Nachfolge- und Hinnahmebereitschaft verdeutlichen, ohne die auch die Leistung des Widerstands nicht voll zu erfassen ist. Das Spannungsfeld zwischen Hinnahme, Nachfolge und Widerständigkeit war breit. Es ist kategorial ebenso schwer zu fassen wie die präzise Bestimmung von Widerstand im *graduellen* und zeitlichen Wandel. *Stufen* der Verhaltensentwicklung zwischen Hinnahme und Widerstand sind sicherlich geistige Unabhängigkeit, oppositionelles Denken, Opposition, Zivilcourage, ziviler Mut, auch ziviler Ungehorsam, Widerstehen und Widerständigkeit als demonstrative Akte, Solidarität mit den Verfolgten, Protest, Auflehnung, Verweigerung in der Öffentlichkeit, schließlich Konspiration, Umsturzplan und Attentat, zu allerletzt dann das offene Bekenntnis zur Tat und die mutige Kritik des NS-Systems und seiner Vertreter im Angesicht des Galgens. Auch hier verspüren wir wahrscheinlich das *Ungenügen von Kategorien, Lebenswirklichkeit zu erfassen, und empfinden Unbehagen.*“ *Peter Steinbach*, Widerstand – aus sozialphilosophischer und historisch-politologischer Perspektive, in: Poppe/Eckert/Kowalczuk (Hrsg.), Zwischen Selbstbehauptung und Anpassung (wie Anm. 21), 64 (Hervorhebung R. P.).

weshalb sie im Zweifelsfalle auf Wahrhaftigkeit beharrten. Sie waren daher „immer konfliktgefährdet, besonders wenn sie sich mit politisch brisanter Thematik befaßten, trugen ihre Konflikte aber nicht politisch, sondern mit eigensinnigen Argumenten der Wissenschaftlichkeit aus". Einen vierten Typ sieht Peters schließlich in den „Subversiven", denen an einem Aushebeln ideologisch unsinniger Forschungsvorhaben gelegen war, die sie „mit verdeckten – in ihrer Zwecksetzung nicht gleich erkennbaren – Methoden unterwandern" wollten.[26])

Eine andere Typologie verwendete Stefan Wolle zur Kennzeichnung der Situation in der DDR-Geschichtswissenschaft. Er unterschied nach dem *Verhältnis zur herrschenden Ideologie* fünf Typen: (1) „reine Propagandisten", Leute, „die in der Hierarchie ganz oben saßen, die das meiste zu sagen hatten, die sich in der Regel oder zumindest sehr oft nicht durch wissenschaftliche Leistungen ausgezeichnet hatten, sondern durch stetige Treue zur Parteilinie". (2) Leute, „die einen gewissen reformerischen Ansatz immer vertreten hatten, mehr oder weniger ängstlich, mehr oder weniger konsequent, mit Unterschieden natürlich, die sich aber sicherlich einen besseren und schöneren und menschlicheren Sozialismus gewünscht hätten". (3) „Bürgerliche Relikte": „Das waren sehr oft hervorragende Wissenschaftler, die sich in Distanz zum Staat und zur herrschenden Ideologie bewegten, irgendwo ihr Gnadenbrot aßen, denen es möglicherweise auch gar nicht mal so schlecht ging, die aber ständig Gefahr liefen, zu ulkigen Figuren zu werden und auch als ulkige Figuren abgestempelt wurden, die man aber zähneknirschend duldete." Sie orientierten sich an anderen Paradigmen und Denkmustern als der herrschenden Ideologie bzw. Wissenschaftsauffassung (z. B. am Positivismus). (4) Nischenexistenzen, Exoten, „die irgendwo zwischen den Fronten schwebten" und auf Feldern forschten, auf denen die Partei nicht hineinredete. (5) Jene, die aus ihrem Beruf herausgedrängt wurden bzw. in den Westen gehen mußten.[27])

Schließlich sei noch ein Beispiel aus der Diskussion über die DDR-Philosophie genannt. Norbert Kapferer prägte in seiner noch vor 1989 verfaßten Studie „Das Feindbild der marxistisch-leninistischen Philosophie in der DDR 1945–1988" den Begriff der Kaderphilosophie. Daran anknüpfend hat Peter Ruben versucht, den Typ des „Kaderphilosophen" zu bestimmen.[28]) Seine Aufgabe bestand darin, „ideologische, speziell weltanschauliche Meinungen im Dienste kommunistischer Parteiführungen und ihrer momentanen Interessenbestimmungen zu artikulieren oder zu reformulieren, darin kanonisierte

[26]) *Jan Peters,* Über Historiker-Verhalten, in: Berliner Debatte Initial 1991, H. 2, 185.

[27]) *Stefan Wolle,* in: Rainer Eckert/Ilko-Sascha Kowalczuk/Ulrike Poppe (Hrsg.). Wer schreibt die DDR-Geschichte? Ein Historikerstreit um Stellen, Strukturen, Finanzen und Deutungskompetenz. Berlin 1994, 55 f.

[28]) *Peter Ruben,* Von den Chancen, Kaderphilosoph zu werden, in: Norbert Kapferer (Hrsg.), Innenansichten ostdeutscher Philosophen. Darmstadt 1994, 17.

Sätze der ‚Klassiker des Marxismus-Leninismus' als Begründungselemente nutzend. Die Begründungsleistung selbst ist nicht etwa notwendig logisch ... wohl aber appellativisch".[29]) Sie hat nichts mit philosophischer Wahrheitssuche durch Personen zu tun, sondern ist Artikulation weltanschaulicher Parteilichkeit im Interesse der Realisierung von Entscheidungen einer kommunistischen Führungsgruppe, die unabhängig von ihrer personellen Zusammensetzung „immer recht hat".[30]) Die Rekrutierung von „Kaderphilosophen" erfolgte nach den Regeln der Parteinomenklatura. „Die für die Identifikation künftiger Kaderphilosophen wirklich wichtigen Ereignisse waren nicht so sehr Seminare, Kolloquien oder sonstige wissenschaftliche Veranstaltungen, sondern vor allem Partei-, FDJ-, mitunter auch Gewerkschaftsversammlungen. Sie bildeten das Purgatorium zur Läuterung und Klärung von Aspirationen, kaderphilosophisch agieren zu können. Auf ihnen wurde ja zwanglos deutlich, ob jemand die momentan geltende ‚Parteilinie' zuverlässig und honorierbar vertrat oder nicht." Immer gab es genügend politische Ereignisse, „die zu immer neuen Hoch-Zeiten der Selektion führten und künftigen Kaderphilosophen beste Bewährungschancen boten. Die Gretchenfrage hieß darin immer: Wie hältst du es mit den Parteibeschlüssen? Und derjenige hatte den ‚Kaderentwicklungsplan' im Tornister, der sie rechtzeitig als Frage nach seiner Gefolgschaftstreue zu den gerade Beschließenden verstand und positiv beantwortete."[31]) Gefordert war ein „bedingungsloser Kniefall" vor der „Autorität der Partei"[32]), wobei es nicht um Wissenschaft, Erkenntnis oder dergleichen ging, sondern einzig und allein um Zugehörigkeit zum Kader, zur Nomenklatura, zur Gefolgschaft. Neben den Kaderphilosophen gab es aber in der DDR, worauf Peter Ruben hinweist, auch immer außerhalb des Kaders agierende Philosophen.

All diese Typisierungsvorschläge reagieren auf die inzwischen allseits anerkannte Notwendigkeit, innerhalb der DDR-Historiker zu differenzieren. Ausgangspunkt für detaillierte empirische Forschungen sind sie bisher jedoch nicht geworden. Dabei wären Untersuchungen etwa zu den „bürgerlichen Relikten" in der DDR-Geschichtswissenschaft oder aber so etwas wie eine kollektive Biographie der SED-Nomenklaturkader sicher realisierbar und interessant. Gleichwohl ist die bisher ausgebliebene forschungspraktische Umsetzung solcher Typisierungen nicht ganz zufällig, sondern kann auch als Indiz für ein grundlegendes methodisches Problem der DDR-Forschung angesehen

[29]) Ebd.

[30]) Ebd. Ruben spricht auch von der „Ersetzung der persönlichen Fachkompetenz ... durch das Interpretationsmonopol des Ideologiesekretariats und selbstverständlich des jeweiligen Generalsekretärs der herrschenden Partei" (ebd. 16). Vgl. auch Robert Havemann über seine Denkhaltung als Stalinist. *Robert Havemann*, Warum ich Stalinist war und Antistalinist wurde. Hrsg. v. Dieter Hoffmann u. Hubert Laitko. Berlin 1990, 193.

[31]) *Ruben,* Von den Chancen (wie Anm. 28), 22.

[32]) Ebd. 26.

werden: In dem Moment, wo diese Typisierungen empirisch greifen sollen, wird sehr schnell deutlich, daß es sich als ausgesprochen schwierig erweist, den *jeweiligen Typen konkrete Individuen zuzuordnen*. So bemerkte schon Jan Peters angesichts seiner Verhaltenstypologie: „Der „konkrete Historiker" wird sich selbst als ein mixtum compositum empfinden, und er war es wohl oft auch, jedoch nicht immer, denn Eindeutigkeiten gab es ebenfalls."[33]) Auch Ruben bemerkt, daß Personen in den Kader einrücken oder aus ihm entlassen werden konnten, mehr noch, es sei sogar „möglich gewesen, die Interessen des Parteiapparats mit den privaten so zu verknüpfen, daß man hier als getreuer Sachwalter der Parteipolitik, dort als weltläufiger Privatmann liberalster Provenienz zu erscheinen fähig gewesen ist. Auf diese Weise hat der Kaderphilosoph selbst die Kaderphilosophie zum Schein gemacht, mit dem die Finanzierung seiner privaten Unternehmungen legitimierbar gewesen ist."[34]) Das Problem der eindeutigen Zuordnung von Individuen zu solchen Typen ist in der Debatte um die DDR-Geschichtswissenschaft immer wieder zur Sprache gekommen. So berichtete etwa Rainer Eckert in einem Podiumsgespräch zur Aufarbeitung der Vergangenheit der Sektion Geschichte der Humboldt-Universität, daß ein und dieselbe Person einmal „in kalter und zynischer Art und Weise" in politischen Verfahren gegen Studenten auftrat, fast gleichzeitig aber selbst in der Partei wegen Verletzung der Parteinormen angeklagt war.[35]) Bernd Florath nannte das Beispiel des Historikers Klaus Vetter, der sich einerseits wissenschaftlichen Idealen verpflichtet fühlte und seine Studenten zum sachkundigen Widerspruch anhielt und andererseits in seinem *Amt* an der Sektion an politischen Relegierungen teilnahm.[36])

Die Reihe der Beispiele ließe sich fortsetzen.[37]) Zu fragen wäre also, welche konzeptionellen Konsequenzen sich aus diesen Befunden ergeben könnten. Es genügt wahrscheinlich nicht, entsprechende Zeugnisse einfach als Ausdruck von Apologie abzutun. Vielmehr müßte das *in sich widersprüch-*

[33]) *Peters,* Über Historiker-Verhalten (wie Anm. 26), 185.

[34]) *Ruben,* Von den Chancen (wie Anm. 28), 19.

[35]) *Eckert/Kowalczuk/Stark* (Hrsg.), Hure oder Muse? (wie Anm. 2), 167.

[36]) Vgl. *Bernd Florath,* Wie weiter mit der Vergangenheit des Historischen Instituts?, in: Eckert/ Kowalczuk/Stark (Hrsg.), Hure oder Muse? (wie Anm. 2), 193.

[37]) So berichtet etwa Martin Sabrow über Ernst Engelberg, daß dieser einerseits 1964 auf einer Tagung in Wien unbeirrt auf der ideologischen Grundfigur einer instrumentellen Geschichtswissenschaft beharrte, dies ihn aber nicht davon abgehalten hatte, „gleichzeitig historische Quellenstudien zu betreiben, in denen die postulierte Einheit von Wissenschaftlichkeit und politischer Loyalität durchaus nicht nur als ideologisch verbrämte Unterordnung unter die Interessen der SED auftrat, sondern als nebeneinander gleichberechtigter Ansprüche ernstgenommen wurde. Indem er nach außen die Regeln besonders engagiert vertrat …, hatte Engelberg sich gleichzeitig einen Freiraum eigener wissenschaftlicher Betätigung geschaffen und damit überdies demonstriert, daß der doktrinäre Herrschaftsdiskurs der DDR-Geschichtswissenschaft niemals die monolithische Glätte aufwies, die er vorzuspiegeln trachtete." *Martin Sabrow,* Historia militans in der DDR. Legitimationsmuster und Urteilskategorien einer parteilichen Wissenschaft, in: Historicum 1995, H. 1, 23.

liche Verhalten der übergroßen Mehrzahl von DDR-Historikern zum Untersuchungsgegenstand gemacht werden.[38]) Die methodisch dabei zu bewältigende Problematik besteht darin zu vermeiden, in sich widersprüchliches Verhalten erneut als Verhalten von verschiedenen Personengruppen auseinanderzulegen oder einfach entlang von Skalen abzustufen.[39])

Der ostdeutsche Philosoph Hans-Peter Krüger hat in der Nachwende-Diskussion über die DDR die These vorgebracht, daß die Menschen dort „eine Kultur sich selbst widersprechender Individuen" entwickelt hätten. Unter Verweis auf Volker Braun machte er darauf aufmerksam, „daß in der DDR die gesellschaftskonstitutiven Widersprüche durch ein und dasselbe Individuum" hindurchgingen. „In anderen Gesellschaften, ob west- oder ostwärts gesehen, konnte sich das Individuum eher auf eine Seite des Widerspruchs schlagen und mit dieser identifizieren. Die andere Seite hatte es außer sich: Wer Gewerkschaftler war, gehörte nicht gleichzeitig dem Bundesverband der deutschen Industrie an; wer sich als Solidarnosc-Anhänger engagierte, war in Polen nicht gleichzeitig Träger des kommunistischen Regimes (Nomenklaturkader). Waren andernorts im Regelfall die gegensätzlichen Seiten eines Widerspruchs auf verschiedene Individuen und deren Organisationen verteilt, fühlte sich bei uns die Mehrzahl der Individuen durch *konträre Rollen*, die jeder gleichzeitig ausüben sollte, hin- und hergeworfen."[40]) Schon 1984 beschrieb Timothy Garton Ash die „innere Emigration" der DDR-Intelligenz. „Sie lieben Ernst Barlach und verehren seine rätselhaften Skulpturen, Produkte seiner eigenen inneren Emigration im Dritten Reich. Sie übertönen den Ruf der Parolen mit der Musik Bachs. Doch auch wenn sie den Staat so weit wie möglich ignorieren, so zollen sie in den Universitäten oder am Arbeitsplatz dennoch den gebotenen Tribut an die äußere Konformität. Falls aufgefordert, werden sie in der Öffentlichkeit Dinge sagen und beschwören, die sie insgeheim verabscheuen. Innere Emigration ist die intellektuelle Art des *Dop-*

[38]) So plädiert z.B. Konrad Jarausch für ein Ausloten der Doppelbödigkeit zwischen dem öffentlichen Konformismus mit den Parteiparolen und dem privatem Ausdruck der eigentlichen Meinung und erblickt gerade darin die intellektuelle Herausforderung beim Aufarbeiten der DDR-Vergangenheit. *Konrad Jarausch,* Die DDR denken. Narrative Strukturen und analytische Strategien, in: Berliner Debatte Initial 1995, H. 4/5, 13.

[39]) Es geht um genau das, was Westdeutsche anscheinend nur schwer wahrnehmen können, denn ihre Gesellschaft funktioniert über die institutionalisierte Austragung widersprüchlicher gesellschaftlicher Interessen. Den Westdeutschen fallen bei der Betrachtung der DDR-Verhältnisse allenfalls, in Analogie zur NS-Zeit, Metaphern wie „Mitläufer", „Angepaßte", „Resistenz" ein. Die Suche nach dem unzweifelhaft identifizierbaren Feind führt in die Hypertrophierung der Stasi als das monolithisch Böse bzw. der PDS als das Böse in der Gegenwart. Trotz aller Erfahrungsberichte und individueller Wahrnehmungen bleibt auf der Ebene narrativer Konstrukte eine geradezu erstaunliche Blindheit gegenüber inneren Differenzierungen.

[40]) *Hans-Peter Krüger,* Demission der Helden. Berlin 1992, 72f.

pellebens.“[41]) Heiner Müller berichtete davon, wie dieses Doppelleben bereits in den fünfziger und frühen sechziger Jahren geführt wurde.[42]) Lutz Niethammer spricht von einem „*gespaltenen Mentalitätstyp*“ bzw. „gespaltenen Kopf“, in dem die verinnerlichten Inhalte der Partei-, Staats- und Massenorganisationen und die eigenen Wahrnehmungen und Interessen in einem ständigen Widerstreit lagen.[43])

Geht man von der zentralen Bedeutung „einer Kultur sich selbst widersprechender Individuen“ für die DDR-Realität aus, so wird verständlich, warum der Sicherheitsapparat der DDR immer mehr offizielle und inoffizielle Mitarbeiter einsetzte, um über das zwielichtige Verhalten und Denken der Individuen eindeutige Gewißheit zu erlangen. Verglichen etwa mit den fünfziger Jahren wurde die DDR-Gesellschaft in den siebziger und achziger Jahren immer ambivalenter und unübersichtlicher. Gleichzeitig braucht das Fehlen jedweder fanatischer Verteidigung des Regimes 1989 und sein stiller Zusammenbruch ohne die Abgabe eines einzigen Schusses keine besondere Verwunderung hervorrufen.

II.

Für die besondere Ausprägung dieses Phänomens sich selbst widersprechender Individuen lassen sich verschiedene *historische* und *diktaturtheoretische* Gründe benennen. Zu ersteren wären etwa spezifisch deutsche Traditionen wie die des Obrigkeitsstaates, der „deutschen Innerlichkeit“[44]), zu zählen oder aber auch einfach die Tatsache der „kulturgeschichtlich *protestantischen Mentalitäten* der übergroßen Mehrheit der DDR-Bevölkerung, im Unterschied zu den andernorts mehr katholischen oder orthodoxen Mentalitäten“[45]). Bedeutsam war sicherlich auch die Tatsache, daß der von L. Niethammer beschriebene Generationenpakt zwischen Altkommunisten und einer durch den Nationalsozialismus geprägten Aufbaugeneration in der DDR einen „exekutiven Verhaltenstyp“ mit unterentwickelter politischer Willensbildung zur typischen

[41]) *Timothy Garton Ash,* Ein Jahrhundert wird abgewählt. Aus den Zentren Mitteleuropas 1980–1990. München/Wien 1990, 27f. Auch Ash zieht den Vergleich mit den anderen Ländern Ostmitteleuropas: „Natürlich ist dieses Phänomen in allen unfreien Gesellschaften Europas zu finden. Doch es scheint mir, als werde es mehr und intensiver im unfreien Teil Deutschlands praktiziert als in Ungarn, Polen oder in der Tschechoslowakei.“ (Ebd.)

[42]) Vgl. *Heiner Müller,* Krieg ohne Schlacht. Leben in zwei Diktaturen. Berlin 1992, 172–178.

[43]) Vgl. *Lutz Niethammer,* Erfahrungen und Strukturen. Prolegomena zu einer Geschichte der Gesellschaft der DDR, in: Hartmut Kaelbe/Jürgen Kocka/Hartmut Zwahr (Hrsg.), Sozialgeschichte der DDR. Stuttgart 1994, 106f.

[44]) *Ash,* Jahrhundert (wie Anm. 41), 26.

[45]) *Krüger,* Demission (wie Anm. 40), 32.

Figur der Funktionseliten machte.[46]) Neben solch mentalen und generationsspezifischen Besonderheiten wären in diesem Kontext auch die Besonderheiten der Verhältnisse im geteilten Deutschland anzuführen: die Möglichkeit für Regimegegner, nach Westdeutschland zu gehen, die besondere Dichte von Sicherheitsstrukturen in Ostdeutschland infolge der Ergebnisse des Zweiten Weltkrieges (Sowjetarmee und sowjetische Sicherheitsorgane, Volksarmee, Polizei, Staatssicherheit mit ihren vielen Informellen Mitarbeitern, Kampfgruppen, die Wehrsportgesellschaft, Zivilverteidigung), der hohe Organisationsgrad der Bevölkerung in SED und anderen gleichgeschalteten Organisationen.[47])

Aber auch generelle Züge staatssozialistischer Diktaturen förderten die Herausbildung dieses Phänomens, das daher, wenn auch in schwächeren Ausprägungen, auch in den anderen Ländern des Staatssozialismus anzutreffen war. So gilt ein machtpolitisch durchgesetzter sozialer Entdifferenzierungsprozeß als typisch, der die ökonomischen, wissenschaftlichen, rechtlichen oder kulturellen Subsysteme ihrer Eigenständigkeit beraubte. Es fehlte in diesen Diktaturen die Möglichkeit, Interessenkonflikte „öffentlich zu artikulieren oder selbständig zu organisieren; auch fielen selbstregulative Medien wie Markt, Recht und Geld als Vermittler eines berechenbaren Interessenverfolgs nicht gänzlich, aber weitgehend aus".[48]) Was im Zuge der „diktatorischen Gesellschaftskonstruktion"[49]) an Strukturen zur Austragung der gesellschaftskonstitutiven Widersprüche als institutionalisierte Konflikte demontiert wurde, mußte daher von den Individuen durch eine soziale Praxis des Selbstwiderspruchs kompensiert werden.[50])

In der bisherigen Diskussion sind verschiedene Versuche unternommen worden, um das eigensinnige und oft durch Kompromisse und Widersprüche gekennzeichnete Verhalten ostdeutscher Historiker zu rekonstruieren. So hat Peter Th. Walther in seiner Studie über Fritz Hartung noch auf der Grundlage des manifesten Interessengegensatzes zwischen „bürgerlichen" Historikern und den Vertretern der neuen Geschichtswissenschaft akteurbezogene Strategien rekonstruiert. So verfolgte etwa Hartung bis zum Winter 1952/53 noch die Absicht, „steuernd die Wissenschaftspolitik der DDR zu beeinflussen"[51]), während er danach eine „Interessenwahrungspolitik an der Akademie" be-

[46]) Niethammer spricht auch von einer „politisch-pathologischen Symbiose". *Niethammer,* Erfahrungen (wie Anm. 43), 107f.

[47]) Niethammer spricht von einem „umfassenden Patronage- und Kontrollsystem"; ebd. 106.

[48]) *Sigrid Meuschel,* Legitimation und Parteienherrschaft. Frankfurt am Main 1992, 12.

[49]) Vgl. *Ralph Jessen,* Gesellschaft im Staatssozialismus, in: GG 21, 1995, 100.

[50]) Vgl. *Krüger,* Demission (wie Anm. 40), 72f.

[51]) *Peter Th. Walther,* Fritz Hartung und die Umgestaltung der historischen Forschung an der Deutschen Akademie der Wissenschaften zu Berlin, in: Sabrow/Walther (Hrsg.), Historische Forschung und sozialistische Diktatur (wie Anm. 11), 71.

trieb, um „Konventionelles gegen substantiell Unbefriedigendes" zu verteidigen[52]). Es gelang ihm noch 1961, im Rahmen einer „Paketlösung" die Zuwahl Gelehrter „alten Stils" in die Akademie der Wissenschaften zu erreichen.[53]) In seinem Aufsatz „It Takes Two to Tango" zeichnet Walther ein interessantes Wechselspiel von Akteuren an der Akademie mit dem Fazit, „daß nicht die Partei ihre Anweisungen „durchstellte" und die Akademie dementsprechend gehorchte, sondern daß es subtilere Verfahren des Zusammenspiels von „Vorschlägen" und „Empfehlungen", aber auch kaderpolitischer Vorgaben gab, die wiederum Rückkopplungsmechanismen in Gang setzten, die schließlich zu meist labilen Lösungen führten, mit denen alle Beteiligten leben konnten".[54]) Dabei trafen Verständigungsbemühungen auf Ausgrenzungen und Begrenzungsbestrebungen, die wiederum Einbindungsanträge hervorriefen.[55]) Das Ergebnis stimmte mit den ursprünglichen Intentionen der Akteure nicht mehr überein, es war Resultat einer Vielzahl von Kompromissen, eben eines komplizierten Aushandlungsprozesses.

Walther kann handelnde Akteure in der Diktatur vorführen, weil er ein dafür besonders ergiebiges Feld untersucht. An der Akademie herrschte in den fünfziger Jahren noch ein instabiles Kräfteverhältnis zwischen bürgerlichen und SED-Akteuren[56]), die DDR-Historiker hatten sich noch nicht als „geschlossene Gesellschaft" konstituiert[57]). Bis zur Schließung der Grenze 1961 herrschte zudem, wie Ralph Jessen formulierte, in weiten Teilen des Wissenschaftsbetriebes „nicht Plan-, sondern Marktwirtschaft", wobei der Markt für hochspezialisierte Fachkräfte zugunsten der Professoren als Anbieter und zuungunsten des SED-Staates als Nachfrager verzerrt war.[58]) Offen bleibt – und darin liegt die methodische Herausforderung – ob eine solche Akteurperspektive auch auf die „geschlossene Gesellschaft" der SED-Historiker anwendbar ist. Dazu liegen bisher allenfalls Beobachtungen von Betroffenen vor.

Der Leipziger Historiker Matthias Middell spricht immerhin von einem „heftigen nichtöffentlichen Kampf innerhalb der DDR-Geschichtswissenschaft" um „Deutungskompetenz, Einfluß und Ressourcen", der bisher allerdings kaum Gegenstand von Forschungen geworden ist.[59]) Middell selbst hat

[52]) Ebd. 73.
[53]) Ebd. 70.
[54]) *Peter Th. Walther,* It Takes Two to Tango. Interessenvertretungen an der Deutschen Akademie der Wissenschaften zu Berlin in den fünfziger Jahren, in: Berliner Debatte Initial, 1995, H. 4/5, 74.
[55]) Ebd. 77.
[56]) Vgl. ebd. 74.
[57]) *Walther,* Fritz Hartung (wie Anm. 51), 73.
[58]) *Ralph Jessen,* Zur Sozialgeschichte der ostdeutschen Gelehrtenschaft (1945–1970), in: Sabrow/Walther (Hrsg.), Historische Forschung und sozialistische Diktatur (wie Anm. 11), 128.
[59]) *Matthias Middell,* Beispiel Revolutionsforschung, in: Eckert/Kowalczuk/Poppe (Hrsg.), Wer schreibt die DDR-Geschichte? (wie Anm. 27), 38.

in einigen Arbeiten die Revolutionsforschung um Walter Markov in Leipzig untersucht, allerdings primär unter dem Aspekt ihrer Erkenntniserträge.[60]) Gleichwohl scheint auf, wie es Markov trotz seines Parteiausschlusses 1951 gelang, in Leipzig so etwas wie eine Schule der Revolutionsforschung zu etablieren. In diesem durch wechselnde Erfolge und Rückschläge gekennzeichneten Ringen sollen Leipziger Traditionen einer eher kultur-, sozial- und universalhistorisch ausgerichteten Historiographie oder auch der latent fortwährende preußisch-sächsische Gegensatz ebenso mobilisiert worden sein wie der Bezug auf die sowjetische Historiographie im Osten und die französische Schule der Annales im Westen.[61]) Politische Konjunkturen wie die geforderte Erneuerung der Geschichtswissenschaft Ende der vierziger Jahre oder die Modernisierungsbemühungen der sechziger Jahre erlaubten konzeptionelle Vorstöße, wie auch Phasen stärkerer Restriktivität ihren Tribut forderten. So spricht Middell davon, daß sich Markov 1956/58 nach der zweiten Niederlage der Antistalinisten „für noch strengere Verwissenschaftlichung ... als Strategie des Überlebens und Rückzug aus politischen Auseinandersetzungen und Verzicht auf umfassendere politische Wirksamkeit" entschied. In den siebziger Jahren wurde der in den sechziger Jahren formulierte Anspruch einer universellen Aneignung der Weltgeschichte partiell zurückgenommen, um eine institutionelle Konsolidierung (die Gründung des IZR) zu sichern.[62])

Eine vergleichbare Geschichte des Aushandelns von Ressourcen und Erkenntnisspielräumen ließe sich auch über Jürgen Kuczynski und das Institut für Wirtschaftsgeschichte rekonstruieren. Aber auch Ernst Engelberg hatte seine „Gefolgschaft", so konnte er für sich die Institutionalisierung einer speziellen Forschungsgruppe zu Fragen der Methodologie und Geschichtstheorie durchsetzen, indem er der Partei bei der Zurückweisung der Ansprüche der Kybernetik beistand.[63]) Auch Engelberg war ein Meister der „sozialen Beziehungsarbeit", eine Darstellung seiner Aktivitäten unter diesem Blickwinkel steht noch aus.[64])

Soziale Beziehungsarbeit und Aushandlungsprozesse bestimmten jedoch nicht allein Arbeitsmöglichkeiten, Berufungen und Ressourcenverteilung, sondern prägten auch ganz unmittelbar kognitive Prozesse, indem durch sie –

[60]) Vgl. ebd. sowie *ders.,* Jenseits unserer Grenzen? Zur Trennung von deutscher und allgemeiner Geschichte in der Geschichtswissenschaft und Geschichtskultur der DDR, in: Konrad Jarausch/Matthias Middell (Hrsg.), Nach dem Erdbeben. Leipzig 1994, 88–120.

[61]) Vgl. ebd. 94, 104.

[62]) *Middell,* Beispiel Revolutionsforschung (wie Anm. 59), 44f.

[63]) Vgl. *Ralf Possekel,* Strategien im Umgang mit dem Dogma, in: Berliner Debatte Initial 1991, H. 2, 170–178.

[64]) Bezeichnenderweise sind in den genannten Fällen die „Häuptlinge" Angehörige des kleinen Kreises authentischer Antifaschisten, sie konnten daher ihren exklusiven Status bei Verhandlungen zur Geltung bringen wie auch informelle Kanäle innerhalb dieses geschlossenen, sich in der DDR als Minderheit empfindenden Kreises nutzen.

anders als in autonom verfaßten Wissenschaften – auch über Freiräume für wissenschaftliche Kritik und Innovation entschieden wurde. *Ausweich-* bzw. *Kompromißstrategien* liefen darauf hinaus, Möglichkeiten zur Bearbeitung intellektuell herausfordernder und politisch durchaus nicht bedeutungsloser Fragen gegen die Zusicherung der Wahrung von Tabus einzuhandeln. Wissenschaftliche Kritik und politische Loyalität gerieten zur Verhandlungsmasse. Ein Beispiel hierfür ist die erwähnte Leipziger vergleichende Revolutionsforschung, die sich etablieren konnte, weil und solange sie die brisante Epochenschwelle 1917 nicht überschritt. Die universalgeschichtliche Forschung um Walter Markov konnte sich entwickeln, sofern sie sich aus der Deutung der Nationalgeschichte heraushielt.[65]) Wolfgang Küttler und seine Arbeitsgruppe konnten zu methodologischen und geschichtstheoretischen Fragen forschen, sofern sie darauf verzichteten, den „Eckermann-Mohr" in seinen Grundsätzen zu revidieren. Hans-Peter Jaeck konnte in dieser Arbeitsgruppe den Klassiker Karl Marx als empirisch arbeitenden Historiker untersuchen und bei der Rekonstruktion seiner „historischen Methode" zu dem Ergebnis gelangen, daß sie sich faktisch auf die Beschreibung von „Formierungsprozessen" reduzieren läßt. Der Nicht-Kommunist Jaeck durfte jahrelang solche Untersuchungen betreiben, sofern er nur ihren Widerspruch zum Dogma des Marxismus-Leninismus kaschierte, d.h. nicht zur Sprache brachte.[66]) Peter Hübner, der zur Geschichte der DDR forschte, mußte davon berichten, wie er noch 1988 glaubte, im Interesse der erfolgreichen Verteidigung seiner durchaus unorthodoxen Habilitation in dem für eine breite Öffentlichkeit bestimmten „Geschichtskalender" die Stereotype des offiziellen Geschichtsverständnisses wiederholen zu müssen.[67])

Einen Sonderfall stellte sicherlich die Erbe- und Traditionsdebatte dar, die mit offizieller Sanktion der Parteiführung ausgelöst wurde. Der damit eingeleitete Übergang von einer selektiven Interpretation zu einer integralen Darstellung der deutschen Geschichte versprach der SED-Führung zusätzliche Legitimation.[68]) Gleichzeitig trug diese Debatte von anfang an auch Züge einer Ausweichstrategie. So wurde der Zugang zur „ganzen deutschen Ge-

[65]) Vgl. *Middell,* Beispiel Revolutionsforschung (wie Anm. 59), 41.

[66]) Vgl. z.B. *Hans-Peter Jaeck,* Genesis und Notwendigkeit. Studien zur Marxschen Methodik der historischen Erklärung. Berlin 1988.

[67]) Vgl. *Peter Hübner,* Ein Labyrinth, in dem es nur falsche Wege gibt, in: Eckert/Kowalczuk/Stark (Hrsg.), Hure oder Muse? (wie Anm. 2), 273–275.

[68]) Vgl. *Walther Schmidt,* DDR-Geschichtswissenschaft im Umbruch. Leistungen – Grenzen – Probleme, in: Rainer Eckert/Wolfgang Küttler/Gustav Seeber (Hrsg.), Krise – Umbruch – Neubeginn. Eine kritische und selbstkritische Dokumentation der DDR-Geschichtswissenschaft 1989/90. Stuttgart 1992, 182; *Alexander Fischer/Günther Heydemann,* Weg und Wandel der DDR-Geschichtswissenschaft und des Geschichtsverständnisses in der SBZ/DDR seit 1945, in: dies. (Hrsg.), Geschichtswissenschaft in der DDR. Bd. 1: Historische Entwicklung, Theoriediskussion und Geschichtsdidaktik. Berlin 1988, 18.

schichte" mit der Kategorie „Erbe" erhandelt, indem gleichzeitig die bislang geltende selektive Geschichtsaneignung durch die Kategorie „Tradition" noch einmal ausdrücklich Bestätigung erfuhr. Insofern hatte Jan Herman Brinks recht, als er darauf hinwies, daß nicht einfach von „liberaleren Tendenzen" gesprochen werden kann. „Parallel hierzu (zur Öffnung für die ganze deutsche Geschichte – R.P.) vollzog sich nämlich ein Prozeß der Reideologisierung und Reaktivierung dogmatischer Grundpositionen."[69]) Der Kompromißcharakter der Erbe- und Traditionsdebatte, wo die Aufgabe von Tabus (und nicht einmal aller!) an zulässigen Forschungsthemen durch das erneuerte ausdrückliche Bekenntnis zur dogmatischen Verwertung von Geschichtserkenntnis erhandelt wurde, verhinderte denn auch, wie Walter Schmidt 1990 feststellen mußte, daß es zu einem „wirklichen Bruch mit bisherigen Denkstrukturen" kam.[70])

Siegfried Lokatis hat dafür plädiert, sich von der „Fixierung auf das Problem der politischen Instrumentalisierung" zu lösen, um ökonomische und bürokratiespezifische Faktoren in die Analyse einzubeziehen.[71]) So hatten die Historiker eben nicht nur miteinander und mit der SED-Führung um Ressourcen, Prestige und Einfluß zu verhandeln, sondern auch mit Verlagen, die ihrerseits als Agenten einer rudimentären Marktlogik fungierten. Lokatis verweist darauf, daß „Zensur" in der Auseinandersetzung zwischen Autoren und Verlagen zum Mittel im ökonomischen Verteilungskampf mutierte[72]), daß die Verlage Gesamtdarstellungen aus ökonomischen Gründen auf Kosten schwer verkäuflicher Spezialuntersuchungen förderten und die Publikation von Dissertationen infolge der Knappheit von Papier und Satzkapazitäten mehr und mehr einstellten[73]).

Prozesse des informellen Aushandelns von unterschiedlichen Interessen rücken somit ins Zentrum von Analysen, wenn bei den handelnden Akteuren angesetzt wird. Dann läßt sich rekonstruieren, wie durch geschicktes Agieren in widersprüchlichen Rollen bestimmte Ziele angesteuert, Prioritäten gesetzt, Zugeständnisse gemacht und Erträge eingefahren wurden. Einfach ist es dort, wo klar unterschiedene Interessengegensätze, wie etwa der zwischen bürgerlichen und marxistisch-leninistischen Historikern, vorlagen oder aber wo verschiedene Zweige der Volkswirtschaft, wie Wissenschaft und Verlagswesen, aneinandergerieten. Doch informelles Interessenhandeln innerhalb der Historikerzunft und gegenüber dem Parteiapparat bestimmte auch die Zeit nach 1960. In diesen Prozessen wurden wichtige Forschungsrichtungen der DDR-

[69]) *Jan Herman Brinks,* Die DDR-Geschichtswissenschaft auf dem Weg zur deutschen Einheit. Frankfurt am Main 1992, 223.

[70]) *Schmidt,* DDR-Geschichtswissenschaft (wie Anm. 70), 185.

[71]) Vgl. *Siegfried Lokatis,* Einwirkungen des Verlagssystems auf die geschichtswissenschaftliche Forschung der DDR, in: Sabrow/Walther (Hrsg.), Historische Forschung und sozialistische Diktatur (wie Anm. 11), 192.

[72]) Vgl. ebd. 189, 191.

[73]) Vgl. ebd. 187.

Historiographie ausgehandelt. Gleichzeitig wurde im Ergebnis einer Reihe exemplarischer Konflikte deutlich, daß bestimmte Verhaltensstrategien unter den gegebenen Verhältnissen wohl keine Aussicht auf Erfolg beanspruchen konnten. So legten die Auseinandersetzungen nach dem 17. Juni 1953, die Diskussion in und um die ZfG 1956/57, die Fälle Klein 1965[74]) und Paulus 1966[75]) auch den Historikern nahe: „Es hat keinen Sinn, mit dem Kopf gegen die Wand zu rennen, die Grenzen, die einem gesetzt sind, im Akt des Überschreitens zu erkunden. Niemand würde einem beispringen. Man bliebe allein auf sich gestellt. Eine kleine Freiheit konnte nur gewinnen, wer zuvor die große opferte. Autonomie preisgeben, um sie im Kleinformat des obrigkeitsstaatlich abgemessenen Bewegungsspielraums zu genießen, so lautete das staatssozialistische Tauschprinzip."[76]) Informelles Interessenhandeln stand seitdem bis weit in den November 1989 unter dem – resignativen – Imperativ, offene Konflikte tunlichst zu vermeiden. Gleichzeitig hatte die Auswertung des Ost-West-Historikertreffens von 1964 allen vor Augen geführt, daß auch jeder Versuch, sich positiv auf westdeutsche Historiker zu beziehen, unzulässig war. Diese beiden, in exemplarischen Konflikten angeeigneten Grunderfahrungen leiteten informelles Interessenhandeln bis 1989. Eine systematische Untersuchung dieses kumulativen Lernprozesses, wo allmählich erfolgbringende von erfolglosen Strategien geschieden wurden und dessen Erfahrungen die Akteure bis 1989 prägten, steht noch immer aus.

Auch Untersuchungen zu den spezielleren Formen bzw. *Praktiken wissenschaftlicher Kritik*, d.h. der kreativen Auseinandersetzung mit dem in der DDR als gültig angesehenen Wissen über die Vergangenheit sind m. E. nach 1989 kaum vorgenommen worden. Das hängt sicherlich damit zusammen, daß diese Praktiken nicht so einfach auszumachen sind, waren doch unter den Bedingungen der DDR „andere Techniken im Einsatz, Individualität und Originalität an den Tag zu legen bzw. sich mit Gegenpositionen auseinanderzusetzen, als in Gesellschaften konkurrentiellen Charakters".[77]) Gleichwohl sind in der bisherigen Diskussion einige der bewährten und weniger bewährten „Techniken" zur Sprache gekommen.

1956 versuchte Jürgen Kuczynski, der sich später angesichts seiner Selbstwidersprüche als „linientreuer Dissident" bezeichnen sollte, die beiden zentralen Kategorien „Parteilichkeit" und „Volksmassen machen Geschichte" in

[74]) Vgl. *Martin Sabrow,* Der „ehrliche Meinungsstreit" und die Grenzen der Kritik. Mechanismen der Diskurskontrolle in der Geschichtswissenschaft der DDR, in: ders./Gustavo Corni (Hrsg.), Die Mauern in der Geschichte. Historiographie in Europa zwischen Diktatur und Demokratie. Leipzig 1996, 79–117.

[75]) Vgl. *Martin Sabrow,* Geschichte als Herrschaftsdiskurs. Der Fall Günter Paulus, in: Berliner Debatte Initial 1995, H. 4/5.

[76]) *Wolfgang Engler,* Die zivilisatorische Lücke. Versuche über den Staatssozialismus. Frankfurt am Main 1992, 29.

[77]) *Middell,* Beispiel Revolutionsforschung (wie Anm. 59), 37.

einer Weise umzudeuten, die die Abhängigkeit von den Vorgaben der Partei minimieren und den Spielraum für solide Forschungen erweitern würde.[78]) In beiden Fällen bejahte Kuczynski nach der einen Seite die entsprechenden Dogmen, um ihnen gleichzeitig einen anderen Inhalt zu unterstellen. Doch wurden diese Versuche, *zentrale Kategorien* des Selbstverständnisses einer marxistisch-leninistischen Geschichtswissenschaft im Interesse erweiterter Möglichkeiten für vorbehaltlose Wahrheitssuche *umzudeuten*, von der SED damals mit aller Schärfe zurückgewiesen. Die Niederlage Kuczynskis demonstrierte, daß eine solche Auseinandersetzungsstrategie äußerst riskant und wenig aussichtsreich war, weil sie immer den folgenschweren Revisionismusvorwurf implizierte.[79]) Sie spielte aber in den sechziger Jahren noch einmal eine Rolle, als – erneut vergeblich – versucht wurde, dem dialektischen und historischen Materialismus eine kybernetische Deutung zu unterlegen. Erst in den achtziger Jahren wurde sie wieder populär, etwa als unter dem Schirm des Dogmas von der Vorbildrolle der Sowjetunion die Rezeption der Perestroikadiskussionen gegen den erklärten Willen der SED-Führung erfolgte. Doch gelang es bekanntlich auch da nicht, auf diesem Weg das offizielle Selbstverständnis der DDR-Geschichtswissenschaft wirklich zu ändern.

Unter dieser Voraussetzung bestand eine zweite verbreitete Vorgehensweise im *Rückzug* auf einen solide arbeitenden Empirismus, der versuchte, weitgehend ohne die ideologischen Kategorien und politischen Vorgaben der Partei auszukommen und es bewußt vermied, Widersprüche zu diesen Vorgaben zur Sprache zu bringen. Derart betriebene Forschung verlief unspektakulär, über ihr Ausmaß und die Rezeption ihrer Ergebnisse ist wenig bekannt. Vergleichbar dazu ist die individuelle Entscheidung einzelner Historiker, sich auf politikferne Felder zu spezialisieren.

Eine weit verbreitete Praxis gefahrloser Distanzgewinnung bestand in immer weiterführenden *Differenzierungen*. So mündete z. B. der Versuch, das Schema von der gesetzmäßigen Abfolge der Gesellschaftsformationen für die empirische Forschung zu „operationalisieren“, in eine begriffliche Ausdifferenzierung von Typen, Stadien, Entwicklungsvarianten, Übergangsepochen und -systemen, wodurch Raum für historische Mannigfaltigkeit, ja auch für Stagnation und partielle Regression im Gedankengebäude des historischen Materialismus entstand. Einem ganz ähnlichen Muster folgte die „Operationalisierung“ des Revolutionsbegriffs. Auch hier wurde ein begriffliches Netz entfaltet, das mittels Differenzierungen in Zyklen, Wege, Stadien, Regionen möglich machen sollte, widersprüchliche konkrete historische Prozesse auf das als zentral angesehene Revolutionskonzept zu beziehen.[80])

[78]) Vgl. *Possekel*, Strategien (wie Anm. 63).
[79]) Vgl. ebd. 171–173.
[80]) Vgl. *Wolfgang Küttler*, Die Funktion der Theorie in der marxistisch-leninistischen

Eine andere Spielart der Differenzierungsstrategie läßt sich am Umgang mit der These vom „Verrat" der Bourgeoisie an der Revolution von 1848/49 aufzeigen. Hier erfolgte Differenzierung nicht durch eine fortschreitende Ausdifferenzierung von Kategorien, um sie gleichsam der historischen Realität anschmiegsamer zu gestalten, sondern bediente sich eines bloß rhetorischen Argumentationsmusters. Der ursprünglichen Verratsthese wurden einfach neu erarbeitete Sachverhalte als „Präzisierungen" zugefügt, die diese These *relativieren* sollten, *ohne sie fallenlassen zu müssen*. Eine differenziertere Betrachtungsweise bediente sich des Argumentationsmusters, daß die ursprüngliche These, oft auch als „Grundposition" apostrophiert, sicherlich zutreffe, dennoch aber „auch zu berücksichtigen" sei, daß es daneben noch diese oder jene Sachverhalte gab. Im Falle der „Verratsthese" mußte Walther Schmidt denn auch resümieren, daß trotz aller „erreichten Relativierungen, die einer faktischen Aufgabe des Verdikt-Terminus gleichkamen ... der Verratsbegriff dennoch nicht fallengelassen" wurde.[81])

Die Auseinandersetzung mit den Grundthesen des von der SED propagierten Geschichtsbildes durch fortschreitende Relativierungen dominierte auch in Forschungen zur Geschichte des 20. Jahrhunderts. So gelangt Fritz Klein im Rückblick auf die Forschungen zum Ersten Weltkrieg zu der Einschätzung, daß diese in den zwanzig Jahren vom Ende der sechziger bis zum Ende der achtziger Jahre „durch eine Tendenz zunehmender, wenn auch insgesamt sehr behutsamer, durch die grundsätzliche *Beibehaltung wesentlicher Stereotype* der herrschenden Imperialismustheorie gebremster *Differenzierung* gekennzeichnet" waren.[82])

DDR-Historiker haben also in ihrer kognitiven Tätigkeit bestimmte Strategien kultiviert, die es ihnen erlaubten, gegensätzlichen Imperativen zu folgen: die eigensinnige Umdeutung zentraler Thesen, ohne sie in Gänze in Frage zu stellen, den Rückzug auf empirische Forschung, ohne den Widerspruch ihrer Implikationen zu den geltenden Thesen des Geschichtsverständnisses zu artikulieren, das Erhandeln von Forschungsfeldern gegen den Verzicht auf Einmischung in Kernbereiche des Geschichtsbildes, die verdeckte Distanzierung von Grundthesen durch fortschreitende Differenzierung und Relativierung. Es kann wohl davon ausgegangen werden, daß eine Mehrzahl von in der Forschung tätigen DDR-Historikern auf diese Praktiken zurückgriff und nicht einfach gebetsmühlenartig die Phrasen der SED-Führung nachbetete.

Mit diesem eben skizzierten zweideutigen Verhältnis zu den Kernthesen des offiziellen DDR-Geschichtsbildes handelten sich die DDR-Historiker ein

Geschichtswissenschaft, in: ders. (Hrsg.), Gesellschaftstheorie und geschichtswissenschaftliche Erklärung. Berlin 1985, 25–105.

[81]) *Walther Schmidt,* Die 1848er Revolutionsforschung in der DDR, in: ZfG 42, 1994, 36.

[82]) *Fritz Klein,* Der Erste Weltkrieg in der Geschichtswissenschaft der DDR, in: ZfG 42, 1994, 299 (Hervorhebung R. P.).

enormes *Glaubwürdigkeitsproblem* ein, das bis heute nicht vom Tisch ist. Zum einen konnten sie trotz aller Differenzierungsbemühungen für das Fortbestehen von Tabus und das Verschweigen ganzer Bereiche der Vergangenheit verantwortlich gemacht werden, weil sie vor einer offenen Verurteilung zurückschreckten. Die skizzierten Differenzierungspraxen bedingten jedoch andererseits das Phänomen, daß ein und dieselbe Arbeit auf gegensätzliche Weise rezipiert werden konnte. So ließen sich z. B. Hartmut Zwahrs Forschungen über die „Konstituierung des Proletariats als Klasse" einmal als Beitrag zur offiziell geförderten Geschichte der Arbeiterbewegung, oder aber auch als immanente Kritik an dieser lesen. Detaillierte Rekonstruktionen *gegensätzlicher Rezeptionsmöglichkeiten* von Arbeiten der DDR-Historiographie, die durch beabsichtigte oder unbeabsichtigte Doppelkodierungen möglich wurden, stehen erstaunlicherweise noch immer aus. Dabei sind es gerade die in den Arbeiten der DDR-Historiker teils beabsichtigt, teils unbeabsichtigt angelegten gegensätzlichen Rezeptionsmöglichkeiten, die auch nach 1989 eine Verständigung über den Charakter der DDR-Historiographie erschweren. Systematische Untersuchungen von Mehrfachkodierungen und verschiedenen Lesarten von Texten der DDR-Historiographie etwa durch den Parteiapparat, durch historisch interessierte Leser in der DDR und durch Fachkollegen in der DDR und im Ausland sind bisher ein großes Forschungsdesiderat.

In den politischen Auseinandersetzungen nach 1989 um die Zukunft der DDR-Historiker schlug das über die Jahre gewachsene Glaubwürdigkeitsproblem fatal zu Buche – in der inzwischen gesamtdeutschen Konstellation gab es keine einflußreiche politische Kraft, die bereit war, für eine autonome Institutionalisierung dieser zwielichtigen Geschichtsforschung einzutreten. Die daher unausweichliche institutionelle Auflösung der DDR-Geschichtswissenschaft ist vor allem dafür verantwortlich zu machen, daß sechs Jahre nach Vollzug der deutschen Einheit Konzepte, die sich auf Traditionen der DDR-Historiographie berufen, in der deutschen Geschichtswissenschaft kein identifizierbares Segment mehr bilden.

Die Situation in der Gesellschaft der DDR war nicht durch klar voneinander geschiedene Lager, die miteinander in einem unversöhnlichen, sich zuspitzenden Konflikt lagen und im Ernstfall den Grund für einen Bürgerkrieg abgeben konnten, gekennzeichnet. Konflikte wurden zumeist nicht einmal institutionalisiert ausgetragen, als vielmehr durch vielfältige Formen sozialer Beziehungsarbeit zwischen den Individuen – mit oft wechselnden Rollen. Ein und dieselbe Person konnte in dem einen Kontext Reformbestrebungen unter Berufung auf die Parteilinie zurückweisen und gleichzeitig an anderer Stelle als Förderer von Innovationen auftreten. Der Konflikt zwischen Affirmation und Kritik verlief quer durch die Institutionen – von der studentischen Seminargruppe bis ins Institut für Marxismus-Leninismus, wobei die Akteure je nach Situation im Gewande der Disziplinierer oder Veränderer, als Kampfgruppenangehöriger oder als kritischer Diskutant auftreten konnten. Alles aber stand unter dem erlernten Imperativ, den offenen Konflikt, wo das Individuum unmittelbar mit dem Staat konfrontiert war und kaum auf Solidarität hoffen konnte, unbedingt zu vermeiden. In vierzig Jahren DDR bestand das kollektive Lernziel bei Konflikten in und außerhalb der Partei im Einüben eines Lebens mit der *Differenz*. Man hatte sich zu sagen, „es ist so. ... Wir wissen nicht, wann es je zu größeren Veränderungen kommen wird. Solange müssen wir dieses Leben, das unser einziges ist, sehr ernst nehmen und den Bedingungen, unter denen wir es führen, das Beste für uns und unsere Nächsten abzugewinnen suchen. Es ist uns einigermaßen klar, daß wir nicht das Leben führen, das wir gerne führen würden. Aber es wäre ganz unrealistisch, unsere Wünsche allzu sehr in den Vordergrund zu rücken und uns dadurch untüchtig zum Handeln in der Gesellschaft zu machen, in die wir hineingeboren wurden. Natürlich vergessen wir nicht, was wir wollen. Und wenn eines Tages die Möglichkeit bestehen sollte, unser Leben nach unseren Vorstellungen und Bedürfnissen einzurichten, werden wir keinen Augenblick zögern. Doch im Moment dürfen wir nicht zulassen, daß uns unsere Hoffnungen übermannen, so wenig wie wir zusehen werden, daß die Realität uns überwältigt.“[83])

Die skizzierten Formen wissenschaftlicher Kritik haben in ihrer Konsequenz nicht mehr als ein Zerbröseln des offiziellen Geschichtsbildes bewirkt. Gegenentwürfe entstanden nicht. Die in der Figur des linientreuen Dissidenten bereits angelegte Mehrdeutigkeit von Rezeptionsweisen zu DDR-Zeiten ermöglichte nach 1989 die gleichermaßen konsistente Konstruktion von Apologien, es wäre alles ehrenwerte Wissenschaft gewesen, wie auch von Vorwürfen, es habe sich um ruchlose Legitimationswissenschaft gehandelt. Die durch vierzig Jahre DDR geprägten Biographien verunsichern bis heute wegen ihrer Zwielichtigkeit und den Schwierigkeiten, sie eindeutig in Freund-Feind-Schemata zu verorten. Aber gerade die Übung im Rollenspiel und im Leben mit der Differenz hat es 1989/90 der übergroßen Mehrheit ermöglicht, unter Vernachlässigung aller institutionellen Einbindungen in einer – friedlichen – Schaltsekunde aus der Rolle des loyalen Mitmachens in die des Veränderns zu wechseln.

83) Wolfgang Engler nennt es „*nüchterne* Reproduktion objektiver Strukturen und Rangordnungen“, in: *ders.*, Die zivilisatorische Lücke (wie Anm. 76), 81.

Die DDR-Geschichtsschreibung aus westdeutscher Perspektive

Von

Wolfgang J. Mommsen

Die Ausführungen von Martin Sabrow[1]) und Ralf Possekel[2]) haben deutlich gemacht, daß in der DDR dem Verhältnis der eigenen Geschichtswissenschaft zu jenem der Bundesrepublik immer ein besonderer Stellenwert zukam, sei es, daß diese, wie namentlich in der Phase der Durchsetzung des marxistisch-leninistischen Lehrgebäudes im Wissenschaftsbetrieb der DDR, als grundsätzlich zu bekämpfender Gegner galt, sei es, daß diese als Konkurrent angesehen wurde, mit dem Ziel, mit dieser in der „international community" gleichzuziehen oder diese gar zu überholen. Indirekt wird dies auch in dem Beitrag von Rainer Eckert[3]) bestätigt; Westbeziehungen der Historiker galten einerseits als suspekt und gefährlich, andererseits waren diese für die eigene Karriere förderlich, und dies so weitgehend, daß dabei vielfach in Kauf genommen wurde, sich in mehr oder minder weitreichendem Maße der Staatssicherheit zur Verfügung zu stellen. Auch Wolfgang Küttler[4]) erkennt an, daß der Systemwettbewerb mit dem Westen für die DDR-Historiographie eine große Rolle gespielt hat, obschon er betont, daß es durchaus auch einen „intersystemaren Diskurs" innerhalb des Ostblocks gegeben habe, der bislang nur unzureichend erforscht sei. Gegen diese letztgenannte Sicht wird man festhalten müssen, daß sich die Dinge aus westdeutscher Sicht ganz anders darboten.

Die Auseinandersetzung mit der Geschichtswissenschaft der DDR war zwar besonders für die Alterskohorte der Historiker, die sich anschickte, die Generation der Rothfels, Schieder, Conze und Erdmann abzulösen, eine gern aufgegriffene intellektuelle Herausforderung. Aber in Wahrheit konnte man sich dort nicht eben sonderlich viel Munition für die Auseinandersetzung mit der herrschenden Orthodoxie holen, auch nicht in der damals kontrovers erörterten Frage, ob der Historismus überlebt sei oder nicht. Der wichtigste Orien-

[1]) *Martin Sabrow*, Die Geschichtswissenschaft der DDR und ihr „objektiver Gegner", in diesem Band S. 53–91.

[2]) *Ralf Possekel*, Der Selbstwiderspruch der DDR-Historiker als analytisches Problem. Befunde einer Diskussion, in diesem Band S. 131–151.

[3]) *Rainer Eckert*, Die Westbeziehungen der Historiker im Auge der Staatssicherheit, in diesem Band S. 93–105.

[4]) *Wolfgang Küttler*, Die DDR-Historiographie in der „Ökumene der Historiker", in diesem Band S. 107–130.

tierungspunkt für die jüngere Generation war die Geschichtsschreibung des Westens, vornehmlich Großbritanniens und der USA, deren methodische Positionen und inhaltliche Leistungen als vorbildlich empfunden wurden. Es galt in erster Linie, den beträchtlichen Rückstand aufzuholen, in den die deutsche Geschichtswissenschaft während der Zeit des Nationalsozialismus geraten war, nicht zuletzt auch wegen des Aderlasses der Emigration. Die Einflüsse aus dem Westen waren weithin prägend, und dies wurde durch zahlreiche Forschungsaufenthalte von Historikern der jüngeren Generation in den westlichen Ländern, vornehmlich, aber nicht ausschließlich in den Vereinigten Staaten, zusätzlich verstärkt. Demgemäß wurde die Auseinandersetzung mit der Geschichtswissenschaft in der DDR als vergleichsweise nachrangig angesehen. Es entwickelte sich zwischen den beiden Geschichtswissenschaften ein *asymmetrisches Verhältnis*; während die Historiker der Bundesrepublik primär nach Westen ausgerichtet waren, wählten die Historiker der DDR die Geschichtswissenschaft in der Bundesrepublik als wesentlichen Bezugspunkt ihrer Arbeit, und dies sowohl im negativen als auch im positiven Sinne. Die vielfach verkrampften Bemühungen der einschlägig tätigen Experten der DDR, wie beispielsweise Werner Lozek, die Historiker der Bundesrepublik sorgfältig zu beobachten und diese in bestimmten ideologischen Schubfächern zu verorten, wurde zumeist mit einigem Amüsement zur Kenntnis genommen, zumal man sich je nach dem vorherrschenden Trend ganz unterschiedlich eingestuft fand, beispielsweise als amerikahöriger „Atlantiker" oder als „unnationaler" Historiker.

Martin Sabrow teilt in seiner Abhandlung mit, daß im Zusammenhang mit dem Internationalen Historikertag in San Francisco 1975 der westdeutschen Geschichtswissenschaft unterstellt wurde, daß „für die Auseinandersetzung mit der marxistisch-leninistischen Geschichtswissenschaft eine jüngere Historikergeneration systematisch vorbereitet" worden sei. Ich gehöre zu jenen, die seinerzeit gelegentlich darauf gedrängt haben, ein gewisses Maß der Koordinierung des Auftretens der westdeutschen Historiker auf den Internationalen Historikertagen herbeizuführen, und zwar keineswegs nur im Hinblick auf die dort gewiß dominierende Ost-West-Debatte, aber dies blieb völlig erfolglos; dazu ist es niemals gekommen. Dergleichen war der Disziplin, die sich ihren Individualismus zugute hielt, überhaupt nicht wichtig genug.

Zwar hat es durchaus vielfältige Kontakte mit DDR-Historikern gegeben und in nicht eben zahlreichen Fällen auch produktive wissenschaftliche Kooperation, aber dies stand nicht im Zentrum der Aktivitäten der westdeutschen Geschichtsschreibung. Auf theoretischer Ebene hatte die ostdeutsche Geschichtswissenschaft, jedenfalls in der Periode des starken Einflusses der Sozialwissenschaften westeuropäischen Typs und der Dominanz des logischen Positivismus, nicht sonderlich viel zu bieten, zumal wirklich überzeugte Marxisten mit intellektueller Brillanz und Ausstrahlung jedenfalls in der DDR kaum zu finden waren; da war weiter östlich in Polen, der Tschechoslowakei und Ungarn schon mehr zu holen. Maßgeblich war für die Historiker in der Bundesrepublik im Grunde der westliche Marxismus, sei es jener der Frankfurter Schule, sei es der des angelsächsischen Lagers. Und was die empirischen Leistungen der DDR-Historiographie angeht, so wurden diese zwar vielfach zur Stützung der eigenen kritischen, dezidiert liberalen bzw. antiautoritären Positionen herangezogen, aber nicht als schlechthin originär empfunden, selbst nicht auf solchen Gebieten, in der diese quantitativ wie qualitativ Erhebliches zu bieten hatte, wie der Reformation, des Kaiserreichs sowie des Ersten und des Zweiten Weltkrieges. Zudem verlegte sich die DDR-Historiographie, beispielsweise auf dem Gebiet der Erforschung des Imperialismus, durch die Festlegung auf eine einseitig marxistisch-leninistische Sicht auch empirisch vielfach selbst den Anschluß an die westliche Forschung, etwa in der völligen Vernachlässigung des Phänomens der peripheren Antriebsfaktoren des modernen Imperialismus. Im Grunde lief sie in weiten Bereichen der westlichen Forschung beständig hinterher, und insoweit konnte aus dem von Wolfgang Küttler beschworenen und anfangs gewiß ehrenwerten Bemühen eines alternativen antifaschistischen Ansatzes am Ende nichts werden. Dies ließe sich beispielsweise an der (auch innerhalb des östlichen Lagers) verspäteten und auch dann noch selektiven Rezeption des Werks Max Webers durch die DDR-Historie im einzelnen nachweisen.

Das soll nun nicht heißen, daß es in der DDR-Historiographie nicht originäre Forschungsleistungen von großem Rang gegeben hat. Doch fanden sich historiographische Innovationen, die dann im Westen vielfach große Beachtung fanden, meist an den Rändern, nicht im Zentrum des Wissenschaftssystem der DDR, wenn nicht gar in Nischen, die dem regulativen Zugriff des Regimes bzw. der Selbstzensur der Historikerschaft entzogen blieben. Dies gilt in gewisser Weise sogar für die monumentalen Arbeiten Jürgen Kuczynskis, die abseits der offiziellen Parteilinie entstanden. Georg Iggers hat sich seit mehreren Jahrzehnten immer wieder darum bemüht, der DDR-Geschichtsschreibung Gerechtigkeit widerfahren zu lassen und auf deren Leistungen hinzuweisen; aber es waren zumeist Sozialgeschichtsschreibung und die Volksgeschichte, welche sich von den Vorgaben des Regimes frei hielten, die er bemerkenswert fand, nicht die dominante politische Geschichte und die Geschichte der organisierten Arbeiterbewegung.[5] Die westdeutschen Historiker vornehmlich des sogenannten progressiven Lagers ließen sich die Delegitimierung der traditionellen historiographischen Richtungen der deutschen Geschichtsschreibung gern gefallen, aber einen positiven Neuansatz konnte man in den Arbeiten etwa von Jürgen Streisand oder später von Lothar Berthold

[5]) Siehe beispielsweise *Georg G. Iggers*, Ein anderer historischer Blick. Beispiele ostdeutscher Sozialgeschichte. Frankfurt am Main 1991.

nicht eigentlich erkennen. Überdies ging der DDR-Historiographie zunehmend die ursprünglich von marxistischen Ansätzen gespeiste innovative Kraft verloren. Auf einer Ranke-Tagung der Kommission für die Geschichte der Geschichtsschreibung des „Comité International des Sciences Historiques" in Bad Homburg im Jahre 1988 fanden sich mit einem Male die Verteidiger eines orthodoxen Rankeanismus in Ost und West im gleichen Lager, auf seiten der DDR-Historiker mit dem Hintergedanken, daß Rankes Denkweisen gut in eine aus realsozialistischer Perspektive postrevolutionäre Epoche paßten, in der die grundsätzliche Entscheidung zugunsten des Sieges des Sozialismus bereits gefallen schien und nunmehr die Behauptung des bestehenden Systems des realen Sozialismus gegen äußere und innere Anfeindungen einstweilen vordringlich erschien.[6]) Analog pries Walter Schmidt auf der letzten Tagung der Historikergesellschaft der DDR im Februar 1989 Metternich als großen, friedensbewahrenden Staatsmann, den es neu und positiv zu bewerten gelte, ungeachtet des mit seinem Namen verbundenen repressiven Systems der Restauration.

Es ist zum gegenwärtigen Zeitpunkt noch zu früh, um eine definitive Würdigung der Leistungen und Verfehlungen der Geschichtsschreibung der DDR zu geben, unabhängig von ihrer unbestreitbaren Funktion der Legitimierung des bestehenden Regimes. Erschwert wird eine solche Aufgabe zusätzlich durch den Umstand, daß die Historiker der DDR weithin gleichsam mit mehreren Zungen zu sprechen gewohnt waren und ihrem Verhalten bzw. ihren Aussagen vielfach intellektuelle Konsistenz zu fehlen scheint, wenn die konkreten Umstände nicht in Rechnung gezogen werden, die dazu Anlaß gegeben haben. Erst im Kontext einer genaueren Kenntnis der Mechanismen der Lenkung der Geschichtswissenschaft der DDR durch die Staats- und Parteiorgane, vor allem aber der Prozesse der Selbstregulierung und Selbstzensur der Historikerschaft, angefangen mit dem „Rat der Geschichtswissenschaft", wird man zu gültigeren Ergebnissen vorstoßen können. Einstweilen gilt immer noch, was Georg Iggers 1988 beklagte, daß im Westen über die Historiographie der DDR nach wie vor viel zu wenig bekannt ist.[7]) In gewissem Sinne besteht die Asymmetrie zwischen westdeutscher und ostdeutscher Historiographie weiterhin fort, neuerdings gefördert durch das Auftreten nostalgischer Stimmungen unter der Historikerschaft der östlichen Bundesländer, die trotzig auf der Eigenständigkeit der eigenen historiographischen Traditionen, wenn auch mit verändertem politischen Vorzeichen, beharren.

[6]) Vgl. *Wolfgang J. Mommsen* (Hrsg.), Leopold von Ranke und die moderne Geschichtswissenschaft. Stuttgart 1988.

[7]) *Alexander Fischer/Günter Heydemann* (Hrsg.), Geschichtswissenschaft in der DDR. Bd. 1. Historische Entwicklung, Theoriediskussion und Geschichtsdidaktik. Berlin 1988, 155f.

Teil II:
Ostdeutsche Geschichtswissenschaft in chronologischer Perspektive

Geschichtswissenschaft in der DDR – Strukturgefängnis oder individuelle Handlungsmöglichkeiten im Wandel von 45 Jahren

Von

Matthias Middell

Hermann Lübbes Diktum vom Zusammenhang zwischen Innovationsfreude und historischer Entsorgung bekommt nach 1989 einen bemerkenswerten Doppelsinn: „Fortschrittliche Systeme sind müllreiche Systeme – bis hin zum Müllhaufen der Geschichte, den alle Progressiven benötigen, um, wen oder was sie abschaffen wollen, auf ihn werfen zu können.“[1]) Die uns allen vertraute Mülltrennung begreift die Zeitgeschichtsschreibung als eine ihrer Aufgaben, doch dazu muß das Objekt in seinen verdrängenswerten und in seinen aufzuhebenden Aspekten erst fixiert werden.

Die Musealisierung in einer „ère commémorative“ (Pierre Nora) stellt deshalb in ihrem kompensatorischen Charakter die Kehrseite der raschen Verdrängung des Vergangenen dar, sie bildet gewissermaßen den Recyclingzweig der allgemeinen Müllwirtschaft. Ohne die Erfindung ständig neuer Formen, in denen sich Vergangenheit und Gegenwart zueinander in Beziehung setzen lassen, scheint die Dynamik des Aktuellen nicht mehr aushaltbar. Die Historiker, die sich im Zuge ihrer Professionalisierung als Experten für chronologisches Erzählen erwiesen haben, erhalten ihre legitime Rolle in der Gesellschaft gerade durch die Fähigkeit, Erinnerung in organisierter Form bereitstellen zu können und das knappe Gut Tradition zu produzieren oder wenigstens zu stabilisieren.

Im Falle der Zeitgeschichte kollidieren beide Tendenzen besonders schmerzhaft miteinander: moralisch und politisch begründete Entsorgung des gerade frisch Vergangenen steht gegen (kritische wie unkritische) Historisierung. Emotionale Nähe und analytische Distanz reiben sich aneinander, die Bearbeitung der Geschichte zu Traditionen wirkt in die laufenden Auseinandersetzungen unmittelbar hinein. Globalen Urteilen über die Erinnerungsunwürdigkeit stehen somit sehr verschiedene Strategien der Differenzierung entgegen.[2])

[1]) *Hermann Lübbe*, Zeit-Verhältnisse. Zur Kulturphilosophie des Fortschritts. Graz/Wien/Köln 1983, 12.

[2]) Vgl. dazu u. a. *Konrad H. Jarausch*, Die DDR-Geschichtswissenschaft als Meta-Erzäh-

Der Streit um die DDR-Geschichte bietet für diese Auseinandersetzungen reichen Anschauungsunterricht. Es kommt hier erschwerend hinzu, daß sich die verkürzend als „Berliner Republik" bezeichnete deutsche Gesellschaft, die in ihrem einen Teil revolutionären Ursprungs ist und sich in ihrem anderen als Verkörperung ungebrochener Kontinuitäten versteht, in der Debatte über die DDR zugleich über ihre künftige Identität verständigt. Identitätsdebatten haben es an sich, daß sie eher mit Erbitterung als mit Gelassenheit geführt werden. Strittig ist vor allem, ob die Geschichte der DDR als eine mental anschlußfähige aufgefaßt werden soll, in der durch kritische Historisierung in einer auf die Gegenwart verlängerbaren genetischen Darstellung zwischen Traditionsfähigem und zu Entsorgendem unterschieden wird, oder ob diese Geschichte als das totalitäre Andere pauschal zur Negativfolie für die Befestigung einer demokratischen Identität wird. Es ist einsichtig, daß beide Varianten unterschiedliche Interessen und Bedürfnisse nach Identitätsstabilisierung befriedigen.

In den ersten Jahren nach dem revolutionären Umbruch von 1989 dominierte die zweite Fassung, konsequent in der Auffassung gipfelnd, daß zuerst ein „grobes Bild zu zeichnen" wäre, ehe die Differenzierungen angebracht werden könnten.[3]) In der Geschichte von einem „Untergang auf Raten" kommt die Chronologie nur insoweit zu ihrem Recht, als sie eine Folge von Stationen liefert, an denen sich die Illegitimität des DDR-Systems stets aufs Neue erwies und eine Gegengeschichte vom mehrfach erfolglosen (aber letztlich – nämlich 1989 – doch siegreichen) Widerstand des „Volkes" gegen die „Herrschenden" von Höhepunkt zu Höhepunkt eilt.[4]) Dieses Geschichtsbild, das die Suche der Bürgerbewegungen nach mobilisierbaren Traditionen reflektiert, trägt alle Züge eines revolutionären Zeitbewußtseins.

Es gehört zu den Eigentümlichkeiten diskursiver Organisation gesellschaftlicher Umbrüche, die zugleich auch immer Traditionsbrüche sind und neben die Erfahrung der Dynamisierung historischer Prozesse die der Umwertung gewohnter Orientierungsrahmen setzen, daß sie die Vergangenheiten vereinheitlicht als „Ancien Régime" in den Orkus des Überwundenen schicken und den Neubeginn aller Geschichte von sich selbst her datieren.[5]) Der Verlauf

lung, in: Martin Sabrow (Hrsg.), Verwaltete Vergangenheit. Geschichtskultur und Herrschaftslegitimation in der DDR. Leipzig 1997, 35–66.

[3]) *Ilko-Sascha Kowalczuk*, „Wo gehobelt wird, da fallen Späne ..." Zur Entwicklung der DDR-Geschichtswissenschaft bis in die späten fünfziger Jahre, in: ZfG 42, 1994, 302–318.

[4]) *Armin Mitter/Stefan Wolle*, Untergang auf Raten. Unbekannte Kapitel der DDR-Geschichte. Gütersloh 1994.

[5]) Vgl. hierzu zuletzt die ideengeschichtlich angelegten Studien insbesondere zum Rousseauismus von *Horst Günther*, Zeit der Geschichte. Welterfahrung und Zeitkategorien in der Geschichtsphilosophie. Frankfurt am Main 1993, sowie den viel stärker mentalitätsgeschichtlich argumentierenden Ansatz von *Michel Vovelle*, La mentalité révolutionnaire. Paris 1984, bes. 197 ff.

dieser alten Ordnung wird dabei merkwürdig bewegungslos, denn das Ziel ist vorrangig Befestigung einer in dynamischen Umständen noch prekären Identität durch systematische Entfaltung eines tiefen Gegensatzes zwischen der alten und der neuen Gesellschaft. Indem das Ancien Régime zur nichtigen *Vor*geschichte entsorgt wird, bleibt die eigentliche Herausforderung steter Historisierung – die Bestimmung des Verhältnisses von Kontinutitäten und Brüchen – außer Betracht. Erst wenn das Bedürfnis nach „harter Verfluchung" des Früheren[6]) nicht mehr im Vordergrund steht, mehr Klarheit über die Ergebnisse der Transition besteht, gewinnt eine andere Interpretation, die man im Unterschied zur jakobinischen Konstruktion des totalen Bruches[7]) die Tocquevillesche nennen könnte[8]), an Terrain: nun stehen die Kontinuitäten zwischen dem vor- und dem nachrevolutionären Zustand vor allem in sozialstruktureller und mentalitätsgeschichtlicher Sicht im Vordergrund, das Ancien Régime gewinnt seine Geschichtlichkeit und damit die Pluralität seiner Entwicklungen zurück. Je tiefer der revolutionäre Einschnitt und je stärker die Bereitschaft der Zeitgenossen, die Revolution als solche anzuerkennen, desto größer ist offenkundig der Abstand zwischen dem Ereignis selbst und seiner teilweisen Einebnung in einer *auch* kontinuitätsgeprägten Erinnerungskultur.[9])

Im ostdeutschen Fall kommen zwei weitere Phänomene hinzu, die die (vorläufige?) „chronologische Stillegung" der DDR verstärken: das weitverbreitete Desinteresse der in der alten Bundesrepublik tonangebenden 68er Generation an der „nationalen Aufgabe Wiedervereinigung" und die Verdrängung der Generation, die sich mit dem Aufbau des ostdeutschen Staates identifiziert hatte, aus dem öffentlichen Diskurs im Zuge des Elitenwechsels.

Es ist vor dem Hintergrund einer gewissen Regelmäßigkeit diskursiver Figuren in vergleichbaren historischen Konstellationen nicht mehr so verwunderlich, wie es auf den ersten Blick scheint, daß die immerhin fünfundvierzigjährige Geschichte der SBZ/DDR zunächst nach 1989/90 auf ein vorwiegend in systematisch-normativen Kategorien zu erfassendes Phänomen zusammenschrumpfte. Versuche, Phasen in ihr zu unterscheiden, erschienen als Ausflüchte vor der harten Wahrheit des von Anfang an zum Scheitern verurteilten

[6]) So *François Furet*, Penser la Révolution française. Paris 1978, 202, in durchaus verallgemeinerbarer Form über die Revolutionäre von 1789 und 1793.

[7]) *Reinhart Koselleck/Rolf Reichardt* (Hrsg.) Die Französische Revolution als Bruch des gesellschaftlichen Bewußtseins München 1988.

[8]) *Alexis de Tocqueville*, L'Ancien Régime et la Révolution. Paris 1856. Für die Wiedereinführung der Beobachtung zahlloser Kontinuitäten in Momenten des revolutionären Überganges in die historiographische Diskussion hat sich vor allem François Furet eingesetzt. Zuletzt: *François Furet*, Tocqueville und die Idee des Ancien Régime, in: Centre Marc Bloch. Bulletin Nr. 7. Berlin 1997, 34ff.

[9]) Übergänge zwischen beiden Stadien registrierte unlängst auch *Stefan Wolle*, Herrschaft und Alltag. Die Zeitgeschichtsforschung auf der Suche nach der wahren DDR, in: PolZG B 26, 1997, 30–38.

Systems und wurden sofort unter Nostalgie-Verdacht gestellt. Fragen nach einer ebenso raschen wie vereinheitlichend-umfassenden Charakteristik der DDR standen im Vordergrund und wiesen auf den Bedarf nach Befestigung der neuen Identitäten durch (verurteilende wie verklärende) Abrechnung mit den Bedingungen der alten.[10]) Jürgen Kocka warnte indes neben anderen schon 1994: In einer Situation, „in der zweifellos ... moralisches Urteil und wissenschaftliche Analyse, Erinnerung und Geschichte, Betroffenheit und Forschung ... in ungewöhnlich engem Gemenge" liegen, wäre zu vermeiden, unter dem Eindruck des nicht vorhergesagten Zusammenbruches des ostdeutschen Staatswesens „die Geschichte der DDR nur noch als Vorgeschichte ihres Endes zu interpretieren ... Alternativen zu vernachlässigen, die in vergangenen Konstellationen eingeschlossen gewesen sein mögen."[11]) Das Interesse erweitert sich nun langsam über die alleinige Konzentration auf die Analyse des Herrschaftssystems und eine am finalen Niedergang ausgerichtete Verfallsgeschichte hinaus auf die Untersuchung der bis in die Gegenwart reichenden lebensweltlichen Erfahrungen und der in ihnen aufgehobenen strukturellen Pluralitätsmöglichkeiten.[12]) Diese methodische Umkehrung steht in der Gefahr, als Entsorgung moralischer Urteile mißverstanden zu werden, und an Vereinfachungen, die dieses Mißverständnis zu pflegen bereit sind, ist bisher kein Mangel festzustellen.[13])

Es handelt sich jedoch gerade um die Neubestimmung einer Basis für Urteile: Indem Entscheidungsmöglichkeiten und Entscheidungsbedingungen rekonstruiert werden, kann individuelles und kollektives Handeln aus seinen zeitgenössischen Voraussetzungen betrachtet werden. Die Frage richtet sich also darauf, welche Möglichkeiten zur Entwicklung kritischer Urteilskraft es gab und ob bzw. inwieweit unter der Oberfläche der heute, d.h. im nachhinein und von außen, unverständlichen Diskursformationen gerade die Manifestationen jenes Ringens um kritische Urteilskraft aufzuspüren sind.

[10]) Vgl. zur Analyse der dabei besonders im Vordergrund stehenden Frage nach der Anwendbarkeit der Totalitarismustheorie: *Eckhard Jesse*, War die DDR totalitär?, in: PolZG B 40, 1994, 12–23; *Ralph Jessen*, DDR-Geschichte und Totalitarismustheorie, in: Berliner Debatte Initial H. 4/5, 1995, 17–24.

[11]) *Jürgen Kocka*, Ein deutscher Sonderweg. Überlegungen zur Sozialgeschichte der DDR, in: PolZG B 40, 1994, 34f.

[12]) Sinnfällig wird dieser Wandel sogar an der Differenz zwischen der Enquete-Kommission des Bundestages „Aufarbeitung von Geschichte und Folgen der SED-Diktatur in Deutschland" in der Legislaturperiode 1990–1994 einerseits und den viel stärker auf das Problem von Kontinuität und Bruch eingehenden Arbeiten der nachfolgenden Enquete-Kommission „Überwindung der Folgen der SED-Diktatur im Prozeß der deutschen Einheit" der Legislaturperiode 1994–1998. Vgl. dazu auch den Bericht von *Patrick Moreau*, Auf der Suche nach der deutschen demokratischen Republik, in: Centre Marc Bloch. Bulletin Nr. 6. Berlin 1996, 29–42.

[13]) Jüngst auf etwas amorphe Weise zusammengefaßt bei *Klaus Schroeder/Jochen Staadt*, Zeitgeschichte in Deutschland vor und nach 1989, in: PolZG B 26, 1997, 15–29.

Eine solche „kritische Historisierung", die sich nicht vor Urteilen drückt, aber doch aus der Mitte des Geschehens zu den Handlungsmöglichkeiten der Akteure Stellung nimmt, entfernt uns auf gewisse Weise das Betrachtungsobjekt.[14]) Sie verbindet sich als Strategie, die an den Umgang mit dem Nationalsozialismus in den späten siebziger und in den achtziger Jahren anschließen will, in den neunziger Jahren zugleich mit jenem (oftmals unter Postmodernismus-Verdacht gestellten) Zweifel an der eindeutigen Objektivität historischer Erkenntnis. Insofern unterscheidet sich jene kritische Historisierung, für die Martin Broszat und andere in bezug auf die NS-Zeit in Deutschland plädiert haben[15]), von derjenigen, die nunmehr für den Umgang mit der DDR-Geschichte vorgeschlagen wird, mehr als nur durch den Gegenstandsbereich. In dem Maße, wie sich die Vorstellung zumindest relativiert, wenn nicht sogar ganz umkehrt, daß Strukturen Erfahrungen schaffen würden, werden die Subjekte wieder in ihr Recht eingesetzt als jene, die Entscheidungen treffen. Diese Entscheidungen, die erst Verantwortung konstituieren können, setzen die Subjektivität und Differenz von Wahrnehmungen voraus, die sich nicht auf eine vernachlässigbare Abweichung in der Widerspiegelung von Realität reduzieren lassen.[16])

Die Vorstellung divergierender Wahrnehmungsmöglichkeiten ein und derselben Situation (die insoweit dann nicht mehr eine „einheitliche" Situation darstellt) und entsprechend vielfältiger Handlungsoptionen nimmt uns die Eindeutigkeit eines Urteils darüber, wie in dieser Situation zu handeln wäre. An die Stelle von Aneignung tritt damit Rekonstruktion. Zugleich rückt eine solche Betrachtungsweise das Objekt aber auch näher, indem Urteilsbildung von innen heraus, durch Dechiffrierung von Diskursen versucht wird, anstatt später gültige Maßstäbe umstandslos als überzeitliche anzulegen.

Die Schwierigkeiten im Umgang mit der DDR-Geschichte spiegeln sich auch im Verhältnis zu der in diesem Land betriebenen Historiographie. Es nimmt nicht wunder, daß die Geschichtswissenschaft die Aufmerksamkeit der Späteren besonders fesselt:

[14]) Vgl. *Konrad H. Jarausch/Matthias Middell*, Die DDR als Geschichte: Verurteilung, Nostalgie oder Historisierung, in: dies. (Hrsg.), Nach dem Erdbeben. (Re-)Konstruktionen ostdeutscher Geschichte und Geschichtswissenschaft. Leipzig 1994, 8 ff., und *Konrad H. Jarausch*, Die DDR denken. Narrative Strukturen und analytische Strategien, in: Berliner Debatte Initial H. 4/5, 1995, 9–16.

[15]) *Hermann Graml/Klaus-Dietmar Henke* (Hrsg.), Nach Hitler. Der schwierige Umgang mit unserer Geschichte. Beiträge von Martin Broszat. 2. Auf. München 1987.

[16]) Den Hintergrund dieser Wende in der geschichtswissenschaftlichen Grundlagendiskussion und Möglichkeiten eines pragmatischen Umgangs mit ihr skizzieren überzeugend *Gérard Noiriel*, Sur la „crise" de l'histoire. Paris 1996, sowie *Helmut Walser Smith*, Geschichte zwischen den Fronten. Meisterwerke der neuesten Geschichtsschreibung und postmoderne Kritik, in: GG 22, 1996, 592–608; einen Literaturüberblick liefert u.a. *Ute Daniel*, Clio unter Kulturschock. Zu den aktuellen Debatten der Geschichtswissenschaft, in: GWU 48, 1997, 195–208 u. 259–278.

- Den Historikern und Historikerinnen wird eine große Bedeutung bei der Stabilisierung der Hegemonieverhältnisse im untergegangenen Regime zugetraut und deshalb ihre individuelle und kollektive Verantwortung deutlich herausgestellt.
- Die professionelle Verwandtschaft der Urteilenden mit den Beurteilten legt nahe, die Grenze zwischen der distanzierenden quellengeschärften Analyse des Historikers und dem Votum des engagierten *citoyen* zu verwischen.

Diese beiden Spezifika führen noch stärker als in anderen Bereichen zu harschen Aussagen, die vom Einzelnen zügig zum Allgemeinen voranschreiten und damit einer kritischen Historisierung eher im Wege stehen.

Indem die Geschichtsschreibung als „Legitimationswissenschaft" *ausschließlich* unter dem Aspekt ihrer Zugehörigkeit zum machtbewahrenden Elitendiskurs betrachtet wird, läßt sich ihre Geschichte konzeptionell als eine Geschichte der Unterwerfung, der Anpassung und der Dienstbarkeit bändigen und eine Gegengeschichte der Verweigerung und Opposition entwerfen. Daß die Dinge weit komplizierter liegen, müßten die an der Debatte Beteiligten allein durch die Reflexion ihrer eigenen Berufspraxis wissen. Inzwischen liegen auch genügend Erlebnisberichte von DDR-Historikern vor, um die Breite individueller Erfahrungen nachvollziehen zu können.[17]) Die Spannungen zwischen (zunehmend auch international induzierter) fachlicher Eigendynamik und politischen Verwertungsintentionen, zwischen methodischen (Auf-)Brüchen und den geschichtskulturell vermittelten Erwartungen des Publikums lassen sich nicht auf die unleugbar starken Steuerungsversuche der (Wissenschafts-)Politik eingrenzen. Sie mit in die Betrachtung einbeziehen heißt aber, von einer unilinearen Interpretation Abschied zu nehmen. Dies schließt auch ein, einzelne Etappen auf Handlungsspielräume zu prüfen und (verpaßte oder lediglich von einigen wenigen genutzte) Alternativmöglichkeiten in eine Interpretation einzubeziehen, die nicht von vornherein durch eine Festlegung der Laufrichtung der historischen Vorgänge geschlossen wird.

Der folgende Beitrag versucht einen solchen Rückgewinn von Historisierung in verschiedene Richtungen auszubauen: Erstens mit einer methodischen Betrachtung über die verschiedenen Ebenen, auf denen sich Historiographie und historische Selbstverständigung einer Gesellschaft abspielen. Sowohl die Diskussion um die von Max Weber und anderen vorgeschlagene Idee der Aus-

[17]) Um einige zu nennen: *Walter Markov*, Zwiesprache mit dem Jahrhundert. Berlin 1989; *Karlheinz Blaschke*, Geschichtswissenschaft im SED-Staat. Erfahrungen eines „bürgerlichen" Historikers in der DDR, in: PolZG B 17/18, 1992, 14–27; *Guntolf Herzberg/Klaus Meier* (Hrsg.), Karrieremuster. Wissenschaftlerporträts. Berlin 1992; *Thomas Grimm* (Hrsg.), Was von den Träumen blieb. Eine Bilanz der sozialistischen Utopie. Berlin 1993; *Jürgen Kuczynski*, Ein linientreuer Dissident. Memoiren 1945–1989. Berlin 1992; *Karl-Heinrich Pohl* (Hrsg.), Historiker in der DDR. Göttingen 1997. Hinzuzufügen wären die zahlreichen Beiträge von DDR-Historikern in der Debatte um ihre Geschichtswissenschaft, die in beinahe jedem Falle autobiographische Perspektiven mit enthalten.

differenzierung moderner Gesellschaften[18]) als auch die Braudelsche Konzeptualisierung verschiedener Zeitformen[19]), in denen sich soziale Systeme historisch bewegen, legen den Schluß nahe, daß sich die Elemente so komplexer Phänomene wie Geschichtswissenschaft und Geschichtskultur keineswegs im „Gleichschritt“ bewegen. Die Individuen, die lokalen, regionalen und „nationalen“ Formationen (wie Institute und akademische Diskursgemeinschaften), die Medien, die Gattungen historischer Darstellung und die Rezeptionsmuster, die Vereine und Verbände, die Wissenschafts- und die Geschichtspolitik gehorchen unterschiedlichen Konjunkturen in ihrer Entwicklung. Eine Periodisierung, die diese verschiedenen Ebenen in eine zeitliche Konkordanz bringt, muß – wie jede Periodisierung – als nachträglich ordnende Konstruktionsleistung erkennbar bleiben, sollen nicht die vielfältigen zuwiderlaufenden Erinnerungen der Beteiligten platt als mangelnde Einsicht denunziert werden.

Geschichtswissenschaft wird dabei als System der Identitätsmerkmale, die sich aus konsensfähigen Verfahren und den Ordnungssystemen für ein fachspezifisches Wissen ergeben, der innerfachlichen Beziehungen und der über Geschichtskultur und Geschichtspolitik einerseits und soziale Bedingungen für institutionell betriebene Wissenschaft vermittelten Bezüge zur Umwelt der Disziplin andererseits betrachtet.[20])

In einem zweiten Teil sollen die Konstitutionsfaktoren der jetzigen Erwägungen über Periodisierungsfragen mit der Selbstwahrnehmung der Akteure vorzugsweise in den achtziger Jahren konfrontiert werden. Dies erscheint mir schon deshalb reizvoll, weil es in dieser Zeit eine auffällige Zunahme des Interesses an der *Historisierung* von DDR-Geschichtswissenschaft[21]) gab.

In einem dritten Abschnitt wird der Versuch unternommen, die im ersten Teil entwickelten Überlegungen auf die Geschichtswissenschaft in der DDR anzuwenden. Beim gegenwärtig erreichten Stand der empirischen Aufarbeitung kann dies nicht anders als in Form eines heuristischen Entwurfs gesche-

[18]) Daran für die DDR ausgerichtet die Interpretation von *Sigrid Meuschel*, Legitimation und Parteiherrschaft. Zum Paradox von Stabilität und Revolution in der DDR 1945–1989. Frankfurt am Main 1992.

[19]) Vgl. dazu resümierend: *Carlos Antonio Aguirre Rojas*, Die „longue durée“ im Spiegel, in: Comparativ. Leipziger Beiträge zur Universalgeschichte und vergleichenden Gesellschaftsforschung 6, 1996, H. 1, 71–89.

[20]) Eine solche Bestimmung orientiert sich auf der einen Seite an den Studien zur kognitiven, sozialen und historischen Identität, die Wolf Lepenies zur Soziologiegeschichte versammelt hat (vgl. *Wolf Lepenies* [Hrsg.], Geschichte der Soziologie. 4 Bde, Frankfurt am Main 1981) und auf der anderen Seite an den in den letzten Jahren zahlreicher gewordenen Bemühungen, Geschichtswissenschaft in bezug zur sozial breiteren Auseinandersetzung mit Geschichte zu setzen (vgl. etwa die zahlreichen Hinweise in: *Wolfgang Küttler/Jörn Rüsen/Ernst Schulin* [Hrsg.], Geschichtsdiskurs. Bd. 1–4. Frankfurt am Main 1993–1997, hier Bd. 1: Grundlagen und Methoden der Historiographiegeschichte).

[21]) Zur Bedeutung der Unterscheidung zwischen DDR-Geschichtswissenschaft und Geschichtswissenschaft in der DDR: *Gerald Diesener*, „DDR-Historiker“ oder „Historiker in der DDR“, in: Berliner Debatte Initial H. 3, 1996, 71–77.

hen. Dieser Vorschlag verfolgt also nicht den Zweck, eine gerade erst begonnene Debatte voreilig abzuschließen. Vielmehr dürfte es an dem nunmehr erreichten Punkt der Diskussion um die Historiographie in der DDR, der durch eine gewisse Erschöpfung der Beurteilungsdebatten wie durch die Abgrenzung einzelner spezialisierter Forschungsfelder gekennzeichnet scheint, sinnvoll sein, Ordnungsentwürfe und Operationalisierungsvorschläge zu unterbreiten, die einer Dichotomie von ganzheitlicher Deutung und Empirismus entgegenwirken.

I.

Auf sich selbst angewandt, bestreitet der Geschichtswissenschaft zwar niemand die Historizität, einigermaßen Uneinigkeit herrscht jedoch über die Frage, ob es überhaupt gültige Periodisierungskriterien geben kann. D.h., zwischen dem chronologisch geordneten Nacherzählen der Historiographiegeschichte, bei dem Autoren und ihre großen Werke einander ablösen, und einem Ordnungsentwurf für diese Vielfalt besteht zwar der enge Zusammenhang von Material und Deutung, aber eben auch der Unterschied zwischen beiden.

Bemühungen, die Geschichtlichkeit der Geschichtswissenschaft im einzelnen zu erhellen, sind mit Paradigmen- oder Perspektivenwechseln verbunden: In Deutschland war es nicht zufällig Karl Lamprecht, der als einer der ersten ein großangelegtes Programm zur Historiographiegeschichte unter seinen Doktoranden betrieb.[22]) Sein Scheitern im Methodenstreit[23]) begrub auch den parallelen Versuch, die Historizität als Argument für eine erneuerte Historik zu verwenden. So ist die Konjunktur der Geschichte von Geschichtswissenschaft relativ jungen Datums und eng mit dem Versuch einer Überwindung dessen, was man als Historismus kritisiert hat[24]), verbunden. Es verwundert kaum, daß eine so junge Teildisziplin, deren selbständige Institutionalisierung

[22]) Siehe hierzu die frühen Hinweise bei *Karl Lamprecht,* Alternative zu Ranke. Schriften zur Geschichtstheorie. Hrsg. v. Hans Schleier. Leipzig 1988, und *Horst Walter Blanke*, Historiographiegeschichte als Historik. Stuttgart-Bad Cannstatt 1991, sowie die Untersuchung der 361 Dissertationen, an deren Betreuung und Bewertung Lamprecht beteiligt war, bei *Gerald Diesener,* Karl Lamprecht und die Leipziger Universität, in: ders. (Hrsg.), Karl Lamprecht weiterdenken. Universal- und Kulturgeschichte heute. Leipzig 1993, 17–30.

[23]) *Lutz Raphael*, Historikerkontroversen im Spannungsfeld zwischen Berufshabitus, Fächerkonkurrenz und sozialen Deutungsmustern. Lamprechtstreit und französischer Methodenstreit in vergleichender Perspektive, in: HZ 251, 1990, 325–363.

[24]) Zur Entspannung der Diskussion um die aneinander vorbeilaufenden Historismus-Definitionen gerade in Deutschland: *Georg G. Iggers*, Historismus im Meinungsstreit, in: Otto Gerhard Oexle/Jörn Rüsen (Hrsg.), Historismus in den Kulturwissenschaften. Köln/Weimar/Wien 1996, 7–28, und *Gunter Scholz* (Hrsg.), Historismus am Ende des 20. Jahrhunderts. Eine internationale Diskussion. Berlin 1997.

noch dazu dadurch gehindert wird, daß ein jeder Historiker die Darstellung der Forschungstradition, auf die er sich beruft, als seine genuine Aufgabe begreift und nicht an einen teilautonomen Bereich „Geschichte und Methodologie der Historiographie" delegiert sehen möchte, über ihre Kriterien und Kategorien noch weitgehend uneins ist.

Diese späte Entwicklung hängt einerseits damit zusammen, daß von der allgemeinen Wissenschaftstheorie Impulse ausblieben, weil diese „lange Zeit, um die Geschichtlichkeit ihres Gegenstandes unbekümmert, eine überhistorische Metamethodologie der Wissenschaften systematisch zu konstruieren" versuchte.[25]) Erst Kuhns These vom Paradigmenwechsel und die anschließende Debatte seit den sechziger Jahren veränderte dies grundlegend und öffnete das internationale Interesse an wissenschaftsgeschichtlicher Selbstreflexion, natürlich nicht nur in West, sondern auch in Ost, wenn auch auf je spezifische Weise. Die Behauptung des Marxismus-Leninismus, eine den Positivismus wie den Historismus überwindende historische Metatheorie darzustellen, beförderte zweifellos die Reflexionsbereitschaft, wie zahlreiche internationale Kongresse und vielfältige Publikationen belegen.[26]) Das Hase- und Igelspiel, bei dem die marxistisch-leninistischen Igel den Frohsinn und die Spannung mit der Behauptung beseitigten, auf immer die Sieger zu sein, beschädigte jedoch diese Konjunktur so weit, daß manche Hasen nie wieder um die Wette laufen wollen – jedenfalls nie wieder mit Igeln.

Andererseits gehörte die Historiographiegeschichte lange Zeit faktisch in den Bereich der traditionellen Geistesgeschichte und teilte deren reduktionistische Begeisterung für große Männer und Ideen. Die Sozialgeschichte von Literatur, auch wissenschaftlicher, und von Institutionen, auch wissenschaftlichen, ist ein jüngerer Zweig am Baum der Erkenntnis. Die methodischen Konsequenzen für eine komplexe Geschichte der Geschichtswissenschaft sind doppelter Natur und keineswegs selbstverständlich, wie ein Blick auf einschlägige Konferenzen, Projekte und Publikationen belegt.[27])

[25]) *Blanke*, Historiographiegeschichte (wie Anm. 22), 24.

[26]) Für die DDR-Gesellschaftswissenschaften zusammenfassend: *Ernst Engelberg/Wolfgang Küttler* (Hrsg.), Formationstheorie und Geschichte. Studien zur historischen Untersuchung von Gesellschaftsformationen im Werk von Marx, Engels und Lenin. Berlin 1978; *Wolfgang Küttler* (Hrsg.), Das geschichtswissenschaftliche Erbe von Karl Marx. Berlin 1983; *ders.* (Hrsg.), Gesellschaftstheorie und geschichtswissenschaftliche Erklärung. Berlin 1985. Im Rückblick: *ders.*, Geschichtstheorie und -methodologie in der DDR, in: ZfG 42, 1994, 8–20.

[27]) Vgl. das Bielefelder Projekt „Geschichtsdiskurs" (vgl. *Küttler/Rüsen/Schulin* [Hrsg.], Geschichtsdiskurs [wie Anm. 20]) oder den Sammelband *Ernst Schulin* (Hrsg.), Deutsche Geschichtswissenschaft nach dem Zweiten Weltkrieg (1945–1965). München 1989; auch *Georg G. Iggers*, Geschichtswissenschaft im 20. Jahrhundert. Göttingen 1993, bleibt in der Analyse von Konzepten und theoretisch-methodologischen Diskussionen befangen. Dagegen, wenn auch aus der Sondersituation einer stark zentralisierten Wissenschaftslandschaft

Die erste Konsequenz ist eine Auffächerung in verschiedene Problemdimensionen oder Ebenen des Systems Historiographie[28]), unter denen man etwa die folgenden unterscheiden könnte:

1. Die Geschichte der historiographischen Großkonzepte, der Methodendiskussion, der Makroerklärungen – auf diesen Bereich konzentriert sich die ältere Historiographiegeschichte zumeist.
2. Die Geschichte der historiographischen Praxis, des Einlösens oder Ignorierens der behaupteten Konzepte. Auf dieser Ebene müßte es um eine vom Vorurteil zugeschriebener Bedeutsamkeit des einzelnen Produkts einer Historiographie befreite serielle Analyse der Gesamtheit geschichtswissenschaftlicher Produktion gehen. Hieraus ergäben sich bisher zumeist ignorierte Einsichten in die tatsächlichen quantitativen Schwerpunkte. Oftmals wird in der historiographiegeschichtlichen Praxis diese zweite Ebene jedoch durch einen Kniff auf die erste reduziert: indem aus einer nicht schärfer umrissenen Teilmenge historischer Publikationen ein „dominierendes" Geschichtsbild konstruiert und auf zugrundeliegende Konzepte zurückgeführt wird. Es liegt auf der Hand, daß Arbeiten zu dieser zweiten Ebene arbeitsintensiv sind und kaum in der herkömmlichen Ein-Personen-Manufaktur zu erledigen sind.[29])
3. Das Verhältnis der Geschichtswissenschaft zur Geschichtskultur, wobei die Relation zur Politik, genauer zur Geschichtspolitik, eine Teilmenge dieses Problems ist.[30])
4. Die Geschichte der Institutionen professionalisierter Geschichtsschreibung einschließlich der zentralen Instanzen des Kommunikationsraumes Historiographie (Zeitschriften[31]), Kongresse[32]), zentrale Gremien der Ressour-

schöpfend: *Pierre Bourdieu*, Homo academicus. Frankfurt am Main 1984, der wiederum die intellektuellen Verknüpfungen hintanstellt.

[28]) Vgl. zu einer Auffächerung in Typen der Historiographiegeschichte auch *Horst Walter Blanke*, Typen und Funktionen der Historiographiegeschichtsschreibung. Eine Bilanz und ein Forschungsprogramm, in: Küttler/Rüsen/Schulin (Hrsg.), Geschichtsdiskurs (wie Anm. 20), Bd. 1, 191–211; *Ernst Schulin*, Synthesen der Historiographigeschichte, in: Konrad H. Jarausch/Jörn Rüsen/Hans Schleier (Hrsg.), Geschichtswissenschaft vor 2000. Perspektiven der Historiographiegeschichte, Geschichtstheoie, Sozial- und Kulturgeschichte. Festschrift Georg G. Iggers. Hagen 1991, 151–163.

[29]) Die Nutzung moderner historischer Datenbanken würde hier einen Ausweg bilden, wenn sie mit einer entsprechenden kritischen Bewertung der Einträge verbunden würde.

[30]) Einen ausführlichen Forschungsüberblick zum Problem der Geschichtskultur, der hier nicht referiert werden muß, gibt *Otto Gerhard Oexle*, Memoria als Kultur. Göttingen 1995; vgl. auch *Wolfgang Hardtwig*, Geschichtskultur und Wissenschaft. München 1990. Der Begriff der Geschichtspolitik ist besonders im Zusammenhang mit den Auseinandersetzungen um die staatliche Erinnerungskultur der Bundesrepublik gegenüber dem Nationalsozialismus und der Shoa geläufig geworden: *Peter Reichel*, Politik mit der Erinnerung. Gedächtnisorte im Streit um die nationalsozialistische Vergangenheit. München/Wien 1995.

[31]) Eine auch quantifizierende Auswertung historischer Zeitschriften verknüpft mit prosopographischen Studien zum Historikerfeld, in dem diese Zeitschriften etabliert sind, führt methodisch vorbildhaft vor: *Lutz Raphael*, Die Erben von Bloch und Febvre. „Annales"-

cenverteilung[33]) etc.) – Hieraus läßt sich die institutionelle Machtverteilung in einem System Historiographie ablesen.

5. Die Sozialgeschichte der Träger einer Historiographie, wobei Sozialgeschichte (quasi in der Erweiterung) das kulturgeschichtliche Psychogramm einzelner Gruppen und vor allem Generationen[34]) einschließt. In der Sprache Bourdieus geht es auf dieser Ebene also um die Ermittlung des sozialen und kulturellen Kapitals, das in den internen Auseinandersetzungen einer Geschichtswissenschaft mobilisiert werden kann.[35])
6. Schließlich bilden die diskursiven Selbstdarstellungsformen einer Historiographie eine nicht zu unterschätzende Analyseebene: Sie geben Aufschluß über die Verteilung der Sprecherqualitäten innerhalb des Systems Historiographie, über das Umschlagen unterschiedlicher Interessen und Konzepte in tatsächliche intellektuelle oder institutionelle Konflikte. Vor allem aber gestatten sie jene über Sprache realisierten Zwänge bewußt zu machen, die den im Diskurs befangenen Sprechern nicht bewußt sein können.

Der Versuch, ein solch komplexes Programm auf ein lineares Zeitverständnis zu projizieren, muß scheitern. Unsere Erfahrung lehrt, daß die Veränderungen in einer Ebene nicht ohne weiteres auf solche in einer anderen zurückzuführen sind, wenngleich wir dies aus Darstellungsgründen, die ein allgemeines Bedürfnis nach Komplexitätsreduktion reflektieren, auch angenehmer fänden. Die Schlußfolgerung, die in ihrer allgemeinen Form wohl viele Historiker unterschreiben würden, stößt gleichwohl auf die zügige Bereitschaft, sie

Geschichtsschreibung und „nouvelle histoire" in Frankreich 1945–1980. Stuttgart 1994. Es erstaunt für die DDR-Historiographie, daß die Zeitschrift für Geschichtswissenschaft – immerhin eine Art Zentralorgan – bisher keine systematische Auswertung gefunden hat. Vgl. dazu *Matthias Middell*, DDR-Historiker und Frankreich, in: Berliner Debatte Initial. H. 3, 1996, 77–85.

[32]) *Gerald Diesener/Matthias Middell* (Hrsg.), Historikerkongresse im Vergleich. Leipzig 1997.

[33]) Eher das Problem politischer Ressourcensteuerung betrachtend: *Ulrich Neuhäußer-Wespy*, Der Parteiapparat als zentrale Lenkungsinstanz der Geschichtswissenschaft der DDR in den fünfziger und sechziger Jahren, in: Martin Sabrow/Peter Th. Walther (Hrsg.), Historische Forschung und sozialistische Diktatur. Beiträge zur Geschichtswissenschaft der DDR. Leipzig 1995, 144–179, während *Siegfried Lokatis* dem Verlags- und Druckgenehmigungswesen in der DDR eine eher an ökonomische Kriterien ausgerichtete Funktion zuordnet (vgl. *ders.*, Einwirkungen des Verlagssystems auf die geschichtswissenschaftliche Forschung der DDR, in: ebd. 180–194, sowie seinen Beitrag in diesem Band).

[34]) Vgl. hierzu allgemein *Irmline Veit-Brause*, Paradigms, Schools, Traditions. Conceptualizing Shifts and Changes in the History of Historiography, in: Storia della Storiografia 15, 1990, 50ff.

[35]) Vgl. hierzu für die Wissenschaftsgeschichte der DDR vor allem die Untersuchungen von *Ralph Jessen*, Professoren im Sozialismus. Aspekte des Strukturwandels der Hochschullehrerschaft in der Ulbricht-Ära, in: Hartmut Kaelble/Jürgen Kocka/Hartmut Zwahr (Hrsg.), Sozialgeschichte der DDR. Stuttgart 1994, 217–253; *ders.*, Zur Sozialgeschichte der ostdeutschen Gelehrtenschaft (1945–1970), in: Sabrow/Walther (Hrsg.), Historische Forschung (wie Anm. 33), 121–143.

beiseite zu schieben, weil eine weniger komplexe Darstellung immer noch besser als gar keine sei.[36]) Eine Notlösung ist in solchen Fällen der Sammelband, in dem die Ebenen getrennt voneinander behandelt werden können.

Es geht als zweite Konsequenz aus der Forderung nach einer komplexen Historiographiegeschichte also um die Anerkennung differenter Zeiten und Geschwindigkeiten in dieser Geschichte. Aus dieser Überlegung folgt aber eine weitere. Wir können zwar ex post ein Zusammenspiel der Zustände auf den verschiedenen Ebenen konstatieren, das die geschehene Geschichte bildet. Daraus ergibt sich aber keineswegs zwingend, daß nur *diese* Entwicklung möglich war. Man muß nicht soweit gehen, jeden Ausgang der Geschichte für möglich zu halten. Aufbau und Verfall von Strukturen im Zuge von Entwicklungen, die sich auf mehreren Ebenen und mit verschiedenen Geschwindigkeiten abspielen, führen jedoch zu einem Wechsel von Alternativsituationen einerseits, in denen die Akteure die Chance haben, grundsätzliche Weichenstellungen zu betreiben, und von strukturell relativ stabilen Zeiten andererseits, in denen eine vorgezeichnete Bahn den Handlungsrahmen für die Akteure bildet.

Zum dritten schließlich, dies sollte ebenfalls nicht übersehen werden, fallen für den Historiographiehistoriker wissenschaftlicher Gegenstand und individueller Erfahrungshorizont in starkem Maße zusammen. Insofern trägt diese historische Teildisziplin immer auch – beinahe unvermeidlich – den Charakter einer Selbstlegitimation. Eine gewisses Maß an Teleologie gehört denn auch zu den meisten historiographiegeschichtlichen Darstellungen, soweit sie sich nicht auf die reine Kritik fremder Positionen beschränken, so daß der Verweis auf eine leistungsfähigere „Matrix“[37]) implizit bleibt.

Historiographiegeschichte wird zumeist – sei es implizit oder explizit – mit dem Anspruch betrieben, Historik zu sein oder wenigstens ihr als Grundlage zu dienen. Indes führt der Umkehrschluß, es handele sich mithin lediglich um ein Instrument zur Begründung aktueller Geschichtsschreibung und soziopolitisch-historiograpischer Positionsbestimmungen, in die Irre. Der Einbruch der Diskurstheorie in das Methodenspektrum der Historiker hat größere Auf-

[36]) Dies das zentrale Argument bei *Ilko-Sascha Kowalczuk*, Legitimation eines neuen Staates. Parteiarbeiter an der historischen Front. Geschichtswissenschaft in der SBZ/DDR 1945 bis 1961. Berlin 1997. Der Band erschien nach Abschluß der Arbeit an diesem Aufsatz. Die darin anzutreffenden unterschiedlichen Periodisierungsansätze, die an keiner Stelle abgeglichen werden, belegen aber die hier einleitend vorgestellte These, auch wenn Kowalczuk selbst meint, die Charakterisierung einer in Raum und Zeit homogenen DDR-Historikerschaft vorzulegen.

[37]) Vgl. dazu Rüsens vielfältige Begründungen u.a. in: *Jörn Rüsen*, Historische Vernunft. Grundzüge einer Historik I: Die Grundlagen der Geschichtswissenschaft. Göttingen 1983; *ders.*, Rekonstruktion der Vergangenheit. Grundzüge einer Historik II: Die Prinzipien der historischen Forschung. Göttingen 1986; *ders.*, Lebendige Geschichte. Grundzüge einer Historik III: Formen und Funktionen des historischen Wissens. Göttingen 1989.

merksamkeit auf die Benutzung von Historiographiegeschichte für die indirekte Positionsbesetzung im akademischen Feld gelenkt.[38]) Es gehört inzwischen zu den mit Aufmerksamkeit beobachteten Phänomenen in zeitgeschichtlichen Intellektuellen-Auseinandersetzungen, wie über Traditionskonstruktion Legitimitätsgewinn gesteuert wird.[39]) Es hieße indes das Kind mit dem Bade ausschütten, Historiographiegeschichte aufgrund dieses Zusammenhangs restlos unter den Verdacht zu stellen, sie sei allein den Bemühungen um Situierung im akademischen Feld geschuldet[40]), und ihr faktisch den Status als wissenschaftliche Subdisziplin abzusprechen.

Die Erörterung der Geschichte der Geschichtswissenschaft in der DDR bietet insofern eine Chance, der Geschichte der Geschichtswissenschaft als nicht-instrumentellem Selbstreflexionsprozeß einen Schub zu verleihen, als

a) sie auf eine seit beinahe zwanzig Jahren laufende Diskussion zurückgreifen kann, in der das Ende des politischen Systems des DDR-Sozialismus eine klare Zäsur bildet;

b) jener eindeutige Zusammenbruch die Verführung gering hält, undistanziert diese Geschichte als Erfolgsgeschichte zu deuten und etwa an ihre „Wesenheiten" im Sinne der Formulierung einer zukunftsträchtigen Historiographie anknüpfen zu wollen. Dies heißt nicht notwendigerweise, daß es nicht auch weiterführende Gesichtspunkte in der Geschichte dieser Historiographie aufzudecken gäbe. Aber das Forschungsinteresse richtet sich in jedem Fall auf einen primär abgeschlossenen Gegenstand;

c) erhebliche personale und materielle Forschungsressourcen auf diesen Gegenstand konzentriert werden.[41])

[38]) Vgl. *Edoardo Tortarolo*, Intellectual History and Historiography, in: Intellectual News. Newsletter of the International Society for Intellectual History 1, 1996, 17.

[39]) Eine vorzügliche Aufarbeitung des Zusammenspiels von Kämpfen um materielle Ressourcen mit jenen um Prestige und der entsprechenden kollektiven Diskursstrategien bietet anhand des Bicentenaire der Französischen Revolution *Steven L. Kaplan*, Adieu 89. Paris 1993; für die DDR betrachten dies: *Rainer Land/Ralf Possekel*, Namenlose Stimmen waren uns voraus. Politische Diskurse von Intellektuellen in der DDR. Bochum 1994.

[40]) *Manfred Hettling*, Hure oder Muse, Beamter oder nicht?, in: Comparativ 5, 1995, H. 1, 147–154.

[41]) Dies scheint mir ein entscheidender Unterschied zur Diskussion in anderen ehemals realsozialistischen Ländern zu sein. Mit überdurchschnittlichem Aufwand wird im Fall der DDR über die moralische Qualität des Historikerdaseins und die wissenschaftlichen Erträge gestritten. Der Schluß liegt nahe, daß sich dies aus einem „Sonderfall DDR-Historiographie" erklären ließe, wo die Geschichtswissenschaft in besonders engem Maße mit dem politischen System verbunden gewesen ist und eine unabhängige Geschichtsschreibung neben der marxistisch-leninistischen nur in marginalen Ansätzen existieren konnte. Zumindest als Frage sei angemerkt, ob nicht auch der umgekehrte Schluß möglich ist. Handelte es sich vielleicht bei den Bedingungen, unter denen die Beschäftigung mit der DDR-Geschichtswissenschaft nach ihrem Ende in Gang kam, um das (im Vergleich zu Polen, der Tschechoslowakei, Ungarn, Rumänien, Bulgarien, der Sowjetunion usw.) Besondere, das die Besonderheit in der DDR erst hervortreten läßt. Die traditionell verankerte Neigung zur historiographiegeschichtlichen und methodologischen Reflexion in Deutschland (Ost wie

Wo von Chancen die Rede ist, sind natürlich auch Gefahren zu benennen. Unter diesen lassen sich die folgenden drei vielleicht als besonders hervorstechend aufführen:

a) in den Strudel einer sich primär als Orientierungswissenschaft verstehenden, moralisierenden Zeitgeschichte gerissen zu werden und das Erklärungsinteresse hinter der didaktischen Absicht einer Warnung vor der Korruptionsmacht von Diktaturen oder vor dem Wiederaufleben der alten Eliten und ihrer Strukturen verschwinden zu lassen[42]);

b) sich von der Vorliebe für die Akten des politischen Lenkungsapparates und der Repressionsorgane, die sich aus der dominierenden Richtung der DDR-Forschung erklärt, einen andersartigen, gleichwohl ebenfalls problematischen Reduktionismus aufdrängen zu lassen[43]);

c) sich abzulösen von der Theoriediskussion auf anderen Gebieten der Historiographiegeschichte, quasi einen Gegenstand sui generis zu kreieren und ihm von vornherein Unvergleichlichkeit zu attestieren.

Die Überlegungen dieses ersten Abschnittes lassen sich etwa folgendermaßen zusammenfassen: Eine kritische Historisierung der Geschichtswissenschaft in der DDR verlangt ein genetisches Vorgehen. Hierbei können wir uns angesichts der Mehrdimensionalität des Gegenstands nicht mit einer linearen Zeitvorstellung begnügen. Es ergeben sich Verwerfungen, die nicht mit einem Erklärungsansatz, der auf die Erfassung eines zeitunabhängigen „Wesens" der DDR-Historiographie abzielt, zu verstehen sind. Es könnte statt dessen für die Überwindung linearer Vorstellungen von unaufhaltsamem Fortschritt oder unvermeidlichem Verfall sinnvoll sein, mit der Konstruktion von Alternativsituationen zu experimentieren, in denen den Akteuren tatsächlich ein größerer Handlungsspielraum zur Verfügung stand. An die Nutzung dieser Spiel-

West) und der abrupte Elitenwechsel in der früheren DDR sind jedenfalls Momente, die die heutige ostdeutsche Situation von der in den östlichen Nachbarländern unterscheiden. Am Ende wird man wohl die Antwort auf diese Frage in der Mitte zwischen beiden möglichen Erklärungsstrategien suchen müssen und das schwierige Verhältnis zur Nation in Ostdeutschland gesondert in Rechnung zu stellen haben. Vgl. Le métier d'historien dans l'Est d'Europe. Paris 1993, und die im Beitrag von *Georg G. Iggers* und *Frank Hadler* in diesem Band genannte Literatur.

[42]) Um nur auf drei Positionen dazu zu verweisen: R. Possekel deutet rasche Historisierung und energische Warnung vor den Schatten der Vergangenheit als zwei interessengeleitete Strategien spezifischer Gruppen aus der ehemaligen Historikerschaft der DDR zum Umgang mit dem Gestern für die Positionierung in der Zukunft. M. Sabrow verweist auf die Widersprüche in der Argumentation von R. Eckert, der einen Ehrenkodex für Historiker fordert, und möchte doch die Diskussion um die minima moralia nicht vorzeitig abgebrochen sehen.

[43]) Auf die entsprechenden Gefahren weist nachdrücklich und nicht zufällig im Kontext des Berliner Streites um den Forschungsverbund „SED-Staat" hin: *Hermann Weber*, „Asymmetrie" bei der Erforschung des Kommunismus und der DDR-Geschichte? Probleme mit Archivalien, dem Forschungsstand und bei den Wertungen, in: PolZG B 26, 1997, 3–14.

räume ließe sich auch ein weniger rein moralisches als vielmehr historisches Urteil knüpfen.

II.

Ein Blick auf die Untersuchungen zur Geschichtswissenschaft in der DDR hinsichtlich der hier in den Mittelpunkt gerückten Historizität ihres Gegenstandes ergibt einen erstaunlichen Befund.

Vor 1989 läßt sich nämlich – ganz im Gegensatz zum vorherrschenden Eindruck für die Literatur nach 1989 – durchaus eine etablierte Diskussion um Perioden und Zäsuren ausmachen, und zwar in Ost wie West. Die Diskussion in der DDR reichte etwa vom Anfang bis zur Mitte der achtziger Jahre. Teilnehmer waren vor allem die Leipziger Historiographiehistoriker Werner Berthold[44]) und Hans Schleier[45]) sowie der Direktor des Berliner Akademie-Instituts für deutsche Geschichte, Walter Schmidt[46]), der eine Reihe von Dissertationen zur Formierung der Historiographie in den fünfziger und sechziger Jahren[47]) angeregt hatte. Für die westdeutschen Periodisierungsversuche kön-

[44]) Neben den beiden von Werner Berthold herausgegebenen thematischen Sonderheften der Wissenschaftlichen Zeitschrift der Karl-Marx-Universität Leipzig, Nr. 4, 1980 und Nr. 6, 1982: *Werner Berthold*, Zum Problem einer Gesamtdarstellung der Geschichte der Geschichtswissenschaft – Diskussionsgrundlage, in: Wissenschaftliche Mitteilungen der Historiker-Gesellschaft der DDR 1984, H. 1, 18–66; *ders.*, Zur Entwicklung der marxistisch-leninistischen Geschichtswissenschaft zu einer voll entfalteten wissenschaftlichen Spezialdisziplin, in: BzG 26, 1984, 13–24; *ders.*, Zur Geschichte der Geschichtswissenschaft der DDR. Vorgeschichte, Konfrontationen und Kooperationen, in: Schulin (Hrsg.), Deutsche Geschichtswissenschaft (wie Anm. 27), 39–53.

[45]) *Hans Schleier*, Zur Entwicklung der marxistisch-leninistischen Geschichtswissenschaft der DDR, in: Hauptetappen und Probleme der Geschichtswissenschaft der DDR. Berlin 1982, 5ff.

[46]) *Walter Schmidt*, Forschungen zur Geschichte der marxistisch-leninistischen Geschichtswissenschaft der DDR, in: BzG 21, 1979, 342ff; *ders.*, Zur Geschichte der DDR-Geschichtswissenschaft vom Ende des zweiten Weltkrieges bis zur Gegenwart. Voraussetzungen, Leitlinien, Etappen, Schwerpunkte der institutionellen und der Forschungsentwicklung, historiographiegeschichtlicher Forschungsstand, in: BzG 27, 1985, 614–633; *ders.*, Forschungsstand und Forschungsprobleme der Geschichte der DDR-Geschichtswissenschaft, in: BzG 29, 1987, 723–733.

[47]) *Helmut Heinz*, Zur Entwicklung der marxistisch-leninistischen Geschichtswissenschaft der DDR vom III. Parteitag bis zur II. Parteikonferenz der SED (Juli 1950 – Juli 1952). Diss. A Berlin 1977 (Ms.); *Horst Haun*, Zur Entwicklung der marxistisch-leninistischen Geschichtswissenschaft der DDR von der II. Parteikonferenz bis zum IV. Parteitag der SED (Juli 1952 – März 1954). Diss. A Berlin 1979 (Ms.); *Uwe Fischer*, Zur Rolle des Autorenkollektivs für das Lehrbuch der deutschen Geschichte im Formierungsprozeß der marxistisch-leninistischen Geschichtswissenschaft der DDR (1952–1955). Diss. A Berlin 1981 (Ms.); *Horst Helas*, Zur Rolle des Autorenkollektivs für das Lehrbuch der deutschen Geschichte im Formierungsprozeß der marxistisch-leninistischen Geschichtswissenschaft der DDR (Mitte 1955 – Mitte 1958). Diss. A Berlin 1985 (Ms.).

nen die Publikationen von Günther Heydemann, Christina von Buxhoeveden und Alexander Fischer aus etwa dem gleichen Zeitraum herangezogen werden.[48]) Diese Diskussionen können als Abschluß der *Konstruktion* einer DDR-Geschichtswissenschaft von innen und außen angesehen werden, indem dem Konstrukt, das bis dahin vor allem als Anspruch der politischen Führung der DDR existierte, eine facheigene Geschichte attestiert wurde.

Die Diskussionen um die Geschichte der DDR-Geschichtswissenschaft schaffen diese also erst. Spätestens Anfang der achtziger Jahre hatte sich die These allgemein durchgesetzt, daß es eine näher bestimmbare DDR-Historiographie gäbe. Die Motivlage für diese Konstruktion war dabei erkennbar unterschiedlich: In der *DDR* verständigte sich eine Generation, die seit Ende der fünfziger Jahre fachintern das Zepter zu übernehmen begonnen hatte, über ihre Leistungsbilanz. Dabei taten sich erhebliche Widersprüche auf, denn die Vertreter dieser Generation betrieben Geschichte mit unterschiedlicher Bestimmung des Historikerberufes im Verhältnis zur Geschichtspolitik und Geschichtskultur des Landes, befanden sich in unterschiedlicher Position in einem zentralistisch ausgerichteten und hierarchisch organisierten akademischen Feld und schauten bei aller rhetorischen Übereinstimmung mit „marxistisch-leninistischen Grundpositionen" aus sehr verschiedenen Blickwinkeln auf die nationale(n) Meistererzählung(en) der DDR.

Das allgemeine Kriterium für den Aufstieg, das das Erreichte an den ursprünglichen Anspruch zurückbinden sollte, war die Durchsetzung des historischen Materialismus (wahlweise: des Marxismus-Leninismus) als Grundprinzip dieser neuen Historiographie. Genau besehen ließ sich dieses Kriterium allerdings viel eher behaupten als wirklich belegen. Einige Standardüberzeugungen werden gebetsmühlenartig wiederholt: Die Gesetzmäßigkeit historischer Entwicklung ist konstitutive Grundüberzeugung, wobei das Ziel einer klassenlosen und ausbeutungsfreien Gesellschaft für die historiographische Praxis relativ wenig Bedeutung hat, während der Weg hin zu diesem Ziel, der vom Klassenkampf gekennzeichnet war und schließlich in die Diktatur des Proletariats als Vorstufe zum Paradies münden müsse, besonders hervorgehoben wurde; die entscheidende Rolle der progressiven Volksmassen gehörte ebenso zu den immer wiederkehrenden Parametern wie die Revolutionen als Lokomotiven, ohne die der Zug der Weltgeschichte nicht fahren würde.

[48]) *Christina von Buxhoeveden*, Geschichtswissenschaft und Politik in der DDR. Das Problem der Periodisierung. Köln 1980; *Günther Heydemann*, Geschichtswissenschaft im geteilten Deutschland. Entwicklungsgeschichte, Organisationsstruktur, Funktionen, Theorie- und Methodenprobleme in der Bundesrepublik Deutschland und in der DDR. Frankfurt am Main/Bern/Cincinnati 1980; *Alexander Fischer*, Neubeginn in der Geschichtswissenschaft. Zum Verhältnis von „bürgerlichen" und marxistischen Historikern in der SBZ/DDR nach 1945, in: GWU 31, 1980, 149–158.

In der ganzen Diskussion wird nicht geklärt, was damit eigentlich in der Praxis der Geschichtsschreibung gemeint war – die Wahl von Gegenständen oder die Behauptung der durchgängigen Beachtung dieser Grundsätze für jedweden Gegenstand? Bei näherem Hinsehen wird klar, daß die Frage nach der besonderen Aufmerksamkeit für die Volksmassen zwei sehr unterschiedliche Antworten in einem auf Staat und große Männer fixierten Konzept eines marxistischen Historismus einerseits und einem sozialgeschichtlichen Plädoyer für die „Geschichte von unten" hervorrufen konnte. Ähnlich verhält es sich mit dem unausgetragenen Streit zwischen einer eher materialistisch argumentierenden Wirtschafts- und Sozialgeschichte und einer voluntaristischen Politikgeschichte, die kaum eine theoretische Verrenkung scheute, um Ideen wie die von der Avantgardepartei an einen ökonomischen Determinismus zurückzubinden. In der Leistungsbilanz einer mehr als drei Jahrzehnte existierenden marxistisch-leninistischen Geschichtswissenschaft wird denn auch bemerkenswert oft von „Vielfalt" und „Dialektik" gesprochen – Zeichen dafür, daß hier diskursiv behauptete Einheit in Grundannahmen und Methoden bereits in Auflösung begriffen waren, wenn sie denn je den Charakter dieser Geschichtswissenschaft insgesamt bestimmt hätten.[49])

In der Diskussion um die Periodisierung einer Durchsetzung der marxistisch-leninistischen Geschichtswissenschaft blieb die Besetzung von zuerst einmal institutionellen Positionen jenes äußerliche Merkmal, an dem sich beinahe quantifizierend der Fortschritt festmachen ließ, und das zugleich nicht zwang, über die unterschiedlichen theoretischen Perspektiven zu sprechen. Gleichwohl zeigen sich auch hier schnell erhebliche Irritationen, die in verschlüsselter Form Identitätsprobleme der beteiligten Historikergeneration zum Ausdruck bringen. Unklar blieb etwa, inwiefern 1945 eine Art Stunde Null für die Historiographieentwicklung in Ostdeutschland bildete, von der aus die ersten Marxisten ihre Abrechnung mit dem etatistischen Historismus, der seine Blamage in der Kollaboration mit dem Nationalsozialismus erlebt hat, begannen, oder inwieweit auf der anderen Seite eine Kontinuität zu den Ansätzen aus der Zeit vor 1945 bestand.

So plädierte Werner Berthold im Anschluß an Klaus Kinners Habilitationsschrift von 1983 über marxistische Historiographie vor 1945 und seine eigenen Studien zur Volksfronthistoriographie dafür, die Kontinuitäten und Brüche sowohl zu diesen marxistischen Vorläufern als auch zur sogenannten progressiven bürgerlichen Historiographie (Lamprecht, Hinze u. a.) mit heranzuziehen, während für andere Autoren die Idee eines völligen Neuanfangs sakrosankt oder wenigstens unproblematisch zu bleiben schien. Das in seiner

[49]) Vgl. zu dieser Vielfalt möglicher Anschlüsse an Marx und die Marxismen: *Helmut Fleischer* (Hrsg.), Der Marxismus in seinem Zeitalter. Leipzig 1994, und *Alf Lüdtke* (Hrsg.), Was bleibt von marxistischen Perspektiven in der Geschichtsforschung? (Göttinger Gespräche zur Geschichtswissenschaft, Bd. 3.) Göttingen 1997.

Ausdrucksform scholastisch anmutende Problem, inwieweit allein der marxistisch-leninistischen Geschichtsschreibung Wissenschaftscharakter zuzuschreiben wäre, ließ sich für die Aufbaugeneration jedoch nur auf sehr abstrakter Ebene unbefangen eindeutig beantworten, sollte nicht die eigene fachliche Legitimation, die durchweg in einem Studium bei bürgerlichen Gelehrten erworben war, in Zweifel gezogen werden. Das Erbe-Traditions-Schema hat dann eine wenigstens rhetorisch kurzzeitig überzeugende Ausflucht aus dem Dilemma geboten.[50])

Unklar war weiterhin, ob schon die politische Erklärung der SED zur Partei neuen Typus 1948, die Staatsgründung 1949 oder erst der Umbruch 1951 zu einer Renationalisierung des Geschichtsbildes die Zäsur zwischen dem Vorspann und der eigentlichen Durchsetzung des Marxismus-Leninismus in der Historiographie bilden sollte. Während Hans Schleier sich dafür aussprach, die auf die Geschichtswissenschaft, Geschichtskultur und Geschichtspolitik bezogenen Beschlüsse von führenden SED-Funktionären des Jahres 1951 als Zäsur zu setzen, sah Schmidt den Umbruch in den allgemeinen Rahmenbedingungen für die Lösung von Struktur- und Machtfragen an den Hochschulen mit der DDR-Gründung und dem dritten Parteitag der SED als solchen Einschnitt. In diesen Nuancen mag man, wie schon in der Debatte um das Verhältnis zur bürgerlichen Historiographie, Differenzen im Grad der Fixierung auf das Kriterium der geschichtspolitischen Intentionen der SED-Führung sehen und damit auch Unterschiede in der mentalen Bereitschaft, sich auf ein instrumentelles Wissenschaftsverständnis einzulassen. Vor allem aber fiel allen Beteiligten sofort auf, daß diese Erörterung völlig in der Luft hing: „Außer dem ersten Jahr 1945/46 ist noch nichts gründlich bearbeitet ..."[51])

Spätestens an dieser Stelle wird deutlich, daß eine der empirischen Forschung vorauseilende Periodisierungsdiskussion andere Zwecke als die einer positivistischen Bestimmung von Phasen der Historiographieentwicklung haben mußte. Im Gewand solcher Historisierungsbemühungen liefen zugleich Überlegungen zum Selbstverständnis der DDR-Geschichtswissenschaft in den achtziger Jahren ab, von denen die Beteiligten meinten, sie anderweitig nicht explizit machen zu können. Eine ganz ähnliche Rolle hatte der Streit zwischen Walter Schmidt und Hans Schleier um die Frage, ob denn tatsächlich 1958 der Sieg der neuen Historiographie schon sicher gewesen wäre. Schmidt machte es gegen Schleier von weiteren Forschungen zur Geschichte der Arbeiterbewegungs-Geschichtsschreibung abhängig, ob nicht erst mit dem Erscheinen des „Grundrisses der Geschichte der deutschen Arbeiterbewegung" 1962 der Übergang von der Konstituierung zur Konsolidierung anzusetzen sei.[52])

[50]) *Walter Schmidt*, Zur Geschichte der DDR-Geschichtswissenschaft vom Ende des zweiten Weltkrieges bis zur Gegenwart, in: BzG 27, 1985, 614ff.
[51]) Ebd. 619.
[52]) Ebd. 620.

Mit diesem Kriterium wurde nicht nur der Vorrang der Nationalgeschichte und der eines vor allem an den Parteiinstituten angesiedelten Forschungszweiges unterstrichen, sondern auch das Problem umgangen, was es bedeuten würde, wenn die nicht mit der SED-Geschichtspolitik konformen Historiker aus der Leistungsbilanz von DDR-Historiographie ausgeklammert würden. Diese Unsicherheit drückte sich noch stärker in dem 1989 publizierten Band „Wegbereiter der DDR-Geschichtswissenschaft" aus, besser noch: im Fehlen jeglichen Vorwortes zu einem Buch, das wie ein ausgekippter Kasten akademischer Lebensläufe wirkt. Dieser bereits Mitte der achtziger Jahre konzipierte Band zeigt an, daß der Topos von der „Durchsetzung" der marxistisch-leninistischen Geschichtswissenschaft seine Selbstverständlichkeit verloren hatte, mochte er auch noch so oft wiederholt werden. In einem Rückblick, der nunmehr durch die selbstbewußt erlebte Kommunikation mit der internationalen Wissenschaft und damit die Anerkennung universeller Maßstäbe für die eigene Leistung geschärft war, begann dieser Topos offenkundig, demselben Bild nicht mehr vollständig zu entsprechen. Die Erinnerung an Ausgrenzung und höhnische Floskeln von der Überlegenheit des Marxismus-Leninismus begannen peinlich zu werden.

Werner Berthold betonte auf der Münchner Konferenz vom September 1986 über die deutsche Geschichtswissenschaft in den zwei Nachkriegs-Jahrzehnten „Kooperation" und „Konfrontation" gleichermaßen.[53]) Das völlig unscharfe Bild von jenem Marxismus, der sich durchgesetzt hätte und der nichts weiter war als eine Art Sammelmappe, in die sich alles hineinpacken ließ, verweist auf die Aufgabe, die ihm in der Sozialgeschichte der jungen DDR-Historiographie zugeschrieben wurde: Er sollte vor allem das Unterlegenheitsgefühl der Newcomer verdecken. In den fünfziger Jahren waren die Studenten höherer Semester und die frischgebackenen Assistenten mit einer nahezu untragbaren Last konfrontiert.[54]) Neben die Übernahme schon rein quantitativ gigantischer Lehrbelastungen, die sich aus den völlig überladenen Studienplänen von 1951 und der Notwendigkeit ergaben, angesichts fehlender Literatur die Ausbildung weitgehend in mündlicher Form durchzuführen, trat der in diesen Studienplänen enthaltene Anspruch, Weltgeschichte holistisch zu interpretieren und mithin auch empirisch allgegenwärtig verfügbar zu halten. Die neue Gesellschaft verlangte in kürzester Zeit Lehrwerke, in denen ein dem Anspruch nach neues Geschichtsbild dargelegt würde, das auch noch ein geschlossenes sein sollte. Zugleich mußte aber die neue Historiographie auf internationalem Parkett vertreten und ihr rasch die politisch dringend benö-

[53]) *Werner Berthold*, Zur Geschichte der Geschichtswissenschaft (wie Anm. 44).

[54]) Klagen zu dieser Überlastung etwa der Assistenten des Geschichtsinstitutes an der Humboldt-Universität registrierte die zuständige Abteilung Wissenschaften beim ZK der SED lediglich mit der Aufforderung zu weiteren politischen Aussprachen: SAPMO-BA IV/2/9.04/102.

tigte Anerkennung verschafft werden. Hierfür sollte die formale akademische Qualifikation mit auch außerhalb der DDR respektierten Arbeiten im Doppelschritt von Dissertation und Habilitation innerhalb von sechs bis acht Jahren erreicht werden. Die Klagen über die damit verbundene Überforderung sind in den Archiven Legion, sie finden sich überall, wo eine Entschuldigung für mangelnde revolutionäre Wachsamkeit oder für fehlende Planerfüllung gesucht wurde.

Der Preis für die Karrierechance, die das neue System bot, und die die Generation der 1925 bis 1935 Geborenen rigoros nutzte, war hoch. Er mußte unter den Bedingungen einer zahlenmäßig schwachen und deshalb besonders autoritären „Vätergeneration" gezahlt werden. Die Idee von der Überlegenheit des Marxismus hatte hier kompensatorische Funktionen – sie beschrieb weniger ein methodisches Herangehen, das sich in irgendeiner Weise präzise fassen ließe, sondern war vor allem Bekenntnis zu einem Verhaltensmuster, über das bereits in der Phase zuvor (1945–1951) vorentschieden worden war, und sie bot Schutz vor den herabsetzenden Urteilen der etablierten westlichen Geschichtswissenschaft. Sie verbarg schließlich auch, wie weit die eigene Erfolgsgeschichte fremdbestimmt war. Die Erinnerung an diese „heroische Zeit" steht denn auch ganz im Zentrum der ostdeutschen Periodisierungsdebatte, die eine Erinnerungsarbeit ist. Die sechziger Jahre erscheinen dagegen als eine träge dahinplätschernde Konsolidierungsphase, und erst der Umbruch Ende der 60er Jahre wird wieder als eine wichtige Zäsur empfunden. Die III. Hochschulreform bedeutete zuerst institutionelle Veränderungen, in denen zahlreiche jüngere Exponenten der DDR-Historiographie jene unabhängigen Mandarinenpositionen bekamen, die sie an der ersten Aufbaugeneration der Ordinarien von 1945/49 bewundert hatten.

Zeitlich fiel dieser innere Umbruch, der das Abschütteln der langen Schatten der Vätergeneration bedeutete, zusammen mit einer wachsenden internationalen Anerkennung, die sich schließlich auch im positiveren Urteil der westdeutschen Historiographie über ihr ostdeutsches Pendant niederschlug. Die Betonung der Veränderungen, die am Ende der sechziger und zu Beginn der siebziger Jahre eingetreten waren und die sich auch in einer größeren Grundlagenreflexion und theoretischen Arbeit niederschlugen, erfuhr glückliche Koinzidenz in jenem Urteil, das sich Ende der siebziger Jahre in Westdeutschland ausbreitete und das die ostdeutsche Geschichtswissenschaft mit ihrer integralen Geschichtsauffassung als eine vollwertige anerkannte.

Es blieben natürlich auch schmerzliche Erinnerungen an die niedergeschlagenen Möglichkeiten von 1968/69.[55]) Was sollte nach der „Durchsetzung"

[55]) Vgl. dazu den Beitrag von *Hartmut Zwahr*, Rok šedesatý osmý: Das Jahr 1968. Zeitgenössische Texte und Kommentare, in: Etienne François/Matthias Middell/Emmanuel Terray/Dorothee Wierling (Hrsg.), 1968 – ein europäisches Jahr? Leipzig 1997, 111–124.

und der „Konsolidierung" auch noch kommen? Ernüchterung über die Unattraktivität einer linearen Fortschreibung und die fehlende Herausforderung von unten stand gegen die Zufriedenheit über eine nunmehr erreichte Anerkennung. So erscheinen die siebziger und achtziger Jahre als eine Phase, die noch keine rechte Struktur angenommen hat und deren Richtung auch nicht genau angebbar ist. Am Ende aber wurde es noch einmal richtig spannend. So spannend, daß selbst der Rhythmus der Historikerkongresse nicht mehr eingehalten werden konnte. Die Einsicht in eigene Unzulänglichkeiten und der Blick auf die Herausforderungen, die sich vor allem von außen über den Glaubwürdigkeitsanspruch der ostdeutschen Geschichtsdarstellung legten, breiteten sich immer mehr aus. Historiker, die mit Sorge den Verschleiß eines früher erfolgreichen Modells registrierten, sahen eine Zäsur heraufziehen, die sowohl den Neuaufbau des intellektuellen Profils und auch der Historikerschaft als sozialer Gruppe betreffen mußte.

So schließt das Urteil über eine neue Phase, die etwa Mitte der achtziger Jahre eingesetzt habe, wie es Historiker wie Wolfgang Küttler nach 1989 zum Ausdruck gebracht haben, durchaus an interne Debatten vor dem Umbruch unmittelbar an.

Die allgemeine theoretische Diskussion um Phasen der DDR-Historiographiegeschichte und deren Charakter steht im zeitlichen Kontext mit dem Erscheinen der ausführlichen Forschungsberichte in den zehn Bänden der „Studienbibliothek DDR-Geschichtswissenschaft", die zwischen 1981 und 1989 herausgegeben wurden. Die konkrete Bilanz in diesen Bänden greift jedoch kaum auf die theoretische Debatte zurück und läuft weit auseinander.[56]) Den einen bietet marxistisches Herangehen einen Vorzug bei der auf Unterschichten und Sozialgeschichte konzentrierten Gegenstandswahl, den anderen ist die Zentralität des Klassenkampfes im Geschichtsbild wichtig, den Dritten fällt das Festhalten an einem systemischen Geschichtsdenken gegen den fragmentierenden Zeitgeist als entscheidender Vorteil marxistisch-leninistischer Historiographie auf.

Die Ambivalenz eines sich zugleich dialektisch und teleologisch gebenden Geschichtsbildes wird sehr früh in der auch für spätere Auseinandersetzungen konstitutiven Miseretheorie deutlich: Bestand die Aufgabe der Historiker darin, die positiven Elemente hervorzuheben, an die die gegenwärtige Politik anschließen konnte, oder galt es vielmehr die Fäulnis der vorangegangenen Epochen zu unterstreichen, um desto klarer die lichte Zukunft hervortreten zu

[56]) Auch umgekehrt kann die allgemeine Diskussion mit diesen „Bausteinen für eine Gesamtgeschichte der DDR-Geschichtswissenschaft", die durch „Skizzierung der Forschungswege in historischen Teilbereichen" entstanden waren, erkennbar wenig anfangen; *Walter Schmidt*, Forschungsgegenstand und Forschungsprobleme der Geschichte der DDR-Geschichtswissenschaft, in: BzG 29, 1987, 724. Interessanterweise zieht keiner der an der Periodisierungsdebatte Beteiligten diese Bände in irgendeiner Weise ausführlicher heran.

lassen, in die die SED die ostdeutsche Bevölkerung führte? Von Alexander Abuschs „Irrweg einer Nation" über die wirtschaftsgeschichtlichen Debatten der fünfziger und sechziger Jahre um Jürgen Kuczynskis Refeudalisierungsthese, mit der er die gesamte frühe Neuzeit in Deutschland im Elend versinken ließ[57]), bis zu den aufwendigen Erbe-Traditions-Debatten der siebziger und achtziger Jahre beherrschte dieses Thema die Identitätsvorstellungen jener Historiker, die sich über die Erneuerung des Geschichtsbildes in der Gesellschaft definierten. Es nimmt deshalb nicht wunder, daß die Etappen, in denen Ingrid Mittenzwei und Karl-Heinz Noack bzw. Gustav Seeber die Forschungen in der DDR zur preußischen Geschichte voranschreiten sahen, mit jenen weitestgehend übereinstimmten, die Walter Schmidt, Werner Berthold und Hans Schleier – bei allen Unterschieden im Detail – schlicht für die gesamte DDR-Historiographie festgehalten hatten: Einer noch nicht marxistischen und eher von der Publizistik geprägten Phase bis Anfang der fünfziger Jahre folgte ein Jahrzehnt der marxistisch-leninistischen Grundlegung, dann eines der Konsolidierung, schließlich ein Dezennium der kollektiven Wahrnehmung methodologischer Komplexität und Erschließung neuer Gegenstandsbereiche, in dem sich auch angesichts konkurrenzfähigerer Professionalität das Selbstbewußtsein gegenüber der Geschichtspolitik deutlicher ablesen läßt.[58]) Weder die Beschäftigung mit den übrigen deutschen Territorien[59]) noch gar die Forschungsentwicklung zur außerdeutschen Geschichte[60]) beeinflußten das in den Kriterien für die Periodisierung zum Ausdruck kommende Selbstverständnis der zentralen Gruppe innerhalb der DDR-Historiographie.

Abgekoppelt von der Debatte um die Beurteilung einer auf Preußen verengten Vorgeschichte der DDR präsentierten dagegen die von Hartmut Zwahr und Max Steinmetz herausgegebenen Bände der „Studienbibliothek" zur Sozialgeschichte der Arbeiterklasse und zur frühbürgerlichen Revolution Felder der Nationalgeschichte von hoher Bedeutung für die *master narrative*, die einem anderen Rhythmus folgten. Zwahr sah die Jahre zwischen 1960 und 1978 als jenen Zeitraum an, in dem „Ausgangspunkt und Entwicklungsrichtung der marxistisch-leninistischen Historiographie in der DDR zur Konstituierungs-

[57]) Vgl. polemisch dazu, nunmehr schon vor dem Hintergrund der Preußenrenaissance der späten siebziger Jahre: *Ingrid Mittenzwei/Karl-Heinz Noack*, Das absolutistische Preußen in der DDR-Geschichtswissenschaft, in: dies. (Hrsg.), Preußen in der deutschen Geschichte vor 1789. Berlin 1983, 23f.

[58]) Ebd. sowie *Gustav Seeber/Karl-Heinz Noack* (Hrsg.), Preußen in der deutschen Geschichte nach 1789. Berlin 1983.

[59]) Exemplarisch für Sachsen: *Katrin Keller*, Landesgeschichte zwischen Wissenschaft und Politik: August der Starke als sächsisches „Nationalsymbol", in: Jarausch/Middell (Hrsg.), Nach dem Erdbeben (wie Anm. 14), 195–215.

[60]) Siehe hierzu ausführlicher *Matthias Middell*, Jenseits unserer Grenzen? Zur Trennung von deutscher und allgemeiner Geschichte in der Geschichtswissenschaft und Geschichtskultur der DDR, in: ebd. 88–120.

geschichte der deutschen Arbeiterklasse" gefunden wurden.[61]) Erst nach 1970 hatte in seinen Augen die Geschichtsschreibung auf diesem Gebiet den Anschluß an die inzwischen modernisierte westdeutsche[62]) Sozialgeschichte und an die weitergediehene osteuropäische Forschung gefunden, nachdem sie sich vorher allzusehr auf das „Kernelement der Arbeiterklasse, das Industrieproletariat" konzentriert hatte. Nunmehr sei eine konkurrenzfähige marxistische Geschichtswissenschaft entstanden, die „auf einem breiten Tatsachenfundament in der Komplexität der ökonomisch-sozialen, politisch-ideologischen, kulturellen und sozialpsychologischen Prozesse im historisch-konkreten Formationszusammenhang" ihre Untersuchungen vorantreibt.[63]) Aufwendige Quellenarbeit und die „Klassendialektik von Bourgeoisie und Proletariat" als Ausgangspunkt zu wählen, d.h. die international üblichen Professionalisierungsstandards und eine genuin marxistische Herangehensweise zu verknüpfen, bedeutete für Zwahr eine Befreiung von den dogmatischen Verengungen früherer Jahre und mündete in eine neue Etappe der Historiographieentwicklung, die gerade die systemischen Komplexitätsansprüche der Marxschen Theorie zu mobilisieren sucht.

Eine weitere Variante der Selbstperiodisierung findet sich in Ernst Werners und Klaus-Peter Matschkes Überblick zur Mittelalterforschung.[64]) Scheinbar in völliger Übereinstimmung mit der allgemeinen Präsentation kündet diese Geschichte vom Anfang, den gutwillige bürgerliche und erste marxistische Fachvertreter gemeinsam bewerkstelligten, während ab Mitte der fünfziger Jahre die jungen marxistisch-leninistischen Kader das Zepter in die Hand nahmen. Die Konflikte, die sich aus einem solchen „bürgerlichen Ursprung" der hernach so eindeutig marxistischen Mediävistik ergeben mußten, sind sprachlich eingeebnet – der sensibilisierte Beobachter kann sie gleichwohl erkennen.

[61]) *Hartmut Zwahr*, Zur Konstituierungsgeschichte der deutschen Arbeiterklasse. Stand und Aufgaben der Forschung, in: ders. (Hrsg.), Die Konstituierung der deutschen Arbeiterklasse von den dreißiger bis zu den siebziger Jahren des 19. Jahrhunderts. Berlin 1981, 5.
[62]) Es ist bezeichnend, daß den Bezug nach Westen ausschließlich die Bundesrepublik abgibt, während französische und angelsächsische Arbeiten in ihren methodologischen Vorschlägen weitgehend ignoriert werden. Diese Beschränkung trug nicht unwesentlich zur Abkopplung der auf Deutschland bezogenen Sozialgeschichtsschreibung von jener bei, die sich mit der Geschichte sozialer Gruppen anderer Länder befaßte. Insofern gilt Zwahrs Periodisierung auch nur für den deutschen Bereich, während gerade zur außereuropäischen Geschichte die fünfziger und frühen sechziger Jahre eine Konjunktur sozialgeschichtlicher Studien kannten: zur vergleichenden Kolonialgeschichte siehe *Michael Zeuske*, Materialien zu einer Geschichte des „Instituts für Kultur- und Universalgeschichte" seit 1949, in: Diesener (Hrsg.), Karl Lamprecht weiterdenken (wie Anm. 22), 99–132; zur französischen Geschichte vgl. die Literaturangaben in: *Kurt Holzapfel/Matthias Middell* (Hrsg.), Die Französische Revolution 1789 – Geschichte und Wirkung. Berlin 1989, 326–349.
[63]) *Zwahr*, Zur Konstituierungsgeschichte (wie Anm. 61), 6.
[64]) *Ernst Werner/Klaus-Peter Matschke*, Strukturwandlungen im hohen und späten Mittelalter – Der Beitrag der DDR-Mediävistik zu ihrer Erforschung, in: dies., Ideologie und Gesellschaft im hohen und späten Mittelalter. Berlin 1988, 9–57.

Unter der Schale der politisch korrekten Rahmenerzählung finden sich wenigstens drei irritierende Momente:

- Als Stammvater der ostdeutschen Mittelalterforschung wird Heinrich Sproemberg identifiziert, dessen auf die Würdigung der kommunalistischen Traditionen zielendes Programm[65]) der geistesgeschichtlichen Schule Herbert Grundmanns gegenübergestellt wird. Die Frage, ob es sich beim Übergang zu der sich marxistisch verstehenden Schülergruppe eher um einen methodischen Bruch oder um die kontinuierliche Entfaltung eines der Annales-Schule nahestehenden Ansatzes gehandelt habe, lassen die Autoren jedoch bemerkenswerterweise im Dunkeln. Die Qualität der Zäsur Ende der fünfziger Jahre bleibt damit völlig unklar.
- In der folgenden Phase des institutionellen Aufbaus und der thematischen Ausdifferenzierung konnte „eine personell nahezu gleich bleibende Gruppe von DDR-Mediävisten“[66]) ebenfalls weniger auf eine neue Qualität der Durchsetzung des marxistisch-leninistischen Geschichtsbildes, sondern vorrangig auf ihre internationale Anerkennung verweisen, die sich aus dem Eingehen auf allgemeine Trends der Mittelalterforschung und nicht aus der Reaktion auf Legitimationsbedürfnisse der DDR-Gesellschaft ergab.
- Die Kohärenz der Sproemberg-Schule[67]) ließ Arbeiten zur deutschen und zur außerdeutschen Geschichte in einem Kontext erscheinen. Die Rezeption französischer, englischsprachiger und westdeutscher Diskussionen blieb stärker aufeinander bezogen. Im Ergebnis dieser beiden Entwicklungen – die die Situation in der Mediävistik deutlich von der in der Neuzeit- und Zeitgeschichtsforschung abhoben – stand der Bezug auf die Geschichtspolitik der SED weit weniger im Vordergrund[68]) als die Integration in eine professionalisierte internationale Mittelalterforschung[69]).

Überblickt man die „Studienbibliothek DDR-Geschichtswissenschaft“ als Ganzes, bleibt nicht nur die weitgehende Abkoppelung von den abstrakten und sehr stark auf das Verhältnis zur Geschichtspolitik bezogenen Periodisierungsbemühungen der allgemeinen DDR-Historiographiegeschichtsschrei-

[65]) *Veit Didczuneit/Manfred Unger/Matthias Middell*, Geschichtswissenschaft in Leipzig: Heinrich Sproemberg. Leipzig 1994.

[66]) *Werner/Matschke*, Strukturwandlungen im hohen und späten Mittelalter (wie Anm. 64), 14.

[67]) Siehe dazu ausführlicher *Matthias Middell*, Wissenschaftliche Schulen in der Historiographie der DDR?, in: Martin Sabrow (Hrsg.), Verwaltete Vergangenheit (wie Anm. 2), 67–115, bes. 104ff.

[68]) *Werner/Matschke*, Strukturwandlungen im hohen und späten Mittelalter (wie Anm. 64), 48ff.

[69]) Dies findet seine Bestätigung nicht zuletzt in einem Vergleich des Rezensionsverhaltens der Mediävisten in der Zeitschrift für Geschichtswissenschaft mit dem der Neuzeit- und Zeithistoriker. Allgemeiner: *Michael Borgolte*, Eine Generation marxistischer Mittelalterforschung in Deutschland. Erbe und Tradition aus der Sicht eines Neu-Humboldtianers, in: GWU 44, 1993, 483–492.

bung (mit der bezeichnenden Ausnahme der beiden Preußen-Bände), sondern auch der Eindruck nur mühsam verborgener Differenzen zwischen verschiedenen Zweigen, der dem Bild einer einheitlichen DDR-Geschichtswissenschaft zuwiderläuft. Die Ursache kann darin gesehen werden, daß die Einigkeit, die nach 1945 im Anliegen einer neuen Metaerzählung herrschte[70]), in den frühen fünfziger Jahren in mindestens drei verschiedene und unterschiedlichen Orts institutionalisierte Strategien zerfiel:

Die eine Gruppe konzentrierte sich auf die Umwertung von zentralen Momenten der Nationalgeschichte, wollte die alte Meistererzählung in der Perspektive der lange Zeit Unterlegenen, aber schließlich Siegreichen reformulieren.[71]) Dem nationalgeschichtlichen Paradigma lassen sich vor allem die um Ernst Engelberg in Leipzig und später Berlin, die um Leo Stern in Halle und die um Alfred Meusel in Berlin versammelten Historiker zurechnen.[72]) Für diese Gruppe waren die Zäsuren der Geschichtspolitik der SED besonders wichtig, denn naturgemäß bezog sich das Bemühen der Partei um die Mobilisierung von Traditionen für die Herrschaftsstabilisierung zuerst auf die deutsche Geschichte.[73]) In Abhängigkeit von der Generationszugehörigkeit und der Priorität, die der Geschichtspolitik bzw. der Geschichtswissenschaft eingeräumt wurde[74]), bildeten die scharfen Auseinandersetzungen der späten fünfziger Jahre oder die Verwissenschaftlichungstendenzen um 1970 die entscheidende Wende, wie etwa die Preußen-Bände und der Sozialgeschichtsband der „Studienbibliothek" zeigen.

Eine zweite Gruppe zielte eher auf Beseitigung des engen nationalen Charakters des überlieferten Geschichtsbildes, das gleichermaßen kritisch gesehen wurde, und auf die Freilegung der universalgeschichtlichen Interpretati-

[70]) *Konrad H. Jarausch*, Die DDR-Geschichtswissenschaft als Meta-Erzählung, in: Sabrow (Hrsg.), Verwaltete Vergangenheit (wie Anm. 2), 19–34.

[71]) *Fritz Kopp*, Die Wendung zur „nationalen" Geschichtsbetrachtung in der Sowjetzone. 2. Aufl. München 1962.

[72]) Historiker wie Fritz Hartung hatten zweifellos keine Affinität zur Umwertung der gesamten Nationalgeschichte auf eine siegreich bestandene Mission der Arbeiterklasse hin. Die nach 1945 von vielen kritischen Geistern als notwendig empfundene Revision des nationalistischen Geschichtsbildes in einem nationalen Interesse war jedoch, so scheint es, durchaus zeitweise anschlußfähig zu ihren Ansätzen. Vgl. *Peter Th. Walther*, Fritz Hartung und die Umgestaltung der historischen Forschung an der Deutschen Akademie der Wissenschaften zu Berlin, in: Sabrow/Walther (Hrsg.), Historische Forschung (wie Anm. 33), 59–73.

[73]) *Fritz Kopp*, Kurs auf ganz Deutschland? Die Deutschlandpolitik der SED. Stuttgart 1965.

[74]) Martin Sabrows Vorschlag, „Wissenschaftlichkeit in der Parteilichkeit" als Auflösung dieses Widerspruchs anzunehmen, trifft m. E. nur für das Selbstbild eines Teils der DDR-Historiker zu, während andere Wissenschaft durchaus als teilautonomes Gebilde begriffen und der Inanspruchnahme durch Geschichtspolitik gegenüberstellten. Vgl. *Martin Sabrow*, Der staatssozialistische Geschichtsdiskurs im Spiegel seiner Gutachtenpraxis, in: ders. (Hrsg.), Verwaltete Vergangenheit (wie Anm. 2), 35–66.

onspotenzen des Marxismus. Sie schloß konsequenterweise vor allem an den Internationalismus-Diskurs der kommunistischen Bewegung an. Zentralfigur dieser Gruppe in der ersten Generation von Historikern an ostdeutschen Universitäten nach dem Zweiten Weltkrieg war Walter Markov, der auch das umfangreichste Manifest zur Erneuerung der Historiographie in der unmittelbaren Nachkriegszeit verfaßt hatte.[75]) Sowohl die Neuzeitforschung wie die osteuropäische und die außereuropäische Geschichte verdankten ihm wesentliche Inspirationen.[76]) Manche Bereiche wanderten später aus der Geschichtswissenschaft im engeren Sinne zu den *area studies* aus, wodurch auch die institutionellen Separatismen vor allem der III. Hochschulreform 1968/69 das Zeitbewußtsein prägten. Einen weiteren Zweig dieser Gruppe bildete die Schule von Eduard Winter, die sich den deutsch-russischen Beziehungen widmete und dabei von Anfang an stärker kulturgeschichtlich arbeitete. Insgesamt folgte diese Gruppe eher dem Puls der internationalen Entwicklung (darunter die Befreiungsbewegungen in Afrika und Asien Anfang der sechziger Jahre[77])) und dem Rhythmus des internationalistischen Diskurses der kommunistischen Parteien und der Befreiungsbewegungen in Ländern Afrikas, Asiens und Lateinamerikas. Sie war wegen der Ressourcenschwäche der ostdeutschen Geschichtswissenschaft weitgehend auf Kooperationen mit ausländischen Historikern angewiesen und konnte sich deshalb aus sehr pragmatischen Gründen kaum vom Wechsel zwischen sozial- und wirtschaftsgeschichtlicher Dominanz, Strukturalismus und kulturalistischer Wende abkoppeln, der die internationalen Diskussionen zwischen den fünfziger und den achtziger Jahren bestimmte. Die Auseinandersetzungen um die Deutungsmacht über die Nationalgeschichte – zuerst zwischen „bürgerlichen" und „marxistisch-leninistischen", dann zwischen verschiedenen Fraktionen innerhalb der DDR-Geschichtswissenschaft mit je eigenen Entwürfen von Meistererzählungen – tangierten diese zweite Gruppe primär in ihren hochschulpolitischen Aspekten.[78])

Eine dritte Gruppe läßt sich wie bereits dargestellt vor allem in der Mediävistik ausmachen. Heinrich Sproemberg setzte auf eine alternative Begründung moderner Entwicklung aus dem Kommunalismus des Hochmittelal-

[75]) *Walter Markov*, Zur Krise der deutschen Geschichtsschreibung, in: Sinn und Form 2, 1950, H. 2, 109–155.

[76]) Vgl. dazu die Beiträge in *Manfred Neuhaus/Helmut Seidel* (Hrsg.), „Wenn jemand seinen Kopf bewußt hinhielt..." Beiträge zu Werk und Wirken von Walter Markov. Leipzig 1995.

[77]) Ausführlicher reflektiert beispielsweise von Markov in zahlreichen Beiträgen zum öffentlichen Gebrauch von Geschichte für die Weltbühne, wiederabgedruckt in: *Walter Markov*, Kognak und Königsmörder. Historisch-literarische Miniaturen. Berlin 1979.

[78]) Dies betrifft etwa das Parteiverfahren, das die SED gegen Markov 1950 wegen „Titoismus" führte, oder die Attacken 1957/58 wegen ungenügender Parteilichkeit in der Revisionismus-Debatte.

ters[79]), die von seinen Schülern in unterschiedlichem Maße weitergeführt wurde. Der geschichtspolitische Impuls trat dabei relativ rasch in den Hintergrund, von diesem Konzept aus ließ sich jedoch mit den Zentralkategorien Fortschritt durch Revolution und Nationsbildung relativ wenig anfangen.[80])

Das Verhältnis dieser drei Gruppen, die sich im Laufe der Generationswechsel und Ausdifferenzierungen ihrer Gegenstände und Methoden veränderten, war kein symmetrisches, auch kein Verhältnis von Opposition oder Konkurrenz, sondern eher eines der emotionalen Distanz, die aber die eigene Zuordnung zur Gemeinsamkeit einer „DDR-Geschichtswissenschaft" nicht ausschloß.

Im Konkurrenzkampf der beiden deutschen Nachkriegsgesellschaften um das kollektive Gedächtnis war die erste Gruppe (Nationalgeschichte) die wichtigste. Ihr Paradigma vor allem wurde aufmerksam-mißtrauisch von den Geschichtspolitikern betrachtet. Von einer ebenfalls stark nationalgeschichtlich ausgerichteten westdeutschen Historiographie wurde diese Gruppe beinahe ausschließlich ins Visier genommen, wenn man sich ein Urteil über die andere deutsche Geschichtswissenschaft bilden wollte.[81])

Wichtig für unsere Fragestellung nach den Etappen der Geschichtswissenschaft in der DDR ist, daß sich die Selbstrepräsentationen der genannten Gruppen und das darin zum Ausdruck kommende Zeitbewußtsein für die eigene Entwicklung unterschieden. Schematisch verkürzt lassen sich etwa folgende Rhythmen ausmachen:

Das nationalgeschichtliche Paradigma sah sich anfangs vor große Schwierigkeiten gestellt, die einerseits mit dem Mangel an ausgebildeten Fachvertretern zu tun hatten, andererseits aus der in der Nachkriegszeit zunächst dominierenden „Miseretheorie" resultierten, die eher zu einer Flucht aus nationalgeschichtlichen Deutungen als zu deren Umwertung Anlaß bot. Die frühen fünfziger Jahre werden dann als Periode scharfer politischer Auseinandersetzungen („Sturm auf die Festung Wissenschaft") und (überzogener) Selbstansprüche erinnert, die sich sowohl auf das geschichtspolitische Engagement, die Ausformung des Paradigmas und die akademische Qualifikation der nachdrängenden Generation bezogen. Die Revisionismusdebatten nach 1956 und die Vertreibung der „bürgerlichen" Historiker bildeten einen deutlichen Einschnitt, der als „Durchsetzung des Marxismus" erlebt wurde. Der Eklat von

[79]) Vgl. seine grundlegenden Texte aus der unmittelbaren Nachkriegszeit zur Erneuerung der Geschichtswissenschaft und des akademischen Unterrichts abgedruckt in: *Didczuneit/Unger/Middell*, Geschichtswissenschaft in Leipzig (wie Anm. 65), 119–131.

[80]) *Werner/Matschke*, Strukturwandlungen im hohen und späten Mittelalter (wie Anm. 64), 52f.

[81]) Vgl. dazu den Überblick in der Einleitung zu diesem Band. Die Verwechslung dieser nationalgeschichtlich orientierten Gruppe mit der Historiographie in der DDR insgesamt ist inzwischen notorisch. Sie knüpft an ältere Wahrnehmungsgewohnheiten an, die sich vor allem damit erklären, daß sie jene Übersichtlichkeit, die knappe Urteile erlaubt, herstellt.

Trier war für diese Gruppe insofern ein gravierender Einschnitt[82]), als dem Paradigmawechsel die akademische und geschichtspolitische Anerkennung in Westdeutschland verweigert wurde und damit ein Weg in die Eigenständigkeit (und damit auch für mehrere Jahre in die Isolation) unvermeidlich wurde. Die sechziger Jahre erscheinen dagegen eher als Übergangsphase, in der langsam der politische „Erfolg" der fünfziger Jahre akademisch-intellektuell eingeholt wurde. Das dadurch entfachte neue Selbstbewußtsein fand Bestätigung in der inneren und äußeren Anerkennung des Gemeinwesens DDR[83]), für das ein neuartiges „nationales" Geschichtsbild konzipiert wurde, und schlug Ende der sechziger/Anfang der siebziger Jahre in eine methodologische und politische Flexibilisierung um, die allerdings auch darauf zu reagieren hatte, daß die Modernisierung der westdeutschen Historiographie methodologische Vorsprünge hin zu einer Sozialgeschichte von unten aufgezehrt hatte. Die ehemalige Oppositionswissenschaft, die einem herrschenden Geschichtsbild entgegentreten wollte, entwickelte sich zu einer staatstragenden Historiographie und ähnelte in manchem dem Historismus des ausgehenden 19. Jahrhunderts, der sich auf ein Geschichtsbild zur Legitimierung des Staates konzentrierte.[84]) Mit dem gestiegenen Selbstbewußtsein verbanden sich nun zunehmend Deutungsansprüche gegenüber der Geschichtspolitik der Funktionäre, die weniger die Ausrichtung des Geschichtsbildes, wohl aber den Vorrang professioneller Standards einklagten. Die letzten beiden Jahrzehnte der DDR erscheinen dann wiederum als zusammenhängender Zeitraum, in dem die Erbe-Traditions-Debatte als Höhepunkt aufragt.

Das universalhistorische Paradigma bezog sich dagegen in seiner Erinnerungsarbeit weit positiver auf die unmittelbare Nachkriegszeit[85]), in der weltgeschichtliche Deutungen die blamierten nationalen Paradigmen kurzzeitig

[82]) *Ernst Engelberg* (Hrsg.), Trier – und wie weiter? Materialien, Betrachtungen und Schlußfolgerungen über die Ereignisse auf dem Trierer Historikertag am 25.9.1958. Berlin 1959; *Werner Berthold*, Die Geschichtswissenschaft der DDR, der Historikertag in Trier 1958 und der internationale Historikerkongreß in Stockholm 1960, in: Alfred Anderle (Hrsg.), Entwicklungsprobleme der marxistisch-leninistischen Geschichtswissenschaft in der UdSSR und in der DDR. Halle 1983, 175–186.

[83]) Wie überholt angesichts fortschreitender internationaler Verflechtung der Historiographien zu diesem Zeitpunkt bereits eine Organisation in nationalen Strukturen der Repräsentanz war, führt vor: *Eckhardt Fuchs*, Wissenschaft und internationale scientific community. Gedanken zur Institutionalisierung eines „marxistischen Historismus" in den fünfziger Jahren, in: Berliner Debatte Initial 1996, H. 3, 66–70.

[84]) Zum Problem eines DDR-Historismus auf marxistisch-leninistischer Grundlage vgl. *Helga Schultz*, Was bleibt von der DDR-Geschichtswissenschaft?, in: Österreiche Zeitschrift für Geschichtswissenschaft 2, 1991, H. 1, 22–40, sowie die Weiterführung dieses Arguments in ihrem Beitrag für diesen Band.

[85]) Als Beispiele seien nur genannt: *Markov*, Zwiesprache mit dem Jahrhundert (wie Anm. 17); *Zeuske*, Materialien zu einer Geschichte (wie Anm. 62), 99–131; *Manfred Kossok*, Ausgewählte Schriften. Hrsg. v. Matthias Middell. Berlin 1998.

stark in den Hintergrund drängten[86]). Die fünfziger und sechziger Jahre bilden hier einen zusammenhängenden Zeitraum, in dem die Strukturveränderungen am Anfang (1951) und am Ende (1968/69) zu Lasten einer notwendigen breiteren Institutionalisierung des universalhistorischen Paradigmas jeweils die Vorrangstellung eines marxistisch interpretierten nationalgeschichtlichen Paradigmas unter Beweis stellten. Der Generationswechsel und neue Themenfelder, die unter weit restriktiverer Ressourcenverfügbarkeit als noch in den fünfziger und sechziger Jahren bearbeitet werden mußten, sowie der gescheiterte Versuch, allgemeinere Deutungshoheit gegenüber den ebenfalls stark nationalgeschichtlich ausgerichteten Vertretern des historischen Materialismus zu erlangen[87]), bilden die wesentlichen Elemente des Zäsurbewußtseins beim Übergang von den sechziger zu den siebziger Jahren. Unzufriedenheit mit der Einlösbarkeit der Deutungsansprüche und die schlechten Arbeitsbedingungen vor allem für jüngere Allgemeinhistoriker ließen das Gefühl eines krisenhaften Zustandes oder zumindest einer Erschöpfung bisheriger Erklärungsmuster im universalhistorischen Paradigma etwa ab Mitte der achtziger Jahre stärker werden, ohne daß dies bereits zu einem Strategiewechsel geführt hätte.

Die dritte Gruppe vorzugsweise in der Mediävistik schließlich scheint ihr Zeitbewußtsein in eine Grundlegungsphase bis etwa Mitte der fünfziger Jahre (unter der Ägide Sproembergs) und eine lange Etappe der Ausdifferenzierung des Paradigmas unter marxistischer Flagge zu unterteilen.

Es versteht sich von selbst, daß die „bürgerlichen" Historiker, die zu Opfern der Polemiken und Säuberungen in den fünfziger Jahren wurden, ein anderes Zäsurbewußtsein entwickelt haben, das bei naturgemäß diametral entgegengesetzter Bewertung in den zugrunde gelegten Abschnitten mit denen des nationalgeschichtlichen Paradigmas übereinstimmt.[88])

Weitere Ausformungen differenten Zeitbewußtseins dürften in der Kirchengeschichtsschreibung – ein Zweig der nichtmarxistischen Historiographie in

[86]) Deutlich wird dies etwa in den Diskussionen auf der ersten Nachkriegstagung der Historiker in Ostdeutschland: *Anke Huschner*, Deutsche Historiker 1946. Aus dem Protokoll der ersten Historiker-Tagung in der deutschen Nachkriegsgeschichte vom 21. bis 23. Mai 1946, in: ZfG 41, 1993, 884–918.

[87]) Dies bildet sich etwa in dem Versuch ab, Ende der sechziger Jahre eine vergleichende Revolutionstheorie mit historischem Fundament als Kern einer neuen weltgeschichtlichen Deutung zu etablieren, während alsbald der Rückzug auf eine vergleichende Revolutionsgeschichte erfolgte, die sich lediglich des 16. bis 19. Jahrhunderts annahm und damit Konfliktzonen mit der herrschenden Geschichtspolitik entscheidend verkleinerte. Siehe dazu die verschiedenen Beiträge in: *Manfred Kossok* (Hrsg.), Studien über die Revolution. Berlin 1969, sowie *Matthias Middell*, Beispiel Revolutionsforschung, in: Rainer Eckert/Ilko-Sascha Kowalczuk/Ulrike Poppe (Hrsg.), Wer schreibt die DDR-Geschichte? Ein Historikerstreit um Stellen, Strukturen, Finanzen und Deutungskompetenz. Berlin 1995, 37–49.

[88]) Für diese Deutung vgl. neben der frühen öffentlichen Stellungnahme von *Albrecht Timm*, Das Fach Geschichte in Forschung und Lehre in der Sowjetischen Besatzungszone seit 1945. 4. Aufl. Bonn/Berlin 1965, auch *Fischer*, Neubeginn in der Geschichtswissenschaft (wie Anm. 48); *Blaschke*, Geschichtswissenschaft im SED-Staat (wie Anm. 17).

der DDR, der in aller Regel für eine Gesamtsicht übersehen wird – vorliegen.[89])

Eine allgemeine Darstellung von Etappen *der* DDR-Geschichtswissenschaft steht den divergierenden Erinnerungsstrategien von wenigstens drei größeren Gruppen innerhalb dieser Historiographie und weiteren bei den sich nicht marxistisch verstehenden Historikern gegenüber. Die Daten fallen teilweise übereinander, aber die Kriterien, nach denen sie ein Zäsurbewußtsein kreieren, und die Bewertungen, die mit Daten wie 1951, 1958, 1968, 1985 usw. verbunden sind, weichen grundsätzlich voneinander ab. Die verschiedenartigen Historisierungen, die die DDR-Historiker selbst vornahmen, liefen deshalb keineswegs auf ein allgemeines Entwicklungsmodell hinaus, das heute umstandslos einer Geschichte der DDR-Geschichtsschreibung zugrunde gelegt werden könnte. Vielmehr bieten die Differenzen Ansatzpunkte für eine genauere Erfassung der Gruppen bzw. wissenschaftlichen Schulen, die in der Geschichtswissenschaft in der DDR ausgemacht werden können.

Die Diskussion um eine Periodisierung der konkurrierenden ostdeutschen Historiographie nahm in der Bundesrepublik ebenfalls seit Ende der siebziger Jahre an Intensität zu. Hier suchte man nach einem neuen Denkmodell, mit dem sich die Beendigung des Kalten Krieges und die neue Ostpolitik verstehen ließen, ohne in eine radikale Selbstkritik hinsichtlich des Antikommunismus der vergangenen Jahre verfallen zu müssen, der eine kritische Wahrnehmung von politischer Verfolgung in der DDR als vorrangiges Kennzeichen auch des Wissenschaftssystems etabliert hatte. Dafür bot sich die Konstruktion eines Umschlagens von einem selektiven zu einem integralen Geschichtsbild an, für die die Theoriediskussion Ende der sechziger Jahre in der DDR-Historiographie selbst und der Wechsel in der Geschichtspolitik der SED von den sechziger zu den siebziger Jahren Anhaltspunkte lieferten. Dieser Ansatz wirkte wie ein Befreiungsschlag und ermöglichte Diskussion und Bereitschaft zur Kenntnisnahme bei gleichzeitiger Distanzierung von den politischen und methodischen Vorannahmen.[90]) Aus einer Kritik, die in den fünfziger und sechziger Jahren die ostdeutsche Wissenschaftsentwicklung allgemeinen Maßstäben eines ebenso liberalen wie antikommunistischen Gesellschaftsverständnisses unterwarf, war die historische Betrachtung zur Konstruktion von

[89]) Vgl. *Steffen Storck*, Kirchengeschichtsschreibung in der deutschsprachigen evangelischen und katholischen Theologie seit 1945. Diss. theol. Hamburg 1993.

[90]) „Die nahezu völlige Abhängigkeit der marxistisch-leninistischen Geschichtswissenschaft in der DDR von der Partei in personeller, organisatorischer, struktureller und nicht zuletzt ideologischer Hinsicht bis zum Beginn der 60er Jahre (ist) … inzwischen einem differenzierten, dialektischen Verhältnis gewichen." (*Heydemann*, Geschichtswissenschaft im geteilten Deutschland [wie Anm. 48), 171). Damit könnte die Historiographie, Fachwissen und Fachkompetenz gegenüber der SED einen Eigenwert behaupten, an dem die Partei nicht vorbeigehen könne.

Fremdheit zwischen den beiden deutschen Historiographien gelangt, die erst die Möglichkeit zur Annäherung ergäbe.[91])

Nach 1989 haben wir es mit einem weitgehenden Verschwinden dieser Historizität aus den Gegenstandsbeschreibungen zu tun. Ausnahmen, wie Matthias Willings Analyse der Althistoriker in der DDR, bestätigen die Regel und beeinflussen die allgemeine Wahrnehmung kaum.[92]) Vielmehr dominiert Idealtypenbildung (wobei es für unseren Zusammenhang hier unerheblich ist, ob man mit den Vertretern des Unabhängigen Historikerverbandes[93]) zwei Typen von Historikern – Etablierte und Marginalisierte – oder mit Jan Peters[94]) wenigstens vier Kategorien bildet) und die Suche nach dem zeitüberdauernden *Wesen* der DDR-Geschichtswissenschaft. Die Vorschläge zu letzterem sind zwischen Parteilichkeit und Professionalität angesiedelt, wenn man nicht mit Martin Sabrow dem Befreiungsschlag aus dieser Debatte in Form einer Definition von „Professionalität in der Parteilichkeit" folgt.[95])

Die Historisierung, die in den achtziger Jahren die Diskussion bestimmt hatte, wird nunmehr sozusagen rückwärts aufgewickelt. In einer Perspektive der radikalen Kritik wird jede Entwicklung zur Fehlwahrnehmung: „Der von einer selektiven zu einer integralen historischen Darstellungsweise angenommene Übergang innerhalb der DDR-Geschichtswissenschaft verkörperte de facto nicht mehr als die im Zuge der internationalen Anerkennungsbewegung der DDR auch ihrer Geschichtswissenschaft zuteil gewordene Anerkennung, aus der ein größeres Selbstbewußtsein entsprang", wird Günther Heydemanns Periodisierungsvorschlag von 1980 rundweg zurückgewiesen, und gleichermaßen eine zeitliche Gliederung anhand der Erbe-Traditions-Debatte verworfen: „Die neu entdeckten Fragen waren oftmals welche, die mutatis mutandis

[91]) Zusammenfassend für diese Sichtweise *Alexander Fischer/Günther Heydemann* (Hrsg.), Geschichtswissenschaft in der DDR. Bd. 1: Historische Entwicklung, Theoriediskussion und Geschichtsdidaktik. Berlin 1988.

[92]) *Matthias Willing*, Althistorische Forschung in der DDR. Eine wissenschaftsgeschichtliche Studie zur Entwicklung der Disziplin Alte Geschichte vom Ende des Zweiten Weltkrieges bis zur Gegenwart (1945–1989). Berlin 1991.

[93]) *Rainer Eckert/Ilko-Sascha Kowalczuk/Isolde Stark* (Hrsg.), Hure oder Muse? Klio in der DDR. Dokumente und Materialien des Unabhängigen Historiker-Verbandes. Berlin 1994.

[94]) So in einem Beitrag auf dem Historikertag in Bochum 1990.

[95]) *Martin Sabrow*, Parteiliches Wissenschaftsideal und historische Forschungspraxis. Überlegungen zum Akademie-Institut für Geschichte (1956–1989), in: Sabrow/Walther (Hrsg.), Historische Forschung (wie Anm. 33), 195–225, sowie sein Beitrag in diesem Band. Martin Sabrow verbindet die Suche nach Grundzügen der DDR-Geschichtswissenschaft, die nur in der Zeit ihrer uneingeschränkten Existenz zwischen 1958 und 1985 auszumachen seien, mit einem chronologischen Ansatz, beschränkt sich dabei aber auf einen ausgewählten Kreis von Akteuren, nämlich vorzugsweise die Historiker der Akademie-Institute.

zehn, zwanzig oder dreißig Jahre zuvor in den internen Diskussionen zwischen SED-Apparat und SED-Wissenschaft behandelt worden waren."[96])

Großflächige Geschichtsbilder steuern in erheblichem Maße die beschriebene Enthistorisierung des Gegenstandes. In einem „Untergang auf Raten" ist nur Platz für eine „*Legende* vom guten Anfang"[97]), und eine hohe Aufmerksamkeit gilt der moralischen und politischen Verfallsgeschichte sowie den Krisenmomenten (1953, 1956–1958, 1968 usw.), in denen die Partei die Gesellschaft überwältigte. Zwei Momente, die Ausschnitte von Wirklichkeit wiedergeben, scheinen mir für diese Sichtweise konstitutiv.

1. Es werden vorrangig Beziehungen zwischen den Steuerungsgremien (SED, Staatsorgane) von Geschichtspolitik und den in diese Geschichtspolitik prominent einbezogenen Historikern betrachtet. Gegenstandsbereiche sind vor allem politisch instrumentalisierte Interpretationen der jüngsten Nationalgeschichte. Handlungsebene bleibt vorrangig der Kontakt der Wissenschaftspolitik mit „den Genossen Historikern" zwischen dem Anfang der 50er Jahre und 1989. Damit wird der instrumentelle Charakter von Geschichtswissenschaft in der DDR offengelegt. Das ist ohne jeden Zweifel wichtig. Es verschwindet aber hinter der Fokussierung auf die Geschichtspolitik die faktische intellektuelle Auseinandersetzung innerhalb des Faches. Bestätigt wird scheinbar die Position der SED-Führung, wonach eine Beurteilung der marxistisch-leninistischen Geschichtswissenschaft nicht an den Maßstäben des internationalen Forschungsstandes möglich sei, sondern allein an ihrer Instrumentalisierung. Wenn die DDR-Geschichtswissenschaft aber tatsächlich gleichsam auf einem anderen Stern stattgefunden hat, wird auch die Frage nach ihrer Entwicklung gegenstandslos, weil kein anderer Maßstab als der der internen politisch determinierten Prestigeverteilung zu finden ist.

2. Das Fehlen einer Distanz zum Anliegen der politisch-moralischen Beurteilung jener Generation der zwischen 1925 und 1935 Geborenen (nach 1968 aufgefrischt um einige Vertreter des folgenden Geburtsjahrfünfts), die so lange in der Historiographie dominierte, und denen sich die 25- bis 35jährigen Ende der achtziger Jahre gegenübersahen. Diese lange Herrschaft einer Generation erzeugt – blickt man nur auf die Herrschaftsmodi – den Eindruck einer Bewegungslosigkeit, als sei die Zeit Ende der fünfziger, Anfang der sechziger Jahre stehengeblieben. In der intergenerativen Auseinandersetzung spielt das Argument der blockierten Gesellschaft – gesättigt von den Erfahrungen der „bleiernen Zeit" in den achtziger Jahren und der weitgehenden Bewegungsunfähigkeit im Moment des Aufbruchs am Ende dieses Jahrzehnts – eine entscheidende Rolle. Es verkürzt aber auch, weil es implizit annimmt, die Welt

[96]) *Kowalczuk*, „Wo gehobelt wird, da fallen Späne" (wie Anm. 3), 318.

[97]) So der Titel einer Sektion auf dem Münchner Historikertag, die der unabhängige Historikerverband organisierte.

hätte sich ebenfalls nicht weiterbewegt und daß demzufolge kein Grund zur intellektuellen Kursänderung bestanden hätte.

Ein Blick auf die wissenschaftlichen Anmerkungen und Belege in der Schriftproduktion der Nachwendediskussion verweist im Vergleich zu den Fußnoten der westdeutschen Arbeiten vom Ende der siebziger und Anfang der achtziger Jahre auf eine weitere Spezifik, die in der Quellensituation liegt. Historiker hängen natürlich ganz entscheidend von der Archivlage ab. Insofern ist die Begeisterung verständlich, die sich aus dem Zugang zu ungeheuer erscheinenden Archivmassen aus der Hinterlassenschaft der politischen Führung und der Repressionsorgane der DDR ergibt. Hierbei wird oft übersehen, daß es keineswegs eine gleichmäßige Öffnung aller archivalischen Überlieferungen gibt. Private Nachlässe sind ausgenommen und auch viele jener Quellen, die gemeinhin für eine Sozialgeschichte aus dem Archiv bezogen werden, sind wieder geschlossen oder immer unzugänglich gewesen. Die offenen Bestände sind dagegen hoch ergiebig für die Analyse der Geschichtspolitik. Sie sind konzentriert auf die Steuerung des Ausnahmefalles. Insofern sind sie aber schlecht serialisierbar, sondern eher im Sinne anekdotischer Aneinanderreihung von Skandalen nutzbar, wenn sie nicht allein als *Ausgangspunkt* für eine weitergehende Forschung genutzt werden sollen.

Betrachtet man die Bestände der Abteilung Wissenschaften beim ZK der SED für die Zeit zwischen 1946 und 1989, so entsteht einmal mehr der Eindruck, als habe sich nichts bewegt: Das Wissenschaftsverständnis bleibt an die Vorstellung von der weitgehenden Verfügbarkeit der Geschichtsbildner gebunden, lediglich internationale Rücksichten spielen eine wachsende Rolle. Die Hinweise auf die allgemeine akademische Praxis bleiben vage, solange diese nicht durch „Vorkommnisse" ins Visier von Kontrollkommissionen gerät. Hinweise, die Auskunft über die Kämpfe um die Ressourcenverteilung und die intellektuellen Auseinandersetzungen unter den Historikern geben, müssen beinahe folgerichtig in den wissenschaftspolitischen Akten weitgehend fehlen: eine autonome Sphäre war für die Wissenschaft nicht vorgesehen. Ob es sie deshalb auch tatsächlich nicht, nicht einmal in Ansätzen, gegeben hat, kann jedoch erst beantwortet werden, wenn die "klassischen" Bestände, die zu einer Historiographiegeschichte führen, unter die Lupe genommen sind: An erster Stelle verdient die veröffentlichte Geschichtsschreibung wieder stärkere Aufmerksamkeit; zum zweiten sind die Manuskript gebliebenen Dokumente der Lehr- und Kolloquiumspraxis wichtige Indikatoren; zum dritten schließlich können angesichts der Sperrfristen für personenbezogene Daten „Ego-Dokumente", die mit den Universitätsarchiven kombiniert werden, Material für eine Sozialgeschichte bereitstellen.

Die vorstehende Suche nach Anknüpfungspunkten für eine nötige Historisierung der Geschichtswissenschaft in der DDR bei den Akteuren und bei den auswärtigen wie nachherigen Beobachtern führt zur Unmöglichkeit, diese

Selbstrepräsentationen auf ein einheitliches Bild zu beziehen. Chiffriert in der nach 1989 nur noch mühsam zu entschlüsselnden Sprache einer „marxistisch-leninistischen Periodisierungsdiskussion" scheinen Konflikte und neuralgische Punkte der Kollision von sehr unterschiedlichen Wahrnehmungsweisen auf. Dies korrespondiert offenkundig einer Vielfalt, die sich die Akteure mit wenigen Ausnahmen im „selbstgewählten Gehäuse der Unmündigkeit" (Manfred Kossok) durch Einfügung in einen unifizierenden Diskurs selbst zu verbergen suchten. Die Rede von der „DDR-Geschichtswissenschaft" erzeugte deren „Einheitlichkeit". Die Einbeziehung weiterer Ebenen, die hier aus Raumgründen unberücksichtigt bleiben mußten, wie die Entwicklung der Geschichtspolitik[98]) und die Veränderungen in der Geschichtskultur[99]), würde diesen Widerspruch zwischen vorgestellter Eindeutigkeit und subkutan ausgetragenem Streit um Vielfalt keineswegs auflösen. Es scheint beinahe so, als bliebe nur resignativer Verzicht auf jede Art von übersichtlicher chronologischer Gliederung oder eine willkürliche Setzung von Zäsuren, indem allein eine der Teilperspektiven verfolgt wird. In den anschließenden Bemerkungen soll dagegen ein heuristisches Modell[100]) vorgeschlagen werden, das es erlauben könnte, die verschiedenen Perspektiven aufeinander zu beziehen.

III.

Die Situation der Historiker und Historikerinnen in der SBZ und später in der DDR kann man sich weder als völlig durch Entscheidungen der SED-Führung gebunden noch als völlig der freien Willensentscheidung unterliegend vorstellen. Vielmehr scheint es, als hätten Phasen, in denen den Akteuren alternative Entwicklungen denkbar und realisierbar vorkamen, mit solchen, in denen der Druck der existierenden Strukturen so stark war, daß die meisten die Kraftin-

[98]) Vgl. hierzu *Neuhäußer-Wespy*, Der Parteiapparat (wie Anm. 33); *Jan Herman Brinks*, Die DDR-Geschichtswissenschaft auf dem Weg zur deutschen Einheit. Luther, Friedrich II. und Bismarck als Paradigmen historischen Wandels. Frankfurt am Main/New York 1992; *Jürgen Danyel* (Hrsg.), Die geteilte Vergangenheit. Zum Umgang mit Nationalsozialismus und Widerstand in beiden deutschen Staaten. Berlin 1995; *Edgard Wolfrum*, Die Preußen-Renaissance: Geschichtspolitik im deutsch-deutschen Konflikt, in: Sabrow (Hrsg.), Verwaltete Vergangenheit (wie Anm. 2), 145–168.

[99]) Vgl. dazu die Beiträge von Günter Agde, Thomas Heimann, Joshua Feinstein, Christoph Classen über Film und Rundfunk sowie von Tanja Frank und Thomas Kramer über bildende Kunst und Comics in: *Sabrow* (Hrsg.), Verwaltete Vergangenheit (wie Anm. 2).

[100]) Mit dem ausdrücklichen Verweis auf den Status eines heuristischen Modells für diese Überlegungen soll kenntlich gemacht werden, daß sie – dem Stand der Forschung entsprechend – weiterer empirischer Prüfung noch bedürfen. Es handelt sich also um einen Vorschlag, der die Diskussion vielleicht über einen toten Punkt bringen kann, in der verschiedene enthistorisierte Bestimmungen von DDR-Geschichtswissenschaft gegeneinander gestellt wurden.

vestition in widerständiges Verhalten als zu hoch und weitgehend aussichtslos ansahen, alterniert. Die Alternativsituationen mobilisierten Energien für die Neuformulierung paradigmatischer Vorstellungen, für neuartige Institutionalisierungen und für eine Neuordnung der interdisziplinären Fächerallianzen, während in den strukturstabilen Phasen eher das Einlösen von länger bestehenden Vorhaben die Szenerie beherrschte. Als *Alternativsituationen* erscheinen vor allem die Jahre 1945 bis 1951, 1965 bis 1969/70 und – mit Einschränkungen – auch die letzten fünf Jahre der DDR. Die dazwischen liegenden Dezennien von 1951 bis 1965 und von 1971 bis 1985 wären meines Erachtens eher als *strukturstabile Phasen* anzusehen.

Die ersten Nachkriegsjahre werden in aller Regel als unübersichtliche Jahre beschrieben, in denen die Wiederbelebung des Lehr- und Forschungsbetriebes, die Neubesetzung der Lehrstühle und die Neustrukturierung der Historiographie einen stark experimentellen Charakter trug. Die Unterschiede zwischen den einzelnen Standorten waren groß[101]), und das Vermögen der maßgeblichen Wissenschafts- und Hochschulpolitiker zuerst der Sowjetischen Militäradministration in Deutschland (SMAD)[102]) und der Länder, später der SED und der DDR-Hochschulverwaltung blieb gering, diese Prozesse wirklich zu beeinflussen. Weitgehende Einigkeit bestand bei allen an der methodologischen Diskussion Beteiligten in der Ablehnung der bisherigen Form von Geschichtswissenschaft und in der Betonung einer notwendigen Neuorientierung. Muster für diese Erneuerung wurden in Westeuropa und der sowjetischen Historiographie ebenso wie in marginalisierten Traditionen der deutschen Geschichtswissenschaft gesucht.[103]) Zugleich richteten sich Vorschläge auf neue Konstellationen, in denen die Arbeit der Historiker künftig gemeinsam mit Geographie, Soziologie, Ethnologie und materialistisch aufgefaßter Literaturwissenschaft und Philosophie betrieben werden sollte, um die Enge einer vorrangigen Textwissenschaft zu überwinden.

[101]) Vgl. *Siegfried Hoyer*, Zur Entwicklung der historischen Institute der Universität Leipzig. Vom Wiederbeginn des Studienbetriebes 1946 bis 1948, in: ZfG 40, 1992, 437–451; *ders.*, Die historischen Institute der Universität Leipzig von 1948 bis 1951, in: ZfG 42, 1994, 809–823; *Hermann-Josef Rupieper*, Wiederaufbau und Umstrukturierung der Universität 1945–1949, in: Gunnar Berg/Hans-Hermann Hartwich (Hrsg.), Martin-Luther-Universität. Von der Gründung bis zur Neugestaltung nach zwei Diktaturen. Opladen 1994, 97–116.

[102]) Vorläufig als Pilotstudie zum Verhalten der SMAD: *Alexandr Haritonow*, Sowjetische Hochschulpolitik in Sachsen 1945–1949. Weimar/Köln/Wien 1995.

[103]) Am weitesten gingen zunächst Karl Griewanks Literaturbericht im Anhang seines Buches über die Geschichte der Französischen Revolution (1948), Heinrich Sproemberg, der sich insbesondere auf den Belgier Henri Pirenne bezog, und Walter Markov, der – ähnlich wie parallel in der Literaturwissenschaft der Romanist Werner Krauss – die westeuropäischen Erfahrungen materialistischer Geschichtsbetrachtung und die Ergebnisse der ost- und südosteuropäischen Forschungslandschaft einem deutschen rein geistesgeschichtlichen und dabei nationalistisch deformierten Sonderweg gegenüberstellte.

Die erste Hochschulreform 1946ff., die sich vor allem auf die Studentenauswahl richtete und unter der Flagge einer „Brechung des Bildungsprivilegs" segelte, riß zwar scharfe Gräben zwischen den sich als bürgerlich-liberal verstehenden Professoren und ihren der SED nahestehenden oder ihr angehörenden Kollegen, wurde aber offenkundig von denjenigen, die sich nicht in Opposition zur neuen Ordnung sahen, nicht als eine grundsätzliche Wegentscheidung für die künftigen Kräfteverhältnisse an den Universitäten begriffen. Politische Zwecksetzung für die Geschichtswissenschaft erschien vielen aus der Erfahrung ihres vergangenen Mißbrauchs als unvermeidlich, weshalb sie es für vernünftiger hielten, die Zwecke zu beeinflussen. Dies fiel mit einem hohen Selbstbewußtsein und dem Bemühen um eine autonome akademische Kultur zusammen, die angesichts des Mangels an geeigneten Personen für die vielen vakanten Stellen und angesichts des traditionell hohen Prestiges der Universitätsprofessoren verhältnismäßig leicht zu etablieren war.[104]) Auch jene, die sich als Kommunisten verstanden, entwickelten den unverkennbaren Habitus einer „bürgerlichen" Ordinarienuniversität.[105]) Dies erschien als ein positionelles Faustpfand für die künftige Entwicklung, von dem aus sich auch Krisen im Kampf um Ressourcen meistern ließen. Wo sich aus den verschiedensten Gründen diese Professorenkultur nicht etablieren konnte, ließ sich die Ambivalenz der experimentierfreudigen Nachkriegszeit viel rascher eindämmen: an den Parteiinstituten der SED und auch an einigen Universitäten, die schneller zum Ausgangspunkt für eine Instrumentalisierung der Historiographie für die vordergründigen Ziele der Geschichtspolitik werden sollten. Die weitverbreitete Vorstellung, daß lediglich die „bürgerlichen" Gelehrten, d.h. jene, die sich selbst als nichtmarxistisch verstanden, an der Aufrechterhaltung dieser Kultur interessiert und beteiligt gewesen seien, führt in die Irre. Vielmehr stärkten jene wenigen aus Emigration oder Haft zurückgekehrten und in der Nachkriegszeit auf Lehrstühle gelangten Kommunisten in aller Regel wie selbstverständlich das Lager eines bildungsbürgerlichen Habitus und übertrugen dies teilweise auch auf ihre Schülergeneration.[106]) Die Situation schien offen, der Handlungsspielraum der Historiker für die Etablierung wissenschaftlicher Paradigmen und akademischer Schulen erheblich. Die Rolle des

[104]) Vgl. die Schilderungen bei *Markov*, Zwiesprache mit dem Jahrhundert (wie Anm. 17), 179–218, *Kuczynski*, Ein linientreuer Dissident (wie Anm. 17), und *Hans Mayer*, Ein Deutscher auf Widerruf. Bd. 2. 2. Aufl. Frankfurt am Main 1988, 9–262.

[105]) Ausführlich beschrieben bei *Fritz Ringer*, Die Gelehrten. Der Niedergang der deutschen Mandarine 1890–1933. Stuttgart 1983.

[106]) Vgl. die vielfältigen Erinnerungen an die akademische Praxis in: *Neuhaus/Seidel* (Hrsg.), „Wenn jemand seinen Kopf bewußt hinhielt..." (wie Anm. 76), sowie die sozialgeschichtlichen Untersuchungen von *Jessen*, Professoren im Sozialismus (wie Anm. 35), und *ders.*, Vom Ordinarius zum sozialistischen Professor. Die Neukonstruktion des Hochschullehrerberufs in der SBZ/DDR 1945–1969, in: Richard Bessel/Ralph Jessen (Hrsg.), Die Grenzen der Diktatur. Staat und Gesellschaft in der DDR. Göttingen 1996, 76–107.

Marxismus war dabei strittig, aber vorerst blieb Walter Markovs Plädoyer gültig, den Marxismus nicht durch Inzucht im einen Teil Deutschlands für die Marginalisierung im anderen zu entschädigen. Die Teilung zwischen den Besatzungszonen und ab 1949 zwischen den beiden deutschen Staaten hatte in den Augen vieler vorerst nichts Endgültiges, bot aber zunächst Schutz für verschiedenartige Vorstellungen von der Modernisierung der Geschichtswissenschaft, die aus bekannten Gründen in Deutschland bis 1945 höchstens am Rande verfolgt werden konnten. Unter den Paradigmen, denen die Erneuerung folgen sollte[107]), war das nationalgeschichtliche, zeitlich gesehen, das letzte und trat seinen Siegeszug erst 1951 mit der *geschichtspolitischen* Wende der 7. ZK-Tagung der SED an.[108]) Mit diesem Wechsel, der einem der Paradigmen die Suprematie zugestand und dies auch in der Trennung von Instituten für Geschichte des deutschen Volkes von den Instituten für allgemeine Geschichte sowie im Lehrplan des Hochschulunterrichts verankerte, wurden die Chancen auf eine Alternative zur tatsächlich verlaufenen Entwicklung stark vermindert. Das Verhältnis der Deutungsmuster zueinander und in ihrem hierarchischen Einfluß auf die Geschichtspolitik und Geschichtskultur wurde festgeschrieben – nicht zuletzt in den verfügbaren Ausbildungsanteilen und damit zu legitimierenden Personal- und sonstigen Forschungsressourcen. Es entbehrt nicht einer gewissen Logik, daß mit dem Parteiverfahren gegen Walter Markov 1950/51 jener Gegenspieler der „nationalgeschichtlichen Wende", der als Widerstandskämpfer mit Hafterfahrung, als Kommunist der ersten Stunde an einer der größten Universitäten des Landes und als Spezialist für ost- und südosteuropäische Geschichte die größte Legitimität für einen Widerspruch in die Waagschale werfen konnte, in seinen Wirkungsmöglichkeiten mindestens für einige Jahre stark beschränkt wurde.

Die nachfolgenden knapp anderthalb Dezennien (1951 bis 1965) lassen sich, all der ihnen innewohnenden Dynamik zum Trotz, m. E. als strukturstabile Phase auffassen. In diesen Jahren realisierte jene Generation, die die gesamte Folgezeit hindurch bis zum Ende der DDR die ostdeutsche Geschichtswissenschaft dominieren sollte, ihren Aufstieg über das Studium mit seinen politischen Auseinandersetzungen, über Promotion und Habilitation bis auf die ersten neueingerichteten bzw. frei gewordenen Lehrstühle. Lokalismus wird bereits hier zum Kennzeichen der Karrieren. Manchenorts geschah dies in einem stabilen Rahmen, der von wenigen Ordinarien beherrscht wurde, andernorts als mehr oder minder frühe Revolte gegen die „bürgerlichen" Überväter, wobei teilweise skrupellos politische Vorwände genutzt wurden.[109])

[107]) Vgl. dazu oben (Abschnitt II.) die Unterscheidung in ein nationalgeschichtliches, ein universalhistorisches und ein kommunalistisch-mediävistisches Paradigma.

[108]) Vgl. dazu *Kopp*, Die Wendung zur „nationalen" Geschichtsbetrachtung (wie Anm. 71).

[109]) *Jessen*, Professoren im Sozialismus (wie Anm. 35); *Middell*, Wissenschaftliche Schulen (wie Anm. 67).

Wenigstens bis 1961 war dieser Aufstieg unter den Bedingungen eines offenen (auch akademischen) Marktes mit Vorteilen für die Historiker verbunden, da das System nach Studentenzahlen und verfügbaren Stellen beinahe durchgehend expandiert.

Die Rede von der Durchsetzung des Marxismus-Leninismus verbirgt dabei mehr als sie ausdrückt: Sie kaschiert die Verstrickungen der Bildungsaufsteiger in eine Hochschulpolitik, die durch ständiges Anheizen der ideologischen Debatten Kontrolle in einem ihr fremden Milieu zu gewinnen versucht, sie verweist aber zugleich auch auf das Bedürfnis, die noch ganz unausgearbeiteten Grundlagen eines marxistischen Geschichtsbildes durch einen abstrakten historischen Materialismus zu ersetzen, mit dem sich jene Anerkennung erringen ließe, die international vorläufig noch verwehrt blieb. Damit ist auch der Weg von einer Oppositionswissenschaft, die ihre Stärken in der Unterschichtenforschung und bei der Untersuchung politischer Emanzipationsbewegungen ausspielt, zu einer staatstragenden Historiographie, die sich um ein integrales Geschichtsbild bemüht, beschrieben.

Das nationale Geschichtsbild wird immer stärker zum Schwerpunkt der Historikertätigkeit, während die Weiterentwicklung einer allgemeinen Gesellschaftstheorie, die sich auf Vergleiche stützt und einen Zusammenhang zur Soziologie sucht, an den Rand tritt.[110])

Die Kooperation von Geschichtswissenschaft und Geschichtspolitik wurde institutionalisiert (u.a. in den Projekten des Lehrbuchs zur deutschen Geschichte, das wegen der Ähnlichkeit seines rot-gelben Umschlags mit dem Erscheinungsbild des staatlichen Tankstellennetzes als „Minol-Reihe" bekannt wurde, und der „Geschichte der deutschen Arbeiterbewegung"). Die Hansische Arbeitsgemeinschaft bildete in dieser Zeit eine wichtige Professionalisierungsinstanz für Nachwuchswissenschaftler in den Bereichen Frühe Neuzeit und Neuere Geschichte, mit der der Zusammenhalt empirischer Forschung und übergreifender Deutung gegen die instrumentelle Unterordnung der Forschung unter die Ansprüche der Geschichtspolitik behauptet werden konnte.[111]) Die Gründung der Historikergesellschaft der DDR und die

[110]) *Nachdem* sich in Westdeutschland die Wendung zu einer stärkeren Berücksichtigung der Sozialgeschichte vollzogen hatte, wurde dieses Manko immer spürbarer. Als ein Beispiel von vielen sei *Peter Classens* Rezension des Buches von Ernst Werner „Zwischen Canossa und Worms" zitiert: „Man hätte sich eine marxistiasche Interpretation des Zeitalters gewünscht – aber es fehlt dazu an den wesentlichen sozialgeschichtlichen Fragen … Eine marxistische Deutung des Investiturstreites, die die ‚bürgerliche Wissenschaft' zur Auseinandersetzung herausfordern könnte, steht noch aus" (HZ 220, 1975, 691 f.). Zum Zusammenhang allgemein: *Klaus Schreiner*, Wissenschaft von der Geschichte des Mittelalters nach 1945. Kontinuitäten und Diskontinuitäten der Mittelalterforschung im geteilten Deutschland, in: Schulin (Hrsg.), Deutsche Geschichtswissenschaft (wie Anm. 44), 87–146.

[111]) Dies läßt sich gut anhand der von Heinrich Sproemberg, dem Vorsitzenden dieser Arbeitsgemeinschaft, gesammelten Materialien nachvollziehen, die die Einladungspolitik und

Wechselfälle der Teilnahme an und scharfen Abgrenzung von westdeutschen Historikerveranstaltungen zeigen das ambivalente Verhältnis zum Thema Eigenständigkeit, das diese ganze Phase beherrschte: Der Graben zwischen den beiden Geschichtswissenschaften wurde immer tiefer, die jeweils dominierenden Vorstellungen immer inkompatibler, so daß sich eine Vereinigung bald nicht mehr als eine gleichberechtigte Kooperation denken ließ. Eine Abkopplung von der Perspektive des Zusammenschlusses beider Staaten und Historiographien warf jedoch gerade für die Historiker, die sich als Mitwirkende an der Geschichtspolitik der SED verstanden, weitergehende Probleme auf. Solange keine eigenständige historische Sinnstiftung des Projekts DDR geschaffen war – und die Schwierigkeiten auf dem Wege dahin waren den Historikern angesichts der Planverzüge beim Schreiben erster Gesamtdarstellungen einer Vorgeschichte der DDR ebenso wohl bewußt wie den Politikern die Schwierigkeiten, die ein solches Vorhaben mit der östlichen Vormacht implizierte – konnte die Legitimität dieses Gemeinwesens nur aus der schroffen Ablehnung einer gleichberechtigten Vereinigung seitens der Bundesrepublik gezogen werden. Der Generationswechsel in der westdeutschen Geschichtswissenschaft in den sechziger Jahren ließ die DDR-Historiker ahnen, daß diese Legitimationsbasis nicht mehr ewig bestehen und ihre eigene Arbeit nunmehr stärker unter Zeitdruck von außen geraten würde. Nach dem Mauerbau veränderte sich zugleich auch der Spielraum für das Aushandeln eines umfangreicheren Ressourcenzugriffs. Konnte man bis dahin mit dem Weggang an eine westdeutsche Universität drohen, entfiel dieses Argument nun weitgehend. Für eine Übergangszeit schien nur ideologische Linientreue als Faustpfand gültig, wo es um den Abschluß des sozialen Aufstiegs in die Führungspositionen des akademischen und geschichtspolitischen Betriebes ging. Erst am Ende der sechziger Jahre ließ sich ein neues Muster etablieren, wonach internationales Prestige Bausteine für eine auf staatliche Eigenständigkeit gegründete Legitimität abgab, die sich gegen Positionsgewinne eintauschen ließen.

Die Jahre zwischen der II. und III. Hochschulreform 1951–1963 ff. kannten mehrere schwere politische Krisen, von denen die Hochschulen und Forschungsinstitute natürlich nicht unbeeinflußt blieben. Sowohl 1953 als auch 1958 und noch einmal 1961 setzte sich das Karussell der Parteiverfahren, Intrigen, öffentlichen Polemiken rasch in Gang. Historiker und Historikerinnen, die sich der Unterordnung ihrer Wissenschaft unter die Bedürfnisse der Geschichtspolitik der SED widersetzten, wurden zur Aufgabe gezwungen, eingeschüchtert und diszipliniert. Viele aus der jungen aufstrebenden, aber politisch unerfahrenen Generation sahen sich in den Auseinandersetzungen vor die Wahl gestellt, in den Kommissionen mitzutun oder ihnen gegenüberzustehen.

die Standards für die wissenschaftlichen Vorträge dokumentieren. Nachlaß Sproemberg im Archiv der Berlin-Brandenburgischen Akademie der Wissenschaften.

Für eine Geschichte der Geschichtswissenschaft in der DDR scheinen mir diese Jahre aber doch eher zusammenzugehören, gerade auch weil sie beinahe durchgehend von solchen Auseinandersetzungen gekennzeichnet waren, während in einer „Vorgeschichte der Geschichtswissenschaft nach 1989", wie sie manchem Interpreten wohl durch den Kopf geht, die Jahre 1958/61 mit der Vertreibung vieler „bürgerlicher" Historiker eine entscheidende Zäsur ausmachen.

Die Zeit der III. Hochschulreform[112]), die sich etwa auf die Jahre 1965/66 bis 1969/70 eingrenzen läßt, fiel zusammen mit einem Umbruch im Nationskonzept der SED[113]) und einem Umbau der historischen Legitimation der DDR. Dies eröffnete einerseits den Historikern Handlungsspielräume für die Renovierung ihrer Institutionen und für die Neubestimmung ihres Verhältnisses zur Geschichtspolitik. Das Bemühen um internationale Anerkennung der DDR rückte zugleich das Prestige der DDR-Wissenschaftler innerhalb der *scientific community* in einen höheren Rang. Die Einordnung in den internationalen Forschungsstand wurde damit zum entscheidenden innerwissenschaftlichen Differenzierungskriterium, während die Nähe zur offiziellen Geschichtspolitik demgegenüber tendenziell in den Hintergrund treten mußte.

So kann diese Zeit als eine erneute Alternativsituation beschrieben werden. Es lassen sich vor dem Hintergrund einer allgemeinen Wissenschaftsbegeisterung in den späten sechziger Jahren und der Destabilisierung der bisherigen Geschichtspolitik Ulbrichtscher Prägung Versuche ausmachen, für die Geschichtswissenschaft die Position einer gesellschaftlichen Deutungsinstanz zurückzugewinnen. Untersuchungen zur Formationstheorie und Bemühungen um eine vergleichende Revolutionsforschung gehören in diese Auseinandersetzungen um die Zentralkategorien einer historisch fundierten Gesellschaftslehre marxistischer Prägung. Dies korrespondierte mit westlichen Entwicklungen, die ebenfalls nach einer Neubestimmung des Verhältnisses von Soziologie und Geschichtswissenschaft suchten.[114]) Das gleichzeitige Wachstum der Entwicklungsländerforschung, die sich im Zuge der III. Hochschulreform als *area-studies* in einer erheblichen Spannbreite von linguistischen, kultur- und literaturwissenschaftlichen, völkerkundlichen bis zu soziologischen, ökonomischen und politikwissenschaftlichen Elementen schwerpunktmäßig an den Universitäten Berlin (Asienwissenschaften), Rostock (Lateinamerikawis-

[112]) Zum Folgenden vgl. auch *Matthias Middell*, 1968 in der DDR: Das Beispiel der Hochschulreform, in: François/Middell/Terray/Wierling (Hrsg.), 1968 – ein europäisches Jahr? (wie Anm. 55), 125–146; zum politischen Kontext und zur Oppositionsbewegung: *Stefan Wolle*, Die DDR-Bevölkerung und der Prager Frühling, in: PolZG B36, 1992, 35–45.

[113]) *Klaus Erdmann*, Der gescheiterte Nationalstaat: Die Interdependenz von Nations- und Geschichtsverständnis im politischen Bedingungsgefüge der DDR. Frankfurt am Main 1996.

[114]) *Hans-Ulrich Wehler* (Hrsg.), Geschichte und Soziologie. Königstein/Ts. 1971, mit ausführlicher Bibliographie.

senschaften) und Leipzig (Afrika-/ Nahostwissenschaften) institutionalisierte, stärkte die Bemühungen um mehr Interdisziplinarität und Internationalität. Mit den rasch ausgeweiteten empirischen Arbeiten über die Länder der Dritten Welt konnte tendenziell die Basis vergrößert werden, um allzu simple Gesellschaftsmodellle auszuhebeln. Insofern bedeutete der Ausbau der *area studies* ebenfalls die Möglichkeit zu günstigen Fächerallianzen, die die Modernisierung der Geschichtswissenschaft befördern konnten. Dabei fand die Konzentration der jeweiligen Regionalforschungen an einer einzigen Universität, die die Kooperationsmöglichkeiten für die Historiker an den übrigen Hochschulen teilweise drastisch verringerte, ohne eine notwendige Diskussion um die *wissenschaftlichen* Maßstäbe für die Schwerpunktbildung statt. In den Auseinandersetzungen, wer von den entsprechenden Strukturveränderungen profitieren sollte – eine interdisziplinärer ausgerichtete Gesellschaftswissenschaft oder eine auf Disziplinierung und politische Verfügung über die akademischen Ressourcen ausgerichtete Funktionärsgruppe – gewann am Ende die letztere, auch wenn positive Nebeneffekte für die Modernität der Wissenschaftsstrukturen zustande kamen.

Der Übergang von den überkommenen Instituten und Fakultäten zu einem System von Sektionen an den Universitäten diente der Schleifung der Ordinarienuniversität und setzte ebenfalls Chancen und Risiken frei. Als Vorbild galt informierteren unter den ostdeutschen Wissenschaftlern das amerikanische Department-System. Hinzu traten Hoffnungen auf mehr Kreativität, wenn die engen Grenzen der von „Fachvertretern" bewachten Lehrstuhlterrains zugunsten einer kollektiven wissenschaftlichen Arbeit gesprengt würden. Positive Effekte für eine koordinierte Ausbildung ließen sich ebenfalls erwarten. Als Preis dafür wurde ein kultureller Schutz gegen die politische Instrumentalisierung akademischer Selbstverwaltungsprozesse aufgegeben, den die Ordinariate ohne jeden Zweifel dort geboten hatten, wo sie von Gelehrten mit „bürgerlichem" Selbstverständnis (seien sie Marxisten oder dem Marxismus gegenüber eher zurückhaltend eingestellt gewesen) besetzt waren.[115]) Die Möglichkeiten, diese Strukturveränderung zur Herabsetzung der Standards wie zur Freisetzung kreativer Energien zu nutzen, mobilisierten die verschiedensten Akteure.

Auch im Generationengefüge ergaben sich gravierende Verschiebungen: Die wenigen Vertreter, die aus den Geburtsjahrgängen 1900 bis 1910 in der Geschichtswissenschaft der DDR von Anfang an bis zu ihrer Emeritierung in

[115]) Das Gegenteil, daß die Lehrstühle, Institute und Fakultäten eher zu Aufstiegsmaschinerien für politisch übereinstimmende Seilschaften wurden, mochte aber ebenfalls die akademischen Alltagserfahrungen prägen. Zumindest sprechen die von Ralph Jessen u.a. präsentierten Befunde von einem Rückgang der Habilitation als Berufungsvoraussetzung eher dafür, daß die tradierten Selbstverwaltungsgremien ihre Funktion zur Sicherung einer qualifizierten Rekrutierung zunehmend weniger erfüllten.

führender Position tätig waren, schieden nun absehbar aus dem akademischen Betrieb aus, womit sich der Aufstieg der nachrückenden Generation vollenden konnte. Eine dieser wiederum nachfolgende Generation, die das Erlebnis des Jahres 1968 zum Ausgangspunkt ihrer Konstituierung hätte nehmen können, entstand jedoch nicht. Vielmehr wurden die Nachrücker aus den Geburtsjahrgängen 1930 bis 1940 in der letzten massiven Stellenerweiterung der universitären Geschichtswissenschaft als Hochschullehrer in die dominierende Generation kooptiert, so daß sich eine fast zwanzig Jahre währende Alleinherrschaft dieser Generation mit einer entsprechenden Monopolisierung der Gestaltungsmöglichkeiten ergab.

Die Hoffnungen und Repressionserfahrungen des Jahres 1968 hatten nicht nur Jugendliche und Arbeiter, sondern auch zahlreiche Historiker erfaßt.[116]) Eine naive Identifikation mit einem einzigen Sozialismus-Modell schien nun auch für überzeugte Kommunisten nicht mehr möglich, nachdem die Konkurrenz unterschiedlicher Muster einen bürgerkriegsähnlichen Austrag in der Tschechoslowakei gefunden hatte und die DDR sich dazu alles andere als neutral verhielt. Man kann dies ebenfalls als Erweiterung der Denkmöglichkeiten auffassen, auch wenn das Ergebnis der intellektuellen Auseinandersetzungen mit dem Demokratieproblem in den realsozialistischen Gesellschaften und mit dem Gegenentwurf eines „Sozialismus mit menschlichem Antlitz" in der Retrospektive eher als Selbstwidersprüchlichkeit[117]) empfunden wird und gerade keine offene Auseinandersetzung darüber gefunden werden kann, was das Jahr 1968 für die Geschichtsauffassung der ostdeutschen Historiker und Historikerinnen bedeutete.

Betrachtet man all diese Elemente und rechnet die Instabilität des politischen Systems in der DDR und des gesamten östlichen Lagers angesichts der Wechsel im Führungspersonal hinzu, so lassen sich die Handlungs- und Denkmöglichkeiten dieser wenigen Jahre durchaus als Alternativsituation zusammenfassen. Allerdings muß gleich hinzugefügt werden, daß die Akteure zumeist davor zurückschreckten, jene Alternativen zu ergreifen, die einen tatsächlichen Wandel der Historiographie in der DDR hätten bewerkstelligen können. Die methodologischen Debatten liefen in der chiffrierten Form eines konsensuellen Diskurses ab und entzogen sich damit einer kontroversen Beurteilung und Überprüfung. Die permanente Politisierung der Geschichtswissenschaft wurde zurückgewiesen und dagegen eine akademische „Normalisierung" eingeklagt, die Freiräume für eine relativ politikferne Grundlagenreflexion und teilautonome Bestimmung der Forschungsziele beließe. Dies ging allerdings mit einer – explizit weder begründeten noch angegriffenen – Ver-

[116]) Vgl. die eindringliche Beschreibung anhand zeitgenössischer Tagebuchaufzeichnungen bei *Zwahr*, Rok šedesatý osmý (wie Anm. 55).

[117]) Hierzu ausführlicher Ralf Possekel in diesem Band.

wandlung der „Geschichte von unten", die sich der Entrechteten, Oppositionellen und Utopisten annahm, in eine historistische Perspektive als subtilere Herrschaftsstabilisierung einher. Große Teile der Geschichtswissenschaft akzeptierten damit für sich eine neue Funktionsbestimmung – eine affirmative Identitätsbefestigung, die weder den Bezug auf Spontaneität und Revolte noch Zweifel an der Objektivität historischer Einsicht brauchen konnte.

Dieses Ergebnis leitet über in die zweite strukturstabile Zeit zwischen 1970/71 und ca. 1985. Aus der ehemals „neuen" Geschichtswissenschaft war nun eine normale Historiographie geworden. Ihre fachliche Solidität nahm zu, und im gleichen Maße stieg die internationale Anerkennung, die notwendiges Element zweier eingefrorener Blöcke ist. In Theorieorientierung und Gegenstandswahl lassen sich vor allem Anpassungen an die westdeutsche Entwicklung ausmachen – insbesondere auf dem Gebiet einer politischen Sozialgeschichte. Der Erfolg, der sich im nunmehrigen Gelingen mehrbändiger Kollektivwerke niederschlug, die in ihrer Narrativität weitgehend unreflektiert blieben, stand einer Diskussion um absehbare Krisenelemente im Wege. Der personelle Bestand der Geschichtswissenschaft in der DDR zeigte sich relativ unverändert, so daß kritische Potentiale eher innerhalb der herrschenden Generation mobilisiert werden mußten, als daß sie von nachrückenden Wissenschaftlern mit entsprechender Position im akademischen Gefüge erwartet werden konnten. Die Schwerpunkte der Forschung an den einzelnen Standorten waren spätestens seit der III. Hochschulreform gesetzt. Tabuzonen historischer Deutung oder auch nur Erwähnung waren deutlich um die problematischen Felder gezogen, mit denen eine Parteiführung nicht behelligt werden wollte, die Zeitgeschichtsforschung und Verwaltung ihrer eigenen Erfahrungen kaum auseinanderhalten konnte. Im Gegenzug zur Mitwirkung an der Schaffung eines „integralen Geschichtsbildes" aus Tradition und Erbe und zur Vermeidung akademisch aufgeladener Diskussionen über diese Tabuzonen erhielten die Prominenten unter den Historikern nötige Freiräume für methodologische Debatten (im Rahmen einer marxistischen Gesamtdeutung), die eine wichtige Voraussetzung für internationale Reputation wurden.

Die ursprünglich differierenden Paradigmen hatten sich zu Milieus ausgeweitet, die stärker noch durch die Produktionsbedingungen (Archiv- und Literaturzugang, Bezug auf unterschiedliche internationale Forschungsstände) als durch paradigmatische Texte voneinander unterschieden blieben. Der nach wie vor vorherrschende Lokalismus in der sozialen Rekrutierung stärkte die scheinbare Kohärenz dieser Milieus, von denen einige Schulencharakter annahmen.

Schließlich schienen in den letzten Jahren der DDR die Kulissen noch einmal in Bewegung zu geraten. Diese letzte Alternativsituation innerhalb der Entwicklung der DDR-Geschichtswissenschaft weitete sich an ihrem Ende zu einer tatsächlichen Alternative zu jenen Charakterzügen, die die Historiographie in der DDR ausgebildet hatte. Etwa Mitte der achtziger Jahre ließ sich das

Ende der Wirksamkeit jener dominanten Generation absehen, die seit ihrem Aufstieg in den fünfziger und sechziger Jahren für die DDR-Geschichtswissenschaft schlechthin gestanden hatte. Diskussionen über den Ersatzberufungsbedarf und den schlechten Zustand der Nachwuchssituation wurden intern geführt und erreichten mit der „Wissenschaftlich-Methodischen Konferenz Geschichtswissenschaft" in Leipzig 1984 erstmals die universitäre Öffentlichkeit.[118]) Die Situation stellte sich immerhin dramatisch dar – es war abzusehen, daß 60–70% der Hochschullehrer zwischen 1990 und 1995 in den Ruhestand treten würden und lediglich ein, in manchen Fällen überhaupt kein Kandidat für eine Wiederbesetzung der Stelle zur Verfügung war, selbst wenn eine extrem günstige Prognose der Qualifikationsentwicklung angenommen wurde.[119]) Angesichts einer solchen Lage mußte den erfolgreichsten Historikern des Landes mit ausreichender internationaler Reputation die nötige Freiheit gelassen werden, um einen Ausweg zu finden. Für eine Identitätsbildung der nachfolgenden Generation(en), die sich durchaus mit Unzufriedenheit über die schlechten Rahmenbedingungen für die Ausbildung von Konkurrenzfähigkeit oder Protest gegen die tendenzielle soziale Schlechterstellung gegenüber anderen Schichten der Bevölkerung zu Wort meldete, fehlten jedoch vorerst die eigenständigen Institutionen und Kommunikationsräume. Daß die solange Dominierenden auch ihre eigene Nachfolge sorgfältig planen und strukturieren wollten, versperrte teilweise jene Alternativen wieder, die die Zwangslage des Systems öffnen mußte.

Sowjetische Glasnost und die Bereitschaft auch einiger führender Historiker in der DDR zum Tabubruch führten andererseits unmittelbar in die Erosion der Zeitgeschichtsforschung als stärkstem Bollwerk einer durch Geschichtspolitik instrumentalisierten Geschichtswissenschaft. Der Historikerkongreß Anfang 1989 mit seiner öffentlichen Debatte über das geheime Zusatzabkommen zum deutsch-sowjetischen Nichtangriffsvertrag oder die Publikation von Erinnerungen deutscher Kommunisten an die Repressalien im sowjetischen Exil waren keine Ruhmesblätter widerständigen Verhaltens, aber sie signalisierten doch die Spielräume, die nun offenstanden.

Wurde dies auch von der Öffentlichkeit aufmerksam beobachtet, die sich wegen der hohen symbolischen Bedeutung, die die SED diesen Tabus über lange Jahre zugemessen hatte, für den Umgang mit den sogenannten weißen Flecken im ostdeutschen Geschichtsbild besonders interessierte, so waren die Zerfallserscheinungen des marxistischen Deutungsmusters eher eine fachin-

[118]) Ergebnisse, Erfahrungen und Aufgaben in der geschichtswissenschaftlichen Ausbildung der Studenten in den achtziger Jahren an den Universitäten und Hochschulen der DDR (Konferenzmaterial). Hrsg. v. Ministerium für Hoch- und Fachschulwesen. Leipzig [23./24. März] 1984.

[119]) Bundesarchiv DR3 (R224) Ministerium für Hoch- und Fachschulwesen, Nr. 1690: Entwicklungskonzeptionen für die Geschichtswissenschaft und die Wissenschaftsgeschichte.

terne Angelegenheit. Die postmoderne Herausforderung strahlte nur verzögert in eine Historiographie hinein, die in weiten Teilen interdisziplinärer Kommunikation abhold blieb, so daß sie die zeitigeren Reflexe in der Literaturwissenschaft und Philosophie kaum wahrnahm, und die durch ihre Bezogenheit auf die westdeutsche Geschichtswissenschaft deren Rezeptionsrückstände gegenüber ausländischen Neuansätzen quasi verdoppelte. Immerhin: Mit dem Rückgriff auf die Marxschen Frühschriften oder Gramscis Gefängnishefte öffnete sich ein objektivistisch argumentierender Marxismus zu einer eigenständigen Rolle von Deutungsmustern gegenüber sogenannten objektiven Gesetzmäßigkeiten und überwand in ersten Ansätzen seine Liaison mit dem Strukturalismus der fünfziger und sechziger Jahre.[120]) Von diesem Ausgangspunkt einer kulturalistischen Wende *innerhalb* des marxistischen Erklärungsansatzes, wie sie in der italienischen oder englischen Geschichtswissenschaft bereits vollzogen war[121]), stieß die DDR-Historiographie zu adäquaten Innovationen in der ihr verbleibenden Zeit allerdings nicht mehr vor.

Der Herbst 1989 dynamisierte die systeminterne Alternativsituation zu einer Systemalternative. Historiker, die in der DDR an führender Stelle deren Geschichtswissenschaft mitbestimmt hatten, waren von dieser Fortsetzung vorerst nicht ausgeschlossen, so daß eine Geschichte der retrospektiven methodologischen Diskussionen um Versäumtes und Geleistetes[122]) und der Versuche, neue Ufer zu gewinnen, wohl bis etwa 1992 ebenso noch zur Historiographiegeschichte der DDR gehört wie die Institutionalisierung der so lange ausgeschlossenen unabhängigen Geschichtswissenschaft[123]). Mit dem Umbau der Universitäten und der Auflösung der Akademie-Institute änderten sich die Koordinaten: DDR-Historiker wurden im Zuge der Evaluierung und

[120]) Dafür spielte auch eine Rolle, daß nun die Rezeption der Annales-Schule in Gang kam, aus der der Strukturalismus zweieinhalb Jahrzehnte zuvor indirekt in die DDR übergegriffen hatte – sei es direkt über die Lateinamerikaforschung und Revolutionsgeschichte Frankreichs, sei es indirekt über die bundesrepublikanische Sozialgeschichte. Siehe *Jan Peters*, Das Angebot der „Annales" und das Beispiel Le Roy Ladurie. Nachdenkenswertes über französische Sozialgeschichtsforschung, in: Jahrbuch für Wirtschaftsgeschichte 1989, T. 1, 139–159; zum Kontext: *Matthias Middell*, Die unendliche Geschichte, in: ders./Steffen Sammler (Hrsg.), Alles Gewordene hat Geschichte. Die Schule der Annales in ihren Texten. Leipzig 1994, 7–39, bes. 21 f.

[121]) Vgl. die Beispiele bei *Lüdtke* (Hrsg.), Was bleibt von marxistischen Perspektiven (wie Anm. 49).

[122]) Die Bibliographie dazu ist inzwischen umfangreich: *Rainer Eckert/Wolfgang Küttler/ Gustav Seeber* (Hrsg.), Krise – Umbruch – Neubeginn. Eine kritische und selbstkritische Dokumentation der DDR-Geschichtswissenschaft 1989/90. Stuttgart 1992; *Manfred Kossok*, Klio – Die Muse mit dem Januskopf. Gedanken zur Krise der ostdeutschen Geschichtswissenschaft, in: 1999. Zeitschrift für Sozialgeschichte des 20. und 21. Jahrhunderts 1991, H. 3, 78–95; *Wolfgang Küttler*, Geschichtstheorie und -methodologie in der DDR, in: ZfG 41, 1994, 8–20.

[123]) Die wichtigsten Dokumente dieses Konstituierungsprozesses in: *Eckert/Kowalczuk/ Stark* (Hrsg.), Hure oder Muse? (wie Anm. 93).

eventuellen Wiedereinstellung zu „ehemaligen DDR-Historikern“. Damit wurde um die Jahreswende 1992/93 definitiv ein neues Kapitel in der ostdeutschen Historiographiegeschichte aufgeschlagen, das mit dem vorigen vor allem durch Erinnerungsarbeit verknüpft ist.

Die Zahl der Hinweise zu den Phasen in unserem heuristischen Modell ließe sich bei näherer Betrachtung der einzelnen Gruppen/Paradigmen und der verschiedenen Hochschulstandorte vermehren. Es sollte aber schon aus dem hier Beschriebenen klar werden, daß die vereinheitlichende Selbstrepräsentation der DDR-Historiker darauf geprüft werden muß, ob sie als Charakterisierung des Diskursraumes DDR-Geschichtswissenschaft taugt oder – weitergehend – uns bereits den Schlüssel in die Hand gibt, die Beiträge der einzelnen Historiker in der DDR zuzuordnen. Meines Erachtens zeichnen sich innere Strukturierungen in ein nationalgeschichtliches, ein universalgeschichtliches und ein kommunalistisch-mediävistisches Paradigma ab, die die Dynamik der Auseinandersetzungen in den Alternativsituationen erklären helfen. Eine genauere Bestimmung der Gründe für den Wechsel zwischen relativ offenen Phasen, in denen der Handlungsspielraum der Akteure erheblich anwuchs, und Phasen, in denen den Insidern die Strukturen wie ein unüberwindliches Gefängnis vorkommen mußten, bedarf der synchronen Untersuchung der Geschichtswissenschaft, der Geschichtspolitik und der Geschichtskultur in der DDR. Die absehbare Verfachlichung der Beschäftigung mit der Historiographie in der DDR wird hierzu hoffentlich weiteres Material zutage fördern.

Von der historischen Mission der SED

Wandel der politischen Vorgaben in den sechziger Jahren und die Entpolitisierung der Historiker der DDR

Von

Bernd Florath

Die siebziger Jahre der DDR wurden mit dem Wechsel an der Führungsspitze der SED eingeleitet. Dem Sturz Walter Ulbrichts als 1. Sekretär des ZK der SED folgte eine implizite Kampagne, die, ohne dies auszusprechen, Ulbricht einer gleichermaßen nationalistischen Abweichung beschuldigte, und in deutlicher Akzentuierung dazu die Bedingung der Existenz der DDR in ihrer Einbindung als Bestandteil des sozialistischen Weltsystems unterstrich. Explizit wurde vor allem die These Ulbrichts vom Sozialismus als relativ selbständiger Gesellschaftsformation angegriffen[1]), die nicht nur einen durchaus kreativen[2]) Ausbruch aus dem Kanon des Marxismus-Leninismus darstellte. Indirekt richtete sich die als „Korrektur" etikettierte Polemik vor allem gegen den, wenn nicht Führungs-, so doch Avantgarde-Anspruch, den Ulbricht für die wirtschaftliche und politische Entwicklung der DDR gegenüber den andern kommunistischen Staaten postuliert hatte[3]) und rekurrierte wieder zentral auf den vollen „Einklang mit den kollektiven Erkenntnissen der KPdSU und der anderen Bruderparteien der sozialistischen Länder".[4])

Rekapituliert man die bislang vorliegenden Untersuchungen des Übergangs von Ulbricht auf Honecker, so schien sich 1971 eine Revision tendenziell auf

[1]) „... ist die These vom Sozialismus als relativ selbständiger Gesellschaftsformation nicht haltbar". – *Kurt Hager*, Die entwickelte sozialistische Gesellschaft. Aufgaben der Gesellschaftswissenschaften nach dem VIII. Parteitag der SED. Referat auf der Tagung der Gesellschaftswissenschaftler am 14. Oktober 1971 in Berlin. Berlin 1971, 29ff., Zitat 31; vgl. auch später: *Ernst Diehl*, Aufgaben der Geschichtswissenschaft der DDR nach dem IX. Parteitag, in: ZfG 25, 1977, 268.

[2]) Rudolf Bahro bezeichnete 1977 in seiner „Alternative" diese These Ulbrichts sehr zum Verdruß der Wächter der ideologischen Reinheit der SED-Lehre als die wohl interessanteste Idee Ulbrichts. – *Rudolf Bahro*, Die Alternative. Zur Kritik des real existierenden Sozialismus. Frankfurt am Main 1977, 19.

[3]) „Die SED betrat in dieser Beziehung Neuland." – Zit. nach: *Norbert Podewin*, „... der Bitte des Genossen Walter Ulbricht zu entsprechen". Hintergründe und Modalitäten eines Führungswechsels. (hefte zur ddr-geschichte 33.) Berlin 1996, 19f.; vgl. *ders.*, Walter Ulbricht, Eine neue Biographie. Berlin 1995, 395 (Podewin gibt an beiden Fundorten recht unklare Belege für sein Zitat). Vgl. besonders *Walter Ulbricht*, Die Bedeutung und Lebenskraft der Lehren von Karl Marx für unsere Zeit. Berlin 1968.

[4]) *Hager*, Die entwickelte sozialistische Gesellschaft (wie Anm. 1), 25.

nationale Eigenständigkeit der (ost-)deutschen Entwicklung ausgehender Ulbrichtscher Politik zu vollziehen, die Honecker nicht allein dank sowjetischer Rückendeckung, sondern vor allem auch aufgrund seiner weitgehenden Zurücknahmen nationaler Souveränitätsansprüche anführte.[5]) Trifft diese Annahme zu, so müßte dies unter der relativ unstrittigen Bedingung der engen Bindung zwischen Geschichtswissenschaft der DDR und politischem Auftrag der SED, der „mehr oder minder offene[n] politische[n] Legitimationsfunktion" der DDR-Geschichtswissenschaft[6]) von nicht zu unterschätzenden Folgen für die Arbeit der Historiker gewesen sein.

Die geschichtswissenschaftlichen Publikationen der Zeit ergeben indes ein keineswegs eindeutiges Bild. Es läßt sich vielmehr feststellen, daß tatsächlich Kernbereiche des internationalistisch-kommunistischen Selbstverständnisses berührende Aussagen von SED-Spitzenpolitikern, besonders Ulbrichts, in ihren intendierten und erst recht in ihren ungewollten Konsequenzen kaum Niederschlag in den Arbeiten der Historiker fanden. Die ideologische Verarbeitung einiger dieser Verortungen der DDR im Kontext der Weltgeschichte, wie sie gerade von Ulbricht immer wieder vorgenommen wurden, blieben unverstanden, zumindest ungenutzt. Keinesfalls wurden sie in einem kritische Reflexion spornenden Sinne gewendet. Läßt sich an bestimmten politischen Wendungen die unmittelbare Abhängigkeit der Historiker (wie die aller Gesellschaftswissenschaftler) von der wissenschaftsexternen Bewertung ihrer Arbeit drastisch illustrieren, so scheint sie andererseits keineswegs jede dieser Wendungen überhaupt als für sich relevant respektive relevante Konsequenzen ermöglichend begriffen zu haben.

Treffend bestätigt Werner Tschannerl den Sarkasmus Richard Schröders über die Entwertung sogenannter Philosophie durch politische Tagesereignisse: 1971 sorgte ein ZK-Plenum dafür, daß das Manuskript des „Grundrisses der Geschichte des deutschen Volkes" buchstäblich über Nacht nicht einmal der Diskussion unter den Autoren für wert befunden wurde.[7]) Der plötzliche

[5]) Vgl. insbesondere *Podewin*, Bitte des Genossen (wie Anm. 3); zurückhaltender, doch diese Interpretation bereits vor 1989 formulierend: *Günther Heydemann*, Geschichtswissenschaft im geteilten Deutschland. Entwicklungsgeschichte, Organisationsstruktur, Funktionen, Theorie- und Methodenprobleme in der Bundesrepublik Deutschland und in der DDR. (Erlanger Historische Studien, Bd. 6.) Frankfurt am Main/Bern/Cirencester 1980, 167 f.

[6]) *Christoph Kleßmann*, Die DDR-Geschichtswissenschaft aus der Sicht der Bundesrepublik, in: Konrad H. Jarausch (Hrsg.), Zwischen Parteilichkeit und Professionalität. Bilanz der Geschichtswissenschaft der DDR. Berlin 1991, 44.

[7]) Vgl. *Werner Tschannerl*, Die SED-Führung und der „Grundriß der Geschichte des deutschen Volkes", in: Martin Sabrow/Peter Th. Walther (Hrsg.), Historische Forschung und sozialistische Diktatur. Beiträge zur Geschichtswissenschaft der DDR. (Beiträge zur Universalgeschichte und vergleichenden Gesellschaftsforschung, 13.) Leipzig 1995, 116 f.; *Richard Schröder*, Verkehrtes und verführtes Denken. Zur Rolle der Ideologie in der DDR. Vortrag im Sender Freies Berlin (SFB 3) am 7. März 1993, zit. ebd.

Wertverlust der Ergebnisse der Arbeit von Historikern durch politische Wendungen denunziert die Substanz ihrer Arbeit als Produktion von historisierender Legitimation bestimmter Politik. Für Marxisten, die ihr „Kapital" nicht nur gelesen haben, muß dies einen Vorgang alltäglicher Banalität auf dem Markt geistiger Produkte darstellen.

Doch wie steht es um die eigentümliche Reflexion der Ulbrichtschen Deutungsmodifikationen deutscher Geschichte und innerdeutscher Politik in den sechziger Jahren durch die Historiker? Ich will mich im folgenden lediglich einigen wenigen, indes zentralen Problemen widmen, um zu verdeutlichen, daß für die Rekonstruktion von Historiographiegeschichte der DDR, ja von Ideologie- und Kulturgeschichte der DDR noch eine ganze Reihe von Fragen der Lösung harren, einer Lösung, die selbst noch die Voraussetzung heischt, daß wichtige sowohl empirische als auch methodische Fragen erst hinreichend erörtert worden sind.

Unter Ulbricht begann in den fünfziger Jahren eine subtile Lösung vom Paradigma des „Kurzen Lehrgangs" der KPdSU(B)-Geschichte. Dieses hatte im Kontext der (Re-)Bolschewisierung der SED 1948 als Hebel gedient, um nicht nur die sozialdemokratischen Traditionen innerhalb der SED zu zerschlagen, sondern zugleich jedwede illusorische Hoffnung auf einen in der Tradition der deutschen Arbeiterbewegung stehenden sozialistischen Weg im Osten Deutschlands. Schon im Kontext der SED-Gründung 1946 wurden lang und breit die Fehler der deutschen Arbeiterbewegung zelebriert. Opportunismus in der SPD und Sektierertum in der KPD ließen beide (wenn auch nicht gleichermaßen) untauglich erscheinen als Anknüpfungsterrain für das Beschreiten eines in Absetzung vom sowjetischen als „besonderer deutscher" bezeichneten Weges zum Sozialismus. Aus dieser Diskussion resultierte vor allem die Desorientierung und Lähmung der Sozialdemokraten angesichts der vorerst zurückhaltend beförderten Umwandlung der SED in eine kommunistische Partei. Der nächste Schritt definierte den fundamentalen historischen Fehler der deutschen Arbeiterbewegung darin, nicht spätestens seit dem 2. Parteitag der russischen Sozialdemokratie 1903, d.h. mit der Konstituierung des zentralistischen Lenin-Flügels, eine „Partei neuen Typus" hervorgebracht zu haben. Angesichts der irreparablen Irrwege der deutschen Arbeiterbewegung galt es nunmehr, sich am siegreichen Modell Sowjetunion zu orientieren.[8]) Der „besondere deutsche Weg" wurde obsolet, Ackermann, der die

[8]) Vgl. *Otto Grotewohl*, Die Lehren der Oktoberrevolution. Vortrag vor dem Parteivorstand der SED. 13. Oktober 1947, in: ders., Im Kampf um die einige Deutsche Demokratische Republik. Reden und Aufsätze. Bd. 1. Berlin 1959, 109ff.; die Rede Grotewohls war nicht von ihm verfaßt, wie Erich Gniffke berichtet: „Einige kommunistische Dozenten der SED-Parteihochschule waren die Autoren. ... Das Manuskript wurde ihm (Grotewohl – B. F.) erst kurz vor der Verlesung übergeben. Grotewohl las das Referat ab." – *Erich W. Gniffke*, Jahre mit Ulbricht. Köln 1966, 265. Vgl. auch die Bemühungen eines so herausragenden Intellektuellen wie Werner Krauss, die Abkehr von den eigenen Traditionen und deren

Formel geprägt hatte, zum Widerruf genötigt, seine Überlegungen galten spätestens seit dem Kominform-Beschluß zu Jugoslawien als parteifeindlich.[9])

„Die führende Rolle der Sowjetunion im Kampf für den gesellschaftlichen Fortschritt und die Lehren des Kampfes um den Sozialismus in der Sowjetunion, wie er in der, Geschichte der KPdSU(B), dargestellt ist“[10]), wurde zum zentralen Thema der Parteischulung der SED, verdrängte in den folgenden Jahren die politische Selbstlegitimierung der SED aus ihrer eigenen Geschichte, ja setzte die Geschichte der deutschen Arbeiterbewegung gleichermaßen auf die Anklagebank eines permanenten Vergleiches mit dem Normalmaß der KPdSU(B), wodurch sie zu einer Fallsammlung für politische Fehler degradiert wurde, deren einziger Zweck allenfalls noch darin bestehen konnte, zu lernen, wie man es nicht machen dürfe. Wohl blieb der klassenkämpferische Heroismus der sozialdemokratischen Linken vor dem Ersten Weltkrieg anerkannt, allein ihre Bedeutung für das historische Selbstverständnis der SED wurde sorgsam ihres originären Beitrags entledigt, es galt, „die revolutionären Traditionen der deutschen Linken zu wahren und ihnen nachzueifern, und gleichzeitig den menschewistischen Ballast über Bord zu werfen, den sie nicht loswerden konnten. Dabei wird uns die ruhmreiche Geschichte der KPdSU(B), der Partei Lenins und Stalins, der beste Wegweiser sein.“[11]) Im „Lehrbuch für die Politischen Grundschulen“ von 1951 erledigt sich die deutsche Arbeiterbewegung mit der Gründung der Bolschewiki durch Lenin und Stalin: „In Westeuropa, insbesondere aber in Deutschland, stand das Proletariat der Bourgeoisie ungerüstet gegenüber, da der Opportunismus in der Sozialdemokratie die Oberhand gewann und die Führer der Linken die Lehren Lenins nicht beherzigten und nicht den Bruch mit den Opportunisten vollzogen.“[12]) Fred Oelßner zog 1950 eine unmittelbare Linie vom Lassalleanischen

Ersetzung durch die der sowjetischen KP rational zu begründen: *Werner Krauss*, Die Bedeutung des Buches „Kurzer Lehrgang der Geschichte der KPdSU(B)“ für unsere gegenwärtige Lage in Deutschland, in: ders., Literaturtheorie, Philosophie und Politik. Hrsg. v. Manfred Naumann. (Werner Krauss, Das wissenschaftliche Werk, 1.) Berlin/Weimar 1987, 516.

[9]) Vgl. *Walter Ulbricht*, Die Bedeutung der Entschließung des Informbüros über die Lage in der KP Jugoslawiens und die Lehren für die SED. Referat auf der 13. Tagung des Parteivorstandes ... am 15. September 1948. Berlin 1948, 22.

[10]) Ebd. 32; vgl. hierzu auch die entsprechenden offiziellen Beschlüsse des SED-Vorstandes von 1948 und 1949: „Über die Verstärkung des Studiums der ‚Geschichte der Kommunistischen Partei der Sowjetunion (Bolschewiki) – Kurzer Lehrgang“, 20. 9. 1949; „Zur Verbesserung des Studiums des Kurzen Lehrgangs der Geschichte der KPdSU(B)“, 5. 5. 1949, in: Dokumente der SED. Bd. 2. Berlin 1950, 119ff., 230ff.

[11]) *Wilhelm Pieck*, Stalin und die deutsche Arbeiterbewegung, in: Unserem Freund und Lehrer J. W. Stalin zum siebzigsten Geburtstag. Berlin 1949, 14.

[12]) Lehrbuch für die Politischen Grundschulen. Erster Teil. Wie haben die Arbeiter und Bauern der UdSSR die sozialistische Gesellschaft aufgebaut und gegen ihre Feinde verteidigt? 2., verb. Aufl. Berlin 1951, 61. Erst der zweite Teil des Lehrbuches widmete sich der Geschichte Deutschlands und der deutschen Arbeiterbewegung, weil die Forderung des

ADAV über den „faulen Kompromiß" der Vereinigung von ADAV und Eisenacher Sozialdemokratie in Gotha 1875, die Zustimmung der Mehrheit der sozialdemokratischen Reichstagsfraktion zu den Kriegskrediten 1914 bis zum Reformismus der späteren SPD, eliminierte mithin die gesamte nichtkommunistische Arbeiterbewegung aus der historischen Traditionskette der SED.[13]) Zum Musterstück einer substanzentleerten Heroenverehrung wurde seine 1951 erschienene Rosa Luxemburg-Biographie, in der zugleich Rosa Luxemburg ins Pantheon der SED gestellt wurde, wie ihr Lebenswerk dem Verdammungsurteil des Halb-Menschewismus, der Abweichung, des Irrtums etc. anheimfiel.[14])

Insofern vor allem in der ersten Hälfte der 50er Jahre ein Großteil der Publikationen zur Zeitgeschichte direkt aus der Feder von SED-Funktionären (Otto Grotewohl, Kurt Hager, Hermann Matern, Albert Norden, Fred Oelßner, Albert Schreiner, Walter Ulbricht, Paul Wandel, Herbert Warnke, Otto Winzer u. a.) stammte, kann von einer Differenz zwischen Fachhistorie und Politik kaum die Rede sein.[15]) Die wenigen Historiker der SED folgten den politisch vorgegebenen Markierungen bis in die obskursten Verwinkelungen.[16]) Im Verlaufe der 50er Jahre setzte freilich eine Forschung ein, die sich vorerst auf jene Problemkomplexe konzentrierte, die innerhalb des Kanons der Parteigeschichte als relativ unproblematisch gelten konnten: einerseits die Geschichte der deutschen Sozialdemokratie unter den Bedingungen des Sozialistengesetzes, andererseits die mit entlarvendem Gestus vorgetragene Untersuchung der Politik des Deutschen Reiches.[17])

Die Erweiterung des Forschungsfeldes korrespondierte zum einen mit den sich spezifizierenden propagandistischen Bedürfnissen der SED, die die Ge-

III. Parteitages der SED, das politische Wissen zu erweitern, „nur erfüllt werden [kann], wenn die Erfahrungen der Partei Lenins und Stalins als Grundlage des Studiums dienen". – Ebd. 7.

[13]) Vgl. *Fred Oelßner*, Das Kompromiß von Gotha und seine Lehren. Überarbeitete Rede anläßlich der 75. Wiederkehr des Vereinigungskongresses der deutschen Arbeiterparteien vom 22. bis zum 27. Mai 1875 in Gotha. Gehalten in Gotha am 24. Mai 1950. Berlin 1950, 6. Aufl. 1952.

[14]) Vgl. *ders.*, Rosa Luxemburg. Eine kritische biographische Skizze. Berlin 1951.

[15]) Vgl. *Ilko-Sascha Kowalczuk*, „Wo gehobelt wird, da fallen Späne". Zur Entwicklung der DDR-Geschichtswissenschaft bis in die späten fünfziger Jahre, in: ZfG 42, 1994, 308 f.

[16]) So verlegte selbst Ernst Engelberg, ausgewiesener Kenner der Geschichte der Sozialdemokratie im 19. Jahrhundert deren Konstituierung auf den Vereinstag des VDAV von 1868, der den Beitritt des VDAV zur I. Internationale beschloß. Dies war nicht etwa ein Kompromiß zwischen der Gründung des ADAV 1863 und der SDAP 1869, sondern getreue Wiederholung einer frühen Stalinschen Interpretation. – Vgl. *Ernst Engelberg*, Die Rolle von Marx und Engels bei der Herausbildung einer selbständigen deutschen Arbeiterpartei (1864–1869), in: ZfG 2, 1954, 657; *J. W. Stalin*, August Bebel, der Führer der deutschen Arbeiterschaft, in: Lenin/Stalin über August Bebel. Berlin 1948, 17 f. (später wieder abgedruckt in: J. W. Stalin, Werke. Berlin 1950–55, Bd. 2, 184); vgl. auch *Pieck*, Stalin (wie Anm. 11), 8 f.

[17]) Vgl. hierzu *Kowalczuk*, Wo gehobelt wird (wie Anm. 15).

schichte der deutschen Arbeiterbewegung gleichermaßen als Exempel auf die Gültigkeit der paradigmatischen KPdSU-Geschichte untersuchte und zu verschiedenen Anlässen sich einzelnen Themen widmete, die einen spezifisch deutschen Beitrag zur internationalen Geschichte der proletarischen Revolution darzustellen schienen.[18]) Zum anderen erweiterte sich sukzessive der Personalbestand an SED-Historikern, die nach 1945 ihre fachliche Ausbildung begonnen und insbesondere nach 1950 die parteieigenen Hochschulen durchlaufen hatten.[19]) Deren wissenschaftlicher Beitrag hatte nicht allein vor den Anforderungen der Partei zu bestehen. Sie durchliefen gleichzeitig einen Prozeß der Professionalisierung, der seinen Eigensinn um so vordergründiger entfaltete, als der „Sturm auf die Festung Wissenschaft", d.h. die Verdrängung traditioneller Historiker, die Eliminierung ihres Einflusses, weitgehend seinen Abschluß gefunden hatte. Nach dem politischen Kampf um das Definitionsmonopol erwies sich, daß zumindest ein nicht unwesentlicher Teil dieser Aufbaugeneration den Beruf unter den Auspizien traditionell akademischer Historiographie erlernt hatte, sich nolens volens an deren Maßstäben für Qualität und Professionalität messen lassen mußte und maß.[20]) Ohne den politischen Auftrag zu leugnen, abzulegen oder auch nur eine kritische Distanz zu ihm zu gewinnen, mußte dies zu einer Amalgamierung führen, die ihr Heil in der Formulierung neuartiger Standards von Professionalität suchte. Parteilichkeit der Wissenschaft galt mithin als neue, höhere Form der Wissenschaftlichkeit, in endlosen Debatten wurde Objektivität wissenschaftlicher Forschung als Wert

[18]) So zum Karl-Marx-Jahr 1953, dem 35. Jahrestag der Gründung der KPD 1953/54, dem 40. Jahrestag der Novemberrevolution 1958.

[19]) Vgl. Akademie für Gesellschaftswissenschaften beim Zentralkomitee der Sozialistischen Einheitspartei Deutschlands. 1951–1981. Berlin o. J. (1981). Im Dezember 1951 begann der erste Lehrgang am damaligen Institut für Gesellschaftswissenschaften der SED, an dem 49 SED-Mitglieder teilnahmen, darunter Horst Bartel, der spätere Direktor des Zentralinstituts für Geschichte der Akademie der Wissenschaften. Zu Absolventen der Parteiakademie zählten u. a. Walter Schmidt (Nachfolger Bartels als Direktor des Akademie-Instituts), Heinz Heitzer, Ernst Laboor (beide Professoren am selben Institut), Günter Hortzschansky (IML), Stefan Doernberg (Direktor des Deutschen Institut für Zeitgeschichte), Günter Hennig (Direktor des Dietz Verlages).

[20]) Vgl. die Erinnerung von Günter Mühlpfordt über den Kontext seiner Maßreglung 1958 und die daran Beteiligten: „diese Denunziationen, Einbläsereien von Halle aus (zu Ulbricht – B. F.), weil sie (die Denunzianten – B. F.) Interessen hatten, daß in Halle aufgeräumt wird, damit sie selber emporkommen. Da waren einige, wenn die dann oben waren, verwandelten die sich plötzlich in biedere Bürger, haben sie vernünftige Maßnahmen getroffen, Neuerungen getroffen, die wirklich im Interesse der Wissenschaft waren. Das war plötzlich ein völlig anderer Mensch. Die gleichen Leute zum Teil, die vorher wild gehetzt hatten, waren das." – *Günter Mühlpfordt*, in: Protokoll der Diskussion im Oberseminar „Geschichtswissenschaft im autoritären Staat (DDR)" (Wolfgang Hardtwig) vom 18. 1. 1993, Bl. 7; vgl. *Wolfgang Hardtwig*, Geschichtswissenschaft im autoritären Staat – Ergebnisse eines Seminars, in: ZfG 42, 1994, 5–7.

beschworen und zugleich Objektivismus als feindliche Versuchung verdammt.[21]

Die Krone der Wissenschaft waren – und dies galt als Axiom[22] – die jeweiligen Aussagen der Klassiker des Marxismus-Leninismus und die Beschlüsse der jeweiligen Parteiführungen. Insofern zu einem Forschungsproblem entsprechende Aussagen vorlagen, bestand die Aufgabe des Historikers, zugespitzt formuliert, nicht in der Rekonstruktion historischer Realität, sondern in der ‚Untersetzung' der als wahr geltenden vorgefundenen Aussagen mittels historischen Materials. Eine Marxsche Aussage über einen historischen Vorgang war schlechterdings nicht widerlegbar. Man vergleiche die ebenso verbitterten wie realitätsfernen Äußerungen von Marx über das Gothaer Programm der deutschen Sozialdemokratie von 1875 mit den Darstellungen in der Parteigeschichtsschreibung der SED bis hin zur „Geschichte der SED".[23]

Bezogen auf die Forschungen zur Geschichte der DDR, zu der bedauerlicherweise keinerlei klassische Aussagen des Marxismus-Leninismus vorlagen, bedeutete dieses Verfahren, daß die „Beschlüsse und Dokumente der Sozialistischen Einheitspartei Deutschlands ... eine meisterhafte Anwendung des Marxismus-Leninismus auf die spezifischen Entwicklungsbedingungen in

[21]) Das reale Dilemma, in dem sich ein nach Objektivität strebender Parteihistoriker befand, beschrieb Jürgen Kuczynski, indem er darauf insistierte, daß Parteilichkeit eine Angelegenheit der Problemstellung sei, wogegen die wissenschaftliche Bearbeitung des Problems keinem anderen Kriterium unterliege, als dem der Objektivität historischer Forschung. – Vgl. z. B. *Jürgen Kuczynski*, Gegenwartsprobleme – Briefe und Vorträge. (Ders., Studien zu einer Geschichte der Gesellschaftswissenschaften, Bd. 10.) Berlin 1978, 149.

[22]) Die Einführung von (politischen) Axiomen in die Geschichtswissenschaft geht unmittelbar auf Stalin zurück (*J. W. Stalin*, Über einige Fragen der Geschichte des Bolschewismus. Brief an die Redaktion der Zeitschrift „Proletarskaja Rewoluzija", in: ders., Werke [wie Anm. 16], Bd. 13, 77). Sie ist wie eine ganze Reihe von grundlegenden Aussagen des Marxismus-Leninismus bis in die achtziger Jahre zwar – auch subjektiv – nicht mehr als Stalinsche Aussage reflektiert worden, nichtsdestotrotz durch jahrzehntelange politische Schulung solchermaßen verinnerlicht, daß sie unabhängig von ihrer entwerteten Quelle ihre Geltung aufrechterhielt. Selbst als der Terminus des Axioms nicht mehr verwendet wurde, das bei Stalin keine bloße Metapher darstellte, sondern durchaus im mathematischen Sinne gedacht war, dessen einleuchtende, unbeweisbare Substanz indes nicht aus dem Kontext historischer Vorgänge generiert wurde, sondern aus der politischen Pragmatik.

[23]) Vgl. *Karl Marx*, Kritik des Gothaer Programms, in: ders./Friedrich Engels, Werke. Berlin 1958–1968, Bd. 19, 14: „ein nach meiner Überzeugung durchaus verwerfliches und die Partei demoralisierendes" Programm; vgl. ferner *Friedrich Engels* an August Bebel, 18./28. 3. 1875, in: ebd. Bd. 3, 7; *Oelßner*, Das Kompromiß (wie Anm. 13), 13; Geschichte der deutschen Arbeiterbewegung. Berlin 1966, Bd. 1, 342: „Der Entwurf wie das beschlossene Programm lagen weit unter dem Niveau des 1869 in Eisenach angenommenen Programms"; *Marga Beyer/Gerhard Winkler*, Revolutionäre Arbeitereinheit. Eisenach, Gotha, Erfurt. Berlin 1975, 2. Aufl. 1981, 73, 87 f.; Geschichte der Sozialistischen Einheitspartei Deutschlands. Abriß. Berlin 1978, 21; Geschichte der Sozialistischen Einheitspartei Deutschlands. Bd. 1. Berlin 1988, 332.

der Periode nach dem zweiten Weltkrieg dar[stellen] und Forschern und Lehrern eine exakte wissenschaftliche Orientierung [vermitteln]".[24])

Es soll hier nicht weiter die methodische Frage reflektiert werden, welche Konsequenzen sich für eine als Wissenschaft betriebene Historiographie aus einer Prädisposition ergeben, die zweifelsohne wichtige Quellentexte nicht nur außerhalb der wissenschaftlichen Kritik stellt, sondern sie überdies zu den Inkarnationen der noch zu leistenden Synthese erhebt. Daß es dieses Problem gab, reflektierte indirekt auch der Bericht von 1960, dessen Autor, Walter Bartel, im Anschluß an das Zitat fortfährt: „Zugleich sind diese Dokumentationen der Sozialistischen Einheitspartei Deutschlands das umfassendste Quellenmaterial zur Erforschung der sozialen und nationalen Bewegung in Deutschland."[25]) Indes schränkt er den Quellencharakter der erwähnten Texte sofort wieder ein, indem er deren Substanz auf die in ihnen enthaltenen politischen Wertungen begrenzt („gründliche Einschätzung"), ihren Aspekt, Niederschlag politischer Geschichte zu sein, nicht thematisiert. Insofern Resultate der DDR-Forschung auf diesen Voraussetzungen beruhten, können sie freilich außerhalb der Betrachtungen einer Wissenschaftsgeschichte in der vollen Bedeutung des Wortes bleiben.

Die methodische Selbstaufgabe zeithistorischer Forschungen in der DDR stellt für die historiographiehistorische Untersuchung neben dieser freilich zu vertiefenden methodischen Kritik vielmehr eine doppelte Aufgabe:

Erstens *gab* es trotz dieser Voraussetzungen geschichtswissenschaftliche Arbeit und zeitigte diese Arbeit Resultate. Wie war dies möglich? Welche praktischen Voraussetzungen und pragmatischen Verfahren wurden beschritten, um gleichermaßen in den Intermundien genannter methodischer Voraussetzungen Forschung durchzuführen und zumindest punktuell zu wissenschaftlich relevanten Resultaten zu gelangen?

Zweitens ist aufgrund der wissenschaftsinternen Bedeutung der bezüglichen Auslassungen verantwortlicher Politiker deren Substanz selbst zu hinterfragen, sowie – so Substanz vorhanden – deren Niederschlag in den Arbeiten der Historiker zu verfolgen.

[24]) *Walter Bartel*, Literaturbericht zur Geschichte Deutschlands nach 1945, in: ZfG 8, 1960, Sonderheft Historische Forschungen in der DDR. Analysen und Berichte, 428f.; analog auch im nächsten Forschungsbericht: „Die Beschlüsse und Dokumente der SED sowie die Veröffentlichungen führender Politiker des Arbeiter-und-Bauern-Staates wie Walter Ulbricht, Wilhelm Pieck, Otto Grotewohl, Hermann Matern, Albert Norden, Heinrich Rau, Friedrich Ebert u. a. bildeten von Anfang an das solide wissenschaftlich-politische Fundament der Forschungen über den Entwicklungsweg der DDR. Insbesondere den Arbeiten *Walter Ulbrichts* verdanken die Historiker wesentliche konzeptionelle Leitideen, die Klärung zahlreicher grundlegender Probleme und nicht zuletzt die Maßstäbe setzende Demonstration der dialektischen Einheit von Politik und Wissenschaft." – *Heinz Heitzer*, Forschungen zur Geschichte der DDR, in: ebd. 18, 1970, Sonderheft Historische Forschungen in der DDR. 1960–1970. Analysen und Berichte, 610f.

[25]) *Bartel*, Literaturbericht (wie Anm. 24), 429.

Wenn ich mich im folgenden nur dem zweiten Fragenkreis widmen will, so aus folgendem Grunde: Die in der gegenwärtigen Debatte ernsthaft nicht bestrittene Tatsache der ideologischen und politischen Gebundenheit der Historiker führt immer wieder zu einer ebenso müßigen wie unauflösbaren Wertungsdichotomie.[26]) Sie reicht von der Negierung des Wissenschaftscharakters der DDR-Geschichtswissenschaft aufgrund genannter Voraussetzungen[27]) und der Behauptung der jenseits nur als politisch gedachter Einschränkungen existierenden normalen historischen Wissenschaft.[28]) Für die jeweiligen Positionen werden jeweils Indizien vorgeführt, die sowohl die eigene These stützen, wie sie die gegenteilige nicht widerlegen. Während Zwecke wie Folgen der wissenschaftsexternen politischen Fremdbestimmung historischer Forschung weitgehend konsensfähig sind[29]), bleibt dieser Konsens für die gegensätzliche Bewertung der DDR-Geschichtswissenschaft folgenlos.

Mir scheint, daß einer produktiven Diskussion dieser Problematik einerseits eine Dämonisierung politischer Gebundenheit wissenschaftlicher Arbeit (oder präziser, der Gebundenheit der Wissenschaftler) ebenso hinderlich ist wie die weitestgehende Abstraktheit der Feststellung ideologisch-politischer Abhängigkeit der Geschichtswissenschaft der DDR. Notwendig ist vielmehr die konkrete Untersuchung dieses Abhängigkeitsverhältnisses sowohl in methodischer als auch in wissenschaftspraktischer Hinsicht. Die Wege dorthin können über die Analyse historiographischer Arbeiten führen wie über die Frage nach der geschichtswissenschaftlichen und gesellschaftstheoretischen Relevanz der als normativ geltenden politischen Äußerungen und deren Niederschlag in den Arbeiten der Wissenschaftler.

Es wäre abwegig, Rudolf Bahro zu unterstellen, er hätte seinerzeit in seinem Buch „Die Alternative", getreu den bereits erwähnten Maximen folgend, Walter Ulbricht als den Träger tiefster gesellschaftstheoretischer Einsicht zitiert. Dennoch meinte er, dessen Idee vom Sozialismus als relativ selbständiger Gesellschaftsformation sei „der fruchtbarste soziologische Denkansatz, der seit dem Verstummen der theoretischen Diskussion in der Sowjetunion der

[26]) Vgl. *Martin Sabrow*, Schwierigkeiten mit der Historisierung. Die DDR-Geschichtswissenschaft als Forschungsgegenstand, in: ders./Walter (Hrsg.), Historische Forschung (wie Anm. 7), 10; *Konrad H. Jarausch*, Die DDR denken. Narrative Strukturen und analytische Strategien, in: Berliner Debatte Initial, 1995, H. 4/5, 10f.

[27]) Vgl. hierfür besonders *Armin Mitter/Stefan Wolle*, Aufruf zur Bildung einer Arbeitsgruppe unabhängiger Historiker in der DDR (10. Januar 1990), in: Rainer Eckert/Ilko-Sascha Kowalczuk/Isolde Stark (Hrsg.), Hure oder Muse? Klio in der DDR. Dokumente und Materialien des Unabhängigen Historiker-Verbandes. Berlin 1994, 22ff.

[28]) Vgl. hierfür ebenso extrem wie exemplarisch *Kurt Pätzold*, zit. bei Sabrow, Schwierigkeiten (wie Anm. 7), 10.

[29]) Vgl. hierzu besonders *Peter Steinbach*, Zur Geschichtspolitik (Kommentar), in: Jürgen Kocka/Martin Sabrow (Hrsg.), Die DDR als Geschichte. Fragen – Hypothesen – Perspektiven. (Zeithistorische Studien, Bd. 2.) Berlin 1994, 159ff.

20er Jahre in ihrem Einflußbereich laut geworden ist".[30]) Bahro entwickelt anknüpfend an diese Anregung eine im besten Sinne marxistische, d. h. sozialwissenschaftlich-kritische Analyse des Realsozialismus, die hier nicht weiter diskutiert werden soll, doch gleichermaßen als Exempel dafür steht, wie unter den gegebenen ideologischen Bedingungen wissenschaftlich, ja sogar marxistisch gearbeitet werden konnte. Freilich war dies eine List. Freilich war der positive Bezug auf Ulbricht in kritischem Sinne wohl erst möglich, *nachdem* sein Ansatz bereits verworfen, positiver Bezug auf ihn somit per se kritisch wirken mußte. Allein die Tatsache, daß der Ulbrichtsche Ansatz, trotz seiner „unvermeidliche(n) Halbheit" (die Idee „war von vornherein feige formuliert")[31]) mit dem Machtantritt Honeckers als Irrlehre verworfen wurde, sollte die Frage provozieren, was für eine Modifikation des historischen Selbstverständnisses diese zentrale Gestalt der SED-Führung in der zweiten Hälfte der 60er Jahre vorgenommen hatte und welche Konsequenzen sich daraus für die Historiker der DDR ergeben konnten und eventuell ergaben.

Anfang der 60er Jahre, mit dem Ende der Rekonstruktionsphase der ostdeutschen Wirtschaft, der Durchsetzung der agrarischen Kollektivwirtschaft und der Abschließung der DDR vom Westen durch die Errichtung der Mauer, wurde – nach relativ kurzem Intermezzo einer härteren Gangart gegenüber Unzufriedenen und potentiell Oppositionellen – nach einer politischen und wirtschaftlichen Orientierung gesucht, die diese Bedingungen rationell in Bewegung setzte. Ein Bündel von Reformkonzepten wurde ausgearbeitet, das sowohl die Wirtschaft (Neues Ökonomisches System der Planung und Leitung der Volkswirtschaft [NÖS]), das Bildungswesen (Bildungs- und Hochschulreform) als auch die staatliche Administration betraf. Tatsächlich mußte ein Weg gefunden werden aus dem Scheitern aller wirtschaftlichen Planungen seit 1958. Zugleich mußte auch nach einer neuen, das Regime legitimierenden Perspektive gesucht werden. Mit der Kollektivierung der Landwirtschaft und der endgültigen Abschottung des politischen und wirtschaftlichen Raumes Ostdeutschlands durch den Mauerbau galt die Periode der Revolution als abgeschlossen[32]), waren ihre politischen und ökonomischen Zwecke erfüllt. Die

[30]) *Bahro*, Alternative (wie Anm. 2), 19.

[31]) Ebd.

[32]) „Wir können heute ... feststellen, daß ... die Grundaufgaben der Übergangsperiode vom Kapitalismus zum Sozialismus ... gelöst sind." – *Walter Ulbricht*, Die Vorbereitung des VI. Parteitages der Sozialistischen Einheitspartei Deutschlands. Aus dem Referat auf der 17. Tagung des Zentralkomitees der SED vom 3. bis 5. Oktober 1962. 3. Oktober 1962, in: ders., Zur Geschichte der deutschen Arbeiterbewegung. Aus Reden und Aufsätzen. Bd. 10: 1961–1962. Berlin 1966, 648. Im Gegensatz hierzu erklärte Erich Honecker Ende der 70er Jahre die DDR wieder zur Gesellschaft, die sich in einer permanent revolutionären Situation befände. – *Erich Honecker*, Die sozialistische Revolution und ihre Perspektiven. Aus der Rede auf der propagandistischen Großveranstaltung zur Eröffnung des Parteilehrjahres 1977/78 in Dresden, 26. September 1977, in: ders., Reden und Aufsätze. Bd. 5. Berlin 1983, 465–507.

Methoden der Machtübernahme und der ökonomischen Umwälzung hatten das Land in einem andauernden Zustand außerordentlicher Eingriffe gehalten. Diese erwiesen sich zugleich als Wurzeln der Verhinderung wirtschaftlicher und politischer Stabilisierung. Insofern einerseits die ideologisch selbst gesetzten Zwecke erfüllt waren und durch den Mauerbau äußere Störungen unterbunden schienen, bestand die Chance, jenseits „despotischer Eingriffe in das Eigentumsrecht und die bürgerlichen Produktionsverhältnisse"[33]) zur gesellschaftlichen Organisationsformen zu schreiten, die nicht mehr „ökonomisch unzureichend und unhaltbar erscheinen".[34]) Diese von Marx und Engels postulierten Aufgaben „des als herrschende Klasse organisierten Proletariats" waren erfüllt[35]), es galt nunmehr herauszufinden, wie sich „eine Assoziation, worin die freie Entwicklung eines jeden die Bedingung der freien Entwicklung aller ist"[36]), politisch und ökonomisch konkret realisieren ließ.

Die Sowjetunion, die Ende der 50er Jahre ebenfalls die Periode der Rekonstruktion ihrer vom Krieg weit zurückgeworfenen Wirtschaft im wesentlichen beendet hatte, konstatierte Ende Januar/Anfang Februar 1959 auf dem außerordentlichen XIX. Parteitag der KPdSU nunmehr zum zweiten Male[37]) den „endgültigen Sieg des Sozialismus in der UdSSR". Auf dem rasch folgenden XXII. Parteitag im Oktober 1961 erneuerte Chruschtschow nicht nur die 1956 geübte Kritik an Stalin, sondern entwickelte, der Vorstellung von Marx/Engels konsequent folgend, für die UdSSR die Perspektive des Kommunismus. Weshalb die SED diese neue gesellschaftspolitische Zielsetzung nicht unmittelbar nachvollzog, wäre ein gesondert zu untersuchendes Thema. Faktisch unterschieden sich die Entwicklungsniveaus der DDR und der UdSSR zu diesem Zeitpunkt keineswegs in der Art und Weise, daß letzteres als höher hätte gelten können. Ob es allerdings nur eine pietätvolle Verneigung vor dem revolutionären Erstgeburtsrecht des großen Bruders gewesen ist, die die SED kleinere Brötchen backen ließ, scheint so klar nicht zu sein. Noch war zumal nicht deutlich geworden, welchen Weg der Normalisierung nach der Rekonstruktionsperiode die Staaten des Ostblocks einschlagen würden. In der bereits seit 1956 sich hinziehenden Orientierungskrise wurden allenthalben die verschiedensten Modelle getestet und jedesmal verworfen, ja notfalls mit militärischer Gewalt getilgt, wo sie die Bedingungen der eigenen Möglichkeit: den stattgehabten „despotischen Eingriff", in Frage zu stellen schienen.

[33]) *Karl Marx/Friedrich Engels*, Manifest der kommunistischen Partei, in: dies., Werke (wie Anm. 23), Bd. 4, 481.

[34]) Ebd.

[35]) Rekapituliert man die von Marx und Engels im „Kommunistischen Manifest" skizzierten zehn Maßregeln dieser proletarischen Klassenherrschaft (vgl. ebd. 481 f.), so waren sie geradezu buchstäblich umgesetzt worden.

[36]) Ebd. 482.

[37]) Nach der „Vollendung des Aufbaus des Sozialismus" auf dem XVIII. Parteitag von 1939.

Schließlich ergriff Ulbricht die Gelegenheit, als in Moskau mit den Veröffentlichungen Evsej Libermans offiziell Überlegungen zu einer Wirtschaftsreform veröffentlicht und heftig diskutiert wurden[38]), binnen kürzester Zeit ein wirtschaftliches Reformprogramm erarbeiten zu lassen und durchzusetzen[39]), das vom Anspruch getragen wurde, die gesellschaftliche Entwicklung auf der dem Sozialismus eigenen *ökonomischen* Grundlage zu entfalten.

Es bedeutete dies zugleich zweierlei: Zum einen galt hiermit die Phase außerordentlicher Revolutionsmaßnahmen als abgeschlossen. Zweitens galt es, die spezifischen Voraussetzungen ökonomischer Entwicklung des Sozialismus in einem Industrieland zu formulieren und in Gang zu setzen. Die 1963 vom VI. Parteitag beschlossene „Vollendung des Sozialismus", der „umfassende Aufbau des Sozialismus" schlug mit dem kurz darauf in Angriff genommenen NÖS die revolutionäre Perspektive für ganz Deutschland aus. Zwar definierte sich die DDR trotzig als der einzig rechtmäßige deutsche Staat, doch, so formulierte Ulbricht, könne die DDR mit der Entfaltung des Sozialismus nicht darauf warten, „bis die Arbeiterklasse und die Friedenskräfte in Westdeutschland das Übergewicht gewonnen und den deutschen Imperialismus überwunden haben … Wir können … nicht die Entwicklung der Deutschen Demokratischen Republik von dem Tempo … des Verfaulens der westdeutschen kapitalistischen Gesellschaftsordnung abhängig machen."[40])

Der Vorrang der inneren Entwicklung der DDR angesichts der Weigerung der Bundesrepublik, sich rasch dem Sozialismus anzuschließen, sowie der Weigerung Chruschtschows, nach dem 13. August 1961 einen erneuten Konflikt mit den Westmächten über einen abzuschließenden Friedensvertrag zu riskieren, zwang Ulbricht zu Reformen, mit denen er schnell Wege beschritt, die keine Präzedenz in der UdSSR fanden. Doch schon der Beginn dieser Reformen stieß auf die Unfähigkeit des größten Teils des vorhandenen SED-Kaders, ökonomisch effizient und selbständig Leitungsfunktionen auszuüben.

38) Vgl. *Evsej G. Liberman*, Plan, pribyl' i premia, in: Pravda, 9. 9.1962; dt. in: Presse der Sowjetunion, Nr. 108, 23. 9. 1962 und in: Ost-Probleme, 1962, Nr. 21; zur Diskussion vgl. *ders.*, Ökonomische Methoden zur Effektivitätssteigerung der gesellschaftlichen Produktion. Berlin 1973, 15 f.; sowie die Ausgaben der „Wirtschaft", „Deutsche Finanzwirtschaft" im letzten Quartal des Jahre 1962.

39) Schon auf dem 17. Plenum des ZK nahm Ulbricht positiv Bezug auf die Diskussion über Libermans Artikel. – Vgl. *Ulbricht*, Die Vorbereitung (wie Anm. 32), 670. Eile schien auch insofern geboten, als im November 1962 ein KPdSU-Plenum Libermans Radikalreform verworfen hatte. Ende November wurde vom Politbüro der SED die Ausarbeitung einer Industriepreisreform in Auftrag gegeben. Anfang Dezember unterzog Ulbricht die bisherige Wirtschaftspolitik der SED einer kritischen Revision. – Vgl. *Jörg Roesler*, Wende in der Wirtschaftsstrategie. Krisensituation und Krisenmanagement 1960–62, in: Jochen Černý (Hrsg.), Brüche, Krisen, Wendepunkte. Neubefragung von DDR-Geschichte. Leipzig/Jena/Berlin 1990, 181 f.

40) *Walter Ulbricht*, Die Aufgaben in der Deutschen Demokratischen Republik nach dem XXII. Parteitag der KPdSU. Aus dem Bericht auf der 14. Tagung des ZK der SED, 23. 11. 1961, in: ders., Zur Geschichte (wie Anm. 32), 170.

Die Tiraden des SED-Chefs über unfähige, bürokratische, innovationsfeindliche Funktionäre, die allein aus den Jahren 1963/64 überliefert sind, hätten weniger privilegierten DDR-Bewohnern für Jahrzehnte Staatspension in Bautzen garantiert.[41]) Mit dem Jugendkommuniqué von 1963 versuchte er die nachgewachsene Generation für seine Pläne zu mobilisieren, indem er den „Hausherren vom morgen" die Sessel der Funktionäre in Aussicht stellte.[42]) Das Jugendkommuniqué hatte Ulbricht keineswegs nur als Leitlinie der Jugendpolitik initiiert, sondern als Formulierung der zentralen politischen Verfahrensweisen: „Und das A, das ist die *Leitungsstätigkeit*, die Anwendung des Leitungsstils, der im Jugendkommuniqué sichtbar ist, auf alle Zweige der Parteiarbeit".[43]) Die von ihm geforderte Entfaltung des „geistigen Lebens" fand einen gewissen Widerhall unter Studenten und Intellektuellen.[44]) Indes blieben selbständige Stimmen unter Historikern selten.[45])

Ulbricht rekurrierte für die Überwindung der Resistenz des von ihm geschaffenen bürokratischen Apparates sogar auf die innerparteilichen Verhältnisse der deutschen Sozialdemokratie[46]), doch letztlich scheiterte er an dessen entschlossenem Widerstand. Mit dem Sieg der Fronde des Apparats auf dem 11. Plenum 1965 erlahmte zwar das Tempo der Reformen, wurden sie unter die geschlossene Kontrolle der SED und der zentralen Apparate gebracht. Ulbricht suchte dennoch sein Konzept gesellschaftstheoretisch zu untermauern.

Ohne hier näher auf die politischen Ursachen eingehen zu können, die Ulbricht dazu führten, aus dem Konzept des NÖS und dessen Erweiterung, dem „entwickelten gesellschaftlichen System des Sozialismus" (EGSS) de facto ein Modell zu machen, muß festgehalten werden, daß er bei der Selbstdefini-

[41]) Vgl. z. B. *Walter Ulbricht* auf dem 5. Plenum des ZK der SED 1964: „Kleinliche, engstirnige Beamtenseelen, die losgelöst vom Leben und vom Kampf der Werktätigen in der Volkswirtschaft den Blick für das Neue verloren haben, ... können wir als Leiter ebensowenig gebrauchen wie alte Routiniers, die nicht begreifen wollen, daß es im Neuen Ökonomischen System der Planung und Leitung der Volkswirtschaft unmöglich ist, mit alteingefahrener administrativer und dogmatischer Arbeitsweise die Menschen zu führen. ... Am schädlichsten war in der Vergangenheit das von Stalin praktizierte Mißtrauen gegenüber den Menschen. ... Das führt zum Sektierertum, zu unerhörter Einschränkung unserer eigenen Möglichkeiten." – Neues Deutschland, 5. 2. 1964.

[42]) Der Jugend Vertrauen und Verantwortung. Kommuniqué des Politbüros des Zentralkomitees, in: Dokumente der Sozialistischen Einheitspartei Deutschlands. Bd. 9. Berlin 1965, 679 ff.

[43]) *Walter Ulbricht*, Schlußwort auf der 9. Tagung der Bezirksleitung Groß-Berlin, 18. 11. 1963, SAPMO-BArch, SED, ZPA, J IV 2/2 J-1091.

[44]) Vgl. hierzu *Bernd Florath*, Vom Zweifel zum Dissens, in: ders./Silvia Müller (Hrsg.), Die Entlassung. Robert Havemann und die Akademie der Wissenschaften 1965/66. Eine Dokumentation. (Schriftenreihe des Robert-Havemann-Archivs, 1.) Berlin 1996, 24–28.

[45]) Vgl. z. B. *Martin Sabrow*, Geschichte als Herrschaftsdiskurs. Der Fall Günter Paulus, in: Berliner Debatte. Initial, 1995, H. 4/5, 51 ff.

[46]) Vgl. *Ulbricht*, Schlußwort auf der 9. Tagung (wie Anm. 43).

tion der politischen und ökonomischen Struktur der DDR die ehemals übliche Ableitung aus den sowjetischen Verhältnissen immer weiter zurücktreten ließ. Im Gegenteil, indirekt kontrastierte er die Bedingungen beider Länder miteinander, was in der durch alle politische Studienliteratur wandernden Formulierung gipfelte, daß die DDR bewiesen habe, daß Sozialismus *auch* unter den Bedingungen eines hochentwickelten Industriestaates möglich sei. „Während bis dahin die Herrschaft des Proletariats in industriell zurückgebliebenen Ländern errichtet wurde, haben wir in dem hochindustriellen östlichen Teil Deutschlands gezeigt, wie der Übergang vom Kapitalismus zum Sozialismus ... herbeigeführt werden kann."[47])

Ulbricht vollführte in den folgenden Jahren eine äußerst widersprüchliche Kennzeichnung des Verhältnisses der ostdeutschen Entwicklung zur sowjetischen: Einerseits betonte er allenthalben den Modellcharakter des Sowjetsozialismus.[48]) Andererseits unterstrich er dagegen den Modellcharakter der DDR-Entwicklung als Beweis für die sozialistische Revolution in hochindustrialisierten Ländern und für die Möglichkeit eines „demokratische(n) Weg(es) zum Sozialismus".[49]) NÖS und EGSS definierte er als sozialökonomische Systeme sui generis, gekennzeichnet durch sozialistische Warenproduktion, Verbindung von wissenschaftlich-technischer Revolution und Produktion, Umwandlung der Wissenschaft in eine unmittelbare Produktivkraft, Kooperation, Verschmelzung der sozialen Gruppen zur „sozialistischen Menschengemeinschaft" etc.

Es soll hier nicht weiter auf die Details dieser teilweise recht abstrakten Konstruktionen eingegangen werden. Der zentrale Punkt indes, Warenproduktion, Realisierung von Gewinn durch unabhängige Betriebe, stellte einen deutlichen Bruch dar zu bisherigen Sozialismusvorstellungen. In dem von ihm persönlich beförderten und bevorworteten Buch „Politische Ökonomie des Sozialismus und seine Anwendung in der DDR" wird das „ökonomische System des Sozialismus" (welches die Fortsetzung des NÖS war) nicht nur zum Modell für alle kommunistischen Staaten erhoben, sondern darüber hinaus

[47]) *Ders.*, Die Vorbereitung (wie Anm. 32), 182 f.; vgl. ferner: Studieneinführung für die Seminare (des SED-Parteilehrjahrs 1970/71 – B. F.) zum Studium des Buches „Politische Ökonomie des Sozialismus und ihre Anwendung in der DDR" (1. Studienjahr). Berlin 1970, 59 f.: Mit der sozialistischen Revolution in der DDR „wurde ... der Beweis erbracht, daß der Leninismus auch für hochindustrialisierte Länder allgemeingültig ist"; vgl. *Horst Bartel/Ernst Diehl/Ernst Engelberg*, Die Geschichtswissenschaft der DDR 1960–1970, in: ZfG 18, 1970, Sonderheft Historische Forschung (wie Anm. 24), 26.

[48]) „Die aus der Großen Sozialistischen Oktoberrevolution hervorgegangene Staats- und Gesellschaftsordnung wurde zum Grundmodell der ausbeutungsfreien, sozialistischen Gesellschaft." – *Ulbricht*, Die Bedeutung (wie Anm. 3), 9.

[49]) *Ders.*, Erklärung des Vorsitzenden des Staatsrates der Deutschen Demokratischen Republik ... zur Ausarbeitung der sozialistischen Verfassung der Deutschen Demokratischen Republik auf der 4. Tagung der Volkskammer der DDR am 1. Dezember 1967. Berlin 1967, 21.

dessen Allgemeingültigkeit postuliert: „Die Gestaltung des ökonomischen Systems des Sozialismus erfolgt demnach in der Hauptsache nicht als Anpassung an nationale Besonderheiten, sondern wird primär durch die Anforderungen der allgemeingültigen ökonomischen Gesetze des Sozialismus bestimmt.“[50]) Im Gegenteil: Diese Feststellung negierte den Modellcharakter der sowjetischen Entwicklung, unterstellte, daß die ostdeutsche Entwicklung nicht mehr abgeleitet von jener als „Anpassung an nationale Besonderheiten“ war und nachvollzog, was dort bereits realisiert worden war, sondern vielmehr selbst zum Modell für die neuen ökonomischen Beziehungen innerhalb des RGW wurde. Die Schwierigkeiten innerhalb des RGW, die offensichtliche Unmöglichkeit, tatsächlich die in der Propaganda beschworene wirtschaftliche Integration der nationalen Märkte zu vollziehen, mußte die Entwicklung der DDR insofern bremsen, als ihr isoliertes wirtschaftliches Vermögen natürlich nicht hinreichte, die anstehenden Modernisierungsprozesse unabhängig zu vollziehen. Inwiefern dieser Umstand am Ende der 60er Jahre die Neudefinition des deutsch-deutschen Verhältnisses am politischen Horizont erscheinen ließ, soll hier nicht weiter untersucht werden.[51])

Insofern gerade die UdSSR marktorientierte Reformmodelle für sich abgelehnt hatte[52]), hätte hieraus eine Kontrastierung des DDR-Modells mit dem sowjetischen entstehen müssen. Intern sind derartige Kontrastierungen durchaus überliefert.[53]) Öffentlich entzog sich Ulbricht diesem Konflikt und suggeriert in entsprechenden Passagen zur DDR analoge Entwicklungen in der UdSSR. Polemisch wendet er sich gegen Sozialismuskritiker und wies deren Kritik am „bürokratischen Zentralismus“ zurück: „In der UdSSR gab es ... drei Methoden der Leitung: die staatliche Anordnung, die ökonomische Regelung und Stimulierung und die gesellschaftliche Einwirkung. ... Die Dialektik der Entwicklung zeigt sich darin, daß sich das Gewicht der einzelnen Aufgaben entsprechend dem Stand der staatlichen, ökonomischen und gesellschaftlichen Entwicklung und der Lage ... ändert. Kein vernünftiger Mensch kann doch glauben, daß es möglich gewesen wäre, die Macht der Sowjets ohne den Ausbau der sozialistischen Staatsgewalt zu sichern. ... Nur mit Hilfe der zentralen Planung konnten die KPdSU und die Sowjetregierung das Wunder vollbringen, dieses einst rückständige Agrarland in einer historisch kurzen Frist in

[50]) Politische Ökonomie des Sozialismus und ihre Anwendung in der DDR. Berlin 1969, 469; vgl. *Ulbricht*, Die Bedeutung (wie Anm. 3), 39: „Das ökonomische System des Sozialismus in der DDR ist, historisch gesehen, die volle Einstellung einer hochindustrialisierten Wirtschaft auf die inneren Vorzüge und Triebkräfte der sozialistischen Produktionsweise und auf die Dynamik der wissenschaftlich-technischen Revolution.“

[51]) Vgl. *Wolfgang Berger*, Als Ulbricht an Breshnew vorbeiregierte, in: Neues Deutschland, 23. 3. 1991.

[52]) Vgl. *Hans Raupach*, Geschichte der Sowjetwirtschaft. Reinbek 1964, 117.

[53]) Vgl. *Podewin*, ... der Bitte (wie Anm. 3), 14ff., 22ff.

ein mächtiges Industrieland zu verwandeln."[54]) Anstatt mit der Untersuchung der gegenwärtigen sowjetischen Verhältnisse fortzufahren, sprang Ulbricht in seinem Text allerdings zu den Bedingungen der ostdeutschen Entwicklung. So ersparte er sich präzisere Aussagen über die sowjetischen Verhältnisse. Gewissermaßen als Krönung und zugleich ungewollten Abgesang der selbstverschriebenen Pionierrolle überschrieb Ulbricht seine letzte Rede mit der die Marxsche historische Mission des Proletariats paraphrasierenden Formulierung „Die historische Mission der Sozialistischen Einheitspartei Deutschlands", worin er den Weg der KPD/SED seit 1945 als einzigartige Erfolgsgeschichte beschreibt und zugleich die Rolle der UdSSR in diesem Prozeß weitestgehend reduziert auf die Befreiung Deutschlands durch die Rote Armee, „die allseitige brüderliche Hilfe der KPdSU und des ganzen Sowjetvolkes" und die Sowjetarmee, die „den friedlichen Übergang der Arbeiterklasse von der antifaschistisch-demokratischen zur sozialistischen Revolution, gemeinsam mit allen Verbündeten, zuverlässig sicherte".[55])

Im Osten Deutschlands, so behauptete Ulbricht – kühn aus dem Text des KPD-Aufrufs vom Juni 1945 auf die ihm folgende historische Realität schließend – habe keine Kopie der sowjetischen Staatsform oder ihre Wirtschaftsorganisation stattgefunden.[56]) Die Rolle der Sowjetunion reduzierte er in diesem Kontext von der Modellrolle auf die des militärischen Garanten der internationalen Rahmenbedingungen und des Lieferanten jener Ressourcen, an denen es dem welthistorischen Pionier DDR mangelte. Die faktische Erklärung der Ungültigkeit des sowjetischen Systems als Modell für die DDR erfolgte 1967 mit Ulbrichts aus dem eigenen Reformkonzept gezogener, gesellschaftstheoretische Geltung beanspruchenden Schlußfolgerung: „Sie besteht darin, daß der Sozialismus nicht eine kurzfristige Übergangsphase in der Entwicklung der Gesellschaft ist, sondern eine *relativ selbständige sozialökonomische Formation* in der historischen Epoche des Übergangs vom Kapitalismus zum Kommunismus im Weltmaßstab."[57]) Der sich von der KPdSU absetzende Affront bestand in der subtilen Konsequenz, daß deren deklarierte Inangriffnahme des Aufbaus des Kommunismus ohne Reflektierung der Entwicklungsbedingungen einer relativ selbständigen sozialistischen Formation sui generis, ohne deren vollendete Existenz entweder als Etikettenschwindel für eine Gesellschaft gelten konnte, deren Entwicklungsstand sich noch unter dem der DDR fand,

[54]) *Ulbricht*, Die Bedeutung (wie Anm. 3), 9f.

[55]) *Ders.*, Die Historische Mission der sozialistischen Einheitspartei Deutschlands. Rede auf der Festveranstaltung zum 25. Jahrestag der SED, 21. April 1971, in: ders., Die historische Mission der Sozialistischen Einheitspartei Deutschlands. Sechs Reden und Aufsätze. Berlin 1971, 150.

[56]) *Ders.*, Die Bedeutung (wie Anm. 3), 11.

[57]) *Ders.*, Die Bedeutung des Werkes „Das Kapital" von Karl Marx für die Schaffung des entwickelten gesellschaftlichen Systems des Sozialismus in der DDR und den Kampf gegen das staatsmonopolistische Herrschaftssystem in Westdeutschland. Berlin 1967, 38.

oder – was die noch gravierendere Schlußfolgerung wäre – die Inangriffnahme der Errichtung eines gänzlich andern sozialen Systems beinhaltete.

Für die DDR-Geschichtswissenschaft ist angesichts dieses brisanten Bruchs der historischen Selbstlegitimierung der SED durch Ulbricht eine erstaunliche Arglosigkeit festzuhalten. Immerhin gelingt es einigen Wirtschaftshistorikern noch, den in seiner Konsequenz revolutionierenden Inhalt des NÖS ebenso zu charakterisieren wie die ihm entgegenstehenden Halbheiten und Inkonsequenzen. Hans Müller und Karl Reißig beschrieben 1968 als „allgemeine Merkmale der sozialistischen ökonomischen Gesellschaftsformation: …

– Im Sozialismus sind zentrale staatliche Planung der Perspektiven, Strukturen und Proportionen der Volkswirtschaft und Eigenverantwortlichkeit der sozialistischen Warenproduzenten zwei miteinander verbundene Grundprinzipien bei dem Primat der ersteren.

– Der Sozialismus ist eine Gesellschaft von Kollektiven eigenverantwortlicher sozialistischer Warenproduzenten auf der Grundlage des gesellschaftlichen Eigentums an den Produktionsmitteln.“[58])

Müller und Reißig gingen mit dieser Definition einer Frage aus dem Wege, der sich Ulbricht – als Machtpolitiker in diesen Dingen äußerst sensibel – durchaus stellte, und die die dem EGSS innewohnende contradictio in re sehr klar markierte: „Die zentrale staatliche Planung ist für uns Marxisten-Leninisten nicht eine Frage schlechthin der Administration, sondern die zentrale staatliche Planung, das ist die Frage der Wahrung der politischen Macht der Arbeiterklasse in ihren entscheidenden Grundlagen auf ökonomischem Gebiet.“[59]) Es war eine Frucht des 11. Plenums des ZK von 1965, die die Akzentuierung wieder vom Gewinn als Regulativ einer warenproduzierenden Gesellschaft auf die Bedeutung der zentralstaatlichen Planung legte. In der UdSSR war die marktwirtschaftliche Regulierung ohnehin verworfen und versucht worden, den neuartigen Anforderungen durch die Modernisierung der Planung selbst mittels elektronischer Datenverarbeitung und Kybernetik zu entsprechen. Steuerungswissenschaften und Systemtheorie, die besonders in der zweiten Hälfte der 60er Jahre in der DDR zu regelrechten Modewissenschaften wurden, nährten wieder die Illusion der zentralen Planbarkeit, wobei die in der Kybernetik enthaltenen Überlegungen über die Selbstregulierung von Systemen mehr und mehr durch die Steuerung des alles überwölbenden entwickelten gesellschaftlichen (Gesamt-)Systems des Sozialismus verdrängt wurden.

Insofern Historiker der DDR sich der Respektierung des neuen Diktums befleißigten, müssen sie indes sorgfältig vermieden haben, dessen Implikationen

[58]) *Hans Müller/Karl Reißig*, Wirtschaftswunder DDR. Ein Beitrag zur Geschichte der ökonomischen Politik der Sozialistischen Einheitspartei Deutschlands. Berlin 1968, 487f.

[59]) *Ulbricht*, Die Bedeutung des Werkes „Das Kapital“ (wie Anm. 57), 10.

zu diskutieren. Die Leichthändigkeit, mit der sie sich noch im Dezember 1970 wieder von diesem Konzept verabschiedeten[60]), wirft die Frage nach dem Verhältnis von Politik und Geschichtswissenschaft für meine Begriffe anders auf, als im bloßen Sinne der Indienstnahme der Wissenschaft. Vielmehr zeigt sich darin eine für die sich politisch verstehende Geschichtswissenschaft der DDR verblüffende Entpolitisierung, bzw. politische Beliebigkeit, die – für ihren wissenschaftlichen Gehalt von gravierenderer Auswirkung – vor allem auf Kosten ihrer kritischen Substanz ging.

In den durch die Reformen unmittelbar berührten Kernbereichen zeigte sich immer wieder eine nicht anders als kunstvoll zu bezeichnende Fähigkeit, Fragestellungen durch immer neue Reformulierungen so zu verwässern, daß die ihnen innewohnende Brisanz endlich verloren geht: So wird der freilich naheliegenden und oft aufgeworfenen Frage danach, was denn neu sei am *Neuen* Ökonomischen System, und was am vorhergehenden falsch gewesen sei, immer wieder mit dem Verweis auf ständige Höherentwicklung ausgewichen. Der intendierte, obgleich nicht realisierte qualitative Sprung muß kleingeredet werden, um nicht die frühere Politik der SED moralisch zu entwerten. Vom Ende eines außerökonomischen, revolutionär-despotischen Eingriffs in die Ökonomie darf keine Rede sein, indessen wird auf die bis zum 13. August 1961 wirkenden störenden Bedingungen der offenen Grenze zur Bundesrepublik verwiesen. Nicht die Bedingungen der Möglichkeit des Wirkens der „ökonomischen Gesetze des Sozialismus" werden untersucht, sondern es bleibt bei der platten Feststellung, „daß es unter den Bedingungen der offenen Grenze nicht immer möglich war, die ökonomischen Gesetze des Sozialismus voll auszunutzen".[61]) Die bloße Verwandlung der Wertbeziehungen warenproduzierender Gesellschaften durch Beifügung des Epithetons „sozialistische" Warenproduktion ersparte die unvoreingenommene Untersuchung der Einführung der ökonomischen Regulierung über den Markt auch auf die Beziehungen zu den westlichen Gesellschaften. Sie wurde ersetzt durch eine heftige Polemik gegen alles, was auch nur den Anschein konvergenztheoretischer Überlegungen aufwies. Wo die ökonomischen Probleme auf theoretischer Ebene angesprochen wurden, zeigte sich ein für Vertreter marxistischer politischer Ökonomie erstaunliches Maß an Flachheit.[62]) Die zumindest doch beab-

[60]) Vgl. *Tschannerl*, Die SED-Führung (wie Anm. 7), 116.

[61]) *Alfred Klingspohn*, Neues ökonomisches System – was ist das? Berlin 1966, 23.

[62]) So wird gerade das Marxsche Begriffsgefüge, das sich mit der Bestimmung des Werts in warenproduzierenden Gesellschaften befaßt, in schon verblüffender Weise außer Kraft gesetzt. Im Sozialismus ist „Arbeit … unmittelbar gesellschaftliche Arbeit, es gibt daher keinen antagonistischen Widerspruch zwischen ihrer Ausführung als besondere Arbeit in einem speziellen Betrieb und ihrem Charakter als gesellschaftliche Arbeit". (*Eva Altmann*, Warenproduktion – 1. Pol. Ök., in: Ökonomisches Lexikon, L–Z. Berlin 1967, 1071.) Wenn aber konkrete Arbeit unmittelbar gesellschaftlichen Charakter trägt, so hebt dies in der Logik des Marxschen „Kapitals" gerade die Warenproduktion auf, in der sich der abstrakte,

sichtigte Etablierung ökonomischer Regulierungsmethoden an der Stelle administrativ-despotischer der Übergangsperiode wird reduziert auf eine Form kontinuierlicher Höherentwicklung, in der alle Umbrüche in der ewig waltenden Weisheit der Partei und ihrer permanenten Selbstaufklärung verschwinden. „Das neue ökonomische System ging in das Sozialismusbild der Arbeiterklasse und der anderen Werktätigen ein. Die relativ einfachen Vorstellungen vom Sozialismus und seiner Ökonomik, die in der revolutionären Arbeiterbewegung in der Zeit des Kampfes um die Macht entstanden waren, wurden durch ein konkretes, umfangreiches und wissenschaftlich fundiertes Bild vom sozialistischen Wirtschaftssystem wesentlich erweitert."[63]) Nur selten wurde der tiefgehende Eingriff in den bislang gültigen Kanon des Marxismus-Leninismus thematisiert. Doch selbst, wo dies geschah, wo z. B. die Vorstellung von Friedrich Engels, daß mit der proletarischen Revolution die Warenproduktion beseitigt würde, als von den Resultaten der aktuellen Entwicklung widerlegt (respektive weiterentwickelt) gekennzeichnet wurde[64]), blieb die Einschränkung bestehen, daß „sozialistische Warenproduktion ... erstmals eine geplante Warenproduktion [ist] und ... nichts gemeinsam [hat] mit der sog. sozialistischen Marktwirtschaft, dieser revisionistischen Imitation der kapitalistischen Marktwirtschaft".[65])

Im fortdauernden Streit über die DDR-Geschichtswissenschaft werden häufig zwei Aspekte miteinander konfrontiert, denen unterschiedliche Fragestellungen unterliegen. Ohne deren analytische Trennung bleiben zwangsläufig unauflösliche Mißverständnisse bestehen, die sich in der bereits benannten Wertungsdichotomie äußern. Es sind dies die nicht unbedingt kommensurablen Zugänge der Wissenschaftsgeschichte, die nach der Entwicklung der Geschichtswissenschaft, ihren methodischen Verfahren, ihren Gegenständen und Resultaten fragt, die sie mit den verschiedenen internationalen Entwicklungen konfrontiert, einerseits und andererseits die Frage nach der Geschichte der Historiker, ihres Verhaltens als Wissenschaftler und potentielle Intellektuelle in der Geschichte der DDR. Wiewohl beide Fragen zusammenhängen, die Entwicklung der Wissenschaft nicht vom Verhalten der Subjekte unabhängig ist, führt die unklare Fragestellung zu verwirrenden Resultaten.

gesellschaftlich bestimmte Wert konkreter Waren auf dem Markt bewährt und realisiert. Um dem sozialistischen Wertgesetz diese chaotische Abhängigkeit vom Markt zu nehmen, verschwinden kurzerhand zentrale Bestimmungskriterien, wird ein die Sache erst definierender Widerspruch eskamotiert. Wieso unter diesen Bedingungen überhaupt Waren produziert werden sollten, wieso die haushaltsmäßige Bilanzierung zur Disposition gestellt war, bleibt auf diese Weise das Geheimnis der Ökonomen.

63) *Helene Fiedler/Karl Reißig/Werner Teumer*, Die Entwicklung des Sozialismusbildes der SED. Zum 75. Geburtstag Walter Ulbrichts, in: ZfG 16, 1968, 711.

64) So bei *Ernst Hoffmann*, Zwei aktuelle Probleme der geschichtlichen Entwicklungsfolge fortschreitender Gesellschaftsformationen, in: ebd. 1278.

65) Ebd. 1281.

Ohne jeden Zweifel konnten die Historiker in der DDR auch in den sechziger Jahren respektable Ergebnisse vorlegen.[66]) Der nachholende Professionalisierungsprozeß einer neuen Generation von Historikern, die nur mehr indirekt anknüpften an der Geschichte des Faches, stabilisierte sich. Ihre Verbundenheit mit ihrem politischen Ziehvater und Auftraggeber, der SED, stellte sie indes in ein Dilemma: Politisch unabhängige, kritische historische Forschung, wissenschaftliche Arbeit, die jenseits der Normen politischer Vorgaben Resultate zeitigen konnte, die diesen Normen zuwiderlief, war nicht erwünscht, ja mit Sanktionsdrohung belegt. Der immer periodisch praktizierte punktuelle Vollzug solcher Sanktionierungen, vor allem aber das für diese Generation prägende Erlebnis des rigiden, z. T. von ihnen selbst exekutierten stalinistischen Terrors der 50er Jahre zwängte sie in eine Disziplin, die praktisch nicht die Geschichtswissenschaft zu einer politischen Wissenschaft werden ließ, sondern sie entpolitisierte. Themen wurden säuberlich sortiert in politisch relevante, die ideologischen Normen bestätigende Texte, die sich, wie dies ironisch formuliert wurde, mit der „Rolle der Bedeutung“ befaßten, die angesehen wurden als Beleg politischer Zuverlässigkeit und als Voraussetzung der Bearbeitung anderer Themen. Widersprüchliches innerhalb politisch relevanter Fragen blieb ausgespart, was jenes Phänomen hervorrief, das später so falsch als „weißer Fleck“[67]) bezeichnet wurde. Gleichzeitig wuchs das Bestreben, politisch relevante Themen überhaupt zu meiden, dabei aber die politische Relevanz des eigenen Untersuchungsgegenstandes zu unterstreichen. Große Scheu bestand vor wissenschaftlichen Innovationen, die politisch oder, da dies immer ideologisch definiert war: methodisch folgenreich hätte sein können. Politische Aktivität wurde gezeigt, wobei auch zu Mitteln der Repression gegriffen wurde, um den eigenen Arbeitsbereich als störungsfreien, konformen Raum vorstellen zu können. In seinem Vortrag zum 25. Gründungsjubiläum des Zentralinstituts für Geschichte betonte Heinz Heitzer mit Stolz, daß es zur Zeit der militärischen Intervention des Warschauer Paktes gegen die ČSSR 1968 im Institut „keine politischen Schwankungen“ gegeben habe.[68]) Die Tendenz zu immer größerer politischer Homogenität erzwungener Natur bei gleichzeitiger praktischer Entpolitisierung der Wissenschaft(ler) führte

[66]) Es sei hier nur exemplarisch genannt: Deutschland im ersten Weltkrieg. Bd. 1–3. Hrsg. v. einem Autorenkollektiv unt. Leitung v. *Fritz Klein*, *Willibald Gutsche* u. *Joachim Petzold*. Berlin 1968/69; vgl. *Fritz Klein*., Der Erste Weltkrieg in der Geschichtswissenschaft der DDR, in: ZfG 42, 1994, 293–301.

[67]) Der der Geschichte der Geographie entlehnte Terminus suggeriert, es handele sich um unbekanntes, nicht betretenes Terrain, tatsächlich tangierten diese Themen indes immer selbst durchlebte historische Vorgänge, weshalb die Bezeichnung „schwarzer Fleck“ wohl angemessener wäre.

[68]) *Heinz Heitzer*, Vortrag zum 25jährigen Jahrestag des Instituts für Geschichte der Akademie der Wissenschaften, 29. 6. 1981, in: Archiv der Berlin-Brandenburgischen Akademie der Wissenschaften, Zentralinstitut für Geschichte, 572.

letztlich zum Verlust jedes kritischen Konnexes mit der gesellschaftlichen Wirklichkeit der DDR. Man kann dies freilich auch ansehen als einen Verlust an DDR-spezifischem in der DDR-Geschichtswissenschaft, was unter Vermeidung eines *gesellschafts*historischen Blickes *wissenschafts*historisch als Normalisierung der DDR-Geschichtswissenschaft innerhalb der Ökumene der Historiker deutbar wäre. Dies unterstellt indes einerseits ein Verständnis von Geschichtswissenschaft, das sie um ihre kritische, im eigentlichen Wortsinn intellektuelle Dimension verkürzt, wie es andererseits die unveränderte Gültigkeit der ideologischen Normen des Marxismus-Leninismus zu gering veranschlagt. Die Entpolitisierung wissenschaftlicher Arbeit als Voraussetzung ihrer professionellen Durchführung hatte zugleich zum Ergebnis, daß sich die Akteure ihrer politischen Indienstnahme immer weniger bewußt wurden.

Zweifelsohne gab es ein ambivalentes Verhalten der Historiker der DDR zu diesen normativen Rahmenbedingungen. Sie versuchten sie zu unterlaufen, nicht nur indem sie noch nicht vordefinierte, politisch relevante Themen umgingen, sondern auch indem innerhalb ihres Geltungsrahmens die Problematik solange ausdifferenziert wurde, bis ihr normativer Charakter zu verschwinden schien. Dennoch blieb dieser normative Rahmen gültig, mußten sich die Historiker jederzeit zu ihm verhalten, in welcher Art und Weise sie dies auch immer taten. Die mitunter auftretende Ferne einzelner Arbeiten vom ideologischen Kanon korrespondierte punktuell sogar mit den politischen Interessen der SED, wenn es ihr darum ging, auf internationaler Ebene Reputation zu gewinnen oder zu verstärken. Auf internationalen wissenschaftlichen Tagungen war es durchaus nicht ungewöhnlich, daß Historiker aus der DDR ideologische Stereotype vermieden, wo es ihrer Respektabilität im wissenschaftlichen Diskurs abträglich erschien. Kuriositäten wie die Verwandlung der ideologisch korrekten Ära „v. u. Z.“ in die im Westen übliche „v. Chr.“, die beispielsweise der DDR-Verlag Köhler & Amelang seinen Autoren selbst dann oktroyierte, wenn diese sich selbst weder als Christen verstanden, noch in dieser marginalen Weise aus dem Kanon ausbrechen wollten, zeugten von der Prädominanz merkantilistischer Interessen eines Verlages, der weniger Ideologie exportieren, denn Devisen importieren sollte.

Bei aller im Eigensinn wissenschaftlicher Arbeit wurzelnder Distanz zu den Eckpfeilern der herrschenden Ideologie, blieb diese der wirksame Rahmen, der sich im Konfliktfalle in seiner dürren Nacktheit Geltung verschaffte. Keine der wissenschaftlichen Nischen konnte sich dieser Formbestimmtheit des politischen Raumes entziehen, dessen Nischen sie waren.

Die DDR-Geschichtswissenschaft in der Mitte der siebziger Jahre: Paradigmawechsel oder konservative Wende?

Von

Helga Schultz

Seit der Mitte der siebziger Jahre konnte ein aufmerksamer Beobachter in der Geschichtsschreibung des östlichen deutschen Staates ungewohnte Regungen unter der Decke der einheitlichen Parteiideologie bemerken. Neue Themen, Methoden und selbst theoretische Debatten belebten hier und da die geistige Landschaft, ohne sie jedoch ganz umzubrechen, wie dies gerade im Westen geschehen war. Manche Änderungen waren den westlichen ähnlich, andere diesen gerade entgegengesetzt. Mit einem Generationenwechsel waren die Wandlungen der ostdeutschen Geschichtsschreibung nicht verbunden, eher mit dem Personenwechsel an der Spitze des quasimonarchischen Staates. Und doch handelte es sich nicht nur um Wendungen der Wissenschaftspolitik und Geschichtspropaganda, sondern in der Bündelung der Neuerungen um einen heraufziehenden Paradigmawechsel.

Nach dem herrschenden westlichen Verständnis war die Geschichtswissenschaft des sozialistischen Blocks, soweit sie sich selbst als marxistisch-leninistisch definierte, orthodox und von außen/oben geleitet, also starr und zu einem Paradigmawechsel im eigentlichen wissenschaftsgeschichtlichen Sinne nicht fähig. Ein solcher Wechsel hätte also nicht innerhalb eines solchen Geschichtsdenkens erfolgen, sondern nur aus diesem heraus führen können. Er hätte das geschichtsphilosophische Gebäude sprengen müssen wie die Reformversuche Gorbatschows das morsche politische System. Und welche Richtung könnte eine konservative Wende gehabt haben, wenn sie nicht die Konservierung eben jenes orthodox marxistisch-leninistischen Geschichtsbildes unternahm? Erscheint nicht eine Hinwendung zu traditionellen Gegenständen und Genres des deutschen Historismus aus heutiger Sicht als Fortschritt, als Heimkehr in den Schoß der Wissenschaft?

So hätte es sich nur um verschiedene Wege gehandelt, auf denen das sinkende Schiff der Partei- und Staatsideologie verlassen worden wäre, also um Vorgänge von geringem Interesse. Der teilnehmende Beobachter sieht jedoch in jenen Jahren Wandlungen innerhalb einer Geschichtswissenschaft sich vollziehen, die sich im Hinblick auf eine sozialistische Gesellschaft und Perspektive begriff und sich zunehmend zwar nicht mehr als leninistisch, aber deshalb bewußter als marxistisch definierte. Immer wieder wurde versucht, die orthodoxe Erstarrung aufzubrechen, um historisch materialistische Geschichtstheorie wieder im Geist von Karl Marx zu einem scharfen Instrument der Gesellschaftsanalyse und Gesellschaftskritik zu machen. Unleugbar waren diese Wandlungen eingebunden in die geistige Krise der sozialistischen Welt, die deren ökonomische Krise begleitete. Doch den letalen Ausgang sah kein Historiker voraus. Gerade für die Marxisten unter den Historikern, die ihrem Beruf und nicht nur ihrer Karriere verpflichtet waren, war die Krise des Sozialismus Grund für verzweifelte Hoffnungen auf dessen Reformierbarkeit, die erst in der Wende ganz zuschanden wurden. Wolfgang Ruge hat von der Bitterkeit und der Leere gesprochen, die dieser welthistorische Zusammenbruch nun hinterläßt.[1]) Richter aus der späten Position des Siegers sollten hier wohl schweigen.

Andere Veränderungen waren Antwort auf einen neuen Markt für historische Publikationen. Das historische Interesse hatte sich ja offenbar systemübergreifend in ganz Europa ganz unverhofft ausgebreitet, ohne daß wir die Ursachen überzeugend zu nennen wüßten. Ähnlich wie alle entwickelten Industriegesellschaften erlebte auch die DDR seit den siebziger Jahren eine Historisierung des öffentlichen Bewußtseins. Die Hinwendung zur Geschichte lief in den europäischen sozialistischen Ländern in ähnlicher Weise ab. Populäre Geschichtszeitschriften schossen überall aus dem Boden, der Markt für historische Publikationen selbst wissenschaftlicher Art erweiterte sich, und die Museen konnten den Andrang kaum verkraften. Wer noch 1978 ganz ungläubig die endlosen Besucherschlangen zur Prager Karlsausstellung auf dem Hradschin bestaunt hatte, konnte wenig später einen Abglanz davon bei den Ausstellungen des Malers Adolf Menzel und des Architekten Friedrich Schinkel in Berlin sehen, zweier als sehr preußisch geltender Künstler, die vom Publikum als Teil einer grenzübergreifenden Preußenwelle wahrgenommen wurden. In der DDR fanden die öffentlichen historischen Ereignisse ihres letzten langen Jahrzehnts im Raum der Kunst statt. Kann man dies als eine Ästhetisierung der Geschichte interpretieren, als Gegenbewegung zum „wissenschaftlichen Geschichtsbild" des Marxismus-Leninismus?

Auch in der DDR verband das öffentliche Interesse die Historiker enger als zuvor mit der Gesellschaft, mit den Lesern in fast allen Schichten der Bevölkerung. Alle Genres, die zwischen der wissenschaftlichen Monographie und der parteipolitischen Propagandaschrift lagen, gewannen Bedeutung: Gesamtdarstellungen, Handbücher, Taschenbücher, Kalender und die auflagenstarke populäre Edition der „illustrierten historischen hefte". Die Mitte der siebziger Jahre eingeleitete kulturpolitische Wende zu „Erbe und Tradition" war keine

[1]) *Wolfgang Ruge*, Nachdenken über die Geschichtswissenschaft der DDR, in: ZfG 41, 1993, 583–592.

Ordre von den Gipfeln der Parteiführung, sondern auch ein Vorstoß der Historiker, der Spielräume öffnete.[2]) Insofern waren die Erneuerungsbestrebungen innerhalb des Fachs mit dem neuen Markt für Geschichte und mit der Wende parteioffizieller Kulturpolitik verknüpft.

I. Die Konstruktion eines eigenen Nationalismus

Die Konstruktion einer besonderen deutschen sozialistischen Nation war der politische Kern der Hinwendung zu Erbe und Tradition. Es liegt auf der Hand, daß die DDR, wenn sie denn als Staat von Dauer sein wollte, eine eigene nationale Legende brauchte. Und um die Mitte der siebziger Jahre gab es kaum jemanden in Ost und West, der an der Dauerhaftigkeit dieses Staatswesens zweifelte, hingegen genug Befürworter deutscher Mehrstaatlichkeit auch im Westen. Die Partei- und Staatsführung der kleineren deutschen Republik konnte sich zu diesem Zeitpunkt sowohl außen- als auch innenpolitisch für eine nationale Eigenentwicklung legitimiert fühlen. Zögernd zunächst, doch immer selbstbewußter zog die DDR seit der Mitte der siebziger Jahre die nationale Karte im Ringen um die Seelen ihrer Bürger. Als Ende der siebziger Jahre mit den wachsenden Krisensymptomen der innere Konsens zu bröckeln begann, wurde dies nur um so dringlicher.[3])

Der Nationalismus in den Farben der DDR war eine Art Innovation mit umgekehrtem Vorzeichen im Vergleich zur Bundesrepublik. Dort setzte sich zu Beginn der siebziger Jahre die Auffassung vom deutschen Sonderweg, der nur über eine nachhaltige Liberalisierung im Zeichen der Westbindung verlassen werden könne, weitgehend durch. Sie begründete den westdeutschen Verfassungspatriotismus. In der DDR war eine Spielart der Sonderwegthese von Anfang an – zunächst von außen oktroyiert – Staatsräson gewesen. Karl Marx und Friedrich Engels, die Deutschlands Rückständigkeit dem klassischen revolutionären Weg Westeuropas entgegenhielten, lieferten die Grundlage für eine recht ausweglose Sicht der deutschen Geschichte von Luther bis Hitler. Allein von den klassischen Dichtern und Philosophen und von den jeweils orthodoxen Teilen der revolutionären Arbeiterbewegung fiel etwas Licht darauf, und nur in Anlehnung an den sowjetischen Befreier war Erlösung zu hoffen.

[2]) *Helmut Bock/Dieter Schiller* (Hrsg.), Dialog über Tradition und Erbe. Kolloquium des Forschungsbereichs Gesellschaftswissenschaften der Akademie der Wissenschaften der DDR. Berlin 1976; *Horst Bartel/Walter Schmidt*, Historisches Erbe und Traditionen – Bilanz, Probleme, Konsequenzen, in: ZfG 30, 1982, 816–829.

[3]) Das parteieigene Meinungsforschungsinstitut mußte seit Mitte der siebziger Jahre konstatieren, daß die Zustimmungsraten zum politischen System der DDR sanken, die seit Ende der Sechziger um 70% gelegen hatten. Es wurde daraufhin 1979 geschlossen (*Heinz Niemann*, Hinterm Zaun. Politische Kultur und Meinungsforschung in der DDR – die geheimen Berichte an das Politbüro der SED. Berlin 1995).

Diese Auffassung hat in Alexander Abuschs Schrift „Irrweg einer Nation" wohl den schärfsten Ausdruck gefunden.[4]) Sie ist später als Miseretheorie intern kritisiert, aber im Grundsatz bis in die siebziger Jahre nicht revidiert worden.

In der übrigen sozialistischen Welt war der Nationalismus seit langem unerläßlicher Kitt zwischen politischer Führung und Volk und selbstverständliches Grundmotiv historischer Arbeit an Universitäten, Schulen und Museen. Der großrussische Nationalismus verband sich ohnehin bestens mit der Führung der Sowjetunion im östlichen Bündnis. Die Krise des Sozialismus gab dem Nationalismus weiteren Auftrieb. Doch die historische Situation in dem sozialistischen deutschen Teilstaat war grundsätzlich anders. Auch der Antifaschismus als Staatsdoktrin konnte keinen nationalen Konsens begründen, der dem sowjetischen Großen Vaterländischen Krieg oder dem Opfergang Polens vergleichbar gewesen wäre. Mit der besonderen Last der deutschen Geschichte war solche jähe Wendung vom „Irrweg einer Nation" zur „DDR als Krönung der ganzen deutschen Geschichte" nicht selbstverständlich und nicht glaubwürdig, sondern eigentlich unmöglich.

Das Widersinnige und Bedenkliche dieses Vorgangs ist nicht nur außenstehenden Betrachtern und nicht nur im nachhinein deutlich geworden.[5]) Der Zwiespalt des öffentlichen Bewußtseins mag in dem Publikumserfolg von Claus Hammels Komödie „Die Preußen kommen" hervorgetreten sein. Dennoch gab es weit mehr Zustimmung als Ablehnung sowohl in der Bevölkerung als bei den Historikern, und es gab keine öffentliche politische oder wissenschaftliche Debatte darüber. Wen wundert das in einem Gesellschaftswesen ohne Öffentlichkeit. Über eine mögliche Alternative wurde schon gar nicht öffentlich nachgedacht.

Gab es denn eine Alternative zum deutschen Nationalismus für den zweiten deutschen Staat? Eine nationale Legende der DDR hätte sich durchaus in konsequenter Fortentwicklung der sozialistischen Antithese zum deutschen Nationalstaat seit 1871 und im Rückgriff auf die ältere deutsche Mehrstaatlichkeit entwickeln lassen. Das blieb ungedacht. Die Historiker konnten ebenso wie die politische Führung oder die Bürger die DDR nur als deutschen Teilstaat begreifen. Ob ein konsequenter DDR-Nationalismus in der hier angedeuteten Weise irgendeine breitere Akzeptanz in der Gesellschaft hätte erringen können und ob er denn überhaupt wünschenswert gewesen wäre, ist eine andere, mit dem Wissen von heute zu verneinende Frage. In den achtziger Jahren zerbrach der innere Konsens des Staatswesens in einer Dauerkrise, die Entwicklung einer anderen deutschen Nation war gescheitert. Es blieb dann auch

[4]) *Alexander Abusch*, Der Irrweg einer Nation. Berlin 1946.

[5]) *Jan Herman Brinks*, Die DDR-Geschichtswissenschaft auf dem Weg zur deutschen Einheit. Luther, Friedrich II. und Bismarck als Paradigmen politischen Wandels. Frankfurt am Main/New York 1992.

ein akademisches Unterfangen, die DDR als Krönung der ganzen deutschen Geschichte zu präsentieren.

Der offizielle DDR-Nationalismus blieb moderat und kritisch gegenüber deutscher Machtpolitik und dem Obrigkeitsstaat seit Bismarck, und er stand unter dem Vorbehalt eines übergeordneten proletarischen Internationalismus im sowjetischen Block. Diesen Rahmen haben die Historiker auch bei gewandelter Themenwahl nicht verlassen.[6]) Doch unverkennbar rückte die nationalistische Wende die offizielle Geschichtsschreibung der DDR näher an die konservative, traditionelle politische Geschichtsschreibung in der Bundesrepublik heran, während die Entfernung zur Historischen Sozialwissenschaft wuchs und unbeachtet weltenfern sich eine neue „Geschichte von unten" entwickelte. Insofern kann man die nationale Wende in der Historiographie der DDR als eine konservative bezeichnen.

II. Abschied vom Marxistischen Geschichtsbild?

Das neue nationale Geschichtsbild war verknüpft mit einem Triumph des Etatismus und mit dem Sieg der ‚Großen Männer' über die Volksmassen im Geschichtsbild. An die Stelle der Solidarisierung mit den Unterdrückten, der Fetischisierung der Volksmassen und Klassenkämpfe, wie sie im marxistisch-leninistischen Geschichtsbild dominierten, trat eine neue Identifikation mit den Mächtigen. Das war zu ahnen, wenn ein differenziertes Herangehen an die Fortschrittspotenzen der herrschenden Politik in der Vergangenheit gefordert wurde. Es wurde unverblümt ausgesprochen, wenn anläßlich der neuen Preußen-Euphorie zu Beginn der achtziger Jahre Militärs die preußischen Tugenden in Dienst nehmen wollten; oder wenn Erich Honecker – sich offenbar als Nachfolger des Großen Kurfürsten fühlend – im Interview mit einem schwedischen Korrespondenten erwähnte, wie „wir" bedauerlicherweise vor langer Zeit Krieg gegen Schweden geführt hätten. Ein schlichter, jeder ernsthaft marxistischen Geschichtsauffassung zuwiderlaufender Etatismus breitete sich aus.

Auffälliger als dieser Etatismus war die Auferstehung der Staatsmänner und gekrönten Häupter im Geschichtsbild des sozialistischen „Arbeiter- und Bauernstaates". Nun gab es nicht mehr nur die Hagiographien der Parteiführer von Marx bis Honecker, die höchstens fürs Parteilehrjahr oder als Geschenke zu Betriebsjubiläen taugten. In den Verlagsprogrammen marschierten die ‚Großen Deutschen' von Luther bis Wilhelm II. auf, die Biographie des Letztge-

[6]) Vgl. die Beiträge von Walter Schmidt, Gustav Seeber, Ernst Engelberg und Dieter Fricke in: *Susanne Miller/Malte Ristau* (Hrsg.), Erben deutscher Geschichte. DDR-BRD: Protokolle einer historischen Begegnung. Reinbek 1988.

nannten erschien noch nach der Wende. Auch die mittelalterlichen Könige und schließlich selbst die Duodezfürsten des absolutistischen Zeitalters wurden einer Revision ihrer fortschrittlichen Potenzen unterzogen und einer populären Darstellung gewürdigt. Hitler allerdings blieb im Status des teuflisch Unnennbaren, obwohl zu Beginn der achtziger Jahre ein kluges und klares, dringend nötiges Manuskript von Wolfgang Ruge vorlag.

Im Interesse der Akzeptanz des Geschichtsbildes wurde offenbar ein breiterer, vielfältigerer Ansatz in historischer Forschung, Bildung und Propaganda zugelassen. Umwertungen von Ereignissen und Personen waren ausdrücklich vorgesehen und erfolgten vor allem im Bereich der älteren deutschen Staats- und Reichsgeschichte und in der politischen Biographik. „Komplex" und „differenziert" avancierten zu bevorzugten Vokabeln der offiziellen Debatten um das Geschichtsbild: alle Bereiche der historischen Wirklichkeit von der Technikgeschichte bis zur Kirchengeschichte und von der Alltagsgeschichte bis zur Geschichte der Höfe sollten dargestellt und abwägend gewürdigt statt wertend beurteilt werden. Die erschienenen Bände der „Deutschen Geschichte", deren Konzeptionen sämtlich in den siebziger Jahren erarbeitet wurden, zeugen von diesen Bemühungen und von den Grenzen der Realisierung. Die Jubiläen der späten Jahre, vor allem das Lutherjubiläum von 1983, das dreihundertjährige Jubiläum der Hugenottenansiedlung in Preußen 1985 und der Planung nach auch der achthundertste Todestag des Kaisers Friedrich I. Barbarossa 1990 boten solche Gelegenheit zur Korrektur und Öffnung. Am entschiedensten geschah dies mit der Hinwendung zur preußischen Geschichte am Ende der siebziger Jahre, als das Reiterstandbild des großen Preußenkönigs unter die Linden zurückkehrte.

Immer öfter wurde das Korsett der marxistisch-leninistischen Begrifflichkeit abgestreift. An der Spitze des Faches warfen die Autoren großer Biographien die Bürde der marxistischen sozialwissenschaftlichen Analyse gerne zugunsten einer einfühlenden, individualisierenden, ereignisgeschichtlichen oder auch geistesgeschichtlichen Darstellungsweise von sich. Sowohl Ernst Engelberg als auch Gerhard Brendler bekannten sich im Vorwort ihrer Biographien von Bismarck beziehungsweise Luther ausdrücklich zu einer solchen eher traditionellen biographischen Methode und verwiesen für den historischen Kontext auf umfangreiche eigene und fremde Arbeiten.[7]) War dies historiographischer Rückschritt oder Fortschritt in den Bahnen der DDR? Bei Büchern von literarischer und wissenschaftlicher Qualität stellt sich solche Frage nicht.

[7]) *Ernst Engelberg*, Bismarck. Urpreuße und Reichsgründer. Berlin 1985, Vorwort; *Gerhard Brendler,* Martin Luther. Theologie und Revolution. Berlin 1983, Vorwort.

III. Die Wiederentdeckung der Länder

Wirksamer als die Konstruktion einer besonderen nationalen Identität war die späte Besinnung auf die 1952 liquidierten deutschen Länder. Die Heimatgeschichte wurde Bestandteil des offiziellen Konzepts von Erbe und Tradition.[8]) Die Förderung der Regionalgeschichte hatte ausdrücklich das Ziel, einen sozialistischen Patriotismus zu entwickeln, über die Heimatliebe die Verbundenheit mit dem Staat zu stärken. Auch das kam einer Quadratur des Kreises gleich, denn der Staatsauffassung der DDR entsprechend hatte die Geschichte der Länder 1952 zu enden. Die Geschichte der blutleeren Bezirke wurde nicht ernsthaft in Angriff genommen. Was für ein dankbares Feld war die Landesgeschichte gerade deshalb, enthob sie den Historiker doch aller aktuellen Hofgeschichtsschreibung! Auch auf diesem Felde konnte die Parteiführung des freudigen Entgegenkommens von Bevölkerung und Historikern sicher sein, sie begegnete geradezu einem allgemeinen Bedürfnis.

Die Länder tauchten nicht von ungefähr aus der Versenkung auf, sondern gleichzeitig mit der Neubelebung des Regionalismus beiderseits des Eisernen Vorhangs. In Zusammenhang mit dem neuen historischen Masseninteresse gab es in der Bundesrepublik wie überall in den westlichen Industrienationen eine Hinwendung zur Regionalgeschichte, die grundsätzliche Erklärungen in der Entfremdung der industriellen Welt und in der Globalisierung von Alltag und Kultur fand. Doch warum hatte diese allgemeine Erscheinung der Industrienationen auch den Osten des Kontinents ergriffen? Hier hatte doch wohl kaum jemand unter erheblicher Globalisierung zu leiden, sondern eher unter Isolation von der westlichen Moderne und Provinzialität? Sollte hier der Zentralismus, der regionales Eigenleben unterdrückte, der Auslöser gewesen sein? Mißtrauen gegenüber schnellen Erklärungen ist sicher angebracht. Der neue regionalgeschichtliche Enthusiasmus war mit Sicherheit kein Import aus dem Westen, und er war eine Entwicklung in allen europäischen sozialistischen Ländern einschließlich der Sowjetunion.

Nach dem Krieg und in der Anfangsphase der DDR waren die Einrichtungen und Vereinsstrukturen der traditionellen landesgeschichtlichen Forschung beseitigt worden, da sie dem marxistischen Geschichtsverständnis fremd waren und feindlich schienen. Die bürgerlichen Träger der heimat- und landesgeschichtlichen Forschung waren nicht mehr da.[9]) Es hatte über Jahrzehnte so gut wie keine landesgeschichtliche Ausbildung an den Universitäten und kaum Heimatgeschichte im Schulunterricht gegeben. Noch zu Beginn der siebziger

[8]) *Wolfgang Küttler/Gustav Seeber*, Historischer Charakter und regionalgeschichtliche Anwendung des marxistisch-leninistischen Erbeverständnisses, in: ZfG 29, 1981, 726–734; *Helga Schultz*, Zu Inhalt und Begriff marxistischer Regionalgeschichtsforschung, in: ebd. 33, 1985, 875–887.
[9]) *Karlheinz Blaschke*, in: Aus PolZG B 17/18, 1992.

Jahre war das renommierte „Greifswald-Stralsunder Jahrbuch“ eingestellt worden. Und doch wuchs unter Lehrern, Ingenieuren und Staatsangestellten der neuen sozialistischen Intelligenz wieder eine große Zahl von begeisterten Forschern heran. Im Jahre 1977 wurde eine „Gesellschaft für Heimatgeschichte“ im Kulturbund gegründet. Nun sproß binnen weniger Jahre ein regionalgeschichtlicher Blätterwald aus der Wüste der Papierknappheit.[10]) Stadt- und Dorfjubiläen wurden landauf, landab gefeiert, und die lokalen und regionalen Museen konnten sich über Besuchermangel nicht mehr beklagen.

Für die wiederentdeckte Landesgeschichte gilt dasselbe wie für die neue Nationalgeschichte der DDR: ein konservativer Zug war nicht zu übersehen. Wo Sachsens Glanz und Preußens Gloria fehlten, wurden doch – im Zeichen des aufzuspürenden Fortschritts – die ansehnlicheren Tatsachen der Geschichte liebevoll zusammengetragen und wenigstens die kulturellen Leistungen der Höfe gewürdigt. „Ernst der Fromme ist wichtiger als die ganze Protoindustrialisierung“ befand eine hochrangig besetzte Runde zur Konzeption einer Thüringischen Geschichte. Daß die Regionalgeschichtsschreibung so antiquarisch wurde und hinter die Traditionen deutscher Landesgeschichtsforschung zurückfiel, war dann unvermeidlich.

Doch dieses düstere Bild verdeckt erinnernswerte Bemühungen. Gleichzeitig wurde von Wirtschaftshistorikern und Ethnographen der Akademie ein mehrbändiges Werk über die Magdeburger Börde publiziert, das den Regionalstudien der französischen Annalisten an die Seite zu stellen ist. Die Leserschaft blieb allerdings ebenso zurückhaltend wie bei den entsprechenden Arbeiten aus dem Umkreis der „Annales“. Mehr Leser erreichte die „Mecklenburgische Volkskunde“, die eine Sozial- und Alltagsgeschichte des Umbruchs zur Moderne seit dem 18. Jahrhundert ist.[11]) Für mich bleibt dieses Buch auch nach der Tausendjahrfeier das Einfühlsamste, Klügste und Gründlichste, was über Mecklenburg geschrieben worden ist.

IV. Die Uhren gingen anders: Innovativ und Subversiv war in der DDR nicht dasselbe wie im Westen

Man kann die merkwürdigen Wendungen in der Geschichtsschreibung der späten DDR-Zeit auch anders lesen, sie jenseits eines Koordinatensystems von links und rechts, progressiv und konservativ begreifen.

Die Enttabuisierung von Personen und Institutionen der deutschen Geschichte gewann in der geistigen Abgeschlossenheit der DDR fast emanzipa-

[10]) *Angelika Monden*, Bibliographie regionalgeschichtlicher Schriftenreihen, in: Jahrbuch für Regionalgeschichte 15/1, 1988, 298–301.

[11]) *Ulrich Bentzien/Siegfried Neumann* (Hrsg.), Mecklenburgische Volkskunde. Rostock 1988.

torische Bedeutung. Es war zweifellos nicht im engeren Sinne wissenschaftliches Interesse, sondern ein Verlangen nach historischer Orientierung und Selbstvergewisserung, das die Biographien des Reichskanzlers und des Preußenkönigs zu großen buchhändlerischen Erfolgen machte. Die Werke wurden mehrfach neu aufgelegt und in zehntausenden Exemplaren verkauft. Die Vorbestellungen für den ersten Band von Ernst Engelbergs Bismarck-Biographie hätten das gesamte Papierkontingent des Verlages aufzehren können. Nach der Wende war es mit der Konjunktur plötzlich vorbei. Die Konkurrenz aus der alten Bundesrepublik war mit einer Schwemme einschlägiger nationaler und biographischer Literatur zur Hand, und das Publikum mochte auf die marxistische Einbettung und Verfremdung seiner Helden gern verzichten.

Wo der Marxismus-Leninismus als eine krude Form historischer Sozialwissenschaft über zwei Generationen den Primat der Wirtschaft, den Klassenkampf als entscheidende Triebkraft der ganzen Geschichte und die historische Mission der Arbeiterklasse gepredigt hatte, konnte es revolutionär sein, von den Generälen zu sprechen. Historiker wie Publikum hatten die Fragen eines lesenden Arbeiters satt und fragten nach Lukullus. Insofern konnte in der DDR der siebziger Jahre die bloße Wahl eines traditionellen Themas der deutschen Politikgeschichte frappierend und subversiv sein, während zur selben Zeit in der Bundesrepublik diese Themenbereiche im Namen der neuen Sozialgeschichte, der Abrechnung mit dem deutschen Sonderweg und der Geschichte von unten gerade erst ausgetrieben wurden. Das Preußenbuch von Günther Vogler und Klaus Vetter, das gewiß in seiner Interpretation keinen Deut vom rechten marxistisch-leninistischen Wege abwich, wurde in diesem Sinne allein wegen seines Themas beispielsweise von meinem Hausarzt in der mecklenburgischen Provinz als eine mutige Tat empfunden. Subversiv könnte man vielleicht jene Gruppe von Enthusiasten nennen, die sich Ende der siebziger Jahre in der lausitzischen Provinz um den Berliner Historiker Siegfried Epperlein und seine Biographie Karl des Großen scharte – natürlich brav im Rahmen des Kulturbundes. Eine Werkstattbewegung für die Erforschung von Arbeitergeschichte nach dem schwedischen Motto „Grabe, wo Du stehst" war hingegen unmöglich in einer Gesellschaft, die auf allen Ebenen und in allen Winkeln des Landes offizielle Parteikommissionen für die Erforschung der Geschichte der örtlichen Arbeiterbewegung unterhielt und die Abfassung von Betriebs- und Ortschroniken ebenfalls fest in offizielle Hände genommen hatte.

Wesentlich für die politische Kultur der Bundesrepublik war in den sechziger und siebziger Jahren die Auseinandersetzung mit dem Nationalsozialismus, und die Erforschung von Schuld und alltäglicher Verstrickung der Deutschen in die braune Diktatur wurde zu einem großen Thema kritischer Geschichtswissenschaft. In der DDR war auch dies offenbar anders. Da der Antifaschismus Gründungslegende der DDR war, wurde auch dieses Thema in breitem Maße offiziell bearbeitet und propagiert; allerdings in der parteioffiziellen Gestalt, die Widerstandsleistungen vornehmlich den Kommunisten zuwies und die Leiden ganz überwiegend den sowjetischen Völkern, und die über die Verbrechen an den Juden Europas viel zu wenig sagte. Als diese schlimmen Verzerrungen in den achtziger Jahren schrittweise korrigiert wurden – durch die Anerkennung des Widerstandes um den 20. Juli und endlich anläßlich des 50. Jahrestages der Pogrome auch mit Konferenzen und Publikationen über die Leiden der Juden – da waren dies wiederum offizielle, durch die internationalen Interessen der Partei- und Staatsführung bedingte Kurskorrekturen. Unter den Bedingungen der DDR, wo die Konfrontation mit den Orten des Grauens in Buchenwald, Ravensbrück oder Sachsenhausen zu den Initiationsriten für die Jugendlichen gehörte, wurden die Verbrechen des Nationalsozialismus nicht erst durch den Holocaust-Film ins öffentliche Bewußtsein gehoben. Aber wo der Antifaschismus Staatsdoktrin war, konnte die deutsche Schuld nicht zum Thema einer kritischen Opposition werden, wie dies nach 1968 in der Bundesrepublik geschah.

Die hier genannten Veränderungen im Geschichtsverständnis der DDR ergeben einen Sinn nur in dem Koordinatensystem der späten DDR-Gesellschaft. Jenseits dessen sind sie unverständlich und erschreckend. Man kann darin wohl die unvermeidliche Korrektur einer pervertierten Aufklärung erkennen und wird froh sein müssen, daß der Rückschlag des Pendels nicht heftiger war.

V. Methodologische Innovationen – Gemeinsamkeiten oder Parallelen?

Die späten siebziger Jahre waren eine Zeit der Modernisierung des wissenschaftlichen Handwerkszeugs und der theoretischen Innovationen. In der Regel folgten diese Neuerungen der internationalen Wissenschaftsentwicklung und können also als Indiz der Konvergenz gesehen werden. Alles Streben nach einer methodologischen Erneuerung der Disziplin verließ jedoch den Boden der marxistischen Geschichtsauffassung nicht, sondern bezog sich ausdrücklich auf die Reform des historisch materialistischen Theoriegebäudes einschließlich eines marxistischen Methodenpluralismus. Direkte Übernahmen westlicher Innovationen und Moden scheinen selten und schwierig gewesen zu sein. Häufiger war das schon oben angeklungene Phänomen der Gleichzeitigkeit unter ungleichen Bedingungen.

Eine erstaunliche Parallelentwicklung waltete im Grenzbereich von Ethnographie und Geschichtswissenschaft. Die Hinwendung zu einer ethnologischen Kulturgeschichte erfolgte hier eher durch eine historisch-sozialwissenschaftlich gewandelte Volkskunde als durch eine anthropologisch orientierte Geschichte, wie dies aus dem angelsächsischen Raum bekannt ist. Wolfgang Steinitz hatte den Grund zu einer Neuorientierung der Volkskunde im Sinne des historischen Materialismus gelegt. Die politisch gewollte Erschließung neuer Forschungsfelder in der Industriegesellschaft jenseits der bäuerlich-handwerklichen Welt erfolgte vor allem seit den siebziger Jahren. Sie war begleitet von einer erbitterten theoretischen Diskussion – ganz ohne Referenz auf die anthropologisch orientierte Kulturgeschichte im Westen – und endete mit der zwangsweisen Integration von Volkskunde und Kulturgeschichte unter dem Dach der Geschichte.[12]) War es der Zeitgeist, der hier wehte?

Er drang gewiß durch bei den Versuchen zur Quantifizierung in der Geschichtswissenschaft, denen sich seit der Mitte der siebziger Jahre ein Häuflein jüngerer Historiker mit missionarischem Eifer widmete.[13]) In der Wirtschaftsgeschichte hatte es natürlich auch in der DDR immer Quantifizierung gegeben, und nicht zufällig ging die Initiative in erster Linie vom Akademie-Institut für Wirtschaftsgeschichte aus. Die neuen Möglichkeiten der Rechentechnik verführten nun zur Anwendung raffinierterer mathematischer Methoden und zur Bearbeitung von Massenquellen. Die Faszination des Messens und Wiegens ergriff den kleinen Kreis der Jünger in subversiver Weise, denn dabei fiel jedes dogmatische Gebäude wie ein Kartenhaus zusammen. Da die Ergebnisse sich nicht einmal innerhalb der Zunft vermitteln ließen, blieben sie indessen unschädlich. Auch in diesem Falle würde ich mehr Parallelentwicklung als Übernahme annehmen, denn die Anregungen zu solchem Tun kamen häufig aus östlicher Richtung, von den Historikern der estnischen, weißrussischen, ungarischen Akademie der Wissenschaften.

Wenn man die Veröffentlichungen von Historikern aus der DDR aus den späten Siebzigern und der ersten Hälfte der achtziger Jahre betrachtet, scheinen sie zumeist merkwürdig unberührt an den einschlägigen Forschungen und Trends in der westlichen Geschichtswissenschaft vorbeizugehen. Woran liegt das? Im Falle der älteren Generation handelte es sich sicher auch um Abschottung hinter den Linien der schon so lange verteidigten Fronten. Für die Nachwuchswissenschaftler war der erschwerte Zugang zur Literatur und der Ausschluß vom internationalen Tagungsgeschehen eine hohe Hürde auf dem Weg zur internationalen Forschung. Doch mir scheint, daß Bibliotheksdilemma und Reisekaderunwesen noch nicht einmal der Kern des Problems gewesen sind. Selbst international hochgeschätzte Werke wie Hartmut Zwahrs Studie über das Leipziger Proletariat und die Bismarck-Biographie von Ernst Engelberg kommen im Grunde ohne die westdeutsche und westeuropäische Forschung aus. Die Historiker der DDR schrieben ihre Bücher im allgemeinen

[12]) Die Einzelnachweise in: *Bernhard Weißel,* Forschungen zur Geschichte von Kultur und Lebensweise des deutschen Volkes, in: Historische Forschungen in der DDR 1970–1980. Analysen und Berichte, Sonderband ZfG 1980, 666–672, Anm. 4.

[13]) *Thomas Kuczynski* (Hrsg.), Wirtschaftsgeschichte und Mathematik. Beiträge zur Anwendung mathematischer, insbesondere statistischer Methoden in der wirtschafts- und sozialhistorischen Forschung. Berlin 1985.

nicht mit Blick nach draußen, sondern für die eigene wissenschaftliche Gemeinde und für den heimischen Leser. Die Historiographie der DDR war in ihren wissenschaftlichen Diskursen weithin ein selbstreferentielles System. Die starke und wachsende Präsenz auf den Internationalen Historikerkongressen steht nur scheinbar im Gegensatz zu dieser Aussage, bei weiterem Nachdenken stützt sie diese Hypothese eher. Dem entspricht auch die durchaus merkwürdige Tatsache, daß die Beschäftigung mit der westdeutschen Geschichtswissenschaft – in Gestalt der „Auseinandersetzung" – ein Geschäft von Spezialisten geworden war.

Ich vermute, daß es ein viel tieferes Verständigungsproblem gab, eine Fremdheit der Wissenschaftskulturen, die eine Entschlüsselung des jeweils anderen Codes behinderte. Das traf offensichtlich auf postmoderne Entwicklungen wie den „linguistic turn" und die dekonstruktivistischen Theorien von Foucault und Derrida zu. Deren Diskurse fanden in anderen Welten statt, und die aufgeworfenen Erkenntnisprobleme mußten einem historischen Materialisten wie schlichter Irrationalismus und Agnostizismus vorkommen. Ähnlich fremdartig verschlüsselt erschienen ja dem westlichen Leser Begriffe und theoretische Gebäude der marxistischen Historiker, und das gerade dort, wo die theoretische Arbeit mit der ernstesten Gedankenanstrengung vollbracht wurde, im Leipziger Zentrum für Revolutionsforschung, das Manfred Kossok um den Schülerkreis von Walter Markov formierte, und in der von Ernst Engelberg begründeten methodologischen Forschungsgruppe an der Akademie der Wissenschaften. Ein Urteil über den Wert und den Wahrheitsgehalt dieser Arbeiten konnte – wenn die Fremdheit der Wissenschaftskulturen in diesem Ausmaß bestand – mit Hilfe des ganz anderen Codes nicht gewonnen werden.

Aber warum bestand solch ein Graben offensichtlich auch zu der anthropologischen Wende in der Geschichtswissenschaft, die durch Annäherungen der Disziplinen im eigenen Land vorbereitet gewesen wäre? Warum war es so schwer, Arbeiten von Eric Hobsbawm, E. P. Thompson, Emmanuel Le Roy Ladurie oder George Rudé zu rezipieren, die als Marxisten zu neuen wissenschaftlichen Ufern gelangten? Warum gab es Vorbehalte gegenüber einer Geschlechtergeschichte, wie sie Natalie Zemon Davis schrieb? Ein Eingehen auf diese Entwicklungen fand man lange Zeit allenfalls bei dem weltläufigsten und geistig mobilsten, bei dem alten jungen Marxisten Jürgen Kuczynski. Seine Alltagsgeschichte war ein Wegweiser für die eigenen Leute, dem lange keiner gefolgt ist. Sein „normales Jahr im imperialistischen Deutschland 1903" war so etwas wie eine „thick description", übrigens mit einem ersten Kapitel über die Kirche im Kaiserreich, wie es in jedem anderen Handbuch fehlte.[14]) Auch die Sozialgeschichte, die sich im Leipziger Arbeitskreis von

[14]) *Jürgen Kuczynski*, 1903. Ein normales Jahr im imperialistischen Deutschland. Berlin 1988.

Hartmut Zwahr am drängendsten um neue Themen, Fragen und Methoden bemühte und den Forschern unterschiedlicher Generationen ein offenes Forum bot, blieb Klassengeschichte, weithin blind für die anderen Fragmentierungen und Subsysteme von Gesellschaften.

Das Suchen nach Anschluß an die internationale Wissenschaftsentwicklung gelang im ganzen nicht. Wissenschaftliche Übernahmen waren also wohl durch gegensätzliche Weltsichten und divergierende wissenschaftliche Sozialisation in einem gemeinhin unterschätzten Maße erschwert. Diese These könnte die Enttäuschungen und Fehlschläge des Übergangs erklären, die nun selbst unter günstigen Bedingungen auftreten. Verfehlt wäre nun aber der Schluß, es hätte sich deshalb bei der historiographischen Produktion der DDR nicht um Wissenschaft gehandelt, sondern um irgend etwas gänzlich anderes. Zumindest in den Bereichen von Ethnographie, Sozialgeschichte und Wirtschaftsgeschichte sammelte sich seit der Mitte der siebziger Jahre ein innovatives Potential, das eine Erneuerung der Disziplin auf marxistischer Grundlage anstrebte. Auch diese Erneuerung, die Paradigmawechsel hätte einschließen müssen, ist nicht vollbracht worden. Also muß man wohl oder übel schließen, daß der Wandel in den siebziger Jahren sich im wesentlichen auf die konservative Wende hin zu Erbe und Tradition eines nationalen Geschichtsbildes reduzierte.

Eine soziale Klasse ißt, trinkt und schläft nicht

Die Arbeitsgruppe „Kulturgeschichte der deutschen Arbeiterklasse“

Von

Adelheid von Saldern

I. Einleitung

Seit den späten siebziger und dann vor allem in den achtziger Jahren veränderten sich die Forschungsperspektiven in West und Ost. Das geschah auf dem Hintergrund neuer Lebens- und Arbeitsperspektiven.

In der Bundesrepublik zerbrach der Fortschrittsglaube insbesondere in den zehn Jahren nach der Öl- und Wirtschaftskrise von 1973. Die alten Gewißheiten in Politik, Gesellschaft und Wirtschaft begannen sich schubweise aufzulösen. So erfuhr beispielsweise der Keynesianismus als modernes Krisensteuerungsinstrument seine Entmachtung. Die Parteien wurden durch die neuen sozialen Bewegungen herausgefordert. In der Architektur veränderten postmoderne Bauten die Stadtprofile und signalisierten sinnbildlich, daß unsere Vorstellung von Fortschritt und Moderne hinterfragt werden sollte, und zwar nicht nur in der Ästhetik. Die Ambivalenzen der Moderne und ihre Janusköpfigkeit führten zu erhöhter Nachdenklichkeit. Die Frauenbewegung forderte eine Neuverteilung der Aufgaben und Pflichten in Haushalt und Beruf, womit sie an die Grundfesten gesellschaftlicher Strukturen und Lebensgewohnheiten rührte. Die alten, häufig lebenslang währenden Treueverhältnisse zu Parteien und Organisationen wurden vermehrt „auf Zeit“ umgestellt. Die knapper werdende Arbeit verringerte die Anzahl der „Normal“-Erwerbsbiographien, führte zu einem verstärkten Konkurrenzdenken und zu einem teils befreienden, teils durch die widrigen Umstände erzwungenen Rückbezug auf sich selbst; das schlug sich in individualisierten Lebensentwürfen nieder und schuf neue Lebensstile. Mit der publizistisch untermauerten Bewußtmachung der Globalisierungsfolgen für die westdeutsche Wirtschaft und Gesellschaft wurden die bis dahin gewohnten sozialstaatlich orientierten Vergesellschaftungsformen und Ordnungsvorstellungen massiv in Frage gestellt, und es erhielten – quasi als Gegenbewegung – sozialräumliche Alltags- und Nahbezüge eine erhöhte Bedeutung.

Die gesellschaftlichen Veränderungen hatten Folgen für die Wissenschaftsentwicklung. In der Bundesrepublik wurde die in den späten sechziger und frühen siebziger Jahren entfaltete Kritische Sozialgeschichte durch die Alltags- und Mentalitätsgeschichte sowie die Frauen- und Geschlechtergeschichte herausgefordert. Diverse Aneignungsformen der Menschen von Raum und Zeit, von Herrschaft und Macht, von Dingen und Bildern stimulierten die Forschung und wurden in neuen Erkenntniszusammenhängen thematisiert. Verschiedene Formen von Widerständigkeiten, vor allem gegen den Nationalsozialismus, führten zu Fragen nach den subjektiven Deutungsmustern und Verhaltensformen der Menschen, deren Wahrnehmungs- und Erfahrungshorizonten, deren Sichtweisen auf Vergangenheit und Zukunft. Forschungen zu sozialmoralischen Milieus sollten die Verflechtung von Organisation, Politik und Alltag offenlegen. Strukturen galten nicht mehr als statische Größen, vielmehr wurde deren prozeßhafter Charakter betont. Forschungen über Arbeiterorganisationen wurden mit Forschungen über Arbeiterkulturbewegung und alltäglicher Arbeiterkultur verkoppelt. Kulturelle Sinnzuweisungen erhielten in den Interpretationen erhöhte Bedeutung. Die solchem Forschungsinteresse zugrundeliegenden Erkenntnisperspektiven mündeten früher oder später in die sogenannte Neue Kulturgeschichte. Der *linguistic turn* wies den Texten eine wirklichkeitsstrukturierende Bedeutung zu, bei welcher Herrschaft und Macht ins Zentrum rückten. Es galt, sich Quellentexte genauer anzusehen, auf verdeckte Inhalte zu achten, sie gegen den Strich zu lesen und in deduktiver Weise auf die Lebenspraxen der Menschen zu schließen. Die angelsächsischen *cultural studies* arbeiteten die unterschiedlichen Wahrnehmungsweisen, Sinndeutungen und Aneignungsformen von Texten und medienvermittelten Bildern durch die Individuen heraus. Auch von dieser Seite aus begann sich die Forschungslandschaft zu verändern, wurde dem Subjekt eine größere Eigenbedeutung zugesprochen. Ähnliche Einflüsse gingen von sozial-anthropologischen Studien aus, in denen die Vielfalt und Widersprüchlichkeit, mit der die Menschen sich die Welt aneignen, im Mittelpunkt stehen. Infolge des neuen Blicks auf die Lebenspraxen verschaffte sich auch die Methode der *oral history* Anerkennung innerhalb und außerhalb der Disziplin. Biographien erhielten dementsprechend vermehrten Aufmerksamkeitswert in der Fachöffentlichkeit. Kurzum: Kultur und Alltag, Sprache, Subjekt und Geschlecht sind einige der Stichworte, die in den achtziger Jahren die Geschichtsschreibung herausforderten.

Was passierte in der DDR? Waren es ähnliche Herausforderungen? In Interviews wurden die Brechungen und Mischungen im Verhältnis der Menschen zu ihrem System offengelegt.[1]) Die Erosion dessen, was Systemträger für notwendig und wünschenswert hielten, schritt offenbar fort. Es scheint, als ob sich die Menschen immer mehr auf sich selbst besonnen hätten, das Regime

[1]) *Lutz Niethammer/Alexander von Plato /Dorothee Wierling*, Die volkseigene Erfahrung. Eine Archäologie des Lebens in der Industrieprovinz der DDR. Berlin 1991. (Die Gespräche wurden vor 1989 geführt.)

sein ließen, was es war und wo es war. Das Gesellschaftliche wurde mehr und mehr in seiner Konkretheit erfahren: Kultur und Freizeit gehörten dazu. Die systembedingte relative Angleichung der Lebens- und Arbeitswelten verursachte Gegenströmungen, ließ Menschen nach sozialer Differenzierung und kultureller Distinktion suchen, so in den Ansätzen zu einer Jugendsubkultur, einer Frauenbewegung, einer kirchlich orientierten Reflexionsarbeit, einer Friedensbewegung und einer öffentlichkeitsorientierten Homosexualität. Die Zerstörung kultureller Vielfalt galt tendenziell als gesellschaftliches Defizit, aber vor allem als individuelle Verarmung. Individuum und staatlich geformte Gesellschaft, äußerlich engstens miteinander verkoppelt, traten innerlich zusehends in ein latent spannungsreiches Gegenüber. Der Marxismus-Leninismus blieb als gesellschaftsdominante Folie und als eine die Gesellschaft zusammenbindende Ideologie erhalten, vermochte aber nicht mehr, die Befindlichkeiten der Menschen zu gestalten. Die Aushöhlung des staatssozialistischen Lebensalltags schritt voran, die Identifizierung großer Teile der Bevölkerung wurde diffuser oder gespaltener: der Blick in den Westen erfolgte mit geschönter Brille und konnte deshalb um so mehr Wunschbilder eines befreienden Konsums und einer freiheitlichen Lebensgestaltung entstehen lassen. Der Glaube an die Zukunftsfähigkeit des DDR-Regimes begann abzunehmen, die individuellen Aufstiegskanäle, die in den früheren Phasen der DDR-Gesellschaft eine vertikale soziale Mobilität mit Loyalitätseffekten bedeutet hatten, schienen für die heranwachsende Generation mehr oder weniger verschlossen zu sein, und sie waren es auch zum großen Teil tatsächlich.

Die Historiker und Historikerinnen reagierten auf die Veränderungen diffus. Sie versteckten sich quasi hinter dem, was sie immer taten. Doch alte Gewißheiten weichten gleichwohl auf und damit die bisherigen eher monolithisch geformten Bilder von Gegenwart, Zukunft und Geschichte. Ähnlich wie in der Bundesrepublik bahnten sich die neuen Ansätze von den Rändern des Faches her ihren Weg. Ihre Impulse wurden von der offiziell betriebenen Geschichtswissenschaft nicht aufgenommen – und doch waren sie da und blieben nicht ohne Wirkung, allerdings meist nur in Latenz. Das führte zu einem gedoppelten Bewußtsein in Form von Nähe und Distanz zum Regime. Diese Doppelung macht die relativ schnelle Anpassungsbereitschaft an die westlichen wissenschaftlichen Parameter erklärlich. In einem Land, wo die Öffentlichkeitsstrukturen sich nicht frei entfalten konnten, sondern sich gewissermaßen Kommunikationsschächte entwickelten[2]), erhielten Kleingruppen wie die hier darzustellende eine überdimensionale Bedeutung. Ihre Konzepte mußten vorsichtig erarbeitet, der Balanceakt zwischen dem offiziell Erlaubten und dem Subversiven mußte gehalten werden. Ohne Anerkennung von außen und oben

[2]) *Wolfgang Engler*, Die zivilisatorische Lücke. Versuche über den Staatssozialismus. Frankfurt am Main 1992, 135.

gab es keine Arbeits- und Wirkungsmöglichkeiten, das war bekannt. Also mußte der Gesamtradius des Erforschungswerten vergrößert und das Regime von dessen Notwendigkeit überzeugt werden, ein Regime, das immer deutlicher spürte, wie seine Herrschaft über die soziale Zeit und den sozialen Raum der Menschen auszutrocknen drohte. Eine Erweiterung des wissenschaftlichen Tätigkeitsraumes war deshalb immer schwieriger abzublocken.

Vom Rande her: Stellt man die Geschichtswissenschaft ins Zentrum der Analyse, dann standen die Kulturwissenschaften, von denen wichtige Impulse in Richtung Veränderung ausgingen, tatsächlich am Rande. Doch die Kulturwissenschaften in der DDR sind selbst keine homogene Disziplin gewesen. Deshalb rücken nicht die Kulturwissenschaften der DDR in ihrer Gesamtheit[3]) in den Mittelpunkt der weiteren Ausführungen, sondern eines ihrer Zentren, die Arbeitsgruppe „Kulturgeschichte der deutschen Arbeiterklasse" um Dietrich Mühlberg am Institut für Ästhetik und Kulturtheorie (später: Kulturwissenschaften) in der Humboldt-Universität zu Berlin (AG Kulturgeschichte).[4]) Die Erforschung einer Kleingruppe wie der genannten hat gegenüber einer Untersuchung *der* Kulturwissenschaften den Vorteil, daß Pauschalurteilen vorgebeugt und Einblicke in einzelne konkrete Wissenschaftskonzepte und -praktiken genommen werden können.

Es war der an der Humboldt-Universität lehrende Philosoph Lothar Kühne, der in einem seiner Aufsätze die soziale Klasse als kollektives kulturelles Untersuchungsobjekt mit den Worten in Frage stellte: „Eine soziale Klasse als ge-

[3]) So werden nicht die drei Bände von *Wolfgang Jacobeit/ Sigrid Jacobeit*, Illustrierte Alltagsgeschichte des deutschen Volkes, thematisiert. Zwei Bände erschienen noch zu DDR-Zeiten (1987, 1988), den dritten, der die Zeit von 1900 bis 1945 umfaßt, veröffentlichte der Verlag Westfälisches Dampfboot, Münster 1995. Dieses Werk versteht sich als Fortsetzung von *Jürgen Kuczynskis* fünfbändiger Studie Geschichte des Alltags des deutschen Volkes von 1600–1945, Berlin 1980ff. Auch wird nicht auf andere Arbeiten des Instituts für deutsche Volkskunde eingegangen. Das Institut für deutsche Volkskunde wurde schon 1952 unter Wolfgang Steinitz (später: Hermann Strobach) innerhalb der Akademie der Wissenschaften aufgebaut. Dazu siehe den ausführlichen Aufsatz von *Matthias Kehl*, Zur Etablierung der marxistisch-leninistischen Volkskunde am Zentralinstitut für Geschichte, in: Martin Sabrow/Peter Th. Walther (Hrsg.), Historische Forschung und sozialistische Diktatur. Beiträge zur Geschichtswissenschaft der DDR. Leipzig 1995, 244–265. Im Jahre 1969 ist das Institut in das neugegründete Zentralinstitut für Geschichte eingegliedert worden. Ferner finden die seit 1981 angelaufenen Studien über die Magdeburger Börde keine Berücksichtigung.

[4]) Mühlberg, 1936 geboren, studierte Philosophie unter anderem bei Wolfgang Heise; 1959 bis 1963 war er wissenschaftlicher Assistent an den Universitäten Greifswald und Sofia; 1965 wurde er Leiter der Abteilung Kulturtheorie (später Kulturwissenschaft) des Instituts für Ästhetik; die Promotion fand 1968 statt; 1969 wurde Mühlberg zum Dozenten für „marxistisch-leninistische Kulturtheorie" und zum Leiter des Lehrbereichs Ästhetik und Kulturtheorie (später: Kulturwissenschaften) in der Sektion Ästhetik und Kunstwissenschaften an der Humboldt-Universität berufen. 1974 fand die Verteidigung der „Dissertation B" (Habilitation) statt. Näheres siehe: Vorwärts und nicht vergessen nach dem Ende der Gewißheit. 56 Texte für Dietrich Mühlberg zum Sechzigsten (= MKF 19, 1996, H. 37.), 10f.

sellschaftliches Subjekt ißt, trinkt und schläft nicht, und selbst zu einer mit ihr befreundeten Klasse tritt sie nicht in sexuelle Beziehungen. Die Lebensweise umfaßt den gesellschaftlich charakteristischen Lebensprozeß menschlicher Individuen... Die Aufgabe besteht ... gerade darin, die Subjektivität einer Klasse oder der Gesellschaft als Eigenschaft der Lebenstätigkeit wirklicher Menschen aufzufinden."[5]) Der Aufsatz wurde das erste Mal 1978 in den Weimarer Beiträgen unter dem Titel „Zum Begriff und zur Methode der Erforschung der Lebensweise. Ansätze zur Bestimmung der Funktion der marxistisch-leninistischen Kulturtheorie" veröffentlicht. Obwohl in anderem Zusammenhang geschrieben, treffen die Aussagen über die Relevanz der tatsächlichen Lebensweise auch auf das Kernanliegen derjenigen Forschungsgruppe zu, von der in diesem Aufsatz die Rede ist.

Die Vorgeschichte der AG Kulturgeschichte begann mit dem 1957 eingerichteten kulturwissenschaftlichen Studiengang an der Humboldt-Universität, der sich auf die Ausbildung von wissenschaftlichen MitarbeiterInnen für alle Bereiche des öffentlichen Kulturlebens konzentrierte.[6]) Dietrich Mühlberg vertrat den Bereich „Kulturtheorie und Ästhetik" in der Sektion „Ästhetik und Kunstwissenschaften".

Im Jahre 1975 baute Mühlberg die Arbeitsgruppe „Kulturgeschichte der deutschen Arbeiterklasse" auf. Die Arbeitsgruppe unterstand – im Unterschied zu den Fachhistorikern – nicht dem mächtigen Rat für Geschichtswissenschaft, sondern dem weniger straff formierten Rat für Kultur und Kunstwissenschaft.[7]) Zur Gruppe gehörten Isolde Dietrich, Horst Groschopp, Anneliese Neef, Herbert Pietsch und Horst W. Rohls (bis zu seinem Tode 1987). Bei einzelnen Projekten arbeiteten noch andere WissenschaftlerInnen mit, so zum Beispiel Harald Dehne, Günter Kracht und Tobias Böhm. Als Publikationsorgan diente die seit dem Jahre 1978 in Berlin erscheinende Zeitschrift ‚Mitteilungen aus der Kulturwissenschaftlichen Forschung' (MKF).[8])

[5]) *Lothar Kühne*, Zum Begriff und zur Methode der Erforschung der Lebensweise, in: ders., Haus und Landschaft. Dresden 1985, 92. Kühne bekam politische Schwierigkeiten und starb 1985 (vermutlich Suizid).

[6]) Die Ausbildungsrichtung verdankt ihr Entstehen der Ausrufung der Kulturrevolution durch die kommunistischen Parteien des damaligen Ostblocks sowie einer Kulturkonferenz, auf der die Gründung eines Hochschulstudiums für Kulturarbeiter gefordert wurde. Das Studium war seit 1963 möglich. Von den rund 200 Studierenden lernte die Hälfte in Form eines Fernstudiums. *Dietrich Mühlberg*, Subjektive Anmerkungen eines Beteiligten. Zur Geschichte ostdeutscher Kulturwissenschaft zwischen 1962 und 1990 (Manuskript), 1996, 7 f. Das System der Kaderlenkung sah allerdings die Absolventen nicht für wirkliche Führungspositionen vor; ebd. 8. Neben Berlin wurde der Studiengang nur noch in Leipzig angeboten.

[7]) Schreiben *Groschopps* an die Verfasserin vom 13.5.1996; Schreiben *Mühlbergs* an die Verfasserin vom 10.7.1996.

[8]) Die Mitteilungen für Kulturwissenschaftliche Forschung wurden vom Lehrstuhl Kulturtheorie (später Institut für Kulturwissenschaft) der Humboldt-Universität zu Berlin herausgegeben. Die Auflagen bewegten sich zwischen 300 und 700 Exemplaren. Die MKF wurde

Bis zur Vereinigung entstanden 28 Bände. Zunächst wurden umfangreiche Bibliographien mit fast 5000 Titeln, kombiniert mit kritischen Rezensionen zur Kulturgeschichte der deutschen Arbeiterklasse, zur Kultur- und Persönlichkeitstheorie, zu internationalen kulturellen Entwicklungen usw. veröffentlicht. Die Rezensionen dienten auch dazu, an die internationale Fachliteratur heranzukommen.[9]) Andere Publikationsorgane waren das Jahrbuch für Volkskunde und Kulturgeschichte und die Weimarer Beiträge. Zeitschrift für Literaturwissenschaft, Ästhetik und Kulturwissenschaften.[10]) Nicht nur mit Veröffentlichungen, sondern auch durch eine Reihe von Kolloquien (in meist zweijährigem Abstand) machte die Arbeitsgruppe auf sich aufmerksam. So fand zum Beispiel 1978 eine internationale Konferenz über die „Geschichte der Kultur und Kulturauffassung der Arbeiterklasse" statt. Zwei Jahre später, 1980, wurde eine Tagung zur proletarischen Lebensweise organisiert, die den konkreten Forschungsprozeß über diesen Themenbereich einleitete.[11]) Später, 1987, kam der Aufbau eines kleinen Museums hinzu.[12])

bis 1990 meist kostenlos oder zum Zwecke des Schriftentauschs vertrieben. Die Zeitschrift erschien unzensiert unter einer Pauschallizenz für den Druck von Lehrmaterial. Die Bände wurden als „Manuskriptdruck" veröffentlicht und erhielten erst in den späten achtziger Jahren die ISSN 0863–100X. Außerdem wurden noch die ‚Kulturhistorischen Studientexte' herausgegeben.

[9]) *Mühlberg*, Anmerkungen (wie Anm. 6), 10.

[10]) Die Weimarer Beiträge wurden allerdings von Historikern im allgemeinen nicht gelesen. Mühlberg war Mitglied im Redaktionskollegium des Jahrbuchs für Volkskunde und Kulturgeschichte.

[11]) Die Konferenz ist dokumentiert in MKF 9, 1981. Das Kolloquium vom Oktober 1982 widmete sich bürgerlichen und marxistischen Kulturtheorien; vgl. dazu aber erst MKF 14, 1985 und 15, 1985. Im Jahre 1986 wurde das Erbe regionaler und lokaler Kultur in der DDR thematisiert, um dieses neu zu beleben. Hierbei ging es nicht nur um eine „wachsende Sensibilität gegenüber proletarischer Lebensweise als kultureller Tradition des Sozialismus", sondern auch um die „Wertschätzung für das ‚Verhaltenserbe' nichtproletarischer Klassen und Schichten, ferner [um] ethnische Fragestellungen, die die deutsche Komponente sozialistischer Gesellschaftlichkeit, Kultur und Lebensweise auszuloten trachten". *Thomas Koch*, Kulturarbeit und Regionalität. Literatur und Kommentar zum Umgang mit dem Erbe regionaler und lokaler Kultur in der DDR, in: MKF 16, 1986, 35. Ein Teil der Forschungen, die aus der Zeit vor der Vereinigung stammen, wurde allerdings erst kurz danach veröffentlicht. Dazu siehe vor allem MKF 30, 1992, der den Titel „Arbeiter und Massenkultur" trägt.

[12]) Das Museum „Berliner Arbeiterleben um 1900" wurde von dem Mühlberg-Schüler Tobias Böhm geleitet. Es wurde 1995 geschlossen.

II. Kulturverständnis, Themenspektrum und Konzeption

Die erste Herausforderung, die von dieser Arbeitsgruppe ausging, bezog sich auf deren Verständnis von Kultur. Dietrich Mühlberg und der Kulturtheoretiker Helmut Hanke[13]) stützten sich in einem 1978 gehaltenen Grundsatzreferat über den Kulturbegriff zwar „ordnungsgemäß" auf marxistisch-leninistische Aussagen zu „objektiven Gesetzmäßigkeiten", gingen jedoch gleichzeitig einen Schritt weiter: „Der marxistisch-leninistische Kulturbegriff gründet sich auf der Erkenntnis des historischen Materialismus, daß die Entwicklung der menschlichen Gesellschaft nicht nur ein von objektiven Gesetzmäßigkeiten bestimmter naturhistorischer Entwicklungsprozeß sozialer Systeme ist, sondern zugleich Resultat und Voraussetzung menschlicher Lebenstätigkeit – von den Menschen durch ihre Arbeit zur Aneignung und Umgestaltung der Natur und ihre Tätigkeit zur Entwicklung und Veränderung der gesellschaftlichen Verhältnisse selbst hervorgebracht. [...] Kultur sind alle objektiven und subjektiven Ergebnisse menschlicher Lebenstätigkeit, die als Bedingungen für eine fortschreitende Entwicklung der Gesellschaft und der Individuen wirken."[14])

Schon seit Ende der sechziger Jahre wurde ein kulturtheoretisches Konzept entwickelt, bei dem die „individuelle Subjektivität" im Mittelpunkt stand.[15]) Auf dem 10. Kulturtheoretischen Kolloquium im November 1981 wurde bemerkenswerterweise über den Erkenntniswert von Lucien Sève diskutiert, und zwar, wie es hieß, in zum Teil recht kontroverser Form.[16]) Im Kern ging es dabei um die Frage, ob – analog zur Theorie der Gesellschaftsformation – eine Formationstheorie der Individualität möglich sei. Dahinter stand der Versuch, einem vereinfachenden ökonomischen Determinismus zu entkommen[17]), nicht zuletzt um auf solche Weise sogenannte Entwicklungswidersprüche der Individuen in der sozialistischen Gesellschaft erklären zu können.[18]) Das Kolloquium wurde hauptsächlich von Irene Dölling, die am Institut für Ästhetik

[13]) Hanke war bis 1986 Professor für Kulturtheorie an der Akademie für Gesellschaftswissenschaften beim ZK der SED, und zwar am dortigen Institut für Kultur- und Kunstwissenschaften. Dessen Direktor war Hans Koch, der schließlich Suizid beging. Bemerkenswert ist, daß die kulturtheoretischen Überlegungen der AG Kulturgeschichte über die Person Hankes bis in die Parteiakademie vordrangen. Zu Hanke siehe weiter unten.

[14]) *Helmut Hanke/Dietrich Mühlberg*, Bestimmung des Kulturbegriffs, in: MKF 2, 1978, 3; wichtig waren aus der Retrospektive die Frühschriften von Marx; *Mühlberg*, Anmerkungen (wie Anm. 6), 4.

[15]) So die Auskünfte von Dietrich Mühlberg und Irene Dölling.

[16]) *Lucien Sève*, Marxismus und Theorie der Persönlichkeit. Berlin 1972.

[17]) Siehe *Mühlberg*, Anmerkungen (wie Anm. 6), 4.

[18]) *Irene Dölling*, Versuch eines Resümees, in: MKF 11, 1982, 201. Dölling beschäftigte sich beispielsweise, wenn auch nicht ohne Kritik, mit Alfred Lorenzer und dem Konzept der individuellen Vergesellschaftung, in: MKF 14, 1985, 65–75.

und Kulturtheorie arbeitete, konzipiert und organisiert.[19]) Dölling hatte sich schon seit längerem mit dem Verhältnis von Individuum und Marxismus auseinandergesetzt und dabei viele Leerstellen entdeckt.[20])

Die AG Kulturgeschichte sah ihre Aufgabe darin, die neuen Bedürfnisse der Arbeiter im Kontext der sich modernisierenden kapitalistischen Industriegesellschaft des späten Kaiserreichs aus unterschiedlichen Perspektiven zu beschreiben und ihre gesellschaftliche Verursachung zu benennen. Im Mittelpunkt standen Kultur und Lebensweise des Industrieproletariats. Der Kulturbegriff war weitgefaßt. Parallelen mit der damaligen Neuen Linken in Großbritannien sind erkennbar. Außer E. P. Thompson gewann Raymond Williams mit seinen kulturtheoretischen Überlegungen und Forschungen Einfluß.[21]) Die alltagsgeschichtlichen Themenfelder waren breit gestreut und wirkten zum Teil provokativ.[22]) Da erschienen die Arbeiter nicht mehr als Heroen der Geschichte, sondern als gewöhnliche Menschen im Wirtshaus, sie hatten ein Familienleben, lebten ihre Sexualität aus, frönten dem Tanzvergnügen, gingen auf Volksfeste und lasen „Schrott".[23]) Ermittelt werden sollte, „in welcher Weise die freie Zeit als eigener Lebensraum begriffen und ausgestaltet wurde".[24]) Indem die AG Kulturgeschichte die Arbeiter nicht als kämpferi-

[19]) Dokumentiert wurde dieses Kolloquium vom November 1981 in MKF 11, 1982. Zu diesem Kolloquium kamen 80 Teilnehmer und Teilnehmerinnen aus verschiedenen Disziplinen der DDR. Interessanterweise fehlt bei der Auflistung der vertretenen Fächer die Geschichtswissenschaft; *Dölling*, Versuch eines Resümees (wie Anm. 18), 201.

[20]) Vgl. das Schreiben *Mühlbergs* an die Verfasserin vom 15.4.1996 und *Döllings* vom 5.7.1996. Dölling kam bereits 1966 ans Institut, zunächst als Doktorandin, später war sie dort als wissenschaftliche Oberassistentin, Dozentin und Professorin beschäftigt. 1970 hatte sie Schwierigkeiten, ihre Dissertation zu verteidigen.

[21]) Mühlberg äußerte sich zu beiden in positiver Weise. Siehe: Literatur und proletarische Kultur. Beiträge zur Kulturgeschichte der deutschen Arbeiterklasse im 19. Jahrhundert. Von einem Autorenkollektiv unter Leitung von *Dietrich Mühlberg* u. *Rainer Rosenberg*. Berlin (Ost) 1983, 35. Falls die Aussage Mühlbergs stimmt, daß die Entscheidung für das Arbeiterkulturprojekt schon 1971/72 gefallen sei, dann käme der AG Kulturgeschichte im Ost-West-Vergleich sogar eine Art Pionier-Rolle zu. Schreiben *Mühlbergs* an die Verfasserin vom 9.5.1996.

[22]) Kulturwissenschaftliche Studien etablierten sich in der DDR zwar schon seit den fünfziger Jahren, aber die Arbeiterkultur in historischer Perspektive interessierte, wenn überhaupt, dann erst seit den siebziger und achtziger Jahren.

[23]) An Veröffentlichungen sind zu nennen: *Horst Groschopp*, Zwischen Bierabend und Bildungsverein. Zur Kulturarbeit der deutschen Arbeiterbewegung vor 1914. Berlin 1985 (1987); die zwei Auflagen sollen rund 7500 Exemplare umfaßt haben. Schreiben *Groschopps* an die Verfasserin vom 13.5.1996. Eine weitere Veröffentlichung stammt von *Manfred Hübner*, Zwischen Alkohol und Abstinenz. Trinksitten und Alkoholfrage im deutschen Proletariat bis 1914. Berlin 1988; siehe auch *Dietrich Mühlberg*, Anfänge der Arbeiterfreizeit. Berlin 1989; *Harald Dehne*, Aller Tage Leben. Zu neuen Forschungsansätzen im Beziehungsfeld von Alltag, Lebensweise und Kultur der Arbeiterklasse, in: Jahrbuch für Volkskunde und Kulturgeschichte 1985, 9–48; Autorenkollektiv unter der Leitung von *Dietrich Mühlberg*, Arbeiterleben um 1900. Berlin 1985.

[24]) *Dietrich Mühlberg*, Zum Stand kulturwissenschaftlicher Proletariatsforschung in der

sche Klasse in den Vordergrund rückte, sondern primär „das Freizeitverhalten verschiedener Arbeitergruppen in seiner Verflechtung mit allen Seiten des Arbeiterlebens" untersuchte[25]), forderte sie die offizielle Arbeitergeschichtsschreibung der DDR heraus.

Wer nach einem großen theoretisch-konzeptionell durchdachten, gleichzeitig empirisch gesättigten, auf der Auswertung großer Archivbestände beruhenden Gemeinschaftswerk der Arbeitsgruppe oder nach überragenden Einzelleistungen Ausschau hält, sieht sich enttäuscht.[26]) Das Verdienst der Arbeitsgruppe liegt primär im wissenschafts- und kulturpolitischen Bereich und in seinem Bemühen, ein breites Publikum anzusprechen. Deshalb, aber wohl auch aus einer Strategie der Vorsicht, zeichneten sich die Schriften der Arbeitsgruppe, vor allem jene, die fürs breite Publikum gedacht waren, mehr durch Deskription (zum Teil mit Bebilderung) und weniger durch analytische Tiefenschärfe aus.[27]) Die Gruppe zielte darauf ab, mittels eines sozialkulturellen empirischen Ansatzes die Arbeiterwelt um 1900, insbesondere in Berlin, lebendig zu machen, in die „Niederungen massenhafter sozialer Tatbestände" hinabzusteigen[28]) und die engen Grenzen eines Ableitungsmarxismus zu durchbrechen.

Dabei ging es in dem erfolgreich verkauften Taschenbuch „Arbeiterleben um 1900" mit einer Auflage von ungefähr 10 000 plus einer kleineren Nachauflage[29]), aber auch in den anderen Veröffentlichungen, nicht zentral um die Schilderung des Elends der Arbeiter unter dem Kapitalismus.[30]) Vielmehr konstatierte die Arbeitsgruppe die Fortschritte in der gesellschaftlichen Entwicklung: „Die Geschichte enthält auch die Keime des Neuen, Voraussetzungen sozialistischer Lebensweise [...]."[31]) Thematisiert wurde zum Beispiel das gehobene Anspruchsniveau der Arbeiter, die reichhaltigere Alltagsgestal-

DDR, in: Friedhelm Boll (Hrsg.), Arbeiterkulturen in der Zwischenkriegszeit. Wien 1986, 88.

[25]) Im Jahre 1986 wurde ein eigenes Heft (Nr. 19) zur Freizeit und Kulturarbeit herausgegeben. 1988 folgte ein Heft über Tourismus (Nr. 24).

[26]) Als Quellen dienten hauptsächlich zeitgenössische Berichte, Photos und mündliche Überlieferungen. Themenbezogen wurden von Studierenden und MitarbeiterInnen allerdings durchaus Archivalien (Betriebsarchive, Grundbücher, Archive von Reformsiedlungen, Polizeiakten etc.) gesichtet und in Form von rund 80 Diplomarbeiten und 40 Dissertationen verarbeitet. Schreiben *Mühlbergs* an die Verfasserin vom 10.7.1996.

[27]) Von anderem Qualitätszuschnitt sind die kulturtheoretischen Aufsätze mit ihrer stark philosophischen Prägung. Im Aufsatz „Zum Stand" (wie Anm. 24) versucht *Mühlberg* den Weg von der Theorie zum empirischen Forschungskonzept nachzuzeichnen.

[28]) *Mühlberg*, Zum Stand (wie Anm. 24), 74.

[29]) Schreiben *Mühlbergs* an die Verfasserin vom 9.5.1996.

[30]) So noch der Tenor bei *Jürgen Kuczynski*, Darstellung der Lage der Arbeiter in Deutschland von 1789 bis 1848, Berlin 1961.

[31]) *Mühlberg*, Arbeiterleben um 1900 (wie Anm. 23), 6.

tung sowie der neue Zeitrhythmus. Auch fehlt jegliche Romantisierung der vorkapitalistischen, vorindustriellen Lebensweise.[32])

Die AG Kulturgeschichte zog sich mit ihren Studien also nicht – wie häufig der Fall – ins unverfänglichere frühe 19. Jahrhundert oder gar in die Frühe Neuzeit zurück, sondern wählte eine Zeitphase, in der die Industriegesellschaft schon ausgeprägt war. So vergrößerten sich für die Leserinnen und Leser die Vergleichsmöglichkeiten mit der DDR-Gesellschaft. Deshalb verwundert es nicht, daß die Arbeitsgruppe nicht nur die Untersuchung der proletarischen Lebensweise im Kaiserreich, sondern auch in der Weimarer Republik ins Auge faßte. Vom „Dritten Reich" war nicht die Rede. Die NS-Herrschaft kommt lediglich als abstrakte Negativfolie in den Blick: Gemeint ist der Bezug auf den Antifaschismus, der vor allem der Legitimation der DDR-Kulturpolitik diente. Damit aus den schon vor 1933 rigiden Grundsätzen der alten Arbeiterbewegung in bezug auf Massenerziehung die „verordnete Kulturbringerei" des DDR-Staates werden konnte, bedurfte es, so Dietrich Mühlberg im Rückblick (1991), „bekanntlich einer Reihe von äußeren Ereignissen: der faschistischen Herrschaft und der Verstrickung breiter Kreise darin und (zwangsläufig daraus hervorgehend) des Zweiten Weltkrieges, des äußeren Sieges über Hitler, der Aufteilung Deutschlands, des Kalten Krieges und der Systemkonfrontation. Dies brachte die Vertreter des staatssozialistischen Modells (stalinscher Prägung) in eine handlungsmächtige Position".[33]) Diese Art der Einordnung des „Dritten Reiches" in den historischen Entwicklungsverlauf reichte jedoch nicht aus. So müßte der Frage nachgegangen werden, ob und gegebenenfalls wie die zeitlich vorangegangene Gewöhnung der Menschen an die NS-Diktatur den Übergang in die SED-Diktatur erleichtert hat. Ferner müßte untersucht werden, in welcher Weise die NS-bezogene Sozialisation Mentalitäten geprägt hat, die nach 1945 als „negatives Erbe" (Carl Amery) in Ost und West weiterexistierten und die in der Westforschung nicht zuletzt unter dem Schlagwort „Hitlerjugend-Generation" thematisiert wurden.[34])

[32]) Vielmehr war eher ein Bedauern zu konstatieren, daß es die lebendige und vielfältige Arbeiterkultur der Jahrhundertwende später nicht mehr gab, auch nicht in der DDR; vgl. *Georg Iggers*, Marxist Historiography in Transformation. East German Social History in the 1980s. New York 1991, 32.

[33]) *Dietrich Mühlberg*, Kulturelle Ursachen für das Scheitern des Staatssozialismus in der DDR, in: MKF 14, 1991, H. 29, 30; Mühlberg erklärt aus heutiger Sicht die Begrenzung damit, daß die Forschungsgruppe zu klein gewesen sei und nur einen geringen Teil ihrer Arbeitszeit auf das Projekt verwenden konnte; außerdem habe die Zeit vor dem Ersten Weltkrieg eine günstige Quellenlage aufgewiesen; schließlich wollte man nicht den Leninisten der Polithistorie ins Gehege kommen; Schreiben *Mühlbergs* an die Verfasserin vom 15.4.1996. Mühlberg weist in seinem Brief ferner darauf hin, daß die NS-Zeit in der Lehre nicht ausgeblendet worden sei.

[34]) Zur Hitlerjugend-Generation siehe einführend *Gabriele Rosenthal* (Hrsg.), Die Hitlerjugend-Generation. Biographische Thematisierung als Vergangenheitsbewältigung. Essen

Anders stand es mit der Frauen- und Geschlechterforschung. Ähnlich wie in Westdeutschland taten sich die wenigen feministisch orientierten Historikerinnen in der DDR schwer, die neuen Themen und Methoden, die damals bereits auf internationalem Diskursparkett verhandelt wurden, breitenwirksam durchzusetzen und Frauen- bzw. Geschlechterforschung zu etablieren.[35]) Um so bemerkenswerter ist es, daß die am Institut arbeitende Wissenschaftlerin Irene Dölling 1980 eine Studie mit dem Titel „Zur kulturtheoretischen Analyse von Geschlechterbeziehungen" ohne besondere Schwierigkeiten veröffentlichen konnte.[36]) Es handelt sich dabei um die „erste in der DDR zusammenfassende Übersicht zu wesentlichen Aspekten marxistisch-leninistischer Analyse des Verhältnisses der Geschlechter zueinander."[37]) Dölling, die außerdem relativ früh die kultursoziologischen Studien Bourdieus rezipierte, vermochte es in den folgenden Jahren, einen Arbeitskreis „Kulturkritische und kulturtheoretische Aspekte des Geschlechterverhältnisses"[38]) aufzubauen, der auch für den DDR-Feminismus wichtig wurde.

III. Auswirkungen

Bemerkenswerte Auswirkungen der AG Kulturgeschichte auf die Historikerinnen und Historiker der Arbeitergeschichtsschreibung in der DDR, insbesondere zum Institut für Marxismus-Lenininismus beim ZK der SED, gab es so gut wie keine.[39]) Diese blieben auf die Darstellung der politischen Klassenkämpfe fixiert und nahmen die Provokation, die von der AG Kulturgeschichte ausging, nicht an. Die in der Akademie der Wissenschaften verankerte Arbeiterbewegungsforschung strafte die AG Kulturgeschichte mit Nichtbeachtung. Als zum Beispiel in den frühen achtziger Jahren Wissenschaftler und Wissenschaftlerinnen aus der DDR an der Linzer Tagung zur Geschichte der europäi-

1986. Hierbei geht es nicht um eine Neuauflage der Totalitarismustheorie, sondern um Kontinuität (und Brüche) von Mentalitätsprägungen.

[35]) Eine Ausnahme bildeten Irene Dölling und Ina Merkel; *Ina Merkel*, Geschlechtsspezifik kindlicher Vergesellschaftung in Arbeiten von Ursula Lehr, in: MKF 14, 1985, 101–109; siehe ferner den teils emphatischen, teils kritischen Bericht über westliche feministische Geschichtsforschung von *Anneliese Neef*, Zur kulturellen Situation der Arbeiterfrauen in der Sicht feministisch orientierter Sozialgeschichtsschreibung, in: MKF 20, 1986, 21–27.

[36]) In: Weimarer Beiträge 26/1, 1980, 59–88; Schreiben *Döllings* an die Verfasserin vom 5.7.1996.

[37]) So *Anneliese Neef* in ihrer Rezension, in: MKF 8, 1981, 60.

[38]) Anfang 1989 entstand die Idee, ein Zentrum für Frauenforschung an der Humboldt-Universität zu gründen. Im Frühjahr 1989 akzeptierte die Universitätsleitung im Prinzip die vorgelegte Konzeption. So konnte gleich nach der Wende, im Dezember 1989, das ZiF gegründet werden, und zwar als selbständige Institution.

[39]) Schreiben *Groschopps* an die Verfasserin vom 13.5.1996 und Schreiben *Mühlbergs* an die Verfasserin vom 15.4.1996.

schen Arbeiterbewegung teilnehmen sollten, dachte man nicht etwa an Kulturwissenschaftler, sondern schickte zwei Mitarbeiterinnen vom Institut für Marxismus-Leninismus dorthin.[40])

Es waren nicht die HistorikerInnen der Arbeiterbewegung, sondern die unter der Leitung von Thomas Kuczynski arbeitenden Wirtschaftshistoriker der Akademie, die im Jahre 1988 zu einer Konferenz über die Notwendigkeit von Kulturgeschichte einluden und in den Arbeiten der AG Kulturgeschichte einen diskussionswürdigen Ansatz sahen.[41]) Auch wurde die Forschungsgruppe von den Volkskundlern wahrgenommen, soweit es auch ihnen um die Erforschung der Kultur und Lebensweise ging.[42]) Hier sind insbesondere Wolfgang Jacobeit und Ute Mohrmann zu nennen. Darüber hinaus gab es Kontakte zu kulturgeschichtlich interessierten Historikern, wie Jürgen John und Joachim Petzoldt, und zu den wenigen, die auch institutionell kulturgeschichtlich arbeiteten, wie Evemarie Badstübner.[43]) Verbindungen wurden auch geknüpft zu den Regionalhistorikern, den Historikern der örtlichen Arbeiterbewegung und der Betriebsgeschichte[44]) sowie zu Literaturhistorikern (zum Beispiel Rainer Rosenberg[45])) und zu Arbeiterliedforschern (Inge Lammel). Im Unterschied zur Kunst- oder gar Werkzentriertheit dieser Studien thematisierte die Arbeitsgruppe Kulturgeschichte mehr die Alltagskultur der Arbeiter und Arbeiterinnen. Jedoch, die größte Wirksamkeit der AG Kulturgeschichte erfolgte wohl durch die 30–40 Absolventen des Fern- und Direktstudiums, die jährlich als Multiplikatoren fungierten.[46])

Die Kontakte zum Westen liefen zunächst über Dieter Kramer, Kaspar Maase und Bernd Jürgen Warneken, die schon an der erwähnten Konferenz von 1980 teilnahmen – alle keine Historiker. Im Laufe der achtziger Jahre, vor allem in den späten achtziger Jahren, erweiterten sich die Verbindungen.[47])

[40]) Schreiben *Groschopps* an die Verfasserin vom 13.5.1996. Zu einigen anderen Fachhistorikern und -historikerinnen bestanden durchaus Kontakte, so zu Gustav Seeber und zu Hartmut Zwahr; Schreiben *Mühlbergs* an die Verfasserin vom 15.4.1996 und vom 10.7.1996.

[41]) Jürgen Kuczynski hatte 1984 das Buch über das Proletariat sehr positiv begutachtet. Siehe Schreiben *Kuczynski* an Mühlberg vom 9.11.1984 (Privatbesitz Mühlberg).

[42]) Die traditionelle Volkskunde (Gerät- und Hausforscher sowie Germanisten) hatte nur zögernd ihr kulturgeschichtliches Konzept erweitert.

[43]) Jürgen John und Joachim Petzoldt, die bei der Bearbeitung des Bandes „Geschichte des deutschen Volkes" für die 1920er Jahre zuständig waren, diskutierten sogar ihre Kapitel über die Arbeits- und Lebensbedingungen und den kulturellen Wandel mit der AG Kulturgeschichte, wobei die unterschiedlichen Positionen deutlich wurden.

[44]) Schreiben *Groschopps* an die Verfasserin vom 13.5.1996. Die Kontakte entstanden, obwohl die Kommissionen zur Erforschung der örtlichen Arbeiterbewegung sich häufig aus alten Parteifunktionären mit recht dogmatischen Vorstellungen zusammensetzten.

[45]) Siehe dazu Anm. 19.

[46]) Schreiben *Groschopps* an die Verfasserin vom 13.5.1996.

[47]) Verbindungen bestanden unter anderem zu Wolfgang Engelhardt, Jost Hermand, Georg

Kurz vor der Vereinigung finanzierten Bund und Länder im Rahmen eines deutsch-deutschen Kulturabkommens gemeinsame Tagungen, Ausstellungstransfers und wechselseitige Arbeitsbesuche von Wissenschaftlern und Wissenschaftlerinnen, woran auch die AG Kulturgeschichte partizipierte.[48])

Die Entwicklung der bundesrepublikanischen Geschichtsschreibung von der Geschichte der Arbeiterbewegung zur Geschichte der Arbeiterbewegungskultur und dann zur Alltagsgeschichte bzw. zur Geschichte der Arbeiterkultur und einzelner Arbeiterberufsgruppen erfolgte allerdings ohne nennenswerten Einfluß seitens der AG Kulturgeschichte[49]); zumindest wurden deren Forschungen kaum zitiert. Auch die Geschichtswerkstätten in der Bundesrepublik, die sich damals Themen zuwandten, die denen der Berliner Kulturwissenschaftler ähnlich waren, nahmen von der AG Kulturgeschichte im allgemeinen keine Notiz.[50])

IV. Politische Implikationen

Die Forschungsschwerpunkte der AG Kulturgeschichte lagen nicht mehr auf der Geschichte der kommunistischen (vor 1917 der linkssozialdemokratischen) Parteikultur[51]), jener Parteikultur, die vielfach die Kulturpolitik des jungen DDR-Staates zu legitimieren hatte[52]). „Selbstverständlich" sollte auch die neue kulturanthropologische Historiographie der AG Kulturgeschichte die DDR legitimieren und stützen. Die „Keime des Neuen" in alter Zeit offenzulegen sollte zeigen, „wie aus ausgebeuteten, entrechteten, unwissenden Menschen schließlich Kämpfer und Sieger wurden. Denn viele von den Eigenschaften, die Arbeiter und ihre Bündnispartner als Schöpfer der sozialistischen

Iggers, Wolfgang Kaschuba, Jürgen Kocka, Dieter Langewiesche, Alf Lüdtke, Adelheid von Saldern, Arno Sywottek und Klaus Tenfelde.

48) Im Rahmen des deutsch-deutschen Kulturabkommens kam es zu einer Zusammenarbeit zwischen Mühlberg und der Verfasserin, wobei auch die VW-Stiftung zwei Kolloquien über Massenkultur und Arbeiterschaft in den zwanziger Jahren (Hannover 1989 und Berlin 1991) finanzierte.

49) Auf die bundesrepublikanische Entwicklung der Arbeitergeschichtsforschung kann hier nicht näher eingegangen werden.

50) Eine Ausnahme bildete die Westberliner Geschichtswerkstatt. *Iggers*, Marxist Historiography (wie Anm. 32), 23.

51) Allerdings thematisierte die Arbeitsgruppe durchaus die Arbeiterbewegungskultur. Im Jahre 1983 veröffentlichte zum Beispiel Groschopp eine entsprechende Studie: *Horst Groschopp*, Kulturarbeit und Kulturarbeiter in der Geschichte der deutschen Arbeiterbewegung vor 1914. Forschungsbericht, in: MKF 12/13, 1983, 5–53.

52) Vgl. *Kehl*, Zur Etablierung der marxistisch-leninistischen Volkskunde (wie Anm. 3), 260f. Fundierte Rezensionen über die veröffentlichten Studien fehlen – übrigens hüben wie drüben, mit Ausnahme eines Berichts von *Volker Gransow*, Zwischen Bier und Bildung. Kulturwissenschaftliche Revisionen in der DDR, in: Deutschland-Archiv 22, 1989, 667–671.

Gesellschaft einsetzten und anwandten, haben sie zuvor, also bereits im Kapitalismus, erworben."[53]) Die Erforschung der proletarischen Lebensweise früherer Zeiten könne „Erkenntnisse bringen, die den spezifischen Klassencharakter der sozialistischen Gesellschaft besser sichtbar werden lassen. Dazu gehört der Nachweis, daß auch im Sozialismus die Klassenperspektive und die Lebensperspektive des einzelnen Arbeiters grundsätzlich nicht auseinanderfallen."[54]) Solche Textstellen sollten die historische und aktuelle Bedeutung der Arbeiterklasse aufwerten. SED-offizielle Zitate sollten diesen historiographischen Zugriff rechtfertigen. So wurde aus dem Programm der SED von 1976 der Satz wiedergegeben: „Die Arbeiterklasse ist unter Führung der SED die entscheidende gesellschaftliche Kraft, die den sozialen, politischen und ideologischen Inhalt der sozialistischen Lebensweise entsprechend ihren Klasseninteressen bestimmt, im Maßstab der ganzen sozialistischen Gesellschaft durchsetzt und ständig vertieft."[55]) Die Forschungsgruppe interpretierte diese Aussage in die ihr wichtig erscheinende Richtung, indem sie daraus folgende Schlußfolgerung zog: „Dies mußte auch als deutliche Aufforderung an die Wissenschaftler verstanden werden, die proletarische Lebensweise als zu bewahrende kulturelle Tradition des Sozialismus bewußt zu machen."[56]) Kurzum, die Forschungsgruppe versuchte ihren proletariatsbezogenen Ansatz dadurch zu legitimieren, daß sie sich auf bestimmte offizielle Parteiaussagen berief und diese in ihrem Sinne deutete. Der mögliche Zündstoff dieses Forschungsansatzes, der in der Frage nach der Legitimität der Parteiherrschaft gegenüber dem Proletariat lag, offenbarte sich nur dem- oder derjenigen, der oder die die Sätze „gegen den Strich" zu lesen verstand.

Im Bildband „Proletariat"[57]) trat ein zusätzlicher Zündstoff zutage, hier in recht offener Weise. Arbeiter hätten, so hieß es, viele Gewohnheiten und Lebensformen hervorgebracht, „die bis heute lebendig geblieben und auf unterschiedliche Weise Bestandteil der kulturellen Traditionen von Gesellschaften der Gegenwart geworden" seien. Damit wurde, durch den Rückgriff auf die Geschichte, für die Akzeptanz einer pluralen Lebensweise der Arbeiter und Arbeiterinnen in der DDR plädiert. Im Kern ging es um die Anerkennung der sozialen und kulturellen Unterschiedlichkeiten innerhalb der DDR-Gesellschaft. Eine Aufgabe der Kulturpolitik sollte es sein, „die verschiedenen sozialen Gruppen dabei zu unterstützen, ihre je eigenen Handlungsräume zu sichern, damit sie von sich aus, selbständig und freiwillig und auch mit ihren

[53]) *Mühlberg*, Arbeiterleben um 1900 (wie Anm. 23), 6.

[54]) Ebd. 9f.

[55]) Ebd. 9. Orginal in: Protokoll des IX. Parteitages der SED, 18. bis 22. Mai 1976, Bd. 1, 248.

[56]) Ebd. 9.

[57]) Der Untertitel lautet: Kultur und Lebensweise im 19. Jahrhundert. Leipzig 1986, 16. Die Auflage soll 8000 betragen haben; ein Teil des Buches wurde darüber hinaus vom Verlag Böhlau in Wien gedruckt. Die englische Auflage lag bei ca. 4000.

Mitteln, das machen können, was ihrer sozialen Lage und ihren Perspektiven entspricht".

Politische Implikationen hatte auch die Untersuchung der Freizeit. In den sechziger Jahren war Freizeit in der DDR mit Blick auf den Westen ein Feindbegriff, der angeblich die Entfremdung in der kapitalistischen Arbeitswelt verschleiern sollte, weil die Menschen außerhalb der Freizeit fälschlicherweise als frei betrachtet werden würden. Für die DDR-Wissenschaftspolitik schien Freizeit damals kein interessanter Forschungsgegenstand zu sein, denn die sozialistische Gesellschaft definierte sich ja als Arbeitsgesellschaft. Seit den siebziger Jahren kam es jedoch auch in der DDR allmählich zu einem Diskurs über die „sozialistische Lebensweise", bei dem die freie Zeit nicht auszublenden war, und der schließlich zur Freizeitforschung führte. Der schon erwähnte Kulturtheoretiker Helmut Hanke stand dabei an herausragender Stelle. Die in etwa gleichzeitig angelaufene Beschäftigung mit der Geschichte der Arbeiterfreizeit sollte vermutlich dazu beitragen, den Überschwang der kulturpädagogischen Besserwisserei zu bremsen und Freizeit als Phänomen aller modernen Gesellschaften, auch der sozialistischen, anzusehen. Es war eine Zeit, in der die Einsicht in die recht begrenzten Erfolge aller von oben initiierten kulturpolitischen Anstrengungen der SED zur Hebung der Arbeiterschaft wuchs. Die gewünschte rigorose Abgrenzung der DDR von der westlichen Kultur- und Subkulturentwicklung war nicht gelungen, und dieser Tatbestand verunsicherte die SED-Machthaber im Hinblick auf ihr Ziel, die kulturelle Überlegenheit der DDR über den Westen unter Beweis zu stellen. Frühere Ansätze und Vorstöße[58]), die Lebensweise der Menschen in der DDR so zu akzeptieren, wie sie sich nun einmal gestaltete, wurden in den achtziger Jahren aktualisiert und in Forschungsstrategien, bei denen die historische Dimension eine gewisse Rolle spielte, umgesetzt. Man sprach nunmehr von einem „kulturellen Freizeitverhalten", das von einer „Widersprüchliches bergenden Vielfalt des Lebens geprägt" sei.[59]) Rückblickend bewertet Dietrich Mühlberg solche Bemühungen im Zusammenhang mit dem DDR-Staat wie folgt: „[...] es ist da ein Unvermögen zu beobachten, die offensichtlichen Veränderungen in der sozialen Situation der Arbeiter in ihren kulturellen Folgen zu verstehen und die politische Konsequenzen daraus zu ziehen. Diese Schwäche hat eine lange Geschichte [...]"[60]) Mühlberg verweist dabei auf die Vorstellungen von „sinnvoller" Freizeitgestaltung, wie sie schon die Funktionäre der Arbeiterbewe-

58) Dazu siehe vor allem *Helmut Hanke*, Freizeit und Persönlichkeit, in: Kulturelles Leben. Berlin 1964, H. 3; *ders.*, Freizeit in der DDR. Berlin 1979; Kultur und Freizeit. Berlin 1971; *Dietrich Mühlberg*, Freizeit und Persönlichkeitsentwicklung im Sozialismus. Berlin 1974.

59) *Gerlinde Petzoldt*, Erforschung des Freizeitverhaltens in der DDR und der Sowjetunion, in: MKF 25, 1988, besonders 62–107, hier 99.

60) *Dietrich Mühlberg*, Kulturelle Ursachen für das Scheitern des Staatssozialismus in der DDR, in: MKF 29, 1991, 29.

gung in den zwanziger Jahren pflegten: Arbeiter sollten vor den schädlichen Einflüssen der Massenkultur bewahrt werden und statt dessen ihre Freizeit in den Arbeiterkulturvereinen verbringen. „Damit war im Keime“, so Mühlberg, „schon die ganze kulturelle Verfassung der späteren DDR angelegt: die verordnete Kulturbringerei, die wohlmeinende Gängelei, mit der die Arbeiter/das Volk an ‚die Schätze‘ herangeführt werden.“[61]) Das Fehlen von kulturellen Marktangeboten in der DDR sei, so Mühlberg ebenfalls rückblickend, als strukturelles Defizit einer industrialisierten Gesellschaft und als ein historischer Rückschritt zu betrachten[62]), den Arbeiter und Arbeiterinnen, die den Kapitalismus schon erfahren hätten und ihn außerdem ständig „neben sich“ sähen, auf Dauer nicht akzeptieren könnten.[63])

Die überlebten Vorstellungen über Freizeitverhalten und ihre kulturpolitischen Folgen hat Helmut Hanke in den achtziger Jahren immer schärfer kritisiert, bis es Funktionären der alten Linie zu viel wurde. Im Jahre 1986 schaltete sich schließlich das Büro Hager[64]) ein und meldete an Honecker in einem Brief vom 12. Juni 1986, daß Hanke die „falschen und schädlichen Auffassungen“ vertrete. Ihm wurde vorgeworfen, „die Notwendigkeit der weiteren Ausarbeitung und Verstärkung unserer sozialistischen Nationalkultur“ zu mißachten, ferner wurden sein Eintreten für eine Öffnung gegenüber dem Westen und seine „provozierend vorgetragene(n) Äußerungen über einzelne Aspekte unserer Politik“ kritisiert.[65]) Zugleich kam es mit Mühlberg zum Eklat, der auf einer Tagung über kulturwissenschaftliche Aspekte eines neuen Europakonzepts gesprochen hatte.[66]) In einem weiteren Schreiben Hagers an Honecker, ebenfalls vom Juni 1986, wurde Mühlberg aus gegebenem Anlaß vorgeworfen, er würde den Europabegriff unreflektiert handhaben, weil er den Ostblock nicht vom Westblock unterscheide. Er habe auch „unsere Theorie des Klassenkampfes und der Kulturrevolution in Frage gestellt. Er sprach von einer Internationalisierung als entscheidender Triebkraft kultureller Entwicklung, ohne diese näher zu charakterisieren, forderte eine größere Kompromißfähigkeit unsererseits auch auf kulturellem Gebiet. Unter anderem stellte er die Behauptung auf, daß wir mit wesentlichen Teilen des sozialdemokratischen Europakonzepts übereinstimmen. Insgesamt waren die Ausführungen geprägt durch

[61]) Ebd. 30.

[62]) Schreiben *Mühlbergs* an die Verfasserin vom 15.4.1996.

[63]) Mühlberg spricht in diesem Zusammenhang von der enormen kulturellen Wirkung des Marktes und der Demokratisierung der Genüsse. Wie die Verfasserin aus eigenen, zum Teil kontrovers geführten Diskussionen mit Mühlberg weiß, hat Mühlberg einen solchen Standpunkt auch schon vor 1989 vertreten.

[64]) Hager war zuständiges Politbüromitglied für Wissenschaft, Kultur, Bildung, Kirchen und Gesundheitswesen.

[65]) *Hager* an Honecker 12.6.1986, Büro Hager, SAPMO DY 30, vorläufig SED 39013, Bd. 2.

[66]) Schreiben *Mühlbergs* an die Verfasserin vom 15.4.1996.

undifferenzierte, die Grundzüge unserer marxistisch-leninistisch fundierten Bündnispolitik ungenügend achtende und unsere Revolutionstheorie mißachtende Formulierung von Thesen und Auffassungen."[67]) Hanke verlor seine Position an der Akademie und zog sich in die Filmhochschule „zurück". Mühlberg wurde „energisch in die Schranken verwiesen".[68]) Er behielt indessen die Leitung des Instituts und durfte sogar in die Bundesrepublik und ins westliche Ausland reisen. Dies verdankte er, so Mühlbergs Einschätzung rückblickend, dem Thema Arbeiterkultur und den damit verbundenen Einladungen von Wissenschaftlern und Wissenschaftlerinnen aus dem Westen, die darin eine weitergehende deutsch-deutsche Kommunikationsmöglichkeit sahen.[69]) Insofern hat seine Forschungsstrategie Erfolg gezeitigt.

Erst im Jahre 1991 wurde Mühlberg seiner Professorenstelle enthoben. Mit einem Gehalt eines Jungwissenschaftlers (BAT IIa) konnte er noch fünf Jahre in einem eingeschränkten Ausmaße wissenschaftlich tätig sein. Diese fünf Jahre gingen Ende 1996 zu Ende, ohne daß es einer Kündigung bedurfte.[70])

V. Fazit

Die AG Kulturgeschichte ist ein Beispiel dafür, daß sich von einer Nachbarwissenschaft her im Bereich der Geschichtsschreibung der DDR durchaus etwas bewegte, was auch heute noch, nach der Vereinigung, sowohl konzeptionell als auch empirisch Bestand hat. Für die ostdeutsche Historiographie beruhte die Provokation sowohl auf dem Methodisch-Konzeptionellen als auch auf dem Thematischen[71]), indem die kulturhistorische Arbeiterforschung von der Arbeiterorganisationsgeschichte gelöst wurde, ohne daß die Verbindung ganz aufgegeben worden wäre[72]). Daß die Auswirkungen der Forschungen der AG Kulturgeschichte vor 1989 in der DDR dann doch äußerst begrenzt blieben, läßt sich aus den bekannten, gänzlich andersgelagerten Grundsätzen erklären, die die offizielle DDR-Geschichtswissenschaft zu befolgen hatte. Auch die Einwirkungsversuche auf die DDR-Kulturpolitik blieben ohne nachhaltige Wirkung. Die Wissenschaftskonzeption der AG Kulturgeschichte

[67]) *Hager* an Honecker vom 16.6.1986, Büro Hager, SAPMO DY 30, vorläufig SED 39013, Bd. 1.
[68]) *Mühlberg*, Anmerkungen (wie Anm. 6), 7.
[69]) Schreiben *Mühlbergs* an die Verfasserin vom 10.7.1996.
[70]) Von der Forschungsgruppe „überlebte" nur Anneliese Neef auf einer Dauerstelle. Zu Groschopps „Abwicklung" siehe *ders.*, in: GG 20, 1994, 246–250. Irene Dölling wurde – trotz ersten Listenplatzes – nicht als Kulturwissenschaftlerin an die Humboldt-Universität berufen. Sie hat dann einen Ruf auf den Lehrstuhl Frauenforschung an der Universität Potsdam erhalten und angenommen.
[71]) *Mühlberg*, Anmerkungen (wie Anm. 6), 10.
[72]) Dies hätte auch nicht den historischen Tatsachen entsprochen.

konnte sowohl in einem die DDR-Gesellschaft legitimierenden, als auch in einem die SED Kulturpolitik delegitimierenden Sinne interpretiert werden. Auf dieser Doppeldeutigkeit beruhte der Handlungsspielraum der Arbeitsgruppe, aber auch die allerdings vergeblichen Hoffnungen, eine sozialhistorisch gestützte kulturgeschichtliche Betrachtungsweise auf die damalige DDR-Gesellschaft übertragen zu können.[73])

[73]) Ebd. 7 u. 5.

Teil III:
Sprachstile und Kommunikationsformen der DDR-Geschichtswissenschaft

Historische Texte der DDR aus der Perspektive des *linguistic turn*

Von

Konrad H. Jarausch

Der Umbruch von 1989 hat die schriftliche Hinterlassenschaft der ostdeutschen Geschichtswissenschaft eklatant verfremdet. Zieht man ein beliebiges Buch der Nachkriegsjahre aus einem Regal, kann man fast immer erkennen, ob es aus der DDR stammt, weil sich sein Papier anders anfühlt sowie Schriftbild und Illustrationen ungewohnt aussehen. Wenn ein westlicher Leser darin blättert, muten ihn Sprachgebrauch, Argumentationsweise und Interpretationsrichtung fremd an, denn sie repräsentieren ein andersartiges ideologisches System. Die Selbstbefreiung der ostdeutschen Bevölkerung aus ihrer Sprachlosigkeit im demokratischen Aufbruch hat eine „ungeheure Distanz" zu diesen Schriften geschaffen, so daß sie nun wie „Texte aus einer untergegangenen Republik" erscheinen.[1])

Die Eigenartigkeit der historischen Erzeugnisse aus der DDR ist kein Zufall, sondern ein intellektuelles Resultat des gesellschaftlichen Großexperiments der SED. In bewußter Abgrenzung zur Bundesrepublik verlangte der Aufbau eines besseren, sozialistischen Deutschlands eine systematische Veränderung der Sprache als eigenes Kommunikationsmedium neuer Werte und Inhalte. Gleichzeitig sollte die Schaffung einer Gegengeschichte eine fortschrittliche Alternative zu den liberalen oder nationalen Meistererzählungen der bürgerlichen Historiographie bieten, um so den sozialistischen Teilstaat historisch zu legitimieren.[2]) Da die DDR sich nur auf wenige Vorläufer im Umkreis der Arbeiterbewegung stützen konnte, bedurfte es einer erheblichen Anstrengung, um durch den Ausbruch aus überkommenen Stilen und Auffassungen einen eigenständigen Geschichtsdiskurs zu etablieren.

Für spätere Betrachter hat die Andersartigkeit ostdeutscher Schriftzeugnisse eine Verständnisbarriere geschaffen, die oft unterschätzt wird. Um mißverständliche Gleichsetzungen zu vermeiden, ist man versucht, Mark Twain abzuwandeln und zu fragen, ob nicht auch die Deutschen durch dieselbe Spra-

[1]) *Wolfgang Luutz* (Hrsg.), Das soziale Band ist zerrissen. Sprachpraktiken sozialer Desintegration. Leipzig 1994; *Wolf Oschlies*, „Wir sind das Volk". Zur Rolle der Sprache bei den Revolutionen in der DDR, Tschechoslowakei, Rumänien und Bulgarien. Köln 1990.

[2]) *Andreas Dorpalen*, German History in Marxist Perspective: The East German Approach. London 1985; *Alexander Fischer/Günter Heydemann* (Hrsg.), Geschichtswissenschaft in der DDR. 2 Bde. Berlin 1988/90, ignorieren die Rolle der Sprache weitgehend.

che getrennt sind. Während sie im Westen schon immer als fremd erschienen, sind nach der Vereinigung auch im Osten viele Leitbegriffe vergessen, Parolen verblaßt und Ideologismen unverständlich geworden.[3]) Wegen ihrer dogmatischen Sprache stehen sich DDR-Texte heute gewissermaßen selbst im Wege, denn ihre normierte Oberfläche verbirgt weitgehend ihre innere, oft spannungsgeladene Botschaft. Vorschnelle Fehlurteile können nur vermieden werden, wenn man diese Textdimension wirklich ernst nimmt und die besonderen Produktions- und Rezeptionsbedingungen ostdeutscher Geschichtswissenschaft berücksichtigt.

Neue, in Anlehnung an den *linguistic turn* entwickelte Methoden der historischen Sprachanalyse bieten eine Möglichkeit, diese sprachliche Dimension weiter auszuloten. Dabei ist der sonst produktive Ansatz der geschichtlichen Grundbegriffe wenig hilfreich, da es hier um weit mehr als um die Untersuchung einzelner Schlüsselkonzepte geht.[4]) Statt sie aus Unverständnis abzulehnen, sollte man eher die Anregungen von Hayden White zum narrativen Charakter historischer Texte aufnehmen, den analytischen Impulsen der Linguistik von Roland Barthes folgen und den diskurstheoretischen Ansätzen von Michel Foucault nachgehen.[5]) Für die Entwicklung eines solchen poststrukturalistischen Ansatzes für historische Texte bietet Ann Rigneys Untersuchung der Meistererzählungen von Lamartine, Blanc und Michelet über die Französische Revolution ein überzeugendes Modell.[6])

Aus linguistischer Sicht erscheint die DDR-Geschichtswissenschaft als ein Paradebeispiel für die staatlich sanktionierte Konstruktion einer anti-bürgerlichen historischen *meta-narrative*. Aufgrund der „magischen Auffassung" von der Macht des Wortes spielte bei der Konzipierung und anschließenden Durchsetzung eines neuen Geschichtsbildes die Regelung der Sprache eine zentrale Rolle als Ausdruck des hegemonialen realsozialistischen Herrschaftsdiskurses.[7]) Überraschenderweise scheint sich die reichhaltige sprachwissen-

[3]) *Armin Burkhardt/K. Peter Fritsche* (Hrsg.), Sprache im Umbruch. Politischer Sprachwandel im Zeichen von „Wende" und „Vereinigung". Berlin 1992.

[4]) *Otto Brunner/Werner Conze/Reinhart Koselleck* (Hrsg.), Geschichtliche Grundbegriffe. Historisches Lexikon zur politisch-sozialen Sprache in Deutschland. 8 Bde. Stuttgart 1972–1997. Vgl. dagegen *Bo Strath* (Ed.), Language and the Construction of Class Identities. Gothenburg 1990; *Peter Schöttler*, Wer hat Angst vor dem ‚linguistic turn'?, in: Potsdamer Bulletin für Zeithistorische Studien 7, 1996.

[5]) *Hayden White*, Metahistory: Historical Imagination in Nineteenth Century Europe. Baltimore 1973; *Roland Barthes*, Le Discours de l'histoire, in : The Rustle of Language. New York 1986, 127–148; *Michel Foucault*, L'Archéologie de savoir. Paris 1969. Vgl. auch *Christoph Conrad/Martina Kessel* (Hrsg.), Geschichte schreiben in der Postmoderne. Stuttgart 1994.

[6]) *Ann Rigney*, The Rhetoric of Historical Representation: Three Narrative Histories of the French Revolution. Cambridge 1990; *Lloyd Kramer*, Rezensionsaufsatz, in: H & T 31, 1992, 314–325.

[7]) *Ewald Lang*, Teils Verführung, teils Verweigerung: Zum Sprachgebrauch der DDR (Vortrag, Berlin 1994). Vgl. auch *Konrad H. Jarausch*, Die DDR-Geschichtswissenschaft als

schaftliche Literatur kaum mit der Wissenschaftssprache der DDR und noch weniger mit der Historiographie beschäftigt zu haben. Um die Anwendung eines linguistischen Ansatzes auf dieses Thema anzuregen, werden die folgenden Bemerkungen einige Grundmuster des ostdeutschen Sprachgebrauchs skizzieren, dann Besonderheiten historiographischer Rhetorikstile analysieren und schließlich die intellektuellen Auswirkungen solcher Normierungen diskutieren.

I. Eigenheiten ostdeutschen Sprachgebrauchs

In seiner Rede zur Verleihung des Friedenspreises des deutschen Buchhandels betonte der tschechische Dissident Vačlav Havel die „mysteriöse Macht“ der Sprache, besonders unter einer Diktatur, „in der Worte das ganze Regierungssystem erschüttern können.“ Gleichzeitig wies er auf die fundamentale Ambivalenz von Ausdrücken wie „Frieden“ hin, deren jeweilige Bedeutung vom politischen Kontext abhängig ist. So konnten Lenins revolutionäre Parolen entweder „befreiend oder im Gegenteil täuschend, gefährlich oder letztendlich versklavend“ wirken. Das Lesen von Texten in einer solchen „gelenkten Sprache“ verlangt daher eine besonders kritische Hinterfragung ihrer eigenartigen Intentionen und Rezeptionen.[8]) Welche Aspekte dieser ideologisch geprägten „Herrschaftssprache“ wirkten bewußt oder unbewußt auf die Abfassung von historischen Schriften ein?[9])

Ostdeutsche Wissenschaftler hatten sich zunächst einmal eines neuen, DDR-typischen Vokabulars zu bedienen. Teils Produkt des Marxismus-Leninismus, teils Resultat sowjetischer Importe (wie z.B. Kader oder Diversion), erwuchs dieser Sonderwortschatz auch aus pragmatischer Benennung der Nachkriegsrealitäten in der SBZ (wie die neuen Abkürzungen SMAD, LPG, VEB, HO, EOS usw.). Dabei traten sowohl Lexemspezifika (Begriffe wie Volkskammer), als auch Bezeichnungsspezifika (Broiler) und Bedeutungs- oder Wertungsspezifika universeller Worte wie Demokratie, Frieden oder Volk auf. Bei Personalkollektiven wie Brigade waren die Ost-West Unterschiede im Bereich der Politik und Gesellschaft größer als in der Wirtschaft und im allgemeinen Gebrauch. Zwar haben lexikalische Zeitungsanalysen nur eine Differenz von drei bis vier Prozent zwischen dem ost- und westdeutschen Wort-

„Meta-Erzählung“, in: Martin Sabrow (Hrsg.), Verwaltete Vergangenheit. Geschichtskultur und Herrschaftslegitimation in der DDR. Leipzig 1997, 19–34.

[8]) *Vaclav Havel*, A Word About Words. New York 1992; *Hans Dieter Schlosser*, Die deutsche Sprache in der DDR. Zwischen Stalinismus und Demokratie. Köln 1990, 10ff.

[9]) *Ralph Jessen*, Diktatorische Herrschaft als kommunikative Praxis. Überlegungen zum Zusammenhang von ‚Bürokratie‘ und Sprachnormierung in der DDR-Geschichte, in: Alf Lüdtke/Peter Becker (Hrsg.), Akten. Eingaben. Schaufenster. Die DDR und ihre Texte. Berlin 1996, 57–75.

schatz ergeben, aber dieser geringe Unterschied war oft entscheidend für die weltanschauliche Tendenz der Texte.[10])

Bei der Pflichtlektüre des Neuen Deutschland oder den endlosen Schulungen wurden Forscher auch mit einem hölzernen Funktionärsstil (*langue de bois*) konfrontiert. Im Volksmund wurde der stereotype Gebrauch von Floskeln wie „die ökonomische Hauptaufgabe in ihrer Einheit von Wirtschafts- und Sozialpolitik" als „Parteichinesisch" bezeichnet. Die Signatur dieser Spruchbändersprache waren nominalistische Begriffsdoppelungen, lange Genitivkonstruktionen, eine Häufung von Adjektiven wie „allseitig, schöpferisch, umfassend", die Wiederholung von Formeln wie „allseitig entwickelte Persönlichkeit", der Gebrauch von Superlativen wie „Weltniveau" und typische Wortfelder wie die Kopplung von „Arbeitern und Bauern".[11]) Vor allem wenn sie an weniger politischen Themen arbeiteten, konnten jedoch Historiker diesen Deformierungen durch Rekurs auf die Sprache der Vergangenheit teilweise entgehen.[12])

Dagegen hatten ideologisch determinierte Argumentationsmuster einen wesentlich stärkeren Einfluß auf die Geschichtswissenschaft. Der Bedeutungswandel älterer Termini wie Feudalismus, Arbeiterklasse, Sozialismus oder Imperialismus und die Einführung neuer Schlüsselbegriffe wie Monopolkapitalismus, Faschismus usw. waren nicht nur Produkt politischer Tageskämpfe, sondern gehörten selbst zur historischen Basis des Marxismus-Leninismus und wurden durch entsprechende Parteirichtlinien zur verbindlichen Geschichtsauffassung. Dazu kam die Tabuisierung von verbotenen Begriffen wie „Land" und die Umwertung von überkommenen Etiketten wie proletarisch als gut oder bürgerlich als schlecht. Gleichzeitig gab es auch Neuprägungen wie „demokratischer Zentralismus" oder „antifaschistischer Schutzwall", die neue Sachverhalte euphemistisch umschrieben oder frühere Entwicklungen in einem anderen Licht erscheinen ließen.[13])

Das neue Referenzsystem des politischen Diskurses mußte auch den Stil wissenschaftlicher Auseinandersetzungen verändern. Teils als genuine Hinwendung, teils als opportunistische Absicherung machten die marxistisch-leninistischen Klassikerzitate auch in Fachtexten Schule, ohne daß damit in jedem Falle inhaltliche Aussagen verknüpft waren. Darüber hinaus gab es

10) *Schlosser*, Deutsche Sprache in der DDR (wie Anm. 8) 13 ff.; *Marie-Luise Frein-Plischke*, Wortschatz Bundesrepublik – DDR. Bonn 1984, 315 ff; *Ruth Reiher/Rüdiger Lüzer* (Hrsg.), Von „Buschzulage" und „Ossinachweis". Ost-West-Deutsch in der Diskussion. Berlin 1996, 32–54.

11) *Schlosser*, Deutsche Sprache in der DDR (wie Anm. 8), 15 ff.; *Wolf Oschlies*, Vierzig zu Null im Klassenkampf? Sprachliche Bilanz von vier Jahrzehnten DDR. Melle 1990.

12) Vgl. die Arbeiten von *Herbert Langer*, Hortus Bellicus. Der 30jährige Krieg. Kulturgeschichte. Leipzig 1980, sowie *Jan Peters/Hartmut Harnisch/Liselott Enders* (Hrsg.), Märkische Bauerntagebücher des 18. und 19. Jahrhunderts. Weimar 1989.

13) *Barbara Marzahn*, Der Deutschlandbegriff der DDR. Düsseldorf 1979.

ebenso rituelle Verbeugungen vor den sowjetischen Führern wie Stalin oder den DDR-Machthabern wie Ulbricht.[14]) Hinweise auf Parteitagsbeschlüsse sowie Beispiele aus der Sowjetunion, der Internationale und Dritten Welt oder der Tradition der Arbeiterbewegung fungierten als Loyalitätsbekundungen. Besonders linientreue Wissenschaftler entwickelten daher die Fähigkeit, kleinsten Veränderungen offizieller Sprachregelungen zu folgen und ihnen eine tiefere Bedeutung abzugewinnen.

Wenn ideologische Erklärungsmuster mit eigener Erfahrung kollidierten, brachte ihre Verwendung jedoch die Gefahr eines Realitätsverlustes mit sich. Statt auf meßbaren Fakten aufzubauen, basierten Erklärungen sozialer Konflikte zunächst auf den autoritativen Schriften des Marxismus-Leninismus, was anfangs zu einem gewissen materialistischen Reduktionismus führte. Das Marxsche Klassenkampfschema, verbrämt durch die Leninsche Imperialismustheorie, konnte deduktiv, illustrativ oder normativ als historische Kausalerklärung verwendet werden. Mit Hinweisen auf „dialektisches Denken" setzte sich die jeweilige Parteilinie immer wieder gegen Widersprüche aus der Praxis durch, auch wenn diese auf gegenteiligen Informationen beruhten. Für an Fakten orientierte Forscher führte dieses Verhaltensmuster jedoch zu wiederholten Glaubwürdigkeitsverlusten.[15])

Trotz seiner hochgradigen Geschlossenheit gab es im ostdeutschen Kommunikationssystem daher gewisse Widersprüche, die auch auf historische Publikationen abfärbten. Einerseits herrschte eine SED-Rhetorik, die sich durch einen martialischen Sprachduktus auszeichnete und jede Auseinandersetzung als Kampf verstand. Befangen in einem polaren Denken, bevorzugten ihre Proponenten kriegerische Ausdrücke und argumentierten in Gegensatzpaaren von Angriff und Verteidigung, Freund und Feind usw. Gleichzeitig betonte die Partei in quasi-religiösen Formeln ihren Führungsanspruch als Vorhut der Arbeiterklasse und behauptete, dem gesellschaftlichen Fortschritt zu dienen. Diese Überzeugungen ließen daher bis auf die theologischen Debatten der Kirche kaum alternative Sprachstile und Kommunikationsräume zu.[16])

Andererseits verwendeten ostdeutsche Bürger eine davon abweichende Alltagssprache, die zwar von der DDR-Wirklichkeit geprägt wurde, sich aber der Kontrolle der SED zu entziehen bemühte. Manchmal witzig und oft respektlos erfand der Volksmund neue Redewendungen wie „Rennpappe" für den haßgeliebten Trabbi, die die Ambivalenz ihrer Lebensverhältnisse signalisierten.[17]) Diese mit deftigen Ausdrücken gewürzte Umgangssprache setzte sich

[14]) *Luutz*, Sprachpraktiken sozialer Desintegration (wie Anm. 1), 158 ff.
[15]) *Stefan Kronenberg*, Wirtschaftliche Entwicklung und die Sprache der Wirtschaftspolitik der DDR 1949–1990. Frankfurt am Main 1993.
[16]) *Luutz*, Sprachpraktiken sozialer Desintegration (wie Anm. 1), 86–108.
[17]) Als beispielhafte Textsammlung s. *Ruth Reiher* (Hrsg.), Mit sozialistischen und anderen Grüßen. Porträt einer untergegangenen Republik in Alltagstexten. Berlin 1995.

in der privaten Unterhaltung deutlich von dem offiziellen „Kaderwelsch" (Ausdruck von Bert Brecht) ab, z. B. wenn sie gewisse stilistische Eigenheiten („Fakt ist") entwickelte. Wegen ihres proletenhaften, jugendlichen oder mundartlichen Duktus konnte sie jedoch nur für mündliche Debatten der Historiker als Kommunikationsmedium dienen.

Die für das tägliche Leben der Ostdeutschen charakteristische „doppelte Zunge," die ihr gespaltenes Bewußtsein sprachlich wiedergab, bot eine potentielle, aber riskante Alternative für den wissenschaftlichen Gebrauch. Beherrschung der öffentlichen Herrschaftssprache war Voraussetzung für den beruflichen Erfolg, denn die gedankenlose Wiederholung der offiziellen Formeln suggerierte Systemloyalität. Aber in privaten Kreisen konnte man auch in eine authentischere Form der persönlichen Mitteilung wechseln, die eine weniger verkrampfte Umgangssprache benutzte. Die schon von Stephan Hermlin notierte Spannung zwischen diesen Ebenen spiegelte sich in einer Doppelbödigkeit literarischer Texte, die zwar meist mit dem offiziellen Sprachgebrauch konform gingen, aber gleichzeitig eine weitere, kritischere Bedeutungsebene suggerierten.[18])

Innerhalb der gesetzten Grenzen war der Gebrauch der Sprachregelungen eine Frage von Nuancen und Schattierungen. Marxistische Klassikerzitate konnten entweder zur Unterstützung herrschender Dogmen oder zur subtilen Hinterfragung der Parteilinie benutzt werden, da ihre Texte eine erhebliche Bandbreite von Aussagen zu unterschiedlichen Themen bereithielten. Je nach Kontext war eine Überbetonung von Floskeln in der Lage, besondere Loyalität oder ironische Skepsis zu vermitteln, ohne offizielle Vorgaben zu verletzen.[19]) Auch war es möglich, anhand von zeitlich fernliegenden Beispielen aktuelle Themen in einer äsopischen Sprache zu behandeln, die durch verschiedene Lesarten einerseits als konforme Aussage, andererseits als subversive Abweichung verstanden wurde. Die normierte Sprache weist eine erhebliche Bandbreite von Verwendungen, Vermeidungen oder Umschreibungen der offiziellen Formeln auf, deren eigentliche Bedeutung sich erst bei genauerer Analyse erschließt.

Die ostdeutsche Sondersprache, der sich auch Historiker bedienen mußten, war deswegen eine widersprüchliche Hybride.[20]) Ältere deutsche Traditionen der Literatur, Bürokratie oder Arbeiterbewegung mischten sich mit Importen aus der Sowjetunion und Neuprägungen, welche die Lebensumstände der

[18]) *Stephan Hermlin*, Das Recht auf Kritik muß allgemein sein, in: Frankfurter Allgemeine Zeitung, 28. September 1989. Vgl. *Sabina Schroeter*, Die Sprache der DDR im Spiegel ihrer Literatur. Studien zum DDR-typischen Wortschatz. Berlin 1994.

[19]) Diskussionsanmerkungen von *Wolfgang Küttler und Matthias Middell* auf der Göttinger Tagung zur Geschichtswissenschaft der DDR (1. Juni 1996). Vgl. auch *Stefan Wolle*, Die heile Welt der Diktatur. Alltag und Herrschaft in der DDR 1971–1989. Berlin 1998, 78–82.

[20]) Für eine breitere Perspektive vgl. *Klaus Steinke* (Hrsg.), Die Sprache der Diktaturen und Diktatoren. Heidelberg 1995.

DDR benannten. Diese Veränderungen des öffentlichen Sprachgebrauchs führten trotz mancher Abgrenzungsversuche oder Trennungsängste zu keiner sozialistischen Nationalsprache, verwandelten aber den diskursiven Kontext der dortigen Geschichtswissenschaft grundlegend. Auch wenn sie das neue Vokabular und den pathetischen Stil teilweise ablehnten, standen Historiker in einem ideologischen Argumentationszusammenhang, der auf die Dauer nicht nur ihre Ausdrucksweise, sondern auch ihr Denken nachhaltig beeinflußte.

II. Rhetorikstile der DDR-Geschichtswissenschaft

Im Gegensatz zur Literatur besteht die Besonderheit der Historiographie darin, daß sie in einem „doppelten Diskurs" verhaftet ist. Während das Verständnis der Quellen und der Intentionen der damaligen Akteure ein Eingehen auf den Sprachgebrauch früherer Zeiten verlangt, muß Geschichtswissenschaft aber auch vergangene Ereignisse durch neue Ausdrucksweisen der Gegenwart vermitteln. In jedem politischen System stehen Historiker dadurch in einem Spannungsverhältnis zwischen den Imperativen der Vergangenheit und gegenwärtigen Anforderungen, die kommunikative Konflikte hervorrufen.[21]) Einige Beispiele von typischen Textsorten mögen anhand ihrer Legitimationsmuster und Repräsentationsformen andeuten, wie die DDR-Geschichtswissenschaft mit dieser Doppelrolle fertig wurde.

Charakteristisch für das SED-System war eine deutliche Hierarchisierung von Texten. Größte Autorität besaßen die Leittexte, die durch politische Verbindlichkeit inhaltliche und sprachliche Ausstrahlung entwickelten. Als Schlüsselbeispiel können die vom ZK der SED verabschiedeten „Thesen anläßlich des 40. Jahrestages" der Novemberrevolution von 1918 in Deutschland dienen.[22]) Ihre Sprache war hochgradig politisiert, um den Revisionismus der SPD zu verdammen, die sowjetische Oktoberrevolution zu feiern, die Gründung der KPD zu heroisieren und die DDR als Erfüllung der Novemberrevolution zu legitimieren. Zahlreiche Leninzitate, Propagandaformeln („junkerlich-bourgeoiser Imperialismus") und einschneidende Uminterpretationen deuten auf den politischen Willen der Partei hin, mit solchen Richtlinien eine neue Version ihres Vergangenheitsverständnisses durchzusetzen. In diesen Prägetexten verkümmerte Historiographie weitgehend zum gegenwartsbezogenen politischen Argument.

Eine weitere Textsorte von hervorgehobener Bedeutung waren die Transmissionstexte, die wesentliche Facetten des sozialistischen Geschichtsbildes

[21]) *Rigney*, The Rhetoric of Historical Representation (wie Anm. 6), 171 ff.

[22]) Die Novemberrevolution 1918 in Deutschland. Thesen anläßlich des 40. Jahrestages, in: Dokumente der Sozialistischen Einheitspartei Deutschlands. Hrsg. vom ZK der SED. Bd. 7. Berlin 1961, 354–387.

vermitteln sollten. Weil sie weniger befehlen als überzeugen wollten, bemühten sich diese Schriften um eine gefälligere Argumentations- und Ausdrucksweise, die den Informationsstand und die Sprachgewohnheiten der Bevölkerung respektierte. Ein typisches Beispiel ist die achtbändige „Geschichte der deutschen Arbeiterbewegung", die vom Institut für Marxismus-Leninismus beim ZK der SED von 1966 an herausgegeben wurde.[23]) Von einem Autorenkollektiv aus Historikern und Publizisten verfaßt, war dies ein repräsentatives Werk mit zahlreichen Illustrationen und einem umfassenden Dokumentenanhang. In diesem für ein breites Publikum gedachten Text wurde die ideologische Linie weniger durch dogmatische Leitsätze als durch einen flüssigen Stil und anschauliche Schilderungen umgesetzt.

Eine dritte Ebene umfaßte die eigentlichen Fachtexte der DDR-Historiker, die primär ihrer innerwissenschaftlichen Kommunikation dienten. Ob sie nun als Monographien oder Aufsätze veröffentlicht wurden, transportierten diese Abhandlungen das Spezialwissen der ostdeutschen Forscher, das in Lehre und Medien weitergegeben wurde. Ein repräsentatives Beispiel für diese Gattung ist die Zeitschrift für Geschichtswissenschaft, das führende historische Journal der DDR.[24]) Ihre Texte bedienten sich einer abgehobenen Fachsprache, waren meist auf eigenen Recherchen aufgebaut und versuchten die vorgegebenen Richtlinien zu untermauern wie zu konkretisieren. Obwohl manchmal polemisch im Ton, bemühten sie sich, gleichzeitig den ideologischen Prämissen, den Aussagen der Quellen und den internationalen Wissenschaftsstandards zu genügen.

Ihre argumentative Legitimation gewannen DDR-Geschichtstexte aus dem Bewußtsein einer überlegenen Weltanschauung. Sie basierte vor allem auf Lenins Weiterentwicklung des dialektischen Materialismus von Marx und Engels zu einer „neuen Theorie der sozialistischen Revolution, die allgemeingültige Bedeutung für die Arbeiterbewegung aller Länder hat." Einerseits warf die Argumentation innerhalb dieses Weltbildes Interpretationsprobleme wie die Zuendeführung der bürgerlich-demokratischen Revolution auf, und die nicht immer zutreffenden Urteile kommunistischer Autoritäten gaben zu Kontroversen Anlaß.[25]) Andererseits beanspruchte die Leitideologie selbst einen metawissenschaftlichen, sich der Nachprüfung entziehenden Status und machte Parteilichkeit für einen sozialistischen Humanismus zu einer Grundvoraussetzung der historischen Forschung. Diese Prämisse verlangte einen engagierten Stil, der sich statt um differenzierende Aussagen eher um linientreue Stellungnahmen bemühte.

[23]) Geschichte der deutschen Arbeiterbewegung. Hrsg. vom Institut für Marxismus-Leninismus beim ZK der SED [IML]. 8 Bde. Berlin 1966–1968.
[24]) ZfG 17, 1970, passim.
[25]) Die Novemberrevolution 1918 in Deutschland (wie Anm. 22), 358 ff.

Jedoch setzte die Autorität der Quellen einer ideologischen Fiktionalisierung immer wieder gewisse Grenzen. Als Erben der Rankeschen Tradition, die „ein umfangreiches und gründliches Quellenstudium" erforderte, mußten auch DDR-Historiker bei der Konstruktion des „richtigen Geschichtsbilds" die inhaltlichen Aussagen der Dokumente berücksichtigen. Die in dem Leitbild einer Verbindung von „Parteilichkeit mit strengster Wissenschaftlichkeit" geleugneten Konflikte zwischen Ideologie und Überlieferung lösten diese Texte teils durch die Privilegierung von marxistischen Klassikern gegenüber staatlichem Schriftgut, teils durch eine dialektische Interpretation der gesetzmäßigen Zusammenhänge hinter den Dokumenten.[26]) Daher zwang die Intertextualität der Geschichtswissenschaft die DDR-Forscher immer wieder zu einem schwierigen Spagat zwischen der Sprache der Vergangenheit und den Parolen der Gegenwart.

Auch die kritische Auseinandersetzung mit dem „objektiven Gegner" der bürgerlichen Geschichtsschreibung diente zur Festigung der eigenen Positionen. Dabei konstatierten ostdeutsche Historiker die unterschiedlichsten Auffassungen in Westdeutschland: „Sie reichen von der Einsicht in die historische Wahrheit über die Anerkennung von Teilwahrheiten bis zum Verschweigen oder zur offenen Verfälschung von Grundproblemen und Tatsachen der Geschichte." So gesehen war „der Kampf um die historische Wahrheit" ein Bestandteil des Ringens zwischen Fortschritt und Reaktion, der konsequent geführt werden mußte, um den „Kräften des Friedens und der Demokratie" zum Erfolg zu helfen.[27]) Aus einer Mischung von Ablehnung und Faszination verhinderten Zensoren sprachliche Abweichungen, polemisierten Fachabhandlungen gegen vermeintliche „Entstellungen", warnten Rezensenten vor gefährlichem Revisionismus und prangerten historiographische Überblicke die verfehlten Ansichten des Klassenfeindes an.[28])

Diese Ideologisierung führte zu gewissen DDR-typischen Repräsentationsformen der Vergangenheit. Besonders bei Transmissionstexten fällt ein dezidiert heroischer Gestus auf, der nicht differenziert analysieren, sondern emotional inspirieren sollte. Überall finden sich Hinweise auf die „Glorreiche Oktoberrevolution" von 1917, „die größte revolutionäre Bewegung" der Ar-

[26]) Geschichte der Deutschen Arbeiterbewegung (wie Anm. 23), Bd. 1, 1–40. Vgl. auch *Walther Eckermann/Hubert Mohr* (Hrsg.), Einführung in das Studium der Geschichte. 3. Aufl. Berlin 1979, 19–46.

[27]) Ebd. 11–13; *Gerhard Rossmann*, Die Verfälschung des antifaschistischen Widerstandskampfes in der westdeutschen Geschichtsschreibung, in: ZfG 17, 1970, 5–22; *Gerhard Lozek*, Zur Methodologie einer wirksamen Auseinandersetzung mit der bürgerlichen Geschichtsschreibung, in: ebd. 608–661. Vgl. auch *Martin Sabrows* Überlegungen zum „objektiven Gegner" in diesem Band.

[28]) *Simone Barck/Martina Langermann/Siegfried Lokatis*, „Jedes Buch ein Abenteuer". Zensur-System und literarische Öffentlichkeiten in der DDR bis Ende der sechziger Jahre. Berlin 1997.

beiterschaft und weitere Superlative. Wie die Umbenennung von Straßen und die Aufstellung von Denkmälern zeigt, wurde ein neues Pantheon von meist männlichen Helden geschaffen, das nicht nur Marx und Engels, sondern auch Liebknecht und (weniger) Luxemburg, aber dafür um so mehr Thälmann und weitere Personen umfaßte. Gegenstück zu solcher Idealisierung war die sprachliche Dämonisierung der „Junker und Monopolisten", der „Ausbeuter und Unterdrücker", des „Imperialismus und Militarismus" in den Vereinigten Staaten und der Bundesrepublik.[29])

Als narrative Grundfigur einer solchen Geschichtsauffassung könnte man vielleicht das Brechtsche epische Drama bezeichnen. Zwar hält der Literaturtheoretiker Northrop Frye die Plotstruktur des Marxismus für „romantisch" wegen ihres utopischen Charakters, aber dieser Terminus unterschlägt das rational-aufklärende Element der Ideologie, das in der episch-dramatischen Form klarer zum Ausdruck kommt.[30]) In Anlehnung an das kommunistische Manifest präsentierten ostdeutsche Historiker die Vergangenheit als „die Geschichte von Klassenkämpfen", was zu einer Stilisierung zu einem unablässigen Ringen zwischen Gut und Böse führte. Diese Rhetorik schuf als klassische Diskursfigur die Formel der „Sieger der Geschichte", die den revolutionären Willen der unterdrückten Arbeiter und Bauern durch die Zusicherung eines zukünftigen Triumphs stärken sollte. Viele Texte bedienten sich daher einer demonstrierend erzählenden Form, die statt auf Spannung durch Ungewißheit auf rationale Betrachtung und Belehrung durch Einsicht in die Unausweichlichkeit des Verlaufs der Geschichte setzte.

Zur emotionalen Verankerung des marxistisch-leninistischen Geschichtsbildes gehörte auch eine eigene politische Symbolik. Die neuen visuellen Zeichen stammten teils aus der Tradition der Arbeiterbewegung (die rote Fahne), teils aus der Erfahrung der Sowjetunion (Leninbüsten) und teils aus den Entwicklungen der Nachkriegszeit (der Händedruck auf dem Parteiemblem). In historischen Texten tauchten diese Versinnbildlichungen komplexer Zusammenhänge in vielfältiger, aber sprachlich vermittelter Form auf und erschienen meist als stereotype Floskeln wie der Redewendung von der „Einheit der Arbeiterklasse" usw. Verbunden damit war eine positive affektive Konnotierung, die nicht nur ein bestimmtes intellektuelles Geschichtsverständnis, sondern auch gewisse Gefühlsreaktionen als Anleitung zum gegenwärtigen politischen Handeln vermitteln sollte.[31])

[29]) Beispiele in ZfG 18, 1970, passim.

[30]) Im Gegensatz zu *John Borneman*, Belonging in the Two Berlins: Kin, State, Nation. Cambridge 1992, 78; *Heinz Bude*, Die ironische Nation, in: Mittelweg 36, 1998, H. 2, 5, bezeichnet das marxistische Schema als „tragisch". Vgl. auch *Hayden White*, Der historische Text als literarisches Kunstwerk, in: Conrad/Kessel (Hrsg.), Geschichte schreiben in der Postmoderne (wie Anm. 5), 125.

[31]) *Rigney*, The Rhetoric of Historical Representation (wie Anm. 6), 147 ff.

Resultat dieser Anstrengungen war ein paradoxer Stil historiographischer Rhetorik, der den Charakter der ostdeutschen Geschichtstexte unverwechselbar machte. Obwohl die DDR-Historiographie die generelle Ideologisierung der Kommunikationsmuster reflektierte, hielt sie gleichzeitig an den überkommenen Formen des Austauschs von wissenschaftlichen Informationen wie der Monographie oder des Zeitschriftenaufsatzes fest. Ihre Texte spiegeln daher die Spannung zwischen einer instrumentalisierenden Hierarchisierung, weltanschaulichen Argumentation und episch-dramatischer Erzählstruktur und den traditionellen Kommunikationsformen des Faches wider. Durch die Beibehaltung des kritischen Apparats behielten die „eigentümlichen Rationalitätskriterien von Wissenschaft ihre Gültigkeit" und setzten der ideologischen Funktionalisierung eine gewisse Grenze. Diese grundsätzliche Widersprüchlichkeit ostdeutscher Geschichtstexte ist daher ein logisches Resultat ihres besonderen Selbstverständnisses.[32])

III. Auswirkungen linguistischer Normierung

Diese rhetorischen Besonderheiten hatten nicht nur stilistische, sondern auch interpretative Konsequenzen. Da „der Charakter einer Wissenschaftssprache von dem ihr zugrundeliegenden System theoretischer Aussagen bestimmt wird", argumentierte der Geschichtstheoretiker Wolfgang Küttler, „ist die Wissenschaftssprachlichkeit der Disziplin Geschichte mit dem historischen Materialismus verbunden". Trotz der ideologischen Verankerung im Marxismus-Leninismus wies er jedoch auch darauf hin, daß diese „nicht Uniformität der Theorien, Methoden und Begriffe, sondern Ordnung der Vielfalt" bedeute. Um innerhalb der Weltanschauung einen gewissen Freiraum für die historische Forschung zu gewinnen, betonte Küttler, daß die „Elastizität der Begriffe ein Wesensmerkmal der Dialektik" sei.[33]) Wie funktionierte diese Mischung aus Rahmenvorgaben und Flexibilität in der Forschungspraxis?

Grundlage ostdeutscher Schriften war eine eigene, aus dem Marxismus-Leninismus abgeleitete Theorie der Geschichte. Die auf dem dialektischen Materialismus fußende Geschichtswissenschaft wähnte sich der bürgerlichen Historiographie überlegen, da sie die „Erkenntnis der allgemeinen Entwicklungs- und Strukturgesetze der Gesellschaft" besaß, die sie nur in „möglichst effektiven Methoden zur Erforschung" der Vergangenheit umsetzen mußte. Ihr Kern war die strukturelle Kategorie der „ökonomischen Gesellschaftsfor-

[32]) *Richard Bessel/ Ralph Jessen* (Hrsg.), Die Grenzen der Diktatur. Staat und Gesellschaft in der DDR. Göttingen 1996, 14ff. Vgl. auch *Detlef Pollack*, Die konstitutive Widersprüchlichkeit der DDR, in: GG 24, 1998, 110–131.

[33]) *Wolfgang Küttler*, Wissenschaftssprache, Begriffs- und Theoriebildung in der historischen Forschung und Darstellung, in: ZfG 28, 1980, 532–543.

mation", die durch den Primat materieller Interessen gleichzeitig Kausalerklärungen und Periodisierungsschemata lieferte. Zwar wurden Ereignisse als Spiegelung menschlichen Handelns begriffen, aber das Hauptinteresse galt dem dahinterstehenden „Klassenkampf und der Revolution" als Lokomotiven geschichtlicher Entwicklung. Auch wenn dadurch die Ableitung einzelner Hypothesen nicht völlig festgelegt war, produzierte diese Theorie ein weitgehend geschlossenes interpretatives System.[34])

Die Anwendung solcher Kriterien führte zu einer fundamentalen Umgestaltung der „Meistererzählung" der deutschen Geschichte. In ostdeutschen Texten standen nicht mehr Herrscher, Feldherrn oder Diplomaten im Vordergrund, sondern Arbeiterführer oder Intellektuelle; statt auf Schlachten und Verträge konzentrierten sich die Darstellungen auf Parteiprogramme, Streiks und Revolutionen; Staaten wurden weitgehend durch Klassen ersetzt und zu ausführenden Organen der herrschenden Klasse degradiert. Zum Zwecke der Periodisierung entstanden neue Formationseinteilungen wie Feudalismus, Kapitalismus und Sozialismus, deren langwierige Übergangsprozesse endlose Diskussionen hervorriefen. Auch wurden andere Daten wie das Jahr der bolschewistischen Oktoberrevolution 1917 zu Zäsuren aufgewertet, obwohl sie in der deutschen Geschichte nur eine untergeordnete Rolle spielten. Durch einen jahrzehntelangen Prozeß des „Umerzählens" entstand so eine eigenständige sozialistische Narration deutscher Vergangenheit.[35])

Hauptzweck dieser Umdeutung war eine Traditionsneubildung zur Legitimierung der Eigenstaatlichkeit der DDR. Als sich die Wiedervereinigung unter sozialistischem Vorzeichen als unerreichbar erwies, rückte die DDR-Führung von der Kategorie der Nation ab und betonte den Klassencharakter des eigenen Staates als positive Alternative. Die großen Sammelwerke wie die Geschichte der Arbeiterbewegung versuchten eine unabhängige Traditionslinie zu konstruieren, die von bürgerlichen Liberalen zu den frühen Führern der Arbeiterbewegung reichte, in der Gründung der KPD kulminierte und mit dem antifaschistischen Widerstand zwingend auf die Schaffung der DDR zulief. Auch die vielzitierte Wende zur Konzeption von „Erbe und Tradition" erweiterte zwar das Bild der Vergangenheit, sollte aber eigentlich zur solideren Legitimierung der Gegenwart dienen.[36]) Dieser enge Gegenwartsbezug begün-

[34]) *Wolfgang Küttler/Gerhard Lozek*, Die historische Gesetzmäßigkeit der Gesellschaftsformationen als Dialektik von Ereignis, Struktur und Entwicklung, in: ZfG 17, 1970, 1117–1145.

[35]) *Autorenkollektiv*, Lehrbuch der deutschen Geschichte. 12 Bde. Berlin (Ost) 1959–1969. Vgl. auch *Jarausch*, DDR-Geschichtswissenschaft als „Meta-Erzählung"(wie Anm. 7), passim.

[36]) *Walter Schmidt*, Zum Begriff ;deutsche Geschichte' in der Gegenwart, in: ZfG 37, 1989, 5–19. Vgl. *Jan Herman Brinks*, Die DDR-Geschichtswissenschaft auf dem Weg zur deutschen Einheit. Luther, Friedrich II. und Bismarck als Paradigmen politischen Wandels. Frankfurt am Main 1992; *Klaus Erdmann*, Der gescheiterte Nationalstaat: Die Interdepen-

stigte einen methodologischen Traditionalismus, der schließlich zu einer Re-Narrativierung führte.[37])

Der Orientierungseffekt einer solchen Sprachnormierung war erheblich, gerade weil er den Beteiligten so wenig bewußt war. Zwang brauchte kaum angewendet zu werden, da die Begrenzung des linguistischen Feldes durch die Verinnerlichung der Spielregeln eine indirekte Bindung an das System produzierte. Die sprachliche Uniformität schuf eine virtuelle Wirklichkeit, die sich durch Auswahl der Vokabeln, Schlüsselbegriffe und Erklärungsmuster weitgehend selbst steuerte. Bürgerliche Argumentationsweisen, wie das Bestehen auf Objektivität, wurden als Feindbilder tabuisiert und sozialistische Alternativvorstellungen durch den gefährlichen Revisionismusvorwurf diffamiert. Weil andere Denkweisen schon linguistisch ausgeblendet wurden, konnte sich die Diskussion nur innerhalb des ideologischen Rahmens abspielen und eher seine Anwendung auf konkrete Beispiele als seine eigenen Unzulänglichkeiten thematisieren.[38])

Trotzdem gelang die Normierung nie vollständig, weil sich die Außengrenzen des Diskurses graduell verschoben und auch die Binnentendenzen nicht ganz zu vereinheitlichen waren. Zunächst produzierten die sich verändernden politischen Notwendigkeiten der Gegenwart Korrekturen der jeweiligen Leitlinie, die auch auf die Interpretationen der Vergangenheit durchschlugen. Dann gab es weiterhin eine gewisse Autorität der Quellen, die materialgesättigte, empirische Studien ermöglichte, welche sich bei eindeutiger Dokumentenlage den Vorgaben teilweise entziehen konnten. Westdeutsche Gegenargumente forderten die ostdeutschen Forscher permanent heraus, selbst komplexere Erklärungen zu entwickeln, um vor dem eigenen Publikum bestehen zu können. Schließlich wirkten auch internationale methodologische Trends, manchmal über den Umweg flexiblerer Blocknachbarn, allerdings meist mit erheblicher Verzögerung auf die DDR ein.[39])

Innerhalb der ideologischen Grenzen fand in der ostdeutschen Geschichtswissenschaft daher ein reger, jedoch schwer zu rekonstruierender Diskussionsprozeß statt. Vor allem in kollektiven Publikationsvorhaben wie Lehrbüchern oder Sammelwerken wurde intensiv um einzelne Formulierungen gerungen, die gewisse Thesen hervorhoben, andere Argumente wiederum aus-

denz von Nations- und Geschichtsverständnis im politischen Bedingungsgefüge der DDR. Frankfurt am Main 1996.

[37]) Vgl. die Ausführungen von *Helga Schulz* in diesem Band.

[38]) *Martin Sabrow*, Der ‚ehrliche Meinungsstreit' und die Grenzen der Kritik, in: Gustavo Corni/Martin Sabrow (Hrsg.), Die Mauern der Geschichte. Historiographie in Europa zwischen Diktatur und Demokratie. Leipzig 1996, 79–117.

[39]) *Martin Sabrow*, Zwischen Ökumene und Diaspora. Die Westkontakte der DDR-Historiographie im Spiegel ihrer Reiseberichte, in: Berliner Debatte Initial 1996, H. 3, 86–97; *Georg G. Iggers* (Hrsg.), Ein anderer historischer Blick. Beispiele ostdeutscher Sozialgeschichte. Frankfurt am Main 1991.

schlossen. Da viele DDR-Historiker an solchen Vorhaben teilnahmen, wurden die geltenden Sprachregelungen eher durch diese Gruppendebatten als durch öffentliche Einwände oder veröffentlichte Rezensionen etabliert und perpetuiert. Typisch für diese Art der Meinungsbildung waren interne Diskussionen, in denen ein störrischer Kollege durch intensive Einwirkung auf den von der Partei festgelegten Pfad zurückgebracht wurde. Kritik von Textentwürfen war dabei das Schlachtfeld, auf dem der Konflikt unter anderem ausgetragen wurde.[40])

In der wissenschaftlichen Qualität der Schriften gab es eine erhebliche Spannweite, die von primitiver Propaganda bis zu differenzierten Darstellungen reichte. So finden sich in der Zeitschrift für Geschichtswissenschaft einerseits Texte von Marx oder Stalin, Aufrufe des ZKs der SED zu Jubiläen oder Stellungnahmen von Walter Ulbricht (seltener von Erich Honecker) zu historischen Fragen.[41]) Andererseits gibt es aber auch detaillierte Aufarbeitungen von unzugänglichen Quellen wie Willibald Gutsches Forschungen zur Kriegszielpolitik des Kaiserreichs oder theoretische Reflexionsversuche wie Manfred Kossoks Analysen der Nationswerdung lateinamerikanischer Staaten.[42]) Der Grad der Ideologisierung der Sprache ist ein klarer Indikator für die jeweilige Orthodoxie des Textes, so daß Autoren, die wie Fritz Klein eine höhere Sprachkultur besaßen, nicht zu Unrecht potentieller Abweichung verdächtigt wurden.

Der sprachliche Befund deutet auch auf einen begrenzten Prozeß der Verwissenschaftlichung der DDR-Historiographie hin. Eine Inhaltsanalyse der Überschriften der in der ZfG abgedruckten Aufsätze, Miszellen und Dokumentationen im Zehnjahresabstand ergibt einen widersprüchlichen Eindruck: Im Gründungsjahr 1953 dominierten Ideologietexte (2/5) und Polemiken gegen westdeutsche Geschichtsschreibung. Aber schon 1960 wurden marxistische Analysen zu diversen Themen wie der Arbeiterbewegung oder neutrale Fachaufsätze dominant, die danach jeweils etwa zwei Fünftel der Beiträge stellten. Erst im Jahre 1990 verlagerte sich der Schwerpunkt eindeutig zu Spezialabhandlungen, deren Überschriften auch in westdeutschen Zeitschriften

[40]) *Martin Sabrow*, Das Wahrheitsproblem in der DDR-Geschichtswissenschaft, in: Tel Aviver Jahrbuch für deutsche Geschichte 25, 1996, 233–257. Vgl. auch die Ausführungen von *Gerald Diesner* in diesem Band.

[41]) Vgl. z. B. *Karl Marx*, Preußische Zustände, in: ZfG 1, 1953, 184–197; *W. J. Stalin*, Über Deutschland und die deutsche Arbeiterbewegung, in: ebd. 172–183; *Walter Ulbricht*, Zehn Jahre Kampferfahrungen der KPD, in: ebd. 377–385; Grußadresse des ZK der SED vom 14. Dezember 1959 an die Konferenz der Kommission der Historiker der DDR und der UdSSR, in: ebd. 8, 1960, 5–6; *Erich Honecker*, In der DDR wird die historische Leistung Martin Luthers bewahrt, in: ebd. 28, 1980, 927–931.

[42]) So zum Beispiel *Willibald Gutsche*, Die Entstehung des Kriegsausschusses der deutschen Industrie und seine Rolle zu Beginn des ersten Weltkrieges, in: ZfG 18, 1970, 877–898; *Manfred Kossok*, Zur Spezifik der Nationwerdung und Staatsbildung in Lateinamerika, in: ebd. 750–763.

hätten erscheinen können. Statt einer gradlinigen Tendenz zur Professionalisierung bestand lange eine stabile Mischung von Parteilichkeit und Fachkompetenz, die nur langsam von einer nüchterneren, sachlicheren Art der Veröffentlichungen abgelöst wurde.[43])

Da der Sprachgebrauch gewisse Formeln mit mehr als fachlicher Autorität ausstattete, blieb das Innovationspotential einer solchen Historiographie eingeschränkt. Zweifellos bedeutete der Bruch mit der auf dem Historismus aufbauenden Nationalgeschichte eine anfängliche Öffnung zur Arbeitergeschichte, Widerstandsforschung usw., welche die Bandbreite der historischen Vergegenwärtigungen vergrößerte. Aber diese neuen Deutungsmuster wurden schon bald in feste Formulierungen gegossen und erhielten durch die SED einen Anspruch auf Verbindlichkeit, der eher Auslegung als Hinterfragung zuließ. Der damit zusammenhängende Methodentraditionalismus der DDR-Historiographie, der politik- und ideengeschichtliche Paradigmata anhand der Arbeiterbewegung fortschrieb, erwschwerte Neuansätze. Die überwiegend kritische Kommentierung von Tendenzen wie Gesellschaftsgeschichte, Quantifizierung, Alltagsgeschichte oder neue Kulturgeschichte zeigt, daß solche Impulse eher von außen kamen, als daß sie aus dem System selbst hervorgingen.[44])

Die Uniformierung der Sprache verengte auch die potentiellen Freiräume in der ostdeutschen Geschichtswissenschaft. Nicht zu Unrecht weisen differenzierende Darstellungen auf die Existenz von gewissen „fachwissenschaftlichen Nischen" und die „Möglichkeiten von individueller Verweigerung" hin. Angesichts der Übermacht von politischen Ansprüchen war die Aufrechterhaltung von professionellen Standards der Quellenkritik und der wissenschaftlichen Darstellung zweifellos ein Indiz einer gewissen Widerstandshaltung gegen eine vollständige Instrumentalisierung. Auch vorsichtige Ansätze zur Ausweitung des theoretischen Rahmens durch Einbeziehung bürgerlicher Vordenker wie Karl Lamprecht und Max Weber gingen in die Richtung von partieller Auflockerung. Aber Festhalten am Empirismus und Versuche von alternativem Denken mußten sich in der Sprache des marxistisch-leninisti-

43) Inhaltsverzeichnis der ZfG 1, 1953, 8, 1960, 18, 1970, 28, 1980 und 38, 1990. Diese systematische Stichprobe überspringt zwar interessante Zäsuren wie 1956/57, gibt aber dadurch die langfristigen Trends deutlicher wieder.

44) *Konrad Irmschler*, Zum ‚historisch-sozialwissenschaftlichen' Konzept einer bürgerlichen Gesellschaftsgeschichte in der Historiographie der BRD, in: ZfG 28, 1980, 1135–1147. Vgl. dazu den sich verändernden Ton von *Jürgen John*, Sozial-, alltags-, und kulturhistorische Aspekte der Geschichte der Weimarer Republik, in: ebd. 38, 1990, 802–819. *Jan Peters* spricht sogar von einem „bedauerlichen Rückstand" in seinem Forschungsbericht: Das Angebot der ‚Annales' und das Beispiel Le Roy Ladurie. Nachdenkenswertes über französische Sozialgeschichtsforschung, in: JbWG 1989, T. 1, 139–159.

schen Geschichtsdiskurses rechtfertigen und blieben dadurch letztlich in seinen Grundannahmen gefangen.[45]

Der Effekt der Spachnormierung beraubte die Geschichtswissenschaft in der DDR weitgehend ihrer systemreflektierenden Funktion in der Öffentlichkeit. Die Etablierung einer sozialistischen Meistererzählung erschwerte durch ihre offiziellen Sprachregelungen die Entwicklung unterschiedlicher Standpunkte bei der Auslegung der Leitlinien und begrenzte fachimmanente Tendenzen der Verwissenschaftlichung. Obwohl viele Intellektuelle „diese unmögliche Sprache, die wir offiziell vermittelt bekommen haben", ablehnten, benutzten nur wenige Dissidenten den antifaschistischen Anspruch des ostdeutschen Geschichtsbildes als kritischen Maßstab für die realsozialistische Realität.[46] Im Gegensatz zum Aufkommen einer oppositionellen Geschichtsschreibung in der Sowjetunion verhinderte die Selbstbindung der Historiker an den Herrschaftsdiskurs die Bildung einer systemkritischen Historiographie, die wie ein Teil der Literatur, die Vergangenheit zur Hinterfragung der Gegenwart hätte heranziehen können.[47]

IV. Implikationen historischer Textualität

Angesichts des totalen Zusammenbruchs notierte der jüdische Romanist Victor Klemperer im Sommer 1945 in seinem Tagebuch: „Ich muß allmählich anfangen, systematisch auf die Sprache des VIERTEN REICHES zu achten. Sie scheint mir manchmal weniger von der des DRITTEN unterschieden als etwa das Dresdener Sächsische vom Leipziger." Trotz der entgegengesetzten Ideologie der sowjetischen Besatzungsmacht entdeckte er alarmierende Gemeinsamkeiten, „wenn etwa Marschall Stalin der Größte der derzeit Lebenden ist, der genialste Stratege". Einige Ausdrücke der „Lingua Tertii Imperii" seien direkt in die „Lingua Quatri Imperii" übernommen worden, wunderte sich dieser sensible Beobachter: „Und ist der Unterschied zwischen Sprache und Wahrheitsgehalt Stalinice ein so sehr viel anderer als Hitlerice?" Sprachliche

[45] *Stefan Wolle*, Das Versagen der Historiker, in: Rainer Eckert/Wolfgang Küttler/Gustav Seeber (Hrsg.), Krise – Umbruch – Neubeginn. Eine kritische und selbstkritische Dokumentation der DDR-Geschichtswissenschaft 1989/90. Stuttgart 1992, 231–235; *Hans Schleier* (Hrsg.), Karl Lamprecht. Alternative zu Ranke. Leipzig 1989; *Wolfgang Küttler* (Hrsg.), Max Weber. Rationalisierung und Entzauberte Welt. Leipzig 1989. Vgl. auch *Wolfgang Bialas*, Vom unfreien Schweben in den freien Fall. Ostdeutsche Intellektuelle im gesellschaftlichen Umbruch. Frankfurt am Main 1996, 199 ff.

[46] *Angelika Barbe* in den Materialien der Enquete-Kommission. Band 5/1: Deutschlandpolitik, innerdeutsche Beziehungen und internationale Rahmenbedingungen, 655 f.; *Hans Misselwitz*, Nicht länger mit dem Gesicht nach Westen. Bonn 1996, 115 ff.

[47] Im Kontrast zu *Georg Iggers*, Einige Aspekte neuer Arbeiten in der DDR über die neuere Deutsche Geschichte, in: GG 14, 1988, 542–557.

Kontinuität unter umgekehrten Vorzeichen warf schon in der frühesten Nachkriegszeit das politische Grundparadox des radikalen, antifaschistischen Neubeginns auf: „Und wenn ich nun wirklich jetzt zum Publicieren käme, ...wäre ich frei im Schreiben?"[48])

Wegen ihrer linguistischen Fremdheit beurteilten anti-kommunistische Wissenschaftler im Westen die historischen Texte der DDR anfangs als ein reines Produkt totalitärer Propaganda. Sie monierten vor allem die Verformung der Sprache, die Durchsetzung mit Worthülsen und ihren plakativen Ausdruck. Der polemische Stil vieler Schriften befremdete, weil er aus einem anderen Kommunikationssystem stammte, das bildungsbürgerliche Spielregeln mißachtete. Auch schien die Argumentation oft hochgradig ideologisiert und mehr auf marxistisch-leninistischen Klassikersentenzen als auf detaillierten Quellenzitaten aufgebaut. Außerhalb des SED-Systems wurde diese dezidierte Parteilichkeit weitgehend als eine Verletzung grundlegender Normen internationaler Wissenschaftspraxis wahrgenommen. Schließlich war auch der Inhalt durch die Neukonstruktion einer auf die Arbeiterbewegung zentrierten Meistererzählung so ungewohnt, daß viele westliche Historiker ihren ostdeutschen Kollegen den Charakter von Wissenschaftlern absprachen.[49])

In den 1980er Jahren entdeckten jedoch genauere Beobachter wie Georg Iggers auch andere, attraktivere Eigenschaften ostdeutscher Historiographie. Vor allem in den eigentlichen Fachtexten, die traditionelle monographische Formen verwendeten, fanden sie eine Wissenschaftssprache, die wie in Ernst Engelbergs anerkannter Bismarck-Biographie präzise beschrieb und vorsichtig über komplexe Sachverhalte urteilte. Nicht zu Unrecht sahen sie in der handwerklichen Gediegenheit und der Intertextualität der Dokumente eine gewisse Barriere gegen ideologische Vereinnahmung. Auch mußte politisches Engagement nicht unbedingt penetrant sein, sondern die Haltung eines sozialistischen Humanismus schien sich nur wenig von der kritischen Richtung historischer Sozialwissenschaft zu unterscheiden.[50]) Jenseits der normierten

[48]) *Victor Klemperer*, Zwiespältiger denn je. Dresdener Tagebuch 1945 Juni bis Dezember. Hrsg. v. Günter Jäckel. (Sonderausgabe der Dresdener Hefte: Beiträge zur Kulturgeschichte.) Dresden 1995, 20–22, 33, 38, 58. In der veröffentlichten Fassung seines Buches über die Lingua Tertii Imperii unterdrückte Klemperer aber solche Skrupel und auch seine Entscheidung, weiter in der DDR zu leben und arbeiten, ignorierte seine berechtigten Zweifel (Hinweis von Bernd Florath).

[49]) Manche westdeutsche Verdammungsurteile nach der Vereinigung fußten auch auf solchen sprachlichen Eindrücken. Vgl. *Volker Ullrich*, Trotz alledem? Zum 125. Geburtstag Rosa Luxemburgs: Annelies Laschitzas Biographie stellt die streitbare Sozialistin erneut auf ein Postament, in: Die Zeit, 8. März 1996.

[50]) *Ernst Engelberg*, Bismarck. Urpreuße und Reichsgründer. 5. Aufl. Berlin 1989, XIII, besonders die bezeichnende Bemerkung: „Deutlicher als früher erkannte ich, wie stark, vielschichtig-widerspruchsvoll und reich er als Persönlichkeit war und wie er sich dadurch als fähig erwies, die nach der gescheiterten Revolution von 1848 offenen Probleme auf seine Art von oben zu lösen." Vgl. *Georg G. Iggers*, Was bleibt von der marxistischen

Oberfläche ostdeutscher Texte konstatierten einige westliche Forscher also eine erhebliche Spannweite des Ausdrucks, der Argumente und des Inhalts, welche die Anstrengungen einer Lektüre lohnte.

Diese widersprüchlichen Wahrnehmungen fußten auf den zwiespältigen Auswirkungen dieses Sprachgebrauchs auf den Charakter der historischen Rekonstruktionen. Einerseits verstärkte die Normierung der Sprache unbewußt die Orientierung der ostdeutschen Historiker auf den Marxismus-Leninismus als Weltanschauung sowie auf die jeweilige Parteilinie der SED. Ein großer Teil der Diskurskontrolle in der DDR erfolgte indirekt über den Gebrauch von Begriffen, Argumentationsweisen und Inhalten, welche die Interpretation von vornherein in eine „fortschrittliche" Richtung drängten.[51]) Die schrittweise Entwicklung einer eigenen Historiographie zu den Hauptthemen der deutschen Geschichte erlaubte es ostdeutschen Historikern, „bürgerliche" Forschungsergebnisse weitgehend zu ignorieren. Zumindest in der Lehre konnten DDR-Historiker der letzten beiden Jahrzehnte sich weitgehend in einem durch eigene Sprache, Begriffe und Inhalte charakterisierten, eigenständigen Geschichtsdiskurs bewegen.[52])

Andererseits trug die Künstlichkeit der DDR-Texte ironischerweise auch zum Aufbegehren gegen ihren Konformismus bei. Mit der fortschreitenden Professionalisierung der Forschung nahm der direkte Ideologiegehalt der Texte ab. Tiefere Quellenkenntnis schuf Spannungen mit ideologischen Vorgaben, so daß Tabus wie die Erwähnung des Zusatzprotokolls des deutsch-sowjetischen Nichtangriffspakts langsam unhaltbar wurden. Die internationale Diskussion blieb nicht ohne Folgen, da der Wunsch nach Anerkennung Druck ausübte, universelle Standards des wissenschaftlichen Nachweises zu benutzen. Wachsender Widerwillen gegen eine allzu enge Gängelung führte schon in den achtziger Jahren zu wiederholten Versuchen, die Bandbreite der internen Diskussionen zu erweitern. Schließlich inspirierte im Herbst 1989 das Verlangen nach authentischer Sprache etablierte Historiker zu einem halbherzigen Versuch der Selbstreform und jüngere Forscher zu einer entschiedenen Attacke gegen die Verzerrungen der offiziellen Geschichtsrhetorik.[53])

Geschichtswissenschaft? Ein ost-westlicher Vergleich, in: Konrad H. Jarausch/Matthias Middell (Hrsg.), Nach dem Erdbeben. (Re-)Konstruktion ostdeutscher Geschichte und Geschichtswissenschaft. Leipzig 1994, 121–131.

[51]) *Martin Sabrow*, Historia militans in der DDR. Legitimationsmuster und Urteilskategorien einer parteilichen Wissenschaft, in: Historicum, Frühjahr 1995, 18–25.

[52]) Vgl. das ZfG-Sonderheft: Historische Forschungen in der DDR 1960–1970. Analysen und Berichte. Berlin 1970, und jedes Jahrzehnt danach. Den Widerspruch zwischen Reglementierung und Verweigerung notiert auch *Wolfgang Thierse*, „Sprich, damit ich dich sehe". Beobachtungen zum Verhältnis von Sprache und Politik und DDR-Vergangenheit, in: Joachim Born/Gerhard Stichel (Hrsg.), Deutsch als Verkehrssprache in Europa. Berlin 1993, 114–126.

[53]) *Heinz Heitzer*, Für eine radikale Erneuerung der Geschichtsschreibung über die DDR, in: ZfG 38, 1990, 498–509; *Eckert/Küttler/Seeber* (Hrsg.), Krise – Umbruch – Neubeginn

Seit dem Zusammenbruch des realen Sozialismus hat sich die Bedeutung ostdeutscher Geschichtstexte grundlegend verändert. Obwohl sich in ihnen, außer bei Neuauflagen, keine Zeile verwandelte, hat der Umbruch des Kontexts sie in den Augen der Leser ihrer politischen Verbindlichkeit beraubt und ihre wissenschaftliche Autorität in Frage gestellt. Ihr spezielles, von Begriffen wie „Produktivkräfte" durchsetztes Vokabular ist fremd geworden, ihre parteilichen Argumentationsmuster von der Gesetzmäßigkeit der Formationsentwicklung greifen nicht mehr, und ihre Heroisierung „des heldenmütigen Kampfes der Arbeiterklasse" klingt wie ein Echo aus früherer Zeit. Als Relikte eines gestürzten Herrschaftsdiskurses sind sie nun selbst zur Quelle geworden und geben mehr Aufschluß über die politischen Prioritäten ihrer Entstehung als Einsichten in die Aspekte der Vergangenheit, die sie eigentlich behandeln.[54])

Das schnelle Verblassen vieler DDR-Geschichtstexte liegt zu einem großen Teil in dem von Vačlav Havel angesprochenen paradoxen Charakter ihrer Sprache begründet. Obwohl die von ihnen zur Rechtfertigung bemühten Werte der Gleichheit und Brüderlichkeit auf die fortschrittliche Tradition der Aufklärung zurückgehen, benutzte aber deren wissenschaftliche Umsetzung restriktive Sprachregelungen, die eine freie Forschung weitgehend unmöglich machten. Das Resultat der Diskrepanz zwischen Freiheitsprogrammatik und repressiver Praxis waren ideologisierte Schriften mit dogmatischer Sprache und forcierter Argumentation, die das kreative Interpretationspotential eines demokratischen Sozialismus, wie es z. B. in den freimütigeren Formulierungen von Hartmut Zwahr oder Helga Schultz aufblitzt, weitgehend ungenutzt ließen.[55]) Die Deformierung der großen Mehrheit historischer Texte weist daher darauf hin, daß die Geschichtswissenschaft der DDR auch an dem Grundwiderspruch zwischen ihrem emanzipatorischen Anspruch und ihrer diktatorischen Sprachnormierung gescheitert ist.

(wie Anm. 45), passim; *Rainer Eckert/Ilko-Sascha Kowalczuk/Isolde Stark* (Hrsg.), Hure oder Muse? Klio in der DDR. Dokumente und Materialien des Unabhängigen Historiker-Verbandes. Berlin 1994.

[54]) Noch 1990 erschien ein Aufsatz von *Gottfried Stiehler* über Materialismus und Dialektik als Grundlagen der marxistischen Geschichtsauffassung, in: ZfG 38, 1990, 5–20, der sich zwar um Flexibilität bemühte, aber letztlich versuchte, einen materialistischen Ansatz zu retten. Vgl. auch *Robert F. Berkhofer*, Beyond the Great Story: History as Text and Discourse. Cambridge 1995, 76 ff.

[55]) Aufsätze von *Hartmut Zwahr* und *Helga Schultz*, in: Iggers (Hrsg.), Ein anderer historischer Blick (wie Anm. 39). Für einen differenzierten Beurteilungsansatz vgl. *Martin Sabrow*, Schwierigkeiten mit der Historisierung. Die DDR-Geschichtswissenschaft als Forschungsgegenstand, in: ders./Peter Th. Walther (Hrsg.), Historische Forschung und sozialistische Diktatur. Beiträge zur Geschichtswissenschaft der DDR. Leipzig 1995, 9–28.

Die Zensur historischer Literatur in der DDR unter Ulbricht

Von

Siegfried Lokatis

Wie im Prinzip jeder Text unterlagen historiographische Manuskripte in der DDR der so allgegenwärtigen wie alltäglichen Zensur. Zensurentscheidungen wurden zwischen Parteistellen, Ministerien, Verlagen, Instituten und Redaktionen ausgehandelt. Im Zentrum des Zensurgeschehens stand eine staatliche Stelle, die die Druckgenehmigung erteilte, die Aufstellung der Produktionspläne der Verlage überwachte und das Papier zuteilte. Sie änderte viermal ihren Namen. Dem „Kulturellen Beirat“[1]) der SBZ folgte 1951 das „Amt für Literatur und Verlagswesen“[2]), 1956 die „Hauptverwaltung Verlagswesen“ im Ministerium für Kultur und 1958 dessen „Abteilung Literatur und Buchwesen“. Erst 1963 wurde mit der Hauptverwaltung Verlage und Buchhandel im Ministerium für Kultur (HV) eine haltbare Lösung gefunden. Zwischen 1958 und 1963 bildeten sich Richtlinien und Verfahrensweisen der Zensur sowie ein überschaubares Kompetenzgefüge heraus.[3])

Die ihrerseits in den Einflußbereich Kurt Hagers[4]) fallende Behörde legte die Sprachregelungen fest und überwachte die Respektierung von Tabuzonen. Die staatliche Literaturbehörde war gemeint, wenn Schriftsteller „die Zensur“ kritisierten. Öffentliche Aufmerksamkeit und das Interesse der Forschung konzentrierten sich dabei bisher auf den Bereich der „Schönen Literatur“.[5])

[1]) *Jean Mortier*, Ein Buchmarkt mit neuen Strukturen. Zur Verlagspolitik und Buchplanung in der SBZ 1945–1949, in: Klaus R. Scherpe/Lutz Winckler (Hrsg.), Frühe DDR-Literatur. Hamburg 1988, 62–80. *David Pike*, The Politics of Culture in Soviet-Occupied Germany 1945–1949, Stanford 1992.

[2]) *Carsten Gansel*, Parlament des Geistes. Berlin 1996, 132–141 und 148–153; *Siegfried Lokatis*, Das Amt für Literatur und Verlagswesen oder die schwere Geburt des Literaturapparates der DDR, in: Jürgen Kocka (Hrsg.), Historische DDR-Forschung. Berlin 1993, 303–325.

[3]) *Simone Barck/Martina Langermann/Siegfried Lokatis*, „Jedes Buch ein Abenteuer.“ Zensursystem und literarische Öffentlichkeit(en) in der DDR. Berlin 1997. Die folgenden Ausführungen stützen sich, soweit nicht anders erwähnt, auf den Beitrag des Verfassers zu diesem Buch.

[4]) Vgl. *Ulrich Neuhäußer-Wespy*, Der Parteiapparat als zentrale Lenkungsinstanz der Geschichtswissenschaft in den fünfziger und sechziger Jahren, in: Martin Sabrow/Peter Th. Walther (Hrsg.), Historische Forschung und sozialistische Diktatur. Leipzig 1995, 144–179; *Kurt Hager*, Erinnerungen. Leipzig 1996.

[5]) Zur Zensur im Belletristikbereich vgl. *York Gothart Mix*, Vom großen Wir zum eigenen Ich, in: John A. McCarthy/Werner von der Ohe (Hrsg.), Zensur und Kultur. Tübingen 1995,

Auch hier erlauben die Archivbestände[6]) inzwischen eine differenziertere Sicht. Ohne die Förderung der HV wäre die Entstehung einer kritischen DDR-Literatur gar nicht denkbar gewesen, und viele ihrer Mitarbeiter setzten sich gegenüber Vorgesetzten und Verlagen nachdrücklich für die Publikation umstrittener Titel ein. Die Zensoren versuchten wiederholt, die zentrale Zensur abzuschaffen. Die stabilisierte Situation nach dem Mauerbau, der vom XXII. Parteitag der KPdSU im November 1961 signalisierte Entstalinisierungsschub und die experimentelle Atmosphäre des NÖS förderten in der ersten Hälfte der sechziger Jahre, bis zum berüchtigten Kahlschlagplenum im Dezember 1965[7]), die Hoffnungen einer neuen Generation wissenschaftlich geschulter Literaturfunktionäre, die Bundesrepublik wenigstens auf dem Gebiet der Kultur zu „überholen ohne einzuholen". Innerhalb der Zensurbehörde wurde zäh und mit allen Finessen um die kulturpolitische „Linie" gerungen.[8])

Die Aktivität der Zensurzentrale verstärkte sich, wenn wie 1953, 1956, 1957, 1962, 1965 und 1972 ein kulturpolitischer Richtungswechsel eingeläutet wurde. Dann setzte die Behörde Signale und führte flächendeckende Kontrollaktionen durch. 1956 mußten beispielsweise Millionen von Büchern Stalins und 60000 Portraits eingestampft werden. 1957/58, im Zuge der Kampagnen gegen „Dekadenz" und „Revisionismus", schlug das Pendel (ähnlich wie nach dem „Kahlschlagplenum" 1965) in die umgekehrte Richtung aus, und die Verlagsplanung des größten Geschichtsverlages Rütten & Loening brach fast vollständig zusammen.[9]) Mit Ausnahme einer Handvoll Kirchenverlage, die mit außerordentlicher Strenge observiert wurden[10]), lag die Quote der nicht genehmigten Manuskripte sonst im Durchschnitt deutlich unter 1% der eingereichten Anträge. Tatsächlich waren die zehn bis zwanzig Zensoren von der Wahrnehmung aller möglichen sonstigen Aufgaben, der „operativen Anleitung" der Verlage, der Kontrolle des Buchimports aus Ost und West, der Koordination der Verlagspläne, der Verteilung von Papier und Devisen, der Betreuung von Messen und Bücherbasaren usw. so überlastet, daß sie die eigentliche Zensurarbeit in die Verlage delegierten, um mit einer mehr oder weniger oberflächlichen Aufsichtsfunktion Vorlieb zu nehmen.

179–192. *Ernst Wichner/Herbert Wiesner* (Hrsg.), Zensur in der DDR. Ausstellungsbuch des Literaturhauses Berlin. Berlin 1991; dies. (Hrsg.), „Literaturentwicklungsprozesse". Frankfurt am Main 1993; *Richard Zipser* (Hrsg.), Fragebogen: Zensur. Leipzig 1995.

[6]) Die Akten der HV Verlage und Buchhandel im Ministerium für Kultur befinden sich unter der Signatur DR-1 im Bundesarchiv (BA) in Berlin.

[7]) *Günter Agde* (Hrsg.), Kahlschlag. Das 11. Plenum des ZK der SED 1965. Berlin 1991.

[8]) Vgl. *Barck/Langermann/Lokatis*, „Jedes Buch ein Abenteuer" (wie Anm. 3), Kapitel V.3.

[9]) Vgl. die entsprechende Druckgenehmigungsakte BA DR-1, 3923.

[10]) *Siegfried Bräuer/Clemens Vollnhals* (Hrsg.), „In der DDR gibt es keine Zensur". Die Evangelische Verlagsanstalt und die Praxis der Druckgenehmigung 1954–1989. Leipzig 1995.

In jahrelanger „Erziehungsarbeit“ wurden Verleger und ideologisch verantwortliche Cheflektoren daran gewöhnt, von sich aus nur Manuskripte abzuliefern, die sie als druckreif „verantworten“ konnten. DDR-Verlage waren bevorzugte Opfer kaderpolitischer Sanktionen, wobei die Verhaftung Walter Jankas Ende 1956[11]) nur den prominentesten Fall darstellte. Infolge einer strengen und gezielten Lizenz- und Kaderpolitik konnte die HV seit Ende der fünfziger Jahre damit rechnen, daß in den meisten Verlagen, ob sie Belletristik oder wissenschaftliche Literatur produzierten, loyale und engagierte, sich kollektiv beratende Genossen saßen, die bestrebt waren, die Parteibeschlüsse aktiv mitzutragen und jede „ideologische Panne“ zu vermeiden. Manuskripte, die nicht in die politische Landschaft paßten, wurden gar nicht erst in den Plan aufgenommen und fielen aus jeder Statistik. Verlage wurden zu konstitutiven Bestandteilen eines hochdifferenzierten Zensursystems, dessen Elemente sich wechselseitig überwachten. Entsprechend der kybernetischen Mode der sechziger Jahre bastelte die Zensurbehörde an sich selbst regulierenden Regelkreisen. Zeitweise berieten die Verlage sogar über die Maßstäbe, nach denen sie zensiert werden wollten, aber eben auch selbst zensierten.[12])

Ökonomische Aspekte überformten im Alltag den idealtypisch politisch-ideologischen Charakter von Zensur. Verlage schoben „ideologische Schwierigkeiten“ oft nur vor, um unerwünschte Manuskripte abzuwimmeln und manipulierten entsprechende Gutachten. Mangel an Satzkapazitäten und geeigneten Papiersorten erleichterte die Kontrolle der Textproduktion, weil ohnehin nur ein Bruchteil der Manuskripte publiziert werden konnte. Umgekehrt drückten Lektoren ein Auge zu, wenn ein Manuskript benötigt wurde, um Planlücken auszufüllen, das Papierkontingent auszuschöpfen oder den Export zu steigern.[13])

Dem Akademie-Verlag wurde der Druck von „allem was Exporterlöse bringt“ durch Kurt Hager unter der Bedingung einer „gewissen Abschirmung nach innen“ und „beschränkten Auslieferung in der DDR“ gestattet.[14])

Auch im Belletristik-Bereich funktionierte die Zensur, was die Strenge der Durchführung und die bevorzugten Methoden anging, in vieler Hinsicht von Verlag zu Verlag verschieden. Es machte einen großen Unterschied aus, ob ein Verlag wie „Volk und Welt“ vorwiegend mit ausländischen Autoren und Devisenproblemen zu tun hatte, oder ob, wie im Mitteldeutschen Verlag, die Arbeit

[11]) *Carsten Wurm*, Der frühe Aufbau-Verlag 1945–1961. (Leipziger Arbeitskreis zur Geschichte des Buchwesens.) Wiesbaden 1996.

[12]) Vgl. *Barck/Langermann/Lokatis*, „Jedes Buch ein Abenteuer“ (wie Anm. 3), Kap. IV.3. und V.1.

[13]) *Siegfried Lokatis*, Wissenschaftler und Verleger in der DDR. Das Beispiel des Akademie-Verlages, in: GG 22, 1996, 46–61.

[14]) Die Devisenknappheit bescherte DDR-Historikern, die sich auf exportrelevante „abseitige“ Themen verlegten, unerwartete Nischen, die sich vor allem im Akademie-Verlag und bei Böhlau fanden.

mit eigenen Nachwuchsschriftstellern im Mittelpunkt stand. Hier waren die Eingriffe der Zensur unendlich intensiver spürbar als etwa beim Aufbau-Verlag, wo man eher auf den großen Namen von Autoren wie Becher, Brecht und Bredel und deren politische Einflußmöglichkeiten Rücksicht nahm. Auch die Geschichtsverlage wurden entsprechend dem Produktionsprofil und einer verzwickten eigentumsrechtlichen Situation auf unterschiedliche Weise zensiert. Beim Akademie-Verlag wurde Rücksicht auf das Renommee der Eigentümerin genommen. Allerdings bat die Akademie der Wissenschaften 1958 von sich aus die Zensurbehörde, mißliebige Manuskripte des eigenen Verlages zu verbieten, um sich nicht selbst mit den betroffenen Wissenschaftlern anlegen zu müssen.[15]) Zensurarbeit war eine schwere Last, die man möglichst abzuwälzen versuchte. In der Praxis waren weniger die Manuskripte als die Gutachten Entscheidungsgrundlage der Zensur. Es war üblich, daß sich die Verlage beim Druckgenehmigungsantrag auf (in der Regel zwei) Gutachten stützten. In kritischen Fällen zog die HV weitere „Außengutachten" hinzu. Gutachten boten den für die Publikation eines Werkes politisch „Verantwortlichen" vom Lektor bis Höpcke die willkommene Möglichkeit, besagte Verantwortung von sich zu weisen. Erst durch die Ausbildung eines regelrechten Puffersystems ließ sich der Kontrollapparat einigermaßen gegenüber kaderpolitischen Maßnahmen stabilisieren und auf Dauer stellen.

Das „Fachgutachterunwesen" war, wie sich der Krimi-Autor Harry Thürk erinnert, überhaupt „die eigentliche Katastrophe", die alles, was die Zensurbehörde veranstaltete, „weit in den Schatten stellte", wobei zwischen fiction und non-fiction kein Unterschied gemacht wurde: „Bei jedem Script, wenn es sich mit einem bestimmten Metier beschäftigte, was ja unvermeidlich ist, wenn man nicht gerade Spinnereien schreibt, die im luftleeren Raum spielen, bei jedem Script also war ein Fachgutachten einzuholen. Flog ein Flugzeug, dann von der Interflug, wurde jemand bei Verbrechen erwischt, dann das Innenministerium, wurde ein Schwein gezüchtet, dann beim Landwirtschaftsministerium..."[16]) Pedanterie, Besserwisserei, die verborgene Austragung wissenschaftlicher Fehden und der Wunsch ideologischen Eifer zu demonstrieren, lähmten das Publikationswesen der DDR auf weiten Strecken. Für engagierte Gutachter, die sich mit den Regeln des Zensurdiskurses vertraut gemacht hatten und die richtigen Verbündeten in den Verlagen und in der HV fanden, bestand die Möglichkeit, allmählich die Grenzen des Publizierbaren zu erweitern, Tabus zu unterhöhlen usw. Das Begutachtungssystem bot Einbruchstellen, die es erlaubten in das Zensursystem außer politischen Vorgaben auch wissenschaftliche Aspekte oder gesellschaftliche Ansprüche einzubringen. Auf der anderen Seite wurde das Begutachtungssystem Bestandteil des wis-

[15]) BA DR-1, 1068, Aktennotiz der HV Verlagswesen, 14.5.1958.
[16]) *Harry Thürk*, 28.12.1992, in: Zipser (Hrsg.), Fragebogen: Zensur (wie Anm. 5), 316.

senschaftlichen Alltagslebens. In ihm verflossen die Grenzen zwischen Zensur und Wissenschaft, Zensur konnte zum wissenschaftspolitischen Hebel werden und Gutachter und Autoren jederzeit die Rolle wechseln. In der Geschichtswissenschaft besaß jedoch das Institut für Marxismus-Leninismus (IML)[17]) eine ausgesprochene Schlüsselstellung.

Der SED-Verlag Dietz[18]) war der Kontrolle durch die staatliche Zensur entzogen und nicht dem üblichen Druckgenehmigungsverfahren unterstellt. Damit behielt sich die SED-Führung für bestimmte, als ideologisch besonders sensibel und als „Parteisache" empfundene Bereiche die unmittelbare Kontrolle vor. Eine Kommission des Politbüros entschied, ob Thälmanns Reden mit oder ohne Auslassungszeichen zu kürzen seien, Lotte Ulbricht schönte die Reden ihres Gatten[19]), und Walter Ulbricht torpedierte die Rosa Luxemburg-Gesamtausgabe[20]).

Die, verglichen mit den Gepflogenheiten der staatlichen Literaturbehörde ungleich penibler, am „offenen Herzen" der Partei ausgeführte Zensurarbeit des ZK, versahen dessen drei Institute, die Parteihochschule Karl Marx, das Institut für Gesellschaftswissenschaften und das IML. Vor allem die Abteilung „Geschichte der deutschen Arbeiterbewegung" des IML übte seit Anfang der fünfziger Jahre einen zunehmend koordinierenden und kontrollierenden Einfluß nicht nur auf die historische Forschung, sondern auf das gesamte Zensursystem aus.

Sobald es um Fragen ging, die die Geschichte der Arbeiterbewegung berührten, war, ganz unabhängig davon, ob es sich um fiktive oder wissenschaftliche Literatur handelte, die Einholung eines IML-Gutachtens zwingend. Da die Außengutachter, wie von vielen Schriftstellern kritisiert wurde, anonym blieben, wurde nicht bekannt, daß das Verbot so zentraler Werke wie Bertolt Brechts „Buch der Wendungen" und Stefan Heyms „Lasalle" auf ein negatives Votum des IML zurückzuführen war.[21]) 1963 machte ein Politbürobeschluß Verleger, Zensurbehörde und den Direktor des IML dafür verantwort-

[17]) Vierzig Jahre Institut für Marxismus-Leninismus beim ZK der SED 1949–1989. Berlin 1989.

[18]) *Siegfried Lokatis*, Dietz. Probleme der Ideologiewirtschaft im zentralen Parteiverlag der SED, in: Christian Jansen/Lutz Niethammer/Bernd Weisbrod (Hrsg.), Von der Aufgabe der Freiheit. Festschrift für Hans Mommsen. Berlin 1995, 533–548.

[19]) BA DY 30/IV a 2/9.07/37, Lotte Ulbricht an IML (Roßmann), 12.1.1966: „Anliegend den von W.U. korrigierten Entwurf der 2. Fassung der Vorbemerkung für den X. Band ... Wie ich bereits auf dem Ex. vermerkt habe, stammen sämtliche Veränderungen – auch die von meiner Handschrift – von Gen. W. U."

[20]) BA NY 4182 (NL Ulbricht) 923, Ulbricht an IML (Einicke), 13.11.1958: „Was die Reden und Aufsätze von Rosa Luxemburg betrifft, so werden wir nur die wichtigsten Artikel und Reden veröffentlichen, die in Deutschland veröffentlicht wurden. Angesichts der falschen Auffassungen in verschiedenen Werken Rosa Luxemburgs halte ich eine Gesamtausgabe nicht für möglich."

[21]) BA DY 30/IV a 2/9.07/92.

lich, daß „Erstveröffentlichungen von Dokumenten und Quellen-Materialien" sowie von „Reden, Aufsätzen, Briefen, Erinnerungen usw. führender Persönlichkeiten der deutschen Arbeiterbewegung" nur vom IML herausgegeben wurden. Bei allen Nachdrucken, Auswahlsammlungen, Zitaten waren die Verlage verpflichtet, dem Institut die entsprechenden Pläne mitzuteilen. Dann konnte dieses „von den Verlagen die vollständigen Manuskripte (einschließlich Vorwort, wissenschaftlichen Apparat usw.) zur Autorisierung und Bestätigung anfordern."[22]) Ziel dieser flächendeckenden Auskämmaktion, die auch Bibliotheken und Archive einbezog, war, von allen die Geschichte der SED betreffenden Texten in der DDR nur noch eine, politisch „autorisierte" Version zuzulassen. Von Ulbrichts Reden war auch im Zentralen Parteiarchiv nur noch die publizierte Fassung einsehbar.[23]) Seine Rede „Zur deutschen Außenpolitik von Versailles bis zum sowjetisch-deutschen Pakt" vom 28. 2. 1940 nahm Ulbricht vorsichtshalber aus dem Archiv heraus und ähnlich wie seinen Aufruf vom 26.8.1939, den Kampf gegen die Sozialdemokratie zu verschärfen, in persönliche Verwahrung.[24])

Während die HV mehr die Korrektheit der Verfahren beobachtete und sich die Kompetenzkompetenz (Luhmann) vorbehielt, geeignete Gutachten zu bestellen und zu gewichten, bestimmte das IML weitgehend die inhaltlichen Maßstäbe der Zensur, die Einhaltung der „gültigen Linie" bei geschichtlichen Werken. Es ist nicht zu übersehen, daß zahlreiche historiographische Manuskripte blockiert wurden, deren Ergebnisse ähnlich wie die von „geheimen" Dissertationen[25]) nach ihrem Verbot die Publikationstätigkeit des IML befruchteten. Dabei überstieg die indirekte, abschreckende Wirkung noch den unmittelbaren Effekt, daß Bücher umgeschrieben oder verboten werden mußten. Die Gutachten der Parteiinstitute galten als so streng, daß viele Verleger, Schriftsteller und Historiker ganz entgegen den offiziellen Forderungen der wissenschaftspolitischen Leitzentralen sich nach Möglichkeit „abseitigen" Themen zuwandten, die möglichst wenig mit der jüngeren Geschichte Deutschlands oder der Sowjetunion zu tun zu haben schienen. Der ideologischen Wächterfunktion des IML entsprach eine Art habituelle Differenz seiner Mitarbeiter zu den wissenschaftlichen Kollegen, die Folge einer strengeren Kaderpolitik und konspirativer Spielregeln war. Trotzdem kam es auch im IML zu einem Verwissenschaftlichungsprozeß, der seit den sechziger Jahren in der kritischen MEGA seinen Ausdruck fand.

In den fünfziger Jahren litt die wissenschaftliche Tätigkeit des IML darunter, daß es als „Heldenfriedhof", als Versorgungsstation für Parteiveteranen

[22]) BA DY 30/IV a 2/9.07/37, Abschrift des Politbürobeschlusses vom 26. 11. 1963.
[23]) Ebd. 37, Streng vertrauliche Hausmitteilung des IML vom 12. 9. 1966.
[24]) Ebd. Vertrauliche Hausmitteilung des IML, 8. 6. 1968.
[25]) *Wilhelm Bleek/Lothar Mertens*, DDR-Dissertationen. Promotionspraxis und Geheimhaltung im DDR-Staat. Opladen 1994.

betrachtet wurde. Die Parteiführung forderte zudem historiographische Grundlagenwerke, denen noch keinerlei Forschung zugrunde gelegt werden konnte. Wenn es etwa darum ging, ein Thesenpapier zu einer so schwierigen Frage wie der „Einheitsfrontpolitik" vorzulegen, wurde die Verantwortung dafür, wer den ersten Entwurf machen sollte, zwischen den Parteiinstituten (IML, GEWI und PHS) hin und her geschoben.[26])

Während der kurzen Tauwetter-Phase von 1956 machte das IML deutlich, daß es mit der vom Politbüro aufgezwungenen Praxis der Geschichtsfälschung keineswegs einverstanden war, und kritisierte diese nicht weniger scharf, als es westliche Historiker vermocht hätten. Fortan dürfe „keine einseitige Verzeichnung von Personen" wie Bernstein und Kautsky vorgenommen werden.[27]) Fehler der Partei vor 1933 („z.B. Preußen-Volksentscheid 1931, Rolle der RGO nach dem V. RGI-Kongreß, taktische Probleme der Märzkämpfe 1921") sollten nicht länger verschwiegen bleiben. Vom IML selbst kritisiert wurde „die Ignorierung wichtiger Ereignisse und Probleme", die „Aufblähung zweitrangiger Ereignisse", das „Vertuschen von Mängeln und Mißerfolgen", die „willkürliche Behandlung der Fakten", die Retuschierung von Bildern, die heimliche Kürzung und Veränderung von Quellen und Artikeln.[28])

Mit der 1966 erschienenen achtbändigen „Geschichte der deutschen Arbeiterbewegung" (GDA) schuf das IML für die Zensur der Geschichtsschreibung neue Maßstäbe. Dieses vom IML federführend betreute „Geschichtswerk" war das Ergebnis eines langwierigen Diskussions- und Forschungsprozesses. Es wurde von Ulbricht, der mit den „führenden Genossen Historikern" mehrfach Seite für Seite durchgekaut hatte, persönlich autorisiert.[29]) Ulbricht stellte vorher klar: „Die Thesen werden im wesentlichen die Geschichte der SED darstellen und ihre führende Rolle begründen. In Rücksicht auf die Einigung der gesamtdeutschen Arbeiterklasse und die Einheitsfrontpolitik nennen wir sie aber Thesen zur Geschichte der deutschen Arbeiterbewegung."[30])

Es dürften aus jenen Jahren nur wenige Gutachten des IML existieren, in denen nicht explizit auf die GDA Bezug genommen wurde. Deren Vorläufer, der „Grundriß zur GDA" durfte nicht mehr zitiert werden.[31]) Manuskripte wurden nun schlicht und einfach danach beurteilt, inwiefern sie die Ergebnisse

[26]) BA DY 30/IV 2/9.07/26, Hausmitteilung des IML, 1.10.1956.
[27]) BA DY 30/IV 2/9.07/ 32 (IML) Diskussionsgrundlage für die Beratung der wissenschaftlichen und politischen Mitarbeiter der Abteilung Geschichte, 7.6.1956.
[28]) Ebd. Zur Einschätzung der Sozialdemokratie, 28.5.1956.
[29]) Vgl. *Neuhäußer-Wespy*, Der Parteiapparat als zentrale Lenkungsinstanz (wie Anm. 4), 166f.
[30]) BA DY 30/IV 2/9.07/118, Aktennotiz zur Sitzung der Thesenkommission am 25.5.1960, 258.
[31]) Archiv der Berlin-Brandenburgischen Akademie der Wissenschaften, Akademie Verlag. Aktennotiz zum Titel „Thomas, Entscheidung in Berlin", 2. Auflage, 19.1.1967.

der GDA erläuterten, illustrierten, ausbauten oder dahinter zurückblieben. Alle mehrbändigen historiographischen Großprojekte bauten auf ihr auf. Schon bei der von Joachim Streisand herausgegebenen „Deutschen Geschichte" stellte sich allerdings das Problem, Band 3 wenigstens „in etwa eine eigene Note" zu geben. Die für diesen Band eingereichten Kurzfassungen der GDA wurden als Papiervergeudung kritisiert.[32]) Die geplante „Geschichte des Deutschen Volkes" sollte sich wie die „Geschichte Deutschlands im Zweiten Weltkrieg" auf die mit der GDA erreichten Standards stützen. Wenn Briefe von Liebknecht, Luxemburg oder Mehring auftauchten, stellte man sicher, daß sie nicht die „grundsätzlichen Einschätzungen des achtbändigen Geschichtswerks" in Frage stellten.[33]) Dessen Bedeutung ging weit über den geschichtswissenschaftlichen Rahmen hinaus. Es wurde mit größtem Propagandaaufwand verbreitet, in zahllosen Vorträgen und Aufsätzen von Spitzenfunktionären kommentiert und einzelne, für die SED-Schulungsarbeit bestimmte Kapitel erreichten bald eine Auflage von 600000 Stück. Im Hinblick auf die GDA wurde sogar die Interpretation des ideologischen Kernbestandes modifiziert. Lenins Werke erhielten ein neues Vorwort, das „bei Ereignissen und Personen aus dem Bereich vor allem der deutschen Arbeiterbewegung Änderungen entsprechend den neuesten Ergebnissen unserer Geschichtsforschung" enthielt. Register der Lenin-Briefe wurden nicht übersetzt, weil die Personen von der GDA noch nicht „präzis eingeschätzt" waren.[34]) Die SED besaß nunmehr ihren eigenen „Klassiker" und kam mit sowjetischen „Meistererzählungen" in Konflikt.

Die DDR-Geschichtswissenschaft befand sich in der Zwickmühle. Sie sah sich ätzender Kritik aus Westdeutschland ausgesetzt, weil sie zur Beobachtung sowjetischer Standards gezwungen war. An Positionen, die westdeutsche Historiker nur als propagandistische Wahrheitsbeugung oder überflüssige Phrase empfinden konnten, wurde scheinbar starrsinnig festgehalten, weil sie bereits mühsam errungene Bastionen darstellten, brauchbare Kompromißformeln, die man den sowjetischen Kollegen abgehandelt hatte. Auch wenn sie

[32]) BA DY 30, IV A2/9.07/ 90, IML (Diehl) an Joachim Streisand (HUB), 17.3.1967: „Der Entwurf hat den festgelegten Umfang von 200 Seiten und ist entsprechend getroffenen Vereinbarungen in enger Anlehnung an Band 6 der ‚Geschichte der deutschen Arbeiterbewegung' und unter wörtlicher Übernahme zahlreicher Einschätzungen und Schilderungen markanter Ereignisse geschrieben worden. In der Diskussion wurden von allen Genossen, die sich dazu äußerten, ernste Bedenken gegen dieses Verfahren angemeldet und der Wert einer Publikation in Frage gestellt, die sich so eng an die ‚Geschichte der Arbeiterbewegung' anlehnt, aber in ihrer Aussage (infolge des entscheidend reduzierten Umfangs) wesentlich hinter dem Geschichtswerk zurückbleibt."

[33]) BA DY 30, IV a 2/9.04/137, Reisebericht Horst Barthel (Institut für Geschichte der Deutschen Akademie der Wissenschaften), 5.8.1966.

[34]) BA DY 30, IV a 2/9.07/138, IML (Gemkow) an IML beim ZK der KPdSU (Pospelow), 6.7.1966.

nicht dem eigenen Kenntnisstand entsprachen, war es zweckmäßig an solchen Positionen als geeigneten Präzedenzfällen festzuhalten.

Bereits bei der Übertragung der sowjetischen „Geschichte des Großen Vaterländischen Krieges“ hatten sich für das unter IML-Beteiligung gebildete „autoritative Kollektiv“[35]) der Herausgeber Schwierigkeiten ergeben. Es handelte sich um ein Werk, in dem allein in der Ostsee mehr deutsche U-Boote versenkt wurden als existierten und eine „Aussage, daß das faschistische Deutschland nach dem Überfall Polens sofort gegen die UdSSR vorgehen wollte, durch Streichung berichtigt werden mußte.“ Die deutsche Armee hatte sich um 46 Divisionen vermehrt, obwohl sich drei Millionen deutscher Kommunisten im Konzentrationslager befanden. Nicht weniger störte, daß das ZK der KPD 1933 „ins Ausland ging, um sein Leben zu retten.“[36])

Die sowjetische Seite sperrte sich meist gegen größere Änderungen, weil polnische und tschechische Historiker bereits mit ähnlichen Wünschen anstanden.[37]) Um zu verhindern, daß die deutsche und sowjetische Version gegeneinander ausgespielt würden[38]), ersann man die Lösung, eine imaginäre zweite, gar nicht erschienene russische Auflage als Vorlage des deutschen Textes anzugeben.[39]) Kaum waren 1962 die vereinbarten Korrekturen erfolgt, als infolge des XXII. KPdSU-Parteitags die sowjetische Urfassung geändert wurde und beispielsweise Molotow verschwand. Um sowjetische Änderungswünsche in Grenzen zu halten, wurden die Kapitel über den „deutschen Widerstandskampf“ gleichzeitig „zur Bestätigung“ nach Moskau geschickt und in die Druckerei gegeben.[40]) Als die sowjetischen Genossen erfuhren, daß Verlag und Druckerei drängten, akzeptierten sie sogar eine vom Wortlaut der Prawda abweichende Darstellung des Hitler-Stalin Paktes. Im Gegenzug schlugen die Sowjets vor, eine Erweiterung über die von Ulbricht lieber totgeschwiegenen „Schwierigkeiten“ deutscher Emigranten in der Sowjetunion einzufügen. Sie verlangten, künftige Änderungen vor der Satzreiferklärung zu sehen und offene Streitfragen fortan in Moskau klären.[41])

Bei Belletristik war es gang und gäbe, sowjetische Titel zu zensieren, um den literarischen Spätfolgen des „Tauwetters“ von 1956 vorzubeugen. Ein

[35]) BA DY 30, IV a 2/9.07/135, Tagebuchnotiz 1.11.1960.

[36]) BA DY 30, IV a 2/9.07/136, IML, 30.6.1961, Protokoll der zweiten Tagung des Herausgeberkollektivs zur GVK, 30.6.1961.

[37]) BA DY 30, NY 4182 (NL Ulbricht), 923, S.140ff., IML (Berthold) an Ulbricht, 8.4.1965.

[38]) BA DY 30, IV a 2/2.014/4,1, Bericht über die Arbeit am ersten Band der Geschichte des Großen Vaterländischen Krieges der Sowjetunion 1941–1945.

[39]) BA DY 30, IV a 2/9.07/136, Protokoll der zweiten Tagung des Herausgeberkollektivs ... am 30.6.1961.

[40]) BA DY 30, IV a 2/9.07/137, Protokoll von der Tagung des Herausgeberkollektivs am 18.9.1962.

[41]) BA DY 30, IV a 2/9.07/136, Information über den Besuch der Genossen Deborin und Grabowski (17.–25.10.1962).

vieldiskutierter Roman mit dem Titel „Schlacht unterwegs" wurde um fünf Kapitel über Stalins Verbrechen gekürzt und verdiente sich den Spitznamen „Unterwegs geschlachtet".[42]) Textänderungen durch DDR-Verlage nahmen ein Ausmaß an, daß sowjetische Verlage damit drohten, ihre Bücher selbst ins Deutsche zu übersetzen.[43])

Im November 1965 fuhr der IML-Chef Lothar Berthold nach Moskau, um dort die die Sowjetunion betreffenden Passagen der GDA absegnen zu lassen. Vorsorglich waren schon alle Verbeugungen vor Chruschtschow gestrichen. Kurz vorher hatte Berthold eine glücklicherweise noch nicht abgesandte Kritik der sowjetischen Weltkriegsgeschichte verfaßt. Die Rückendeckung Ulbrichts erlaubte es, gegen die GVK der „Freunde" mit ungewohnter Schärfe zu polemisieren. Der Eintritt der UdSSR in den Krieg gegen Japan werde genausowenig überzeugend begründet wie die „Rückgewinnung" Sachalins und die Tatsache, „daß der Einsatz der Roten Armee im Fernen Osten und nicht der Abwurf zweier Atombomben kriegsentscheidend war." Bei der „insgesamt richtigen" Darstellung des antifaschistischen Widerstandskampfes verwende das „oftmals langatmige" Werk „teilweise veraltete und überholte Materialien".[44]) Nun wehte ein anderer Wind und Berthold brachte Ulbricht niederschmetternde Nachrichten mit. Die sowjetischen Genossen würden „auf alle kritischen Bemerkungen zu ihrer Politik … außerordentlich empfindlich" reagieren.[45]) Sowjetische Fehler bei der Behandlung der Reparationsfrage wurden gestrichen, ein geheimes Zusatzabkommen existierte nicht, und Stalins „Schauprozesse" waren kein Thema mehr. Der von den Moskauer Historikern desavouierte Ulbricht, dessen Autorität auf dem Spiel stand, unterstrich intern die Richtigkeit der eigenen Version. Es sei aber gegenwärtig nicht zweckmäßig, an einzelnen Formulierungen festzuhalten. Mit Ulbrichts Autorität im Rücken hatten sich die GDA-Verfasser ihren sowjetischen Kollegen gegenüber weit aus dem Fenster gelehnt. Diese griffen zu einem unerwarteten Schachzug, um ihre Auffassung durchzusetzen. Sie bezogen Breschnew nominell in die Verhandlungen ein, indem sie Berthold und Ulbricht baten, die KPdSU-Führung von den Verhandlungen in Kenntnis zu setzen.[46]) Aber damit war das Pokerspiel nicht zu Ende. Wenige Monate später rächte sich Ulbricht, indem er die beiden letzten Bände der sowjetischen „Weltgeschichte"

[42]) *Barck/Langermann/Lokatis*, „Jedes Buch ein Abenteuer" (wie Anm. 3), Kap. III. 3.

[43]) BA DY 30, 12946 (vorl. Nr.), ZK der SED 1972, Abt. Kultur, Bericht Prof. Bruno Kaisers aus Moskau, 6.4.1972.

[44]) BA DY 30, IV a 2/ 9.07/138, IML (Berlin) an IML (Moskau), 20.11.1965. (Nicht abgesandter Entwurf.) Die im April 1966 abgeschickte Version schwächte diese Formulierungen ab, forderte aber eine überarbeitete Fassung der GVK, die die Ergebnisse von Band V der GDA berücksichtigte.

[45]) Vgl. *Neuhäußer-Wespy*, Der Parteiapparat als zentrale Lenkungsinstanz (wie Anm. 4), 167–170.

[46]) BA DY 30, IV a 2/ 9.07/206, IML (Berthold) an Ulbricht, 11.10.1965.

per Sekretariatsbeschluß verbieten ließ, weil sie wissenschaftlich hinter der GDA zurückblieben.[47]) Nachdem die sowjetischen Genossen ihre Vorstellungen in das „Geschichtswerk" hineinredigiert und damit selbst abgesegnet hatten, war es als „Maßstab" nicht mehr zu erschüttern – jedenfalls bis zum Ende der sechziger Jahre. Seine Demontage hing nicht nur mit dem Sturz Walter Ulbrichts zusammen. Die GDA war konzeptionell an die gesamtdeutsch ausgerichtete „Nationale Grundkonzeption" gebunden und paßte mit dem neuen Selbstverständnis einer „Sozialistischen Nation" nicht zusammen. Bekanntlich ist es bis zum Ende der DDR nicht gelungen, eine neue verbindliche „Geschichte der SED" herauszubringen. Die weitere Entwicklung der DDR-Geschichtswissenschaft mit ihren langen Debatten über „Tradition und Erbe", dem Rückgriff auf so ideologiefreundliche Leitfiguren wie Luther und Bismarck, die Ausbildung immer neuer, sei es geduldeter oder aber auch offiziell geförderter Nischen und Freiräume, die Selbstauflösung der „Meistererzählung", ist vor dem Hintergrund einer Orientierungskrise der Zensurpolitiker zu interpretieren, in die die Entwertung der GDA als homogenisierender Maßstab führen mußte.

Das Zensursystem der DDR war ein kompliziertes Geflecht voneinander abgeschotteter bürokratischer Subsysteme, das auch den Kundigsten Rätsel aufgab. Seine Mechanismen funktionierten ähnlich einer elastischen, lernfähigen Virenabwehr. Jeder noch nicht assimilierte Text konnte Gefahren bergen, man mußte ihn möglichst schon im Vorfeld taxieren, „begutachten" und geeignete „verantwortliche" Instanzen finden, die ihn „autorisierten" oder „schädliche" Literatur „ausmerzten". Der Spielraum für Publikationen war von Verlag zu Verlag unterschiedlich, verengte und weitete sich mit jeder neuen politischen „Beschlußlage" und mußte immer neu von Autoren, Lektoren, Verlegern, Zensoren, Kulturfunktionären und Politikern ausgetestet, abgetastet und abgesteckt werden. Entscheidungen waren jederzeit revidierbar, „Stellen" wurden korrigiert und gestrichen, Texte „gestrafft", Übersetzungen „geglättet", Bleisätze eingeschmolzen, Auslieferungen gestoppt, Auflagen eingestampft, gekürzt oder exportiert und Bibliotheksregale gesäubert. Veranschlagt man die enorme prophylaktische Wirkung der Zensur, die vielbeschworene „Schere im Kopf" der völlig verunsicherten Autoren, den zumal unter Historikern fast selbstverständlichen Willen zur sozialistischen „Parteilichkeit" und die Unzugänglichkeit politisch brisanten Quellenmaterials, so ist der Nutzen dieses außerordentlich kostspieligen literaturpolitischen Immunsystems nicht leicht einzusehen.

Aber jedes erschienene Buch, das den Begutachtungsmechanismus überstanden hatte, war staatlich legitimiert und „gültig". Der Inhalt war erlaubt und vorbildlich, man konnte sich auf ihn berufen. Er setzte seinerseits „Maß-

[47]) BA DY 30, IV a 2/ 9.07/377, Vorlage des IML für das Sekretariat des ZK, 26.4.1966.

stäbe“ und wurde zum Präzedenzfall für künftige Zensurentscheidungen. Natürlich waren sowjetische Titel und Dietz-Literatur offiziöser und gerade deshalb gefährdeter als eine „Archäologische Übersichtskarte des alten Orients“ bei Böhlau, soweit nicht die irakische Botschaft protestierte. Die Topographie der Zensurlandschaft verzeichnete kalte und heiße Zonen. Wenn es um die eigenen politischen Belange der SED, die Interpretation und Durchsetzung der „Linie“ oder die Deutung ihrer Geschichte ging, konnte jedes falsche Komma ein politischer Fehler sein. Scheinbar alberne Rituale wie das „verordnete Vergessen“ von Trotzki, Stalin, Chruschtschow und schließlich Ulbricht, hatten für den, der die Spielregeln kannte, präzisen Sinn. Sie zeigten, wo die Definitionsmacht lag, und wer die aktuelle politische Linie bestimmte.

In der Nähe der „heißen Zone“ hing die Einhaltung der Linie ja nicht vom „parteilichen“ Willen der Historiker ab. Mit dem nächsten Plenum oder Parteitag, nach der Republikflucht des Verlegers oder einem Lob von Hermann Weber war ihr Buch leicht „moralisch verschlissen“. Wie die Romanschriftsteller und Lektorate der Buchverlage waren sie dazu verdammt, der Entwicklung hinterherzuhinken und entsprechende „ideologische Fehler“ zu begehen. Selbst die Zeitschriften waren, wie zahlreiche „ideologische Pannen“ bewiesen, kaum in der Lage, der Entwicklung zu folgen. Unter diesen Umständen war die Übersetzung sowjetischer Reihenwerke ein Glücksspiel. Zensur wirkte als Schleuse, um das Auf und Ab der unterschiedlichen ideologische Pegelstände auszugleichen. Aus der UdSSR wurden Bücher gestoppt, weil sie sich ihrerseits auf längst überholte Ergebnisse von DDR-Historikern stützten.[48]) An der Kontrolle dieser Schleuse hing der fragile Souveränitätsanspruch der DDR und die politische Legitimation Ulbrichts. Kurz vor dessen Sturz verbreitete die „Geschichte der KPdSU“ ein Bild Stalins, auf dem sonst nur noch Ulbricht, Pieck und Grotewohl unretuschiert zu erkennen waren.[49])

Zensur, Zentralantiquariat und Zoll, mit „Giftschränken“ bewehrte Bibliotheken, Parteiinstitute und Archive waren Teile eines Systems der Informationskontrolle, das die Möglichkeiten geschichtswissenschaftlicher Forschung bereits im Vorfeld definierte, indem es den Zugang zu Quellen und westlichen Publikationen einschränkte und an strenge Spielregeln band. Bestimmte Informationen, die die stalinistische Vergangenheit betrafen, hütete Ulbricht wie seinen Augapfel und verbarg sie selbst vor den führenden Historikern des IML. Ein Genosse erhielt nur Informationen, die er für seinen Auftrag brauchte und war seinerseits darauf bedacht, sie eifersüchtig vor anderen zu hüten. Der Besitz von Informationen bedeutete Privileg und Machtteilhabe. Er ließ sich am besten durch erwiesene Schweigsamkeit vermehren, deren Verlet-

[48]) BA NY 4182/923, S. 54, IML an Ulbricht, 24.7.1963.
[49]) Ebd. 284, Information des IML vom 10.12.1970. Ulbricht kommentierte diese Meldung mit zwei Ausrufezeichen.

zung exemplarisch bestraft wurde. Hausbackene Dissertationen wurden zur Geheimsache erklärt. Archivare und Bibliothekare bewachten bestimmte Informationen wie seltene Schätze vor unbefugtem Zugriff. Nur vor diesem Hintergrund läßt sich die Bereitwilligkeit erklären, mit der überall Texte manipuliert, Auflagen gekürzt, Tabus gehütet und Sprachregelungen akzeptiert wurden. Ein durch zahlreiche Spielregeln institutionalisierter Wachsamkeitskult verhinderte auch sonst die Kommunikation zwischen den gesellschaftlichen Bereichen bzw. den diese verwaltenden „versäulten" Bürokratien und garantierte tatsächlich, daß die meisten Fäden erst oben zusammenliefen. „Zensur" im realexistierenden Sozialismus war nur das wichtigste Instrument eines allgegenwärtigen Systems der Informationskontrolle. Im kommunistischen Parteiapparat waren Macht und Wissen auf bizarre Weise identisch geworden.

Scharf gezielt und nicht getroffen – Zur Kritik in der DDR-Geschichtswissenschaft

Von

Gerald Diesener

Offensichtlich erfreut sich die innerhalb einer Historiographie geübte Praxis der Kritik selbst dann nicht einer größeren Aufmerksamkeit, wenn es um deren Gesamtschau geht. Beobachtungen und Bemerkungen zur Kritikfähigkeit, zu der hierbei geübten Praxis, zu den erreichten Standards, zu ihren Erfolgen wie den Defiziten findet man im allgemeinen eher beiläufig, etwa als Ergänzungen oder kommentierende Erörterungen zu anderen Sachverhalten. Dieser grundsätzliche Eindruck verwundert auf den ersten Blick auch nicht, denn im voranschreitenden geschichtswissenschaftlichen Schaffensprozeß wie auch bei dessen historiographiegeschichtlich motivierter Rekonstruktion gilt das Augenmerk zumeist den Wegen und Techniken der Wissensentfaltung und damit häufig den Stationen direkten Erkenntnisgewinns; bevorzugt richtet sich das Interesse hierbei auf jene Personen, in deren Schaffen sich diese Prozesse exemplarisch widerspiegeln.

Andererseits muß diese Beschränkung mit ihrer geringen Beachtung für die Kritik doch erstaunen, denn im Verlaufe des Verwissenschaftlichungs- und Professionalisierungsprozesses der Geschichtsschreibung entwickelten sich jene heute allgemein akzeptierten Standards der kritischen Prüfung geschichtswissenschaftlicher Arbeitsergebnisse, die eine sachangemessene Diskussion in der – um ein Wort von Karl Dietrich Erdmann aufzunehmen – „Ökumene der Historiker" erst ermöglichen. Folglich muß ihre Analyse auch Aussagen über das erreichte Entwicklungsniveau einer jeweiligen Historiographie zulassen.

Bezieht man die Kritik in die Untersuchung ein, ist durchaus mit beträchtlichem Erkenntnisgewinn zu rechnen – neben mancherlei Einblicken in den wissenschaftlichen Alltag der Disziplin ist etwa eine genauere Kenntnis der Genese von Forschungsschwerpunkten infolge der Einbeziehung der mit ihnen verbundenen Überlegungen und Kontroversen möglich, besser sichtbar werden die durch einzelne Historiker oder Schulen entwickelten wissenschaftlichen Ansätze einschließlich der sie begleitenden Ansprüche, Vorlieben und Abneigungen sowie deren forschungspraktische Bewährung, und nicht zuletzt verspricht dieser Weg detaillierte Aufschlüsse zur Entstehung und Durchsetzung neuer Paradigmen in der Historiographie.

Große Forschungskontroversen wie der Lamprechtstreit oder der Historikerstreit zeugen – ähnlich den Auseinandersetzungen in anderen Geisteswissenschaften – zudem auch immer von den engen Verflechtungen zwischen Wissenschaft und Politik und offenbaren damit Einblicke in die Kultur von Gesellschaften. Analysen zur Kritik müssen sich deshalb keineswegs nur auf die eigentliche Rezensionstätigkeit richten, sondern sollten einen Horizont anvisieren, der die Auseinandersetzungs- und Streitkultur einer Historiographie in seiner Gesamtheit umschließt.

Betrachtet man die Geschichte der Geschichtswissenschaft in der DDR einschließlich der seit 1990 über sie geführten Diskussion unter dem Blickwinkel der Kritik, erhärtet sich auch hier zunächst vor allem der schon eingangs beklagte Befund von der untergeordneten Fragestellung.[1]) Interessant ist, daß grundsätzliche Überlegungen zu ihr als einem essentiellen Bestandteil der Arbeit des Historikers schon in der DDR rar waren. Selbst in einem Standardwerk wie dem von Walther Eckermann und Hubert Mohr herausgegebenen Band „Einführung in das Studium der Geschichte", das den Anspruch erhob, allen Facetten des Arbeitens der Zunft Aufmerksamkeit zu schenken, fallen hierzu nur knappe Bemerkungen.[2])

Auch dann, wenn die Historiker der DDR einen grundsätzlichen Austausch mit Kollegen anderer Länder pflegten, führte die Pflanze der Kritik nur ein kümmerliches Schattendasein. Ein verallgemeinerungsfähiges Beispiel hierfür kann in dem Forum „Erben deutscher Geschichte" erblickt werden, das namhafte Historiker der DDR und der Bundesrepublik vor genau einem Jahrzehnt zusammenführte. Nach immerhin rund dreißig Jahren der Trennung saßen Mitte März 1987 Geschichtswissenschaftler beider deutscher Staaten an einem Tisch und verfolgten nach eigenem Bekunden das Ziel, die jeweils andere Historiographie besser verstehen lernen zu wollen. Auffällig ist, daß in der Relation zwischen der Erörterung von fachwissenschaftlichen Detailergebnissen und grundsätzlichen Überlegungen zum Umgang mit der Geschichte das Pendel eindeutig zugunsten der erstgenannten Ebene ausschlug – dies war nun wirklich verwunderlich, hätte doch die lange Zeit der getrennten

[1]) Diesen Eindruck vermittelt die zum Thema inzwischen ansehnliche Literatur durchgängig. Exemplarisch hierzu einige Titel: *Rainer Eckert/Wolfgang Küttler/Gustav Seeber* (Hrsg.), Krise – Umbruch – Neubeginn. Eine kritische und selbstkritische Dokumentation der DDR-Geschichtswissenschaft 1989/90. Stuttgart 1992; *Konrad H. Jarausch/Matthias Middell* (Hrsg.), Nach dem Erdbeben. (Re)Konstruktion ostdeutscher Geschichte und Geschichtswissenschaft. Leipzig 1994; *Martin Sabrow/Peter Th. Walther* (Hrsg.), Historische Forschung und sozialistische Diktatur. Beiträge zur Geschichtswissenschaft der DDR. Leipzig 1995; *Gustavo Corni/Martin Sabrow* (Hrsg.), Die Mauern der Geschichte. Historiographie in Europa zwischen Diktatur und Demokratie. Leipzig 1996.

[2]) *Walther Eckermann/Hubert Mohr* u.a. (Hrsg.), Einführung in das Studium der Geschichte. Berlin 1986. In diesem Band wird zwar auf den Seiten 531 f. das Stichwort „Literaturkritik" aufgenommen, doch erschöpfen sich die wenigen Bemerkungen in Hinweisen, die vor allem dem Bereich Arbeitstechniken des Historikers zuzuordnen sind.

Entwicklung eher eine Dominanz prinzipieller und die Grundlagen der Disziplin betreffender Fragestellungen erwarten lassen.

Den in diesem Aufsatz interessierenden Zusammenhängen kam damals Jürgen Kocka am nächsten, indem er konstatierte, daß zwischen Geschichtsbild, Geschichtsbewußtsein und dem jeweiligen Verständnis von der Rolle der Historiographie in der Gesellschaft zwischen der DDR und der Bundesrepublik grundsätzliche Unterschiede bestünden. Zu den Wesenszügen ostdeutscher Historiographie zählte er dabei, daß die Verbindlichkeit der marxistisch-leninistischen Lehre und eine hieraus entspringende Pflicht zur Parteilichkeit der Kritik enge Grenzen setzen würden.[3]) Nicht untypisch, daß Walter Schmidt[4]) und Ernst Engelberg[5]) nur am Rande auf diese Feststellungen reagierten. Substantiell erschöpften sich ihre Erwiderungen in dem doppelten Hinweis, es gäbe auch unter Marxisten durchaus Meinungsverschiedenheiten und Diskussionen und zuletzt wäre auch auf diesem Feld eine Entwicklung festzustellen.[6])

Reizvoll – dieser Gedanke liegt nahe – hätte sein können, bei dieser Gelegenheit etwa über die Rezensionspraxis in eine Diskussion einzutreten. Denn daß Rezensionen meist relativ kurz abgefaßt sind und normalerweise auch nicht nur auf einen ganz engen Kreis von Fachleuten zielen, in ihrer Gesamtzahl zudem stets ein beträchtliches empirisches Material abgeben, kommt einer gründlichen Betrachtung nur entgegen, die mancherlei Fragen aufwerfen könnte: In welcher Relation standen zu verschiedenen Zeiten das Referieren, Kommentieren und Kritisieren zueinander, welcher Natur waren die hierbei verwendeten Argumente, was kann als typische Strategie der Ausübung von Kritik betrachtet werden, wie häufig mündete sie tatsächlich in produktive Kontroversen, wo sind wiederum in den hier betrachteten Momenten Entwicklungen nachweisbar? Antworten auf solche Fragen in Verbindung mit anderen Einsichten sollten durchaus auch grundsätzliche Rückschlüsse über eine Historiographie ermöglichen.

Nicht zuletzt aufgrund dieser Beobachtungen sollte heutiges Nachdenken über DDR-Geschichtswissenschaft nicht darauf verzichten, diese bislang we-

[3]) Vgl. dazu die von *Jürgen Kocka* unter dem Titel „Geschichtswissenschaft und Geschichtsbewußtsein: Thesen zum Vergleich zwischen Bundesrepublik und DDR" entwickelten Überlegungen, die hier nach dem Pressedienst der SPD „Erben deutscher Geschichte: Bundesrepublik und DDR, Forum der Historischen Kommission 12. bis 13. März 1987. Materialien" resümiert werden.

[4]) *Walter Schmidt*, Die DDR als Erbe deutscher Geschichte, in: ebd.

[5]) *Ernst Engelberg*, Reichsgründung – Revolution von oben?, in: ebd.

[6]) Die erwähnten Erwiderungen finden sich in den genannten Papieren Schmidts und Engelbergs so nicht, sind aber ihren Vorträgen und in der späteren Diskussion in freier Rede hinzugesetzt und von der Presseberichterstattung aufgegriffen worden. Vgl. dazu die Welt vom 13. März 1987, die FAZ vom 16. März 1987, die Süddeutsche Zeitung vom 17. März 1987 und die Zeit vom 20. März 1987.

nig beschrittenen Felder nunmehr stärker zu beackern. Zum Auftakt soll es hierbei allerdings bei einem ersten Fallbeispiel bleiben. Die nachstehenden Überlegungen zielen auf einen klar fixierten Punkt in der Entwicklung der DDR, der Anfang der achtziger Jahre angesiedelt ist. Die unbestrittene Zentralperson in einer kurzen, nichtsdestoweniger aber gerade deshalb erhellenden Diskussion um die Kritik in der DDR-Geschichtswissenschaft war – einmal mehr – Jürgen Kuczynski. Nennenswert hierbei sind vor allem drei Veröffentlichungen aus seiner Feder: Zunächst das Buch „Dialog mit meinem Urenkel", das ausgangs der siebziger Jahre fertiggestellt war und in erster Auflage 1983 erschien, sodann ein Leserbrief an die Redaktion der Zeitschrift für Geschichtswissenschaft im Jahre 1981 sowie das Büchlein „Ich bin der Meinung", das im folgenden Jahr vorlag und in dem unter anderem dieser Leserbrief den Ausgangspunkt einer umfassenden Auseinandersetzung mit der Kritik in Wissenschaft und Literatur bildete.

Jürgen Kuczynski hatte den „Dialog mit meinem Urenkel"[7]) faktisch in Form von fiktiven Briefen gestaltet, wobei eine jeweils vorangestellte Frage den einzelnen Kapiteln die Orientierung verleiht. Die achte Frage des Buches gilt der zeitgenössischen Geschichtsschreibung der DDR, in der – Zitat – „kaum vom Volk die Rede sei". Bist Du, fragt der Urenkel hier, „damit einverstanden"?

Angesichts des wissenschaftlichen Gesamtwerkes Jürgen Kuczynskis, das in seinen hauptsächlichen Arbeitsrichtungen zu rekapitulieren an dieser Stelle kaum erforderlich sein sollte, war der Grundtenor der Antwort unzweifelhaft absehbar. Eingebunden in ein fulminantes Plädoyer für die Stärkung der Alltagsgeschichte, für die Erarbeitung einer umfassenden Historie auch anderer Klassen, Schichten und Gruppen als der Arbeiterklasse und ihrer -bewegung finden sich eine ganze Reihe von Seitenhieben. Unsere Historiker seien, so der Autor, zumeist „wissenschaftliche Ideologen und Diplomaten", denen der „wütende Trieb, die wilde Lust" fehle, sich „die ganze Realität anzueignen, sie zu meistern und wiederzugeben." Kuczynski zeigte sich überzeugt, daß es künftighin Fortschritte in der marxistisch-leninistischen Historiographie geben werde und prophezeite, sein Urenkel würde später feststellen, daß er „zumindest eine Ahnung davon gehabt hätte, in welche Richtung wir uns bewegen müßten".

Noch zufällig mag hier erscheinen, daß der Autor an dieser Stelle zu Lenin und dessen bekanntem Diktum überleitete, wonach bürgerliche Wissenschaftler zu den wertvollsten Spezialarbeiten befähigt seien, man ihnen aber kein Wort glauben könne, sobald sie „auf Philosophie zu sprechen kommen". Man könne, meinte er, auch den DDR-Historikern die Befähigung zu guten und nützlichen Spezialarbeiten attestieren, nur würden sie schweigen, sobald sie

[7]) *Jürgen Kuczynski*, Dialog mit meinem Urenkel. Berlin 1983.

„auf die Völker zu sprechen kommen sollten“. Gewiß hätten sie fleißig gelernt, „aber ganz offenbar nicht für die wissenschaftliche Praxis“. Genau darum, folgerte er, fehle es „auch an im Volk beliebten Historikern“.[8])

Weiterführende Überlegungen enthält das nächste Kapitel. Jürgen Kuczynski bekannte, stets stolz auf seine „wissenschaftliche Grundhaltung“ gewesen zu sein. Sie hätte neben der „Kritik von oben nach unten“ jene „von unten nach oben“ und einen jederzeit „freien Meinungsstreit“ umfaßt. Er warnte ausdrücklich davor, dies als die selbstverständliche Norm derzeitigen wissenschaftlichen Lebens anzusehen. Vielmehr wären diese weit in die Vergangenheit zurückreichenden Tugenden wissenschaftlicher Arbeit durch den Stalinismus weitgehend verlorengegangen und noch heute „nicht allzu verbreitet“. Zu den Konsequenzen zählte er neben anderem, daß „nur wenige“ Historiker in der DDR befähigt seien, den „Sprung von der Logik in die Realität zu vollziehen.“ Die Beherrschung dieser Tugend würde freilich auch nirgends im Lande gelehrt und viele Konsumenten geschichtswissenschaftlicher Literatur mahnten sie auch gar nicht an, weil sie der Meinung seien, Wissenschaft könne nun einmal nur so und nicht anders betrieben werden. „Ohne diesen Sprung von der Schablone in die Realität“, faßte der Autor seine Gedanken hier zusammen, würden die Wissenschaftler aber „niemals Historie, Geschichte berichten können.“[9])

Mochte nun die Zunft diese und weitere Gedanken Jürgen Kuczynskis in einem für ein breites Lesepublikum bestimmten Buch ignorieren, über sie begeistert sein oder sich ärgerlich zeigen, es gibt doppelten Grund, an sie zu erinnern: nirgends sonst war zu dieser Zeit auch nur annähernd vergleichbar über die DDR-Historiographie geurteilt worden, und der Urheber dachte gar nicht daran, es bei diesen wenig vorteilhaften Äußerungen zu belassen. Einzuflechten ist allerdings, daß die im „Urenkel“ getroffenen Feststellungen erst 1983 öffentlich vorlagen und hier auf Äußerungen desselben Autors trafen, die dieser zwar später niedergeschrieben hatte, die aber zwischenzeitlich gedruckt worden waren.

Insbesondere zählt hierzu ein Brief an die Redaktion der Zeitschrift für Geschichtswissenschaft, der in der Ausgabe 11/1981 erschien, und der die soeben resümierten Gedanken bekräftigte, partiell sogar noch zuspitzte.[10]) Jetzt konzentriert auf den Rezensionsteil der ZfG und insbesondere die darin veröffentlichten Besprechungen von Büchern aus der DDR bemängelte er, daß jene „... entsetzlich langweilig, am wahren Inhalt vorbeigehend, formal ...“ und nicht selten „... ohne jedes innere Engagement ...“ geschrieben seien. Der Kritiker „freue sich nicht, er ärgere sich nicht“ und ihm falle auch nicht ein,

[8]) Ebd. 104 f.
[9]) Vgl. ebd. 106–137.
[10]) Vgl. den „Brief an die Redaktion“ Jürgen Kuczynskis, in: ZfG 30, 1981, 1074 f.

die ewige Wiederholung der Beantwortung von immer gleichen Fragestellungen zu bemängeln. Offensichtlich, setzte Kuczynski spöttisch hinzu, hätten auch die Rezensenten keine Fragen, keine kritischen Einwände. „Wenn Kurt Hager", hieß es nach der Erörterung einiger Beispiele abschließend, von den Historikern „mehr Engagement für ihren Gegenstand gefordert hätte, dann ziele das auf genau jene Tugenden, die schon Tolstoi der Historiographie abverlangt hätte: ‚Wissen, Kunst und Liebe'."

Jürgen Kuczynski bekannte unmittelbar darauf, daß ihn auch dieser Leserbrief noch nicht vollauf zufriedengestellt habe. Weiteres Nachdenken über die Problematik der Kritik habe ihn schließlich inspiriert, seine Gedanken in einem kleinen Buch zusammenzufassen. Bereits ein Jahr nach Erscheinen des ZfG-Leserbriefes lag dieser Band unter dem Titel „Ich bin der Meinung" – pikanterweise übrigens nicht in einem der großen hauptstädtischen Verlage herausgegeben – vor.[11])

In diesem Buch, das die Leistungen der Kritik in der DDR in Wissenschaft und Literatur insgesamt in den Blick nimmt, baute er im sechsten Kapitel[12]) unter Ausweitung der Analyse die Überlegungen aus, deren Substanz bereits den Leserbrief in der ZfG bestimmt hatten. Gestützt auf eine auch quantifizierend verfahrende Untersuchung des Jahrgangs 1981 der Zeitschrift für Geschichtswissenschaft beklagte Kuczynski zum Beispiel, daß außerhalb der DDR erschienene historische Literatur auffällig wenig zur Kenntnis genommen würde. Allein dies sei ein „trauriges Zeichen" für den Stand der Kritik, obgleich er sogleich einschränkte, daß die ZfG diesen Mangel mit vielen englischen, französischen, italienischen oder sowjetischen Journalen teile. Nur zwei Fachzeitschriften könnten unter diesem Blickwinkel als vorbildlich gelten, nämlich die American Historical Review und die Historische Zeitschrift.

Konzentriert auf die Besprechungen der aus der DDR bzw. von marxistischen Autoren stammenden Literatur tadelte Kuczynski die Autoren erneut wegen ihrer „besonderen Langeweile", wegen der „Phrasen und des Jargons", wegen der „1001. Feststellung von Erkenntnissen, die bereits in 1001 Lehrmaterialien" stünden.

Nahezu ein wenig verborgen unter eloquent vorgetragenen Attacken auf die DDR-Historiker, die rezensiert hatten und unter denen sich auch namhafte Vertreter der Zunft befanden, ist der Ausweg entwickelt, den Kuczynski aus dem diagnostizierten Dilemma vorschlug. Er variierte zunächst den schon aus dem „Urenkel" bekannten Gedanken, wonach die Unfähigkeit zu echter wissenschaftlicher Kritik mit dem Stalinismus zusammenhänge. Unter dessen Bedingungen sei sie auf ein „jämmerliches Niveau" gesunken. Seit den siebziger Jahren gäbe es aber ernsthafte Bemühungen zur Besserung. Dank derer

[11]) *Jürgen Kuczynski*, Ich bin der Meinung. Bemerkungen zur Kritik. Halle/Leipzig 1982.
[12]) Ebd. 121–152. Alle folgenden Zitate entstammen diesem Abschnitt.

habe man manche Schwäche überwunden, ohne dabei bislang aber zu neuer Stärke gefunden zu haben.

Die Vorreiter auf dem Weg des Voranschreitens seien zwei Historiker, die noch aus der „alten Zeit" stammten: Walter Markov und Ernst Engelberg. Mit ihrer „Weltbildung" versetzten sie „jeden in kleinbürgerlichen Anstandsformen erzogenen marxistischen Historiker in Erstaunen."

Wer aufmerksam las, verstand schon hier, was Jürgen Kuczynski einige Seiten später in einem anderen Kontext wiederholte: „Und weiter – wen rühmte ich unter den Rezensenten der Zeitschrift für Geschichtswissenschaft? Zwei alte, weltkultivierte Genossen, Zierden unserer Wissenschaften, Walter Markov und Ernst Engelberg."[13]) Dieselbe Überlegung findet sich nunmehr auf den Philosophiehistoriker Hermann Ley bezogen: „Aber Ley stammt eben auch aus der ‚alten Zeit', hat früh gelernt, sich allgemein zu bilden und verfügt über eine außerordentliche Kenntnis des geistigen Erbes der vergangenen Jahrtausende"[14]).

Greift man diese Argumentation auf, ist schlaglichtgleich erhellt, was auf vielen Seiten der Beschreibung, der exemplarischen Analyse und der weiterreichenden Erwägungen etwas in den Hintergrund zu treten scheint: Nicht zuletzt anspielend auf die sein eigenes Handeln als Wissenschaftler leitenden Maximen und unter Heranziehung von Urteilen, die auf den ersten Blick etwas zusammenhanglos in den Text montiert scheinen – als letztes Beispiel sei hier eine knappe Passage zu Friedrich Meinecke erwähnt, den Kuczynski einen „relativ unbedeutenden Historiker" nennt, den er aber wegen seiner „großartigen Haltung als Wissenschaftler" preist – schlug Jürgen Kuczynski den Weg der Synthese der Weltgebildetheit der nichtmarxistischen Wissenschaft mit der marxistisch-leninistischen Methode vor. Diese Verknüpfung, die in der Beschwörung von Werten wie Humanismus oder Internationalismus dem Marximus ein klassisches bildungsbürgerliches Ideal zumindest ebenbürtig an die Seite stellte (wenn nicht sogar noch höher bewertete), kam einem Ansatz gleich, dessen innewohnende Sprengkraft vor dem Hintergrund der DDR der frühen achtziger Jahre gar nicht hoch genug veranschlagt werden kann.

Dieser Vorstoß war – auch wenn sich heute manches weniger aufregend, teilweise direkt hausbacken ausnimmt, einiges auch obsolet erscheint – damals atemberaubend, und zwar in doppelter Hinsicht: Zum einen, weil es sich hier keineswegs etwa um graue Literatur handelte oder um die Wortmeldung eines konsequenten Kritikers des Marxismus und zum anderen, weil bei Aufnahme dieses Diskussionsangebotes der Diskurs tatsächlich in eine neue historiographische Streitkultur hätte führen können. Wie, lautet folgerichtig die nächste Frage, haben die Historiker im Lande nun auf dieses mehrfache Dis-

[13]) Ebd. 155.
[14]) Ebd. 159.

kussionsangebot reagiert? Eine Antwort hierauf kommt ohne Differenzierungen nicht aus.

Zunächst ist augenfällig, daß die Aufnahme der hier entwickelten Überlegungen und Folgerungen keineswegs so ausschließlich positiv ausfiel, wie man mutmaßen sollte. Das läßt sich allerdings weniger in den gedruckten Reaktionen auf den Leserbrief Jürgen Kuczynskis in den Spalten der ZfG erkennen, deren Grundtenor auch mit vielen öffentlichen Äußerungen zu den beiden Büchern übereinzustimmen schien. Daher muß zunächst knapp auf diese Wortmeldungen eingegangen werden.

In der Ausgabe 8/1982 ließ die Redaktion der Zeitschrift für Geschichtswissenschaft ihre Leser wissen, daß ihr „eine Reihe von Zuschriften" vorlägen, aus denen sie Auszüge veröffentliche, um einen „Überblick über die geäußerten Meinungen und angerissenen Themen" in Reaktion auf Jürgen Kuczynskis Schreiben zu gewähren.[15])

Grundsätzlich sprach aus elf sämtlich partiell abgedruckten Briefen, die überwiegend von Professoren stammten, Zustimmung zum Anliegen Kuczynskis, die Rezensionstätigkeit künftighin qualifizieren zu wollen. „Die Forderungen des Briefes sind berechtigt und nützlich und müssen wohl kaum noch gesondert erörtert werden" – diese Feststellung bildet gleichsam den Grundtenor der ausgewählten Wortmeldungen.

Daneben fallen weitere Momente ins Auge, die das Bild genauer konturieren: So verharrte die Mehrzahl der Diskutanten in einer Behandlung der Rezensionstätigkeit als handwerklicher Frage und nicht selten belegt dabei das Vokabular, daß der wissenschaftliche Meinungsstreit vor allem aus dem Blickwinkel der Parteilichkeit erörtert wurde, etwa wenn es hieß: „Das Rezensieren stellt an den Rezensenten hohe Anforderungen, und zwar nicht nur wissenschaftliche, sondern auch moralische, was z.B. seine Verantwortung betrifft, sich nicht von Vorbehalten oder anderen subjektivistischen Erwägungen leiten zu lassen und keine Gefälligkeitsrezensionen zu schreiben. ... Die Vermeidung von Subjektivismen hat natürlich nichts damit zu tun, daß Positionen bezogen werden."

Weitere Überlegungen galten der Frage, warum das Rezensieren bislang so wenig ertragreich verlaufen sei. Es dürfte, wurde gemutmaßt, eine Rolle spielen, „daß man für eigene Arbeiten auch wohlwollende Rezensionen" haben wolle, oder: „Eine Ursache darf wohl in der abwegigen Auffassung erblickt werden, daß – da historische Publikationen in der Regel bereits Produkte eines vorangegangenen intensiven Meinungsstreites sind – nichts Wesentliches mehr anzumerken sei."

Neben solchen Argumenten, die infolge ihres Abstraktionsgrades ebensowenig bestreitbar wie diskussionsfördernd waren, standen relativ wenige kon-

[15]) Vgl. die Rubrik Briefe an die Redaktion in der ZfG 32, 1982, 717–722.

krete und handhabbare Überlegungen. Etwa wurde die Forderung vorgetragen, die Rezensionsspalten der ZfG in Zukunft stärker für neue Arbeiten aus Nachbardisziplinen der Historie zu öffnen. Dem nahe stand die Annahme, ob die unbefriedigende Besprechungstätigkeit nicht auch damit zu tun haben könne, daß die Praxis interdisziplinärer Forschung zu gering ausgeprägt sei.

Überblickt man die gesamte Palette der Äußerungen der elf Briefschreiber, dann löst vor allem Überraschung aus, daß die Konditionen des Arbeitsalltages eines Historikers in der DDR als Urheber der beklagten Situation in deren Überlegungen offenbar kaum eine Rolle gespielt haben. Die Wortmeldungen wirken statt dessen insgesamt etwas farblos, weniger von Jürgen Kuczynski inspiriert, als vielmehr in seinem – vor allem lustlosen – Nachtrab. Solche Beobachtung könnte nun dazu verleiten, relativ unvermittelt den Stab über die DDR-Historiker zu brechen und in erster Linie die unbefriedigende Aufnahme eines interessanten Diskussionsimpulses zu konstatieren. Ist solches Urteil tatsächlich gerechtfertigt?

Dies freilich wäre noch vorschnell geurteilt, denn zunächst gilt es, noch weitere Momente in Rechnung zu stellen. Was in der Zeitschrift für Geschichtswissenschaft zum Abdruck kam, waren ausgewählte und gekürzte Stimmen, es handelte sich mithin um das Gesamtarrangement einer Redaktion, die in dieser Sache nicht zum wenigsten selbst Zielscheibe der Kritik war. Wir werden, da ihr langjähriger Chefredakteur deren Archiv vernichtet hat, nicht mehr erfahren können, welche Zuschriften zu Jürgen Kuczynskis Intervention gänzlich unveröffentlicht geblieben sind und in welcher Relation Offenlegung und Kürzung geäußerter Meinungen im Heft 8/1982 der ZfG insgesamt stehen.

Manchen Aufschluß geben allerdings individuelle Auskünfte der damals zu Wort gekommenen Historiker[16]); bei ihnen verbliebene Quellen, ihre Erinnerungen und Überlegungen vervollständigen das bisherige Bild und ermöglichen ein gesicherteres Urteil.

Betrachtet man die – leider nur wenigen – Fälle, in denen der volle Wortlaut eines eingesandten Briefes noch vorhanden ist und vergleicht den schließlich gedruckten Auszug damit, dann ist deutlich, daß die ZfG-Redaktion durchaus danach strebte, die Diskussion auf der ganz allgemeinen Ebene einer Bejahung der Verbesserung der Kritik zu belassen, hierzu auch zahlreiche weitere Argumente zu versammeln, aber die Gründe der beklagten Situation nur sehr

[16]) Der Autor ist Frau Professor Waltraud Falk, Hohen Neuendorf, und den Herren Professoren Johannes Glasneck, Halle (Saale), Conrad Grau, Berlin, Joachim Mai, Greifswald, und Jörg Roesler, Berlin, für freundlich erteilte Auskünfte und die Übermittlung von Dokumenten dankbar. Ein besonderer Dank gilt Herrn Professor Horst Drechsler, Rostock, der neben der Weitergabe mündlicher und schriftlicher Mitteilungen und Hinweise auch die Freundlichkeit besaß, Einblick in seine zum Druck vorbereiteten Erinnerungen zu gewähren.

vorsichtig, bestenfalls in Ansätzen zu thematisieren. Jedwede Anspielung, die den Schluß zuließ, auch in ihrer redaktionellen Tätigkeit läge ein Grund für die blassen Besprechungen oder es könnten Formen der Zensur zum Tragen kommen, klammerten die schließlichen Veröffentlichungen aus.

Von einigen Briefschreibern herangezogene Beispiele schlechter Rezensionen wie problematischer Seiten der gesamten Rezensionstätigkeit fielen fast ausnahmslos weg, und selbst allgemein formulierte Aussagen, die die in der historiographischen Praxis der DDR innewohnenden Begrenzungen ausmachten, konnten nicht mehr nachgelesen werden.

Ein typisches Beispiel dazu bietet die Leserzuschrift von Waltraut Falk. In ihrem Brief hieß es unter anderem noch: „Sicher fehlt es nicht selten an Mut, auch unter uns marxistischen Historikern offen Partei zu ergreifen für hohes Niveau und gegen Mittelmaß. Zurückhaltend lebt es sich bequemer und nicht immer ermuntern Redaktionen zu kritischen Wertungen. Natürlich spielt auch das ‚Wissen, die Kunst und die Liebe' des Rezensenten um und zu dem Gegenstand seiner Besprechung eine große Rolle."[17]) Diese Passage verkürzte die Redaktion zu: „Es gilt immer wieder, offen Partei zu ergreifen für hohes Niveau und gegen Mittelmaß. Natürlich spielen auch das ‚Wissen, die Kunst und die Liebe' des Rezensenten um den und zu dem Gegenstand seiner Besprechung eine große Rolle."

Dieses sorgsame Glätten schloß ein, daß weitere, allerdings für die hier interessierende Fragestellung nicht in gleicher Weise bedeutsame Aspekte aus den Briefen ebenfalls vor der Öffentlichkeit verborgen blieben.

Die bislang wohl ausführlichste Erinnerung eines Teilnehmers an der Diskussion stammt von Horst Drechsler. In seinem Brief vom 8. Februar 1982 an die Redaktion begrüßte er ausdrücklich den Impuls zur Qualifizierung des Rezensierens und stellte hiernach ein selbst erlebtes Beispiel in das Zentrum: Ein von ihm in der ZfG als schwach beurteiltes Buch hatte bei dessen Autorin und in der sie beschäftigenden Einrichtung keineswegs weiterführende innerwissenschaftliche Konsequenzen ausgelöst, sondern vielmehr zu persönlichen und wenig qualifizierten Angriffen auf den Rezensenten geführt.

Diese in seinem Schreiben geschilderte Episode einschließlich der damit verknüpften Warnungen wie jener, daß dies falsche Formen „solidarischen" Verhaltens seien, entfielen in der veröffentlichten Version vollkommen. Horst Drechsler hat in seinen zum Druck vorbereiteten Erinnerungen hierzu ein Urteil gefällt, das wegen seiner apodiktischen Zuspitzung markant hervortritt: „Doch wie überrascht war ich, als ich meinen ausführlichen Leserbrief zusammengeschrumpft auf wenige nichtssagende Sätze wiederfand. Das im Mittelpunkt stehende Beispiel, was einem kritischen Rezensenten in der DDR alles

[17]) Brief von Waltraud Falk an die Redaktion der ZfG vom 18. Januar 1982 (Ms.), 3, Kopie im Besitz des Verfassers.

passieren kann, hatte die Redaktion der ZfG sicherheitshalber ausgespart. So organisierte man in der DDR eine Leserdiskussion, ohne etwas zu verändern."[18]

Interessant an diesem Beispiel wie beim Gesamtüberblick über das gesamte Diskussionspanorama ist, daß immer wieder zwei eng zusammenhängende, sich ergänzende Phänomene mit den Intentionen Kuczynskis kollidieren: Das Problem der Zensur „von oben" und die dem Arbeitsalltag der DDR-Historiker entspringenden Hemmnisse des freien Meinungsstreites treten ins Bild, sobald es um die Entwicklung der Kritik geht. Eine Konstellation, die auch in der – soweit zu sehen, einzigen – gänzlich unredigiert veröffentlichten Besprechung des Buches „Ich bin der Meinung" offen thematisiert wurde. Sie soll deshalb abschließend in die Betrachtung einbezogen werden, bevor zu den Folgerungen übergeleitet wird.

Der Leipziger Historiker Günter Katsch widmete dem genannten Band längere Überlegungen und griff hierbei auch das Problem der ungenügenden Rezensionen in der Historiographie auf.[19] Er argumentierte, daß Jürgen Kuczynski diese Kritik partiell falsch adressiert habe: „Seine Aussagen hätten ... an Wert gewonnen, wenn er die Erstfassungen der Rezensionen mit den veröffentlichten verglichen hätte. Damit soll nicht von vornherein gesagt werden, daß diese besser gewesen wären, aber der Anteil von Autor und Redakteur an dem von ihm geschilderten Zustand wäre ersichtlich geworden. Außerdem könnte ... die Frage beantwortet werden, ob eine Redaktion ihre Autoren nicht dadurch prägt, daß sie die Buchbesprechungen in einer ganz bestimmten Weise redigiert."

Wichtiger aber noch, so Katsch weiter, sei die Frage, woraus denn der von Kuczynski diagnostizierte Zustand resultiere. Er bot dazu in Frageform einige Antworten an, die Beachtung verdienen: „Sind kritische Rezensenten nicht auch heute unbeliebt? Hat nicht der eine oder andere Verfasser einer kritischen Rezension erlebt, daß der Autor gewissermaßen die diplomatischen Beziehungen abbrach? Ist der Rezensent nicht gehemmt, wenn er weiß, daß Rezensionen und Annotationen mitunter herangezogen werden, wenn es gilt, die wissenschaftlichen Leistungen eines Kollegen einzuschätzen?"

Diese und andere Probleme, so Katsch abschließend, wären hier aufzuwerfen. Daß der Autor dies unterlassen habe, „errege Verwunderung". Diesmal, resümierte Katsch, habe Jürgen Kuczynski „scharf gezielt und nicht getroffen".

[18] *Horst Drechsler*, Erinnerungen (Manuskript), 306.
[19] *Günter Katsch*, Die dritte Dimension oder: scharf gezielt und nicht getroffen, in: Universitätszeitung der Karl-Marx-Universität Leipzig 32, 1983, 5. Eine gekürzte, dabei vollkommen sinnwahrende Version dieser Besprechung erschien zeitgleich in: BzG 26, 1984, 131f.

Es gibt hinreichenden Grund, an dieser Stelle zunächst die Fäden zusammenzuziehen. Zweifellos urteilte Jürgen Kuczynski auch aus heutiger Perspektive zustimmungsfähig, wenn er der frühen Historiographie der DDR eine unterentwickelte und mangelhafte Kritikfähigkeit attestierte. Daß gerade in den frühen Jahren der DDR nicht selten Parteilichkeit die diversen Formen wissenschaftlichen Streites ersetzte, ist auch von anderen Akteuren dieser Zeit unumwunden eingestanden worden. Ob freilich diese von Jürgen Kuczynski allein an den Stalinismus und seine Überwindung – also an ein vor allem in der politischen Sphäre wurzelndes Phänomen – geknüpfte Beschränkung der Wissenschaftskultur tatsächlich so eindimensional erklärt werden kann, erscheint dagegen fraglich.

Vielmehr scheint der hier in seinen Etappen nicht näher zu rekapitulierende Prozeß der Genese einer DDR-Historiographie dazu beigetragen zu haben, den traditionellen Formen des fachinternen Diskurses zwar zunehmende Aufmerksamkeit zu schenken, doch blieb er bei alledem mit Mängeln behaftet, die im Verständnis von marxistisch-leninistischer Art der Handhabung von Geschichte verankert sind und blieben.

Deshalb geriet Jürgen Kuczynskis Vorstoß genaugenommen zur Sonde über den erreichten Grad der Verwissenschaftlichung der DDR-Historiographie. Seine Sonderstellung im wissenschaftlichen und politischen Leben der DDR bot ihm dabei Artikulationsmöglichkeiten, die Historikern im Normalfall verschlossen waren. Zwangsläufig, aufgrund ihrer anderen Einbindungen in das System, folgte die übergroße Mehrheit nicht dem gewiß begrüßens- und unterstützenswerten Anliegen Kuczysnkis, sondern rieb sich einmal mehr an den obwaltenden Arbeitsumständen.

Das erklärt auch, weshalb sein zweifellos kühner Vorschlag so wenig Resonanz erfuhr. Immerhin zielten diese Überlegungen im Kern auf nichts anderes, als von der bürgerlichen Historiographie zu lernen, sie favorisierten ein Anknüpfen an ihre Stärken und deren Verbindung mit der marxistisch Methode. Als Arbeitsprinzipien ernstgenommen, hätten diese Schritte zur Revision einer gesamten Historiographie geführt, die bisherige Praxis zumindest radikal in Frage gestellt, wenn nicht vollends verworfen, und ein neues, wenn auch noch unklar fixiertes künftiges geschichtswissenschaftliches Tun an diese Stelle gerückt.

Interessant an der Reaktion der Historiker der DDR ist deshalb vor allem zweierlei: Wohl wird man, wie gezeigt, bei Betrachtung ihrer öffentlichen Reaktionen die Rolle von Eingriffen, von Zensur nicht unterschätzen dürfen. Sie haben auch in dem hier betrachteten Falle dem Diskurs beträchtlich an Schärfe genommen. Zugleich vermitteln aber alle erschlossenen Quellen nicht den Eindruck, als hätte die Zunft den Anstoß zu einer grundsätzlichen Diskussion und Revision aufgenommen, als hätte sich hier eine Debatte über Grundfragen entfalten können. Daß in Kuczynskis Vorstoß mehr als das Verlangen nach verbesserter Besprechungsqualität steckte, daß er Nachdenken über das Arbeiten einer gesamten Historiographie, im Grunde aller Geisteswissenschaften anzustoßen im Begriff war, dieser Ball wurde nicht aufgefangen.

Dieser Tragweite seines Vorstoßes war sich Jürgen Kuczynski durchaus bewußt. Man kann das in seinen Texten sehr gut daran erkennen, daß er seine Überlegungen dort, wo sie etwa politisch besonders brisant waren, gern mit Berufungen auf Autoritäten – wie zitiert von Lenin bis Kurt Hager – stützte. So ließe sich denn das grobe Fazit ziehen, daß die Zunft seiner Kritik mehrheitlich wohl zustimmend gegenüberstand, den empfohlenen Lösungsweg dagegen weitgehend ignorierte.

Möglicherweise, dies soll ausdrücklich eingeräumt werden, hat auch nicht die gesamte Historikerschaft die hier betonte Quintessenz Kuczynskischen Denkens so registriert, wie es jetzt in verkürzter Darstellung und aus nachträglicher Perspektive leicht möglich ist. Das konstatierte schnelle Überleiten zu den Problemen des Arbeitsalltages eröffnet immer mehrere Interpretationsmöglichkeiten.

Man kann es als vorgeschobenes Argument deuten, als die Absicht, sich bewußt anderen Problemen nicht zuwenden zu wollen. Umgekehrt kann man mit derselben Plausibilität behaupten, durchaus hätten alle Überlegungen gleichermaßen im Blick gestanden und Kuczynskis Vorschlag habe letztendlich nicht überzeugt.

Unabhängig davon, wie man die Gewichte verteilen will und welcher Lesart der Vorzug gegeben wird – genau in dieser Spannung von begrüßter Diagnose und nur schwacher Reaktion auf einen angebotenen zukünftigen Weg scheint auch die einprägsamste Beschreibung des Phänomens der Kritik in der DDR-Historiographie dokumentiert. Bestätigt wäre einmal mehr: Trotz manchen Unbehagens, das wohl schon zu den Zeichen einsetzender Erosion gezählt werden darf, hielt das selbstgewählte Korsett, und die Historiographie der DDR verließ auch in den achtziger Jahren aufs Ganze gesehen ihren Rahmen eines marxistisch-leninistischen Wissenschaftsverständnisses nicht.

Historische Diskursformen ostdeutscher Intellektueller – die Weimarer Republik und die „Sieger der Geschichte“

Von

Wolfgang Bialas

I. Diskurstheorie und die „Gleichzeitigkeit des Ungleichzeitigen“: Ostdeutsche Identität nach dem Ende der DDR

Was ist Diskurstheorie, und wie könnte sie auf die Analyse der DDR-Geschichte und – Geschichtswissenschaft angewendet werden?

1. Diskurstheorie ist Systemtheorie. Sie thematisiert die strukturellen Zwänge, unter denen kulturelle Praktiken entwickelt werden, ohne diese jedoch ideologie- oder herrschaftskritisch zu hinterfragen.[1]) Zwar ist auch für sie klar, daß Vor- und Nachteile dieser strukturellen Zwänge sozial ungleichgewichtig verteilt sind – die einen profitieren von ihnen, andere werden von ihnen unter abhängige soziale Rollen gezwungen. Das ist jedoch nicht ihr Thema, auch nicht ihr Impuls einer moralischen Kritik oder eines gerechten Ausgleichs der strukturell vorentschiedenen Ungleichverteilung von Lebenschancen. Vielmehr setzt ihre Kritik an eben diesen Strukturen an, deren ungleich gewichtende Zuschreibung sozialer Rollen und Verhaltensdispositionen zu einer Personifizierung sozialer Strukturen provoziert – eine Provokation, die Diskurstheorie als methodologische Falle zurückweist.

2. Diskurstheorie ist Hermeneutik. Sie zielt darauf ab zu verstehen, weshalb sich Akteure so und nicht anders verhalten, welche Selbstverständlichkeiten warum und wodurch plötzlich kippen. Sie ist jedoch keine Tiefenhermeneutik, die *unter* der Oberfläche des Sprechens und Handelns der Akteure, ihrer Praktiken also, verborgene Tiefenstrukturen vermutet, die es herauszuarbeiten gelte.[2]) Nur was auch auf der Oberfläche der Erscheinungen strukturell wirk-

[1]) Der Diskurs „ist keine Semantik, keine Ideologie, kein impliziter Gehalt“. Eher gleicht er als untergetauchte, vorbegriffliche Grammatik dem verborgenen Teil eines Eisbergs. So *Paul Veyne,* Foucault. Die Revolutionierung der Geschichte. Frankfurt am Main 1992, 29 f.
[2]) Foucault hat diesen Ansatz am geschichtlichen Dispositiv der Sexualität entwickelt: „Die Sexualität ist keine zugrundeliegende Realität, die nur schwer zu erfassen ist, sondern ein großes Oberflächennetz, auf dem sich die Stimulierung der Körper, die Intensivierung der Lüste, die Anreizung zum Diskurs, die Formierung der Erkenntnisse, die Verstärkung der Kontrollen und der Widerstände in einigen großen Wissens- und Machtstrategien miteinan-

sam wird, zählt für sie. Sie unterstellt einen Verstehens- und Erklärungshorizont historischer Formierung, auf dem strategische Täuschungen anderer und induzierte Selbsttäuschungen funktionslos wären. Die Komplementarität von substantieller Tiefe und substanzloser Oberfläche, die Annahme von Bedeutungen, die nur über geschichtsphilosophische Zuschreibungen anschlußfähig an die Empirie historischer Ereignisse sind, ist für sie ein Indiz kontrafaktischer ideologischer Sinnkonstruktionen.

3. Systemtheoretisches und hermeneutisches Selbstverständnis zusammengenommen, zielt Diskurstheorie auf ein „Verstehen von Strukturen", die jenseits einer Subjekt-Objekt-Dialektik als „objektivierende Objektivierungen" genommen werden.[3]) Ihre Realisierungsform sind Praktiken oder Diskursformen. Das Problem der subjektiven Freiheitsgrade menschlichen Handelns stellt sich für sie nur im Kontext dieser Diskursformen. Heldenrollen sind im diskurstheoretischen Ansatz ebensowenig vorgesehen wie die Rolle des moralischen Versagers.

4. Wissenschaft ist aus diskurstheoretischer Sicht eine Diskursform unter anderen, unter der Akteure auf spezifische Weise Objektivierungen realisieren. In der Wissenschaft wird dieser Rahmen modifiziert zu Rationalitätsstandards, methodologischen Apriori, normativen Geltungskriterien und zur Rationalisierung ideologischer Vorannahmen, die nicht zur Disposition stehen. Sie formulieren Zulassungsbedingungen und Ausschlußkriterien, die als diskursive Zwänge für die Reproduktion der kulturellen Praxisform Wissenschaft sorgen.

Diskurstheorie verspricht, einen Zusammenhang aufzuzeigen zwischen der „Geschichte der Haupt- und Staatsaktionen" und dem Alltag der kleinen Leute, der in diesen Aktionen entweder gar nicht oder nur am Rande vorkommt. Dabei operiert sie mit einem Verständnis von Politik, daß diese nicht ausschließlich an der logischen Konsistenz ihrer programmatischen Selbstdarstellungen oder der Wirkungsmächtigkeit ihrer Strategien mißt, sondern ihr bis in die Verästelungen des in seinem Selbstverständnis zumeist unpolitischen Alltagshandelns der Menschen folgt. Diskursanalyse zielt auf den vorbegrifflichen Rahmen, die unbewußten Selbstverständlichkeiten und Voraussetzungen wissenschaftlicher Arbeit. Diese sind nur dann zugänglich, wenn sie entweder problematisch geworden sind oder aber durch andere Selbstverständlichkeiten derart schnell, gründlich und umfassend abgelöst wurden, daß sie gar nicht erst problematisch werden konnten.

Um eine solche Ablösung diskursiver Selbstverständlichkeiten *vor* ihrer Problematisierung, um ihren Zusammenbruch ausgerechnet in einer Phase, in der sich die utopische Vision eines basisdemokratischen Sozialismus zum demo-

der verketten." *Michel Foucault*, Der Wille zum Wissen. Sexualität und Wahrheit 1. Frankfurt am Main 1983, 128.

[3]) Vgl. dazu *Hubert L. Dreyfus/Paul Rabinow,* Michel Foucault. Jenseits von Strukturalismus und Hermeneutik. Frankfurt am Main 1987.

kratischen Aufbruch konkretisierte, handelte es sich bei dem revolutionären Umbruch des Herbstes '89 in der DDR. Die Problematisierung dieser Voraussetzungen wurde durch den Gang der Ereignisse in einer Rasanz überholt, daß ihre Konsequenzen nicht mehr eintreten konnten. Das in dieser Dichotomie als Reformpotential unterstellte Auseinanderfallen von realem und demokratischem Sozialismus wurde nicht mehr wirksam. Es wurde mehrheitlich als intellektuelle Kopfgeburt und durchschaubarer Versuch wahrgenommen, dem diskreditierten Projekt einer sozialistischen Gesellschaft neue Ressourcen zu erschließen. In ihrer Ablehnung eines solchen Versuchs blieb die ostdeutsche Bevölkerung bei ihrem „Keine Experimente mehr" und „Nie wieder Sozialismus".

Nachdem die Euphorie von Revolution und Wende zur deutsch-deutschen Vereinigung vom sozialpolitischen Alltag des Vereinigungsprozesses abgelöst wurde, begannen sich die Sichten in eigenartiger Weise umzukehren. Die Unterstellung, die selbstverständlich gewordenen sozialen Sicherheiten zu Zeiten der DDR würden, ergänzt durch die herbeigesehnten politischen und zivilgesellschaftlichen Freiheiten und den ökonomischen Aufschwung natürlich erhalten bleiben, erwies sich sehr schnell als illusionäres Wunschdenken. Versuche, die aus dieser Erfahrung resultierenden Frustrationen abzuarbeiten, konnten auf Resonanz in weiten Teilen der ostdeutschen Bevölkerung rechnen. In ihnen wurde eine durchaus selbstbewußte ostdeutsche Identität konstruiert, die als ideologisches Gebilde einer national souveränen DDR-Identität zu ostdeutschen Zeiten ebenso selbstverständlich mehrheitlich abgelehnt wurde. Diese ostdeutsche Identität unter den komplizierten Bedingungen des deutschen Vereinigungsprozesses ist so nicht einfach die nostalgische Beschwörung der untergegangenen DDR, sondern eine durchaus zeitgemäße Reaktion auf die neuen Bedingungen. In ihr wird eine Problematisierung des politischen Systems der DDR nachgeholt. Dieser Prozeß handlungsentlasteter nachholender Problematisierung ist aufschlußreich. Er ist und bleibt bezogen auf die DDR, die nach dem Ende ihrer staatlichen Existenz nun noch einmal als reformsozialistisches Projekt mit ihrer realsozialistischen Existenz konfrontiert wird. In diesem Prozeß findet mit zeitlicher Verzögerung und im veränderten Kontext der Nachfolgeentwicklungen das statt, was einem externen Beobachter als skurrile Realitätsverweigerung erscheinen muß. Atmosphärisch verdichtet zum Gefühl des Heimatverlustes ersteht das untergegangene Diskursuniversum noch einmal auf. Nun, in ihrer unvermeidlich verspäteten Problematisierung, findet die Auseinandersetzung mit einer Vergangenheit statt, die festgehalten als Jetztzeit (als „Echtzeit") daran gehindert wird zu vergehen. Das, was aus der Optik fortgeschrittener Entwicklung zu Recht als realitätsfremde Nostalgie erscheint, kann so auch als verlängerter Aufenthalt in einer untergegangenen gesellschaftlichen oder Diskursformation beschrieben werden.[4])

[4]) Unter dieser Voraussetzung wäre etwa die breite Geschichtsdebatte der PDS zu analysieren.

Ein diskurstheoretischer Beitrag zur Frage nach der Bewährung oder dem Versagen der ostdeutschen Geschichtswissenschaft unter den Bedingungen der Diktatur einer Partei läßt sich nur bedingt oder in der metatheoretischen Wendung erwarten. Die Option, die Verbindlichkeit der Objektivierungen eines diskursiven Feldes außer Kraft zu setzen, gibt es nicht. Noch diejenigen, die sich in Opposition zu den geltenden ideologischen und offizialwissenschaftlichen Standards begriffen und artikuliert haben, die aus dem Wissenschaftsbetrieb ausgestiegen sind oder aussortiert wurden, die sich Karrierestrategien verweigert haben oder denen sie verweigert wurden, die sich in den subdisziplinären Leitbereichen mit eigenen Positionen zu strategischen Problemen profilieren wollten oder die in wissenschaftsstrategisch marginale Bereiche auswichen, um solchen Versuchungen oder Zwängen zur Profilierung zu entgehen, waren gezwungen, das innerhalb objektiv verbindlicher Diskursformationen zu tun. Befürworter und Gegner der DDR, Marxisten und Nichtmarxisten, Wissenschaftler und Nichtwissenschaftler, Ideologen und Pragmatiker, Zeitgeschichtler und Spezialisten für längst vergangene historische Epochen teilten Voraussetzungen, die ihnen nicht bewußt oder dezisionistisch verfügbar und die deshalb um so durchschlagender waren. Nicht auf der Ebene der Ideologie, ihrer Annahme oder Verweigerung, sondern auf der noch in der Opposition gemeinsamen Ebene der Diskursformen, um die als gemeinsame Bezugsgröße und Norm die konträren Positionen oszillierten, blieben diese Positionen aufeinander bezogen. Ideologien kann man produzieren, ignorieren oder bekämpfen. Sie provozieren Zustimmung oder Ablehnung. An ihnen als den strategischen Schnittstellen von Macht scheiden sich die Geister und auch die Mächtigen.

Ein Ausstieg aus Diskursformen ist nicht möglich. Sozialisatorische Prägungen lassen sich nicht willkürlich aufkündigen. Als in ihrer Selbstverständlichkeit und Verläßlichkeit nur hypothetisch problematisierbare Voraussetzungen eines „blinden“ Zusammenspiels von Lebens- und Denkformen laufen Diskursformen erst dann ins Leere funktionslos gewordener Identitätshülsen, wenn diesen Lebens- und Denkformen selbst die sozial existentielle Grundlage entzogen ist. Die soziale Funktionalität von Diskursformen, der tiefenstrukturelle Konsens einer Gesellschaft, der ihre soziale Heterogenität, ihre politischen Konflikte und kulturellen Divergenzen konterkariert, zeigt sich erst in ihrem dysfunktionalen Leerlauf in anachronistisch gewordenen sozialen Praktiken und Habitusformen. In diesem Übergang kann sich eine ausdifferenzierte Gesellschaft für kurze Zeit wieder zur Gefühlsgemeinschaft zusammenschließen, zur „Versammlung Betroffener“, die den gesellschaftlichen Umbruch zum gemeinschaftsstiftenden Erlebnis von Verlust und Verunsicherung zusammenziehen.

II. Die DDR als virtuelle Realität

Untersuchungen zur ostdeutschen Geschichte und Geschichtswissenschaft treffen auf irritierende Phänomene, die sich letztlich in einer Beobachtung zusammenfassen lassen: Nach dem mehrheitlich von der ostdeutschen Bevölkerung herbeigewählten administrativen Ende der DDR lebt diese als virtuelle Realität weiter. Erst jetzt zeigt sich eine Tiefen- und Breitenwirkung ostdeutscher politischer Sozialisation, die aus der Ablehnung, Ignoranz oder lediglich formalen Bedienung der ideologischen Formeln des real existierenden Sozialismus so nicht zu vermuten war. Was auf der Ebene politischer Strategien ins Leere lief, sich als ideologische Formel bis zur Lächerlichkeit diskreditiert hatte, wird in der spontanen Reduktion dieser Formeln und Strategien auf einen angenommenen unpolitischen Kern, der *so* gar nicht in ihnen angelegt ist, zum lebensweltlichen Konsens einer in ihrem Selbstverständnis mehrheitlich unpolitischen Bevölkerung umdefiniert. Angeordnet um rhetorische Figuren wie „die führende Rolle der Arbeiterklasse" oder „die letztlich entscheidende Rolle der ökonomischen Basisverhältnisse", bildete sich tatsächlich so etwas wie ein Eigentümerbewußtsein der Arbeiter heraus, die vor Ort, in ihren Betrieben, „die Macht" übernahmen. Die Mikropolitik der Binnenverhältnisse jedenfalls wurde von *ihnen* bestimmt. Ihre Fähigkeit, aus der intimen Kenntnis der konkreten Miseren, des allgegenwärtigen Mangels und der Möglichkeiten, durch Improvisation und den Aufbau einer „zweiten Wirklichkeit" und funktionierender Netzwerke jenseits des Simulakrums planwirtschaftlicher Ideologie den Betrieb überhaupt in Gang zu halten, sicherte ihnen alle nur denkbaren Freiräume. An Auseinandersetzungen auf der Ebene der Ideologie waren sie ohnehin nicht interessiert, konnte auch die Gegenseite des politischen und wirtschaftlichen Führungspersonals nicht interessiert sein.

Diskurstheoretisch läßt sich am Schicksal der DDR-Ideologie so etwas wie eine untergründige „List der Vernunft" belegen: Gerade dann, wenn diese Ideologie beim Wort genommen wird, fällt die Gesellschaft, deren offizielles politisches Selbstverständnis durch sie artikuliert wird, in sich zusammen. Auf dem Wege von den pathetisch-lächerlichen Formeln zu den alltagskulturellen Selbstverständlichkeiten wird sie ihrer politischen Pathetik entkleidet und auf ihren lebensweltlichen Kern reduziert. Als die Losung von den Volksmassen als Subjekt der Geschichte sich zur Losung „Wir sind das Volk" verdichtet hatte, war es mit der ideologischen Stellvertretung dieser Volksinteressen vorbei. Vor Ort verkehrten sich die ideologischen Ausgangsformeln in ihr Gegenteil. Gegenüber den spontanen Habitualisierungen ideologischer Versatzstücke waren die Repressivapparate machtlos.

Diese Annahme konträrer Welten, die dennoch aufeinander bezogen bleiben, mutet wie eine spekulative Konstruktion ohne gesicherte empirische Evidenzen an. Im Aufeinandertreffen von politischer Verortung und epochenübergreifender weltgeschichtlicher Standortbestimmung finden sich diese Paradoxien im ideologischen Diskurs des Marxismus-Leninismus wieder. Diese Paradoxien waren historiographisch zu bewältigen – eine Aufgabe, der sich die Geschichtswissenschaft der DDR noch im Bestehen auf disziplinärer Eigenständigkeit gegenüber den Erwartungen an historischer Sinnstiftung, Orientierung und Legitimation nicht entziehen konnte.

In der deutsch-deutschen Debatte zur Bilanzierung ostdeutscher Geschichte und Geschichtswissenschaft scheinen alle nur denkbaren Positionen und Zwischenpositionen bereits eingenommen. Die Inkompatibilität der Generalisierungsversuche, worum es sich denn nun im Falle der DDR und ihrer Geschichtswissenschaft gehandelt habe, ist dabei unübersehbar. Zumindest die ostdeutschen Beiträge dieser Diskussion spiegeln in eigentümlicher Brechung die Turbulenzen der revolutionären Ereignisse des Herbstes '89 und der von ihnen initiierten Nachfolgeentwicklungen des deutschen Vereinigungsprozesses. Was damals unter dem Entscheidungsdruck der offenen historischen Situation und der enormen Beschleunigung der Ereignisse ausgewogene theoretische Konzepte mit begründeten politischen Präferenzen verhinderte, wird nun, nachdem die Entscheidungen gefallen sind, nachgeholt. In dieser Debatte werden auch Positionen entwickelt, die von der Unterstellung leben, das historische Feld der unterdrückten, nicht ausgetragenen oder einseitig entschiedenen Auseinandersetzungen über die Reformfähigkeit der DDR, über historische Alternativen zur politischen Entwicklung des real existierenden Sozialismus schlechthin ließe sich noch einmal zur offenen historischen Situation uminterpretieren. Es ist nicht so, daß eine der unter dieser Voraussetzung argumentierenden Diskursfraktionen ernsthaft mit einer solchen Möglichkeit der politischen Materialisierung ihrer retrospektiven Akzentuierungen von DDR-Geschichte rechnen würde. Es ist wohl nicht einmal so, daß sie die Option hätten, Positionen einzunehmen, die sich vom Bezug auf die DDR gelöst hätten. Vielmehr scheint hier ein untergründiger Zwang am Werk, Positionen, die zu DDR-Zeiten mit Ausnahme einer für den Wissenschaftsbetrieb irrelevanten Minderheit nur in kryptischer Form eingenommen wurden oder aber von denen, die sich nun zu ihnen hingezogen fühlen, seinerzeit als „gegnerische Positionen" wahrgenommen wurden, nun endlich als eigene zu übernehmen. Diese Einnahme von Positionen, die quer zum Zeitgeist stehen, sollten meines Erachtens weniger nach ihrem Realitätsgehalt und ihren Chancen, im gegenwärtigen intellektuellen Diskurs der Bundesrepublik zu bestehen, beurteilt als vielmehr als originäre Auseinandersetzung mit der ostdeutschen Geschichte wahrgenommen werden. Diese eigenwillige Verklammerung von Real- und Ideengeschichte wäre zu einer Perspektive „interessierter Zeitzeugenschaft in eigener Sache" fortzuschreiben. Eine solche Perspektive, die sich nicht länger daran abarbeitet, eigene Interessen, Wertungen und Akzentuierungen in einer möglichst objektiven, neutralen

Sicht auf die Geschichte zu eliminieren, die sich aber auch nicht darauf beschränkt, zeitgeschichtliche Prägungen, wie auch immer im Nachhinein umgedeutet, schon als konzeptionellen Ansatz zu nehmen, wäre wohl die einzig innovative Antwort auf die zur Gretchenfrage stilisierte Alternative, ob es nun von Vor- oder Nachteil sei, über eigene Erfahrungen mit dem gesellschaftlichen System der DDR zu verfügen, das nun historiographisch analysiert wird.

Einen Ausweg aus der kommunikativen Pattsituation des „entweder – oder" verspricht hier eine Perspektive, die die diskursiven Anordnungen selbst zum Gegenstand nimmt, also die häufig konträren Voraussetzungen, unter denen zum gleichen Gegenstand argumentiert wird. Unter ungleichen Voraussetzungen, die nicht thematisiert werden, wird dann aneinander vorbei geredet. Dadurch wird die Heterogenität der Diskussionspartner verdeckt. Ihr gemeinsames Interesse am Gegenstand, der zur Diskussion steht, scheint Verständigung schon zu garantieren. Konstituiert werden auf diese Weise jedoch nicht *Austausch*diskurse, sondern *Parallel*diskurse. Zu diesem Phänomen der Blockierung von Kommunikation zwischen heterogenen Gesprächspartnern, die meinen, sich umstandslos über Sachprobleme verständigen zu können, ohne vorab grundlegende Divergenzen ihrer kommunikativen Ausgangslage klären zu müssen, finden sich bei Karl Mannheim die entscheidenden Argumente: „Obgleich man sich mehr oder weniger der Tatsache bewußt ist, daß der diskutierende Partner als Repräsentant einer anderen Gruppe und somit sehr oft seiner geistigen Struktur nach als Ganzes ein Anderer ist, spricht man in einer konkreten, geistigen Auseinandersetzung um einer bestimmten Sache willen so, als läge die Differenz *nur in dieser einen Sache*, um die sich jetzt und hier die Auseinandersetzung kristallisiert, als sei der Partner nicht in seiner ganzen Lagerung heterogen, sondern bloß in diesem einen Punkte der Diskussion."[5]) Gegenüber der Variante einer Begegnung zwischen heterogenen Partnern, „bei der das Totale der Differenz und ihre Struktur für die konkrete Begegnung nur den halbdunklen Hintergrund abgibt", plädiert Mannheim dafür, „jeden theoretischen Begegnungsanlaß dazu zu benutzen, das vordergründige Mißverständnis und Aneinandervorbeireden durch ein konsequentes Zurückfragen bis zu den grundlegenden Differenzen aufzuhellen, alle jene Voraussetzungen in ihrer Verschiedenheit herauszuholen, die in den beiden Aspektstrukturen als Konsequenzen verschiedener Seinslagen implizit vorhanden sind und gerade deshalb eine unmittelbare Konfrontierung der Aussagen unmöglich machen. ... Die Wissenssoziologie sucht ... das Aneinandervorbeireden bei disparaten Gegnern eben dadurch aufzuheben, daß sie den Quellpunkt der partiellen Differenzen, der in direkter Ausgerichtetheit auf das, was man die „Sache" nennt, niemals in das Gesichtsfeld der Diskutierenden fallen

[5]) *Karl Mannheim,* Ideologie und Utopie. 5. Aufl. Frankfurt am Main 1969, 240.

könnte, durch ein besonders geartetes Zurückfragen ausdrücklich zum Thema macht."[6]) Für dieses Zurückfragen nach dem Grund der Differenzen als Bedingung dafür, überhaupt unter kommunikativ gleichgewichtigen Voraussetzungen eine Auseinandersetzung zu Sachproblemen führen zu können, möchte ich im folgenden plädieren und dazu den analytischen Ansatz der Diskurstheorie einführen.

III. Geschichtsschreibung der Sieger in der Nachfolge der Verlierer

Im folgenden möchte ich am Beispiel der DDR-Historiographie zur Weimarer Republik[7]) zeigen, zu welchen Paradoxien diskursive Apriori in einer diffusen Gemengelage von ideologischem Selbstverständnis, historiographischer Forschung und historischer Verortung führen konnten.

Geschichtsphilosophische Konstruktionen und ideologische Versatzstücke hatten sich in der DDR-Historiographie zu einer Geschichtsschreibung der Sieger zusammengeschlossen. Diese historiographische Synthese war nur konsequent. Das folgerichtige Pendant einer mit der Teleologie historischer Gesetzmäßigkeiten arbeitenden Geschichtskonzeption ist nun einmal der gesetzmäßige Sieg *der* sozialen Kräfte, die sich selbst als Agenten dieser historischen Teleologie begreifen.[8]) Eine solche Konzeption hat prinzipielle Schwierigkeiten, historische Ereignisse zu einem Erklärungszusammenhang zu ordnen, deren Komplexität mit dem binären Schema von Sieg oder Niederlage im Klassenkampf nicht einmal näherungsweise zu fassen ist. Während Niederlagen geschichtsphilosophisch definierbar sind als Blockierungen, Verzögerungen oder historische Umwege in der Realisierung der unterstellten Teleologie, versagen solche Komplexitätsreduktionen vor der Vielschichtigkeit offener historischer Situationen. Niederlagen können durch das didaktische Korrektiv, „Lehren aus der Geschichte" zu ziehen, relativ problemlos in dieses binäre Schema integriert werden. Sie werden dadurch zu verhinderten Siegen[9]) oder aber zur Voraussetzung künftiger Siege. Die mögliche Öffnung historischer Situationen zur Mehrdeutigkeit vielfältiger Interessenlagen und Entwicklungstendenzen wird durch solche Interpretationen zur Eindeutigkeit „objektiver Parteilichkeit" zu-

[6]) Ebd. 241.

[7]) Einen ausgewogenen Überblick über Leistungen und Defizite der DDR-Historiographie zur Weimarer Republik gibt *Jürgen John*, Sozial-, alltags- und kulturhistorische Aspekte der Geschichte der Weimarer Republik, in: ZfG 38, 1990, 802–819.

[8]) So war etwa die „deutsche Novemberrevolution ... kein Zufall der Geschichte ... Die Revolution war vielmehr Ausdruck und Bestandteil des gesetzmäßigen Ringens zwischen dem zukunftsträchtigen Sozialismus und dem historisch überholten Kapitalismus." *Wolfgang Ruge*, Weimar – Republik auf Zeit. Berlin 1982, 13.

[9]) Die Novemberrevolution in Deutschland – „die zum Greifen nahe scheinende Sternstunde der Freiheit"; ebd. 14.

rückgenommen. Eine solche Öffnung war dadurch bereits im konzeptionellen Ansatz diskreditiert als methodologische Kapitulation vor der Unübersichtlichkeit der Verhältnisse im Verzicht auf klare „ordnende" Prioritäten und Wertungen, aber auch Auslassungen und Pointierungen.

Aus der offenen Situation der Weimarer Republik, aus der Auseinandersetzung um eine proletarische oder faschistische Diktatur, einen internationalistischen oder nationalen deutschen Sozialismus waren die Nazis, nicht die Kommunisten als Sieger hervorgegangen. Die Diskursform des Sozialismus in antiwestlicher Attitüde hielt sich durch vom Vorabend des Ersten Weltkrieges, den „philosophischen Ideen von 1914", bis zum Herbst '89, in dem ausnahmslos alle politischen Gruppen und Parteien der DDR gezwungen waren, in der Rhetorik eines demokratischen, eines reformierten, eines besseren Sozialismus anzutreten. Mit dem Zusammenbruch dieser Rhetorik ging eine Diskursform zu Ende, die sich als Kombination aus antiwestlichen Ressentiments, Sozialismus und den „Siegern der Geschichte" verstand. Noch in der von einer solchen Rhetorik scheinbar freien Methodologie der Geschichtswissenschaft, der Einheit von Objektivität und Parteilichkeit, dem geschichtsphilosophischen Telos des gesetzmäßigen Sieges des Sozialismus, der formationstheoretischen Linearität des Geschichtsprozesses, dem Bestehen auf der *einen* historischen Wahrheit, die von den Siegern geschrieben wird, war diese Diskursform prägend.

Die Weimarer Republik fungierte in der ostdeutschen Historiographie in mehrfacher Hinsicht und aus vielfältigen Gründen als Bezugsgröße des historischen Selbstverständnisses. Dabei wurde Gesellschaftsgeschichte tendenziell zur Parteigeschichte verengt. Dieser Verengung korrespondierte eine weltgeschichtliche Generalisierung nationalgeschichtlicher Entwicklungen zum Beleg epochengeschichtlich übergreifender Zäsuren. Bestimmt wurde diese Epoche als die des weltweiten Übergangs vom Kapitalismus zum Sozialismus, eingeleitet durch den Sieg der Oktoberrevolution in Rußland. Parteiengeschichtlich entsprach dem die Definition der KPD als internationalistischer Partei unter Zurückstellung nationaler Besonderheiten. Ihr Internationalismus wurde dadurch gleichsam zu einer „Parteilichkeit auf der Höhe der Epoche" aufgewertet. Mit ihrer „Bolschewisierung", ihrer programmatischen und strategischen Einschwörung auf das Schicksal Sowjetrußlands und die Dogmen marxistisch-leninistischer Revolutionstheorie entwickelte die KPD eigene Kriterien des Erfolgs, deren Übertragung auf die Geschichte der Weimarer Republik insgesamt diese zu einer Geschichte der Wirkungs- und Kampfbedingungen der Kommunistischen Partei umschrieb. Der Sieg im Klassenkampf, so die logische Konsequenz, würde *den* sozialen und politischen Kräften gehören, die rechtzeitig und konsequent die richtigen Lehren aus der Oktoberrevolution gezogen hatten.

Die Stellung zur Oktoberrevolution, zu Sowjetrußland, wurde in dieser

Sicht zum Dreh- und Angelpunkt sozialer und politischer Auseinandersetzungen in Deutschland. In der klassen- und parteienübergreifenden Generalisierung wurde sie zum ausschlaggebenden Kriterium des Erfolgs, an dem sich Sieg oder Niederlage letztlich entscheiden würden. So meinte Walter Ulbricht, durchaus in Übereinstimmung mit der DDR-Historiographie zum Thema, 1958 rückblickend feststellen zu müssen: „Es zeigte sich, daß die führenden Kräfte der deutschen Bourgeoisie und der Entente die Lehren aus der Oktoberrevolution gezogen hatten und alles unternahmen, um die Arbeiterklasse zu spalten, indem sie die deutsche Sozialdemokratie einspannten, um die Revolution aufzuhalten und die Vorhut der Arbeiterklasse niederzuhalten.“[10]) Die Bourgeoisie hatte also, im Unterschied zur Arbeiterklasse, die richtigen Lehren aus der Oktoberrevolution gezogen und sich dadurch Sieg und strategische Initiative im Nachkriegsdeutschland der Weimarer Republik gesichert. Solche Paradoxien waren zu vermeiden, und sie wurden vermieden: „In größerem Umfange wurde der Meisterung zentraler ideologisch-theoretischer Fragen durch die KPD nachgegangen, wie ihres Eindringens in die Allgemeingültigkeit des Leninismus und der Erfahrungen und Lehren der Oktoberrevolution, ihrer schöpferischen Anwendung der allgemeinen Gesetzmäßigkeiten der revolutionären Bewegung.“[11])

Durch die historiographische Verengung von Geschichte auf die Geschichte der Arbeiterbewegung und innerhalb dieser auf eine Geschichte der kommunistischen Partei wurden schließlich die politischen Führer selbst zu autorisierten Interpreten der Parteigeschichte. Die Erfolgsgeschichte der Partei wurde damit zur Erfolgsgeschichte ihrer Führer. Die objektive Teleologie der Geschichte verengte sich noch einmal zur parteipolitischen Erfolgsgeschichte der Sieger im organisationsinternen Machtkampf der Partei. Was Klasse und Partei für sich in Anspruch nahmen – Übereinstimmung mit objektiven historischen Entwicklungsgesetzen, wissenschaftlich begründete Einsicht in den Verlauf historischer Prozesse, schließlich die Fähigkeit, aus dieser Einsicht heraus historische Entwicklung gesamtgesellschaftlich zu planen und bewußt zu gestalten, wurde gleichzeitig personifiziert zu persönlichen Tugenden der Parteiführer. Partei und politische Führung behielten sich die Interpretation ihrer eigenen Geschichte selbst vor.

Offene Situationen, die sich durch das entschlossene Handeln des Gegners zu Niederlagen gewendet hatten, hinterließen eine Faszination des Siegers. Die Faszination von der Effizienz seiner Mittel bei gleichzeitiger Gegner-

[10]) *Walter Ulbricht*, Begründung der Thesen über die Novemberrevolution 1918. Referat auf der 2.Tagung des Zentralkomitees der SED, in: ZfG. Sonderheft 1958 zum 40. Jahrestag der deutschen Novemberrevolution 1918, 28–54, Zitat 36.

[11]) *Heinz Karl/Joachim Petzold/Margarete Piesche*, Forschungen zur deutschen Geschichte 1919–1933, in: Historische Forschungen in der DDR 1970–1980. Berlin 1980, 241–278, Zitat 246.

schaft wurde zur Bereitschaft, zu gegebener Zeit selbst auf diese „Methodik des Sieges" zurückzugreifen. Waren die Mittel des Gegners effizient, so galt es, ihn mit seinen eigenen Waffen zu schlagen. In letzter Konsequenz ging der Kampf um die Verfügung über eben diese Mittel. Ausgehend von der prinzipiellen Überlegenheit der Kommunisten als „Bündnispartnern der Geschichte" und ihrer Gesetzmäßigkeiten mußte sich die Partei dann nur noch zur Höhe dieses Prinzips durcharbeiten. Dieses Selbstverständnis bestimmte das Wahrnehmungsraster sozialer Entwicklungen und politischer Auseinandersetzungen mit Gegnern wie Konkurrenten im Kampf um soziokulturelle Hegemonie. Niederlagen erschienen im epochalen Zusammenhang des gesetzmäßigen Übergangs vom Kapitalismus zum Sozialismus als vorläufig, aber auch als aus eigenen Kräften korrigierbar. Voluntarismus und Gesetzesfetischismus, Aktionismus und Fatalismus griffen nahtlos ineinander. Dominierend blieb die Haltung des per se überlegenen, noch in der Niederlage potentiellen Siegers. Die Anerkennung einer zeitweisen Überlegenheit des politischen Gegners, einer ungenügenden Berücksichtigung komplexer Zeitumstände oder der Fehleinschätzung bestehender Kräfteverhältnisse blieb marginal gegenüber der grundsätzlich favorisierten Quelle strategischer Fehler: die Lehren des Marxismus-Leninismus oder die Erfahrungen der Sowjetunion nicht hinreichend beherzigt, hinter zu theoretischen Grundwahrheiten stilisierten Dogmen wie den „Anforderungen an eine Partei neuen Typs" praktisch zurückgeblieben zu sein.

Vor dem Hintergrund der untergründigen Faszination von der Effektivität des nationalsozialistischen Herrschaftssystems in seiner Verklammerung von Unterdrückungs- und Propagandaapparat mußten die Weimarer Verhältnisse in einer gleich faszinierenden wie bedrohlichen Ambivalenz erscheinen. Die Funktionalisierung von „Weimar" erfolgte in der DDR-Historiographie vor dem Hintergrund seines Scheiterns. Da die Weimarer Republik in der DDR-Historiographie primär als Vorgeschichte des NS-Systems behandelt wurde, war die historisch vorauseilende Projektion ihrer Niederlage historiographischen Analysen gleichsam eingeschrieben. „Weimar" lag so nicht nur zeitlich zwischen Novemberrevolution und Machtübernahme der Nazis. Auch historiographisch wurde es in der DDR lange Zeit als lediglich transitorische Episode ohne eigenen Geltungsanspruch abgehandelt. Historiographisch eingezwängt zwischen Retrospektive und Projektion wurde die Geschichte der Weimarer Republik als Verlustgeschichte geschrieben: Die in der Novemberrevolution erkämpften demokratischen und sozialen Errungenschaften wurden Schritt für Schritt abgebaut, um schließlich folgerichtig in der faschistischen Diktatur zu enden. Die Weimarer Republik galt so als Symbol und Resultat der Niederlage der Novemberrevolution. Ihre in diese Republik hinübergeretteten, durchgängig gefährdeten „positiven Ergebnisse", so die offizielle Lesart, wurden zwar durch die kommunistische Partei zu verteidigen und auszubauen versucht, ihre schrittweise Zurücknahme und schließliche Umkehrung konnte jedoch angesichts der politischen Kräfteverhältnisse nicht verhindert werden.

Je nach der Absicht, entweder Stärke und unaufhaltsamen Siegeszug der kommunistischen Partei noch in der politischen Niederlage herauszustellen oder aber „im Lichte des Thälmannschen ZK" bzw. der Beschlüsse der Komintern strategische Fehler und Schwächen der Partei im Rahmen eines kontinuierlichen politischen Reifeprozesses zuzugestehen, wurde Weimar historiographisch zur Kontrastfolie parteigeschichtlicher Turbulenzen oder zum Spiel- und Entscheidungsräume der Partei absteckenden Gestaltungsraum mit relativ offenem Ausgang dieser Turbulenzen erklärt.

Die Streitpunkte werden deutlich in einem internen Sitzungsprotokoll zur Diskussion „konzeptioneller Vorstellungen über Novemberrevolution und Weimarer Republik im Erbe- und Traditionsverständnis der DDR" vom 14.1.1986 am damaligen Zentralinstitut für Geschichte der Akademie der Wissenschaften der DDR. Im Versuch, diese Vorstellungen wieder auf die ideologische Linie der Parteigeschichtsschreibung zu bringen, heißt es in diesem Protokoll: Überdenkenswert sei „die Einschätzung der Weimarer Republik, ihres demokratischen Inhalts. An zahlreichen Stellen entstehe der Eindruck, daß es in dieser Republik darum gegangen wäre, Ansätze demokratischer Rechte weiterzuentwickeln. Tatsächlich aber ging es um das Herankommen an den Sozialismus und um die Formierung der Kräfte dafür. Nicht befriedigend sei die Darstellung des Verhältnisses von Novemberrevolution und Weimarer Republik. Man müsse davon ausgehen, daß die Revolution demokratischer war als die Republik. Diese habe eine Einschränkung der erkämpften Rechte gebracht. Die Weimarer Verfassung habe nicht diese Rechte (z.B. Räte, Ansätze der Volksbewaffnung) festgeschrieben. Ungenügend deutlich sei, daß die demokratischen und sozialen Errungenschaften in der Weimarer Republik das Ergebnis des Massenkampfes waren und immer wieder von den Massen verteidigt und durchgesetzt werden mußten. Nicht präzis sei die Feststellung, daß die Weimarer Republik für Verfassungsdebatten 1945–1949 bei uns Orientierung gegeben habe. Zwar wurden formale Dinge übernommen, aber Grundsatz sei gewesen, daß die neue Republik keine Neuauflage von Weimar sein durfte. Unbefriedigend sei auch die Behandlung des Verhältnisses der revolutionären Arbeiterbewegung, insbesondere der KPD, zum Kampf um Demokratie in der Weimarer Republik. Es müsse zum Ausdruck gebracht werden, daß die revolutionäre Arbeiterbewegung die entschiedenste demokratische und antifaschistische Kraft war, daß sie von Anfang bis Ende am konsequentesten für parlamentarische und kommunale Rechte eintrat, daß sie in dieser Hinsicht auf andere demokratische Kräfte einwirkte."[12])

[12]) Protokoll der Sitzung des Herausgeberkollegiums „Deutsche Geschichte" am 14.1.1986, 2 (H. Karl).

Im machtpolitischen Kalkül der DDR-Führung war nicht der quasi legale Übergang von der Demokratie zur Diktatur traumatisch, sondern die Vorstellung offener historischer Situationen, in denen die herrschaftstechnische Effizienz politischer Repressivapparate versagen mußte. Der simulierten Gefahr einer Restauration faschistischer Machtverhältnisse im Zusammenspiel von imperialistischer Expansion und innerer Konterrevolution ließ sich mit der Errichtung eines „antifaschistisch-demokratischen Schutzwalls" noch begegnen. Wie aber hätte ein solcher Schutzwall aussehen sollen, der die im Namen des Volkes politisch Herrschenden vor der mobilen Öffentlichkeit eines selbstverständlich und massenhaft demokratische Rechte und Freiheiten in Anspruch nehmenden Volkes hätte schützen können? Ein solcher Fall war nicht vorgesehen. Ihn zu vermeiden, bedurfte es neben einem tief gestaffelten System von Herrschaftsapparaturen zugleich einer mehrheitlichen Akzeptanz der ideologischen Selbstzuschreibungen des politischen Systems der DDR. Mit dem Legitimationsverfall dieses politischen Systems ging die Funktion der Herrschaftssicherung jedoch mehr und mehr auf die Repressivorgane und das Netz ihrer institutionellen Einbindungen über. Zwischen „innen" und „außen" klar zu differenzieren, war nicht mehr möglich. Versuche, durch strategische Befreiungsschläge klare Verhältnisse wiederherzustellen, hätten die diffuse Unübersichtlichkeit der Situation noch potenziert. Auf wen und womit gegebenenfalls noch zu rechnen war, wurde immer unklarer. Ja, dieses „Gegebenenfalls" selbst war kaum noch in ein strategisches Szenario der Machterhaltung zu übersetzen. Mit einem Wort: Es drohten „Weimarer Verhältnisse".

In Anknüpfung an die in der DDR-Historiographie kanonisierte Dimitroffsche Definition, wonach der deutsche Faschismus als offen terroristische Diktatur des Finanzkapitals dadurch an die Macht gekommen sei, daß die imperialistische Bourgeoisie in der Absicht, ihre Machtpositionen damit weiter auszubauen, die Regierungsgewalt an Hitler übertragen habe, erschien die Weimarer Republik als Terrain strategischer Machtspiele der Bourgeoisie.[13]) Die Weimarer Verfassung ließ sich für diese Spiele funktionalisieren, setzte ihnen jedenfalls keinen Widerstand entgegen. Als „bürgerlich formale Demokratie" wurde sie inhaltlich besetzt und definiert von den politisch und ökonomisch stärksten Fraktionen im Klassenkampf. Eine in sich gespaltene Arbeiterbewegung konnte nur geschwächt in diesen Definitionskampf eingreifen. Ihre bewegungspolitischen Energien verbrauchten sich bereits im Vorfeld der Institutionen der Republik in einem anderen Definitionskampf, nämlich dem um die Legitimität *alleiniger* parteipolitischer Interessenvertretung der Arbeiterklasse. Strategisch unübersichtliche Situationen, komplexe Dynamiken ließen sich so offensichtlich im aktionistischen Zugriff zur Linearität klar strukturierter Ursache-Wirkungs-Ketten vereindeutigen. Diese retrospektive Sicht

[13]) So *Wolfgang Ruge*, Deutschland von 1917 bis 1933. Berlin 1978, 471.

auf ein „Weimar in Permanenz“ ließ Entwicklungen, die aus dieser Festschreibung herausfallen, nur als „antisozialistische Konterrevolution“ oder „faschistische Machtergreifung“ zu. Eine solche Stigmatisierung funktionierte jedoch nur so lange, wie Sozialismus und Antifaschismus noch als Alternative zu kapitalistischer Gesellschaftsentwicklung zusammen gedacht werden konnten.

Teil IV: Erfahrungen

Unterwegs zwischen Wirtschafts- und Mentalitätsgeschichte

Von

Jan Peters

I. Vorüberlegungen

Die selbsterfahrene Wanderung zwischen Wirtschafts- und Mentalitätsgeschichte, die für mich ein Unterwegs-Sein zur Modernen Sozialgeschichte bedeutete, soll hier in folgende Wegstrecken gegliedert werden: allgemeine Vorüberlegungen; Studentenerfahrungen; die Neuentdeckung von Wirtschafts- und Sozialgeschichte am Anfang der SBZ/DDR; schwierige Jahre in Greifswald; am Akademie-Institut für Wirtschaftsgeschichte: das heikle Paar „Wirtschafts- und Sozialgeschichte" und schließlich Rück- und Ausblicke in Gestalt persönlicher Einsichten.

Unvermeidbar dabei ist das Berühren einiger sensibler Probleme allgemeiner Art, sonst aber bemühe ich mich, auf der benannten sachlich-fachlichen *Teilstrecke* (die Begrenztheit von Eigenerfahrung, das Partielle des Forschungsfeldes) zu bleiben und weniger Analytisches als Selbsterfahrenes vorzustellen. Gelegentlich werde ich mir auch einige Zitate aus eigenen Arbeiten erlauben – schließlich komme ich aus dem „Kuczynski-Institut".

Das Erforschungs-Geschäft „Geschichtswissenschaft in der DDR" – ich nehme daran teil als Mitgestalter von einst und deshalb immer noch mit ziemlich blutendem Herzen, zudem in der sonderbaren Lage, Subjekt und Objekt zugleich zu sein. Vielleicht muß ich nicht mitteilen, daß ich das „Werkzeug"-Etikett für mich nicht annehme, aber *dennoch* Selbstreflexionen anstelle. Mit sich selbst ins reine zu kommen, ist schwer, man quält sich da hindurch, ohne allerdings solches Tun coram publico auszubreiten. Dabei ist mir zunehmend wichtig geworden herauszubekommen, in welcher Weise der Historikerberuf *anfällig* ist. Anfällig schlimmstenfalls für den Instrumentalisierungsdruck eines Regimes, dessen wissenschaftsfremden Charakter man zu spät erkannte und danach zu lange verdrängte. Natürlich sind wir aber auch sonst den Fährnissen einer Profession ausgesetzt, die sich kaum wahrnehmbar in die Politik auch ganz *anderer* staatlicher oder politischer Gebilde als zu DDR-Zeiten dienend hineinziehen läßt. Wie es solche Versuchungen – oder einfacher: wechselnde Bedürfnisse nach „Zeitorientierung"[1]) – natürlich nicht erst in der DDR gegeben hat,[2]) so wird es selbstverständlich auch künftig entsprechende historiographische „Wenden" mit Selbstprüfungen geben, vorerst vermutlich weniger dramatischer Art als die zuletzt erlebte. Dabei geht es natürlich nicht darum, daß Historikern immer auch Zeiterfahrung in die Feder fließt, sondern vielmehr darum, wie man mit Anstand dieses Dauergepäck schultert. Vielleicht ist es ein Plus der Wende, daß wir Ostdeutschen in diesem Punkt besonders hellhörig und nachdenklich geworden sind. Wissen wir z.B., in welcher Weise die drastischen sozialen Polarisierungen, die wir zur Zeit in unserer Gesellschaft erleben, auf unsere Art der Erforschung *vergangener* sozialer Spannungen zurückwirken und gar vergessen geglaubte Klassenkampfmodelle wiederbeleben können?

Wissenschaftlich-politische „Dienstbarkeit" war von Anbeginn (hier: 1952) ins Bewußtsein meiner Freunde und Studienkollegen durchaus fest eingeschrieben, dagegen kam uns plattes Karrieredenken nicht in den Sinn. Auch nicht meinem Vater übrigens, der seit Januar 1946, also sehr früh, als Referatsleiter, ausgerechnet in der *Hochschulabteilung* der Zentralverwaltung für Volksbildung arbeitete, geleitet von „abgrundtief guten Absichten", wie mir ein Leser seiner von mir edierten Briefe aus dieser Zeit kürzlich schrieb.[3]) Aus der Emigration zurückgekehrt, schien meinen Eltern (und dann auch mir) ihr kritisches Urteil über das durch Großkapital und Militarismus geprägte System vollauf bestätigt und die Alternative „Sozialismus" vollauf berechtigt. Auf der Wegstrecke dorthin dachten wir uns ein gänzlich neues, demokratisches Deutschland, und da kam die Chance eines in diesem Sinne „dienstbaren" Geschichtsstudiums wie gerufen. „Als ich mich entschloß, Geschichte zu studieren, um später auf diesem Gebiet eventuell wissenschaftliche Arbeit leisten zu können", schrieb ich im April 1952 in meiner Bewerbung für das Fach Geschichte an der Humboldt-Universität, ging ich davon aus, daß „für den gesellschaftlichen Fortschritt", für ein „einheitlich-demokratisches Deutschland", für die „Herausbildung der dialektisch-materialistischen Weltanschauung" und für die „Erziehung fortschrittlicher Menschen" gerade der Geschichtswissenschaft eine besondere Bedeutung zukomme. – Das hört sich heute blauäugig und zurechtgelegt an, war aber durchaus so gemeint wie gesagt. Solche Motivationen gehörten einst zum Bewußtsein der „Anfänger" der

[1]) Siehe *Jörn Rüsen*, Historische Vernunft. Grundzüge einer Historik. I: Die Grundlagen der Geschichtswissenschaft. Göttingen 1983, 24ff.

[2]) *Winfried Schulze*, Das traurigste Los aber traf die Geschichtswissenschaft. Die DDR-Geschichtswissenschaft nach der „deutschen Revolution", in: Rainer Eckert/Wolfgang Küttler/Gustav Seeber (Hrsg.) Krise – Umbruch – Neubeginn. Eine kritische und selbstkritische Dokumentation der DDR-Geschichtswissenschaft 1989/90. Stuttgart 1992, 213–227; ders., Deutsche Geschichtswissenschaft nach 1945. (HZ Beihefte, NF., Bd. 10.) München 1989

[3]) *Jan Peters* (Hrsg.), Zweimal Stockholm-Berlin 1946. Briefe nach der Rückkehr: Jürgen Peters und Wolfgang Steinitz. Leipzig 1989.

Geschichtsarbeit in der DDR. Der sensible Eberhard Gothein hat es jedenfalls so gesehen. „Eine Geschichtsschreibung, die nicht von sittlichem Ernste getragen wird, die nicht erfüllt ist von der Überzeugung, daß ein Gutes und Schlechtes existiere, ist hohl." Das Katheder sei zwar nicht ein Richterstuhl, aber: „Jede Hingebung an ein Ideal, möge dasselbe sich auch als irrtümlich erweisen, enthält einen Keim des Sittlichen. Dies anzuerkennen ist eigentlich das Wesen aller Herzensbildung."[4]) – Eine, wie ich meine, berechtigte, wenn auch fragile Feststellung.

Es gab selbstverständlich viele, die, aus ganz anderen Gründen als den meinigen, Historiker wurden. Einige sind, oft aus einem liberalen und bildungsbürgerlichen Hintergrund heraus, von der Frühsozialisation einer eher sozialen Aufbruchstimmung erfaßt worden und erwiesen sich später oft resistenter als andere gegenüber dogmatischen Zumutungen. Wie sich das soziologisch genau verhielt, wäre eine Untersuchung wert.[5]) Wer aber *weder* politisch noch sozial motiviert war, wird unsere Denkungsart von damals schwer oder gar nicht verstehen können. Erst recht nicht *dann*, wenn wir den Punkt überschritten, der die einsetzenden Kompromisse im Sinne des „sittlichen Ernstes" schon widersinnig machte.

Das zeithistorische Milieu für den Umgang mit dem eigenen Innenleben durch Leute wie mich könnte allerdings besser sein. Bald nachdem die Marktwirtschaft über uns kam, verlor sie ihre soziale Schokoladenseite. Und wie soll man sich „erneuern" (ich meine jetzt andere, die ich keineswegs vergesse, nur weil ich selbst Arbeit habe), wenn die Macht des Faktischen in Gestalt fehlender Personal- und Haushaltsmittel längst entschieden hat? Vielen unsanft Verabschiedeten ist der Sinn von Selbstanalysen aus verständlichen Gründen abhanden gekommen, deshalb gibt es wohl auch manche Unlust an Selbstbefragung und an dem, was wir hier, bei dieser Konferenz, tun. Nein, es ist keine sonderlich gute Zeit für Selbstbefragung, aber danach kann man halt nicht gehen. Ein oft schwer verkraftbarer Mangel an Wahrnehmungsbereitschaft im Hinblick auf das Selbst ist deshalb, wenn auch aus verschiedenen Gründen, bei manchen unverkennbar. Daß Selbsterneuerung nach der Wende nicht einfach mit einem munteren Blick vorwärts vollzogen werden konnte, ist ganz gewiß.[6]) Rasch Gewendete sind mir ebenso unheimlich wie Selbstgerechte ohne Bedürfnis nach Selbstbefragung – wenn letztere dann vielleicht mit anderen Formen von Selbstgerechtigkeit konfrontiert werden, dürfen sie

[4]) *Eberhard Gothein*, Die Aufgaben der Kulturgeschichte. Leipzig 1889, 56, 57, 55.

[5]) Siehe *Ralph Jessen*, Zur Sozialgeschichte der ostdeutschen Gelehrtenschaft, in: Martin Sabrow/Peter Th. Walther (Hrsg.), Historische Forschung und sozialistische Diktatur. Beiträge zur Geschichtswissenschaft in der DDR. Leipzig 1995, 121–143.

[6]) Siehe *Rainer Eckert/Jürgen John*, Vom argen Weg des Wandels. Über Anpassungs- und Veränderungstendenzen in der DDR-Geschichtswissenschaft, in: Eckert/Küttler/Seeber (Hrsg.) Krise – Umbruch – Neubeginn (wie Anm. 2), 264–270, hier 268 f.

sich nicht wundern. Für mich ist jedenfalls die Antwort auf die Frage, ob es nicht eine ruhige Selbstbesinnung im Osten zu einem angemessenen Erneuerungsschub hätte bringen können, nicht so eindeutig abschlägig zu bescheiden, wie es einige Kritiker tun.

Es gibt aber auch weitere Schieflagen bei diesem Thema. Daß wir ostdeutschen Historiker plötzlich so interessant geworden sind, legitimiert nicht die sonderbare Abwesenheit des Interesses für altbundesdeutsche Befindlichkeiten im Erneuerungsprozeß. Wo sind Selbstbefragungen „im Westen", ich meine *wirkliche* Selbstbefragungen, geblieben? Gibt es nichts über die politischen Fährnisse unserer Profession nachzudenken, nichts über die Schönschreibung von Eliten und Nationalismen zu korrigieren, keine Nachdenklichkeit über die unreflektierte Akzeptanz von gängigen Strukturen und Hierarchien im Fach anzumelden und auch nichts über charakterliches Verhalten in Abhängigkeitslagen, Bequemlichkeitssituationen und Machtverhältnissen nachzudenken?

Wenn ich mich trotz solcher Hemmnisse zu meinem Selbsterfahrungsweg hier aufmache, so nicht zuletzt deshalb, weil es bei vielen westdeutschen Kollegen keineswegs an Besonnenheit, Verständnis und Angemessenheit der Mittel im Umgang mit uns gefehlt hat, schon vor 1989 nicht und dann auch nicht in den dramatischen Monaten der Evaluation. Gerade hier in Göttingen, in den Räumen dieses Instituts, darf ich das mit viel Respekt aussprechen.

II. Studentenerfahrungen

Bei allem „sittlichen Ernst" von einst, der Schritt zwischen Selbstentfaltung und Selbstbeschränkung, zwischen Sinnverständnis und Sinnzerstörung konnte schon damals, während der Studienzeit, kurz sein. Die erhalten gebliebenen Protokolle meiner Seminargruppe aus der Studienzeit von 1952 bis 1956 reflektieren zunächst allerdings viele Formen idealistischen Antriebs für Studium und Zusammenhalt und noch nicht die Bequemlichkeit des Einfügens, die später wohl zur größten Verführung wurde. Wir waren gelegentlich auch maßvoll aufmüpfig, etwa im Zweifel an politischer „Gegenwartsgeschichte" als Historikeraufgabe oder in der Kritik an der Verschulung des Studiums. Die Studienpläne erfüllten völlig ungenügend die Aufgabe, die künftigen Historiker „zu einer qualifizierten, selbständigen wissenschaftlichen Arbeit zu befähigen", teilten wir 1954 dem Staatssekretariat für Hochschulwesen mit. Es gäbe keine Möglichkeit, im Studium wissenschaftliches Arbeiten zu erlernen. Die Historikerausbildung trage nur den Charakter „einer qualifizierteren Fortsetzung des Geschichtsunterrichts der Oberschulen".[7])

[7]) Antworten blieben aus. Unterlagen im eigenen Besitz und im Besitz von Günter Vogler.

Zugleich aber postulierten wir in beklemmender Weise einen ebenso mechanischen wie naiven Direktbezug zwischen der großen Politik und unseren konkreten Lernaufgaben („die Pariser Verträge sind ratifiziert, also müssen wir noch bessere Lernleistungen bringen"), verloren entsetzlich viel Zeit durch Aneignung von dogmatischem Schulungswissen (z. B. „Kurzer Lehrgang der Geschichte der KPdSU (B)") und betrieben außerdem untereinander eine ziemlich selbstzerstörerische Erziehungskritik. Diese maßlose und oft nur aufgesetzte Politisierung des werdenden Historikers war allerdings so verwunderlich nicht. Es herrschte Kalter Krieg und die restaurativen Tendenzen in der BRD waren unübersehbar. Rechte und angeblich linke Politiker spielten sich ohnehin in die Hände.

III. Der Anfang: Neuentdeckung von Wirtschafts- und Sozialgeschichte

In Wirklichkeit fiel die größte Chance, die die Sozialgeschichtsschreibung in der SBZ/DDR jemals hatte, in die kurze Um- und Aufbruchzeit 1946–1950. Ich verweise nur auf wenige Beispiele. In der theoretischen Zeitschrift der SED „Einheit" hatte sich Otto Jenssen 1946 gegen „platten Ökonomismus" ausgesprochen und mehr „marxistische Sozialgeschichte" verlangt.[8]) Und in seiner 1949 erschienenen ersten Einführung in die „Neue Geschichtswissenschaft" plädierte der Potsdamer Marxist Walther Eckermann für eine „soziologische Quellenkritik" des Historikers, für die Annäherung an die „Grundgesetze der Geschichte" auch durch studentische „Beobachtung des wirklichen Lebens" und wandte sich gegen jede Form „teleologischer Geschichtsbetrachtung".[9])

So natürlich die Abkehr von der diskreditierten Herrschafts- und Staatengeschichte in dem Erneuerungsklima unmittelbar nach dem Krieg auch war[10]), so selbstzerstörerisch wirkten gleichzeitig die dirigistischen Zugriffe

[8]) Einheit 1, 1946/2, 125.

[9]) *Walther Eckermann*, Neue Geschichtswissenschaft. Eine Einführung in ihr Studium. Rudolstadt (1949), 159 ff., 25, 35 f. Die späteren Auflagen dieser Einführung, die Eckermann u. a. mit Hubert Mohr herausgab, hatten diese Ursprungsfrische verloren. Während in der Ausgabe von 1966 noch Anthropologie und Ethnographie als Nachbarwissenschaften vorgestellt und die soziologischen Anregungen ausführlich behandelt wurden, fehlte in der „wirklichen Neuausgabe" (S. 16 f.) von 1979 (3. Aufl.) jeder Hinweis auf die Sozialgeschichte. – Anfang 1949 erschien in Potsdam eine Festschrift für Alfred Vierkandt, die eine hohe Aufgeschlossenheit für sozialpsychologische Fragestellungen reflektierte: *Gottfried Eisermann* (Hrsg.), Gegenwartsprobleme der Soziologie. Alfred Vierkandt zum 80. Geburtstag. Potsdam 1949.

[10]) Sie ist zunächst auch nicht durch die Aufsicht der sowjetischen Besatzungsmacht gestört worden, eher wurde sie wohl durch eine machtfixierte Personalpolitik mit zum Teil schlimmen Folgen verbogen. Vgl. mehrere Untersuchungen zu den ersten Jahren der Hoch-

der SED-Führung, die kein unabsehbares Herumwildern in vorgegebenen Klassenmodellen brauchte und schon gar nicht die Lebenswirklichkeit von „führenden" Realfiguren, denen es im konkreten Fall möglicherweise an Heldentum gebrach. Bekanntlich wurde Jürgen Kuczynski schon in den fünfziger Jahren zum organisiert gerügten „enfant terrible" in der marxistischen Historikerzunft, auch wegen des in seiner Person angelegten Interesses für Wirtschaftsgeschichte *und* Soziologie. Das färbte auf seine Schüler ab. Wolfgang Jonas handelte sich durch sein 1957 erschienenes Buch „Erlebnisberichte der Mansfeld-Kumpel" viel Schelte durch die Partei ein.[11]) Denn er wollte seine zusammengetragenen Erlebnisberichte, wie er erklärte, nicht „geradebiegen", keine „Richtung für die Antwort in die Frage hineinlegen" und „keine Spur von Dogmatismus, von schulmeisterhaftem Belehren und arrogantem Richtigstellen", also von den „leider so oft praktizierten Unarten" in seine Arbeit eindringen lassen.[12])

So war mit der Logik des marxistisch gedachten Anfangs – der Besinnung auf Wirtschafts- und Sozialgeschichte – ein ins Politische zielender Widerspruch bereits angelegt.

IV. Wissenschaftliche Freiräume und politische Gängelei: Greifswald 1956–1962

Die Jagd auf den eigensinnigen Kuczynski war auch in Greifswald zu spüren, wohin ich 1956 kam. Hier ließ sich unter den Historikern der Diversifikationsvorgang gut beobachten. Je nachdem, ob man sich am „sittlichen Ernst" Gotheins oder an der Parteikarriere orientierte, ging ein Riß auch durch dieses Institut. Eindeutigkeit war allerdings auch hier nicht auszumachen, jedoch ließen sich Historiker ganz gut etwa daran messen, ob sie der ZfG-Aufforderung zu Anti-Kuczynski-Artikeln Folge leisteten oder nicht, oder ob sie sich später zu Werkzeugen für die über uns kommende sogenannte sozialistische Umgestaltung der Universität (mit ihrem beklemmenden Zerstörungspotential als Folge) machen ließen oder nicht. – Der Scharfäugigsten einer war ich dazumal leider nicht.

Für eine Aufarbeitung von DDR-Historiographie mit Forschungsanspruch scheint mir die konkrete Untersuchung von einzelnen Wissenschaftsinstitutionen unverzichtbar. Ich kann das hier für Greifswald nicht bewerkstelligen, glücklicherweise gibt es aber schon Beispiele für solche Untersuchungen vor

schulpolitik in der SBZ/DDR, in: *Sabrow/Walther* (Hrsg.), Historische Forschung (wie Anm. 5).

[11]) *Wolfgang Jonas*, Erlebnisberichte der Mansfeld-Kumpel. (Geschichte der Fabriken und Werke, Bd. 2.) Berlin 1957.

[12]) Ebd. 14, 15.

Ort.[13]) Viel Zeit steht dafür nicht mehr zur Verfügung. Historisierung durch persönliche Befragung, ohne nur auf die Gauck-Akten zu blicken, insbesondere der Schüler der Altmeister und deren Schüler, könnte interessante Erklärungen für regionale Unterschiede, etwa zwischen Leipzig und Berlin, liefern.

Die Gelehrtenatmosphäre eines Adolf Hofmeister in Greifswald ging nach seinem Tod bald zugrunde, auch einige seiner wichtigsten Schüler leben nicht mehr. In die solide Hansegeschichtsforschung in Greifswald allerdings, auch in die Frühneuzeitforschung, die mich besonders beschäftigte, konnten sie, die politischen Instrukteure aus den wissenschaftsleitenden Gremien in Berlin, nicht hineinreden, wollten es wohl vorsichtshalber auch gar nicht. Hier hatten strukturelle Wirtschaftsgeschichte und politische Sozialgeschichte eine gewisse Heimstatt. Der irritierende Alleinvertretungsanspruch der BRD in dieser Zeit lieferte den ungeliebten ZK-Instrukteuren, die immer wieder mal anreisten, zwar fortlaufend Argumente, dennoch blieben auch in Greifswald Differenzierungs- und Lockerungsübungen möglich, insbesondere auch auf dem Gebiet der Wirtschafts- und Sozialgeschichtsschreibung.[14]) (Das gilt natürlich auch für sozialgeschichtliche Vorstöße in anderen Instituten und Einrichtungen, die ich hier unberücksichtigt lasse.) Ganz anders natürlich war in Greifswald der Forschungsschwerpunkt dirigierbar, der sich mit der Jugend im antifaschistischen Widerstand befaßte – der *wollte* sich dem Zugriff auch gar nicht entziehen, zumal obrigkeitliche Anerkennung und Ehrung bei solcher Thematik lockten. Für das Arbeitsklima aber konnten aus solchen Konstellationen erhebliche Belastungen erwachsen, selbstzerstörerische Phasen lähmten über weite Strecken die Institutsarbeit. Dann verschob sich auch das „normale" Verhältnis von innerwissenschaftlicher Selbstbestimmung und außerwissenschaftlicher Fremdbestimmung[15]) eindeutig zugunsten der letzteren. Nebenbei und ohne Aufregung vermerke ich hier, daß dieser oder jener, der sich damals sehr weit aus dem Fenster heraushängte und für mich persönlich eine „Empfehlung der Parteiorganisation auf einen zeitweiligen Einsatz außerhalb des Instituts" mit der Begründung „unklare Einstellung zum sozialistischen Aufbau in der DDR" erwirkte, immer noch gern im Fenster erscheint. Ich mußte Greifswald damals verlassen und kann damit heute leben. Und niemand will heute den einstigen Historikern der Fremdbestimmung das Arbeiten verwehren (insbesondere, wenn sie sich nicht nur wiederum angepaßt, sondern wirklich dazugelernt haben), aber ginge es nicht doch ein wenig

[13]) Siehe z.B. *Hartmut Mehls*, Reformwille und Parteiräson. Zur Frage widerständigen Verhaltens am Akademie-Institut für Geschichte, in: Sabrow/Walther (Hrsg.), Historische Forschung (wie Anm. 5), 246–255.

[14]) Siehe *Peter Hübner*, Sozialgeschichte in der DDR – Stationen eines Forschungsweges, in: BzG 34, 1992/3, 43–54.

[15]) *Martin Sabrow*, Parteiliches Wissenschaftsideal und historische Forschungspraxis. Überlegungen zum Akademie-Institut für Geschichte (1956–1989), in: ders./Walther (Hrsg.), Historische Forschung (wie Anm. 5), 195–225, hier 198.

leiser? Zugegeben – eine schwierige Angelegenheit. Denn andere, die Verantwortung trugen und sich dabei hinreichend quälten, schätze ich sehr. Es war vielleicht mein Glück, daß ich von Aufstiegs- und Bestimmungsbedürfnissen frei war, aber Schaden an seiner Seele konnte man auch als kleiner Assistent in den Zeiten politischer Hysterie nehmen.

V. Am Akademie-Institut: Der vertrackte Verbund „Wirtschafts- und Sozialgeschichte"

Am Akademieinstitut wußten alle von dem sehr couragierten Verhalten Kuczynskis gegenüber den Parteioberen. Seine Metaphern wie die, Beulen an seinem Helm habe er sich im Streit nicht nur mit seinen Genossen zugezogen, prägten sich ein. An diesem Institut hat eben nicht, wie vielfach sonst, „der den Jüngeren vorgelebte Grad der Übereinstimmung mit der Macht" lähmend gewirkt.[16)]

Hier konnte sich auch der Typ des Machthistorikers[17)] weniger entfalten, in dieses Institut reichte der Zeigestock der uns vorgesetzten Führungsdilettanten auch deshalb kaum hinein, weil die eher neutrale Wirtschaftsgeschichte als Instrument für Politik und Ideologie weniger interessant war. Hier sind deshalb auch theoretische Ansätze formuliert worden, die nicht den programmatischen ZfG-Artikeln folgten, und hier war Meinungsstreit als Erkenntnismittel permanent angesagt – kein anderer freute sich so wie der Meister, wenn ihm im wissenschaftlichen Streitgespräch qualifiziert widersprochen wurde.

Allerdings: In der Realität gibt es bekanntlich immer mehr Grautöne als schwarz-weiße Eindeutigkeiten. Im Akademieinstitut für Wirtschaftsgeschichte ging die Sorge um den institutionellen Bestand (und die mit ihr verbundene Kompromißbereitschaft) mitunter zu weit.[18)] Obwohl Marx und Engels hier wirklich gelesen und nicht zurechtgebogen wurden, war doch die

16) *Hartmut Zwahr*, Zu einer beginnenden Diskussion. Administratives System und Gesellschaft, administratives System und Schule, Geschichtsschreibung usw., in: Eckert/Küttler/Seeber (Hrsg.), Krise – Umbruch – Neubeginn (wie Anm. 2), 24–32, hier 31; *Gerald Diesener*, Überlegungen zu einer Geschichte der DDR-Geschichtswissenschaft, in: Konrad H. Jarausch/Matthias Middell (Hrsg.), Nach dem Erdbeben. (Re-)Konstruktion ostdeutscher Geschichte und Geschichtswissenschaft. Leipzig 1994, 68–87, hier 79.

17) Die „bisweilen zu bemerkende Etikettierung als ‚Parteihistoriker'" (*Diesener*, Überlegungen [wie Anm. 16], 78), die ich 1990 gebrauchte, bezieht sich auf die „unter Leuten vom Fach ziemlich unbekannten" Professoren an den wissenschaftlichen Einrichtungen der SED; *Jan Peters*, Historiker-Verhalten, in: Initial. Zeitschrift für Sozialwissenschaftlichen Diskurs 1991/2, 185.

18) Leider wichen wir am Ende doch vor den Schließungsdrohungen zurück, die eine Folge unseres einmütigen Protestes gegen das Sputnik-Verbot waren. Die Frage mag erlaubt sein, ob das Institut heute noch (oder wieder) bestünde, wenn wir uns damals konsequent verhalten und den Preis der Institutsauflösung bezahlt hätten.

Klassiker-Zuversicht hier allzu ausgeprägt. Vor allem aber war die Einsicht wenig verbreitet, daß Geschichtsforschung des Selbstzweifels und der Verunsicherung bedarf. – Der falsche historisch-teleologische, gesetzesorientierte Optimismus, das war wohl unsere größte Sünde.

Für mich selbst gab es an diesem Institut noch andere Probleme. Mich faszinierten die vergangenen Formen von sozialem Wandel und sozialer Wahrnehmung, von Lebensweisen und Lebenswerten, von sozialem Verstehen und Verhalten. Bis heute leitet mich der Wunsch, die leisen Töne der Schwachen und Verlierer, der kleinen Leute im Schatten der „großen" Geschichte, ihre verborgene Geschichtsmächtigkeit also, hör- und sichtbar zu machen – ein soziales Gerechtigkeitsgefühl vielleicht, das ich gern der Geschichtskultur zuzählen möchte, die aus der untergegangenen DDR „herüberreichen" sollte.[19]) – Im Akademieinstitut ließ sich ohne größeren Kummer auf diesem alltagsspezifischen Gebiet einer Gesellschaftsgeschichte[20]) arbeiten. Mithin gesellte ich mich mit der Zeit den Sozial- und Mentalitätshistorikern zu, die mit ihrem eher historisch-anthropologischen Anspruch ebenso wolkige wie realitätsnahe Fragen stellten. Auf „solidem Grund" aber hielt mich die Agrargeschichte. Andere, denen die vielen Eindeutigkeiten, Gesetzmäßigkeiten und langweiligen Teleologien unerträglich geworden waren, möge ähnlicher Bedarf nach Lebenswirklichkeit befallen haben, jedoch waren das, wie ich angesichts unserer damaligen, ziemlich trüben politikgeschichtlichen Realität finde, doch erstaunlich wenige. (Wenn jemand, dann hätten doch *wir* für Lebensnähe und -wirklichkeit „kleiner Leute" in der Geschichte einen Sinn haben müssen.) Von der Wirtschafts- und Strukturgeschichte mußte ich allerdings wenigstens soweit abheben, daß ein gewisses Maß an eigenständiger und im genannten Sinne moderner Blickrichtung zum Tragen kam. Das aber war so einfach nicht, und zwar aus diesseits und jenseits der Institutsgrenzen deutlich spürbaren Gründen.

Die „jenseitigen" Gründe lagen in dem wachsenden Mißtrauen der Kontrolleure gegen die Unkontrollierbarkeit sozial- und alltagsgeschichtlicher Ergebnisse. Das ist eine lange Geschichte, die mit der Reduktion soziokultureller auf sozialstrukturelle Fragestellungen seit den 50er Jahren beginnt[21]), mit der

[19]) *Konrad Jarausch/Matthias Middell*, Die DDR als Geschichte, in: dies. (Hrsg.), Nach dem Erdbeben (wie Anm. 16), 8–20, hier 16.

[20]) Siehe jüngst Jürgen Kocka, der der Sozialgeschichte auch ein weites Verständnis als Gesellschaftsgeschichte zuspricht. *Jürgen Kocka*, Sozialgeschichte – gestern und heute, in: Ilko-Sascha Kowalczuk (Hrsg.), Paradigmen deutscher Geschichtswissenschaft. Berlin 1994, 15–32, hier 17.

[21]) In dem für die Historikerausbildung verbindlichen Vorlesungsprogramm von 1952 sollte zwar „sozialökonomische Struktur" und „Lage" immer mitbehandelt werden, und in den fünfziger Jahren sind auch Dissertationen und Forschungsvorhaben sozialhistorischen Charakters fortgeführt und entsprechende Monographien veröffentlicht worden (außer durch Jürgen Kuczynski auch durch Wolfgang Jonas, Horst Krüger, Johannes Nichtweiß

Kampfansage gegen „die zersetzenden und lähmenden Lehren des … Personalismus, Symbolismus, Psychologismus, Soziologismus“ usw.[22]) seine Fortsetzung findet und mit dem jämmerlichen Rückfall 1979/80 endet, als einige Autoren in der ZfG das Sozialgeschichtskonzept in der BRD als „sozialreformistisch“ verteufelten, Vertreter der Bielefelder Schule angriffen und eventuelle Anhänger in der DDR prophylaktisch einzuschüchtern versuchten, natürlich im Auftrage der oberen Weichensteller.[23]) – Sonderbare Bündnisse bildeten sich dazumal heraus zwischen „Sozialisten“ im Osten und konservativen Gegnern der Historischen Sozialwissenschaften im Westen, später dann fanden sich die Anfänger der Alltagsgeschichte in der DDR plötzlich mitbetroffen von der Bielefelder Frontstellung gegen die nämliche Richtung im Westen usw.

Es gab aber auch einen „diesseitigen“, institutseigenen, wissenschaftstheoretischen Grund, der die Besinnung auf eine relativ eigenständige Sozial- und Alltagsgeschichte verhinderte. Eine Sozialgeschichte sui generis dem historisch-materialistischen Geschichtskonzept einzufügen, mißlang nicht nur, weil das als bürgerlich-suspektes Unterfangen galt, sondern auch weil es hier am Akademieinstitut für Wirtschaftsgeschichte gegen die Wissenschaftssystematik verstieß.[24]) Geschichte überhaupt und Wirtschaftsgeschichte insbesondere sei zugleich immer auch Sozialgeschichte, so die Argumentation der führenden Wirtschaftshistoriker der DDR, Jürgen Kuczynski und Hans Motteck.[25]) Ähnlich war die Sozialgeschichte ja auch im Westen gewissermaßen rand- und nebenständisch an die Wirtschaftsgeschichte gebunden.

Jürgen Kuczynski sah die Wirtschaftsgeschichte (und damit also auch die Sozialgeschichte) als historisch-empirische Disziplin, als empirischen Zweig am Baum der übergeordneten Wirtschaftswissenschaften an, während die Po-

u. a.), jedoch verlagerten sich solche Arbeiten zunehmend auf die Zeit vor 1500. In den fünfziger Jahren erschien in der ZfG nicht ein einziger Artikel, der als sozialgeschichtlich bezeichnet werden könnte. Die „soziale Lage“ blieb allerdings selbst in dieser Zeitschrift nicht tabuisiert. Offensichtlich bildeten die fünfziger Jahre einen Tiefpunkt gegenüber den folgenden Jahrzehnten.

[22]) *Leo Stern*, Gegenwartsaufgaben der deutschen Geschichtsforschung. Berlin 1952, 53.

[23]) *Konrad Irmschler/Gerhard Lozek*, Historismus und Sozialgeschichte in der gegenwärtigen bürgerlichen Geschichtsschreibung, in: ZfG 27, 1979, 195–208, bes. 198f.; *Konrad Irmschler*, Zum „historisch-sozialwissenschaftlichen“ Konzept einer bürgerlichen Gesellschaftsgeschichte in der BRD, in: ebd. 28, 1980, 1135–1147, bes. 1143.

[24]) Vgl. *Jürgen Kocka*, Zur jüngeren marxistischen Sozialgeschichte. Eine kritische Analyse unter besonderer Berücksichtigung sozialgeschichtlicher Ansätze in der DDR (unveränderter Nachdruck aus: KZSS Sonderh. 16, 1972, 491–515), in: Geschichtswissenschaft in der DDR. Bd. 1. (Schriftenreihe der Gesellschaft für Deutschlandforschung, Bd. 25/1.) Berlin 1988, 395–422, hier 404; *Georg G. Iggers*, Einleitung, in: ders., Ein anderer historischer Blick. Beispiele ostdeutscher Sozialgeschichte. Frankfurt am Main 1991, 7–35, hier 19f.

[25]) Die Diskussion darüber bleibt hier unberücksichtigt. Zuletzt und besonders prägnant: *Jürgen Kuczynski*, Ich bin der Meinung. Bemerkungen zur Kritik. Berlin/Halle 1982, 135f.

litische Ökonomie den theoretischen Zweig dieses Baumes darstelle.[26]) In leicht scholastischer Umkehrung fragte ich ihn damals (1977): „Wenn die Wirtschaftsgeschichte 'die historische Seite der theoretischen Politischen Ökonomie ist', wieso kann sie dann die Sozialgeschichte als in sich aufgenommen ansehen, da doch die Politische Ökonomie nicht die theoretische Seite der Sozialgeschichte/Soziologie sein kann?" (Das müßte ja dann so etwas wie eine Klassentheorie sein.) Ich äußerte meine Befürchtung mit diesem Ansatz, der zur Folge haben würde, daß wir die Sozialgeschichte „so lange an die wirtschaftshistorische Brust drücken, bis ihr die Luft ausgeht". Von dieser Logik war Kuczynski damals beeindruckt, aber er änderte, wie üblich, seinen Standpunkt um keinen Deut.

Von wissenschaftspolitischer Signalwirkung vielleicht ganz wichtig (aber auch typisch für den ständig spürbaren Zwang zu wissenschaftssystematischer Legitimation) war in diesem Zusammenhang die Diskussion, die ich durch ein dem Institutsplenum am 8. April 1980 vorgelegtes Papier „Wirtschaftsgeschichte und Sozialgeschichte. Fragen zum Gegenstand" auslöste. Mein Versuch, für die Sozial-, Alltags- und Mentalitätsgeschichte eine Art relativer Autonomie zu begründen, scheiterte allerdings wegen des genannten integrativen Anspruchs der Wirtschaftsgeschichte auch an diesem Institut: Sozialgeschichte sei Teil der Wirtschaftsgeschichte, und sozial- und alltagsgeschichtliche Dinge seien eh schon aus wirtschafthistorischen Federn geflossen.[27])

VI. Der mentalitätsgeschichtliche Ausläufer der Sozialgeschichte

Der „Subjektivismus", der sich mit Alltags- und Mentalitätsgeschichte anbahnte, schien den oberen Weichenstellern von der hinterhältigen Absicht getragen, „objektive Gesetze" in Frage zu stellen und obendrein die heilige Kuh, die da „politische Geschichte" hieß, am Ende doch noch zu schlachten. Als sich der Rat für Geschichtswissenschaft am 4. Dezember 1984 schließlich zu einem halbherzigen Ja für die Sozialgeschichte durchrang, handelte ich mir dort mit meinem Plädoyer für die Mentalitätsgeschichte einen Rüffel vom „Geschichtspapst" Ernst Diehl ein – ich hätte mich gegen die politische Geschichte gewandt. Grund war der Vorschlag, z.B. populare Selbstzeugnisse als Quellen zu nutzen, denn über solche gelänge „uns oft überhaupt erst eine

[26]) *Ders.*, Studien zu einer Geschichte der Gesellschaftswissenschaften. Bd. 8. Berlin 1978, 27.

[27]) Nur Jürgen Kuczynski, gegen den allein ich eigentlich polemisiert hatte, sprach sich für die Veröffentlichung meines Manuskripts aus – was dann doch unterblieb. Siehe: *Jan Peters*, Alltagssorgen mit dem Alltag, in: Alltag und Volkskunde. Sichtweisen – Methoden – Ergebnisse. Ehrenkolloquium für Wolfgang Jacobeit, 8.6.1991. Info-Blatt der Gesellschaft für Ethnographie e. V., 1991/3, 64–70.

Bestätigung (bzw. Nicht-Bestätigung) für bestimmte Denkweisen in Klassen und Schichten, die wir oft hypothetisch voraussetzen ohne zu wissen, wie es sich wirklich damit verhielt". Erst „das tiefere Eindringen in soziale Mentalitäten" mache uns unabhängig von „moralisierenden, nicht verifizierbaren Wertungen". Damals gehörte kein Mut mehr zu solchen Äußerungen.

Das Bemühen um ein größeres Eigengewicht der Mentalitätsgeschichte ging ohne Ärger, Widerspruch und Enttäuschung nicht ab, aber – und das war das Signum der achtziger Jahre – der vormundschaftliche Steuerungsmechanismus geriet allmählich außer Funktion. Die dogmatische Ideologisierung der DDR-Historiographie war zwar immer noch zugange, aber sie kam ab Mitte der achtziger Jahre all den „bedrohlichen" Entwicklungen nicht mehr hinterher.

Noch in der Wende und danach blieb der integrative Anspruch der Wirtschaftsgeschichte in einem als marxistisch gedeuteten Wissenschaftssystem ein Hemmnis für moderne Ansätze. Wir mußten uns aus dieser starren und hierarchisierenden Systematik lösen, wenn es eine Erneuerung geben sollte. Im Rahmen einer vom Institut für Wirtschaftsgeschichte veranstalteten Streitgesprächsreihe diskutierte ich im Januar 1989 über das Verhältnis von Sozial- und Alltagsgeschichte, also gerade über dieses Problem, mit Helga Schultz. Die Sozialgeschichte blendete, nach meiner Meinung, noch zu sehr das Eigengewicht der neuen alltags- und mentalitätsgeschichtlichen Ansätze aus. Andere hielten damals noch an den bekannten Zuständigkeitskategorien fest: Wirtschaftsgeschichte bzw. Sozialgeschichte sei immer übergeordnet, denn „wahrhaft marxistische Geschichtswissenschaft" sei notwendig immer sozialhistorisch, könne also Bereichen wie Alltags- und Mentalitätsgeschichte keine Eigenständigkeit zubilligen.[28])

VII. Rückblick und Ausblick

Der hier verkürzt dargestellte, selbsterfahrene, wechselvolle und schwierige Weg zwischen Wirtschafts- und Mentalitätsgeschichte brachte schließlich eine Annäherung an die moderne internationale sozialhistorische Forschung durch die Historiker der DDR.

Schon in den fünfziger Jahren ging die Historische Volkskunde der DDR eigene Wege und diskutierte eine Soziologisierung ihres Faches[29]), 1972 er-

[28]) So auch *Helga Schultz*, Was bleibt von der Geschichtswissenschaft der DDR?, in: Eckert/Küttler/Seeber (Hrsg.), Krise – Umbruch – Neubeginn (wie Anm. 2), 452–467, hier 453.

[29]) Das geschah zunächst unter maßgeblichem Einfluß von Wolfgang Steinitz und Paul Nedo, später von Wolfgang Jacobeit. Siehe Deutsches Jahrbuch für Volkskunde. 1, 1955,

schien als eine Art von Synthese zahlreicher monographischer Leistungen auf volkskundlichem Gebiet ein historisches Lebensweisekonzept der Volkskundler in ihrem bekannten „Abriß“[30]), die Kulturgeschichtsschreibung verlangte in den siebziger Jahren eine Kulturgeschichte alltäglichen Zuschnitts[31]), seit 1980 trat der von Hartmut Zwahr initiierte sozialgeschichtliche Arbeitskreis in Leipzig zusammen, Kuczynskis Alltagsbände sind selbstverständlich zu nennen, Sigrid und Wolfgang Jacobeit folgten mit ihrer Illustrierten Alltagsgeschichte. In der praktischen Forschungsarbeit hatte ohnehin mancher das Verdikt gegen die Sozialgeschichte unterlaufen können.

Alle diese Arbeiten und Bemühungen trugen die Zeichen ihrer Zeitgenossenschaft und waren von mühsamen Versuchen einer theoretischen Neubesinnung begleitet. Bemerkenswert war Harald Dehnes theoretische Annäherung an den Alltagsbegriff im Jahrbuch für Volkskunde und Kulturgeschichte 1985.[32]) Horst Handke quälte sich 1986 mit einem Legitimationsversuch, den er aus der „Systematik des historischen Materialismus“ ableiten mußte.[33]) Nach der Wende folgten erste Rückblicke. Helga Schultz hob 1991 den in der DDR weit gefaßten Inhalt der Sozialgeschichte hervor, der jeglicher marxistisch verstandener Geschichtsauffassung inhärent sei, eine erste Blüte in den sechziger Jahren erlebt habe und als Träger des „Stachels der Gesellschaftskritik“ die DDR überleben möge.[34]) Peter Hübner arbeitete 1992 den Zusammenhang zwischen der Frontstellung gegen die Soziologie und die Theorie des sozialen Wandels in der DDR und ihrem wissenschaftlichen Zurückfallen gegenüber der Historisierung der Sozialwissenschaften im Westen heraus. Aus der Perspektive der

6–8, Vorwort der Schriftleitung; *Paul Nedo*, Volkskunde und Regionalgeschichte, in: JbRegG 1, 1965, 44–48, hier 44.

[30]) Zur Geschichte der Kultur und Lebensweise der werktätigen Klassen und Schichten des deutschen Volkes vom 11. Jahrhundert bis 1945. Ein Abriß (Autorenkollektiv). Deutsche Historiker-Gesellschaft, Wissenschaftliche Mitteilungen. Berlin 1972/I–III. Im Rückblick heute siehe *Sigrid und Wolfgang Jacobeit*, Vom Nutzen und Nachteil alltagsgeschichtlichen Denkens für die Historie, in: Konrad Jarausch/Jörn Rüsen/Hans Schleier (Hrsg.), Geschichtswissenschaft vor 2000. Perspektiven der Historiographiegeschichte, Sozial- und Kulturgeschichte. Festschrift für Georg G. Iggers zum 65. Geburtstag. Hagen 1991, 134–147.

[31]) Siehe u. a. die Arbeiten von Dietrich Mühlberg. – Die Kulturgeschichtsschreibung in der DDR (mit Blick auf die Arbeiter) wird im Überblick mit zahlreichen Literaturhinweisen vorgeführt von *Harald Dehne*, Aller Tage Leben. Zu neuen Forschungsansätzen im Beziehungsfeld von Alltag, Lebensweise und Kultur der Arbeiterklasse, in: Jahrbuch für Volkskunde und Kulturgeschichte 28, 1985, 9–48; dazu *Jan Peters*, Alltag im Aufbau. Überlegungen zum Artikel von Harald Dehne „Aller Tage Leben“, in: ebd. 30, 1987, 185–188.

[32]) *Dehne*, Aller Tage Leben (wie Anm. 31).

[33]) *Horst Handke*, Zur sozialgeschichtlichen Forschung in der DDR. Gedanken zu ihrer Entwicklung, in: ZfG 34, 1986, 291–302.

[34]) *Helga Schultz*, Was bleibt von der Geschichtswissenschaft der DDR?, in: Österreichische Zeitschrift für Geschichtswissenschaften 2, 1991, 22–40. (Auch in: *Eckert/Küttler/Seeber* [Hrsg.] Krise-Umbruch-Neubeginn [wie Anm. 2], 452–467).

BRD und der USA hatten schon lange zuvor Jürgen Kocka und Georg Iggers die sozialgeschichtliche Entwicklung in der DDR verfolgt.[35])

Wie sich Wirtschafts- und Sozialgeschichte in der DDR konkret entwickelten und sich nach Krisen bzw. Entfaltungszeiten periodisieren lassen, bedarf noch des genauen Nachfragens. Die reale Historiographie des Sozialen durchbrach jedenfalls oft genug die Grenzen der verordneten, aber sie litt unter der Verordnung. Die siebziger Jahre des grandiosen Aufschwungs von historischer Mentalitäts- und Verhaltensforschung in Frankreich[36]) und England wie auch die explosionsartige Entfaltung der sozialkritischen Ansätze vor der eigenen Haustür (BRD) fanden nur (oder: wenigstens) einen schwachen Reflex in der DDR. Der Sozialgeschichte kam zugute, daß sie sich als Bestandteil eines „marxistischen Klassenkonzepts" nicht ignorieren ließ, aber die ihr immanente Realität des Subjektiven unterwarf sie dirigistischer Kontrolle und verhinderte vor allem ihre Modernisierung. Auch wenn sie Mitte der achtziger Jahre einen ziemlich gerupften Eindruck machte, so konnte sie sich doch von da an allmählich, wenn auch auf wackligen Beinen, wieder erheben.

Retrospektive Analysen differieren naturgemäß in manchen Punkten. Ob die Sozialgeschichte im geschichtsmaterialistischen Ansatz „überall drin", im ganzen aber ziemlich schwach war, oder ob sie (wie ich meine) eher struktur- und politikgeschichtlich gezähmt blieb[37]), ob ihre Resistenzpotentiale gegenüber dem „gültigen Geschichtsbild" sich erst in ihrer alltags- und mentalitätsgeschichtlichen Erweiterung entfalteten, das müssen noch genauere Untersuchungen ergeben. Sobald sie *das* versuchte, ist sie jedenfalls in die Schranken gewiesen worden.

Am Ende meines Erfahrungsweges zwischen Wirtschafts- und Mentalitätsgeschichte in Richtung auf eine Moderne Sozialgeschichte (die natürlich nicht das Maß aller Dinge ist), frage ich mich, ob es nicht die ganze verquere Nachkriegskonstellation des Kalten Krieges in Deutschland war, mit ihrem Hang zur Vorkriegskontinuität, Restauration und Historismus im Westen und zur volksfernen und „verarbeiterbewegten" Politikgeschichte im Osten, die die große Chance einer Demokratisierung im Sinne eines sozial- und volksgeschichtlichen Wandels des Geschichtsverständnisses im Osten verspielte und im Westen bis in die siebziger Jahre verzögerte.[38]) Ob wir unter den gegebe-

[35]) *Jürgen Kocka*, Zur jüngeren marxistischen Sozialgeschichte (wie Anm. 24); Georg Iggers hatte „Beispiele ostdeutscher Sozialgeschichte" schon vor der Wende zusammengestellt und gab sie 1991, mit einer sachkundigen Einleitung versehen, heraus: *Iggers* (Hrsg.), Ein anderer historischer Blick (wie Anm. 24).

[36]) *Jan Peters*, Das Angebot der „Annales" und das Beispiel Le Roy Ladurie – Nachdenkenswertes über französische Sozialgeschichtsforschung, in: JbWG 1989, 139–160.

[37]) Vgl. *Horst Handke*, Forschungen zur Geschichte der Sozialstruktur in der DDR 1970–1980. Eine Literaturübersicht, in: JbWG 1981, 339–351.

[38]) Siehe *Georg G. Iggers*, Vom Historismus zur Historischen Sozialwissenschaft: Die bundesdeutsche Geschichtsschreibung seit der Fischer-Kontroverse, in: ders., Neue

nen Verhältnissen Grundsätzliches an den vormundschaftlichen Auflagen hätten ändern können, das dürfen wir wohl verneinen, aber dennoch ist manches geblieben, das von Bestand sein wird und das „aus sittlichem Ernst" entstand. Doch erstritten wir zu wenig mögliche Spielräume, trafen nicht selten Entscheidungen zugunsten der Bequemlichkeit des Faktischen und praktizierten oft eine fatale Sicherheit im historischen Denken – das waren wohl einige unserer wichtigsten „Sünden".

Wird nun die ausgebliebene und verzögerte Wandlung auch in Deutschland mächtig daherkommen? Wie ausgeprägt ist eigentlich ein entsprechender Modernisierungswille, auch angesichts der neuen sozialen Krisenzeit und des neuen Wunsches nach Geborgenheit und Sicherheit durch Beständigkeit?[39] Denn dies ist in meinem Rück- und Ausblick doch der wichtigste Schluß: Sind wir Historiker nicht in besonders prekärer Weise gehalten, uns dem Anspruch an ständige Erneuerung zu stellen, uns selbst immer wieder in Frage zu stellen, uns selbst zu „modernisieren"? Wenn das Angehen gegen bequemes Verharren im Vorgefundenen stärker ins Praktisch-Historiographische wirklich hinüberreicht, und wenn dabei DDR-Erfahrung mitspielen sollte, dann hätte der schmerzhafte Umgang mit der DDR-Historiographie doch einen ganz guten Sinn.

Geschichtswissenschaft. München 1975, 97–156. Vgl. *Jürgen Kocka*, Sozialgeschichte – gestern und heute (wie Anm. 20).

[39]) Vgl. ebd. 27.

Die „marxistische“ Regionalgeschichte

Ideologischer Zwang und Wirklichkeitsferne

Von

Karlheinz Blaschke

Als die SED nach dem Ende des Zweiten Weltkrieges in dem von der Sowjetunion besetzten Teil Deutschlands ihre Herrschaft aufzubauen begann, konzentrierte sie sich auf drei Bereiche des gesellschaftlichen Lebens: auf die Sicherung der Macht durch Besetzung der wichtigsten Positionen in Verwaltung und Regierung, auf die vom marxistischen Dogma geforderte Vergesellschaftung der Produktionsmittel mit Hilfe der Enteignung privater Wirtschaftsbetriebe und auf die geistige Beherrschung der Menschen in ihrem Machtbereich durch Propagierung der marxistisch-leninistischen Ideologie. In diesem dritten Teil nahm der Aufbau einer völlig von der SED beherrschten Geschichtswissenschaft einen wichtigen Platz ein. Es ging dabei um die Herausbildung einer neuen Geschichtsauffassung, die sich von derjenigen des deutschen Bürgertums unterscheiden und auf die Traditionen der deutschen Arbeiterbewegung ebenso wie auf die Lehren der „Klassiker“ des Marxismus-Leninismus gegründet sein sollte. Dementsprechend bewegten sich alle derartigen Bemühungen auf der Ebene der deutschen Nationalgeschichte, die einer grundsätzlichen Kritik unterworfen und als eine einzige Misere verstanden wurde, der die revolutionären Traditionen des deutschen Volkes und der deutschen Arbeiterklasse entgegengestellt wurden. Es waren gewaltige Anstrengungen notwendig, um aus dem Nichts heraus ein neues System der Geschichtswissenschaft mit allen dazu gehörigen personellen, institutionellen und intellektuellen Erfordernissen zu schaffen. Das machte eine Konzentration der Kräfte auf die Hauptaufgaben notwendig, zumal dieser Aufbau in ständiger polemischer Auseinandersetzung mit den noch im eigenen Lande vorhandenen, festgefügten Strukturen der bürgerlichen und in bewußter Konfrontation mit der in Westdeutschland sich neu formierenden Geschichtswissenschaft vollzogen wurde. Das starke Interesse der SED an der Instrumentalisierung der Geschichtswissenschaft für ihre politisch-propagandistischen Zwecke zeigt sich deutlich am Beschluß des Zentralkomitees der SED über „die Verbesserung der Forschung und Lehre in der Geschichtswissenschaft der Deutschen Demokratischen Republik“ von 1955, der zehn Jahre später rückblickend in einer der Regionalgeschichte gewidmeten Grundlagenarbeit als „Vormarsch auf breiter Front“ gepriesen wurde, weil er „in seiner Einheit von politisch-ideologisch-wissenschaftlichen Aufgaben" „der Auseinandersetzung mit der reaktionären Verfälschung der deutschen Vergangenheit" diente.[1])

Über die Lage der gerade erst sich formierenden SED-Geschichtswissenschaft gibt das Vorwort zum ersten Heft der Zeitschrift für Geschichtswissenschaft aus dem Jahre 1953 Auskunft[2]), das noch „die Mitarbeit aller patriotisch gesinnten deutschen Historiker" als Beitrag „zur Schaffung eines einheitlichen, demokratischen, friedliebenden Deutschlands" erwartet, während es ansonsten nur den Marxismus-Leninismus als Grundlage einer neuen deutschen Geschichtswissenschaft proklamiert und als Leistung früherer Generationen deutscher Historiker gerade noch die Sammlung von historischen Tatsachen in der Quellenforschung anerkennt. Die Festlegung auf SED, Sozialismus, Geschichte der Arbeiterbewegung und Verbindung zu den Historikern der Sowjetunion gehörte zu den Selbstverständlichkeiten des Anfangs, dessen Ziele so allgemein gehalten waren, daß ein Eingehen auf besondere Fachgebiet wie die Landesgeschichte nicht zu erwarten war.

Unter diesen Bedingungen lagen für die SED die geographischen Bereiche unterhalb der nationalgeschichtlichen Ebene naturgemäß nicht im Blickfeld.[3]) Auch nachdem seit etwa 1960 die Regionalgeschichte als historische Teildisziplin in Erscheinung trat, stand sie nicht im Vordergrund des Interesses. Dennoch ist das Thema aufschlußreich für den Umgang der SED-Historiker mit der Geschichtswissenschaft, ging es doch auch hier um die Polemik gegen einen nicht unwesentlichen Teil der bürgerlichen Geschichtswissenschaft in Gestalt der Landesgeschichte. Währen die großen strategischen Entscheidungen am Sitz der Parteizentrale in Berlin getroffen wurden, spielte sich der „Nebenkriegsschauplatz" gegen die Landesgeschichte in Leipzig ab, wo im Jahre 1906 unter Rudolf Kötzschke das erste Universitätsinstitut dieses Faches in Deutschland gegründet worden war, das der Altmeister noch im hohen Alter bis zu seinem Tode 1949 betreute.[4]) Als Schüler Kötzschkes von 1946 bis

[1]) ZfG 3, 1955, 507 f; *Karl Czok*, Zu den Entwicklungsetappen der marxistischen Regionalgeschichtsforschung in der DDR, in: JbRegG 1, 1965, 13.

[2]) ZfG 1, 1953, 3–6.

[3]) Der aus dem Zentralen Parteiarchiv der SED und Befragung von Zeitzeugen erarbeitete Bericht von *Ulrich Neuhäußer-Wespy* über „Die Etablierung der marxistisch-leninistischen Geschichtswissenschaft und die Rolle des zentralen Parteiapparates der SED in den fünziger und sechziger Jahren" enthält keinerlei Hinweise auf die Regionalgeschichte, lediglich einige Bemerkungen über die Deutsche Historiker-Gesellschaft und die Heimatzeitschriften (S. 158); der Bericht ist als Teil des vom Bundesministerium für Forschung und Technologie geförderten Projekts „Geschichte der Historiographie der DDR" als Manuskript vervielfältigt.

[4]) *Heinrich Sproemberg/Hellmut Kretzschmar*, Zum 50. Jahrestag der Gründung der Abteilung Landesgeschichte. Leipzig 1956; *Karl Czok*, Der Methodenstreit und die Gründung des Seminars für Landesgeschichte und Siedlungskunde 1906 an der Universität Leipzig, in: JbRegG 2, 1967, 11–26; Esther Ludwig, Das Seminar für Landesgeschichte und Siedlungskunde an der Universität Leipzig und seine Direktoren Rudolf Kötzschke und Adolf Helbok im Prozeß der faschistischen „Gleichschaltung" (1933–1937). Dipl.-Arbeit Leipzig 1990.

1949 bin ich in die Tradition dieses Instituts eingetreten und habe von meiner Tätigkeit im Dresdener Staatsarchiv ausgehend mich bemüht, die während meiner Studienzeit erhaltenen Anstöße auf dem Felde der sächsischen Landesgeschichte fruchtbar zu machen. Die Vorgänge, die zur systematischen Demontage der Landesgeschichte in Leipzig und zum Aufbau einer „marxistischen" Regionalgeschichte führten, sind für mich erlebte Geschichte, wobei ich formal auf der Seite der Verlierer stand. Ich halte mich für befugt, über dieses Thema aus dem Zusammenhang der DDR-Geschichtswissenschaft einen kompetenten Beitrag zu leisten.[5])

Die Überschrift über diesen Beitrag enthält drei Hauptpunkte. Die Anführungsstriche um das Wort „marxistisch" sollen die Frage aufwerfen, ob diese angeblich marxistische Regionalgeschichte wirklich marxistisch war, ob sich also die Polemik gegen die Landesgeschichte tatsächlich auf marxistische Grundpositionen stützen kann. Zweitens ist auf die Abhängigkeit der Polemik von einer Ideologie einzugehen, die geradezu zwanghaft zu einem wissenschaftsfremden Vorgehen der SED-Historiker gegen eine anerkannte historische Teildisziplin geführt hat. An dritter Stelle ist die Entfernung der „marxistischen" Regionalgeschichte von der Wirklichkeit darzulegen, womit ein wesentlicher Gesichtspunkt jeder ideologisch begründeten Erklärung der Welt berührt wird. Die seit 1989 mehrfach aufgetretene Meinung, der Sozialismus sowjetischer Machart sei an seinem unrealistischen, weil ideologisch konstruierten Menschenbild zugrunde gegangen, hat jedenfalls einiges für sich.

Karl Marx hat als scharfer Denker die einseitig idealistische Geschichtsauffassung seiner Zeit dadurch erweitert und bereichert, daß er auf die materiellen Grundlagen des geschichtlichen Lebens verwiesen hat. Dabei hat er allerdings diese unbestreitbare Teilwahrheit verabsolutiert, indem er sie zum alleinigen Erklärungsmuster für den gesamten Ablauf der Weltgeschichte zu allen Zeiten und in allen ihren Verästelungen erhoben hat. So kam er zu der zwar ebenfalls einseitigen, aber doch in hohem Maße anregenden, fruchtbaren und herausfordernden Formulierung des dialektischen und historischen Materialismus. Er besagt, daß es ökonomische Bedingungen seien, die die geistige Verfassung von Mensch und Gesellschaft bestimmen, daß die Produktionsverhältnisse, die Produktivkräfte und die Produktionstechnik die reale Basis für den ideologischen Überbau darstellen und daß die Herrschaft über die Produktionsmittel als klassenbildendes Prinzip die herrschenden und die beherrschten Klassen

[5]) Zu den Vorgängen um die Demontage der Landesgeschichte in Leipzig habe ich mich in folgenden Aufsätzen geäußert: *Karlheinz Blaschke*, Die landesgeschichtliche Arbeit in Sachsen, in: AnnTrento 7, 1981, 155–197; *ders.*, Die Landesgeschichte in der DDR – Ein Rückblick, in: BlldtLG 126, 1990, 243–261; *ders.*, Rudolf Kötzschke – Sein Werk und seine Nachwirkung, in: Wege und Fortschritte der Wissenschaft. Beiträge von Mitgliedern der [Sächsischen] Akademie [der Wissenschaften] zum 150. Jahrestag ihrer Gründung. Hrsg. v. Günter Haase u. Ernst Eichler. Berlin 1996, 437–450.

hervorbringt. Aus diesem Gegensatz der Klassen ergibt sich der Klassenkampf, der Staat sei das Machtwerkzeug in den Händen der ökonomisch herrschenden Klasse. Für das Menschenbild der Marxschen Lehre ist die Feststellung wichtig, der „wesentliche" Mensch verwirkliche sich durch seine Arbeit.

Im Denkgebäude der von Marx und Engels erdachten Geschichtsauffassung gibt es keine Festlegung auf geographische oder administrative Einheiten, es ist vielmehr von einer allgemeinen Gültigkeit für jede Deutung von Geschichte auf welcher geographischen Ebene auch immer auszugehen. Die Interessen Lenins als des dritten „Klassikers" waren viel zu sehr auf seine russische Umwelt und seine vorrangigen Orientierungen auf die konkrete Machtausübung gerichtet, um von ihm zweckdienliche Auskünfte über die Anerkennung oder Abschaffung von Ebenen geschichtlichen Lebens unterhalb der Nation zu erwarten. Man darf also den historischen Materialismus als ein erkenntnistheoretisches Prinzip ansehen, das nicht nur für die Welt- und die Nationalgeschichte, sondern ebenso für die Landes-, die Heimat- und die Ortsgeschichte gelten kann. Warum sollte diese Methode mit ihrer besonderen Auffassung von Geschichte nicht auch auf eine marxistische Landesgeschichte angewandt werden können, wie es im Falle der marxistischen Nationalgeschichte geschah?

Hierzu gäbe es mehrere Ansätze. Die Siedlungsgeschichte war von allem Anfang an ein wesentlicher Bestandteil der in Leipzig betriebenen Landesgeschichte. Sie ergibt sich aus ökologischen und ökonomischen Bedingungen. Sie ist mit Bewegungen großer Menschenmengen verbunden und somit in hervorragender Weise geeignet, die von der marxistischen Geschichtsauffassung stets betonte Rolle der Volksmassen zu unterstreichen. Siedelbewegungen führen zu einer starken Entfaltung der Produktivkräfte und der Produktionstechnik, sie tragen den wirtschaftlichen Fortschritt voran und schließen ungeheure Arbeitsleistungen der werktätigen Bauern ein. Von allen diesen Möglichkeiten einer wirklich marxistischen Durchdringung und Weiterentwicklung der Landesgeschichte hat die SED-Geschichtswissenschaft keinen Gebrauch gemacht.[6]) Statt dessen hat sie die große Siedelbewegung des hohen Mittelalters, die von der Elbe-Saale-Grenze nach Osten voranschritt, mit dem polemisch negativ besetzten Etikett der Ostexpansion versehen und sie damit verächtlich gemacht. So wurde die Siedlungsgeschichte in der DDR zwar von den Vorgeschichtlern und den Sprachforschern betrieben, während die SED-Historiker sich fernhielten.

Die Landesgeschichte war gerade in ihrer Leipziger Ausformung eng mit der Wirtschaftsgeschichte verbunden, wie es sich schon an den Arbeiten von

[6]) *Ders.*, Leistungen und Aufgaben der Siedlungsgeschichte in der Deutschen Demokratischen Republik, in: Klaus Fehn (Hrsg.), Genetische Siedlungsforschung in Mitteleuropa und seinen Nachbarräumen. Bonn 1988, 163–176.

Karl Lamprecht und Rudolf Kötzschke erkennen läßt. Auf dieser Ebene eines räumlich begrenzten Landes lassen sich die Strukturen und Entwicklungen der wirtschaftlichen Kräfte intensiver erforschen als im nationalen oder gar im kontinentalen Rahmen, Feinheiten und Unterschiede werden erst im Blick auf die landschaftlichen Besonderheiten deutlich. Einer Geschichtsauffassung wie der marxistischen, die besonderen Wert auf die materiellen Grundlagen des Geschehens legte, hätte es wohl angestanden, die traditionelle Landesgeschichte in diese Richtung weiter vorwärts zu entwickeln.

Die Verfassungsgeschichte ist ein wesentlicher Bestandteil moderner Landesgeschichte, sie hat gerade durch die Erforschung landschaftlich begrenzter Formen und Ordnungen des sozialen Lebens ihre beachtenswerten Fortschritte erzielt.[7]) Das Verhältnis von Zentral- und Territorialgewalt, von Landesherrschaft und Grundherrschaft, die Stadt- und die Dorfverfassung sind Themen, an denen die Volksmassen als Gestalter der Geschichte hätten behandelt werden können. Immerhin meinte Gerhard Heitz, Kötzschke habe mit gewissen Einschätzungen der Grundherrschaft nahe an die Marxsche Einsicht vom Wesen der Feudalökonomie herangereicht. Aber die SED-Historiker haben diese auf der Hand liegenden Hinweise nicht beachtet.

Daß die Kulturgeschichte zu DDR-Zeiten einen schweren Stand hatte, ergibt sich aus der Tatsache, daß die Kultur eine die Klassen übergreifende gesellschaftliche Erscheinung ist und dabei leicht das unumstößliche Dogma vom Klassenkampf hätte verwischt werden können. Andererseits hätten Beobachtungen über den Zusammenhang von wirtschaftlicher Leistung und kultureller Entfaltung, wie sie die Landesgeschichte in reichem Maße darbietet, sehr wohl zur Stützung der These vom Zusammenhang zwischen ökonomischer Basis und „ideologischem“ Überbau dienen können. Der Aufschwung bürgerlicher Bildung in den sächsischen Städten des späten Mittelalters bis hin zur Gründung der Universität Leipzig 1409 und der Bau der spätgotischen Hallenkirchen in den wirtschaftlich aufblühenden Bergstädten des Erzgebirges hätte von diesem Denkmuster aus eine Erklärung erhalten können, die wenigstens innerhalb des marxistischen Schemas schlüssig gewesen wäre.

Aber solche gedanklichen Verknüpfungen hätten sachkundigere und rundum gebildete Kenner der Landesgeschichte erfordert, die in der Lage gewesen wären, ihre Kenntnis der Einzelheiten in souveräner Art und Weise mit der marxistischen Theorie in Beziehung zu setzen und dabei auch kritisch Abstand zu vulgärmaterialistischen Auffassungen zu wahren. Vielleicht wäre es einer überzeugenden Persönlichkeit unter den marxistischen Historikern gelungen, die in der Landesgeschichte angelegte Chance deutlich zu machen und damit das Fach vor unqualifizierten Anwürfen zu sichern. So aber geriet es in

[7]) Vgl. hierzu *Walter Schlesinger*, Verfassungsgeschichte und Landesgeschichte, in: HessJbLG 3, 1953, 1–34.

den Strudel einer neuerungssüchtigen, kulturrevolutionären, hektischen Betriebsamkeit auf niedrigem intellektuellen Niveau, in dem jeder, der vorwärtskommen wollte, mitschwimmen mußte, und jeder, der nicht mitschwimmen wollte, an den Rand geriet.

Daß es um die Möglichkeiten, die Leipziger Tradition der Landesgeschichte unter den neuen Verhältnissen fortzuführen, nicht gar so schlecht stand, zeigt die Rede des SED-Chefs Walter Ulbricht vor der Universität Jena, bei der er Karl Lamprecht wegen der Annahme von Gesetzmäßigkeiten in der Geschichte gelobt hatte. Überhaupt wurde der von der konservativ-idealistischen Zunft seiner Zeit heftig abgelehnte Lamprecht mehrfach gewürdigt, ohne daß jedoch davon ausgehend der Versuch zur marxistischen Aneignung der bürgerlichen deutschen Landesgeschichte gemacht worden wäre, die ja doch gerade von ihm wesentliche Anstöße erhalten hatte.[8])

Was schließlich die Aussagen von Marx und Engels selber angeht, so lassen sich bei ihnen keine ausdrücklichen Meinungen über die Landesgeschichte feststellen, die ja doch überhaupt nicht in ihrem Blickfeld lag. Sie waren keine Geschichtsforscher und keine Geschichtsschreiber im Sinne der Berufshistoriker, sondern Philosophen, Agitatoren und Politiker, die zur Stützung ihrer Theorie das beweiskräftige Tatsachenmaterial brauchten und zu diesem Zweck die Geschichte befragten. Sie haben sich dabei weder gegen die Landesgeschichte noch für die Regionalgeschichte ausgesprochen und demzufolge auch keine für ihre Nachfolger verbindlichen Vorgaben hinterlassen. Daß sie beide zu ihrer Zeit gegen die Existenz von Ländern schonungslos wetterten und als Untertanen des preußischen Königs in einer merkwürdigen Haßliebe gegen Preußen vom Leder zogen, ergab sich als ihre politische Grundhaltung, kann aber nicht als eine grundsätzliche Stellungnahme gegen die Beschäftigung mit der Geschichte der deutschen Länder gedeutet werden. In dieser Hinsicht waren die SED-Historiker frei und konnten die etwa für das Thema verwertbaren Zitate der Klassiker „schöpferisch" anwenden. Dazu boten ihnen die Verhältnisse nach 1945 genügend Gelegenheit.

I.

Die Kritiker der im sowjetischen Machtbereich ausgeübten, auf den Marxismus sich berufenden Herrschaftspraxis hatten immer schon die Beobachtung gemacht, daß die Ideologie ein deutliches Übergewicht gegenüber den wirt-

[8]) *Karl Czok*, Karl Lamprechts Wirken an der Universität Leipzig. (SB der Sächsischen Akad. der Wiss. zu Leipzig, Phil.-Hist. Klasse, Bd. 124, H. 6.) Berlin 1984; *Luise Schorn-Schütte*, Karl Lamprecht. Wegbereiter einer historischen Sozialwissenschaft, in: Notker Hammerstein (Hrsg.), Deutsche Geschichtswissenschaft um 1900. Stuttgart 1988, 153–191.

schaftlichen Grundlagen erlangt hatte. Dieser Gedanke läßt sich in übertragenem Sinne auch auf die Struktur der SED-Geschichtswissenschaft anwenden, in der eine Ideologielastigkeit auf Kosten der historisch-materialistischen Grundlegung festzustellen war. Das äußerte sich unter anderem darin, daß die Themen der politischen Geschichte mit ihrer Eignung für ideologisch begründete Deutungen und ihrer Orientierung auf die Machtfrage ganz offensichtlich bevorzugt wurden, während die Wirtschafts- und Sozialgeschichte ganz allgemein nicht die Beachtung fand, wie es im System einer Geschichtsauffassung auf historisch-materialistischer Grundlage wohl zu erwarten gewesen wäre. So ist auch die Herausbildung der Regionalgeschichte in den Anfangsjahren der DDR vor allem aus der aktuellen politischen Lage im Osten Deutschlands und aus den Erlebnissen und Ergebnissen der deutschen Arbeiterbewegung zu erklären und nicht so sehr aus den Denkansätzen des historischen Materialismus.

Die deutsche Arbeiterbewegung war so, wie sie sich im Kaiserreich entwikkelt hatte, nach Ländern organisiert, weil es die politische Tagesarbeit so erforderte, aber sie war auf das Reich und die Nation im kleindeutschen Sinne orientiert. Schon das Fortbestehen der Landtage über die Reichsgründung hinaus machte die deutschen Länder zu administrativen Einheiten politischer Wirksamkeit, Landtags- und Reichstagswahlen fanden innerhalb der von den Ländern festgelegten Abgrenzungen statt.[9]) Aber die deutsche Sozialdemokratie hat sich doch von Anfang an auf die kleindeutsche Nation festgelegt, obwohl bei ihren Anfängen 1863 durchaus eine großdeutsche Ausrichtung im Sinne von 1848 noch denkbar gewesen wäre. Der Nationalstaat wurde ihr Wirkungsfeld, Preußen erlangte ein Übergewicht, die Reichshauptstadt Berlin beherbergte in ihren Mauern den Parteivorstand und die Reichstagsfraktion als die beiden wichtigsten politischen Zentralorgane. Es ist bezeichnend, daß Leipzig zwar die Wiege der deutschen Arbeiterbewegung unter Ferdinand Lassalle war und August Bebel und Wilhelm Liebknecht ihre politische Arbeit in Leipzig und Dresden begannen, daß sich aber nach der Reichsgründung die führenden Kräfte nach Berlin verzogen. Zu den deutschen Ländern hat die Sozialdemokratie kein enges Verhältnis gefunden, sie hat sich mit ihnen nicht identifiziert, sie hat sie nicht „geliebt".

Es mag mit der persönlichen Herkunft von Friedrich Engels zusammenhängen, daß er als ein in weiten europäischen Bezügen denkender und lebender rheinischer Großbürger ohne Verwurzelung in einer territorialen oder dynastischen Tradition kein inneres Verhältnis zu den deutschen Ländern fand. Er

[9]) Vgl. hierzu neuerdings: *Karsten Rudolph*, Die sächsische Sozialdemokratie zwischen Reichsgründung und Reichsexekution (1871–1923). Weimar/Köln/Wien 1995; *Simone Lässig*, Wahlrechtskämpfe und Wahlrechtsreform im Königreich Sachsen (1895–1909). Parteien, politische Kultur und gesellschaftlicher Wandel im wilhelminischen Deutschland. Köln/Weimar/Wien 1995.

lehnte sie scharf ab und fand nur Worte von Spott und Hohn über sie. Der Weltbürger Karl Marx, der nach unruhevollen Jahren in Deutschland, Belgien und Frankreich schließlich in London seßhaft wurde, lebte mit seinem visionären Gedankengebäude viel zu sehr im imaginären Internationalismus des Proletariats, um sich in die Niederungen deutscher Landesgeschichte hinabzubegeben. In seinen einseitig ökonomisch ausgerichteten Vorstellungen waren Nation und nationaler Markt unerläßliche Durchgangsstufen auf dem Wege zu einem weltumfassenden paradiesischen Endzustand der Menschheit, wobei er wohl allzusehr die westeuropäischen Verhältnisse mit der Deckungsgleichheit von Nation, Nationalstaat und nationalem Wirtschaftsgebiet im Auge gehabt hat. Wenn er sich mit politischer und Wirtschaftsgeschichte Osteuropas beschäftigt hätte, wären ihm möglicherweise Zweifel an seinem Begriff der Nation aufgekommen, und schon eine nähere Kenntnis der Leipziger Messegeschichte hätte ihm die Fragwürdigkeit seines Entwurfs vom nationalen Markt deutlich machen können. Die Begründer des wissenschaftlichen Sozialismus konnten schon von ihrer Biographie her kein Verständnis für die Existenz deutscher Länder aufbringen, und auch August Bebel aus der reichsstädtischen Tradition von Köln brachte in dieser Hinsicht keine Voraussetzungen mit. Aus der Mentalität der führenden Köpfe der deutschen Arbeiterbewegung ergab sich jedenfalls eine klare Einstellung auf die nationale Ebene und die zentrale Organisation.

Diese Richtung wurde schon in der Frühzeit der Sozialdemokratie dadurch verstärkt, daß sich die Industrialisierung nicht in den oft zufälligen Ländergrenzen ereignen konnte, daß sie schon im Rahmen des deutschen Zollvereins länderübergreifend voranschritt und sich schließlich in weltwirtschaftlichen Zusammenhängen fortbewegte. So wuchs die Arbeiterklasse in Deutschland frühzeitig in einer nationalen Dimension heran, ihre Führungskräfte waren grundsätzlich nicht bodenständig, viele von ihnen übernahmen Funktionen an verschiedenen Orten und in verschiedenen deutschen Ländern. Es gab keine sächsische, bayerische oder preußische, sondern eben nur eine deutsche Arbeiterbewegung. Da für die Sozialdemokratie mit den deutschen Ländern außerdem noch der „Modergeruch" der aus dem „Feudalismus" herrührenden Dynastien verbunden war, läßt sich der Anti-Länder-Komplex erklären, der beim Aufbau der SED-Geschichtswissenschaft eine Rolle spielte.

Dazu kamen weitere Ursachen der Abneigung, die sich aus ideologischer Enge oder aus der Lage nach dem Ende des Zweiten Weltkrieges ergaben. Der Begriff des Landes wurde einseitig als festumgrenztes territoriales Gebilde, als administrative Einheit und als Herrschaftsgebiet einer Dynastie aufgefaßt. Landesgeschichte wurde fälschlicherweise und ganz einseitig als politische Geschichte und somit als Werkzeug des deutschen Partikularismus verstanden. Die Novemberrevolution, die als Signal der proletarischen Revolution im Selbstverständnis der SED einen hohen Rang einnahm, hatte sich vordergründig gegen die fürstliche Herrschaft in Deutschland gewandt und sie hinweggefegt, wobei freilich der Schönheitsfehler auftrat, daß es die sozialdemokratische Partei war, die gegen den Verfassungsentwurf des Liberalen Hugo Preuß für die Erhaltung des preußischen Staates eintrat, nachdem die Monarchie beseitigt worden war. Es bestand folglich eine durchaus unzutreffende Vorstellung von dem, was Landesgeschichte um die Mitte des 20. Jahrhunderts gerade auch infolge der Arbeit in Leipzig geworden war, nämlich eine thematisch umfassende Beschäftigung mit allen Lebensäußerungen der Gesellschaft in einem überschaubaren Raum unter starker Berücksichtigung von Siedlungs-, Wirtschafts-, Sozial-, Kultur- und Verfassungsgeschichte.

Eine grundlegend dogmatische Kritik wurde gegen die Landesgeschichte mit dem Vorwurf des geographischen Determinismus erhoben, wobei hier die Ideologielastigkeit in aller Schärfe deutlich wird. Um auf keinen Fall die Allmacht des Klassenkampfes als des einzigen bewegenden Prinzips in der Geschichte zu gefährden, durften keine anderen Ursachen für geschichtliche Entwicklungen gelten. Wenn die Wirkung geographischer Faktoren auf die Geschichte anerkannt wird, dann entsteht dem Klassenkampf eine Konkurrenz in seiner Alleingültigkeit, wie die Dogmatiker der SED sie behaupteten. Sie haben sich freilich niemals zu der Frage geäußert, ob der erzgebirgische Silberbergbau mit seinen unzählig vielen Auswirkungen auf die sächsische Landesgeschichte aus dem Klassenkampf oder aus den geographischen Gegebenheiten des Erzgebirges zu erklären sei. Auf jeden Fall zielte der Vorwurf gegen den angeblichen geographischen Determinismus auf die historische Landeskunde als eine mit der Landesgeschichte eng verwandte historische Teildisziplin, die freilich von der allgemein bekannten Tatsache ausgeht, daß zwischen Geographie und Geschichte, zwischen Land und Leuten unleugbare Beziehungen bestehen. Aus der Verbindung der Anthropogeographie Friedrich Ratzels mit der weitgefaßten Kulturgeschichte Karl Lamprechts hatte sich ja um die letzte Jahrhundertwende die außerordentlich fruchtbare Synthese ergeben, die in Deutschland zur Begründung der Landesgeschichte und der historischen Landeskunde führte und über den in Leipzig gewesenen Marc Bloch in der französischen Schule der „Annales" wirksam geworden ist. Es gibt verschiedene Versuche, den Begriff „Ideologie" zu definieren. Einer davon versteht die Ideologie als die Kunst, die Wirklichkeit nicht zur Kenntnis zu nehmen, ein anderer sieht in ihr die Verabsolutierung von Teilwahrheiten. Beide Versuche passen vortrefflich auf den Vorwurf des geographischen Determinismus.

Ein dritter Angriffspunkt gegen die Landesgeschichte ergab sich aus ihrer Verbindung mit der deutschen Ostforschung. Mit Ausnahme Holsteins gehörten alle im Jahre 1945 bei Deutschland verbliebenen Gebiet östlich der Elbe und Saale zur DDR, sie machten deren größeren Teil aus. Da die deutsche Ostbewegung des hohen Mittelalters an der Ostgrenze des Ottonenreichs ansetzte, war vor allem die Siedlungsgeschichte, aber auch die allgemeine Landesgeschichte der Länder Mecklenburg, Brandenburg und Sachsen in die deutsche Ostforschung einbezogen, wie sie sich namentlich seit dem Ende des Ersten Weltkrieges als Reaktion auf den Verlust deutscher Ostgebiete entwickelt und dabei mit politisch-weltanschaulichem Gedankengut angereichert hatte.[10]) Teile der deutschen Ostforschung hatten sich mit Personen und Institutionen in den Dienst der nationalsozialistischen Ostpolitik gestellt, so daß Hitlers Kampf um Lebensraum im Osten mit dem Überfall auf die Sowjetunion als die brutale Praxis einer von den Ostforschern längst vorgedachten Mentalität erscheinen konnte. Die Folge dieser kurzschlüssigen Denkweise war die unbesehene Verurteilung alles dessen, was irgendwie dem Anschein nach in den Zusammenhang der Ostforschung gestellt werden konnte. Da die Führungsmacht des Ostblocks selbst und die östlich benachbarten slawischen „sozialistischen Bruderländer“ Opfer Hitlerscher Ostpolitik gewesen waren, ergab sich schon von dieser nach 1945 besonders aktuellen Tatsache aus eine allgemeine Verdammung der ganzen deutschen Ostbewegung seit ihren Anfängen im 10. Jahrhundert. Sie wurde mit dem gewissermaßen parteiamtlichen Etikett der Ostexpansion versehen und damit auch gefühlsmäßig verurteilt. Die Siedlungsgeschichte galt unter den SED-Historikern geradezu als ein Tabu.[11]) Die ideologische Bewertung eines Teilaspekts der Landesgeschichte brachte das ganze Fach in Mißkredit und verhinderte damit eine sachliche wissenschaftliche Beschäftigung mit dem Thema. Daß die Verurteilung der Ostforschung auf die westlich der Elbe und Saale gelegenen Teile von Thüringen und Sachsen-Anhalt nicht zutraf, wurde nicht bedacht.

Schließlich wurde gegen die Fortsetzung der Landesgeschichte die Tatsache ins Feld geführt, daß mit der Verwaltungsreform von 1952 die Länder abgeschafft worden seien und es daher auch keine Landesgeschichte mehr geben könne. Diese Begründung wurde namentlich von Alfred Meusel vorgebracht, der in den fünfziger Jahren in Ost-Berlin die Rolle eines Geschichtspapstes spielte. Wie fragwürdig seine Auffassungen über Geschichte waren, zeigte sich etwa an seiner Einschätzung Luthers und der Reformation, die zu einer Kontroverse mit Jürgen Kuczynski führte, dessen Meinung sich dann durchsetzte. Aber in der Frage der Landesgeschichte gab es gegen sein Verdikt keinen Widerspruch, zumal die Abschaffung der Länder eine bewußte Maßnahme der SED mit einem eindeutig ideologischen Hintergrund war. Sie

[10]) Vgl. hierzu *Willi Oberkrome*, Volksgeschichte. Methodische Innovation und völkische Ideologisierung in der deutschen Geschichtswissenschaft 1918–1945 (Kritische Stud. zur Geschichtswiss., Bd. 101.) Göttingen 1993.

[11]) Diese Feststellung gilt trotz einiger Hinweise auf die Bedeutung der Siedlungsgeschichte in den Ausarbeitungen der Jahre 1961–1965, denen aber keine Leistungen seitens der Historiker folgten. Siedlungsgeschichte wurde in der ehemaligen DDR nur von Archäologen und Namenforschern betrieben.

diente der vollen Durchsetzung des „demokratischen Zentralismus", d.h. einer von oben nach unten wirksamen Befehlsstruktur, an deren Spitze das Politbüro der SED stand. Die zu diesem Zweck für notwendig gehaltene wirksame Kontrolle der Bevölkerung durch die „sozialistische Staatsmacht" sollte mit Hilfe kleinerer Verwaltungseinheiten erreicht werden, weshalb anstelle der sechs Länder einschließlich Ost-Berlins 15 Bezirke eingerichtet und die Zahl der Kreise etwa verdoppelt wurde. Die Länder, die ja immerhin während der ersten sieben Jahre der Nachkriegszeit die Anfänge des Wiederaufbaus unter schwierigsten Bedingungen bewältigt hatten, hätten sich angeblich als ungeeignet für die weitere Entwicklung erwiesen. Das war eine Behauptung, die niemals und nirgends mit überzeugenden Argumenten bewiesen wurde. Tatsächlich mußten die Länder weichen, weil sie als Träger von Traditionen einer kalten Revolution aus Prinzip entgegenstanden. Ihre Beseitigung besitzt eine Entsprechung in einer Direktive des Zentralkomitees der SED aus den frühen fünfziger Jahren, die den Abriß altstädtischer Bausubstanz vorsah. Die alten Länder und die Altstädte standen nach Meinung der Gesellschafts- und Seelenkonstrukteure im Politbüro der SED der Entwicklung des neuen sozialistischen Menschen im Wege, eines Menschen ohne Traditionsbewußtsein und Bindung an überkommene Werte, der dem Zugriff der Partei widerstandslos verfügbar war.

Man kann die Herrschaftspraxis der SED in vieler Hinsicht als Auswuchs eines extremen Rationalismus begreifen, der ratio gegen traditio setzte. Die Abschaffung der Länder gehört in diesen Zusammenhang. Dabei zeigte sich eine für totalitäre Systeme kennzeichnende Auslöschung der Erinnerung durch eine offizielle Sprachregelung: die Verwendung der Begriffe „Land" und „Landesgeschichte" galt als verpönt und wurde im Kreis der Historiker von jedem vermieden, der nicht unliebsam als Nonkonformist auffallen wollte. Werner Mägdefrau in Jena schrieb 1965 einen Aufsatz über die regionalgeschichtliche Arbeit in den Bezirken Erfurt, Jena und Suhl, obwohl er Thüringen meinte.[12]) Die offizielle Sprachregelung als Mittel der ideologischen Disziplinierung gehört zu den Herrschaftspraktiken totalitärer Systeme, worauf George Orwell in seinem Buch „1984" mit dem Begriff der „newspeak" hingewiesen hat.[13])

Es dürfte an der Erörterung über die vier dargelegten Einzelthemen deutlich geworden sein, daß die Argumente gegen die Landesgeschichte nicht aus grundsätzlichen Positionen des historischen Materialismus abgeleitet waren,

[12]) *Werner Mägdefrau*, Zu einigen Grundfragen der regionalgeschichtlichen Arbeit in den Bezirken Erfurt, Gera und Suhl, in: Wiss. Zs. Universität Jena, Gesellschafts- u. sprachwiss. Rh. 14, 1965, 635–645, weitgehend gleichlautend auch in: ZfG 14, 1966, 239–254.

[13]) Vgl. hierzu *Karlheinz Blaschke*, Formen des Widerstandes in der DDR, in: Jürgen Elvert/Michael Salewski (Hrsg.), Der Umbruch in Osteuropa. (Hist. Mitt. der Ranke-Ges., Beih. 4.) Stuttgart 1993, 65–81, hier besonders 67 f.

sondern sich aus den spezifisch deutschen bzw. den in der damaligen DDR gegebenen Bedingungen ableitete. Daß man sich in einem anderen sozialistischen Staat in dieser Hinsicht ganz anders verhalten konnte, zeigte sich in Polen, wo die Landesgeschichte von Pommern und Schlesien bewußt gepflegt wurde, wobei es dort allerdings auch um die historische Legitimierung der 1945 erfolgten Annexion deutscher Gebiete ging. In der Tschechoslowakei, in Ungarn, Bulgarien und Rumänien gab es keine territorialen Gebilde, die sich in ihrer Bedeutung und Tradition mit den deutschen Ländern hätten vergleichen lassen. In der tausendjährigen deutschen Nationalgeschichte waren die Teile immer eher da als das Ganze, im 10. Jahrhundert die Stammesherzogtümer, im 19. Jahrhundert die Einzelstaaten. Die deutsche Nationalgeschichte kann nur als Einheit deutscher Landesgeschichten recht verstanden werden, sofern man sich nicht einer Grundtatsache der deutschen Geschichte verschließen will.

II.

Im Zuge der Erfindung der „marxistischen" Regionalgeschichte ist zwar die Tatsache bemerkt worden, daß die deutsche Geschichte zutiefst von den Vorgängen in den Ländern geprägt worden ist, aber die SED-Historiker zogen daraus nicht die Schlußfolgerung, die Landesgeschichte weiterhin zu betreiben und sie etwa in dem oben angedeuteten Sinne auf der Grundlage des historischen Materialismus weiterzuentwickeln. Sie standen so stark unter dem Einfluß der Ideologie und der Disziplinierung durch den Parteiapparat, waren aber auch durchaus zum vorauseilenden Gehorsam bereit, daß sie gegen besseres Wissen an der Demontage der bürgerlichen Landesgeschichte mitarbeiteten und die Regionalgeschichte als traditionsloses, in der deutschen Geschichtswissenschaft bis dahin unbekannt gewesenes Konstrukt aufzubauen halfen.

Ein Land läßt sich im Rahmen der deutschen Geschichte als eine Einheit und eine Ganzheit verstehen, es besitzt einen Eigenwert und unterscheidet sich durch seine Eigenart von anderen Ländern.[14]) Das Wort Region bezeichnet in einem sehr allgemeinen Sinne einen irgendwie zu kennzeichnenden Teil der Erdoberfläche mit relativ einheitlichen Merkmalen, der aber nicht für sich allein besteht, sondern einem größeren Ganzen zugeordnet ist. Regionen treten als administrative Sonderbezirke in Einheitsstaaten auf. Dem Regionalismus wird allgemein ein beschränkter Wirkungsgrad gegenüber dem Föderalismus zugesprochen, der selbständige Länder zusammenbindet, ohne ihnen ihre

[14]) *Karlheinz Blaschke*, Eigenarten und Leistungen sächsischer Landesgeschichte, in: JbRegG 14, 1987, 35–54.

Eigenständigkeit zu nehmen. Der Begriff der Region tritt namentlich in der Geographie und in der Wirtschaftsorganisation des Industriezeitalters auf, wobei er im zweiten Falle Wirtschaftsregionen betrifft, die innerhalb eines Landes oder die Ländergrenzen übergreifend als Gebiete mit einer besonderen Wirtschaftsstruktur zu erkennen sind. Die Region ist wegen ihrer funktionalen Abhängigkeit von einem übergeordneten Ganzen nur als Teil einer zentralistischen Struktur anzutreffen, das Land ist selbst ein Ganzes.[15])

Der Versuch, die Landesgeschichte im Osten Deutschlands zu beseitigen, mißachtete die Wirklichkeit der deutschen Geschichte, die zutiefst von den Vorgängen in den Ländern geprägt worden ist. Es gibt eine in tausend Jahren deutscher Nationalgeschichte gewachsene Struktur des deutschen Volkes, zu der die landsmannschaftlichen Eigenarten, die Mundarten und die bewußt empfundene Identität der Länder gehören und in der auch die Bedeutung der Dynastien noch anerkannt wird. Die Wirklichkeit der im deutschen Volk weithin geltenden Geschichtsauffassung beruht auf diesen Tatsachen. Die SED bewies auch auf diesem Gebiet ihre Wirklichkeitsferne, als ihre Historiker daran gingen, die lebendige Tradition der Landesgeschichte auszulöschen. Sie betrat damit einen für totalitäre Systeme kennzeichnenden Weg, der den verfügbaren, manipulierbaren Menschen ohne Bindung an Traditionen braucht, einen Menschentyp, den der sowjetische Schriftsteller Tschingis Aitmatov in seinem Roman „Das Jahr zieht den Jahrhundertweg" in der Gestalt des Mankurt verkörpert hat, dem durch Manipulation die Erinnerung genommen wird, so daß er dem Befehl zur Tötung seiner Mutter gehorcht, weil er sie nicht mehr kennt.

Im übertragenen Sinne ist das überkommene Geschichtsbewußtsein die geistig und seelisch nährende Mutter, die dem bewußt und nachdenklich lebenden Menschen Halt und Richtung gibt und ihn davor bewahrt, zum „außengeleiteten Menschen" zu werden.[16]) Wer an der Demontage der Landesgeschichte mitarbeitete und sich der neukonstruierten „marxistischen" Regionalgeschichte verschrieb, trug dazu bei, ein wesentliches Ziel des SED-Regimes zu verwirklichen: die „Partei neuen Typs" brauchte den „Menschen neuen Typs", der in einer von der Partei verordneten Geschichtsauffassung lebte und jederzeit bereit war, vor dem Hintergrund eines ihm beigebrachten Weltbildes in Schwarz-Weiß-Manier sich der Parteidisziplin unterzuordnen. Nicht umsonst wurde in der DDR der Begriff des Geschichtspropagandisten geprägt; auch die Regionalgeschichte als eine neue Kreation der SED hatte die Aufgabe, ohne die unerwünschte Bindung an gewachsene landesgeschichtliche Zusammenhänge fraktioniertes Wissen über Geschichte zu produzieren und dadurch die Richtigkeit der marxistisch-leninistischen Dogmen und die Rich-

[15]) Vgl. hierzu *Karl Georg Faber*, Was ist eine Geschichtslandschaft?, in: Fschr. für Ludwig Petry. T. 1. Wiesbaden 1968, 1–28.
[16]) Zu diesem Begriff vgl. *David Riesman*, Die einsame Masse. Hamburg 1958.

tigkeit der Politik der SED zu beweisen. So stand es sinngemäß in großen Buchstaben auf einem Spruchband über dem Präsidium des Historikerkongresses der DDR 1968 in Leipzig.

Im Zusammenhang mit der Arbeit an der Regionalgeschichte der SED trat auch die Heimatgeschichte in das Blickfeld der Geschichtspropagandisten. Über die besondere Bedeutung von Wert und Begriff der Heimat in der Sprache und im Gemütsleben des deutschen Volkes braucht nicht viel gesagt zu werden. Wer eine Heimat besitzt, sie verläßt oder sie verliert, weiß sehr wohl, was das für ihn bedeutet. Es gehört zu den Gefühlsrohheiten des SED-Regimes, daß es von der Ebene der Regionalgeschichte ausgehend auch diesen menschlich-seelischen Wertbegriff zu vereinnahmen und ihn seinem totalitären Machtanspruch dienstbar zu machen suchte. In Deutschland lebten nach 1945 viele Menschen, die als Flüchtlinge oder Vertriebene aus den ehemaligen deutschen Ostgebieten ihre Heimat verloren hatten. Nicht zuletzt im Blick auf sie wurde in den fünfziger Jahren eine längere Diskussion um den sozialistischen Heimatbegriff entfacht, der nun nicht mehr an den Geburtsort, den Erlebnisbereich der Jugendzeit und die angeborene Mundart, sondern an die jeweilige gesellschaftliche Tätigkeit, das politische und arbeitsmäßige Kollektiv, die Gesellschaftsordnung und die politische Situation gebunden sein sollte.[17]) Als ihre Heimat sollten die Menschen ihren unmittelbaren natürlichen und sozialen Lebensbereich auffassen, „den wir lieben, weil wir hier den Sozialismus aufbauen und für den Frieden kämpfen". Wenn man dazu noch die offiziöse Definition des Heimatbegriffs betrachtet, dann wird es deutlich, wie hier fern von aller Wirklichkeit und unter Mißachtung menschlicher Gefühle und Empfindungen ein ideologisches Konstrukt propagiert wurde: „Eine wirkliche Heimat können die werktätigen Menschen nur dort haben, wo die Ausbeutermacht gebrochen und unter Führung der Arbeiterklasse die eigene politische und ökonomische Macht errichtet wurde."[18])

Von dieser abstrakt theoretischen Grundlage aus wurde die Aktivierung der Heimatgeschichte im Rahmen der Regionalgeschichte betrieben. In einem Grundsatzreferat über „Aktuelle Probleme der marxistisch-leninistischen Heimatgeschichte" auf der Arbeitstagung der Zentralen Kommission Natur und Heimat des Präsidialrates des Kulturbundes der DDR am 3. Juni 1972 in Leipzig legte Willibald Gutsche als einer der führenden Geschichtspropagandisten der DDR seine Auffassungen dar.[19]) Er überschüttete die biederen Heimathistoriker und Ortschronisten mit einem Wust von ideologischen Phrasen über

[17]) *Friedrich Donath*, Bürgerliche oder sozialistische Heimat?, in: Sächsische Heimatblätter 6, 1960, 258–266.
[18]) Meyers Neues Lexikon. 2. Aufl. Bd. 6. Leipzig 1973, 195.
[19]) *Willibald Gutsche*, Die Regionalgeschichte als Teil der Geschichte des deutschen Volkes und der Weltgeschichte und ihre Rolle bei der Entwicklung und Festigung des sozialistischen Staatsbewußtseins, in: Sächsische Heimatblätter 19, 1973, 193–198.

die „wachsenden Erfordernisse des sozialistischen Aufbaus und der Klassenauseinandersetzung zwischen Sozialismus und Imperialismus", über die „umfassendere schöpferische Anwendung des Marxismus-Leninismus", die „eindeutige Parteinahme für die Interessen der Arbeiterklasse" und „eine größere Vielfalt der Formen unserer geschichtspropagandistischen Tätigkeit". Er prangerte „die scheinbar betont unpolitische Heimatgeschichte" an und forderte dazu auf, „die Heimatgeschichte mit dem internationalistischen Geschichtsbild der Arbeiterklasse in Übereinstimmung zu bringen". Auch Karl Czok hatte schon einige Jahre zuvor gegen die „Heimattümelei" die „Erziehung zum sozialistischen Heimatbewußtsein als bedeutende politische Aufgabe der marxistischen Geschichtswissenschaft" festgestellt.[20]) Nach dem Zusammenbruch des SED-Regimes muten diese Äußerungen wie Stimmen aus einer anderen Welt an. Ihre Wirkung war damals schon einigermaßen gering, denn sie blieben im wesentlichen bei den hauptamtlichen Funktionären und den bezahlten SED-Historikern hängen, während die Masse der eigentlich angesprochenen ehrenamtlichen Heimatforscher den Wortschwall über sich ergehen ließ, wenn sie überhaupt die abstrakt-trockenen seitenlangen Darlegungen unter der schwer verdaulichen Überschrift gelesen haben. Ihnen ging es aus Liebe zu ihrer Heimat um sachliche Arbeit, die sie nach der Beseitigung der Heimatvereine nur im Rahmen des Kulturbundes verrichten konnten und um deretwillen sie auch die unvermeidlichen Reden auf sich nehmen mußten.

Eine tiefere Wirkung wurde dadurch nicht erzielt, die gefühlsmäßige Bindung der Menschen an ihre Heimat im alten Sinne und an die 1952 aufgelösten Länder blieb über 40 Jahre hinweg erhalten, so wie heute in Frankreich noch 200 Jahre nach der revolutionären Neuformierung der Verwaltungsstruktur das Wissen um die traditionellen territorialen Gebilde der vorrevolutionären Zeit noch voll lebendig ist. Die Manipulierbarkeit der Menschen hat ihre Grenzen.

III.

Nachdem die drei in der Überschrift enthaltenen Grundsatzfragen erörtert worden sind, kann sich die weitere Darlegung mit dem Verlauf der Ereignisse befassen, die zum Abbau der Landesgeschichte und zum Aufbau der Regionalgeschichte in der DDR führten. Dieser Vorgang konnte auf der Seite der betroffenen Landeshistoriker nur als Angriff seitens der SED empfunden werden, dem sie wehrlos ausgesetzt waren. Wohl gab es von westdeutschen Kollegen und Instituten viel Sympathie, Ermutigung und im Rahmen des

[20]) *Karl Czok*, Zu den Entwicklungsetappen der marxistischen Regionalgeschichtsforschung in der DDR, in: JbRegG 1, 1965, 15.

Möglichen auch praktischen Beistand, aber damit konnte nur an einzelnen Punkten das Überleben einzelner Aktivitäten gesichert, nicht aber die Ausschaltung der Landesgeschichte als einer anerkannten geschichtlichen Teildisziplin verhindert werden. Es war nicht einmal an ein Nebeneinanderbestehen von Landesgeschichte und Regionalgeschichte im Sinne einer fruchtbaren Konkurrenz zu denken, denn ein totalitäres System duldet neben sich keine Alternative, es ist nicht zum Dialog bereit. Diese absolut wissenschaftsfeindliche Grundhaltung muß den Konstrukteuren der „marxistischen" Regionalgeschichte vorgehalten werden.

Die Universität Leipzig war der vorrangige Schauplatz aller dieser Vorgänge. Hier hatte Rudolf Kötzschke im Jahre 1945 im Alter von 78 Jahren noch einmal die Leitung seines 1906 gegründeten Instituts für Landesgeschichte übernommen und es bis zu seinem Tode 1949 geführt, wobei er auch schon wieder einen kleinen Kreis von Schülern um sich gesammelt hatte. Nach seinem Tode wurde der Lehrstuhl nicht wieder besetzt, das Institut wurde von wenig oder gar nicht kompetenten Professoren der Nachbarwissenschaften aus verwaltet, der Lehrbetrieb von Assistenten aufrecht erhalten. Im Zuge der von der SED bewirkten drei Hochschulreformen wurden die institutionellen Grundlagen der Landesgeschichte in Leipzig systematisch demontiert, seit 1969 war davon nichts mehr vorhanden.

Am Ende der fünfziger Jahre wurde eine unfreundliche Stimmung gegen die Landesgeschichte spürbar. Gerhard Heitz, der bei Kötzschke im Seminar gesessen und unter Heinrich Sproemberg als Assistent im Fach Landesgeschichte mitgearbeitet hatte, trat in einem Beitrag zur Universitätsfestschrift 1959 mit diffamierenden Äußerungen über seinen ehemaligen Lehrer auf. Er sagte ihm „sachliche Übereinstimmung mit nationalistischen, chauvinistischen Tendenzen und dem Faschismus" nach und nannte ihn in einem Atemzug mit „faschistischen Machwerken" und dem „Ungeist des Nazismus".[21]) Kurz vorher hatte er nach den spektakulären Vorgängen auf dem Trierer Historikertag im Herbst 1958 in einem gezielt theatralischen Akt seine Mitgliedschaft im (west-)deutschen Historikerverband aufgekündigt, seine Berufung nach Rostock ließ nicht lange auf sich warten. Wenn sich schon so ein Kenner der Landesgeschichte, der es hätte besser wissen müssen, an der Kampagne gegen sie beteiligte, dann ist es nicht verwunderlich, daß bei den Klassenkämpfern der SED, die nun in immer stärkerem Maße tonangebend beim Aufbau der SED-Geschichtswissenschaft wurden, jedes Verständnis für das Wesen der Landesgeschichte fehlte, wie sie sich bis zur Mitte des 20. Jahrhunderts entwickelt hatte. Die ganze Atmosphäre um dieses Thema war gespannt.

[21]) *Gerhard Heitz*, Rudolf Kötzschke (1867–1949). Ein Beitrag zur Pflege der Siedlungs- und Wirtschaftsgeschichte in Leipzig, in: Karl-Marx-Universität Leipzig 1409–1959. Beiträge zur Universitätsgeschichte. Bd. 2. Leipzig 1959, 262–274, hier 269.

Ein wesentlicher Schritt auf eine Entscheidung hin wurde mit einem Kolloquium in Leipzig am 22. Februar 1961 getan, dessen Thema noch „Bürgerliche und marxistische Landesgeschichte“ lautete. Das Ergebnis war aber nicht etwa ein Bekenntnis zur Landesgeschichte. Es war vielmehr eine Runde von Teilnehmern zusammengekommen, die sich in ihrer Mehrheit auf der antibürgerlichen Linie der SED-Geschichtswissenschaft bewegte und darum ohne Mühe dem Vorschlag von Karl Czok folgte, in Zukunft von Regionalgeschichte zu sprechen. Er trat bei dieser Gelegenheit als vorherrschender Anwalt der neuen Begriffsbildung auf, während sich die für die Beibehaltung von Begriff und Sache der Landesgeschichte eintretenden Stimmen nicht mehr durchsetzen konnten. Dieses Kolloquium war die entscheidende Wendemarke im Ringen zwischen den Begriffen und Methoden, hier begann die „marxistische“ Regionalgeschichte, hier trat auch das Wort zum ersten Mal in die Diskussion ein und setzte sich sofort durch.

Eine Woche vor diesem Kolloquium hatte Karl Czok sein Manuskript „Zu Problemen der deutschen Landesgeschichte“ für den Druck eingereicht, auf dessen 14 dichtgedrängten Seiten das Wort Regionalgeschichte nicht vorkommt, auch nicht als bloßes Alternativangebot zur Landesgeschichte.[22]) Die sehr kenntnisreiche Arbeit gibt einen hervorragenden Überblick über die Entwicklung und den Stand der deutschen Landesgeschichte, wenn auch ihr sachlicher Gehalt durch vielfache klassenkämpferische Polemik und gehässige Bemerkungen über Personen und Sachverhalte beeinträchtigt wird. Es macht keinen guten Eindruck, wenn ein noch nicht lange promovierter junger Mann das in drei Auflagen erschienene, einer neuen Konzeption folgende Werk Albert von Hofmanns „Das deutsche Land und die deutsche Geschichte“ als „Machwerk“ bezeichnet, um damit seinen ideologischen Konformismus mit den Mächtigen des Landes zu beweisen. Mehrfach wird der „geographische Determinismus“ der bürgerlichen Landesgeschichte gebrandmarkt, der unappetitliche Wortschatz der damaligen SED-Propaganda gegen die Bundesrepublik und gegen die herkömmliche deutsche Geschichtswissenschaft hat im Text seine Spuren hinterlassen. Daneben aber finden sich viele sachliche Feststellungen über den hohen Leistungsstand der Landesgeschichte auch in der damaligen DDR und über das gedeihliche Zusammenarbeiten von bürgerlichen Autoren und Vertretern des historischen Materialismus. Das Problem der deutschen Landesgeschichte wird realistisch als zutiefst in den Besonderheiten der geschichtlichen Entwicklung Deutschlands begründet gesehen, die Heimatgeschichte wird zu Recht als wesentlicher Bestandteil der Landesgeschichte beachtet. Wenn einerseits Walter Schlesingers Feststellung über das Ineinanderfließen der Landesgeschichte als Territorialgeschichte und der geschichtlichen

[22]) *Karl Czok*, Zu Problemen der deutschen Landesgeschichte, in: Wiss. Zs. Universität Leipzig 10, 1961, Gesellschafts- u. sprachwiss. Rh., H. 4, 513–526.

Landeskunde als zweier selbständiger Ströme landesgeschichtlicher Forschung zu einer fruchtbaren Verbindung zitiert wird, wodurch „der uns heute geläufige Begriff der Landesgeschichte entstanden“ sei, während andererseits behauptet wird, der Dualismus von Landesgeschichte und geschichtlicher Landeskunde sei durch die bürgerliche Forschung nicht zu überbrücken, so hätte dieser offenkundige Widerspruch erklärt werden müssen.[23])

Läßt man alles klassenkämpferische Beiwerk, alle zeitgeschichtlich begründete Polemik und alle unwürdigen Redewendungen beiseite, so enthält der Aufsatz einige Anhaltspunkte für eine sachliche Weiterarbeit im Sinne der oben angedeuteten Möglichkeiten einer marxistischen Landesgeschichte. Der grundlegenden Feststellung, „die deutsche Landesgeschichte findet ihre Berechtigung in den Besonderheiten der geschichtlichen Entwicklung Deutschlands“, kann vorbehaltlos zugestimmt werden. Die Gedanken über eine „deutsche Landesgeschichtsforschung, die auf den Erkenntnissen des historischen Materialismus basiert“, schließen sich an das ganze Programm herkömmlicher landesgeschichtlicher Arbeit an, das Lob über die Leistungen der bürgerlichen geschichtlichen Landeskunde mit ihrer Organisation und ihren Publikationen und die Hoffnung auf eine in der marxistischen Forschung zu erreichende neue Qualität hätten eine gedeihliche Weiterführung der Landesgeschichte unter neuen Bedingungen herbeiführen können. Dieses offensichtliche Bemühen um die Wahrung der Kontinuität muß zwischen dem 15. und dem 22. Februar 1961 schwer erschüttert worden sein, sonst wäre wohl kaum der gleiche Verfasser im Kolloquium plötzlich vehement für die Regionalgeschichte eingetreten.

Ein zweites Kolloquium folgte am 9. Mai 1961, in dem über Einzelfragen der Heimat- und Landesgeschichte als den beiden Hauptformen regionaler Geschichtsforschung verhandelt wurde. Als Diskussionsgrundlage waren hierzu die von Karl Czok verfaßten Thesen „Die Bedeutung der Regionalgeschichte in Deutschland und ihre Erforschung in der DDR“ verbreitet worden.[24]) Gegenüber dem Februar-Kolloquium ist die Hinzufügung der Heimatgeschichte und die Überordnung der „regionalen Geschichtsforschung“ zu beachten, während in den Thesen nur noch von „Regionalgeschichte“ gesprochen wird.

Zu einem Markstein im vollen Sinne des Wortes wurde die Tagung der Deutschen Historiker-Gesellschaft in Görlitz vom 6. bis 8. Juli 1961.[25]) Sie wurde zur Gründung einer Arbeitsgemeinschaft Heimat- und Landesgeschichte einberufen und in allen interessierten Kreisen mit der Hoffnung

[23]) Ebd. 517 u. 525.
[24]) *Karl Czok*, Die Bedeutung der Regionalgeschichte in Deutschland und ihre Erforschung in der DDR, in: Sächsische Heimatblätter 8, 1962, 177–184.
[25]) *Ders.*, Die Gründungstagung der Arbeitsgemeinschaft Heimat- und Landesgeschichte der Deutschen Historiker-Gesellschaft, in: ZfG 9, 1961, 1876–1881.

erwartet, daß nun die landesgeschichtliche Arbeit auf sichere Grundlagen gestellt werden würde. Dafür spricht schon die große Zahl von über 80 Teilnehmern, bei denen es sich größtenteils um sachkundige Praktiker des Faches handelte. Eine dauerhaft wirksame Arbeitsgemeinschaft ist in Görlitz zwar nicht ins Leben getreten, aber trotzdem wurde die Konferenz von erheblicher Bedeutung, weil sie das Thema der Landes-, Heimat- und Regionalgeschichte endlich einmal in der Öffentlichkeit behandelte und damit einen Sachverhalt schuf, hinter den auch die grundsätzlich zentralistisch ausgerichtete SED-Geschichtswissenschaft nicht mehr zurückweichen konnte.

Es war schon beachtlich, daß der Sekretär der Deutschen Historiker-Gesellschaft, also der für die politisch-ideologische Arbeit verantwortliche Funktionär, von Versäumnissen auf dem Gebiet der „heimat- und landesgeschichtlichen Arbeit“ sprach und ein Leitinstitut in Leipzig ankündigte, das an die Arbeiten von Karl Lamprecht und Rudolf Kötzschke anknüpfen müsse.[26]) In der Terminologie war allerdings noch nicht die letzte Klarheit eingetreten, denn sie bewegte sich immer noch zwischen Landes-, Heimat- und Regionalgeschichte hin und her. Vielleicht wußten die für die ideologische Ausrichtung verantwortlichen Parteifunktionäre in Berlin selbst nicht, was sie sich unter den drei Begriffen vorstellen sollten, war ihr Denken doch ganz auf die „höheren“ Dimensionen von Nation, Sowjetunion, „Volksdemokratien“ und kommunistischer Weltbewegung eingestellt. Was sich unterhalb dieser Ebenen an geschichtlichem Leben ereignete, war für sie kaum der Beachtung wert, weshalb sie am ehesten noch der Heimatgeschichte eine gewisse Bedeutung zubilligten, weil es dafür im Kulturbund eine Interessenvertretung gab und weil sie sich für die politisch-ideologische Massenarbeit einsetzen ließ.

Das in Görlitz von Max Steinmetz gehaltene Grundsatzreferat[27]) verdient auch heute noch die hohe Beachtung, die ihm schon damals und in den Jahren danach beigemessen wurde. Er beklagte die noch ungenügende Beschäftigung der marxistischen Geschichtswissenschaft mit der Landes- und Heimatgeschichte und mahnte eine stärkere „marxistische Durchdringung und Bewältigung dieses wichtigen Komplexes“ an. Er ließ keinen Zweifel daran, daß nur die deutsche Nationalgeschichte als Ausgangspunkt für die Behandlung der offenen Fragen dienen könne. In den sehr umfangreichen Ausführungen fehlten nicht die dem Zeit-Ungeist verpflichteten gehässigen Ausfälle gegen die damalige westdeutsche Geschichtswissenschaft, wobei als „Anhänger der geschichtlichen Landeskunde die reaktionärsten Vertreter der westdeutschen bürgerlichen Geschichtswissenschaft“ unter anderem Otto Brunner, Franz Petri, Franz Steinbach und Walter Schlesinger genannt wurden. Im gleichen

[26]) Ebd.

[27]) *Max Steinmetz*, Die Aufgaben der Regionalgeschichtsforschung bei der Ausarbeitung eines nationalen Geschichtsbildes, in: ZfG 9, 1961, 1735–1773.

Atemzug fiel das Verdammungsurteil über die in der Wissenschaftsgeschichte Mitteldeutschlands berühmt gewordene Gemeinschaftsarbeit von Wolfgang Ebert, Theodor Frings und Rudolf Kötzschke „Kulturräume und Kulturströmungen im mitteldeutschen Osten" aus dem Jahre 1936, die als „Programmschrift" und „Waffe gegen die erstarkte Arbeiterbewegung und ihre Weltanschauung zu dienen" gehabt hätte. Steinmetz hatte offenbar nicht bemerkt, daß der von ihm so disqualifizierte Kötzschke eine Stunde vorher in der Begrüßungsansprache des Sekretärs der DHG gerade wegen seiner „verdienstvollen Bemühungen" als Anknüpfungspunkt für das neue Leitinstitut in Leipzig hervorgehoben worden war.

Allein an diesem Widerspruch wird die Unsicherheit deutlich, die damals in SED-Kreisen in bezug auf den Komplex von Landes-, Heimat- und Regionalgeschichte bestand, aber auch die Liederlichkeit, mit der solche für die Existenz eines ganzen Wissenschaftszweiges entscheidenden Fragen behandelt wurden. Der notorische Opportunist Max Steinmetz hätte sich in seinem Referat diesen Fehltritt nicht geleistet, wenn er bei seinem Vorredner richtig hingehört hätte. Denn im übrigen war er streng darauf bedacht, sich an die vorgegebene Parteilinie zu halten, als er „für alle Formen raumgebundener Geschichte innerhalb und im Rahmen der Nationalgeschichte" die Bezeichnung Regionalgeschichte vorschlug. Die darauf folgenden zwei Sätze sind besonders wichtig, weil sie die strenge Festlegung der SED-Historiker auf einen rüden Zentralismus deutlich machen und zeigen, wie sorgsam auch ein Mann von Rang darauf bedacht sein mußte, nicht vom Pfade der ideologischen Tugenden abzuweichen:

> „Regional heißt hier nur gebiets- und landschaftsbezogen, meint also lediglich das Geschehen im engeren Bereich und gleichsam unterhalb der Nationalgeschichte. In keinem Falle aber soll es verstanden werden im Sinne eines Eintretens für die Eigenständigkeit oder gar des Selbständigkeitsstrebens einzelner landschaftlicher Bereiche innerhalb der nationalen und staatlichen Einheit".

Damit wird die oben versuchte inhaltliche Bestimmung des Begriffs der Region bestätigt: Sie ist nur der unselbständige Teil eines Ganzen. Die weiteren Bemerkungen im Referat von Steinmetz bekräftigen nur die Grundaussage, indem auch „das besondere Leben der … Länder" der regionalen Geschichte zugeordnet wird. Als Ergebnis aller dieser Überlegungen kam eine „marxistische Regionalgeschichte" heraus, die sich in die Stufen der Orts- oder Lokalgeschichte, der Heimatgeschichte und der Landesgeschichte gliedern sollte.

Die Görlitzer Tagung hatte immerhin eine Sanktionierung aller Aktivitäten im Rahmen „regionaler" Geschichte zur Folge, für die es nun im Rezepteschrank der SED-Geschichtswissenschaft wenigstens ein Schubfach mit einem anerkannten Etikett gab. Es ist schon bezeichnend, daß es dann noch einmal vier Jahre lang dauerte, bis das Präsidium der DHG im Jahre 1965 eine Kommission für Regionalgeschichte berief, für die Karl Czok als Vorsitzender, Manfred Unger als Stellvertreter und Hartmut Zwahr als Sekretär bestimmt wurden. Keiner der drei Genannten war damals Professor, was einen doppelten Schluß zuläßt: Die SED verfügte in den Reihen ihrer Geschichtsprofessoren über keine geeigneten Personen mit dem nötigen Sachverstand, weil sich niemand mit den Niederungen der regionalen Geschichte beschäftigt hatte, und zum andern hielt man es offenbar nicht für notwendig, eine für das ganze System so unbedeutende Fachkommission mit hochrangigen Kräften zu besetzen, obwohl ansonsten stets um des Anscheins willen auf Rang und Namen von Funktionsträgern in Führungspositionen geachtet wurde. Diese Dreiergruppe lud für den 28. Januar 1966 zu einer Beratung nach Leipzig ein, an der 20 Fachleute überwiegend aus Sachsen teilnahmen. Das Protokoll vermerkt eine lebendige, auf drängende Sachfragen eingehende Aussprache, die wohl die letzte gewesen sein dürfte, in der die anwesenden bürgerlichen Landeshistoriker noch in der Hoffnung auf eine wie auch immer geartete Fortführung ihres Faches leben konnten. Von Landesgeschichte wurde seitdem jedenfalls nicht mehr gesprochen, der Begriff der Regionalgeschichte wurde parteiamtlich und damit kanonisch. Die Kommission selbst führte ein bescheidenes Schattendasein, eine ins Auge fallende Tätigkeit hat sie nicht entfalten können.

Dennoch hat es die SED der „marxistischen“ Regionalgeschichte auch nach der offiziellen Anerkennung nicht leicht gemacht, sie blieb ein ungewünschtes und ungeliebtes Kind. In dem Berichtsband der Zeitschrift für Geschichtswissenschaft, der für den Internationalen Historikerkongreß 1960 vorbereitet wurde, treten die Begriffe Landesgeschichte und Regionalgeschichte nicht auf.[28]) Zehn Jahre später steuerte die Regionalgeschichte einen eigenen Beitrag zum Berichtsband im Umfang von 14 Seiten bei, der von insgesamt 41 an zehnter Stelle stand; er machte 1,7 Prozent des Gesamtumfangs aus.[29]) Dieser Bericht war in seinem Vokabular durchgängig auf den Parteijargon eingespielt und stellte die sachliche Information voll in den Dienst der Parteipropaganda, denn „die Beschlüsse der Sozialistischen Einheitspartei Deutschlands … gaben ihr [der Regionalgeschichte, K. B.] Ziel und Richtung“ und „das Programm der SED von 1963 zwang dazu, die Stellung, Bedeutung und den Beitrag der Regionalgeschichte zu präzisieren“. Im Berichtsband zum Internationalen Kongreß 1980 stand die Regionalgeschichte von 44 Beiträgen an 37. Stelle mit wiederum 14 Seiten von insgesamt 884 oder 1,6 Prozent des

[28]) ZfG, Sonderh. 8, 1960: Historische Forschungen in der DDR. Analysen und Berichte.
[29]) ZfG, Sonderh. 18, 1970: Historische Forschungen in der DDR 1960–1970. Analysen und Berichte; darin: *Karl Czok*, Forschungen zur Regionalgeschichte, 234–247.

ganzen Umfangs, lag also erheblich unter dem auf fünf Prozent anzugebenden Durchschnitt der Beiträge.[30])

Die Geringschätzung der Regionalgeschichte seitens der offiziellen SED-Geschichtswissenschaft kam auch bei der Frage nach einem eigenen Publikationsorgan zum Ausdruck. Was auf dem Gebiet der Wirtschaftsgeschichte dank der Persönlichkeit von Jürgen Kuczynski mit dem wohletablierten „Jahrbuch für Wirtschaftsgeschichte" und für die Geschichte der Arbeiterbewegung infolge des hohen ideologischen Gewichts dieser Fachrichtung in Gestalt der Beiträge zur Geschichte der deutschen Arbeiterbewegung durch Förderung von oben möglich war, mußte im Bereich der Regionalgeschichte mühsam und aus bescheidenen Anfängen aufgebaut werden. Es war den Anstrengungen von Karl Czok zu verdanken, daß im Jahre 1965 als Beiheft zu den Sächsischen Heimatblättern der erste Band eines Jahrbuchs für Regionalgeschichte erscheinen konnte, das in seiner buchmäßigen Gestaltung noch die Spuren der Improvisation trägt. Zwei Jahre später wurde die Reihe unter der verlegerischen Betreuung durch den Verlag Hermann Böhlaus Nachfolger in Weimar fortgesetzt und mit Mitteln der Sächsischen Akademie der Wissenschaften zu Leipzig finanziell gestützt.

Mit dem Jahrbuch für Regionalgeschichte war ein Publikationsorgan ins Leben getreten, das für die weitere Entwicklung der Regionalgeschichte im Sinne ideologischer Zuverlässigkeit sorgte. Max Steinmetz hatte in seinem Geleitwort alles das vergessen, was er vier Jahre zuvor in Görlitz über die Landesgeschichte gesagt hatte, denn für ihn gab es nur noch Regionalgeschichte und Heimatgeschichte. Der programmatische Aufsatz von Karl Czok[31]) enthielt in geradezu liturgischer Ordnung und Vollständigkeit alle diejenigen Stücke an Grundtatsachen und aktuellen Werturteilen, die sich die SED-Historiker in Wort und Schrift ständig zu gegenseitiger Selbstvergewisserung mitzuteilen pflegten. An dieser tüchtigen, sehr informativen Fleißarbeit eines aufstrebenden, eben erst habilitierten Historikers läßt es sich ablesen, was um die Mitte der sechziger Jahre an Kenntnissen und Bekenntnissen von den Nachwuchskräften der SED-Geschichtswissenschaft erwartet wurde: VI. Parteitag der SED, ein Lenin-Zitat, Arbeiter- und Bauernstaat, Arbeiterklasse und Geschichte der Arbeiterbewegung, Klassenkampf, imperialistische Aggressionspolitik und Revanchismus im Westen, sozialistisches Vaterland im Osten und dreimal die Verurteilung des „geographischen Determinismus". Im Anschluß an die Görlitzer Konferenz wird die Beibehaltung des alten und gewohnten Begriffs der Landesgeschichte ausdrücklich abgelehnt[32]), während zweimal die „Überlegenheit marxistischer Regionalgeschichte" gegenüber der bürger-

30) ZfG, Sonderh. 28, 1980: Historische Forschungen in der DDR 1970–1980. Analysen und Berichte; darin: *Karl Czok*, Forschungen zur Regionalgeschichte, 720–733.
31) *Karl Czok*, Entwicklungsetappen (wie Anm. 20), 9–24.
32) Ebd. 16.

lichen Landesgeschichtsschreibung beschworen wird, wofür der Beweis allerdings bis zum Ende der SED-Herrschaft nicht erbracht werden konnte. Die gerade noch rechtzeitig vor dem Zusammenbruch der DDR erschienene erste und zunächst einmal letzte marxistische Gesamtdarstellung eines deutschen Landes kann mit ihren Mängeln und Schwächen jedenfalls dem Anspruch nicht gerecht werden.[33])

Seit 1965 war es klar, daß die „marxistische" Regionalgeschichte nicht als Alternative neben der Landesgeschichte gedacht war, sondern die Alleingültigkeit für alle Geschichtsarbeit unterhalb der nationalen Ebene beanspruchte. Die als reaktionär und unsinnigerweise als imperialistisch verunglimpfte Landesgeschichte wurde völlig verdrängt, in echt totalitärer Weise galt nur noch die eine Auffassung, was nun freilich mit dem Geist freier Wissenschaft nichts mehr zu tun hatte. Der historischen Landeskunde wurde ein „konzeptionsloser Methodenpluralismus" vorgeworfen, was zwar recht gelehrt klingt, tatsächlich aber niemals bewiesen wurde. Im Gegenteil blieb die Regionalgeschichte bis zum Ende der DDR ohne ein überzeugendes Konzept, wozu sie immerhin an die 30 Jahre lang Zeit gehabt hätte.

Das Theoriedefizit der Leipziger Regionalgeschichte muß den zentralen Stellen in Berlin auf die Dauer doch aufgefallen sein, so daß im Mai 1981 am Zentralinstitut für Geschichte der Akademie der Wissenschaften eine Forschungsstelle für Regionalgeschichte eingerichtet wurde. Ihr Mitarbeiter Karl-Heinz Hajna referierte am 16. Dezember 1982 in Leipzig über die auf eine Initiative des Zentralkomitees der SED zurückgehende Stelle, die zur „offensiven Auseinandersetzung" mit der bürgerlichen Landes- und Heimatgeschichte, zur Klärung konzeptioneller Fragen, zur allgemeinen Koordinierung und zum Erfahrungsaustausch bestimmt war. Das von ihm dargelegte Arbeitsprogramm bestand aus einer einzigen Folge von polemischen und aggressiven Absichten gegen die westdeutsche Geschichtswissenschaft und den „gegenwärtigen Imperialismus". Daß den „regionalen Prozessen" jede Eigenständigkeit und Eigenwertigkeit abgesprochen wurde, war nach den bisherigen Äußerungen über den Begriff der Region selbstverständlich. Es war in Berlin offenbar deutlich geworden, daß mit dem positivistischen Betrieb der Leipziger Regionalhistoriker der in der Bundesrepublik üblichen Landesgeschichte nichts Ebenbürtiges entgegenstellt werden konnte. Was allerdings die Person des Referenten betraf, so war es einigermaßen beklemmend, mit welcher Arroganz ein völlig unerfahrener Anfänger in der geschichtswissenschaftlichen Arbeit rein ideologisch begründete Urteile über ein traditionsreiches Teilgebiet der deutschen Geschichtswissenschaft von sich gab, ohne selbst jemals auf diesem Felde etwas geleistet zu haben.

[33]) Geschichte Sachsens. Hrsg. v. *Karl Czok*. Weimar 1989; vgl. dazu meine Rezension in: BlldtLG 126, 1990, 723–726.

Im Gegensatz dazu stand Wolfgang Küttler, der mit seinem reichen Werk über Theorie und Methode der marxistischen Geschichtswissenschaft als Cheftheoretiker der DDR-Historie bezeichnet werden kann. Indem er sich 1981 zu Wort meldete[34]), wurde es einmal mehr deutlich, daß die „Konzeptionslosigkeit" der Leipziger Regionalhistoriker zu einer Verlagerung des Schwergewichts nach Berlin geführt hatte, zumindest was die Beschäftigung mit den theoretischen Fragen anging. Aber auch aus dieser neuen Richtung war nicht mehr zu hören als der wenig überzeugende Versuch einer Definition des Begriffs der Region als „Territorium in einem schon gegebenen nationalgeschichtlichen Raum" und die altbekannte Warnung vor der „Gefahr der Überhöhung einzelner Territorien, Regionen und Erscheinungen". Einen neuen Ansatz versuchte Helga Schultz in Berlin mit ihrem Beitrag „Zu Inhalt und Begriff marxistischer Regionalgeschichtsforschung" von 1985[35]), doch gingen ihre Bemühungen um eine theoretische und methodische Weiterführung des Arbeitsfeldes und um die Herausgabe eines Handbuchs der Regionalgeschichte im Strudel der völligen Neugestaltung der Ost-Berliner Historikerszene nach 1989 unter. In meinem Beitrag „Probleme um Begriffe – Beobachtungen aus der Deutschen Demokratischen Republik zum Thema ‚Regionalgeschichte'"[36]) habe ich den Begriff Regionalgeschichte als „fragwürdig" und „für eine dem Leben zugewandte Geschichtsarbeit zu sehr konstruiert, abstrakt, rational, unbrauchbar und überflüssig" bezeichnet. Meine Meinung von damals, daß „im Jahre 1961 die Sache [der Landesgeschichte, K. B.] gerettet werden konnte", läßt sich nach dem erneuten gründlichen Studium der Vorgänge nicht mehr aufrechterhalten, wie der hier vorgelegte Aufsatz zeigt.

Unterdessen war in der Parteispitze der SED die Erkenntnis aufgekommen, daß der Anspruch auf die Vertretung der progressiven Traditionen der ganzen deutschen Geschichte nicht erhoben werden konnte, solange die deutschen Länder als ein wesentlicher Teil der Wirklichkeit eben dieser Geschichte nicht bedacht wurden. Die seit 1980 von höchster Stelle aus in Gang gesetzte Diskussion um Tradition und Erbe führte unerwartet zu einer Neubesinnung auf den Wert der Landesgeschichte, ohne daß deshalb irgendwelche Abstriche an der Vorherrschaft der Regionalgeschichte gemacht worden wären.[37]) Es war lediglich daran gedacht, marxistische Darstellungen zur Geschichte der deut-

[34]) *Wolfgang Küttler/Gustav Seeber*, Historischer Charakter und regionalgeschichtliche Anwendung des marxistisch-leninistischen Erbeverständnisses, in: ZfG 29, 1981, 726–734, hier 733.

[35]) *Helga Schultz*, Zu Inhalt und Begriff marxistischer Regionalgeschichtsforschung, in: ZfG 33, 1985, 875–887.

[36]) *Karlheinz Blaschke*, Probleme um Begriffe – Beobachtungen aus der Deutschen Demokratischen Republik zum Thema „Regionalgeschichte", in: IMS 1, 1986, 10–15.

[37]) *Horst Barthel*, Erbe und Tradition in Geschichtsbild und Geschichtsforschung der DDR, in: ZfG 29, 1981, 387–394; *Werner Schmidt*, Nationalgeschichte der DDR und das territorialstaatliche historische Erbe, in: ZfG 29, 1981, 399–404.

schen Länder zu bearbeiten. Über das einzige dabei erzielte Ergebnis, die Geschichte Sachsens von 1989, ist oben das Nötige gesagt worden.

Das Aufkommen einer „neuen“ Landesgeschichte in der ehemaligen DDR seit 1980 könnte zu der Meinung führen, daß Regionalgeschichte nur eine andere Bezeichnung für dieselbe Sache sei. Das trifft nicht zu. Vielmehr sollte aus den bisherigen Darlegungen deutlich geworden sein, daß die „marxistische“ Regionalgeschichte von einem grundsätzlich anderen Ansatzpunkt ausgegangen ist, so daß sie nicht einmal mit der in den siebziger Jahren in der alten Bundesrepublik entstandenen dortigen Regionalgeschichte verglichen werden kann.[38]) Obwohl es sich um das gleiche Wort handelt, sind die Inhalte und Ziele völlig verschieden. In der ehemaligen DDR war damit eine polemische und agitatorische Stoßkraft verbunden, sie war hier antibürgerlich, antiwestlich, klassenkämpferisch und trat mit dem Anspruch auf Alleingültigkeit auf, war also antipluralistisch und widersprach damit dem grundsätzlich dialogischen Prinzip der Wissenschaft.

Die in der DDR praktizierte Regionalgeschichte litt an einem doppelten Dilemma, das wohl auch ihre Schwierigkeiten innerhalb des Systems der SED-Geschichtswissenschaft erklärt. Sie war im Grunde genommen mit dem strikten Zentralismus der SED-Herrschaft nicht zu vereinbaren, da ja die kanonisch gültige Einheit von Politik und Geschichtswissenschaft immer zugunsten der Politik ausschlug. Das zweite Hindernis ergab sich aus dem unbedingten Vorrang des Dogmas, das keine Abweichungen duldete und deshalb die Geschichtsarbeit immer von oben nach unten betrieb mit dem Zweck, die Richtigkeit des Dogmas zu beweisen. Die vielfach zum Ausdruck gekommene Furcht vor der Anerkennung einer Eigenständigkeit der Regionen war doch wohl in der „Gefahr“ begründet, eine von unten sich aufbauende Geschichtsarbeit könnte mit wirklichkeitsnahen Differenzierungen das Dogma in Zweifel stellen. Es gibt keine Übereinstimmung zwischen der „marxistischen“ Regionalgeschichte in der ehemaligen DDR und der in einem völlig anderen Gesellschafts- und Wissenschaftssystem entstandenen Regionalgeschichte in der Bundesrepublik; die Namensgleichheit ist rein zufällig.

In der ehemaligen DDR ist eine Regionalgeschichte in den Jahren 1961–1965 als neues Teilgebiet der SED-Geschichtswissenschaft entwickelt wor-

[38]) Heft 1, 1986, der Informationen zur modernen Stadtgeschichte war dem Thema „Regionalgeschichte und Lokalgeschichte“ gewidmet. Auf die Regionalgeschichte in der damaligen DDR wurde darin kein Bezug genommen, woraus deutlich wird, daß die Regionalgeschichte in der Bundesrepublik auf einem völlig anderen Umfeld aufgewachsen ist. *Luise Schorn-Schütte*, Territorialgeschichte – Provinzialgeschichte – Landesgeschichte – Regionalgeschichte. Ein Beitrag zur Wissenschaftsgeschichte der Landesgeschichtsschreibung, in: Civitatum Communitas. Fschr. für Heinz Stoob. Köln/Wien 1984, T. 1, 392, distanziert sich ausdrücklich von der „marxistischen Auffassung von Regionalgeschichte, wie sie Karl Czok 1965 erstmals formulierte“; vgl. auch: *Karl Bosl*, Der deutsche, europäische und globale Sinn einer modernen Regionalgeschichte, in: ZWLG 36, 1977, 1–18; *Carl-Hans Hauptmeyer* (Hrsg.), Landesgeschichte heute. Göttingen 1987.

den. Ihr Initiator war Karl Czok in Leipzig, der an seinem Wirkungsort gerade noch die langsam absterbenden, ein halbes Jahrhundert lang lebendig gewesenen Traditionen der von Rudolf Kötzschke begründeten Leipziger Schule der Landesgeschichte erlebte und nach Auskunft seiner Veröffentlichungen in vollem Umfang über die Bedeutung, die Leistungen und die wissenschaftstheoretischen Grundlagen dieser historischen Teildisziplin im Bilde war. Dessen ungeachtet hat er sich in vorderster Front an der weiteren Demontage der Landesgeschichte beteiligt und ihr mit der Propagierung einer Regionalgeschichte innerhalb des Systems der SED-Geschichtswissenschaft die Existenzberechtigung entzogen. In der politisch-ideologisch gespannten Lage jener Jahre hat er den in dieser Hinsicht unschlüssigen Parteiorganen der SED die „marxistische“ Regionalgeschichte dargeboten, vielleicht sogar aufgenötigt, die auch mangels geeigneter Alternativen zögerlich angenommen und schließlich in das System integriert worden ist.

Aus dem Abstand der Jahre erweist sich die Regionalgeschichte in der ehemaligen DDR als ein Rahmen, der von vielen an der Sache interessierten Menschen als Arbeitsmöglichkeit empfunden wurde, weil er Gelegenheit zu Begegnungen und Publikationen schuf. Er hat aber auch dafür gesorgt, daß alle geschichtliche Arbeit unterhalb der nationalen Ebene von der SED diszipliniert und ideologisch vereinnahmt wurde. Von hier aus wurde die bürgerliche Landesgeschichte diffamiert und die Geschichtswissenschaft in den Dienst eines terroristischen Herrschaftssystems mit seiner geistigen Verengung, seiner Unduldsamkeit gegenüber Andersdenkenden und seinem Anspruch auf den ausschließlichen Besitz der Wahrheit gestellt. Die Propagandisten der „marxistischen“ Regionalgeschichte haben sich an der geistigen Deformierung der Menschen beteiligt, zum Funktionieren des ideologischen Apparats beigetragen und sich dadurch schuldig gemacht.

Eine solche Kritik ist nur dann berechtigt, wenn sie mögliche Alternativen anbieten kann. Es ist denkbar, daß sich ohne die Initiative aus Leipzig die Heimatgeschichte stärker entwickelt hätte, die vom SED-Regime offenbar anerkannt und angenommen worden war. Die Weiterführung der Landesgeschichte hätte sich nach dem Ende der Länder an die fortbestehenden Institutionen anlehnen können, die als Landeshauptarchive, Landesbibliotheken, Landesmuseen und Denkmalpflegeinstitute über ein sachkundiges Personal verfügten und die vor allem das Material aufbewahrten, in dem sich die Identität der Länder greifbar und sichtbar ausdrückte. Die Neugründung der Historischen Kommission des Landes Sachsen im Jahre 1950 deutet eine weitere Möglichkeit an, die landesgeschichtliche Arbeit auf einer höheren Ebene der Wissenschaft neu zu organisieren.[39]) So schlecht stand es um die Landesge-

[39]) *Manfred Unger*, Die Historische Kommission des Landes Sachsen 1945–1965, in: Reiner Groß u.a. (Red.), Geschichtsforschung in Sachsen. Stuttgart 1996, 74–102.

schichte in der damaligen DDR nicht, bevor sie durch die Formierung der Regionalgeschichte praktisch ausgehebelt und in den Augen der SED-Funktionäre überflüssig gemacht worden war. Schließlich ist auf die nicht geringe Zahl von im Lande verbliebenen und wieder neu nachwachsenden Forschern hinzuweisen, die in den guten Traditionen der Landesgeschichte weiterarbeiteten, auch wenn sie sich dann schließlich unter das neue Etikett einordnen mußten. Insofern muß schon von einer zerstörerischen Wirkung gesprochen werden, die von der „marxistischen" Regionalgeschichte auf das traditionelle Gefüge der deutschen Landesgeschichte ausging.

Dabei fällt aber auch ihre Unfruchtbarkeit auf. Sie erschöpfte sich in der Anwendung der von der SED-Geschichtswissenschaft vorgegebenen ideologischen Leitlinien auf Tatsachen und Vorgänge im regionalen Bereich, sie entwickelte keine eigenen Methoden oder Konzepte und bearbeitete keine übergreifenden Themen, die auf den Erscheinungen in den einzelnen Regionen aufbauend zu zusammenfassenden Ergebnissen hätten führen und dabei die Sinnhaftigkeit einer eigenen Regionalgeschichte hätten beweisen können. Die sehr schwache und in der Praxis kaum spürbar gewesene Kommission für Regionalgeschichte der Deutschen Historiker-Gesellschaft war nicht geeignet, die fehlende Organisation zu ersetzen oder wenigstens geistig anregend zu wirken. So schleppte sich der Betrieb in diesem Fach dahin, wobei die behandelten Themen allesamt auch unter dem Begriff der Landesgeschichte hätten bearbeitet werden können. Wer im Jahre 1987 ein Buch über „August den Starken und Kursachsen" veröffentlichte, hätte nicht 25 Jahre zuvor mit Sang und Klang die Landesgeschichte abzuschaffen brauchen.

In den mehrfach genannten Ausarbeitungen zur Begründung der „marxistischen" Regionalgeschichte zeigt sich ein opportunistisches Verhalten, das die von intellektueller Redlichkeit gesetzten Grenzen überschreitet. Es läßt sich in den folgenden Punkten zusammenfassen:

1. Der bürgerlichen Landesgeschichte und historischen Landeskunde wird ein hoher Leistungsstand, eine tiefe Begründung in den Besonderheiten der deutschen Geschichte bescheinigt und ein Lob über ihre Organisation und ihre Publikationen ausgesprochen, gleichzeitig werden sie als nationalistisch, chauvinistisch, reaktionär und imperialistisch verunglimpft.

2. Der angebliche geographische Determinismus wird als bürgerlich-reaktionäre Konzeption abqualifiziert, während im selben Atemzug behauptet wird, der historische Materialismus weise dem geographischen Milieu große Bedeutung zu.

3. Der angebliche Dualismus im Verhältnis von Landesgeschichte und historischer Landeskunde wird innerhalb der bürgerlichen Geschichtswissenschaft als nicht lösbar hingestellt, während andererseits die zutreffende Feststellung Walter Schlesingers über das Ineinanderfließen der beiden Ströme

zitiert wird, aus denen sich die moderne Landesgeschichte der Mitte des 20. Jahrhunderts ergab.

4. Die angebliche Konzeptionslosigkeit der historischen Landeskunde wird kritisiert, obwohl bis zum Jahre 1965 zahlreiche grundlegende Arbeiten zu diesem Thema von Rudolf Kötzschke, Hermann Aubin, Herbert Schlenger, Karl Lechner, Walter Schlesinger, Karl Bosl, Hermann Overbeck, Franz Steinbach, Ludwig Petry, Ernst Schwarz und Otto Brunner vorlagen.[40])

5. Der „positivistische Methodenpluralismus" der bürgerlichen Landesgeschichte wird noch 1989 verurteilt, obwohl bis dahin die „marxistische" Regionalgeschichte selbst keine überzeugende methodische und theoretische Konzeption zustandegebracht hatte.

Mit dem Ton der Texte, der sich nicht selten bis zum schauderhaften Parteijargon, zu Unwahrheit und Beleidigung steigerte, haben sich diese Ausarbeitungen selbst aus dem Bereich sachlicher wissenschaftlicher Arbeit entfernt und sich in eine rein politische Propagandatätigkeit zugunsten einer Partei eingeordnet. Ihre Verfasser „überlieferten ihr Wissen den Machthabern, es zu gebrauchen, es nicht zu gebrauchen, es zu mißbrauchen, ganz wie es ihren Zwecken diente" (Bertold Brecht, Leben des Galilei). Sie sind dafür persönlich verantwortlich.

Die „Erfindung" der Regionalgeschichte in der DDR hat Schaden angerichtet. Sie war eine durchaus unnötige Tat, hat der Parteiobrigkeit mehr Kopfzerbrechen als Freude gemacht, den betroffenen Menschen ideologische Anpassungszwänge auferlegt und nur den wenigen Protagonisten die Gelegenheit zur Profilierung gegeben. Die Folge für das Fach Landesgeschichte war ein dreißigjähriger Stillstand im Wissenschaftsbetrieb der DDR, da nicht einmal im Rahmen der historisch-materialistischen Geschichtsauffassung eine vernünftige methodische Weiterführung des Faches möglich war. Die Herrschaft der SED hat sich im Osten Deutschlands als zerstörerisch erwiesen, die Regionalgeschichte war als eines ihrer Produkte ein Teil davon.

[40]) Sie sind in dem Sammelband von *Pankraz Fried* (Hrsg.), Probleme und Methoden der Landesgeschichte. Darmstadt 1978, zusammengestellt.

Wer handelt? Die Akteure der Geschichte

Zur DDR-Geschichtsschreibung über Arbeiterklasse und Faschismus.

Von

Alf Lüdtke

Der Streit über die bestimmenden Momente in der Geschichte ist alt. Nach 1945 erneuerte er sich – in Deutschland mit Blick auf die Ursachen von NS-Herrschaft, Völkermord und Raubkrieg. Unter dem Schock von Zusammenbruch und Befreiung richtete sich der Blick zunächst auf die großen Schurken und deren Amoralität (Gerhard Ritter). Hinweise auf die lange Spur eines spezifisch preußisch geprägten „Militarismus" und einer damit verknüpften Haltung von Obödienz (Friedrich Meinecke) fanden wenig Resonanz. Im Betrieb der Geschichtswissenschaft, wie er sich in den westlichen Zonen Deutschlands ab 1946 wieder entfaltete, dominierte rasch eine Mischung aus personalisierender Politikbetrachtung und ideengeschichtlicher Nationalstaatlichkeit. Weder gesellschaftliche „Strukturen" noch mentale und institutionelle „Potenzen" (Jacob Burckhardt) hatten in diesem Kontext große Chancen.[1]) Allein in disziplinären Randzonen war die Durchschlagskraft der eingefahrenen Perspektiven geringer, vor allem bei der Erforschung des „Machtzerfalls" der Weimarer Republik.

Der Anspruch, mit dieser „bürgerlichen" (oder „imperialistischen") Wissenschaft zu brechen, gehörte von Anfang an zur Selbstrechtfertigung der politischen Führung in der SBZ, dann der DDR. Jahrelang blieb dies freilich weit mehr Proklamation als Zustandsbeschreibung für wissenschaftliche Lehre und Forschung. So beklagte das Politbüro der SED in seinem „Geschichtsbeschluß" vom Frühjahr 1955 eine „Tendenz des Subjektivismus". Den „objektiven gesellschaftlichen Gesetzen" würde ebenso geringe Aufmerksamkeit gewidmet wie der „Rolle der Volksmassen als Schöpfer der Geschichte".[2])

[1]) Ausführlicher *Winfried Schulze*, Deutsche Geschichtswissenschaft nach 1945. (HZ, Beihefte, NF. Bd. 10.) München 1989; zum Folgenden bzw. den Anfängen einer prozeß- und strukturgeschichtlichen NS-Forschung *Karl Dietrich Bracher*, Die Auflösung der Weimarer Republik. 2. Aufl. Stuttgart/Düsseldorf 1957; vgl. *ders./Wolfgang Sauer/Gerhard Schulz*, Die nationalsozialistische Machtergreifung. Köln/Opladen 1960.

[2]) Dazu *Horst Haun*, Der Geschichtsbeschluß der SED 1955. Programmdokument für die „volle Durchsetzung des Marxismus-Leninismus" in der DDR-Geschichtswissenschaft. Dresden 1966, bes. 18. – Optimistischer hatten sich die Herausgeber der „Zeitschrift für Geschichtswissenschaft" im Vorwort des ersten Heftes gezeigt: „Geschichte und Theorie

Aber auch in der Bundesrepublik fand die Forderung nach einer „Strukturgeschichte des technisch-industriellen Zeitalters“, die Werner Conze 1957 anmeldete, erst seit den späten 1960er Jahren vermehrte Beachtung.[3]) Freilich sollte es jetzt eine „historische Sozialwissenschaft“ sein, die Konflikte und Krisen zum Thema machte, nicht jedoch „inneren Bau“ oder säkulare Dauer einer Gesellschaft. Im Vergleich wird aber noch deutlicher: „Historische Sozialwissenschaft“ ebenso wie „Strukturgeschichte“ teilten mit marxistisch-leninistischer Geschichtswissenschaft in der DDR die Vorliebe für die Makroebene. Bestimmend waren in keinem Fall Individuen. „Klassen“ ließen sich epistemologisch austauschen gegen anonyme „Strukturen“ – die Makrogrößen galten als Zentren historischer Dynamik.

Gegen diesen „Strich“ richtet sich die Frage nach den *Akteuren*: Wer handelt? Konkreter: Wie erscheinen einzelne und Gruppen, wie sind sie aufeinander bezogen ? Und: Wie sind Handlungsmöglichkeiten und Handlungsformen dargestellt? Abstrakter: Wie suchen Autoren dem historischen Subjekt beizukommen? Dabei ist weder ein „ganzheitliches“ Wesen noch ein *subjectum inconcussum* gemeint. Es geht vielmehr um jene einzelnen, deren Spuren in Zeugnissen und Überresten der historischen Erkundung zugänglich werden (können). Nicht homogene Individuen sind gemeint. Akteure stehen für Ensembles höchst unterschiedlicher, nicht selten un-vermittelter, mitunter widersprüchlicher Expressionen und Aktionen.[4])

Die Frage nach den Akteuren richtet sich aber nicht nur auf den Gegenstandsbereich von Wissenschaft. Denn Akteure der Geschichte sind zugleich die Historiker – die Autoren und Autorinnen historischer Rekonstruktionen und Repräsentationen. Wie kommunizieren sie, welche Distanzen suchen sie, wie erfahren sie disziplinäre *Kräftefelder* – wie eignen sie diese sich an?

Im folgenden soll für zwei Themenbereiche nach den Akteuren in diesem doppelten Sinne gefragt werden. Die Auswahl mag überraschen: Es herrscht

der Arbeiterbewegung“ – die wiederum als Kernstück einer „marxistisch-leninistischen Geschichtswissenschaft“ galten – nähmen inzwischen beinahe den „ihnen gebührenden Platz“ ein, Vorwort, in: ZfG 1, 1953, 3–6, 4.

[3]) *Werner Conze*, Die Strukturgeschichte des technisch-industriellen Zeitalters. Köln 1957; ausführlicher dazu *Schulze*, Geschichtswissenschaft (wie Anm. 1); zur „historischen Sozialwissenschaft“ vgl. *Jürgen Kocka*, Sozialgeschichte. 2. Aufl. Göttingen 1986, sowie *Winfried Schulze* (Hrsg.), Sozialgeschichte, Alltagsgeschichte, Mikro-Historie. Göttingen 1994.

[4]) Historische Biographieforschung ist von Fragen nach dem „Generationenzusammenhang“ (Karl Mannheim) beeindruckt. Zugleich gilt der „Lebenslauf“ als organisierende Matrix für Erfahrung und deren Bearbeitung (Manfred Kohli). Aber die Frage nach den nicht-homogenen einzelnen scheint dabei keine Rolle zu spielen. Auch eine kulturalistisch oder praxeologisch interessierte Soziologie arbeitet ihrerseits im Banne von Vorstellungen, in denen „strukturierende Strukturen“ oder Habitus (Pierre Bourdieu) den Ausbruch, die Abweichung oder die „eigensinnige“ Distanzierung, aber auch das alternative Projekt nur zu einem Fall von Regelanwendung werden lassen.

Einigkeit darüber, die SED habe bei der Arbeiterschaft bzw. der „Arbeiterklasse“ ebenso wie beim deutschen Faschismus eine eigenständige Forschung weder akzeptiert noch etwa faktisch ermöglicht. Allerdings setzt dieser Konsens stillschweigend voraus, die DDR sei eine tatsächlich „durchherrschte Gesellschaft“ gewesen.[5]) Konkreter: Personalauswahl und stete Überwachung bzw. Regulierung hätten jene Forschungsergebnisse sichergestellt, die zur historischen Rechtfertigung der eigenen Politik „oben“, aber auch den lokal, beispielsweise für eine Betriebsgeschichte, zuständigen SED-Gewaltigen jeweils notwendig schienen. Wie aber, wenn die „Durchherrschung“ zwar das Projekt derer auf den „Kommandohöhen“, aber nicht fugenlose Wirklichkeit war? Ich halte gerade angeblich hermetisch abgeschottete gesellschaftliche Felder für geeignete Prüfgebiete – um die vermuteten Gleichzeitigkeiten von Anpassung und eigensinniger Nuancierung, von Eigenständigkeit und (womöglich eilfertiger) Vorleistung an ideologisch-herrschaftlichen Gleichklang zu erkunden.

I. „Revolutionäre Arbeiterklasse“ und die „zwei Linien“

Die „revolutionäre Arbeiterklasse“ wurde in den historischen Publikationen der DDR fortwährend zitiert. Um so mehr galt das für offiziöse Stellungnahmen, vom Vorwort des ersten Heftes der „Zeitschrift für Geschichtswissenschaft“ (ZfG) von 1953 bis zur Einleitung für den bilanzierenden Sammelband „Historische Forschungen in der DDR“, den die Redaktion der Zeitschrift anläßlich des XI. Internationalen Historikertages in Stockholm 1960 vorlegte. Es sei diese soziale Klasse, die als Protagonist des historischen Prozesses (und seiner unterstellten Gesetzmäßigkeit) fungiere. Maßstab der Entwicklung müsse das „Klassenbewußtsein der Arbeiter“ sein – also auch zentrales Thema für Historiker, zumindest seit der Ausbreitung von Lohnarbeit.

Die Formulierungen in der Einleitung zum Selbstdarstellungsband der ZfG von 1960 deckten sich nicht nur in der Tendenz, sondern auch in den Formulierungen mit dem Beschluß des Politbüros des ZK der SED von 1955, der der „Verbesserung der Forschung und der Lehre in der Geschichtswissenschaft

[5]) Diese These ist von Jürgen Kocka aufgegriffen worden und hat seither enorme Resonanz gefunden. Sie entstammt einer eher beiläufigen Bemerkung in meinem Beitrag zu der Konferenz (April 1993) bzw. dem Band „Sozialgeschichte der DDR“ – in der der Potentialis zwar mitgedacht, aber in der Formulierung untergegangen war; vgl. *Alf Lüdtke*, „Helden der Arbeit“ – Mühen beim Arbeiten. Zur mißmutigen Loyalität von Industriearbeitern in der DDR, in: Hartmut Kaelble/Jürgen Kocka/Hartmut Zwahr (Hrsg.), Sozialgeschichte der DDR. Stuttgart 1994, 188–213, hier 188. Insgesamt vgl. jetzt auch *Mary Fulbrook*, Anatomy of a Dictatorship. Inside the GDR 1949–1989. Oxford 1995, und *Richard Bessel/Ralph Jessen*, Einleitung. Die Grenzen der Diktatur, in: dies. (Hrsg.), Die Grenzen der Diktatur. Staat und Gesellschaft in der DDR. Göttingen 1996, 7–23.

der DDR“ gelten sollte. Die „Arbeiterklasse“ habe die „führende Rolle … im nationalen Befreiungskampf“, deshalb komme den „revolutionären Traditionen der deutschen Arbeiterbewegung … erstrangige Bedeutung“ zu, und dabei wiederum besonders der „Partei der deutschen Arbeiterklasse“.[6]) Dem entsprach es, daß die Berichte des ZfG-Bandes über die Perioden des 19. und 20. Jahrhunderts bereits in den Überschriften bis auf eine Ausnahme (Bourgeoisie in der Weimarer Republik) nur „die deutsche Arbeiterbewegung“ als Thema nannten.

Diese Form der Einlinigkeit hielt sich jedoch nicht lange. In den weiteren, in Zehnjahresabständen erschienenen Berichtsbänden der ZfG von 1970 und 1980 erschien in den Überschriften nur noch die deutsche Geschichte im jeweiligen Zeitabschnitt.[7]) Die Berichterstattung selbst folgte in den chronologischen Abschnitten einem *zweipoligen* Schema: Bourgeoisie (und Aristokratie) auf der einen, Arbeiterklasse und zugeordnete soziale Schichten (z. B. Handwerker, Kleinbauern) auf der anderen Seite. Bei diesem Rekurs auf die Konzeption der „zwei Linien“ in der deutschen Geschichte konnte man sich nicht nur auf Marx, Engels und nicht zuletzt auch Franz Mehring berufen. Im Alltag von Forschung und Lehre öffnete er vor allem Spielraum für die empirische Vielfalt der historischen „Erscheinungen“.

Auch die Historikerinnen und Historiker der Arbeiterbewegung hatten damit zu tun, wie sich denn die *Vielfältigkeit und Widersprüchlichkeit* der realen historischen Prozesse mit den „zwei antagonistischen Linien“, mehr noch mit der These vom gesetzmäßigen Progreß der Geschichte in Übereinklang bringen ließen. Wie also ließ sich die abwartende Hinnahmebereitschaft der großen Mehrheit der Industriearbeiter erklären – auch gegenüber den Entscheidungen der SPD-Führung für das Mittragen des Krieges im August 1914 (und danach)? Für die zwanziger Jahre war die (abgesehen von regionalen Unterschieden) anhaltende Minderheitenrolle der KPD zu begründen.[8]) Wie

[6]) Vgl. *Heinz Schumannn/Wilhelm Wehling*, Literatur über Probleme der deutschen antifaschistischen Widerstandsbewegung, in: Redaktionskollegium unter Leitung v. *Dieter Fricke*, Historische Forschungen in der DDR. Analysen und Berichte. Zum XI. Internationalen Historikerkongreß in Stockholm August 1960. (ZfG, Sonderh. 8.) Berlin 1960, 381–402, 381.

[7]) Ausnahmen waren 1970 nur jeweils ein Bericht zur Revolution 1848/49 sowie zur „Novemberrevolution 1918 und der Gründung der KPD“ (Historische Forschungen in der DDR 1960–1970. Analysen und Berichte. Zum XIII. Internationalen Historikerkongreß in Moskau 1970. [ZfG, Sonderbd. 18.] Berlin 1970, 408–427 bzw. 508–514) und 1980 einer zu „den Auswirkungen der Oktoberrevolution, der Novemberrevolution und der Gründung der KPD“ (Historische Forschungen in der DDR 1970–1980. Analysen und Berichte. Zum XV. Internationalen Historikerkongreß in Bukarest 1980. [ZfG, Sonderbd.] Berlin 1980, 230–240.

[8]) Beides, das Mittragen der Kriegskredite seitens der SPD-Führung 1914 ebenso wie die Minderheitenrolle der KPD, wurde von Walter Ulbricht in einer internen Debatte vom 12./13. November 1964 betont, s. unten Anm. 12 und 13.

waren solche Befunde (und Erfahrungen!) mit der These von der gesetzmäßigen Fortschrittlichkeit „*der*" Klasse und ihrem Zu-sich-selbst-Kommen im „Kampf" zu vereinbaren? Aber auch: Wie paßte das zusammen mit dem Marx-Zitat aus dem „Vorwort zur Kritik der Politischen Ökonomie", nach der es „nicht das Bewußtsein der Menschen ist, das ihr Sein bestimmt, sondern umgekehrt ihr gesellschaftliches Sein, das ihr Bewußtsein bestimmt"?[9])

Im konkreten Fall taugte zur Begründung von Hinahme- und Mitmachbereitschaft der proletarischen „Massen" ebenso wie für die Lage der KPD nach 1918 als deus ex machina der (bereits von zeitgenössischen Agitatoren verwandte) „Verrats"-Vorwurf an die Sozialdemokratie bzw. deren Führer. In konzeptueller Redeweise öffnete der „subjektive Faktor" den notwendigen Spielraum: der Vorwurf einer an bloß „subjektiven" Wunschvorstellungen orientierten Haltung. Zumindest in der Darstellungsrhetorik ließen sich alle Gefahren jedoch „letztlich" bannen: Immerhin würde sich in der „letzten Instanz" die Ökonomie durchsetzen, wie Engels in einem seiner späten Briefe ausdrücklich hervorgehoben und damit zitierfähig gemacht hatte.[10])

Die *Akteure* solcher Fixierungen waren neben Einzelautoren zumal bei Themen zur Arbeiterberwegung wiederholt „Autorenkollektive". Im wissenschaftlichen Arbeitsalltag erwiesen sich diese Kollektive als Addition einer z. T. größeren Zahl einzelner Autoren. Sie waren beschäftigt als Professoren oder (Ober-)Assistenten an den Universitäten, mehr noch als „Mitarbeiter" und Abteilungsleiter (oder Direktoren) an den Akademie-Instituten oder Lehrstühlen (der Akademie der Wissenschaften [AdW] des Instituts für Marxismus-Leninismus [IML] oder am Lehrstuhl bzw. Institut für Geschichte der deutschen Arbeiterbewegung des Instituts, ab 1976 der Akademie für Gesellschaftswissenschaften beim ZK der SED). Einzelarbeit in den Bibliotheken und Archiven wechselte angesichts der Raumknappheit in den Instituten mit Einzelarbeit am häuslichen Schreibtisch. Zumal bei Themen zur Geschichte des 20. Jahrhunderts entstanden die Texte jedoch nicht als Produkte isolierter Arbeiter bzw. Schreiber. Partei- und Gewerkschaftsgruppe lasen und diskutierten mit; sie waren vielfach mit dem Kollegenkreis identisch.[11]) Aber auch höhere Parteigremien beschäftigten sich intensiv mit Entwürfen wie Endfassungen.

9) Das Zitat von Karl Marx in: MEW 13, 9; vgl. *Jürgen Kuczynski*, Geschichte des Alltags des deutschen Volkes. Bd. 6. Berlin 1985, 49, vgl. 43.

10) Friedrich Engels an W. Borgius, 25. Januar 1894, in: MEW 39, 206.

11) Dazu Gespräche und unsystematische Befragungen, vor wie nach der „Wende", d. h. seit 1987. Die Partner waren tätig am (Zentral-)Institut für deutsche Geschichte und am Institut für Wirtschaftsgeschichte (beide Akademie der Wissenschaften der DDR), an Sektionen für Geschichte der Universitäten in Berlin und Leipzig (sowie an der Sektion für Kulturwissenschaft der Humboldt-Universität, Berlin).

Bei der Diskussion des grundlegend überarbeiteten Rohentwurfs der dreibändigen „Geschichte der deutschen Arbeiterbewegung" referierten und diskutierten an zwei Tagen im November 1964 im ZK zwei Dutzend Personen.[12]) Darunter waren: von der Universität Jena Dieter Fricke, von der Akademie der Wissenschaften bzw. deren Institut für deutsche Geschichte dessen Direktor Horst Barthel sowie Walter Schmidt, aus dem Institut für Marxismus-Leninismus (IML beim ZK der SED) dessen Direktor Lothar Berthold, außerdem Ernst Diehl und Annelies Laschitza. Beteiligt waren das Politbüro-Mitglied Kurt Hager und – neben Hanna Wolf (Leiterin der Parteihochschule der SED, ZK-Mitglied) – vor allem der Generalsekretär der SED, Walter Ulbricht selbst. Das Wortprotokoll zeigt ihn nicht etwa nur als „Zensor". In den Diskussionen war er zunächst der eminente Zeitzeuge (sei es zu Personen, Hilferding z.B., oder zum „Opportunismus" der SPD-Führung in der Weimarer Republik); zugleich gerierte er sich als der, der die „richtigen Lehren" aus der Geschichte gezogen habe. Dabei bezog er sich stets auf konkrete Textstellen. Er agierte als engagierter Leser, Fragesteller und Diskutant – zweifellos: er hatte jede Zeile gelesen![13]).

Bei diesem Thema (und in diesem Kontext) zitierten die Beiträge nicht die Richtmarken aus dem Vokabular des historischen Materialismus (wie den „subjektiven Faktor"). Es dominierten vielmehr aktuelle (partei-)politische Vorgaben und Perspektiven. So hieß es zum Verhalten von MSPD- wie USPD-Führungen 1920 beim Kapp-Putsch: „Wie die Sozialdemokratie die Mehrheit

[12]) Aus den drei Bänden wurde dann die achtbändige Veröffentlichung unter demselben Titel, hrsg. v. einem Autorenkollektiv unter Leitung Walter Ulbrichts. Berlin 1966; die Wortprotokolle der Diskussionen in: Stiftung Archiv der Parteien und Massenorganisationen der DDR im Bundesarchiv (SAPMO), DY 30 IV-A2/2.024, Nr. 57–58, Rednerliste Nr. 57, fol. 2–3; zum Ablauf seit Beginn der Arbeit im „Sommer 1962" vgl. *Lothar Berthold*, Direktor des IML, in seinen Einleitungsbemerkungen, DY 30 IV-A2/2.024, Nr. 57, fol. 6–25; Diskussionen 1965: DY 30 IV-A2/2.024, Nr. 58–60.

[13]) Vgl. Beratungen November 1964, SAPMO, DY 30 IV-A2/2.024, Nr. 57, fol. 94: Ulbricht kritisiert, daß die Verfasser einen Vers des „Sozialistenmarsches" weggelassen hätten („Das freie Wahlrecht ist das Zeichen"), da sie „den Opportunismus im Sozialistenmarsch nicht zeigen wollte[n]"; die Folge sei, „daß die geschichtliche Darstellung nicht exakt ist"; er könne aus dem Stegreif jetzt keine Alternative formulieren; ähnliches Zeile-für-Zeile-Durchgehen auch zur Situation um die Jahrhundertwende, auch hier vor allem zum „Opportunismus" in der SPD, ebd. fol. 148ff. – Zur Zensur bei literarischen Texten (und Verlagen) vgl. *Ernst Wichner/Herbert Wiesner* (Hrsg.), Zensur in der DDR. Geschichte, Praxis und „Ästhetik" der Behinderung der Literatur. Berlin 1991, und *Joachim Walter*, Sicherungsbereich Literatur. Schriftsteller und Staatssicherheit in der Deutschen Demokratischen Republik. Berlin 1996. Zu der Gemenge-Lage von Angeboten und Privilegien, Drohungen und Zwängen in diesem Kräftefeld haben sich (mehr oder weniger prominente) literarische Autoren jetzt zahlreich geäußert; vgl. zu seiner, wie er schreibt, „Halbherzigkeit" *Günter de Bruyn*, Vierzig Jahre. Ein Lebensbericht. Frankfurt am Main 1996; zu Erfahrungen eines Nicht-Prominenten, eines damaligen Philosophiestudenten, von der Exmatrikulation (Universität Jena) 1976 bis zur Ausbürgerung 1981 vgl. *Siegfried Reiprich*, Der verhinderte Dialog. Berlin 1996.

der Arbeiterklasse täuscht", habe deshalb erhebliche Bedeutung, weil sich die Methode der Sozialdemokratie seither „nur wenig geändert" habe.[14])

Wie unbeschränkt und z. T. offenbar hemmungslos die (Selbst-)Anbindung der Historiker sein konnte, zeigte bei derselben Sitzung Lothar Berthold, selbst Historiker, von 1964 bis 1968 Direktor des IML. Er suchte – und erhielt – Bestätigung für seine rhetorische Frage, man könne doch wohl nicht „alles sagen", „auch wenn man es bereits weiß". Er nannte vier Punkte, bei denen er sich der Notwendigkeit strikter Zurückhaltung versichern wollte: den Komintern-Einfluß auf die KPD, die Moskauer Prozesse ab 1936; den „Personenkult" um Stalin nach 1945 und die Rolle „der Kundschafter" (mit Verweis auf Schulze-Boysen und Harnack).[15])

Resultat war eine *doppelte Engführung*: erstens erschien die „Arbeiterklasse" als homogene Einheit; zweitens wurde sie bzw. ihr „Kern" mit der politischen Partei gleichgesetzt. Die Teile, die „zu sich selbst" kamen, hätten sich ab 1918/19 in der KPD, ab 1946 in der SED gefunden. Forschungspraktisch wie darstellerisch führte das bei Kollektivarbeiten ebenso wie bei Einzelstudien zu einer höchst konventionellen, vielfach zäh-ledernen Mischung aus Institutionen-, Personen-, Ideologie- und Diplomatiegeschichte.[16]) Die zwei

[14]) Walter Ulbricht zur SPD-Führung nach 1918, in: SAPMO, DY 30 IV-A2/ 2.024, Nr. 57, fol. 95.

[15]) SAPMO, DY 30/ IV 2/2.024/57, fol. 24. Vgl. andererseits auch die Überlegungen in der Redaktionsgruppe zu Bd. 2/I der „Geschichte der SED" ca. 20 Jahre später bzw. sechs Wochen nach Unterzeichnung des SED-SPD-Papiers „Der Streit der Ideologien und die gemeinsame Sicherheit", die „Darstellung sorgfältig daraufhin [zu überprüfen]", daß [im Zusammenhang der Zeit nach 1918, A. L.] „nirgends unversehens die Sozialdemokratie in den Mittelpunkt der Auseinandersetzung rückt. Unnötige Schärfen, undifferenzierte Urteile, abstrakte Aussagen sollten vermieden werden..."; SAPMO, DY 30, Nr. 42300, 16. März 1987. Eine Woche später widerrief das Politbüro das Papier.

[16]) Gelegentlich wurde das auch „offiziell" vermerkt, vgl. den Brief des für Wissenschaft und Kultur zuständigen Politbüro-Mitglieds *Kurt Hager* an den – von 1969 bis 1989 amtierenden – Direktor des IML, Günter Heyden, vom 20. Februar 1973: Er habe zu den Kapiteln 3, 4 und 5 des „Entwurf[s] der Geschichte der SED. Kurzer Abriß", die er gelesen habe, „im allgemeinen wenig Einwände, außer: der Stil ist zeitweilig doch recht trocken ..."; SAPMO, DY 30, IV-B2/2.024, Nr. 45. – Bei der Bearbeitung des Bandes 2/I der „Geschichte der SED" wurde in einer unter Leitung von Kurt Hager tagenden Redaktionsgruppe der „Wunsch" geäußert, der „Darstellung in einigen wesentlichen Punkten (z. B. bei der Behandlung des Mordes an Karl Liebknecht und Rosa Luxemburg, mehr Emotionalität zu verleihen und jede Möglichkeit wahrzunehmen, die Atmosphäre der Zeit wiederzugeben, dem Zeitgeist nachzuspüren, dem zukünftigen Leser zu helfen, sich in die Kampfhandlungen hineinzuversetzen und sich mit der damals handelnden Generation von Kommunisten zu identifizieren"; SAPMO, DY 30, Nr. 42300, 16. März 1987. Daß solche Erfahrungen keineswegs auf Autoren im direkten Umfeld der Parteihistoriographie beschränkt waren, zeigte der in den 1970er Jahren am ZI für Geschichte an der AdW erarbeitete und herausgegebene Grundriß der deutschen Geschichte. Von den Anfängen der Geschichte des deutschen Volkes bis zur Gestaltung der entwickelten sozialistischen Gesellschaft in der Deutschen Demokratischen Republik. Klassenkampf – Tradition – Sozialismus. 2., erw. Aufl. Berlin 1979 (1. Aufl. 1974); diesen Hinweis verdanke ich Harald Dehne, Berlin.

Linien spiegelten sich in manichäischen Alternativen – gekonnter Konspiration der „Genossen" entsprachen Verrat und Intrigen bei denen, die als „Verräter" galten. Erwartet, zumindest geliefert wurde die vorgebliche Eindeutigkeit einer *master narrative*, zugespitzt von der „guten Absicht", die „Sieger der Geschichte" zu feiern.

II. Das historisch Konkrete – und die „störende Rolle der Praxis"?

Es ist nicht besonders originell, darauf hinzuweisen, daß die in der DDR gewünschte und sanktionierte, jedenfalls in den Institutionen überwiegend betriebene marxistische Geschichtsschreibung zentrale Fragen ausklammerte, auch wenn diese in den Texten der „Klassiker" zu finden sind. Da wurde zwar aus der „Deutschen Ideologie" zitiert, daß sich „mit der Veränderung der ökonomischen Grundlage ... der ganze ungeheure Überbau langsamer und oder rascher umwälzt".[17]) Ignoriert aber blieb die Einleitung zu den „Grundrissen". Dort hatte Marx am Beispiel der Wirkung klassischer Tragödien in veränderten Kontexten auf die – langfristig! – „*unegale Entwicklung*" verwiesen, insbesondere zwischen Produktivkräften und intellektuellen bzw. künstlerischen Produktionen und Artikulationen. Marx hatte das immerhin als eine „*offene Frage*" bezeichnet![18])

Klasse nicht als „Struktur", sondern als „something which in fact happens"[19]) – Klasse als vielschichtige, in sich widersprüchliche Praxis wurde kein Thema. Die Ansätze und Debatten zu Erfahrung und kulturellen Deutungen jenseits des „Überbau"-Schematismus blieben ausgeblendet. Anders: die Anregungen, die nach 1956 im Horizont des Anglo-Marxismus Furore machten, galten als „fehlerhaft", waren Abweichungen oder signalisierten nur ideologische Schwäche. Womöglich schwierige Abgrenzungen – z. B. die Rolle der „Volksmassen" als „Gestalter der Geschichte" – unterblieben.[20]) Man verharrte bei formelhaften Wiederholungen und rhetorischem Getöse.[21]) Genaue

[17]) *Jürgen Kuczynski*, Geschichte des Alltags des deutschen Volkes. Nachträgliche Gedanken. Berlin 1985, 6 u. 49.

[18]) *Karl Marx*, Einleitung in die Grundrisse der Kritik der politischen Ökonomie, in: ders./ Friedrich Engels, Gesamtausgabe (MEGA). 2. Abt., Bd. 1, T. 1. Berlin 1976, 17–45, hier 44.

[19]) *Edward P. Thompson*, The Making of the English Working Class. Harmondsworth 1968 (1. Aufl. 1963), 9.

[20]) Öffentlich versuchte das nur eine – bei aller grundsätzlichen Einfügung und Selbstbindung – eigenständig-widerborstige Persönlichkeit wie der Konjunkturforscher und Wirtschaftshistoriker Jürgen Kuczynski. Kuczynski, der eine Lizenz auf Außenseitertum beanspruchte bzw. hatte, hielt sich aber auch hier in dem Rahmen, der von den Klassikerzitaten über die Dominanz der „objektiven" Verhältnisse markiert war; vgl. *Kuczynski*, Nachträgliche Gedanken (wie Anm. 17), bes. 42–60, 69–73 und 76–82.

[21]) Die Festschrift für Leo Stern trug den Titel: Die Volksmassen, Gestalter der Geschichte.

Analysen einzelner Verhaltens- und Reaktionsweisen fehlten. Erst mit dem Anstoß von Jürgen Kuczynski, die Anregungen der Alltagsgeschichte aufzunehmen, wurden die Formen, in denen *die Vielen* und angeblich Namenlosen die Wirklichkeit, in der sie sich fanden, wahrnahmen und sich aneigneten, zum Thema, jedenfalls grundsätzlich.[22]) Aber auch dann erregte das – mögliche – Defizit des weiterhin vorherrschenden Klassenkonzepts keine Bedenken, zumindest nicht in der (segmentierten) Historiker-Öffentlichkeit.

Dennoch: Selbst in der Hochzeit einer nur auf die Arbeiterklasse – und „ihre" Partei – zentrierten Geschichte fanden Forschungen Anerkennung, bei denen Materialreichtum und Präzision im Detail außer Frage standen. So beeindruckte bei der Studie, die Erich Neuss 1958 zu den Besitzlosen in Halle im 18. und in der ersten Hälfte des 19. Jahrhunderts vorlegte, daß er die konkrete historische Vielgestaltigkeit vorführte, zumal die Differenziertheit der Lebenslage von Besitzlosen in diesem städtischen Kontext. Zwar mache es sich „nachteilig bemerkbar, daß der Verf. seinen Stoff nicht mit der Methode des historischen Materialismus durchdrungen und verarbeitet hat". Balanciert sahen die Berichterstatter der ZfG dieses Defizit allerdings dadurch, daß Neuss „auch der Auflehnung der Arbeiter eine große … Beachtung" schenke; damit werde er „ihrer Bedeutung" immerhin „weitgehend gerecht".[23])

Demgegenüber schnitt Rudolf Strauss mit seiner ebenfalls mikrologisch-strukturgeschichtlichen Arbeit über Chemnitz in der ersten Hälfte des 19. Jahr-

Hrsg. v. *Hans-Joachim Bartmuß, Hans Hübner* u. *Karl-Heinz Leidigkeit*. Berlin 1962; es fehlte jeder auch nur minimale Versuch, diesen Titel in einem Vorwort oder einer Einleitung für das Werk des zu Ehrenden oder die in dem Band versammelten Beiträge zu begründen; vgl. für die 1960er und frühen 1970er Jahre die knappen, aber nuancierten Hinweise bei *Helmut Rumpler*, Die Revolutionsgeschichtsforschung in der DDR, in: GWU 31, 1980, 178–187, bes. 183 f.; vgl. auch *Ernst Engelberg* in der Einleitung zu dem ersten Band der „Deutschen Geschichte" (Autorenkollektiv unter Leitung v. Horst Bartel u. a., Deutsche Geschichte [in zwölf Bänden]. Berlin 1982, 5: die „Volksmassen … spielen die entscheidende Rolle". – Die hier wie auch sonst erkennbare „fünfte Grundrechenart" geißelte hingegen im Oktober 1987 in einer bitteren Anklage auf einer Tagung des (Ost-)Berliner Bezirkes des Schriftstellerverbandes *Christoph Hein*, Die fünfte Grundrechenart, in: ders., Die fünfte Grundrechenart. Aufsätze und Reden. Berlin 1990, 163–172.

[22]) *Jürgen Kuczynski*, Geschichte des Alltags des deutschen Volkes. Bd. 1–6. Berlin 1981–1985; *Harald Dehne*, Nachbemerkung des Verfassers zu: Dem Alltag ein Stück näher?, in: Alf Lüdtke (Ed.), The History of Everyday Life. Princeton 1995, 138–144.

[23]) *Erich Neuss*, Entstehung und Entwicklung der Klasse der besitzlosen Lohnarbeiter in Halle. Eine Grundlegung. Berlin 1958 (nicht unwichtig für die Publikationsmöglichkeit dürfte gewesen sein, daß Neuss diese Arbeit im Rahmen der Abhandlungen der Sächsischen Akademie der Wissenschaften zu Leipzig [Bd. 51, H. 1] vorlegte); zur Bewertung vgl. *Herwig Förder/Walter Schmidt*, Forschungen zur Frühgeschichte der Arbeiterbewegung in Deutschland, in: Historische Forschungen 1960 (wie Anm. 6), 248, bes. 264; von den 27 Druckseiten (und 101 Anm.) dieses Beitrages widmen sich zweieinhalb der „Lage" und den „spontanen Bewegungen der Arbeiterklasse", weitere 21 Personen wie Wilhelm Weitling, vor allem aber Marx und Engels und ihrem „erste[n] Wirken … als Führer der sich ihrer historischen Mission bewußt werdenden Arbeiterklasse" sowie dem „Bund der Kommunisten".

hunderts (1960) erheblich besser ab.[24]) Nicht der materiale Ertrag zu Lebensverhältnissen und (Hunger-)Unruhen 1847 in der damals größten Industriemetropole Sachsens war für diese Bewertung entscheidend. Strauss habe jedoch sein Thema vom „Standpunkt der Arbeiterklasse und ihrer Partei" bearbeitet. – Seit den 1960er Jahren wurde die Bedeutung sozialer und politischer Kämpfe, insgesamt die „Vereinheitlichung" der Klasse zumindest für die Arbeitergeschichte, immer selbstverständlicher. Studien, die diese „Linie" nicht in Frage stellten, aber dennoch methodisch neue Wege gingen (wie bei Harmut Zwahr, vgl. unten), blieben seltene Ausnahmen.

Seit den (späten) 1970er Jahren läßt sich ein neuer Ton beim Umgang mit dem Befund von „Ungleichzeitigkeit" erkennen: Nicht mehr nur Autoren wie Jürgen Kuczynski betonten nachdrücklicher die Vielfalt und Kompliziertheit der Verhältnisse und (Klassen-)Zuschreibungen.[25]) Freilich galten solche Akzente zur Analyse historischer Dynamik, die z. B. die Übergänge zur Lohnarbeit und die Umwälzung des Feudalismus kennzeichnet, nicht als Chance zur Revision des Basis-Überbau-Theorems. Immerhin sah sich Kuczynski animiert, angesichts der innovativen Rolle von Handwerkern bei der Veränderung höfisch-feudaler Verhältnisse im 17. und 18. Jahrhundert ironisch-selbstkritisch von der „störende[n] Rolle der Praxis" zu sprechen und zu schreiben.[26]) Eine Diskussion dazu, die sich insbesondere mit dem Philosophen Wolfgang Eichhorn entspann, dokumentierte Kuczynski 1985 im Nachtragsband der „Geschichte des Alltags des deutschen Volkes". Dabei war es der Philosoph, der das Prozeßhafte, die Vielgestaltigkeit der „Übergangs-, Durchbruchs- und Umwälzungsprozesse" einklagte.[27])

[24]) *Rudolf Strauß*, Die Lage und die Bewegung der Chemnitzer Arbeiter in der ersten Hälfte des 19. Jahrhunderts. Berlin 1960, dazu *Herwig Förder/Walter Schmidt*, Forschungen zur Frühgeschichte der Arbeiterbewegung in Deutschland, in: Historische Forschungen 1960 (wie Anm. 6), 248 f., bes. 263 f.

[25]) Vgl. auch *Jürgen Reulecke/Peter Friedemann*, Die Historiographie der DDR und die deutsche Arbeiterbewegung. Zur Entwicklung eines Forschungsschwerpunktes der marxistisch-leninistischen Geschichtsschreibung, in: Alexander Fischer/Günther Heydemann (Hrsg.), Geschichtswissenschaft in der DDR. Bd. 2. Berlin 1990, 519–554, bes. 540–543. – Von Historikern in herausgehobener Stellung vgl. *Walter Schmidt*, Wilhelm Wolff. Bd. 1. Berlin 1979; Schmidt war seit 1964 Leiter des Lehrstuhls bzw. des Instituts für Geschichte der deutschen Arbeiterbewegung und wurde 1984 Direktor des ZI für Geschichte der AdW (bis 1990). Aus diesem Institut auch *Helmut Bock* mit Studien zur kulturgeschichtlichen Vielgestaltigkeit von Biedermeier und Vormärz; vgl. aber vor allem die Arbeiten am benachbarten Institut für Wirtschaftsgeschichte der AdW (dessen erster Direktor Jürgen Kuczynski gewesen war), von *Helmut Harnisch*, *Hans-Heinrich Müller* und *Jan Peters*: Thema waren soziale und kulturelle Praxis in Landwirtschaft und Landleben in den ökonomischen, demographischen und herrschaftlichen Umbrüchen des 18. und 19. Jahrhunderts (veröffentlicht bes. im JbWG).

[26]) *Jürgen Kuczynski*, Die Rolle der Volksmassen in der Geschichte, in: ders., Nachträgliche Gedanken (wie Anm. 17), 47.

[27]) Ebd. 51 f. – Den Abdruck von Briefen und Diskussionsbemerkungen setzte Kuczynski bereits bei den Bänden der Geschichte der „Lage der Arbeiter unter dem Kapitalismus" ein.

III. Vom „Subjektiven Faktor" über die „Lebensweise" zum „Subjekt"?

Im November 1976 hatte Kurt Hager im Rahmen einer internen Tagung im ZK der SED zu den Aufgaben der Gesellschaftswissenschaften mit Nachdruck darauf hingewiesen, daß es „keinen isolierten subjektiven Faktor" gebe. Die „Basis ... der Partei" sei vielmehr „die Arbeiterklasse"; sie dürfe „sich nicht von den Massen lösen".[28]) Waren hier in erster Linie unangepaßte und eigensinnige, z. T. widerständige Künstler die unmittelbaren Adressaten – solche Dar- und Auslegungen hatten stets einen weiten Horizont. Immerhin hatten in den 1970er Jahren einzelne Autoren auch für die Analyse historischer Prozesse die Bedeutung und (relative) Eigenständigkeit von (Selbst- wie Fremd-) Deutungen, von Verhaltens- und Ausdrucksformen betont.[29])

Diese Anstöße kamen allerdings weniger aus den disziplinären Kernzonen als vom „Rand", in diesem Fall von Volkskundlern und Kulturwissenschaftlern. Im Kontext der Produktionsweise gebe die *Lebensweise* Aufschluß über den Grad der Klassenbildung. Einschlägige Untersuchungen galten Landarbeitern wie Groß- und Kleinbauern in der Magdeburger Börde, aber auch hausindustriellen Produzenten in der Lausitz. Volkskundler (u.a. Wolfgang Jacobeit und Bernhard Weissel) hatten das „Bördeprojekt" initiiert, zum Wandel der Lebensweise in der Altmark im Zuge der Kapitalisierung im 19. Jahrhundert. Immerhin wurde die „Anschlußfähigkeit" dieser Arbeiten gesehen; sie fanden jedenfalls Beachtung und Anerkennung im ZfG-Berichtsband für die Dekade 1970–1980: Bernhard Weissel steuerte einen Abschnitt über volkskundlich-ethnographische Studien zu „Kultur und Lebensweise des

Im Rahmen der „Nachträglichen Gedanken" diente es gewiß mehreren Absichten. In jedem Fall bedeutete es auch ein Öffnen der *master narrative*, also ein – vielleicht unfreiwilliges, jedenfalls ironisches – Beispiel für Dekonstruktion bei einem Vertreter rigoroser Konstruktion (einer Perspektive historischen Fortschritts)!

[28]) SAPMO, DY 30, IV-B2/2.024, Nr. 36, Protokoll der Tagung der Leiter der gesellschaftswissenschaftlichen Institute des ZK der SED am 15. November 1976, 6. Diese Tagung diente der Vorbesprechung der Hauptpunkte des Referates, das Hager bei einer Konferenz der Gesellschaftswissenschaftler halten wollte, die für den 25./26. November geplant war, „über die Aufgaben der Gesellschaftswissenschaften bei der Durchführung der Beschlüsse des IX. Parteitages". – Einen Monat später wurde Wolf Biermann ausgebürgert; zum (insbesondere Berliner) Um- und Vorfeld vgl. auch die Verhinderung einer Autorenanthologie 1975/76: *Ulrich Plenzdorf/Klaus Schlesinger/Martin Stade* (Hrsg.), Berliner Geschichten. Operativer Schwerpunkt Selbstverlag. Eine Autorenanthologie, wie sie entstand und von der Stasi verhindert wurde. Frankfurt am Main 1995. – Jenseits der propagandistischen Fronten suchten die Herausgeber eines Bandes zu operieren, dessen Beiträge dem Zusammenhang von Struktur und Bewegung „aller Bereiche einer ökonomisch-sozialen Totalität" vornehmlich mit Hilfe einer Textexegese der Klassiker nachspürten; *Ernst Engelberg/Wolfgang Küttler* (Hrsg.), Formationstheorie und Geschichte. Studien zur historischen Untersuchung von Gesellschaftsformationen im Werk von Marx, Engels und Lenin. Vaduz 1978, hier 1, vgl. ebd. 340–359 (zum „subjektiven Faktor").

[29]) Vgl. *Reulecke/Friedemann*, Historiographie der DDR (wie Anm. 25), bes. 534–549.

deutschen Volkes" bei – mit sieben Druckseiten allerdings den kürzesten dieses Bandes von 884 paginierten Seiten.[30])

Das Bördeprojekt behandelte Verhältnisse und Verhalten, alltägliche Gewohnheiten und Orientierungsweisen der Menschen in einer ländlichen Region, genauer: der Guts- und bäuerlichen Besitzer (oder Pächter und Verwalter) sowie der Landarbeiter im Übergang zum agrarischen Kapitalismus. Im Unterschied dazu ging es bei Fragen zum industriellen Proletariat um die unmittelbare Vorgeschichte der eigenen Gesellschaft. Vor allem schien bei allen Fragen zur politisch-gewerkschaftlichen Organisierung, mehr noch bei Erkundungen der Lebensweise stets auch DDR-Politik und deren Selbstrechtfertigung einbezogen. Das Bördeprojekt konnte als Theorie-Kritik (einer verengten Sicht auf Klassenverhältnisse) gelesen werden. Studien zum Alltagsleben bzw. zur Lebensweise von männlichen und weiblichen Industriearbeitern behandelten hingegen notwendigerweise auch Themen der aktuellen Politik. Wenn Berliner „Kneipen" und regelmäßiges Biertrinken als unerläßlich für Kommunikation wie Aktion in Arbeiterquartieren um 1900 oder 1930 gezeigt wurden – dann mußte der Kontrast zur DDR-Wirklichkeit der 1970er und 1980er Jahre in mehrfacher Hinsicht augenfällig werden.[31])

Zeitgleich, aber keineswegs damit verknüpft, entfaltete sich bei Historikern ein neues Interesse am Biographischen. Arbeiten wie die von Ingrid Mittenzwei zu Friedrich II. oder Ernst Engelberg zu Bismarck wurden dafür prototypisch.[32]) Damit konnte oder sollte das „nationale Erbe" auch jenseits der „Linie" der proletarischen Bewegungen für die DDR reklamiert werden. Methodisch aber war dies konventionelle Biographik „großer Männer". Immerhin mag es sein, daß sich damit aber doch die Bereitschaft steigerte, insgesamt dem Individuellen mehr Aufmerksamkeit zu widmen. Lebensläufe und Le-

[30]) *Bernhard Weissel*, Forschungen zu Kultur und Lebensweise des deutschen Volkes, in: Historische Forschungen in der DDR 1970–1980 (wie Anm. 7), 666–672; dabei werden Arbeiten zu „Kultur und Lebensweise der Arbeiterklasse" allein in einer Anmerkung berührt, mit Verweis auf Dietrich Mühlberg sowie laufende Arbeiten am Wissenschaftsbereich Kulturgeschichte/Volkskunde des ZI für Geschichte der AdW; ebd. 670 Anm. 19.

[31]) Zu „Arbeiterfreizeit" und „Bierkonsum" vgl. die populäre (Taschenbuch-)Darstellung: Autorenkollektiv unter Leitung von *Dietrich Mühlberg*, Arbeiterleben um 1900. Berlin 1983, 123–163. Diese und andere Arbeiten entstanden im Rahmen kulturwissenschaftlicher Arbeitszusammenhänge (und firmierten z. T. als kulturgeschichtlich). Sie waren angeregt und wurden geleitet von Dietrich Mühlberg. Die Arbeiten dieser Gruppe (neben Mühlberg u. a. Isolde Dietrich, Horst Groschopp, Herbert Pietsch und Anneliese Neef) verstanden Alltagspraxen und „Lebensweise" nicht als „vorpolitische" Vor- oder Randformen, sondern als zentrale Felder von Klassenbildung; vgl. *Dietrich Mühlberg* (Hrsg.), Proletariat. Kultur und Lebensweise im 19. Jahrhundert. Leipzig 1986. Dazu insgesamt auch in diesem Band der Beitrag von *Adelheid von Saldern*, Eine soziale Klasse ißt, trinkt und schläft nicht, 241–258.

[32]) *Ingrid Mittenzwei*, Friedrich II. von Preußen. Eine Biographie. Berlin (Ost) 1979; *Ernst Engelberg*, Bismarck. Urpreuße und Reichsgründer. Berlin 1985. Vgl. zur parallel geführten „Erbe"-Diskussion *Helmut Meier/Walter Schmidt* (Hrsg.), Erbe und Tradition in der DDR. Die Diskussion der Historiker. Berlin (Ost)/Köln 1988.

bensweise der angeblich Namenlosen blieben freilich das Ressortder Volkskundler: Harald Dehne (Wissenschaftsbereich Kulturgeschichte/Volkskunde des ZI für Geschichte der AdW) wies 1985 in einem Aufsatz auf die fundamentale Bedeutung der subjektiven Seite der Geschichte hin (im Horizont einer zu entwickelnden Alltagsgeschichte in der DDR).[33])

Wenig später wurde selbst für einen zentralen Text der SED-Geschichtsschreibung der Wortgebrauch vom „subjektiven Faktor" in Frage gestellt. Im Februar 1987 leitete Günter Schabowski, Erster Sekretär der Bezirksleitung Berlin der SED und Mitglied des Politbüros, ein Exposé seines persönlichen Referenten an den Politbüro-Kollegen Kurt Hager weiter. Darin schlug der Verfasser – Prof. Dr. Wolfgang Richter, ein Literaturwissenschaftler – vor, in der „Geschichte der SED" bzw. deren Band 2/I (dessen Thema die Zeit von 1917 bis 1933 war, und der vor dem Abschluß stand) anstelle des „subjektiven Faktors" vom „Subjekt" zu sprechen. Es handele sich schließlich um mehr als um einen bloßen „Faktor". Einige Monate später schickte das Büro Hager eine Notiz, diese wie andere Anregungen Richters seien berücksichtigt worden.[34]) – In einem „nur für den Dienstgebrauch" gestempelten Papier des Zentralinstituts für Geschichte der Akademie vom Frühjahr 1989 (neben Walter Schmidt, Institutsdirektor seit 1984, waren Mitverfasser u. a. Fritz Klein und Wolfgang Küttler) war dies einer der zentralen Punkte. Dies sei eine längerfristig bedeutsame neue Tendenz (übrigens unter ausdrücklichem Bezug auf Anregungen von Philosophen und der „nichtmarxistischen Geschichtswissenschaft"!).[35])

[33]) *Harald Dehne*, Aller Tage Leben. Zu neuen Forschungsansätzen im Beziehungsfeld von Alltag, Lebensweise und Kultur der Arbeiterklasse, in: Jb. für Volkskunde u. Kulturgesch. 28, 1985, 9–48; zur Situation, in der dieser Text und ein weiterer zum selben Themenfeld entstanden (*ders.*, Dem Alltag ein Stück näher, in: Alf Lüdtke [Hrsg.], Alltagsgeschichte. Frankfurt am Main/New York 1989, 137–168), vgl. auch unten Anm. S. 394.

[34]) SAPMO, DY 30, Nr. 42300, Schabowski 25. Februar 1987 an Hager.

[35]) SAPMO DY 30 42224/ Nr. 1 u. 2: Studien zur Vorbereitung des XII. Parteitages der SED. Diese Materialien aus Forschungsinstituten der Akademie der Wissenschaften der DDR und der Akademie der Gesellschaftswissenschaften beim ZK der SED betonen übereinstimmend die zunehmende Bedeutung „subjektiver" Momente und Dimensionen, in der Sphäre der (Erwerbs-)Arbeit ebenso wie in künstlerischen Bereichen. Eines dieser Papiere ist: „Erbeerschließung und Traditionspflege in der Geschichtswissenschaft der DDR. Bilanz der zweiten Hälfte der 80er Jahre, Probleme und Aufgaben der 90er Jahre", vom Mai 1989, „ausgearbeitet von einem Kollektiv" aus *Walter Schmidt* („Leiter"), *Rolf Badstübner, Evamaria Engel, Conrad Grau, Wolfgang Küttler, Klaus Mammach, Heiner Plaul, Jörn Schütrumpf, Gustav Seeber, Helga Schultz* (der Text umfaßt 18 masch. S. sowie eine Anlage von 39 masch. S.), bes. 10 und 14 ff. von „Erbeerschließung und Traditionspflege" sowie in der „Anlage" 8 f., 13 ff., 17 ff., 34 ff.

IV. Die Geschichte der Arbeiterklasse: von der „Lage" zu Kontakt- und Beziehungsnetzen

1. Bevor die umfassend angelegten Darstellungen der „Bewegung", d.h. der Organisierung in Partei und Gewerkschaften herauskamen, waren bereits von 1953 bis 1956 die 14 (Teil-)Bände der – ihrerseits völlig neubearbeiten – dritten Ausgabe von Jürgen Kuczynskis „Geschichte der Lage der Arbeiterklasse unter dem Kapitalismus" erschienen. Im Sommer 1958 begann der Wirtschaftswissenschaftler und Konjunkturhistoriker eine weitere grundlegende Neubearbeitung. Archivstudien und Aktenveröffentlichungen eröffneten die 38-bändige Version, die von 1960 bis 1971 erschien.[36]) Kuczynski, ab 1956 Leiter einer Arbeitsstelle für Wirtschaftsgeschichte, dann eines gleichnamigen Instituts an der Akademie der Wissenschaften, erarbeitete diese grundlegend neue Fassung seines Werks überwiegend allein; nur für wenige Teile zog er einzelne Mitarbeiterinnen oder Mitarbeiter hinzu.[37]) Allein die Materialzusammenstellung war und bleibt ebenso imposant wie nützlich. Das gilt auch für die Quantifizierungen von Lebenshaltungsindizes und deren Darstellung (wobei die Probleme grundsätzlich benannt, freilich nicht immer hinreichend ausgebreitet wurden).

So reichhaltig die Empirie war – es galt ein konventionelles Klassenverständnis. Nicht überraschend war auch, wie unbefragt die Grundannahme eines Fortschreitens zum Kommunismus blieb. Als erster Schritt in diese Richtung galt die Homogenisierung der sozialen Lagen und Beziehungen, die Entstehung in sich einheitlicher Klassen. Für Kuczynski war Ausdruck wie Triebfeder dieses Prozesses die nicht nur relative, sondern absolute Verelendung „der" (industriellen) Lohnarbeiterschaft im Zuge der Durchsetzung und Entfaltung von Lohnarbeit und Kapitalismus bzw. Imperialismus. An dieser These hielt er trotz aller Kritik fest. Konkreter: Selbst im letzten Drittel des 19. Jahrhunderts oder in der zweiten Hälfte der 1920er Jahre seien in Deutschland für die industriellen Lohnarbeiter keine (zumindest relativen oder temporären!) Verbesserungen des Lebensstandards erkennbar.[38])

[36]) *Jürgen Kuczynski*, Zur Geschichte der Lage der Arbeiterklasse unter dem Kapitalismus. Bd. 1–38. Berlin 1960–1971 (Bd. 7 u. 27 erschienen in je zwei Halbbänden). Die zweite Ausgabe, zugleich die erste deutschsprachige: *ders.*, Die Geschichte der Lage der Arbeiter in Deutschland von 1800 bis in die Gegenwart. Bd. 1 u. 2. Berlin 1947. Zur Arbeit an den 38 Bänden vgl. die Hinweise in *ders.*, „Ein linientreuer Dissident". Memoiren 1945–1989. Berlin/Weimar 1992, 130–135, sowie *ders.*, Über das Schreiben von 40 Bänden „Geschichte der Lage der Arbeiter unter dem Kapitalismus", in: JbWG 1968, H. 4, 357–395. Vgl. die Rezensionen-Sequenz zur Neubearbeitung jeweils in: JbWG 1968, H. 4, 215–355 sowie in: AfS 14, 1974, 471–542.

[37]) Er nennt für Mit- und Zuarbeit vor allem Ruth Hoppe; *Kuczynski*, Dissident (wie Anm. 36), 131, vgl. 126; für die kritische Lektüre wird Wolfgang Jonas, Mitarbeiter am Institut, erwähnt, ebd. 133.

[38]) Zu gegenläufigen Befunden zum deutschen „Fall" s. *Ashok V. Desai*, Real Wages in Ger-

Nicht nur hier versagte die immense Neugier auf die Wirklichkeit, die bei diesem Autor offenbar nie erlahmte.[39]) Denn Ähnliches zeigt sich beim Ausklammern von Haushaltseinkommen aus dem Ensemble der Einkommensquellen. Ein erheblicher, wenn nicht der ganz überwiegende Teil der Frauen- und die Kinderarbeit gehören danach nicht zur produktiven Arbeit.[40]) Die Grenze dieses Klassenkonzepts wird noch deutlicher, wenn weder die lebenszyklische Einkommensverteilung zum Thema wird noch die nicht-geldwerten Einkünfte. Dem entspricht, daß jene Leistungen, die im Marxschen Arbeitsbegriff als Reproduktionsarbeit stillschweigend vorausgesetzt sind, weder für die Qualifizierung der Einkommen noch für die Klassenbestimmung herangezogen werden.

Von hier läßt sich eine direkte Linie ziehen zu dem anderen, gleichermaßen weitgespannten wie umfangreichen Versuch, den Jürgen Kuczynski ein Vierteljahrhundert später unternahm: das („deutsche"!) Volk in seinem Alltag, zugleich als Akteur der Geschichte darzustellen. In fünf (und mit Nachtragsband sechs) Bänden lieferte er eine Montage reichhaltigen Materials, einschließlich zahlreicher Selbstzeugnisse, mit eigenen Interpretationen (aber auch kriti-

many, 1871–1913. Oxford 1968, und *Gerd Hohorst/Jürgen Kocka/Gerhard A. Ritter*, Sozialgeschichtliches Arbeitsbuch. Materialien zur Sozialstatistik 1870–1914. München 1975, 107 ff. – In Kritik an den Verelendungsperspektiven Kuczynskis untersuchte der Züricher Historiker Erich Gruner vor allem quantifizierbare Dimensionen der „Lage" der Arbeiter in der Schweiz im 19. Jahrhundert (*Erich Gruner*, Die Arbeiter in der Schweiz im 19. Jahrhundert. Bern 1968). Für Status und Grenzen beider Projekte vgl. *Eric Hobsbawm* in seiner Rezension des Kuczynski-Projektes, in: JbWG 1968, H. 4, 225–234. Zur Diskussion von (Real-)Löhnen und „Lebensstandards" zusammenfassend *Jon Elster*, Optimism and Pessimism in the Discussion of the Standard of Living during the Industrial Revolution in Britain. Paper for the XIVth International Congress of Historical Sciences. San Francisco 1975.

39) Sie animierte wohl auch Kuczynskis offensichtliche Lust an der Auseinandersetzung, am wissenschaftlichen wie politischen Streit. Neben den gedruckten Belegen (und auch der Parteistrafe von 1958 wegen „Revisionismus") spiegeln die Akten des Büros Hager einiges davon, z. B. SAPMO, DY 30, IV-B2/2.024, Nr. 71; hier Briefwechsel zwischen Kuczynski und Hager zwischen 1972 und 1980 (u. a. mit scharfer Kritik Kuczynskis an Thesen von Otto Reinhold, 1972, oder an einer Rezension von Hermann Kant über Erwin Strittmatters „Wundertäter", 1980; die letztere empfiehlt Hager gegenüber Honecker zur Veröffentlichung, ebd. 14. August 1980). Vgl. auch die Abt. Wissenschaft im ZK der SED, z. B. eine Aktennotiz von Dr. Gerhard Richter über eine APL-[Abteilungsparteileitung, A. L.] Sitzung vom 15. März 1966, in der F. einen „sehr aggressiven" Diskussionsbeitrag Kuczynskis tadelnd vermerkt (im Zusammenhang der seit Herbst 1964 schwelenden Auseinandersetzung um den Nicht-Abdruck eines Referates durch die ZfG, das ein Mitarbeiter des Instituts für Geschichte, Dr. Paulus, im Rahmen einer Konferenz zur Geschichte des Zweiten Weltkrieges gehalten hatte); Kuczynski habe bemerkt, ein „führender Mitarbeiter des IML sei doch [über Paulus Referat, A. L.] informiert gewesen und hätte ein positives Gutachten verfaßt"; SAPMO, DY 30, IV-A2/9.04, Nr. 332.

40) Aspekte der Erwerbsarbeit von Frauen und Kindern wurden hingegen behandelt, vgl. den Band zur „Geschichte der Lage der Arbeiterin" und die Bände zur „Geschichte der Lage des arbeitenden Kindes", *Kuczynski*, Geschichte der Lage der Arbeiter (wie Anm. 36), Bd. 18–20 (Berlin 1963, 1968, 1969).

schen Einwürfen von Kollegen).[41]) Eine seiner Grundannahmen war das Fehlen einer „Kultur" der Werktätigen, jedenfalls bis ins späte 19. Jahrhundert. Lebensweise als gleichermaßen kultureller Ausdruck und kulturelle Leistung, die sich in den Formen der Überlebenspraxis zeigt – zugleich in diese Praxis einschreibt, hatte im Kulturbegriff des Verfassers keinen Platz. In einer Sicht, die ebenso hartnäckig wie (unfreiwilig-)ironisch den Vorrang bildungsbürgerlicher Kultur behauptete, hatte eine genaue Rekonstruktion des Alltags selbst hier keinen Platz: Der Alltag der Werktätigen bestehe „bis 1870 n. Z." doch nur aus „Arbeit, Essen und Geschlechtsverkehr".[42]) Unterstellt war, daß das „Aneignen" der Verhältnisse und das Durchkommen im Alltag keine Kreativität erforderte, also weder eigenständige Leistungen noch deren Repräsentationen zu rekonstruieren seien. Erneut werden insbesondere die Tätigkeiten von Frauen, nicht zuletzt die in frühneuzeitlichen wie neuesten Kontexten auch und zumal bei Besitzlosen überwiegend von Frauen geleistete Haus-, Familien- und Beziehungsarbeit ignoriert. Aber auch kollegial-nachbarschaftliche Aushilfen und andere Formen nicht-marktvermittelter Subsistenzsicherung fallen unter den Tisch.[43])

Konzeptuelle Rigidität beschränkte sich aber nicht auf derartige, gleichermaßen flapsige wie ernstgemeinte Bemerkungen zur „Kultur" bzw. deren Fehlen. Das dafür grundlegende (Klassen-)Konzept trat nicht zuletzt in der Kritik hervor, die Kuczynski an dem fulminanten Vorstoß von E. P. Thompson übte, Klasse weder als (Analyse-)Kategorie noch als (Wirklichkeits-)Struktur zu verstehen bzw. mißzuverstehen. Klasse sei vielmehr „something which in fact happens ... in human relationships".[44]) Kuczynski stellte im Herbst 1965, noch vor den westdeutschen Kollegen, E. P. Thompsons „The Making of the English Working Class" vor, in dem von seiner „Arbeitsstelle" herausgegebenen „Jahrbuch für Wirtschaftsgeschichte". Er rühmte die nuancenreiche und genaue Deskription, die Thompson leiste. Kuczynski verzichtete zwar auf ein detailliertes Referat, betonte jedoch den Reichtum der bei Thompson geschilderten Facetten der Selbstdeutungen der historischen Akteure. Er konzentrierte sich dabei auf die Frage, was Lohnarbeit kennzeichne, wie Handwerker

[41]) *Ders.*, Geschichte des Alltags des deutschen Volkes (wie Anm. 22), sowie *ders.*, Nachträgliche Gedanken (wie Anm. 17).

[42]) Ebd. 30ff. u. 70ff.

[43]) Vgl. aber, um ein empirisches Beispiel zu nennen, *Elizabeth Roberts,* A Woman's Place. An Oral History of Working-Class Women 1890–1940. Oxford/New York 1984. Die Möglichkeiten für eine serielle Quantifizierung sind dabei gewiß gleich Null; dennoch ist diese Seite historischer Praxis zu benennen (und auch die Zugänge über Selbstzeugnisse, wie bei Roberts).

[44]) *Thompson*, The Making of the English Working Class (wie Anm. 19), 9. In der deutschen Übersetzung verfehlt das Wort „abspielt" (für „class ... happens") die aktive Dimension, zugleich Momente des Ereignishaften (*ders.*, Die Entstehung der englischen Arbeiterklasse. Frankfurt am Main 1987, Bd. 1, 7).

und (gelernte) Arbeiter die „Arbeiterklasse" formierten und welche Probleme daraus für die Analyse der Differenz von Arbeiterschaft und Arbeiterklasse erwüchsen – nicht abstrakt, sondern im Blick auf die Vielfalt vergangener Wirklichkeit. Scharf tadelte er Thompsons Klassenbegriff: Könne man überhaupt „von einer Klasse sprechen, die vor allem aus Frauen und Kindern besteht und deren Männer oder Väter gar nicht selten zu einer anderen Klasse oder Schicht gehörten"?[45]) Dieser Einwand unterstrich in seiner Nachdrücklichkeit aber auch, daß es sich hier um wichtige Probleme der „realen" Geschichte von „Klassen"-Lage wie der Bewußtseinsbildung handele. In jedem Fall war die Botschaft alles andere als eine Aufforderung zur Simplifizierung.

2. Homogenisierung von Sozialbeziehungen und Verhaltensweisen, letztlich des „Bewußtseins" – dieses war die ausdrückliche Leitperspektive bei Forschungen zur Arbeitergeschichte, verstanden als Arbeiterbewegungs- und Parteigeschichte. Sie war auch maßgeblich für eine Arbeit, die zugleich auf mehrfache Weise eben diese Teleologie ignorierte, jedenfalls ihre Fragwürdigkeit überdeutlich erkennen ließ: Hartmut Zwahrs Studie über die „Konstituierung des Proletariats als Klasse", 1974 fertiggestellt und 1978 erschienen.[46])

Aus der Untersuchung von Adreßbuchmaterial sowie von sogenannten Schutzprotokollen und Schutzregistern erstellte er eine lokale Feinanalyse von Berufs- und Verwandtschaftsverhältnissen. Er erweiterte sie schließlich um die besonders interessanten Patenschaftskreise. Mit diesem Material ließ sich für Leipzig in den 1830er bis 1850er Jahren eine Verbreiterung der Kontakt- und Beziehungsnetze belegen, über spezifische Berufsgruppen hinaus. Bemerkenswerter aber war, daß Zwahr nicht nur Berufspositionen als Kriterium für Klassenzugehörigkeit nahm. Vielmehr erweiterte er den begrifflichen „Klassen"-Horizont (der DDR-Historiographie) in zweierlei Richtung. Zum einen bezog er Familien- und Verwandtschafts- bzw. Bekanntschafts- und Nachbarschaftszusammenhänge ein. Zum anderen beschränkte er sich nicht auf soziale

[45]) *Jürgen Kuczynski*, Einige Überlegungen zur Struktur der Arbeiterklasse in der Zeit der Industriellen Revolution anläßlich des Erscheinens von E. P. Thompson, The making of the English working class, in: JbWG 1965, H. 4, 281–286, hier 286; zugleich tadelte er aber (zurückhaltend), daß Thompson sich nicht besonders um das Marxsche Argument kümmere, Klassenbewußtsein sei „das Bewußtsein der modernen Industriearbeiter" (283).

[46]) Der Zeitpunkt des Erscheinens sei keiner Intervention (von wem auch immer) zuzuschreiben, sondern habe – so Hartmut Zwahr im März 1996 – gelegen an den langsamen Produktionszyklen solcher Bücher, bedingt durch die knappen Ressourcen. Und: Immerhin hatte Zwahr 1971 in dem repräsentativen zweibändigen Werk zur „Großpreußisch-militaristischen Reichsgründung von 1871" einen umfangreichen Aufsatz publiziert, in dem er wesentliche Aspekte seines Zugriffs darlegte, vgl. *Hartmut Zwahr*, Die Konstituierung des Proletariats als Klasse. Strukturuntersuchungen über das Leipziger Proletariat während der industriellen Revolution, in: Horst Bartel/Ernst Engelberg (Hrsg.), Die großpreußisch-militaristische Reichsgründung 1871. Berlin 1971, Bd. 1, 501–551. – Der Kontakt mit den Herausgebern war über Gustav Seeber bzw. dessen Frau – die mit Zwahr in derselben Betriebsgewerkschaftsleitung (BGL) war – zustandegekommen (Hartmut Zwahr in einem Gespräch am 1. März 1996).

Positionen, sondern fragte nach sozialer Praxis (Patenschaften!). Damit wurde eine sozial- und strukturgeschichtliche Perspektive auf die Akteure jenseits der „gesellschaftlichen Kommandohöhen“ erprobt. Und: Zwahr trieb diese Arbeit parallel zu internationalen Entwicklungen voran, freilich offenbar ohne direkte Kontakte.[47])

Das Erkunden einzelner Momente der Entstehung eines „geborenen Proletariats“ ließ sich als Beitrag zu einer Diskussion lesen, die bereits ein Kolloquium von 1963 über „Strukturprobleme der Arbeiterklasse“ zu einem wichtigen, zumindest zu einem diskussionswürdigen Thema für Historiker gemacht hatte.[48]) In seinen Hinweisen auf Verhaltensmodi und Orientierungsmuster trieb Zwahr empirisch-konkret, vielleicht aber deshalb folgenreich die Diskussion über die gewohnte Fixierung auf „objektive Merkmale“ hinaus. Seine Arbeit machte deutlich, daß kollektive Orientierungsweisen sich offenbar in langwierigen, keineswegs geradlinigen Abläufen herstellten.[49])

In der DDR fiel die Arbeit aus dem Rahmen. Wie aber entwickelten sich Perspektiven, Methoden und Darstellungsweisen zu diesen Themen anderswo? Hier ist an Jürgen Kockas Hinweis in seiner Rezension von Kuczynskis „Geschichte der Lage der Arbeiter“ zu erinnern, daß „die Stärke mancher Bücher ... aus der Schwäche ihrer Konkurrenten und dem Mangel an Alternativen resultiert“.[50]) Der Vergleich mit einschlägigen Studien in der alten BRD bestätigt die Mahnung zur Vorsicht: Auch hier war in den späten fünfziger und den sechziger Jahren Arbeitergeschichte ein Randthema. Die Themen und Schwerpunkte ähnelten sich. Das waren einmal die Frühindustrialisierung und zweitens die Frage der Homogenität. Wolfram Fischer betonte die Parallelität von „Vereinheitlichung“ und „Differenzierung und Spezialisierung“ in der Arbeiterschaft.[51]) Es dominierten jedoch Interessen, die sich – grundsätzlich

[47]) Zu denken ist z. B. an *John Foster*, Class Struggle and the Industrial Revolution. London 1975. – Zu der lokal-isolierten Arbeitssituation Hartmut Zwahr, Auskunft vom 1. März 1996. Er bekam einen ersten direkten Kontakt zu Vertretern anglo-marxistischer Konzepte und Arbeiten (u. a. E. P. Thompson) wie anderer im Westen entwickelter Perspektiven der Sozialgeschichte (Y. Lequin; Ch. Tilly, L. Tilly) auf Einladung des 7. Round Table der „Groupe de travail internationale de l'histoire sociale et contemporaine“ bei deren Treffen am 24./25. Juni 1977 in Konstanz.

[48]) Vgl. die Erklärung der Redaktion des JbWG, die das Kolloquium am 22./23. Oktober 1963 veranstaltet hatte, in: JbWG 1964, H. 5, 129, sowie *Horst Handke/Hans-Heinrich Müller/Heinzpeter Thümmler*, Strukturprobleme der Arbeiterklasse. Bericht vom internationalen Kolloquium über die Struktur der Arbeiterklasse und deren Wandlungen in der Geschichte, veranstaltet von der Redaktion Jahrbuch für Wirtschaftsgeschichte am 22./23. Oktober 1963 in Berlin, in: ebd. 130–155; insgesamt dazu *Reulecke/Friedemann*, Historiographie der DDR (wie Anm. 25), 539–543.

[49]) Vgl. auch Bd. 1. der „Studienbibliothek DDR-Geschichtswissenschaft“: *Hartmut Zwahr* (Hrsg.), Konstituierung der deutschen Arbeiterklasse. Berlin 1981.

[50]) *Jürgen Kocka*, Rezension von T. 1, Bd. 1 u. 2, in: AfS 14, 1974, 471–478, hier 471.

[51]) *Wolfram Fischer*, Innerbetrieblicher und sozialer Status der frühen Fabrikarbeiterschaft,

wiederum vergleichbar mit denen in der DDR – auf die politische Organisierung richteten, den DDR-Arbeiten allerdings in vielen Punkten widersprachen (u. a. zur Kontinuität von Gesellenbünden, Marxscher und marxistischer Organisation: Wolfgang Schieder, Werner Conze und Dieter Groh).[52]) Das war nicht allein Folge oder Moment des Kalten Krieges. Vielmehr wurden in der Betonung der Organisation (und „Bewegung“) auch die Fronten der politischen Lager aus den 1920er Jahren fortgeschrieben, in Ost und West.

3. Die Strukturen von Gesellschaften wurden nicht nur in sozialgeschichtlich-strukturalistischer Perspektive aufgegriffen. Wirtschaftshistoriker, die zum größeren Teil am Institut für Wirtschaftsgeschichte der AdW, mehrere aber auch an verschiedenen Universitäten oder Hochschulen tätig waren, nahmen eine Anregung von Wolfgang Jonas (Mitarbeiter des Instituts für Wirtschaftsgeschichte, später Mitglied der Akademie) auf: Er hatte in den siebziger Jahren nicht nur Vertreter von Wirtschafts-, Industrie- und Agrar- sowie Verkehrsgeschichte, sondern auch der Wissenschafts- und der Bildungsgeschichte eingeladen, sich an einem seit 1958 bestehenden Arbeitskreis zur Geschichte der Produktivkräfte zu beteiligen. Dieses Projekt, seit 1978 unter der Leitung von Karl Lärmer, führte dann über einen 1979 herausgegebenen Band mit „Studien zur Geschichte der Produktivkräfte“ zu einer umfassenderen Darstellung. Der erste Band dieses auf drei Bände angelegten Projektes erschien 1985 und behandelte die „Produktivkräfte in Deutschland 1870 bis 1917/18“.[53])

In einer „Vorbemerkung“, die dem 1990 als letztem erschienenen Band vorangestellt wurde, skizzierte das „Herausgeberkollegium“ die Entstehungsgeschichte. Vor allem sei die „Darstellung der Wirkungsweise der Hauptproduktivkraft, des tätigen und leitenden Menschen in der Produktion, … nicht problemlos [gewesen]“.[54]) Die Autoren und Herausgeber hatten strukturalistisch-kategorisierende Zugänge gewählt bzw. sich auf diese konzentriert. Die Arbeitenden erscheinen als Träger von „Arbeitskraft“. Passagen über die „Struktur der Arbeitskräfte, den Bildungsstand, die berufliche Qualifikation und die Gestaltung des Produktionsprozesses“ seien der Versuch, „einen er-

in: ders., Wirtschaft und Gesellschaft im Zeitalter der Industrialisierung. Göttingen 1972 (zuerst 1964), 258–284.

[52]) *Wolfgang Schieder*, Anfänge der deutschen Arbeiterbewegung. Die Auslandsvereine im Jahrzehnt nach der Julirevolution von 1830. Stuttgart 1963; *Werner Conze/Dieter Groh*, Die Arbeiterbewegung in der nationalen Bewegung. Die deutsche Sozialdemokratie vor, während und nach der Reichsgründung. Stuttgart 1966.

[53]) *Hans-Heinrich Müller* (Red.), Produktivkräfte in Deutschland 1870–1917/18. (Geschichte der Produktivkräfte in Deutschland von 1800–1945, Bd. 2.) Berlin 1985. Bd. 3 („Produktivkräfte in Deutschland 1917/18–1945“) der von *Rudolf Berthold* u. a. hrsg. Geschichte der Produktivkräfte in Deutschland von 1800–1945 erschien 1987, zu Bd. 1 siehe folgende Anm.

[54]) *Karl Lärmer/Peter Beyer* (Red.), Produktivkräfte in Deutschland 1800–1870. (Geschichte der Produktivkräfte in Deutschland von 1800–1945, Bd. 1.) Berlin 1990, 11.

sten Beitrag zu leisten“, sich ihnen wissenschaftlich zu nähern. In den beiden letzten der jeweils acht Kapitel stehen diese sozialstrukturellen (und demographischen) Fragen im Zentrum. Produktionsprozesse erscheinen separat bzw. sind integrale Momente der vorhergehenden Abschnitte zu produzierendem Gewerbe, Landwirtschaft und Kommunikation. Allerdings stehen hier allein die (ingenieur-)technischen und betriebsorganisatorischen Aspekte im Mittelpunkt. Insgesamt: Hier wie dort bleibt es bei der „Diagonale“ (Friedrich Engels). Individuelle Akteure treten als Erfinder oder Wissenschaftler auf, als Unternehmer oder Handelsleute, Manufaktur- und Fabrikbesitzer oder -betreiber. Die „Hauptproduktivkraft“, die am ‚Produktionspunkt‘ arbeitenden Menschen und ihre direkten Zuarbeiterinnen und Zuarbeiter, sind im Text nur als statistische Ziffern oder in Summenbegriffen vertreten. Freilich liefert die überaus reiche und in vielen Fällen auf unbekanntes Bildmaterial zurückgreifende Bilddokumentation (vielfach aus dem Fundus der Beiträger!) einen gewissen Ausgleich: Hier sind Personen und auch Gesichter der angeblich Namenlosen im Wortsinn ‚ins Bild gerückt‘!

Auch der im 1990 erschienenen Band vorgeschaltete Abschnitt, mit der Ziffer „0“, unterstreicht nur die Blindstelle. In diesem – dem Unternehmen nachgeschobenen – „Versuch einer Begriffsbestimmung“ wird zwar, nicht zuletzt mit Hilfe von Klassikerzitaten, die „erste Produktivkraft der ganzen Menschheit … der Arbeiter, der Werktätigen“ (Lenin) beschworen. Neben anderem gehöre dazu, den „Menschen als Träger der Arbeitskraft aus medizinischer, anthropologischer, physiologischer, psychologischer und anderer Sicht … zu berücksichtigen“.[55]) Aber: nur indirekt gestreift wird Arbeit als *Praxis* und sozial-kulturelle *Erfahrung*; zum Thema wird sie auch hier nicht. Es bleibt beim Makro-Blick auf „das System der Produktivkräfte“.

4. Für die Gesellschaften, in denen Kapitalverhältnis und Lohnarbeit die Lebenslagen zu prägen schienen, waren der fundamentale Antagonismus zwischen „Bourgeoisie“ und „Proletariat“ (und der ihnen zuzuordnenden Schichten) ebenso wie Konflikte innerhalb der Klassen(-formationen) der thematische Angelpunkt historischer Forschungen in der DDR. Anders für die Gesellschaften ‚jenseits‘ des Kapitalismus. Die „völlig neue Arbeiterklasse“, die Horst Handke 1972 im Sozialismus ausmachte[56]), kannte zwar auch „differenzierte Interessen“. Zugleich seien aber jetzt die „gesamtgesellschaftlichen wie klasseninneren Bedingungen für die [auch] sozialpsychologische [!] Einheit der Arbeiterklasse“ gegeben (und damit die „Führungsrolle“ im „Annäherungsprozeß der Klassen und Schichten“ in der „entwickelten sozialisti-

[55]) Ebd. 43.
[56]) *Horst Handke*, Entwicklung und Struktur der Arbeiterklasse im Kapitalismus, in: JbWG 1972, H. 3, 153–178, hier 174.

schen Gesellschaft"). So faßte es einige Jahre später der Leipziger Kollege Manfred Bensing[57]) zusammen.

Diese auf Einheit der Klasse wie des „Volkes" in der DDR gerichtete Perspektive war beides: Vorgabe und Anstoß für entsprechende Forschungen der Zeithistoriker. Im Wissenschaftsbereich „Geschichte der DDR" des ZI für Geschichte der AdW, geleitet von Rolf Badstübner, wurden in den frühen 1980er Jahren Beiträge für eine Sozialgeschichte der DDR geschrieben bzw. koordiniert.[58]) Die „Arbeiterexistenz, wie sie tatsächlich aussieht", blieb aber bei diesem eher statistisch-klassifizierenden Zugriff weitgehend im Dunkeln. Ein Projekt, das sich jedoch genau dieser Frage anzunehmen suchte, wurde als Dissertation 1984 vorgeschlagen – der Promovend, Peter Hübner, verteidigte seine Arbeit 1988.

Hübner fragt nach „konkreten Interessen und Motiven einzelner Individuen und Gruppen". Von hier aus soll ein neuer Blick auf „Klasseninteressen" geworfen werden: Hübner geht es um Formen „sozialer Aktivität bei Klassen und Schichten und der ihnen angehörigen Individuen". Dabei will er klären: „Wie funktionierte der Dualismus von perspektivischen und Tagesinteressen?"[59]) Er zeigt, daß Partei und auch Gewerkschaftsfunktionäre in den späten fünfziger und frühen sechziger Jahren diese konkreten Interessen massiv und zunehmend verkannten oder ihnen gewissermaßen hinterherliefen. Die Politik der „materiellen Interessiertheit", die 1963 offizielle Linie wurde, sieht Hübner in der shopfloor-Praxis der späten fünfziger Jahre längst vorbereitet. – Die Arbeit belegt z. B., daß der relativ rasch steigende Bestand an langlebigen Konsumgütern im Bezirk Cottbus (z. B. bei Fernsehgeräten oder Motorrädern) einen enormen Gewöhnungseffekt hatte, wobei der Vergleich mit anderen, insbesondere den westlichen Entwicklungen, ähnliches zeigt. Folgenreich wurde aber, daß hier soziale Besitzstände entstanden (zu ergänzen wäre: auch mentale und kulturelle). Und noch wichtiger ist der Hinweis, daß genau daraus höchst empfindliche Reaktionen auf kurzfristige und lokal begrenzte Versorgungsengpässe resultierten.[60]) Diese und andere Einzelstudien zeigen Arbeiter in der DDR als eigenständige Akteure – zumindest in *einer* Dimension, der ihrer materiellen Interessen.

Die Mehrschichtigkeit kultureller Praxis bleibt freilich ausgeblendet. Eine Arbeit wie die von Hübner ermuntert damit auch zu der Rückfrage: Erweisen

[57]) *Manfred Bensing*, Klassenpsychologische Aspekte der Bewußtseinsbildung der Arbeiterklasse, in: ZfG 16, 1978, 675–686, hier 684 f.

[58]) Gespräch mit Peter Hübner, 14. Mai 1996; er war von Manfred Bensing nach Berlin vermittelt worden.

[59]) *Peter Hübner*, Soziale Interessen im Arbeiteralltag der Übergangsperiode. Fallstudien zur Sozialgeschichte der Arbeiterklasse in der DDR. (Masch.) Berlin 1988, III; vgl. die im Text „völlig überarbeitete" Buchfassung: *ders.*, Konsens, Konflikt und Kompromiß. Soziale Arbeiterinteressen und Sozialpolitik in der SBZ/DDR 1945–1970. Berlin 1995, 7–15, bes. 14 f.

[60]) *Ders.*, Soziale Interessen im Arbeiteralltag (wie Anm. 59), 91.

sich nicht Erik Neutschs literarische Vermessung „Spur der Steine" bzw. Frank Beyers gleichnamiger Film (1965/66) als die womöglich genaueren Rekonstruktionen der „Wirklichkeit" von Arbeitern in der DDR ?[61]) Literarische Fiktion und filmische Narration wären dann analytisch präziser – weil sie nuanciert atmosphärische und emotionale Valeurs vorführen.

V. Atmosphäre, Kommunikation, Generation: Distanz als Königsweg ?

1. Ein Begriff von sozialer Klasse, wie ihn Hartmut Zwahr entfaltete, genauer: andeutete, ein Konzept, das über Berufsstellung sowie Position im Produktions- und Arbeitsprozeß hinausreichte, überschritt in der DDR den Rahmen des Üblichen. Freilich – das im DDR-Wissenschaftsbetrieb etablierte Normalmaß deckte sich zumal hier mit den Vorgaben des Parteimarxismus. Entscheidende Anregungen zur Erweiterung um Familien-, Verwandtschafts- und Nachbarschaftsbeziehungen zog Zwahr offenbar nicht aus Theoriedebatten. In seiner eigenen Erinnerung erweist sich vielmehr der Alltag beim Erforschen von Lokal- und Regionalgeschichte als prägend. Hinzu kamen sporadische Einzelverweise auf andere Sichtweisen auf „Klasse"; Zwahr nennt Kuczynskis Rezension von E. P. Thompsons „Making of the English Working Class".[62])

Begonnen hatte es für Zwahr mit Studien zu bäuerlichen Klassenverhältnissen im ausgehenden 19. und frühen 20. Jahrhundert. Bauernwiderstand und sorbische Volksbewegung in der Oberlausitz waren die Themen in Zwahr Dissertation (von 1963, am Sorbischen Institut der Karl-Marx-Universität [KMU]). Zwahr, 1936 geboren – also kein „Kind", aber ein „Jüngling der

[61]) *Erik Neutsch*, Spur der Steine. 30. Aufl. Halle/Leipzig 1964. – Der Film wurde Anfang 1966 wenige Male gezeigt, war durch Rezensionen und (offenbar inszenierte) Tumulte sofort skandalisiert; Aufführungsverbot bis 1989 war die Folge.

[62]) Diese Selbstwahrnehmung (Gespräch am 1. März 1996) wird bekräftigt, wenn man die Chronologie seiner Publikationen einbezieht; die Erinnerung an die Wirkung von Kuczynskis Rezension im Gespräch am 14. Mai 1996. Hartmut Zwahr hatte sein Studium 1955 begonnen, an der Karl-Marx-Universität (KMU) in Leipzig. Neben Germanistik belegte er Volkskunde (Paul Nedo), vor allem jedoch Geschichte, insbesondere bei dem Mediävisten Heinrich Sproemberg, dem Agrarhistoriker Gerhard Heitz und Karl Czok, dem Landeshistoriker. Ein engerer Kontakt entwickelte sich zunächst zu Sproemberg; ihn erlebte Zwahr als Hilfsassistent 1956–1959 auch in dem Arbeitskreis, den Sproemberg initiiert hatte. Aber auch Walter Markov, der nicht deutsche Geschichte, sondern insbesondere die Geschichte der Französischen Revolution erforschte, gehörte zu den akademischen Lehrern. – Im Zuge der III. Hochschulreform der DDR (1968) gab es für eine eigenständige Regionalgeschichte im Rahmen der deutschen Geschichte offenbar keine Perspektive mehr. Die Mitarbeiter der Abteilung Regionalgeschichte wurden daraufhin dem neu gebildeten und von Prof. Dr. Jutta Seidel geleiteten Lehrstuhl „Geschichte der deutschen Arbeiterbewegung" zugeschlagen.

DDR" – hatte in der Landes- und Regionalgeschichte sein Feld gefunden. Er wurde Assistent, dann Oberassistent bei Karl Czok, d.h. der Abteilung Deutsche Landesgeschichte bzw. später Deutsche Regionalgeschichte am Institut für Deutsche Geschichte. Bemerkenswert ist, daß die Studien zum Eigenen des Sorbischen und der Sorben, der Zwahr sich intensiv zugewandt hatte, in seinen Arbeiten zum städtischen bzw. industriellen Proletariat offenbar keine direkten Konsequenzen hatten für die Konzeptualisierung von Klassenbildung. Aspekte ethnischer Orientierung – die zumal in den USA seit langem in die Analyse der Klassenproblematik einbezogen wurden[63]) – kamen nicht als notwendiges oder doch reizvolles Themenfeld in Betracht. Und wenn sie aufgegriffen wurden, entstand daraus etwas Separates: das Buch „Meine Landsleute"[64]).

Die Atmosphäre am Institut in den 1960er Jahren, zumal die Beziehungen zu Karl Czok, aber auch der Verweis auf eine Realie, den zumindest bis in die sechziger Jahre im Institut existierenden Schreibtisch von Karl Lamprecht: Darin verkörpert sich für Zwahr in Erinnerungsgesprächen in den späten 1980ern und den 1990er Jahren gleichermaßen Verpflichtung wie Anspruch auf intellektuelle Eigenständigkeit, zumal gegenüber „Berlin"[65])

2. In diesen Zusammenhang gehört die wesentlich von Zwahr betriebene Gründung eines überlokalen Arbeitskreises anderthalb Jahrzehnte später. Er sollte Fragen der „Klassenentwicklung und bürgerlichen Umwälzung" bzw. der „Sozialgeschichte" behandeln (vom Arbeitskreis für Sozialgeschichte

63) Dazu u. a. *Herbert Gutman*, Work, Culture and Society in Industrializing America, 1815–1919, in: ders., Work, Culture and Society in Industrializing America. New York 1976, 3–78, sowie weitere Aufsätze in diesem Band sowie in: *ders.*, Power and Culture. Essays on the American Working Class. New York 1987.

64) *Hartmut Zwahr*, Meine Landsleute. Die Sorben und die Lausitz im Zeugnis deutscher Zeitgenossen, von Spener und Lessing bis Pieck. Bautzen 1984; der Verf. notiert, daß die Arbeit daran 1974 begonnen habe (11). Vielleicht gilt Ähnliches für eine Arbeit, die Herrschaft ‚als soziale Praxis' zum Thema macht, sich zugleich der visuellen Seite der Geschichte in einem Moment zuwandte, in dem dies auch international geschah: *ders.*, Herr und Knecht. Figurenpaare in der Geschichte. Leipzig/Jena 1990; der Band behandelt mittelalterliche und frühneuzeitliche „Figurenpaare" und wurde „geschrieben in den 80er Jahren" (ebd. 7).

65) Zum „Ort Universität" und dem Anspruch auf ein eigenes, spezifisch Leipziger Profil gehörte auch ein Historiker, der mit der Französischen Revolution sowie lateinamerikanischer Geschichte sonst in der DDR weithin unbeackerte Arbeitsfelder erschloß, der zugleich gewiß nicht zu den Angepaßten gehörte: Walter Markov; vgl. *Walter Markov*, Zwiesprache mit dem Jahrhundert. Dokumentiert von Thomas Grimm. Berlin/Weimar 1989. Ab 1958 arbeitete er an der Biographie des revolutionären Priesters Jacques Roux: fraglos ein möglicher Anknüpfungspunkt auch für Forscher zur Geschichte der deutschen Arbeiterklasse und -bewegung. – Es wäre aber auch zu prüfen, ob ab 1967/68 gerade in Leipzig spektakuläre Herrschaftsakte der SED, wie die Sprengung der Universitätskirche im Sommer 1968, aber womöglich auch interne Disziplinierungen im Gegenzug zu befürchteten ideologischen Aufweichungen durch den „Prager Frühling", an der Universität nicht nur das Hinnahmeverhalten förderten, sondern parallel Praktiken eigensinniger Distanzierung auch und insbesondere gegenüber Kollegen anregten.

sprachen die Teilnehmer und Teilnehmerinnen bald selbst). Die Weichen wurden im Juli 1981 gestellt. Bestärkend wirkten Gespräche mit Gustav Seeber (AdW) – der Zwahr bereits im Laufe der sechziger Jahren kennen- und schätzengelernt hatte: Beide waren sich einig, wie schwer, aber auch wie dringlich es sei, „junge Leute“ heranzubilden. Zwahr versuchte in Kontakt mit der Frühneuzeitlerin Helga Schultz (AdW, Berlin), dem Volkskundler Bernd Schöne (AdW, Dresden) sowie dem Volkskundler Wolfgang Jacobeit (Humboldt-Universität Berlin) ein Forum zu schaffen, auf dem insbesondere jüngere Forscher und Forscherinnen ihr work-in-progress vorstellen und diskutieren sollten und konnten.[66])

Zwahr war der Älteste dieser Gruppe von Jüngeren. Er berichtet, daß für ihn wichtig war, diese Treffen in Leipzig stattfinden zu lassen: zumindest in *diesem* Fall fuhr „man“ nicht nach Berlin. Alle, die eingeladen waren bzw. die kommen wollten, versammelten sich in Leipzig. Neben der Diskussion von Beiträgen, auf der Grundlage von vervielfältigt eingesandten (keine Kopiermöglichkeiten!) Thesenpapieren, sei die Funktion als Informationsbörse zentral gewesen: Der „4. Tagesordnungspunkt“ (Zwahr) sah vor, neue Bücher, die jeder oder jede zumal „aus dem Westen“ erhalten hatte, mitzubringen bzw. sich in mündlichen Kurzrezensionen darüber zu informieren (die meisten der Bücher gingen aber auch als reale Objekte von Hand zu Hand).[67])

Die Existenz dieses Arbeitskreises war der Universitätsleitung mitgeteilt worden. Die Sektion Geschichte stellte Briefpapier, Umschläge und Porto für die (zweimal jährlichen) Einladungen, man tagte in Räumen der Universität. Zugleich aber sind bestimmte Positionen nicht vertreten gewesen: Keine Einladung erhielt das IML in Berlin. Allerdings kam von den dortigen Historikern der Arbeiterbewegung auch keine Anfrage. Der Arbeitskreis war ein Versuch punktueller Vernetzung. Seine Anlage war (fach-)öffentlich. Man suchte die Fachdiskussion, für die vor Ort oft wenig Möglichkeiten mit anderen Historikern bestanden. In unspektakulärer Weise ging es um die Normalität des anderswo Üblichen. Als „Weltniveau“ wurde es in der DDR-Wirtschaftspropaganda fortwährend beschworen – hier ging es um den internationalen ge-

[66]) Zu den aktiven Stützen bzw. regelmäßigen Teilnehmern gehörten Isolde Dietrich (Kulturwissenhaftlerin, Humboldt-Universität Berlin) und Hanna Haack (Sektion Marxismus-Leninismus, Wilhelm-Pieck-Universität Rostock; Arbeiten zur sozialen Rekrutierung und den Lohnhöhen und -formen in Rostock in den 1930er Jahren); zu den jüngeren Teilnehmern u. a. Susanne Schötz (Leipzig) – aber auch Historiker aus lokalen Zusammenhängen, wie die Lehrer Wolfgang Uhlmann, Chemnitz, dem damaligen Karl-Marx-Stadt und Heinz-Dieter Fleißig (Löbau); insgesamt dazu Gespräche mit Hartmut Zwahr am 1. März und 14. Mai 1996.

[67]) Selbst wenn z. B. in wissenschaftlichen Bibliotheken einiges davon erreichbar war – zumal für die Jüngeren war diese Form der Initiation, die sich mit Austausch oder Rückfragen verbinden konnte, offenbar besonders anregend.

schichtswissenschaftlichen Diskussionsstand zur Analyse sozialer Prozesse und Beziehungen im Kontext von Kapitalisierung und Industrialisierung.

Dieser kollegiale Austausch blieb punktuell. Er scheint keinen „Schneeball"-Effekt, also keine lokalen bzw. regionalen Filialgründungen ausgelöst zu haben. Überhaupt war die Kommunikation zwischen Kollegen offenbar stark an die Vorgaben institutioneller Ordnungen gebunden. Die damit verbundenen Hierarchien waren verknüpft mit, wurden womöglich überlagert von der Differenz zwischen direkt der SED bzw. ihrem ZK zugeordneten und „staatlichen" Akademie- und Universitätsinstituten: Parteiinstitute galten bei den Fachkollegen der Akademie wie den Historikern an Unversitäten, die eigenständige Forschung beanspruchten, zumindest seit den 1960er Jahren kaum mehr als seriöse Gesprächspartner. Personelle wie materielle Ressourcen wurden aber in erheblichem Maße von den Großprojekten gebunden, die für das 20. Jahrhundert zumindest z. T. von dort gesteuert wurden.

Die von Walter Ulbricht bzw. dem IML herausgegebene „Geschichte der deutschen Arbeiterbewegung" war dann auch für Historiker des Instituts für Geschichte der AdW eine „historiographische Hauptaufgabe der Historiker unserer ganzen Republik".[68]) 1965, im letzten Jahr vor dem Erscheinen, absorbierte dieses Vorhaben immerhin – zumindest zeitweise – bis zu 46 Historiker, d. h. annähernd ein Drittel der wissenschaftlichen Mitarbeiter dieses Akademie-Instituts. Im einzelnen gehörten dazu das Leiten von Autorenkollektiven für einzelne Abschnitte (Horst Bartel) und das Schreiben von Abschnitten (Horst Heitzer und Herwig Förder). Die meisten fertigten offenbar Vor-"Studien an …, [reichten] Abänderungsvorschläge zum Grundriß und zu den Entwürfen ein und [nahmen] an Beratungen und Diskussionen aktiv teil".

3. Die formalen Hierarchien verschränkten sich freilich mit Alters- bzw. Generationenunterschieden.[69]) Die ersteren wurden in mancher Hinsicht rela-

[68]) SAPMO, DY 30, IV-A2/9.04/331, Rechenschaftsbericht des Direktors, Prof. Ernst Engelberg, undatiert [Anfang 1966], 13–17. Dazu gehört auch der „ständige Kleinkrieg", ob „nun diese oder jene Forschungsthemen behandelt werden sollen oder nicht", den Ernst Engelberg in einer Sitzung des Autorenkollekivs der Geschichte der deutschen Arbeiterbewegung am 12. Januar 1967 gegenüber Ulbricht beklagte; SAPMO, DY 30, IV-A2/2.024, Nr. 61, fol. 33.

[69]) Der „Generationenzusammenhang" und die Formung von – vielfach gegensätzlichen – „Generationseinheiten" (Karl Mannheim) wird bisher weithin unterschätzt. Die Bedeutung der HJ- und Flakhelfergeneration für den Neu- und Wiederaufbau in den 1950er Jahren gilt wohl für *beide* deutsche Staaten, vgl. für die alte BRD den Versuch einer Zeitdiagnose bei *Helmut Schelsky*, Die skeptische Generation. Düsseldorf 1957; s. auch *Heinz Bude*, Deutsche Karrieren. Frankfurt am Main 1987. – In der Geschichtswissenschaft der DDR wurde mit dem 1928 geborenen Horst Bartel (Reichsarbeitsdienst am Kriegsende) ein Angehöriger dieser Generation 1960 stellvertretender, 1969 als Nachfolger des 1909 geborenen Ernst Engelberg Direktor des Instituts für Geschichte der AdW; 1964 wurde der 1930 geborene Walter Schmidt Leiter des Lehrstuhls, ab 1976 des Instituts für Geschichte der deutschen Arbeiterbewegung am Institut (ab 1976 Akademie) für Gesellschaftswissenschaften

tiviert, aber wohl nicht grundsätzlich unterlaufen. Soweit aus erinnernden Gesprächen erkennbar, fanden sich in den 1980ern die seinerzeit Mittdreißiger/Mittvierziger in kleineren Kommunikationskreisen z.B. im Zentralinstitut (ZI) für Deutsche Geschichte ebenso wie am (kleineren!) Institut für Wirtschaftsgeschichte ein, beide in Berlin und in der AdW. Hier diskutierte man intensiv Fragen und Themen der eigenen Forschungsarbeiten, aber fraglos auch andere „allgemein interessierende Fragen". Die Partei- oder Gewerkschaftsgruppe fungierte dabei vielfach als (für die Beteiligten ganz selbstverständlicher) Rahmen: Jeder war Mitglied.[70]) Inwieweit dabei allerdings die Produktion, vor allem die Diskussion und Revision eigener Texte einbezogen war, bleibt offen. Parallel wird in Erinnerungsberichten immer wieder verwiesen auf durch die Räumlichkeiten erzwungene Unmöglichkeit, im Institut zu arbeiten. Inwieweit dies für viele ein nicht ungern genutzter Grund war, Kollektivität nur an den Terminen der Sitzungen zu demonstrieren, sonst aber „für sich" zu sein und zu arbeiten, ist einer Frage wert.

Auch in einer von Kommunikationskreisen unterfangenen Arbeitsteilung, in der *zentrale Planung* die Norm sein sollte, vielfach *Kontrolle und Reglementierung* die konkreten Folgen waren, konnte gerade die Einzelarbeit – eine direkte Folge der Arbeitsteilung – neue oder unerwartete Ergebnisse ermöglichen. Erst relative Vereinzelung gab Raum für jene Detailarbeit, in der aus der Rekonstruktion konkreter Handlungszusammenhänge z.B. die Vielfalt und Eigenständigkeit von Arbeiter-Interessen in der DDR für die 1950er Jahre sichtbar wurden. Bis dahin hatte das in der DDR-Zeitgeschichte niemand versucht. Das Beispiel ist die Dissertation von Peter Hübner (s. o.).[71])

beim ZK der SED; Schmidt wurde 1984 der schließlich letzte Direktor des ZI für Geschichte der AdW.

[70]) Gespräche mit Hartmut Harnisch, Hans-Heinrich Müller und Jan Peters (alle Institut für Wirtschaftsgeschichte, AdW) und Harald Dehne (Arbeitsbereich Kulturgeschichte/Volkskunde im ZI für Geschichte der AdW), seit 1984 bzw. 1987; Interview mit Jörn Schütrumpf vom 16. September 1996: Schütrumpf war in den 1980ern (nebenamtlicher) Parteisekretär der SED-Grundorganisation im ZI für Geschichte der AdW.

[71]) Hübner hatte 1967/68 sein Studium in Leipzig begonnen, u. a. in einem Proseminar bei Hartmut Zwahr, zur Kartierung von Adreßbüchern, also einer Übung in Lokalgeschichte (Gespräch vom 14. Mai 1996). In Berlin, am ZI für Geschichte der AdW, nennt er als Arbeitskontakt den zu Jörg Roesler, Institut für Wirtschaftsgeschichte der AdW, sowie nach Leipzig (Jürgen Dittrich). – Zur Tätigkeit in den 1980er Jahren, vor allem der parteipropagandistischen Komponente der Wissenschaftlerexistenz, vgl. die Kritik, die sich an Hübner festmachte, von *Armin Mitter/Stefan Wolle*, Der Bielefelder Weg, in: Frankfurter Allgemeine Zeitung, 10. August 1993; vgl. dazu *Jürgen Kocka*, Auch Wissenschaftler können lernen, in: ebd. 25. August 1993, und die Antwort: *Peter Hübner*, Ein Labyrinth, in dem es nur falsche Wege gibt, in: ebd. 8. September 1993. Vgl. schließlich *Armin Mitter/Stefan Wolle*, Inquisitoren auf der Faultierfarm, in: ebd. 9. September 1993; *Rainer Eckert*, Nicht ohne Reue, in: ebd. 22. September 1993.

Exkurs: Betriebs- und Lokalgeschichte

1. Wie auch auf anderen Feldern des Betriebes der Geschichtswissenschaft in der DDR gab es auch in diesem Feld alles: mechanisches Nachbuchstabieren offiziell proklamierter Deutungsschemata, solide empirische Detailarbeit, eigensinniges Beharren auf Vielgestaltigkeit und Widersprüchlichkeit historischer Prozesse. Hier findet sich ebenso das bruchlose Nebeneinander von Schematismus und skrupulöser Einzelforschung, die wiederum das Nuancieren von historischer Mehrschichtigkeit erlaubte. Konkretion scheint vielfach kaum als Widerspruch zu allgemeinen Formeln über den Geschichtsprozeß insgesamt und Klassenhomogenisierung im besonderen gegolten zu haben. Ein Beispiel ist eine lokalgeschichtliche Studie, wie sie im thüringischen Lauscha zu den Arbeitsverhältnissen und Verhaltensweisen in der dortigen Glasindustrie erarbeitet und dort auch 1977 publiziert wurde.

Der Verfasser, Rudolf Hoffmann, bezeichnete diese vom Museum für Glaskunst herausgegebene Schrift als eine „volkskundliche" Studie.[72]) Die Etiketten sind freilich nebensächlich. Der Verfasser gibt ein präzise-anschauliches Bild von Arbeitsbeziehungen, familialen Strukturen und deren Tauglichkeit für gewerbliche bzw. hausindustrielle Produktion. Dabei wird die fugenlose Verknüpfung von gewerblicher und Hausarbeit deutlich, die Mühsal der Sicherung der Ernährung (mit Garten- und anderer Arbeit), die Schwere der Lasten, die getragen wurden, lassen sich an dem reichhaltigen und beachtenswerten Fotomaterial auch visuell ermessen. Sicher, auch hier sind „rote Wimpel" unübersehbar. Dazu gehört das Nachwort, das die angeblich zielstrebige Orientierung auf die Vereinigung der Arbeiterparteien in der DDR als vorläufigen Endpunkt und glückliche Auflösung einer von Kärglichkeit, Mühsal und vor allem aber Zähigkeit und Selbstbewußtsein geprägten Geschichte von Menschen vor Ort betont. In Lauscha war offenbar ein Autor am Werk, der entweder eine fachliche Ausbildung mitgebracht hatte – oder der „vor Ort" empfänglich gewesen war für die Verführung durch die Stofflichkeit des Materials und die darin bewahrte Vielstimmigkeit der historischen Akteure.

2. Parallel zur Heimatgeschichte[73]) wurde die „Betriebsgeschichte" als ein Auftrag der Betriebe bzw. der betrieblichen SED-Parteiorganisationen entwik-

[72]) *Rudolf Hoffmann*, Zur sozialen Lage der Werktätigen in der Lauschaer Glasindustrie unter den Bedingungen kapitalistischer Produktionsverhältnisse. Lauscha 1977.

[73]) Im Rahmen des „Kulturbundes" gab es zahlreiche heimatgeschichtliche Zirkel, und es erschienen auch seit 1983 „Heimatgeschichtliche Blätter". An Schulen und in Kulturhäusern wurden Tausende von „Arbeitsgemeinschaften junger Historiker" organisiert; vgl. dazu: Offenes Geschichtslernen in einer geschlossenen Gesellschaft? Von den „Arbeitsgemeinschaften Junger Historiker" als einem ambivalenten Bestandteil historischer Bildung in der DDR. Ein Projekt- und Tagungsbericht. Hrsg. v. der Körber-Stiftung. Berlin 1995. Hier wie dort scheint zu gelten, daß antiquarische Interessen im Vordergrund standen oder doch von den Leitungen favorisiert wurden.

kelt. Für beide berief man sich auf die II. Parteikonferenz der SED im Juli 1952. Zumal in den späten 1950er und auch den 1960er Jahren hatte jedoch die Betriebsgeschichte für die politische Führung, aber auch bei Wissenschaftlern Vorrang (sofern diese überhaupt davon Kenntnis nahmen bzw. solche Aktivitäten für wichtig hielten). Bei der Betriebsgeschichte sollte die „propagandistische" Funktion im Vordergrund stehen. So hieß es z. B. im Rahmen einer Konferenz vom März 1973 im Stil des so verbreiteten normativen Deskriptivs, daß die „Betriebsgeschichte zur Erweiterung des sozialistischen Geschichtsbildes beiträgt und zur Entwicklung sozialistischen Bewußtseins". Damit gewinne „die Betriebsgeschichte außerordentliche Bedeutung für die wissenschaftliche Führung und Leitung der Produktion, für die Förderung der Betriebsverbundenheit der Werktätigen, für die Verbesserung des Betriebsklimas und für die Erhöhung der Arbeitsproduktivität".[74])

In den Betrieben, die diesen Vorgaben der SED nachzukommen suchten, wurden Betriebsgeschichtskommissionen gegründet, die sowohl mit der Gewerkschaftsleitung wie mit der Betriebsparteileitung eng verzahnt waren. Im Rahmen des Instituts für Wirtschaftsgeschichte der AdW war Hans Radandt langjähriger Anreger und Ansprechpartner; er organisierte Konferenzen, schrieb zugleich entsprechende Berichte und Rezensionen im Jahrbuch.[75])

Auf der Konferenz vom Frühjahr 1973 „mahnte" Radandt die Autoren der Betriebsgeschichten, „nur historisch Belegbares in die Darstellung einzubeziehen, keine Gedanken oder Gespräche nachzugestalten, sondern Entsprechendes zum Beispiel aus Betriebszeitungen oder Brigadetagebüchern zu zitieren".[76]) Die Teilnehmer der Konferenz verwiesen auf die in vielen Betrieben entstehenden Traditionskabinette. Manche der Aktiven versuchten, in kleineren Broschüren bereits vorab erste Ergebnisse mitzuteilen (so etwa in dem VEB Maschinenfabrik Halle). Nicht alle, aber doch viele hatten auch Zugang zur jeweiligen Betriebszeitung. An kritischen Punkten wurden neben der z. T. fragwürdigen wissenschaftlichen Qualität (H. Radandt) angesprochen: die hohen Kosten einzelner Projekte, „fehlende Kader", d. h. eine meistens nur

[74]) *Hans Radandt*, Konferenz „Betriebsgeschichte und sozialistische Bewußtseinsbildung", veranstaltet von der Historiker-Gesellschaft der DDR/Fachkommission Betriebsgeschichte, in: JbWG 1973, H. 4, 263–266, hier 263. Radandt (Arbeitsstelle bzw. Institut für Wirtschaftsgeschichte an der Akademie der Wissenschaften) gab regelmäßig im JbWG Bericht; vgl. *Radandt*, Ratschläge für die Arbeit der Betriebsgeschichtskommissionen, in: JbWG 1973, H. 2, 255–286, das JbWG habe sich „seit 1960 zum kollektiven Organisator der Betriebsgeschichtsschreibung in der DDR entwickelt" (ebd. 257); hier auch zahlreiche bibliographische Hinweise.

[75]) Vgl. die Referattexte der II. Konferenz zur Geschichte der sozialistischen Produktionsbetriebe, Juni 1963, in: JbWG 1964, H. 1, 13–121 sowie die „Kollektivarbeit" zu: Betriebsgeschichte und allgemeine Geschichte, in: JbWG 1964, H. 2/3, 289–504.

[76]) *Radandt*, Konferenz „Betriebsgeschichte" (wie Anm. 74), 264.

geringe Zahl von tatsächlich Aktiven, aber auch – gleichsam als Antwort auf Radandts Mahnung – „zu wenig theoretischer Vorlauf" und „zu wenig Anleitung".[77])

Es läßt sich nicht abschätzen, ob sich daraus – zumindest hier und da – eine eigensinnige Basisbewegung oder -minigruppe entwickelte. War es also ein Ansatz, der aus Rezipienten partiell Produzenten machte? Nicht zu erkennen ist auch, ob es, im Vorfeld oder bis zum Erscheinen von Publikationen, nicht auch intensive Auseinandersetzungen zwischen den an der konkreten Arbeit direkt Beteiligten vor Ort gab, ob also die beabsichtigte politische Instrumentalisierung tatsächlich so funktionierte, wie sie „oben" gedacht war.

Immerhin könnte hier eine Eigenart der DDR sichtbar werden. Im Unterschied zur Bundesrepublik, aber auch zu England (oder den USA) gehörte in der DDR eine aktiv betriebene De-Industrialisierung bis 1989 nicht zur lebensweltlichen Erfahrung (bzw. zu deren Ängsten). In den alten Bundesländern läßt sich der Boom an industriegeschichlichen Ausstellungen, die allmähliche Gründung entsprechender Museen seit den frühen 1980ern als Resonanz auf ebendiese Umbrüche deuten: Erst als die stoffumwandelnde Produktion eine „world we have lost" war, wurde sie es wert, besichtigt zu werden. Dazu gab es in der DDR (noch) keinen Anlaß. Die Akteure als Rezipienten wie Autoren von Texten über ihre eigene Geschichte hatten hier – aus guten Gründen – andere Träume über *ihre* Vergangenheit (und vielleicht auch Zukunft).

VI. Geschichte des Faschismus: die „Massen" als Statisten?

Bei der Erforschung des deutschen Faschismus dominierte von Anfang an die These vom Primat von Herrschaftssystem und ökonomischen wie politischen Eliten. Oder wie es 1989 in einer der letzten Veröffentlichungen zum Thema hieß: Die Gründe für die „Massenbasis ... lagen vor allem im faschistischen Herrschaftsystem mit seiner unheiligen Dreieinigkeit von offenem Terror, ... sozialer Demagogie und materiell-sozialer und politisch-moralischer Bestechung".[78])

1. Das Formelhafte dieses Musters scheint alle Fragen nach Vermittlungen, vor allem nach deren Fehlen, auszuschließen. Dennoch lassen sich Nuancen und unterschiedliche Gewichtungen erkennen. Dabei zeigen sich die im engeren Sinne akademischen Darlegungen im Zweifelsfall als konventioneller und

[77]) *Hartmut Mehls*, zitiert ebd. 266.

[78]) *Manfred Weißbecker*, Die NSDAP: eine Massenpartei für den Krieg der Eliten, in: Deutscher Faschismus – Terror und Widerstand. Hrsg. v. der Akademie für Gesellschaftswissenschaften beim ZK der SED/Institut für Geschichte der deutschen Arbeiterbewegung. Berlin 1989, 56–70, hier 65.

in eigentümlicher Weise unsensibler als Propagandatexte. Eine Broschüre, die zu den ersten Druckschriften gehörte, mit denen die sowjetische Militäradministration (SMAD) und die KPD-Führung 1945 ihre Lesart der jüngsten Geschichte zu propagieren suchten, verdeutlicht das. In dieser Schrift attackierte Walter Ulbricht die „Legende vom deutschen Sozialismus".[79]) Den „Herren der Rüstungskonzerne und Banken" und ihrer, so Ulbricht, zunehmend konzentrierten Macht habe das „Volk" gegenübergestanden – austauschbar nannte er auch „Arbeiter" bzw. „das Proletariat". Diese „Klasse" der Nicht-Besitzer der Produktionsmittel sei immer mehr „angeschwollen", zugleich immer mehr „versklavt" worden.[80]) Soweit, so konventionell (im Rahmen der Komintern-Thesen zum Faschismus von 1935). Auf 16 der 88 Textseiten dieses Heftes reagierte der Verfasser aber auch direkt auf Stereotypen und NS-Formeln, die er bzw. SMAD und KPD offenbar für verbreitet hielt – vor allem: daß „Hitler auch etwas für die Arbeiter getan" habe.[81]) Von den „KDF-Schiffen" über die „Volkswagen" bis zu den „Erholungsheimen", der geplanten neuen „Altersversicherung" und dem „Wohnungsbauprogramm" reichte das Spektrum der Punkte, die Ulbricht detailliert durchging. Er kam immer wieder zu dem Schluß, es habe sich nur um eine gezielte und gigantische Täuschung gehandelt. Hinter der NS-Propaganda habe nichts als Tarnung der Selbstfinanzierung und Lohnraub gesteckt, oder aber es sei bei leeren Versprechungen geblieben.

Auch wenn es nicht ausgesprochen wird, so bleibt im Rahmen dieser Argumentation nur der Schluß, daß viele der angesprochenen Arbeiter nicht „bewußt genug" waren. Sonst hätte ihnen der so offenkundige Betrug sofort auffallen müssen. Während Ulbricht auf etwas reagiert, was er nicht benennt, aber doch zur Kenntnis nimmt, finden sich in den historiographischen Analysen der folgenden Jahrzehnte nur mehr monotone Verdikte. Akteure sind „die Konzernherren" (nur gelegentlich werden einzelne benannt), „die" Führer von NSDAP und NS-Apparaten sowie leitende, aber ebenfalls anonyme Ministerialbeamte und Generale. Die „Massen" (der Arbeiter) und das „Volk" bleiben Objekte dieser Führungscliquen, ihres Terrors und ihrer Propaganda.

2. Wenn Kurt Gossweiler (der 1917 geborene G. war in der DDR ein Protagonist der Erforschung des deutschen Faschismus) Ende der 1960er Jahre über die „Arbeitsbeschaffung" nach 1933 referierte, ging es nur darum, in welcher Industriebranche bzw. in welchem Sektor des „staatsmonopolistischen Kapitalismus" besondere Gewinnchancen eröffnet wurden, aber auch, wie sich einzelne Vertreter des Managements oder des Kapitals besondere Vorteile zu

[79]) *Walter Ulbricht*, Die Legende vom „Deutschen Sozialismus". Ein Lehrbuch für das schaffende Volk über das Wesen des Faschismus. Berlin 1945.
[80]) Ebd. 43.
[81]) Ebd. 41–56.

sichern suchten.[82]) Die Aufmerksamkeit galt der Frage, inwieweit die „Vereinigung der Macht der Monopole mit der Macht des Staates zu einem einheitlichen Apparat ... gewaltig vorangeschritten" sei. Es handelten die – auch hier im einzelnen nicht näher greifbaren – „Konzernherren", die Führer von NSDAP und leitende Ministerialbeamte. Gewiß wurden einzelne Aktionen und Schritte umrissen, z.B. der Aufbau eines Massenheeres und einer entsprechenden Panzer-, Luftwaffen- und Marinerüstung (mit ihren erkennbaren außenpolitischen Folgen). Fragen, die in diesen Zusammenhang gehören, wie die Erkundung von Folgen der Aufrüstung für vermehrte Beschäftigung und – relativ – steigende Löhne (wobei diese weiterhin unter dem Niveau der späten 1920er Jahre blieben!) waren jedoch ausgeklammert. Mit anderen Worten: Die „Arbeitermassen" galten als pure Objekte von Führungscliquen.

Ein Spektrum von Verhaltensweisen öffnet sich nur bei der Frage nach den mehr oder weniger „bewußten" Arbeitern (mit der Minderheit von „bewußtesten" in der illegalen KPD bzw. dann im KZ). Andere Profilierungen und Differenzierungen der Klasse werden kein Thema: die Unterschiede zwischen großstädtisch-großbetrieblichen Kontexten z.B. in Berlin, Nürnberg, Teilen Sachsens oder auch dem Ruhrgebiet einerseits und den „Fabriken auf dem Lande" bzw. kleinbetrieblicher „flexibler Spezialisierung" (Ch. Sabel/J. Zeitlin)[83]) z.B. im Bergischen Land oder in Teilen Württembergs, aber auch Badens fehlen. Dasselbe gilt für die verhaltenswirksame Reichweite konfessionell geprägter Milieus (z.B. die Bedeutung von katholischen Verkehrskreisen bzw. Familien und Nachbarschaften im Ruhrgebiet[84]) oder in Oberschlesien). Ein zweites: Unterschiedliche Betriebsformen gingen einher mit je eigenen Formen von betrieblicher Herrschaft. ‚Quer' dazu galt aber, daß betriebliche Vorgesetzte ebenso wie Produktionsarbeiter hier wie dort solche Arbeitsprozesse anstrebten, in denen „deutsche Qualitätsarbeit" als Ausweis eigener Handfertigkeit und Geschicklichkeit galt.[85]) Der nationalökonomische bzw.

[82]) *Kurt Gossweiler*, Der Übergang von der Weltwirtschaftskrise zur Rüstungskonjunktur in Deutschland 1933–1934. Ein historischer Beitrag zur Problematik staatsmonopolistischer „Krisenüberwindung", in: ders., Aufsätze zum Faschismus. 2 Bde. 2. Aufl. Köln 1988, Bd. 2, 131–198 (zuerst 1968); zur Person von Gossweiler (AdW, später Akademie für Gesellschaftswissenschaften beim ZK der SED) vgl. die laudatorischen Hinweise von *Rolf Richter*, Vorwort, in: Gossweiler, Aufsätze, XI–XXX.

[83]) *Charles Sabel/Jonathan Zeitlin*, Historical Alternatives to Mass Production: Politics, Markets and Technology in Nineteenth-Century Industrialization, in: P & P 108, 1985, 133–176.

[84]) *Alexander von Plato*, „Ich bin mit allen gut ausgekommen". Oder: War die Ruhrarbeiterschaft vor 1933 in politische Lager zerspalten?, in: Lutz Niethammer (Hrsg.), „Die Jahre weiß man nicht, wo man die heute hinsetzen soll". Faschismuserfahrungen im Ruhrgebiet. Bd. 1. Berlin/Bonn 1983, 31–65, bes. 42–62.

[85]) Vgl. zu den regionalen Aspekten die Problemskizze von *Michael Geyer*, Zum Einfluß der nationalsozialistischen Rüstungspolitik auf das Ruhrgebiet, in: RhVjbll 45, 1981, 201–264; ein regionaler „Fall" bei *Roland Peter*, Rüstungspolitik in Baden. Kriegswirtschaft und Arbeitseinsatz in einer Grenzregion im Zweiten Weltkrieg. München 1995. Zur

nationalstaatliche Horizont von Arbeiten, wie sie Gossweiler oder Weißbecker vorlegten, übergeht Brechungen wie Verknüpfungen – ob sie aus den regionalen Betriebsstrukturen oder kulturellen Deutungsformen resultierten.

3. Stets schließen die Autoren von den „arbeitenden Menschen" direkt auf deren „Kampf" im Rahmen ihrer „Klasse" und – damit verknüpft – auf den Grad ihrer „Bewußtheit". Dabei finden sich durchaus Hinweise auf „mannigfaltige Übergangstypen". Aber solchen und anderen Bemerkungen, daß es auch „innerhalb des Proletariats ... Unterteilungen in mehr oder minder entwickelte Schichtungen, Gliederungen" gebe, werden dennoch umstandslos die „klassenbewußten organisierten Arbeiter" gegenübergestellt: Übergänge erscheinen als unwichtig; allein die „Klassenbewußten" seien genauerer Betrachtung wert.[86]) Und für die ‚noch nicht Bewußten' ist nur zu rasch der pauschale Verweis parat, hier handele es sich „zumeist" um „Träger kleinbürgerlicher Anschauungen".[87]) Die KPD war danach die historisch notwendige, die einzig legitime Repräsentation dieser „Klasse". Schwierigkeiten oder Grenzen der Gruppenbildung, von „Kollektivität" überhaupt, werden ebensowenig Thema wie die mögliche Inkonsistenz oder Pluralität der „Subjekte". Die Autoren verschenken auch die Chance, im Rahmen einer Marxschen Begrifflichkeit von einem womöglich widersprüchlichen „Ensemble" gesellschaftlicher Verhältnisse und von einer „unegalen Entwicklung" (Grundrisse) auszugehen.[88])

Die Autoren lesen „Klasse" allein unter dem Postulat, das Verhalten ihrer Angehörigen müsse einheitlich sein oder werden. Zugleich gilt als unstrittig die direkte Verknüpfung von „objektiven Interessen" mit dem, was als „bewußte" Verhaltensweisen gedeutet wird. Bei den eben zitierten „klassenbewußten organisierten Arbeitern" findet sich das eine als Bedingung des anderen. Das „richtige" Bewußtsein und das „richtige" politische Verhalten haben aber nur ein Ziel: aufgehoben zu werden in der einzigen politischen Arbeiterpartei, die diesen Namen verdiene, der KPD.

„deutschen Qualitätsarbeit" s. meinen Aufsatz: *Alf Lüdtke*, „Ehre der Arbeit": Industriearbeiter und Macht der Symbole. Zur Reichweite symbolischer Orientierungen im Nationalsozialismus, in: ders. (Hrsg.), Eigen-Sinn. Fabrikalltag, Arbeitererfahrungen und Politik vom Kaiserreich bis in den Faschismus. Hamburg 1993, 283–350.

[86]) Dazu *Kurt Gossweiler*, Faschismus und Arbeiterklasse, in: Dietrich Eichholtz/Kurt Gossweiler (Hrsg.), Faschismus-Forschung. Positionen, Probleme, Polemik. Köln/Berlin 1980, 99–123, hier 122 – wobei dies als Zitat von Lenin ausgewiesen wird, aus „der ‚linke Radikalismus', die Kinderkrankheit im Kommunismus".

[87]) Damit wird die Wirksamkeit der NS-„sozialen Demagogie" erläutert im 1969 erschienenen einschlägigen Band des „Lehrbuchs der deutschen Geschichte (Beiträge)"; vgl. *Erich Paterna/Werner Fischer/Kurt Gossweiler/Gertrud Markus/Kurt Pätzold*, Deutschland von 1933 bis 1939. Berlin 1969, 238.

[88]) Zum „Ensemble" vgl. die Feuerbach-Thesen, zur „unegalen Entwicklung" s. oben Anm. 18.

Einer der Hauptvertreter dieser Analyserichtung, Kurt Gossweiler, versuchte Diskussionen zur Bedeutung der „Massenbasis“, die nicht zuletzt bei Marxisten längst im Gange waren, damit abzuweisen, daß er das Moment des „Masseneinflusses“ als temporär, in jedem Fall aber als sekundär charakterisierte.[89]) Für den deutschen Fall, den er im Vergleich zu Italien oder Ungarn als Sonderfall bezeichnete, sei das ‚Wunder‘ der Beseitigung der Arbeitslosigkeit den Konzessionen der Westmächte zuzuschreiben (die damit „Hitler-Deutschland“ als Hauptinstrument ihrer zentralen politischen Linie, der Vernichtung der Sowjetunion, einzuspannen suchten). Nur in diesem Zusammenhang ist bei ihm von „moralischen Eroberungen“ der Nazis „in der Arbeiterschaft“ die Rede.[90])

4. In Überblicksdarstellungen, die größere Reichweite mit wissenschaftlichem Anspruch verbinden sollten, dabei nicht der Klärung der „richtigen“ Positionen im wissenschaftlichen Austausch zu dienen hatten, finden sich Nuancen, die „offener“ scheinen. In dem Band zur NSDAP, den Manfred Weißbecker (Jena) und Kurt Pätzold (Humboldt-Universität) 1981 unter dem Titel „Hakenkreuz und Totenkopf“ vorlegten, wird zumindest summarisch auf Erfahrungen relativer Besserung ab 1934 bei steigenden Wochenlöhnen und Familieneinkommen verwiesen. Es findet sich sogar eine „Hoffnungsbereitschaft … breiter Volkskreise“.[91]) Freilich sind diejenigen, die den sozialpolitischen Maßnahmen und „sozialdemagogischen Manövern des Regimes“ in irgendeiner Weise Kredit einräumten, hier dann doch diejenigen, die sich „betören“ ließen.

Grundsätzlich ließ der parteiliche Kanon keinen Raum für experimentelle Erweiterungen und Neu-Adjustierungen des Blicks auf die historischen Akteure. Dennoch lassen sich Unterschiede nicht nur bei Texten für ein breiteres Publikum, sondern auch in thematisch konzentrierten Spezialstudien erkennen. Arbeiten von Dietrich Eichholtz (ZI für Geschichte der AdW) zur Rüstungs- und Kriegswirtschaft machen das deutlich. Im ersten Band seiner großen Studie finden sich zwar nur wenige Passagen, in denen das Verhalten der „Massen“ zum Thema wird. Aber hier wird auf zwei Seiten immerhin die

[89]) *Kurt Gossweiler*, Ursprünge und Spielarten des Faschismus, in: ders., Aufsätze zum Faschismus (wie Anm. 82), Bd. 2, 579–623 (zuerst 1980); die Aufrüstung wird hier durchaus mit der „Beseitigung der Arbeitslosigkeit“ zusammengesehen (wobei die Pauschalität der These fehl geht), aber die Wirkung zur Steigerung der Akzeptanz erscheint allein als „Demagogie“ – was diese Resonanz aber bei den angeblich Verführten ermöglichte, gilt nur als Folge der „Existenzbedingungen“, ebd. 609–611. – Scharfe marxistische Kritik an DDR-Positionen besonders bei *Timothy Mason*, Primat der Politik. Politik und Wirtschaft im Nationalsozialismus, in: Das Argument 8, 1966, Nr. 41, 73–94; allerdings waren auch hier die „Massen“ bloße Objekte von Manipulation und Zwang.

[90]) *Gossweiler*, Ursprünge (wie Anm. 89), 609.

[91]) *Kurt Pätzold/Manfred Weißbecker*, Hakenkreuz und Totenkopf. Die Partei des Verbrechens. Berlin 1981, 276, vgl. 250.

Frage nach „Angst und Apathie" bei den Vielen so plaziert, daß sich um diesen Punkt das Verhalten der Herrschenden zu drehen scheint, gegenüber den Reichsdeutschen wie in den besetzten Ländern.[92]) Sie hätten geschwankt zwischen dem auch hier als selbstverständlich unterstellten Zusammenhang von Terror und demagogischen Versprechungen – getrieben von eigener Angst, der vor den Beherrschten. Vor allem sieht Eichholtz in dieser „Angst" vor den Volksmassen das Hauptmotiv für „rücksichtslose Ausbeutung der Hilfsquellen und Arbeitskräfte fremder Länder", nicht zuletzt die Verschleppungen zur Zwangsarbeit". Freilich: die Volksmassen und vor allem die industriellen Arbeiterinnen und Arbeiter gelten als diejenigen, die, wenn sie nur könnten, widerständen. Ob aber Streiks, Bummelei und Sabotage sich gegen die NS-Herrschaft – oder im weiteren Verlauf den Ausbeutungs- und Raubkrieg, zumal „im Osten" – richteten, oder ob sie nicht eher der Durchsetzung eigener Überlebensinteressen ohne direkte „politische" Absichten dienten – dies wird nicht gefragt.

Unterdrückung und physische Vernichtung der kommunistischen Bewegung sei das Hauptziel der NS-Diktatur gewesen, dies die These von Gossweiler. Es ist dieser Zusammenhang, der für ihn die Nazi-Herrschaft als „Vernichtungsdiktatur" qualifiziert.[93]) Damit aber werden zugleich – zumindest implizit – die rassistische Ausgrenzung und Vernichtung der Juden, aber auch andere, die als „Gemeinschaftsfremde" und „Untermenschen" markiert und zur Vernichtung freigegeben waren, aus der weiteren Erörterung ganz ausgeklammert. Ähnlich ist der Befund für den Band „Hakenkreuz und Totenkopf".

[92]) *Dietrich Eichholtz*, Geschichte der deutschen Kriegswirtschaft. Bd. 1: 1939–1941. 3. Aufl. Berlin 1984, 87. Vgl. auch die Resümees zu den Forschungen über den Faschismus in: Historische Forschungen in der DDR 1960–1970 (wie Anm. 7), 579 u. 583 f., aber auch 114 ff. Vgl. ebenfalls: Historische Forschungen in der DDR 1970–1980 (wie Anm. 7), 298 (Ausgrenzung und Vernichtung der Juden; die „Hirne von Millionen Deutscher [sind] manipuliert worden"). Vgl. Eichholtz *nach* dem Fall der Mauer: *ders.*, Zur deutschen Geschichte in den dreißiger Jahren. Probleme und Versäumnisse unserer Geschichtsschreibung, in: Rainer Eckert/Wolfgang Küttler/Gustav Seeber (Hrsg.), Krise – Umbruch – Neubeginn. Eine kritische und selbstkritische Dokumentation der DDR-Geschichtswissenschaft 1989/90. Stuttgart 1992, 392–407, bes. 396–399. Man müsse „wohl den Mangel an Kampfbereitschaft der deutschen Arbeiter nüchterner einschätzen", so Eichholtz, als „wir das bisher tun konnten und als das auch damals die Leitungen der Arbeiterpartei und anderer Kreise des Exils taten ... – so in der Erstfassung dieses Textes aus dem Spätwinter 1990. Es blieb aber auch hier bei einer „komplizierten Mischung" von „allgegenwärtigem Terror, Demagogie und Erfolgsbestechung". Daß es darüber hinaus womöglich Anknüpfungspunkte der „eigenen" Orientierungen und Erfahrungen vieler Deutscher bzw. „reichsdeutscher" Arbeiter für die Angebote und Perspektiven, aber auch der Versprechungen, Manipulationen und Einschüchterungen gab, die im NS zum Alltag gehörten, wurde weiterhin nicht zum Thema. Freilich war hier manches nicht ganz konsequent, so wenn Eichholtz (zu recht) auch fragte, ob es wirklich eine „schweigende Menge" und nicht „oft auch eine ‚Heil!' brüllende Masse?" gewesen sei (397).

[93]) *Kurt Gossweiler*, Ursprünge (wie Anm. 89), 622; vgl. *ders.*, Faschismus und Arbeiterklasse (wie Anm. 86), 123.

Hier gibt es nur einen Halbsatz zu „antikirchlichen und antijüdischen ‚Einzelaktionen'", die im Juli und August 1935 „alle Grenzen für gewalttätige Umtriebe … zu sprengen gedroht" hätten. Erst im Abschnitt über den Kriegsbeginn finden Leser etwas mehr als eine Druckseite darüber, daß „Seelen- und Gnadenlosigkeit gegenüber anderen Menschen vor allem durch die Verfolgung der Deutschen jüdischer Herkunft geübt" worden sei. Immerhin wird hier auch (natürlich zu Recht) erwähnt, daß die staatlich lizenzierte und angeregte Verfolgung bereits unmittelbar 1933 begann. Eine halbe Seite später betonen die beiden Verfasser allerdings noch einmal, daß im „Zentrum aller faschistischen Anstrengungen, die Kriegsbereitschaft und Kriegsvergottung erzeugen sollten, … Antikommunismus und Antisowjetismus gestanden" hätten.[94])

5. Stereotypie bedeutet nicht völlige Homogenität. Bereits Mitte der 1970er Jahre legte Kurt Pätzold eine größere selbständige Publikation vor, in der Ausgrenzung, Diskriminierung und Vernichtung der „Juden" das Thema waren.[95]) Wenige Jahre später brachte er eine Taschenbuch-Dokumentation heraus, in der insbesondere die administrative Konsequenz und Menschenverachtung der NS-Politik gegen die als „Juden" Klassifizierten konkret greifbar wurden.[96]) Es mag sein, daß entweder die Arbeitsteiligkeit des Wissenschaftsbetriebes oder die Besonderheit einzelner Genres, wie etwa des von Überblicksdarstellungen (im Sinne von „Hakenkreuz und Totenkopf"), stärker dem parteimarxistischen Kanon verpflichtet waren. Demgegenüber galten diese beiden Bücher einem „Spezialthema". Das Taschenbuch (mit einer konzisen Einleitung und 320 Dokumenten bzw. Textauszügen) richtete sich freilich in jedem Fall an einen breiteren Leserkreis. In der Einleitung umriß Pätzold, wie er die im folgenden dokumentierte Ausgrenzungs- und Vernichtungswut zu lesen vorschlug; weiterhin waren Antisemitismus und Ausgrenzungsenergie bei „den" Arbeitern kein Thema. Nur „faschistisch-missionarischer Eifer" oder ein „Zustand völliger Abgestumpftheit" erkläre das Verhalten derer, die den Völkermord im einzelnen betrieben (bzw. hier: „Befehlen folgten").[97])

[94]) *Pätzold/Weißbecker*, Hakenkreuz und Totenkopf (wie Anm. 91), 256, 294, 205. Auf etwas mehr als einer Seite wird die Ausrottungspraxis der Einsatzgruppen in den besetzten Gebieten der Sowjetunion skizziert (334f.). Ebenfalls ca. 1 Seiten gelten dem Holocaust, allerdings erneut im Kontext der „beabsichtigten Vernichtung des Sozialismus in der UdSSR" (343f.).

[95]) *Kurt Pätzold*, Faschismus, Rassenwahn, Judenverfolgung. Eine Studie zur politischen Strategie und Taktik des faschistischen deutschen Imperialismus. Berlin 1975.

[96]) *Ders.*, Verfolgung, Vertreibung, Vernichtung. Dokumente zum faschistischen Antisemitismus. Leipzig 1983.

[97]) Ebd. 16 u. 26. Dabei ist nicht zu übersehen, daß Fragen nach der „Massenbasis" des Faschismus und zumal der Verbrechen der oder aus der „Masse" ebenfalls im Westen erst im Laufe der achtziger Jahre sehr allmählich Aufmerksamkeit gewannen. Die erste Auflage von *Raul Hilberg*, The Destruction of the European Jews, erschien 1961 – wurde jedoch erst 1982 in deutsch vorgelegt, von dem Berliner „Kleinverlag" Olle & Wolter (vgl. zu dem

Und es sei die „Gedanken- und Gefühlswelt bürgerlicher und kleinbürgerlicher Schichten" gewesen, die der faschistische Antisemitismus „aufgeputscht" habe. Parallel verwies Pätzold auf die „Tradition" der „Judenfeindschaft in rückständigen Teilen der Bevölkerung". Im Klartext: Das gab es nicht bei Arbeitern!

Daß einzelne Autoren in bestimmten Punkten *ihren* Akzent setzen konnten, zeigen Arbeiten, die in vielerlei Weise sehr wohl den eingespielten Kanon der Fragen und Akzente abbildeten. Joachim Petzold legte 1984 ein populär gehaltenes, eher schmales Buch mit dem Titel „Faschismus – Regime des Verbrechens" vor.[98]) In knapper Form versuchte er auf Fragen Antwort zu geben wie „Was verbarg sich hinter der Parole ‚Heim ins Reich?'" oder „Warum wurden die Autobahnen gebaut?" In dem Abschnitt über „Welche Verbrechen gegen die Menschlichkeit begingen die Faschisten im Kriege?" geht der Verfasser über die übliche Argumentationsform hinaus. Zunächst zitiert er ausführlich den Bericht eines Zeugen bei einer Massenerschießung in der Ukraine im Oktober 1942. In dem angefügten Kommentar von etwa einer Druckseite betont Petzold, es wäre „zu einfach, das alles mit psychischen Defekten erklären zu wollen". Die „pervertierten Kreaturen", von denen er wenige Zeilen zuvor gesprochen hat, seien also Produkte einer bestimmten Erziehung (altdeutsch, imperialistisch), hätten zum Teil jahrelangen Fronteinsatz hinter sich gehabt oder seien Freikorpssöldner und langjährige Mitglieder von SA und SS gewesen; man dürfe aber auch die „zahllosen Schreibtischtäter" nicht übersehen. Freilich – genau hier ist der Anschluß an die „Konzerndirektoren" geschafft. Die Frage nach den wohlmöglich zahlreichen Mittätern und Mittäterinnen jenseits der gesellschaftlichen „Kommandohöhen" wird zwar angetippt – dabei aber bleibt es.

Zu dieser Sorte Texte, dem Kanon verpflichtet, aber eigene Akzente setzend, gehört auch die Untersuchung von Kurt Pätzold zur „Inszenierung" von Hitlers 50. Geburtstag.[99]) In der Fragestellung war dieser Aufsatz ungewöhnlich, in der Durchführung jedoch konventionell. Der Autor benennt sehr wohl den „Hitler-Kult"; er sei mit den Schaustellungen und der Militärparade dieses Tages noch einmal bestärkt worden. Dem folgt der angemessen-vorsichtige Hinweis, daß „Anbetung" oder doch „Verherrlichung" Hitlers keineswegs auf wenige beschränkt waren. Allerdings habe es sich nur um „manche Schichten des Volkes" gehandelt. Diese *reservatio* dagegen, ‚das Volk' oder ‚alle' hätten

womöglichen „zu frühen" Erscheinen *Raul Hilberg*, Unerbetene Erinnerung. Der Weg eines Holocaust-Forschers. Frankfurt am Main 1994, 107).

[98]) *Joachim Petzold*, Faschismus – Regime des Verbrechens. Berlin 1984; die folgenden Hinweise und Zitate 95–101 und 125–130.

[99]) *Kurt Pätzold*, Hitlers fünfzigster Geburtstag am 20. April 1939, in: Dietrich Eichholtz/Kurt Pätzold (Hrsg.), Der Weg in den Krieg. Studien zur Geschichte der Vorkriegsjahre (1935/36 bis 1939). Berlin [parallel: Köln] 1989, 309–343, hier 309; im folgenden 313–316, 329f., 333f.

sich beteiligt, entsprach der Zurückweisung einer zeitgenössischen Deutung für die soziale Reichweite des Hitlerkults. In den Berichten der SOPADE waren unter anderem auch die „kleinen Leute" als eigenständige Akteure der ‚Kultivierung' Hitlers genannt worden. Dem hält Pätzold die „verheerende Macht des Meinungsmonopols der Nazis" sowie die Rolle der „sogenannten gebildeten und ‚studierten' Schichten" entgegen: Die „Massen" – zumal die „des" industriellen Proletariats – wären demnach bloße Opfer raffinierter Manipulation und Inszenierung gewesen. Ausgeklammert bleiben Fragen zu Ritual und Faschismus: Welche Ritual-Forderungen und -Hoffnungen hatten „die Massen", vor oder jenseits aller Manipulation? Oder: Gehörte zur Attraktion des Nationalsozialismus oder deutschen Faschismus das Angebot, also die „politische Religion", andere zu „opfern", aber auch, sich selbst opfern zu können?[100])

Anders nur ein Teil-Stück. Die Volkskundlerin und Soziologin Irene Runge versucht in dem 1988 erschienenen Band über die „Pogromnacht 1938" (oder in der westdeutschen Parallelausgabe: „Kristallnacht"!) auf annähernd 30 Seiten, den Wahrnehmungs- und Deutungshorizont ‚einfacher Leute' im Herbst 1938 und vor allem auch am 9. und 10. November 1938 zu rekonstruieren bzw. zu imaginieren.[101]) „Wie verhalten sich Menschen, wenn sie frühmorgens an zertrümmerten Geschäften vorbeigehen? Es hat ein Unbehagen gegeben, sagen die, die ich frage. Und ein Schweigen aus Angst. Und alle, die ich frage, wußten, was geschehen war. ... Was hat diesen Rausch bewirkt, die Wut, diese Brutalität, die Kraft, die es braucht, um stundenlang zu zerstören? Hat man darüber gesprochen? Die Kinder untereinander? Die Eltern? Nachbarn, Arbeitskollegen? Es ist anders gewesen als heute, sagen die, die sich erinnern."

Aus deutschen und ausländischen Zeitungen, Befragungen, den aus den NS-Akten rekonstruierten Verfolgungen von Widerständlern setzt Runge ein

[100]) Die einschlägigen Studien von Ian Kershaw werden nur mit einem Beleg zur „Kriegsfurcht im Volke" zitiert, ebd. 334 Anm. 88; George Mosse und seine Arbeiten zur Instrumentalisierung des Kriegstotengedenkens und den (sexuell geladenen) Massen-Ritualen des Nationalismus bleiben unerwähnt. Für einen zeitgenössischen Versuch *Eric Voegelin*, Die politischen Religionen. Wien 1938; vgl. dazu *Philippe Burrin*, Die politischen Religionen: das Mythologisch-Symbolische in einer säkularisierten Welt, in: Michael Ley/Julius H. Schoeps (Hrsg.), Der Nationalsozialismus als politische Religion. Bodenheim bei Mainz 1997, 168–185.

[101]) *Kurt Pätzold/Irene Runge*, „Kristallnacht". Zum Pogrom 1938. Köln 1988, 7–38 (dies die Lizenzausgabe einer DDR-Publikation, die unter dem Titel „Pogromnacht 1938" zeitgleich in Berlin erschien); das folgende Zitat ebd. 22. In der „Vorbemerkung" heißt es zur Rollenverteilung zwischen den Autoren: Irene Runge „will nicht nur objektive Berichterstatterin sein. Ihr Essay vermittelt Betroffenheit..."; der Historiker Kurt Pätzold „bestimmt ... anschließend den Platz dieses Pogroms in der deutschen Geschichte", ebd. 6. – Irene Runge hat sich 1991 als langjährige IM des MfS bekannt. Dem ca. zehn Jahre älteren Kurt Pätzold wurden im November 1990 Denunziationen von Studierenden vorgeworfen; vgl. *Rainer Eckert*, Entwicklungschancen und -barrieren für den geschichtswissenschaftlichen Nachwuchs in der DDR, in: PolZG B 17–18, 1992, 28–34, bes. 31–33.

Mosaik von Fragen zusammen. Sie endet auch mit Fragen. Die Autorin, 1942 in New York geborenes Kind von deutschen Emigranten (ab 1949 in der DDR), gehört zur ersten Generation derer, die ihre Jugend in der DDR erlebten. Sie betont, daß selbst die „exakteste Dokumentation der Abläufe" nicht „restlos" klären könne, wie „Millionen einzelner Menschen in diesen Sog geraten sind". Sie endet mit der Forderung, die der Diskussion anderswo entsprach, sie z.T. vorwegnahm: Zu untersuchen bleibe das „Phänomen einer mißbilligenden Loyalität".[102])

Gleichzeitig lief ein Projekt an, das freilich nur informell möglich war. Im Zentrum stand die Frage: Wie haben die einzelnen die 1930er und 1940er Jahre, d. h. den deutschen Faschismus in ihrer spezifischen Situation erfahren? Und: Wie haben sich einzelne Menschen – also nicht „die Klasse" – verhalten? Am ZI für Geschichte der AdW begann 1988 eine kleine informelle Gruppe, geleitet von Jürgen Köhler, konzeptuell angeregt von Rainer Eckert, mit der Erkundung „individueller Geschichtserfahrung". Dieses Vorhaben wurde stillschweigend geduldet bzw. gefördert vom Leiter des Wissenschaftsbereichs 1917–1945, Olaf Groehler, und dem Parteisekretär des ZI, Jörn Schütrumpf. Erinnerungsgeschichtliche Interviews mit Berliner Jugendlichen der Geburtsjahrgänge 1920–1923 liefen an: Es war offensichtlich die Generation der Eltern dieser „Kinder der DDR", die das Projekt trugen. Vorbild waren die Arbeiten des Projekts „Lebensgeschichte und Sozialkultur im Ruhrgebiet"; inspirierend wirkten aber auch die kommentierten Montagen von Interviewprotokollen, die einzelne Autoren in der DDR unabhängig von den Institutionen (zumal denen des DDR-Wissenschaftsbetriebes) herausgebracht hatten.[103]) Mit diesem Material sollten Vielfalt der Alltagswirklichkeiten und spezifische Signatur des Erlebens und Erinnerns rekonstruiert werden. 1990 brach die Gruppe auseinander. Erschienen ist nurmehr die Skizze der „Lebensgeschichte eines Sozialdemokraten in der DDR".[104])

[102]) *Pätzold/Runge*, „Kristallnacht" (wie Anm. 101), 37. – Ein Defa-Spielfilm, der im Frühsommer 1949 in die Kinos gekommen war und seither ab und an gezeigt wurde, war hier weitergekommen. „Die Buntgestreiften" (Regie: Kurt Maetzig) rückte am Leitfaden der Familiengeschichte einer „klassischen" Proletarierfamilie in Berlin auch die Mischung aus kalter Neu- und Habgier ins Bild, mit der innerörtliche Umsiedlungen und schließlich die Deportationen der „Juden" von den „reichsdeutschen" Nachbarn begleitet und ausgenutzt wurden.

[103]) *Gabriele Eckart*, So sehe ick die Sache. Protokolle aus der DDR. Leben im Havelländischen. Köln 1984; *Wolfgang Herzberg*, So war es. Lebensgeschichten zwischen 1900 und 1980. Nach Tonbandprotokollen. Halle 1985.

[104]) *Rainer Eckert*, Lebensgeschichte eines Sozialdemokraten in der DDR, in: Werkstatt-Geschichte 1, 1992, 6–13. – Parallel bzw. im April 1987 hatten zwei westdeutsche Historiker und eine Historikerin ein großes Interviewprojekt beginnen können, vgl. *Lutz Niethammer/Alexander von Plato/Dorothee Wierling*, Die volkseigene Erfahrung. Eine Archäologie des Lebens in der Industrieprovinz der DDR. Berlin 1991, 9–24, hier 14; die Verfasser machen auf zwei weitere Kolleginnen aufmerksam, die außer Wolfgang Herzberg lange vor 1989 Interviews zu unterschiedlichen Vorhaben geführt, aber erst nach 1989 veröffentlicht

VII. Arbeiterklasse und Faschismus: DDR-spezifische Sicht auf die Akteure?

Was zeigt der Blick auf die Akteure? Wer waren diejenigen, die zu den hier skizzierten Themenfeldern als „Akteure“ präsentiert wurden? Galten diese historischen Akteure als diejenigen, die jene Wirklichkeit, in der sie sich fanden, zugleich sich aneigneten und produzierten, also auch „bestimmten“? Zugleich: Wer agierte im Wissenschaftsbetrieb der DDR und entwarf (oder verwarf) Profil und Einzelthemen der Geschichte der Arbeiter wie der des Faschismus, wer setzte sie in Forschungsarbeit und Darstellungen um? In welchen „Kräftefeldern“ sahen und verhielten sich die Akteure der Forschung?

In beiden Themenfeldern dominierten bis 1989 *eindimensionale Konzepte*, das Gegenteil der unermüdlich reklamierten Dialektik. Die Formel war knapp und simpel: Das Kollektivsubjekt, die „Klasse“, galt als grundsätzlich homogen. Identität der Ziele, gestiftet durch Identität der Interessen würde „bewußtes“ Handeln erzwingen – materialer Ausdruck sei die „Bewegung“ oder die „Partei“. Andere Praxen und Visionen, d. h. Konflikt und Uneinheitlichkeit, wurden im Bild des „Rückständigen“, häufiger des „Kleinbürgerlich“-Bornierten (kaum des „Lumpenproletariats“!) aufgehoben. Diese Abweichler hatten offenbar keine Chance, noch „bewußt“ zu werden. – Für die Massenwirksamkeit des Nazismus oder deutschen Faschismus waren bei dieser Grundkonstruktion, die ein Agieren nur politischen Organisationen und deren Führungen zuschrieb, allein zwei Erklärungen möglich: entweder Verrat von „eigenen“, d. h. Arbeiter-Führern oder Übermächtigung durch Gegen-Führer, durch Manipulation und Terror der Nazis.

Die wenigen Historiker, die Kritik anmeldeten und Revision versuchten, konzentrierten sich bei Arbeiterschaft und -klasse ganz auf die Strukturen. Aber selbst wenn die enorme, bis dahin verkannte Komplexität „objektiver“ Strukturen betont wurde: Weiterhin galt die subjektive Seite der Geschichte als abhängige Größe. Die Sackgasse dieser Perspektive ermunterte in den 1980er Jahren einige Einzelpersonen an den Rändern des Betriebs der Geschichtswissenschaft, die Kollegen zu einer grundsätzlicheren Selbstprüfung aufzufordern. Freilich: Diese Vorschläge, „Lebensweise“ oder „Habitus“ als zentrale Dimensionen historischer Prozesse zu verstehen, gaben sich ihrerseits als Beiträge zu noch sensiblerem Begreifen der strukturellen Komplexitäten. Harald Dehne hat nachträglich betont, welch „ernsthafte Gefahr für die etablierte Geschichtsauffassung, wenn nicht gar für das Gesellschaftsregime“ die Vertreter der objektivistischen Sicht dennoch darin sahen – und wie sehr alle

haben: Petra Clemens und Dagmar Semmelmann, beide in den späten 1980er Jahren am ZI für Geschichte der AdW (ebd. 13 Anm. 6).

Interessierten dies wußten (und zugleich die einen wie die anderen die politische Wirksamkeit von Wissenschaft erheblich überschätzten!).[105]) Es mag sein, daß die weniger auf Theoriedebatte denn auf politisch-moralisches Handeln gerichtete Frage von Irene Runge, einer Nicht-Historikerin, nach dem „Phänomen einer mißbilligenden Loyalität" brisanter war – oder hätte werden können. Denn damit lag es auf dem Tisch: das massenhafte Mitmachen, wenn nicht Unterstützen von Verbrechen und Ausrottungskrieg, das Zu- und Wegsehen, auch bei „Proletariern".

Konzepte und damit Tabus, die im Rahmen der jeweils offiziell akzeptierten Sichtweise der SED-Oberen gültig waren, regulierten überwiegend die Fragestellungen ebenso wie die Themen und Darstellungsweisen der Historiker in diesen Feldern. Ein vergleichender Blick auf die Arbeiten und Diskussionen zu diesen Themen anderswo zeigt jedoch, daß die hier diskutierten konzeptionellen Defizite weder eine Besonderheit der DDR-Geschichtswissenschaft noch eine der beiden hier untersuchten Themenfelder waren: Interesse an den Individuen, insbesondere an den Deutungs- und Verhaltensweisen der angeblich Namenlosen, zugleich Skepsis gegenüber Kollektivsubjekten, aber auch gegenüber Figuren, die „mit sich identisch" scheinen und die konsistent handeln – beides war auch anderswo minimal. Es fehlte nicht nur in politikgeschichtlichen Arbeiten, sondern auch in der strukturalistisch orientierten Sozialgeschichte. Dieser Typus von Sozialgeschichte aber war in Westdeutschland, mehr noch anderswo im Westen seit den 1960er Jahren das Richtmaß von Innovation. Fragen nach Alltagswirklichkeit, nach Erfahrungen wie sozialen Praxen der Menschen in ihren materialen und kulturellen Dimensionen, wurden zwar im Anglomarxismus vorangetrieben. Aber das war auch im Westen die Domäne, besser: das Reservat kleiner Gruppen. Und in der alten Bundesrepublik waren es nicht nur herzlich wenige; bis auf minimale Ausnahmen blieben sie auch außerhalb der Machtbeziehungen des Wissenschaftsbetriebes. Ihre Fragen und Arbeiten galten eher als das Gegenbild dessen, was seriöse Wissenschaft zu sein habe.

Es sollte aber auch deutlich geworden sein, daß selbst in diesen politisch hoch „besetzten" Feldern das Bild einer monotonen Homogenität in der DDR täuscht. Es mag sein, daß die Unterschiede bzw. Veränderungen vielfach nur von Insidern erkannt werden konnten. Wie jedoch der Dokumentenband zur

[105]) *Dehne*, Nachbemerkung (wie Anm. 22). – In dem „Aufruf zur Bildung einer Arbeitsgruppe Unabhängiger Historiker in der DDR" vom 10. Januar 1990 artikulierte sich Empörung über jahrzehntelange „moralische und intellektuelle Degeneration [!]". Eine Übersetzung in Fragen nach den wichtigen Punkten und (konzeptuellen) Instrumenten einer alternativen Geschichtswissenschaft ist nicht zu erkennen. Die Autoren, zumal Dr. Armin Mitter und Dr. Stefan Wolle, beide seinerzeit wissenschaftliche Mitarbeiter am Institut für Allgemeine Geschichte der AdW, Berlin, hatten ebenfalls im Wissenschaftsbetrieb gearbeitet, sahen sich dort aber an den Rand gedrückt; vgl.: *Eckert/Küttler/Seeber* (Hrsg.), Krise – Umbruch – Neubeginn (wie Anm. 92), 160f., 170–174, 197–200.

Judenverfolgung und -vernichtung von 1983, aber auch das schmale Bändchen von Joachim Petzold von 1984 oder das Taschenbuch zur „Pogromnacht" von 1988 anzeigen, richteten sich experimentelle Akzentuierungen oder Nuancierungen keineswegs nur an die wissenschaftlichen Fachgenossen. Und bei der Arbeitergeschichte: Gerade in manchen heimatgeschichtlichen Publikationen löste sich die abstrakte Größe der „Hauptproduktivkraft Mensch" auf in eine Vielzahl von heterogenen, durchaus nicht konsistent agierenden Individuen (vgl. das Beispiel Lauscha).

Dennoch gilt, daß die Veränderungen, die erkennbar wurden, überwiegend nachholende Modernisierungen oder Anpassungen blieben. Und: Es waren entweder Arbeiten, die nicht Kernbereiche des industriellen Kapitalismus in Deutschland, also der direkten Vorgeschichte der DDR, betrafen – oder die Akteure einer Neuorientierung saßen in institutionellen „Nischen".[106]) Vielleicht vereinte aber auch ein weiterer Wahrnehmungsfilter Kritiker wie Verteidiger des Status quo: Walter Markov schrieb seine vierbändige Jacques Roux-Biographie in einer Hochzeit von Parteifixierung und strukturellem Überschwang, den späten fünfziger und frühen sechziger Jahren. Diese Biographie wurde zugleich eine Geschichte der kleinen Leute in der Französischen Revolution. War das ein Zeichen von Ungleichzeitigkeit – oder ein Beleg dafür, daß Innovation eher dort betrieben wurde oder möglich war, wo es nicht um deutsche, sondern „allgemeine Geschichte" ging (und auch direkte Kontakte zu Kollegen in anderen Wissenschaftsbetrieben, hier dem französischen, bestanden!)?[107])

Führt die Erkundung also in – schmale – *Nischen*? Freilich: Ist eine Nische „halb offen" oder „halb geschlossen"? Es mag sein, daß in den achtziger Jahren eine stärkere Konzentration, wenn nicht Verengung auf die Bundesrepublik zu beobachten ist[108]). Dennoch könnte angesichts der Veränderungen dort (Alltagsgeschichte und historische Anthropologie als Beispiel) damit eine Theorie-Anregung verbunden gewesen sein, die in der Tat als „Entprovinzialisierung" bereits vor 1989 gelten mag.[109]) Es waren allerdings kaum mehr als schmale Kerben in einem wenig erschütterungsfähigen Gebilde, „wichtige Teile der Sozialgeschichtsschreibung in der ehemaligen DDR" wohl kaum. Harald Dehne hat unterstrichen, wie rigoros das Abdrängen und Ausgrenzen auch in den späten 1980er Jahren war, wenn es um „Alltagsgeschichte" ging,

[106]) Vgl. *Dehne*, Nachbemerkung (wie Anm. 22).
[107]) Vgl. *Matthias Middell*, Jenseits unserer Grenzen? Zur Trennung von deutscher und allgemeiner Geschichte in der Geschichtswissenschaft und Geschichtskultur der DDR, in: Konrad Jarausch/Matthias Middell (Hrsg.), Nach dem Erdbeben. (Re-)Konstruktion ostdeutscher Geschichte und Geschichtswissenschaft. Leipzig 1994, 88–120, hier 104–109; vgl. auch *Rumpler*, Die Revolutionsgeschichtsforschung in der DDR (wie Anm. 21).
[108]) *Middell*, Jenseits unserer Grenzen (wie Anm. 107), 108.
[109]) *Georg G. Iggers*, Einleitung, in: ders. (Hrsg.), Ein anderer historischer Blick. Beispiele ostdeutscher Sozialgeschichte. Frankfurt am Main 1991, 7–35, hier 35.

auch durch Vertreter der DDR-Sozialgeschichte (ihrerseits erst soeben akzeptiert). Und selbst die Befürworter hatten Teil daran, leisteten Selbst-Begrenzung und Selbst-Einengung. Allerdings drängt sich auch hier der Eindruck auf, daß sie in dem einen wie dem anderen nicht allzu weit entfernt waren von den Akteuren, die Vergleichbares betrieben, in der alten BRD.

Zur Alten Geschichte in der DDR

Von

Wolfgang Schuller

Da bei unserer Tagung gelegentlich auch auf Autobiographisches geachtet wird, kann einleitend vielleicht auch einmal ein westdeutscher Historiker einige entsprechende Sätze sagen. Man ist sich im allgemeinen einig darüber, daß von westdeutscher Seite wenig in Richtung DDR und DDR-Geschichtswissenschaft geblickt wurde; dasselbe gilt, und vielleicht in verstärktem Maße, für die Jurisprudenz, mein erstes Fach.[1]) Ich erkläre und bewerte das jetzt nicht[2]), sondern sage nur, daß das bei mir anders war. Aus diesem Grunde habe ich mein Buch über das politische Strafrecht der DDR geschrieben[3]), das jetzt, nach dem Umbruch, gebraucht wird und wirkt, und daher habe ich auch als Althistoriker so viel Verbindung wie möglich zu meinen Fachkollegen in der DDR und in Osteuropa gepflegt.[4]) Nicht aus Sympathie mit den politischen Verhältnissen und der Ideologie des Staatsmarxismus. Vielmehr nahm ich im Gegenteil die Wirkungen wahr, die diese Diktatur auch auf unsere Wissenschaft und unsere Kollegen hatte. Ich gestehe, daß ich – auch und gerade

[1]) *Gerhard A. Ritter*, Der Umbruch von 1989/91 und die Geschichtswissenschaft, in: Sitzungsberichte der Bayerischen Akademie der Wissenschaften München, Philosophisch-historische Klasse 1995, 5; siehe dazu auch *Wolfgang Schuller*, Der politische Umbruch in der DDR von 1989/90 – eine Zwischenbilanz aus westlicher Sicht, in: Alexander Fischer/Günther Heydemann (Hrsg.), Die politische „Wende“ 1989/90 in Sachsen. Rückblick und Zwischenbilanz. Weimar/Köln/Wien 1995, 189–204; zur DDR-Geschichtswissenschaft *ders.*, Kein bloß „anderer“ Blick. Geschichte und Geschichtswissenschaft in der DDR, in: Gisela Helwig (Hrsg.), Rückblicke auf die DDR. Festschrift für Ilse Spittmann-Rühle. Köln 1995, 104–112; zur Situation an den DDR-Hochschulen vor und nach dem Umbruch *ders.*, Zwei Nationen – zwei Wissenschaften? Eindrücke vom Wiederaufbau der Wissenschaftsorganisationen in den neuen Bundesländern, in: Deutschland Archiv 27, 1994, 470–477. – Hier und später zitiert der Verf. oft sich selbst, was ihm aus Dokumentationsgründen bitte verziehen werde.

[2]) Vgl. aber *Wolfgang Schuller*, in: Materialien der Enquete-Kommission „Aufarbeitung von Geschichte und Folgen der SED-Diktatur in Deutschland“. Bd 2/1. Baden-Baden 1995, 260 f.

[3]) *Wolfgang Schuller*, Geschichte und Struktur des politischen Strafrechts der DDR bis 1968. Ebelsbach 1980.

[4]) Zur Atmosphäre dieser Verbindungen vgl. *ders.*, Wie einst Shanghai. Zur Sprache politischer Urteile der DDR-Justiz, in: Angela Bader/Annemarie Eder/Irene Erfen/Ulrich Müller (Hrsg.), Sprachspiel und Lachkultur- und Sprachgeschichte. Rolf Bräuer zum 60. Geburtstag. Stuttgart 1994, 506–522. – In meinen beiden altertumswissenschaftlichen Schriftenreihen „Xenia“ und „Antike in der Moderne“ nehmen Autoren aus Osteuropa den ersten Platz ein.

als Historiker – natürlich verstehen konnte, wenn man meinte, mit dem Marxismus etwas Neues, Zukunftsträchtiges beginnen zu können, ich muß aber auch und erst recht gestehen, daß mir marxistische Überzeugungen in einem Kontext, in welchem nur sie Gültigkeit hatten und zudem gewaltsam durchgesetzt wurden, nie besonders eindrucksvoll erschienen. Verbunden fühlte ich mich denen, die darunter zu leiden hatten.

Angesichts der generellen Interesselosigkeit der westdeutschen Historiker hatte diese Position zur Folge, daß ich bei dem Anerkennungsbedürfnis auch der offiziellen DDR-Geschichtswissenschaft trotz meiner nie verschwiegenen politischen Haltung verhältnismäßig oft eingeladen wurde und lange vor dem Umbruch vom Herbst 1989 einige Kenntnis von dem hatte, was sich dort abspielte. Ich trug zur Festschrift für Heinz Kreißig bei[5]), und ich berücksichtigte in meiner Griechischen Geschichte[6]) DDR-Publikationen, und wenn ich Kritik übte[7]), dann wurde mir zugute gehalten, daß ich diese Publikationen wenigstens wahrnahm[8]). In dem Sammelband von Alexander Fischer und Günther Heydemann verfaßte ich dann den Abschnitt über die Althistorie, der zwar erst kurz nach dem Umbruch erschien und noch in einer vorsichtigen Sprache gehalten war[9]), der aber doch so haltbar war, daß er, mit einem Nachwort versehen, in einer Bilanz des Wissenschaftsrates wieder gedruckt wurde und auch von früheren DDR-Kollegen akzeptiert worden ist[10]). Jetzt zur Sache.

[5]) *Wolfgang Schuller,* Die Einführung der Demokratie auf Samos im 5. Jahrhundert v. Chr., in: Klio 63, 1981, 281–288 („v. Chr." gegen das mir aufgedrängte „v. u. Z." beizubehalten, kostete einige Mühe).

[6]) *Ders..,* Griechische Geschichte. (Oldenbourg Grundriß der Geschichte, Bd. 1.) München/Wien 1980, 4. Aufl. 1994.

[7]) So etwa ebd., 1. Aufl., 151.

[8]) Daher etwa das Zitat bei Armin Jähne, in: *Joachim Herrmann/Jens Köhn* (Hrsg.), Familie, Staat und Gesellschaftsformation. Grundprobleme vorkapitalistischer Epochen einhundert Jahre nach Friedrich Engels' Werk „Der Ursprung der Farnilie, des Privateigentums und des Staats". (Veröffentlichungen des Zentralinstituts für Alte Geschichte und Archäologie der Akademie der Wissenschafte der DDR, Bd. 16.) Berlin 1988, 424.

[9]) *Wolfgang Schuller*, Alte Geschichte in der DDR. Vorläufige Skizze in: Alexander Fischer/Günther Heydemann (Hrsg.), Geschichtswissenschaft in der DDR. Bd. 2: Vor- und Frühgeschichte bis Neueste Geschichte. (Schriftenreihe der Gesellschaft für Deutschlandforschung, Bd. 25/2.) Berlin 1990, 37–58; siehe auch *Karl Christ,* Zur Entwicklung der Alten Geschichte in der DDR, in: ebd. 59–80, sowie *Peter Hassel*, Marxistische Formationstheorie und der Untergang Westroms, in: ebd. 81–95 – auf diese Aufsätze verweise ich für das Folgende generell. Zu *Matthias Willing*, Althistorische Forschung in der DDR. Eine wissenschaftsgeschichtliche Studie zur Entwicklung der Disziplin Alte Geschichte vom Ende des zweiten Weltkrieges bis zur Gegenwart (1945–1989). (Historische Forschungen, Bd. 45.) Berlin 1991, siehe die Besprechungen von *Wolfgang Schuller*, in: HZ 256, 1993, 713–715, und von *Wilfried Nippel*, in: Gnomon 66, 1994, 342–347.

[10]) In: *Burkhart Steinwachs* (Hrsg.), Geisteswissenschaften in der ehemaligen DDR. Bd. 1: Berichte. Konstanz 1993, 272–297; dort auch der materialreiche Bericht *Jürgen Dummer/Gerhard Perl*, Die Klassische Philologie in der ehemaligen DDR, 256–265, der meinen Text in vielem ergänzt; siehe auch *Manfred Fuhrmann,* Das Rinnsal war ein unterirdischer

Die allgemeine Position der Alten Geschichte innerhalb der DDR-Geschichtswissenschalt war uneinheitlich. Sie trug teilweise merkwürdig konservative Züge insofern, als sie vielerorts noch als Teil einer Altertumswissenschaft figurierte, zu der auch die Klassische Philologie und die Archäologie gehörten; an vielen anderen Stellen war sie aber auch organisatorisch Teil der gesamten Geschichtswissenschaft. Dabei erscheint ihre institutionelle Vertretung als seltsam willkürlich; in Jena und Berlin beispielsweise war sie nur durch Dozentenstellen vertreten, während sie an der Akademie mit dem Zentralinstitut für Alte Geschichte und Archäologie sogar dergestalt zu dominieren schien, daß die Klassische Philologie nicht einmal mehr in der Bezeichnung auftauchte und innerhalb des Institutes eher unter Kulturgeschichte rangierte. Ganz traditionell im positiven Sinne war dann auch, daß insbesondere an der Akademie empirische und sammelnde Arbeit einen großen Platz einnahmen; das lag zum Teil auch daran, daß Unternehmen wie die großen Inschriftencorpora oder die Prosopographia Imperii Romani Unternehmungen der alten Berliner Akademie waren und zum Teil aus Gründen des äußeren Prestiges weitergeführt wurden.

Auch inhaltlich trug die DDR-Althistorie wie auch die Klassische Philologie teilweise stark traditionelle Züge. Das 5. vorchristliche Jahrhundert in Griechenland mit Parthenon und Perikles war unbefragt die maßstabgebende „klassische Epoche“[11]), das 4. Jahrhundert, ebenso unbefragt, das der Krise; große Persönlichkeiten und die politische Geschichte rangierten überraschend weit vorne. Innovatorische Ansätze wie historische Anthropologie und sogar die Frauengeschichte waren unbekannt, wenn nicht die Beschäftigung mit Friedrich Engels' „Ursprung“ so gewertet werden soll[12]); umgekehrt wurde das traditionelle Römische Recht nur ganz punktuell gepflegt[13]). Überhaupt geschah manches trotz der Einbindung in Kollektivprojekte auf Grund kleinerer Einzelinitiativen; die athenische Demokratie und die griechische Gesellschaftsgeschichte wurden von Detlef Lotze in Jena, der erst nach dem Umbruch Professor werden konnte, mit großem internationalen Widerhall betrieben. Insofern genoß das Fach die Gnade der relativen Irrelevanz, was sich auch in einem unverhältnismäßig niedrigen Prozentsatz der SED-Mitglieder ausdrückte. Das hatte natürlich die andere Seite, daß das Fach, zusammen mit der Klassischen Philologie, ständig gefährdet war und Einbußen hinnehmen mußte, und es muß gesagt werden, daß seine Erhaltung überhaupt teilweise durchaus das Verdienst guter bis sehr guter Genossen war.

Strom, in: ebd. 266–271. – Armin Jähne und Detlef Lotze danke ich für schriftliche, auch kritische Kommentare zu meinem Text.

[11]) Das mag an Marxens Position gelegen haben, siehe dazu *Panayotis Kondylis*, Marx und die griechische Antike. Heidelberg 1987 (siehe dazu HZ 252, 1991, 642 f).

[12]) Siehe unten zu Anm. 19.

[13]) *Liselot Huchthausen*, Römisches Recht. Berlin/Weimar 1983.

Das konnte nur dadurch geschehen, daß natürlich auf der anderen Seite die Wichtigkeit des Faches innerhalb des marxistischen Geschichtsbildes herausgehoben wurde. Das war auf mehreren Gebieten der Fall. Zum einen beteiligten sich wichtige Vertreter des Faches zusammen mit Mediävisten und anderen an ausgiebigen Diskussionen über Periodisierungsfragen, denen zum Teil zwar viel Scholastisches anhaftete, die aber doch, wenn man ein einheitliches Geschichtsbild brauchte, konstitutiv waren. Zum zweiten standen natürlich zahlreiche Fragen der antiken Sklaverei im Vordergrund der Arbeit, und drittens gab es eine Tendenz, möglichst viele Erscheinungen auf Kämpfe von unten und eine aktive Rolle der Volksmassen zurückzuführen. Uneingeschränkt positiv ist schließlich zu vermerken, daß die Geschichte des Altertums im „Jahrbuch für Wirtschaftsgeschichte" einen konstitutiven Platz einnahm.

Seit den siebziger Jahren setzte eine Entwicklung ein, die man als Versachlichung bezeichnen könnte, sie ist teilweise an den verschiedenen Auflagen des Hochschullehrbuchs Griechische Geschichte[14]) oder auch des Lexikons der Antike[15]) zu beobachten. So wurde die Rolle des Spartacus-Aufstandes deutlich reduziert[16]), und Kreißig konnte sarkastisch meinen, daß ein guter Marxist sich nicht dadurch auszeichne, möglichst viele Sklaven zu entdecken, sondern die Anzahl der Sklaven empirisch zutreffend festzustellen. Gegen Ende der DDR wurde, gelegentlich mit gewissen Beklemmungen, der rechtlich definierte Statusbegriff gegen den ökonomischen Klassenbegriff ausgespielt.[17]) Sehr beachtenswert war auch das Konzept, das Gert Audring hinsichtlich einer zu schreibenden Wirtschaftsgeschichte entwarf.[18]) Ich zitiere am besten wörtlich, weil auf diese Weise die Brisanz noch am deutlichsten zu spüren ist.

„Die internationale althistorische und wirtschaftsgeschichtliche Forschung der letzten Jahrzehnte, namentlich in der UdSSR, in Großbritannien, Italien und Frankreich, hat … obwohl nicht immer unter Berufung auf Marx, eine Reihe weiterer wertvoller Einzelbeobachtungen zur sachgerechten Charakterisierung des antiken Wirtschaftslebens festgehalten; einige seien summarisch und ohne systematische Absicht, auch ohne Nennung von Forschernamen, erwähnt:

– die Existenz massenhaften kleinen Eigentums,
– ein hoher Grad der Selbstversorgung und beharrliches Streben nach Be-

[14]) *Heinz Kreißig* (Leiter des Autorenkollektivs), Griechische Geschichte bis 146 v. u. Z. Berlin 1978, 3. Aufl. 1985.
[15]) *Johannes Irmscher* (Hrsg.), Lexikon der Antike. Leipzig 1971, 9. Aufl. 1987.
[16]) *Schuller*, Alte Geschichte (wie Anm. 9), 54.
[17]) *Rigobert Günther*, Klassen, Stände und Schichten in der antiken Gesellschaftsordnung, in: Sitzungsberichte der Sächsischen Akademie der Wissenschaften Leipzig, Philologisch-historische Klasse 130, 4, 1990.
[18]) *Gert Audring*, Prolegomena zu einer Darstellung der antiken Wirtschaft, in: Wiss. Zs. der Humboldt-Universität zu Berlin, Gesellschaftswiss. Rh. 36, 1987, 41–45, Zitat 44.

wahrung der ökonomischen Selbständigkeit der wirtschaftlichen Zellen der Gesellschaft,

– ein im Durchschnitt niedriges Existenz- und Verbrauchsniveau,

– die fehlende Trennung von Haushalt und Betrieb im Gewerbe,

– das weitgehende Fehlen einer rationalen Buchführung,

– die spezifische Einstellung zur Zeit,

– die ökonomischen Aktivitäten, also etwa das Akkumulations-, Investitions- und Konsumentenverhalten, erscheinen stark von den Wertvorstellungen der Polis und vom Statusdenken reguliert und kontrolliert, d. h. politische und ethische Erwägungen und Konzepte besitzen außerordentlich großen Einfluß auf ökonomische Maßnahmen und Entscheidungen,

– der Absatz ist häufig Gelegenheitsabsatz, ein Kampf um Absatzmärkte läßt sich nicht nachweisen,

– siegreiche Staaten strebten häufig danach, auf Kosten der Produktion unterworfener Staaten zu leben (Züge des Parasitismus),

– entwickelte Sklavereiverhältnisse setzen ein ‚barbarisches Umfeld' voraus,

– der zeitweise deutlich *politische,* vom Prestigegedanken bestimmte und nicht vorrangig ökonomisch bedingte Charakter der Münzprägung mancher kleiner Poleis usw."

Ein anderes Beispiel empirischer Forschung, mit der vulgärmarxistischen Gemeinplätzen entgegengetreten wurde, sind die althistorischen Beiträge in dem großen Sammelband, der zum 100. Jahrestag des Engelsschen „Ursprungs der Familie" erschienen war; er gab eine große repräsentative Konferenz des Jahres 1984 wieder.[19]) Trotz gelegentlicher marxisierender Rhetorik und trotz gelegentlichen Beteuerns der bleibenden Aktualität der Schrift stimmten die Beiträge zur frühen griechischen Geschichte (Armin Jähne, Jan Pečírka [Prag], Ernst Kluwe, Detlef Lotze und Peter Musiolek) darin überein, daß die Forschung – bei der ebenfalls nicht zwischen marxistischer und bürgerlicher unterschieden wurde – Grundannahmen von Engels falsifiziert habe. So sei die Anzahl der Sklaven gering gewesen, und Münzen seien erstmals nach Solon geprägt worden, so daß weder Sklavenarbeit noch Geldwirtschaft die konstitutive Rolle bei der Umgestaltung von Wirtschaft und Gesellschaft spielen konnten, wie Engels sie behauptet hatte.

Die historische Entwicklung des Faches Alte Geschichte an Universitäten und der Akademie wich teilweise, wegen seiner relativen Irrelevanz, von allgemeinen Entwicklungen ab, teilweise entsprach sie ihnen aber. Konstitutiv im Selbstverständnis und für eine zutreffende Betrachtung überhaupt ist die Frühphase, insbesondere das, was auch von marxistischer Seite „Durchsetzung des Marxismus" genannt wird. Damit meine ich die Vorgänge der frühen

[19]) *Herrmann/Köhn* (Hrsg.), Familie, Staat und Gesellschaftsformation (wie Anm. 8).

fünfziger Jahre, bei denen durch zum Teil unerträglichen Druck auf nichtmarxistische Historiker personell und institutionell das Monopol des Staatsmarxismus installiert wurde. Das geschah in einer geschlossenen Gesellschaft ohne jede Möglichkeit, sich zur Wehr zu setzen[20]), und das lastete als Geburtsfehler auch auf den subjektiv ehrlichen marxistischen Überzeugungen, die es damals und in der Folgezeit gegeben hat: Sie waren nicht nur nicht das Ergebnis offener Diskussionen (oder auch Modeströmungen oder Cliquenwirtschaft), sondern sie waren Ergebnis und Instrument geistiger Unterdrückung.

Um so interessanter ist die spätere partielle Absetzbewegung von allzu grobschlächtigen Primitivismen innerhalb des marxistischen Rahmens oder sogar neben ihm festzustellen; sie zu erklären ist eine lohnende Aufgabe.[21]) Für die Alte Geschichte und überhaupt die Altertumswissenschaften gab es über die allgemeinen Bedingungen hinaus aber noch einen spezifischen Faktor, der in diese Richtung wirkte, und das war der Westexport. Es gab, zum Teil in Kooperation mit westlichen Verlagen, Publikationen, die nun wieder in ganz traditioneller Weise verschiedene Altertumsthemen variierten und dabei auf Devisen hofften. Umgekehrt kam es an neuralgischen Punkten zu Retardierungen, und das waren Publikationen für den Gebrauch innerhalb der DDR. Während etwa das Hochschullehrbuch Römische Geschichte den Spartacus-Aufstand einigermaßen relativierte, so erweckte es doch im Vorwort den Eindruck, es handele sich bei diesem Aufstand um ein zentrales Ereignis.[22]) An dieser Stelle muß die Leserschaft innerhalb der DDR wenigstens kurz erwähnt werden. Unter den Bedingungen der sehr konkreten Monopolisierung des Lesestoffes durch Partei und Staat hatten ja nicht nur praktizierende Historiker ihre Schwierigkeiten, sondern das Publikum, vom Studenten bis zum Geschichtsliebhaber, wurde durch das offiziell Verkündete hinters Licht geführt.[23])

Die Wirkung der DDR-Althistorie auf die internationale Wissenschaft war gering, was um so bemerkenswerter ist, als die Altertumswissenschaften insgesamt in besonders starkem Maße international betrieben werden. Das lag wohl vor allem daran, daß bei allem Abrücken von nicht nur Vulgär-Marxismus die DDR-Althistorie im Verhältnis zu anderen Ostblockstaaten, auch und gerade zur UdSSR, sich doch langsamer und zögerlicher auf diesen Weg begab. Einerseits ist natürlich die Etablierung einer marxistischen Alten Geschichte in der DDR überhaupt eine Folge der Sowjetisierung der SBZ und der

[20]) Dazu *Wolfgang Schuller,* Repression und Alltag in der DDR, in: Deutschland Archiv 27, 1994, 272–276.

[21]) Unter anderem soll dem in einem noch im Antragsstadium befindlichen Projekt nachgegangen werden, dessen Konzept bei *Schuller,* Anderer Blick (wie Anm. 1), skizziert ist.

[22]) *Horst Dieter/Rigobert Günther,* Römische Geschichte bis 476. Berlin 1979, 8.

[23]) *Karlheinz Blaschke*, Geschichtswissenschaft im SED-Staat. Erfahrungen eines „bürgerlichen" Historikers in der DDR, in: PolZG 42, 1992, 14–27, hier 19, 27.

DDR; so, wie allgemein gilt, daß es ohne UdSSR keine DDR gegeben hätte[24]), so ist auch die Einführung des Marxismus in der Geschichtswissenschaft eine wenn auch vermittelte Folge dieser Grundtatsache gewesen. Um so ironischer mutet die Tatsache an, daß Alte Geschichte in Osteuropa, von gelegentlichen Leit- und Jubiläumsartikeln abgesehen, schon lange vor den entsprechenden Vorgängen in der DDR, nüchtern-pragmatisch betrieben wurde. Ein besonders eindrucksvolles Beispiel ist das Buch von Elena Štaerman über die Sklaverei in der römischen Republik von 1964, in welchem sie unter kompromißlosem Rückgriff auf die Quellen rigoros mit liebgewordenen pseudomarxistischen Vorstellungen aufräumte.[25])

Trotzdem – die in der DDR betriebene Alte Geschichte war auf dem Wege zur, sozusagen, internationalen Kompatibilität, allerdings um den Preis der Aufgabe des mit so viel Brutalität und unter so viel menschlichem Leiden durchgesetzten Monopols des Staatsmarxismus. Diese Entwicklung ist dann durch den Untergang des Monopolisten SED selber gegenstandslos geworden. Wer will, kann jetzt durchaus nach Marxschen Kategorien forschen, und die große Frage ist nur, ob das noch jemand ohne den staatsmarxistischen Machtapparat als Stütze tun will.

[24]) „Erich, ich sage dir offen, vergesse das nie: die DDR kann ohne uns, ohne die SU, ihre Macht und Stärke – nicht existieren. Ohne uns gibt es keine DDR.“ – Leonid Breschnew zu Erich Honecker, zitiert nach *Peter Przybylski,* Tatort Politbüro. Berlin 1991, 281.

[25]) *E. M. Staerman,* Die Blütezeit der Sklavenwirtschaft in der römischen Republik (Übersetzungen ausländischer Arbeiten zur antiken Sklaverei, Bd. 2.) Wiesbaden 1969 – das russische Original erschien 1964.

DDR-Geschichtswissenschaft und Geschichtspolitik

Von

Mary Fulbrook

Wie soll man die historiographischen Früchte der DDR beurteilen? In den Debatten darüber geht es heute lediglich um die Polarität von „wahr" und „falsch" in den Darstellungen. Die Fragestellungen konzentrieren sich darauf, wie stark die Historiographie in der DDR als „Legitimationswissenschaft" für ein diktatorisches Regime instrumentalisiert und verzerrt wurde, wie groß der Handlungsspielraum war, den Historiker hatten, um politisch weniger stark eingeengt zu forschen und zu publizieren. Seit der Wende von 1989/90 gehen die Bewertungen in zwei Richtungen: derjenigen auf der einen Seite, die praktisch alles, was aus der DDR kam, als absolut wertlos abtun möchten, und mit wahrem Vergnügen „weiße Flecken" und politisch bedingte Verzerrungen bis hin zu direkten Falschdarstellungen finden; und derjenigen auf der anderen Seite, die potentiell fruchtbare Entwicklungstendenzen zu entdecken versuchen, die sich unter den damaligen politischen Bedingungen nicht voll entfalten konnten.[1]) Ohne hier zu sehr ins Detail zu gehen, reflektiert doch keines der beiden Lager in ausreichendem Maße den Charakter der Geschichtsschreibung als eines menschlichen Bemühens. Sie nehmen vielmehr bestimmte implizite Bewertungskriterien als gegeben an und verteilen dementsprechend Lob und Tadel. Anstatt die DDR-Geschichtswissenschaft einfach als Legitimationswissenschaft für das Regime abzutun, wäre es sicher fruchtbarer, allgemeiner über das Wesen der Geschichtsschreibung im Kontext unterschiedlicher gesellschaftlicher Verhältnisse nachzudenken. Einige Aspekte, unter denen man auf diese Weise an die Frage herangehen könnte, seien hier genannt, wobei ich einen Blick in den Westen wie in den Osten tun möchte.

Geschichte ist eine hybride Disziplin: Sie ist sowohl wissenschaftlich als auch imaginativ oder kreativ. Historiker stellen Hypothesen auf, suchen dann geeignetes empirisches Beweismaterial und korrigieren ihre Interpretationen an den erforschten Belegen. Aber Geschichtsforschung – wie die Darstellung ihrer Ergebnisse – enthält stets ein schöpferisches Element, ein Stück imagi-

[1]) Siehe z.B. *Hermann Weber*, Die „weißen Flecken" in der Geschichte, in: ders., Aufbau und Fall einer Diktatur. Köln 1991, im Gegensatz zu *Konrad Jarausch* (Hrsg.), Zwischen Parteilichkeit und Professionalität. Bilanz der Geschichtswissenschaft in der DDR, Berlin 1991, oder *Georg Iggers* (Hrsg.), Marxist Historiography in Transformation. Oxford 1991.

native Rekonstruktion und Repräsentation. Sie kann nicht leben ohne die Interpretation der Vergangenheit für die Gegenwart. Wie trocken dabei die wissenschaftliche Darlegung der Untersuchungsergebnisse, wie aufwendig der Fußnotenapparat und die Quellennachweise auch erscheinen mögen, der Historiker muß sich an einem Punkt ein Bild von der Welt der Vergangenheit gemacht haben, muß sich in die Gedankenwelt und Kultur, ja in die physische Realität einer anderen Welt hineingedacht haben, um etwas verstehen und nachvollziehen zu können, das im Grunde ein völlig fremdes Gebiet ist. Das läßt sich natürlich nicht in einem theoretischen Vakuum vollziehen: Selbst die Begriffe, in denen wir die Vergangenheit festhalten, sind mit ihren Bedeutungen und Bewertungen Teil unserer heutigen sozialen und politischen Welt. Es gibt keine „theorie-neutrale Datensprache" zur Beschreibung menschlicher Gesellschaften, ob nun in Vergangenheit oder Gegenwart. Darüber hinaus ist die Geschichtsschreibung in Abhängigkeit vom historischen Gegenstand und den aktuellen Umständen immer politisch relevant. Das Verständnis für das Vergangene ist stets integraler Bestandteil einer Interpretation des Gegenwärtigen: Geschichtsbewußtsein ist sozusagen die Grundlage gegenwärtiger Identität und auch der Perzeption zukünftiger Geschicke. In besonderer Weise war das in einem Deutschland im Schatten von Auschwitz der Fall, wo beide deutsche Staaten nach außen hin zu dokumentieren hatten, daß sie beide das Erbe einer äußerst problematischen Vergangenheit, wenn auch auf höchst unterschiedliche Weise, zu erklären vermochten und sie damit auch nachhaltig überwunden hatten. Das offizielle marxistisch-leninistische Geschichtsschema in der DDR mit seiner Stufenfolge historischer Formationen, von den Kämpfen zwischen „fortschrittlichen" und „reaktionären" Kräften und den revolutionären Vorwärtsbewegungen in der Entwicklung einer jeden Periode zu „höheren Stufen" war dafür besonders gut geeignet.

I. Die politische Aneignung der Geschichte

Offenbar gab es verschiedene Ebenen der Politisierung in der DDR-Geschichtswissenschaft. Die öffentliche Geschichtsdarstellung in Ausstellungen, Museen und historischen Gedenkstätten, an Denkmälern, in Museumsführern und zu Jahrestagsfeiern war natürlich stark politisiert. Deshalb sollte man sie getrennt von den Arbeiten der Historiker im akademischen Bereich betrachten (auch wenn manche von ihnen an Veröffentlichungen mitwirkten, die für ein breiteres Publikum und für die bewußte Formung des historischen Bewußtseins in der Bevölkerung bestimmt waren).[2] Selbst rein akademische For-

[2]) Siehe z. B. die Broschüre Martin Luther und unsere Zeit. Hrsg. v. Martin-Luther-Komitee der DDR. Berlin 1980, oder 750 Jahre Berlin: Thesen. Berlin 1986, bzw. die englischspra-

schung war ebenso in verschiedener Hinsicht politisiert. Zum einen konnte man innerhalb der institutionellen und finanziellen Rahmenbedingungen der DDR-Forschung und auch in den politischen Zwängen der Forscherkarriere eines Historikers nicht unbedingt immer, wenn überhaupt, zu einem Thema eigener Wahl arbeiten. Präferenzen und Mittel für bestimmte Forschungsgegenstände waren in Fünfjahrplänen fest umrissen, und in immer stärkerem Maße wurde die Frage, *wer* Forschung betreiben konnte, von dem Grad zumindest nach außen zur Schau getragener politischer Konformität abhängig.[3]) Einige Gebiete der Geschichtsforschung mußten ausgesprochen ausführlich bearbeitet werden, andere wurden total vernachlässigt, wieder andere waren mehr oder weniger stark tabuisiert. Zum anderen waren gewisse Analysekriterien, Darstellungsweisen, metatheoretische Voraussetzungen auszuweisen. Das „Sandwich-Prinzip", wonach empirischen Artikeln als Einleitung und zum Schluß ein theoretischer Tribut an Marx und Lenin voran- bzw. hintanzustellen war, galt als ein allgemein anerkanntes und praktiziertes Verfahren, wie das auch für den (vielleicht sogar unbewußten, internalisierten) Gebrauch von Begriffen wie „Spätfeudalismus" für „18. Jahrhundert" galt. Doch innerhalb dieser allgemeinen Einschränkungen hinsichtlich der Personen, der Gegenstände und der Diskursformen gab es verschiedene Grade von Freiheit. Diejenigen, die auf der Konferenz, die Gegenstand dieser Publikation ist, auftraten, lieferten Beweise für eine große Variationsbreite von der beschriebenen Insel der Unschuld, wie sie in der Konzeption von Herrn Blaschke die Landesgeschichte (oder auch einige Bereiche der hier nicht analysierten Religions- und Theologiegeschichte) bildete, über die geschützten intellektuellen Nischen des Instituts von Jürgen Kuczynski, das – allerdings nur in den eigenen vier Wänden – die Art anregenden Debattierens, wie es von Jan Peters beschrieben wird, zuließ, bis hin zu der ganz offen und engagiert politisierenden Geschichtswissenschaft im Dienste des Regimes, wie sie von Helga Schultz, die ihre Mitwirkung an den Berliner Thesen von 1987 durchaus verteidigte, und anderen beschrieben wurde.

Für den Westen waren die Tendenzen in der DDR-Geschichtsschreibung, die (sowohl vor als auch nach 1989) das meiste Interesse erregten, solche, die sich in gewisser Weise aus der Zwangsjacke des orthodoxen Marxismus-Leninismus lösten. In den siebziger und achtziger Jahren schien es, als ob die Geschichtsforschung der DDR auf sehr vereinzelten Gebieten – wie etwa der Gesellschaftsgeschichte in Einzelbiographien – hinsichtlich der Rolle von Ideen und „großen Persönlichkeiten" bis zu einem gewissen Grade mit dem Westen

chige Broschüre, die auf eine internationale Rezeption zielte: Upholding the Antifascist Legacy. Dresden 1985.

[3]) Siehe *Alexander Fischer/Günter Heydemann* (Hrsg.), Geschichtswissenschaft der DDR. Bd. 1. Berlin 1988; *Ralph Jessen*, Professoren im Sozialismus, in: Hartmut Kaelble/Jürgen Kocka/Hartmut Zwahr (Hrsg.), Sozialgeschichte der DDR. Stuttgart 1994, 217–253.

übereinstimme. Veröffentlichungen wie die vielseitigen Arbeiten eines Jürgen Kuczynski zur Geschichte der deutschen Arbeiterklasse und zur Alltagsgeschichte einerseits und die Biographien Friedrichs II. von Ingrid Mittenzwei bzw. Bismarcks von Ernst Engelberg andererseits schienen in bemerkenswerter Weise mit den methodischen und inhaltlichen Wandlungen in der damaligen Historiographie Westdeutschlands vereinbar zu sein. Ganz ähnlich schien die Aufwertung der Rolle Luthers als einer ideologischen Schlüsselfigur in der Vorbereitung des deutschen Bauernkrieges (was ironischerweise im Widerspruch stand zu westlichen neomarxistischen Interpretationen der Reformation als aus spätfeudalen sozialökonomischen Krisen entstanden) und das erneuerte Interesse an der gesamten deutschen Geschichte (und nicht nur an ihren „fortschrittlichen" Aspekten) sowohl eine Entwicklung auf eine pluralistischere historiographische Landschaft als auch gleichzeitig eine deutliche Annäherung an westliche Herangehensweisen zu signalisieren. Das Problem liegt jedoch darin, wieviel stärker diese Tendenzen mit politischen Erwägungen im Zusammenhang standen, als das auf einen ersten flüchtigen Blick der Fall zu sein scheint.

Dieses In-einem-politischen-Zusammenhang-Stehen – um es fürs erste sehr vorsichtig zu sagen – der historiographischen Entwicklungstendenzen ist relativ leicht aufzuzeigen, nimmt man z.B. das plötzliche Interesse an Biographien großer Persönlichkeiten, das irgendwie im Widerspruch zu früheren Darstellungen der Geschichte als Ergebnis von Klassenkämpfen zu stehen scheint, in denen ganze Klassen auf der Grundlage vorgefaßter Klasseninteressen zu handeln schienen und Einzelpersönlichkeiten selten eine ernstzunehmende Rolle zugewiesen bekamen, außer als Marionetten von Klasseninteressen (selbst Hitler). Steht diese plötzliche Betonung der Rolle Friedrichs II. bzw. Bismarcks nicht in einem gewissen Kontrast zu den grundlegenden theoretischen Postulaten des Marxismus-Leninismus? Schauen wir aber ein wenig genauer hin, so entdecken wir, daß politische Überlegungen im Spiele sind, die das Entstehen solcher politischer Biographien Ende der siebziger Jahre und in den achtziger Jahren begünstigt haben. Bereits im Jahre 1964 sprach Ernst Engelberg z.B. von der Notwendigkeit, den auf äußeren Glanz bedachten, für alle zugänglichen und gefühlsbetonten Erzeugnissen der westdeutschen Geschichtsschreibung etwas Qualitätvolleres entgegenzusetzen. DDR-Historiker müßten denselben Boden betreten: Nicht nur über „Repräsentanten der Demokratie und des Sozialismus" solle geschrieben werden, sondern auch „Leitbilder wie Karl der Große, Otto I., Friedrich II. von Preußen, Bismarck, Hindenburg, Stresemann u. a. politische Exponenten der Ausbeuterklasse können hervorragend dazu beitragen, falsche Vorstellungen über Deutschlands Vergangenheit aus dem Geschichtsbewußtsein zu tilgen. Die Entwicklung der historisch-biographischen Forschung, die bislang eine Domäne der bürgerlichen Historiographie Westdeutschlands geblieben ist, gehört zu den dringendsten Anliegen der Planung und Leitung."[4]) Einige Ergebnisse dieser Überlegungen können dann zwei Jahrzehnte später in Engelbergs Interpretation der Rolle Bismarcks nachgelesen werden.

Diese historiographischen Veränderungen erhielten natürlich zusätzlichen Nährstoff durch die Veränderungen, die der *Ostpolitik* und den neuen Diskussionen um *Tradition und Erbe* in den siebziger Jahren folgten. Außerdem läßt sich die Funktion von Entwicklungen, wie die Beschwörung von Martin Luther als DDR-Nationalheld, sehr leicht nachvollziehen: Der glückliche Umstand, daß sich so viele Lutherstätten auf dem Gebiet der DDR befinden, ließ sich 1983 als lukrative Quelle touristischer Einnahmen ausnutzen und paßte so ausgezeichnet in die Politik des Regimes, die protestantischen Kirchen als verlängerten Arm des Staates im Sinne der Vereinbarung von 1978 zu benutzen. Auf jeden Fall gab es, selbst bei aller Öffnung, wenn auch nicht der gesamten, so doch zumindest eines größeren Ausschnittes deutscher Geschichte als legitimes Forschungsgebiet, immer noch ganz klare Vorstellungen von Helden und Schurken, von dem, was als „Tradition" und was als „Erbe" anzusehen war. Die Rolle der Geschichte war immer noch sehr explizit ein Mittel (mit Heinz Heitzers Worten), „um Einblicke in die Schlachten der Vergangenheit zu gewinnen, Inspirationen aus ihnen abzuleiten und sich den Herausforderungen der Gegenwart und Zukunft zu stellen."[5])

Schmälert nun eine offensichtliche politische Funktionalisierung auch notwendigerweise die Verdienste dieser Entwicklungen? Es lohnt sich vielleicht in diesem Zusammenhang, an den gleichzeitigen Versuch zu erinnern, das historische Bewußtsein für die Herstellung einer annehmbaren nationalen Identität der Deutschen im Westen zu vereinnahmen. Man braucht dazu nur Andreas Hillgrubers Aufsätze über die „Zerschlagung" des deutschen Reiches und das „Ende" des europäischen Judentums zu lesen, um zu erkennen, daß das Problem der „Identifikation" nicht nur ein kommunistisches Anliegen ist.[6]) Die Ironie dabei besteht vielleicht darin, daß es in der Regel diejenigen sind, die der DDR-Geschichte von einem konservativen Standpunkt aus am kritischsten gegenüberstehen, die dazu neigen, in ihren eigenen Schriften am stärksten politische Emotionen zum Ausdruck zu bringen. Das Problem ist für sie eindeutig nicht prinzipieller Natur, sondern es handelt sich bei ihnen wesentlich um die Frage, auf wessen Seite man steht. Doch lassen wir die Extreme des politischen Spektrums beiseite, so bleibt ein allgemeineres Problem, dem sich alle Historiker stellen müssen. Ob man nun bewußt „Geschichte von unten" schreibt, um die „Underdogs" dem „Vergessen der Nachwelt" zu ent-

[4]) *Ernst Engelberg*, Der umfassende Aufbau des Sozialismus und die Aufgaben der Historiker. Berlin 1964, 23.
[5]) *Heinz Heitzer*, GDR: An Historical Outline. Dresden 1981, 7 (deutsches Original 1979).
[6]) *Andreas Hillgruber*, Zweierlei Untergang. Die Zerschlagung des deutschen Reiches und das Ende des europäischen Judentums. München 1986, 23 ff.

reißen, oder ob man theorieabstinent eine Beschreibung von Diplomatie und hoher Politik liefert, so als ob „die Menschen ihre Geschichte selbst machten", und zwar ohne jedwede Einschränkung, ohne daß je eine „Lage nicht selbst so gewählt worden sei". Historiker wie Romanciers schreiben dazu ja aus einer bestimmten Perspektive. Diese Tatsache der möglichen Vielfalt der Perspektiven und daher der verschiedenen Erzählstile wirft die Frage auf, ob es tatsächlich legitime Gründe für das Fehlen von Übereinstimmung zwischen den Geschichten und die Notwendigkeit für eine echte Theoriedebatte gibt.

II. Metatheoretische Erwägungen und empirisches Beweismaterial

Es ist unmöglich, die Vergangenheit ohne gewisse Vorannahmen zu analysieren. Was sind die Bausteine der Vergangenheit, und wer handelt – soziale Klassen oder bedeutende Einzelpersönlichkeiten? Folgt sie bestimmten Gesetzmäßigkeiten, lassen sich allgemeine Regeln finden, oder ist sie vielmehr eine lose Folge von zufälligen Handlungen, Ereignissen, die man dann zu einer Erzählung zusammenfügen kann über viele „lausige Kleinigkeiten", will man es salopp formulieren? Auf der Grundlage welchen allgemeinen Hintergrundes von Vorannahmen und bekanntem Wissen beginnen wir, welche Art von Fragen an die Vergangenheit zu richten? Der Begriff „Paradigmen", den Thomas Kuhn als erster in seinen Arbeiten zur Naturwissenschaft verwendete, ist inzwischen weit verbreitet, wenn auch nur unscharf gebraucht für die Vielfalt theoretischer Rahmenbedingungen, für verschiedene Kategorien und Konzepte, verschiedenartige Problemlösungen, Regeln und Kriterien der Einschätzung von Beweismaterial.

Geschichtsschreibung hatte in der DDR im Rahmen eines einzigen, offiziell staatlich sanktionierten Paradigmas zu erfolgen, das bemerkenswert resistent war gegen das Eindringen empirischen Beweismaterials. Wenn wir auch nur einige der offenbar erstaunlich neuen Entwicklungen in der ostdeutschen Historiographie in den siebziger und achtziger Jahren untersuchen, so finden wir, daß neues und durchaus bis dahin tabuisiertes Material analysiert wurde und oft auf sehr interessante Weise, gelegentlich aber auch in der Perspektive alter theoretischer Gesichtspunkte. Dort, wo es implizite Widersprüche zwischen den allgemeinen theoretischen Maximen des Marxismus (so wie er in der DDR offiziell rezipiert wurde) und den neuen Darstellungen – wie z. B. der Wiederbelebung der Rolle von Einzelpersönlichkeiten in der Geschichte – gab, werden solche Widersprüche größtenteils eher ignoriert als dazu genutzt, bis dahin übliche metatheoretische Vorgaben zu revidieren.[7]) Nehmen wir bei-

[7]) Es ist beispielsweise interessant zu sehen, wie einerseits Hans Ulrich Wehlers Analyse der charismatischen Rolle Bismarcks ihn dazu geführt hat, seine früher eher strukturalisti-

spielsweise die Frage des populären Antisemitismus im Dritten Reich, so stand im Mittelpunkt des Gründungsmythos der DDR als des „antifaschistischen Staates" die These, daß die im großen und ganzen unschuldigen Arbeiter und Bauern von den Nazi-Kapitalisten und -Junkern ausgebeutet worden waren, bis sie von der Roten Armee im Zusammenwirken mit Widerstandskämpfern aller Nationen befreit wurden. Dieser Gründungsmythos war nicht nur in zahllosen kurzlebigen Arbeiten zu finden (Begleitheften zu Führern durch Konzentrationslager, Jahrestagsbroschüren, Gedenkschriften und dergleichen), sondern auch in ernsthaften geschichtswissenschaftlichen Veröffentlichungen. Erst in den siebziger Jahren begann mit den Arbeiten Kurt Pätzolds und seiner Mitarbeiter das offene Eingeständnis (und dieses Eingeständnis ging bis in Detail), daß deutsche Arbeiter und Bauern gelegentlich auch eine ziemlich unrühmliche Rolle gespielt haben konnten. Die beginnende Übereinstimmung mit neuen Entwicklungen in der westlichen Historiographie, wo sich auch eine Sozialgeschichte des Dritten Reiches auszubreiten begann, war ziemlich erstaunlich. Einige Passagen aus dem Lehrbuch „Hakenkreuz und Totenkopf", das von Kurt Pätzold und Manfred Weißbecker verfaßt wurde, hätten z. B. durchaus dem Müncher Bayernprojekt unter Martin Broszat entstammen können.[8])

Gleichwohl blieben bei aller Ähnlichkeit der Ergebnisse im empirischen Bereich die allgemeineren Interpretationen sehr unterschiedlich. Pätzold erkennt die Realität tatsächlich an, jedoch nicht, um sie zu erklären, sondern um sie wegzureden. Für Pätzold war der nun anerkannte „Rassismus und Antisemitismus" des Dritten Reiches sehr eng verbunden mit den „Herrschafts- und Expansionsinteressen des deutschen Imperialismus ... Die Rassendoktrin war vor allem Kampfinstrument gegen die deutsche Arbeiterklasse." Jeder Versuch, die Geschichte der Mentalitäten tatsächlich ernst zu nehmen, konnte als „Subjektivismus" zurückgewiesen werden. An ihrer Stelle gibt es tieferliegende Realitäten, die kein noch so umfangreiches Beweismaterial verschleiern darf: „Auf welche Erscheinung sich die Analyse der Ursprünge, Antriebe, Zwecke und Ziele des faschistischen Rassismus und Rassenantisemitismus auch immer richtet, sie bewegt sich im sozialen Umfeld imperialistischer Herrschafts-, Macht- und Profitinteressen. Dort wurzelten und wuchsen Geist und Tat der Judenverfolgung. Alle Tatsachen, die vor und nach 1933 von der Mitwirkung kleinbürgerlicher Massen in den Uniformen der SA, der SS und der Hitlerjugend oder in Zivil zeugen, berühren das Wesen des faschistischen Rassismus nicht. Wie in früheren Jahrhunderten und in vielen Staaten

schen Positionen neu durchzusehen und zu revidieren, während andererseits der relative Mangel an allgemeineren Überlegungen offenkundig ist, die von Engelbergs Bismarck-Biographie oder der neuen Sicht Martin Luthers auf die allgemeinen historiographischen Ansätze in der DDR hätten ausgehen können.

[8]) *Kurt Pätzold/Manfred Weißbecker*, Hakenkreuz und Totenkopf. Berlin 1981.

Gruppen der Bevölkerung gegen Minderheiten aufgeputscht wurden, sie drangsalierten und hinmordeten, ohne zu durchschauen, daß und in wessen Interesse man sie manipulierte, so waren auch die faschisierten Kleinbürger und Arbeiter im Nazireich sich ihrer tatsächlichen Rolle nicht bewußt."[9])

Die unschuldigen Menschen bleiben unschuldig, schlimmer noch, sie werden als stumme Opfer eines falschen Bewußtseins dargestellt, die sich nicht einmal des Kontextes und der Implikationen ihrer eigenen Handlungen bewußt sind. Was nimmt es dann wunder, wenn sie später die Dienste einer Parteivorhut brauchen, die sie als (unmündige) Untertanen in eine bessere Zukunft führt, die natürlich auf lange Sicht in ihrem ureigensten Interesse liegen mußte – trotz der Tatsache, daß viele von ihnen dieses gar nicht erkannten. Eine so offensichtliche Mißachtung empirischer Realitäten, wie sehr diese auch durch eine theoretische Brille gefiltert sein mögen, verträgt sich nicht gut mit Vorstellungen theoretischer Offenheit und der Möglichkeit, eine Interpretation spezifischer Fragen oder gar eines umfassenderen Paradigmas bzw. eines allgemeinen Herangehens im Lichte empirischen Beweismaterials zu verändern. Außerdem blieben trotz aller Betonung des theoretischen Debattierens unter den DDR-Geschichtswissenschaftlern in den siebziger und achtziger Jahren diese Diskussionen innerhalb streng umrissener Grenzen. Nie wurde jener Grad der Kontroverse und Nichtübereinstimmung offener Kritik und der Möglichkeit realer Veränderungen in den theoretischen Annahmen, wie er im Westen in diesen Jahrzehnten anzutreffen war, erreicht. Es ist genau diese Art Widerstand gegen die Realitäten empirischen Beweismaterials, diese Entschiedenheit, mit der sich einige prominente DDR-Historiker an die politisch im Mittelpunkt stehenden Losungen trotz allen Beweismaterials für das Gegenteil klammerten, die eine Aura des Mißtrauens um die ganze DDR-Geschichtsschreibung legte – wie unfair dies auch gegenüber der Arbeit weniger einzelner gewesen sein mag, denen es gelang, innerhalb des Systems zu überleben, und die gleichzeitig versuchten, eine ehrlichere Darstellung ihres Materials zu finden. Unabhängig davon gibt es weitreichendere Fragen, denen man sich hier legitimerweise zuwenden kann und die die Bahnen betreffen, in denen der empirische Anschein in seinem Verhältnis zu den Voranmahmen über die Rolle von Kulturen, Mentalitäten und soziopolitischen Strukturen und deren Beziehungen untereinander gedacht wurde, sowohl in den Werken westlicher Historiker als auch in denen aus der DDR.[10])

[9]) *Kurt Pätzold* (Hrsg.), Verfolgung, Vertreibung, Vernichtung. Frankfurt am Main 1984 (Erstausgabe Leipzig 1983), 8 und 19.

[10]) Es gibt z. B. einen außerordentlichen Anti-Empirismus und eine Hervorhebung langfristiger Mentalitäten in Daniel Goldhagens Bemühungen, zwischen manifestem und latentem Antisemitismus zu unterscheiden, die in einer natürlich ganz anderen Art dazu führen, daß eine spezielle Interpretation den Vorrang über jede scheinbare Evidenz des Gegenteils gewinnt – siehe besonders die Diskussion bei *Daniel Goldhagen*, Hitler's Willing Executioners: Ordinary Germans and the Holocaust. London 1996, 43–45.

III. Der öffentliche Bereich. Empirische Offenheit und die pluralistische Debatte

Eingangs habe ich die relative Vielfalt der Herangehensweisen innerhalb der DDR-Geschichtswissenschaft hervorgehoben. Das Problem liegt jedoch in dem Begriff „relativ". Es gab doch ziemlich enge Grenzen, innerhalb derer es überhaupt Vielfalt gab, und selbst von den fruchtbaren Arbeiten innerhalb dieser Grenzen waren einige wiederum stärker politisiert bzw. für politische Zwecke vereinnahmt als andere. Mit dieser Behauptung soll nun durchaus nicht gesagt werden, daß eine solche Politisierung der Geschichte auf der anderen Seite des eisernen Vorhangs völlig unbekannt gewesen wäre. Man braucht nur einen flüchtigen Blick auf die Schlachtfelder der westdeutschen Historiographie zu werfen – von den Debatten über die Eröffnung des Münchner Instituts für Zeitgeschichte in den fünfziger Jahren über die Fischer-Kontroverse und das Aufkommen gesellschaftsgeschichtlicher und strukturalistischer Herangehensweisen an die Geschichte in den sechziger und siebziger Jahren bis hin zu den Dissonanzen in den Problemstellungen der achtziger Jahre, gar nicht zu reden von dem bekannten Historikerstreit 1986/87 und seinen Nachwehen –, um zu erkennen, daß Geschichte im Westen genauso brisant ist wie im Osten. Die bissigen Kontroversen über historische Museen und Gedenkstätten im Westen und der Versuch, das historische Bewußtsein für die Konstruktion einer nationalen Identität zu benutzen, bei der Kanzler Kohl von Wissenschaftlern wie Michael Stürmer, Ernst Nolte, Andreas Hillgruber und anderen unterstützt und bestärkt wurde, legen nahe, daß auf seiten einiger derer, die die Politisierung der Geschichte im Osten so beklagen, ein gewisses Maß an Zurückhaltung gelegentlich angebrachter wäre. Der Unterschied liegt jedoch nicht so sehr in den privaten Auffassungen von der politischen Rolle der Geschichte, als in den Bedingungen, unter denen die Debatte erfolgt. Unter demokratischen Bedingungen – wobei allerdings Erwägungen über Karriere, Protektion, Prestige und anderes in Betracht kommen – können zumindest intellektuelle Argumente in Zeitungen, auf Kongressen und in wissenschaftlichen Zeitschriften offen vorgetragen werden. Verschiedene Stimmen können sich erheben und gehört werden, selbst wenn nur einige davon mit Lehrstühlen belohnt werden und andere aus der akademischen Welt ausgeschlossen bleiben. Im Osten gab es solche Bedingungen nicht. Während von Jürgen Habermas, Jürgen Kocka, Hans Ulrich Wehler und anderen im Westen eine energische Verteidigung der Bedeutung des Pluralismus und alternativer Interpretationen in den Historikerstreit eingebracht werden konnten, waren solche umwälzenden Kontroversen im Osten natürlich nicht zulässig. Die Folgen selbst nur unbedeutender Abweichungen konnten in der DDR von Degradierung in die Forschung zu völlig entlegenen und relativ irrelevanten Themen oder gar zum völligen Ausschluß aus dem Beruf (und noch Schlimmerem) reichen.

Was bedeutet dies nun für die Analyse der Geschichte als eines menschlichen Bemühens und für die Einschätzung der DDR-Geschichtswissenschaft im besonderen? Ich würde sagen, daß die Geschichte ihre politische Relevanz in vielerlei Hinsicht nicht einfach abstreifen kann, daß diese aber offen dargestellt werden muß und innerhalb fester Grenzen zu halten ist. Die Geschichte ist eindeutig für unser Verständnis der Gegenwart relevant, und diese Gegenwart gibt den Begriffen Bestand, mit denen wir die Fragen der Vergangenheit formulieren und die Vergangenheit für die Gegenwart interpretieren. Als Menschen haben die Historiker ihre eigenen Wertmaßstäbe, Sympathien und Antipathien, die ihre Darstellungen färben und bestimmte Persönlichkeiten in die Rolle von Helden oder von Schurken drängen. Persönliche Vorlieben beeinflussen in gewisser Weise Auswahl und Darstellung von Themen. Dennoch ist die Geschichtsschreibung letztlich ein kollektives, institutionalisiertes Unternehmen und kein freischwebendes persönliches Interesse. Kollektiv gesehen, gibt es theoretische Rahmenbedingungen und Paradigmen, innerhalb derer die Einzelarbeiten und zu deren Weiterentwicklung diese ihre Arbeit beiträgt. Es gibt Institutionen und Strukturen, die bestimmte Arten von Geschichtsbetrachtung belohnen und fördern, während sie andere aussondern oder marginalisieren. Aber die Geschichte kann und darf nicht von einer politischen Kraft bzw. einem Staat nutzbar gemacht werden, um ein bestimmtes kollektives Gedächtnis festzulegen bzw. zu versuchen, eine bestimmte Form nationaler Identität zu konstruieren. Die Tatsache, daß die antifaschistische Legende die Herzen und Hirne der Millionen von Mitläufern, die zufällig in der DDR wohnhaft waren, nicht gewinnen konnte, illustriert nur allzu deutlich die Grenzen der Geschichte als eines nationalen Mythos. Gleichermaßen erfordert der Zusammenbruch der DDR nicht unbedingt die totale Verteufelung alles dessen, was mit ihr im Zusammenhang stand, noch die Annahme, daß die westliche Geschichtsschreibung nicht durch einen Hauch von Politisierung anderer politischer Couleur gefärbt war (der Begriff Totalitarismus z. B., der in gewissen Kreisen jetzt eine verspätete Auferstehung feiert als Terminus zur Beschreibung kommunistischer Regimes einschließlich der DDR, ist wohl kaum politisch neutral). Selbst dort, wo es derartig explizite Debatten nicht gab, war Geschichtsbewußtsein in früheren Jahrzehnten in Westdeutschland ein zentrales politisches Anliegen.[11]) Dieses „memory business" wurde provoziert und fällt gleichzeitig zusammen mit hitzigen Debatten über die Vielfalt möglicher Perspektiven auf die Vergangenheit und alternativer Erzählweisen über diese Vergangenheit, die hier nicht weiter ausgeführt werden können. Es

[11]) Es erscheint gelegentlich so, als ob die nationale Identitätsfindung der Zeitvertreib der Deutschen sei – was einer Art Gralssuche gleichkommt –, obwohl das „memory business", wie es manchmal genannt wird, in vielen westlichen Ländern, einschließlich der USA, Frankreichs und Großbritanniens in den letzten zwanzig Jahren ein allgemeines Phänomen ist.

ist hier nicht der Ort zu versuchen, „Tradition“ und „Erbe“ in der DDR-Historiographie zu unterscheiden, aber ich würde vorschlagen, daß wir eine differenziertere Analyse der Bahnen benötigen, in denen sie durch metatheoretische Bewertungsschemata und politische Funktionalität geformt wurde. Wir müssen auch ein Verständnis dafür entwickeln, daß es einen wesentlichen Unterschied zwischen den Bedingungen für freies Debattieren in West und Ost gab, und daß nicht alles, was im Westen glitzerte, politisch neutrales Gold war.

Nachbemerkung

Überlegungen zum Vergleich der DDR-Geschichtswissenschaft mit den „gespaltenen“ Historiographien Ostmitteleuropas nach 1945

Von

Frank Hadler, Georg G. Iggers

„Forschungsstand und Forschungsprobleme der Geschichte der DDR-Geschichtswissenschaft“ betitelte Walter Schmidt, seinerzeit Direktor des Zentralinstitutes für Geschichte der Akademie der Wissenschaften der DDR, einen vor zehn Jahren in Moskau gehaltenen Vortrag. Anlaß war ein „Internationales Arbeitstreffen“ zum Thema: „Entstehung und Entwicklung der marxistischen Historiographie in den europäischen sozialistischen Ländern“. Schmidt berichtete, daß sich in der DDR ein „historiographiegeschichtlicher Forschungszweig etabliert“ hätte. „Sieben Dissertationen A und B zur Geschichte der DDR-Geschichtswissenschaft“, die seit 1977 an der Akademie für Gesellschaftswissenschaften beim ZK der SED verteidigt worden waren, bezeichnete er als „gewissen Grundstock“, die sieben Bände der „Studienbibliothek DDR-Geschichtswissenschaft (1981–1987) als „Bausteine für eine Gesamtgeschichte der DDR-Geschichtswissenschaft“. Schmidt sah „die Zeit für übergreifende monographische Darstellungen einzelner Perioden“ als „allmählich“ soweit gereift an, „auch eine Gesamtdarstellung der DDR-Geschichtswissenschaft in Angriff zu nehmen“. Zu den „Desideraten“, aus denen er „die künftigen Forschungsaufgaben“ ableitete, zählte der Ost-Berliner Institutsdirektor den Vergleich der historiographiegeschichtlichen Entwicklungen in den sozialistischen Ländern, der damals, so seine Einschätzung, „über allererste Anfänge noch bei weitem nicht hinausgekommen“ war. Sein Moskauer Referat beendete Schmidt mit den folgenden Bemerkungen über einen länderübergreifenden Historiographienvergleich: „Anzustreben ist eine internationale Komparation der Entwicklung der Geschichtswissenschaften in den einzelnen sozialistischen Ländern. Viel gewonnen wäre schon, wenn die Historiographiehistoriker unserer Länder sich gegenseitig mit dem Entwicklungsweg ihrer Geschichtswissenschaft vertraut machen. Doch sollte darüber hinaus auch in Vergleich gesetzt, also nach Gemeinsamkeiten und Unterschieden, nach Allgemeingültigem und Besonderem in der Entwicklung jeder einzelnen Geschichtswissenschaft in den sozialistischen Ländern gefragt werden.“[1])

[1]) Das „Arbeitstreffen“ fand in der Zeit vom 7. bis 9. April 1987 statt. Die Zitate stammen

Dreißig Monate später war die DDR verschwunden. Der von Walter Schmidt erwähnte „etablierte historiographiegeschichtliche Forschungszweig" hatte in diesem Zeitraum keine großen Blüten mehr getrieben – weder in bezug auf die angestrebte „Gesamtgeschichte" der DDR-Geschichtswissenschaft[2]) noch in Richtung der als notwendig angesehen „Komparation" der Historiographien in den sozialistischen Ländern.

Der fehlende Vergleich der DDR-Geschichtswissenschaft mit den Historiographien Ostmitteleuropas ist dann – von vielen der Beteiligten zunächst unbemerkt – nach 1989 als Desiderat auf die Agenda der Debatten um Erbe und Geschichte der zweiten deutschen Geschichtswissenschaft gelangt. Im Zuge der zunehmend versachlichten wie verfachlichten Diskussionen, für die der vorliegende Band ein Zeugnis ablegen will, wurde die Einbettung der DDR-Geschichtswissenschaft in den Entwicklungskontext der Nachkriegshistoriographien Ostmitteleuropas wiederholt als notwendig angesehen. Die Tatsache indes, daß der länderübergreifende Vergleich „sozialistischer" Historiographien bis heute nicht systematisch in Angriff genommen worden ist, gab Anlaß zu den folgenden Überlegungen.

I. Annäherung an den Vergleich mit Blick auf die historiographiegeschichtlichen Forschungen zur DDR-Geschichtswissenschaft im vereinten Deutschland

Im Rahmen der nachwendlichen Auseinandersetzungen über die Geschichtswissenschaft der DDR wurde die Forderung nach Blickerweiterung in Richtung Osteuropa immer wieder mit- und angedacht. Als sich im Dezember 1990 ostdeutsche und westdeutsche sowie als vermittelnde Kraft auch amerikanische Historiker in den Räumen der Historischen Kommission zu Berlin trafen, um „der Geschichtsforschung die von der Schriftstellerin Christa Wolf aufgeworfene Frage zum Vermächtnis der DDR: ‚Was bleibt'? vorzulegen"[3]), versuchte Norman Naimark, „über die DDR-Historiographie ... im Lichte der Entwicklungen in Osteuropa im allgemeinen zu berichten"[4]). Seine Ausfüh-

aus der gedruckten Fassung. *Walter Schmidt*, Forschungsstand und Forschungsprobleme der Geschichte der DDR-Geschichtswissenschaft, in: BzG 29, 1987, 723–733, hier 724f. und 732f.

[2]) Als „Vorarbeit für eine Geschichte der sozialistischen deutschen Geschichtswissenschaft gedacht" erschien: *Heinz Heitzer/Karl-Heinz Noack/Walter Schmidt* (Hrsg.), Wegbereiter der DDR-Geschichtswissenschaft. Biographien. Berlin (Ost) 1989, Zitat 6.

[3]) So hatte Konrad H. Jarausch das Ziel der Tagung umrissen. Vgl. *Konrad H. Jarausch*, Zwischen Parteilichkeit und Professionalität. Geschichtswissenschaft in der ehemaligen DDR – Bilanz und Perspektiven. Bericht, in: Informationen der Historischen Kommission zu Berlin, H. 16 (Februar 1991), 3–10, hier 4.

[4]) *Norman Naimark*, Politik und Geschichtswissenschaft im osteuropäischen Kontext, in:

rungen beschränkte er allerdings auf einige Reflexionen zur sowjetischen und polnischen Historiographie, ohne dabei explizit vergleichende Fragestellungen zu formulieren.

Im Mai 1992 fand dann in Leipzig ein Kolloquium ostdeutscher und amerikanischer Forscher statt, das sich „als Alternative zur manchmal erdrückenden Umarmung der westdeutschen Historiker" verstand.[5]) Im Rahmen der Leipziger Debatte wurde über neue Forschungsfelder diskutiert, „auf denen sich die DDR vom Gegenstand des Erinnerns zum Thema der Zeitgeschichte verwandelt". Die Feststellung der Initiatoren des Treffens und Herausgeber des Tagungsbandes, daß der „Blick vom Ende des 20. Jahrhunderts zurück zwingend komparativ Maß (nehme), sei es durch Heranziehung der Nazi-Diktatur oder durch Einbeziehung osteuropäischer Erfahrungen"[6]), blieb jedoch – vor allem was die Osterweiterung des Blickfeldes betrifft – rein deklarativ.

Einen vorsichtigen Vergleichsversuch nahm Wolfgang Küttler in seine Vorlesung „Marxistische Geschichtswissenschaft heute" auf, die er Anfang 1992 als Teil der Ringvorlesung „Paradigmen deutscher Geschichtswissenschaft" an der Humboldt-Universität zu Berlin hielt. Mit der „DDR-marxistischen Historiographie" als Maßstab arbeitete Küttler vor allem Unterschiede zur Historiographieentwicklung in Osteuropa heraus. Während die „marxistischen Richtungen in Polen, Ungarn und Jugoslawien seit Ende der fünfziger Jahre viel offener und flexibler (waren), was Einflüsse der westlichen Historiographie anging … fielen die offizielle Historiographie der Sowjetunion, der Tschechoslowakei, Rumäniens und Bulgariens seit den siebziger Jahren beträchtlich hinter das in der DDR erreichte Niveau zurück".[7]) Das war freilich eher eine Vermutung als ein Ergebnis echten Vergleichens. Zudem bleibt offen, was unter „offizieller Historiographie" zu verstehen war, denn in allen osteuropäischen sozialistischen Ländern einschließlich der Sowjetunion gab es – wie noch zu zeigen sein wird – eine breitgefächerte Struktur von Geschichtswissenschaft, die von unbedingter Parteitreue bis zum offenen Dissens reichte. Diese Spannweite war möglicherweise mit Ausnahme von Bulgarien und Albanien größer als in der DDR.[8]) In diesem Zusammenhang machte Küttler richtig auf einen wichtigen Aspekt aufmerksam, ohne ihn im

Jarausch (Hrsg.), Zwischen Parteilichkeit und Professionalität (wie Anm. 3) 125–138, hier 125.

[5]) *Konrad H. Jarausch/Matthias Middell* (Hrsg.), Nach dem Erdbeben. (Re-)Konstruktion ostdeutscher Geschichte und Geschichtswissenschaft. Leipzig 1994, 9.

[6]) Ebd., 16.

[7]) *Wolfgang Küttler*, Marxistische Geschichtswissenschaft heute, in: Ilko-Sascha Kowalczuk (Hrsg.), Paradigmen deutscher Geschichtswissenschaft. Berlin 1994, hier 231.

[8]) Zu Bulgarien und Albanien lassen sich beim gegenwärtigen Forschungsstand nur wenig gesicherte historiographiegeschichtliche Aussagen treffen. Wir konzentrieren uns in unseren Überlegungen auf die Kernländer Ostmitteleuropas, also auf Polen, Ungarn und die Tschechoslowakei.

einzelnen auszuführen, nämlich die Tatsache, daß es in Osteuropa „eine zunehmende Zahl von echten Oppositionellen und Dissidenten (gab), die in der DDR unter den Historikern fast völlig fehlten“[9]).

Die Bedeutung länderübergreifenden Vergleichens als notwendige Maßnahme gegen eine drohende „Verinselung“ der Forschungen zur Geschichte der DDR-Historiographie hat Martin Sabrow bereits im Juni 1994 hervorgehoben: „Unbestritten dürfte wohl sein, daß die Prägung der DDR-Geschichtswissenschaft nicht von der besonderen Lage der DDR als zweitem deutschen Staat zu lösen ist, aber erst über vergleichende Studien der osteuropäischen Geschichtswissenschaften wird sich ein fundiertes Urteil über ihren Charakter erwarten lassen.“[10])

Schließlich belegen auch die kurzen Ausführungen über den „systematischen Vergleich“ als „Strategie kritischer Historisierung“ der DDR-Geschichtswissenschaft, die in der Einleitung des vorliegenden Bandes zu finden sind[11]), daß der Tagesordnungspunkt: Historiographievergleich in Richtung Ostmitteleuropa auf der aktuellen historiographiegeschichtlichen Agenda in Deutschland nach wie vor nicht abgehakt ist. Seit Jahren wird er immer wieder aufgerufen, ohne daß sich freilich die Zahl der Wortmeldungen zu diesem Thema in nennenswerter Weise erhöht hat.

II. Annäherung an den Vergleich mit Blick auf die historiographiegeschichtlichen Forschungen in Ostmitteleuropa

Im Zusammenhang mit dem Berliner Historikertreffen von Ende 1990 hatte Konrad H. Jarausch darauf hingewiesen, daß amerikanische Fachleute es „als ihre Aufgabe an(sahen), in dem noch etwas stockenden innerdeutschen Dialog zu vermitteln und eine breiter angelegte, internationale Perspektive einfließen zu lassen“[12]). Auch in bezug auf die Vermittlung osteuropäischer Historiographiegeschichte in Richtung Westen haben sich amerikanische Historiker inzwischen verdient gemacht. Für das Oktoberheft 1992 der „American Historical Review“ (AHR) wurden führende Historiker aus Osteuropa gebeten „to sketch the background of their country's historiography, discuss the changes that it underwent during Communist rule, and tell us, if possible, what influence the fall of Communist regimes is having on historical research and

[9]) *Küttler*, Marxistische Geschichtswissenschaft heute (wie Anm. 7), 232.

[10]) *Martin Sabrow*, Schwierigkeiten mit der Historisierung. Die DDR-Geschichtswissenschaft als Forschungsgegenstand, in: ders./Peter Th. Walther (Hrsg.), Historische Forschung und sozialistische Diktatur. Beiträge zur Geschichtswissenschaft der DDR, Leipzig 1995, hier 27.

[11]) Siehe oben S. 47 f.

[12]) *Jarausch*, Zwischen Parteilichkeit und Professionalität (wie Anm. 3), 3.

writing today".[13]) Auf amerikanische Initiative entstand so eine „Historiography of the Countries of Eastern Europe" überschriebene Artikelsammlung, die gemeinsam mit den wenigen bilanzierenden Arbeiten, die in den Ländern selbst nach 1989/90 erschienen sind[14]), einen Ausgangspunkt für die Beurteilung der DDR-Historiographie in länderübergreifender vergleichender Perspektive bilden können. Hinzuzufügen wäre freilich, daß der Vergleich mit dem Fall DDR von den Historiographiehistorikern der ost(mittel)europäischen Länder nicht als wichtiges Forschungsdesiderat angesehen wird. Das mag zum einen daran liegen, daß die Aufarbeitung der einzelnen Nachkriegshistoriographien noch nicht sehr weit fortgeschritten ist – weder theoretisch, methodisch noch empirisch. Andererseits wird die DDR-Geschichtswissenschaft in Ostmitteleuropa vielfach als Problem innerdeutscher Historiographiegeschichte betrachtet.

In Ungarn wie in Polen sind die Ursachen für das Desinteresse an vergleichenden Perspektiven nicht zuletzt im Ausbleiben des mit dem Ende der DDR-Geschichtswissenschaft sofort einsetzenden personellen wie institutionellen Kontinuitätsbruches zu suchen. Im tschechoslowakischen Falle hat es zwar einen Kontinuitätsbruch gegeben – der aber vollzog sich in einer Art Potenzialausgleich zwischen der nach der Niederschlagung des Prager Frühlings „normalisierten" tschechoslowakischen Geschichtswissenschaft und der parallel dazu entstandenen „independent historiography"[15]). In allen ost-

[13]) AHR 97/4, 1992 (October), Vorwort.

[14]) An westsprachlichen Artikeln und Übersetzungen wären in Auswahl zu nennen: *Polen*: *Jerzy Topolski*, Zwischen Dogma und Pluralismus. Die Historiker und der Staat in Polen nach dem Zweiten Weltkrieg, in: ders. (Hrsg.), Historisches Bewußtsein und politisches Handeln in der Geschichte. Posen 1994, 121–127; *ders*., Polish Historians Vis-à-Vis Marxism after World War II, in: Ferenc Glatz (Ed.), The Soviet System and Historiography 1917–1989. The Influence of Marxism-Leninism on the Historical Sciences. (Manuscript) Budapest 1995, 79–88. *Tschechoslowakei*: *Dušan Třeštík*, Die tschechische Geschichte und die tschechischen Historiker nach dem 17. November, in: Bohemia 32, 1991, 277–295; ‚Nischen' für die tschechische Geschichtswissenschaft in der Kommunistischen Ära, in: Bohemia 33, 1992, 111–143 und 33, 1992, 355–370. Die hierin abgedruckten Beiträge wurden ausgewertet von *Robert Luft*, ‚Als die Wachsamkeit des Regimes nachließ.' Zur Beschäftigung mit der Vergangenheit des eigenen Faches in der tschechischen Geschichtswissenschaft nach 1945, in: Bohemia 35, 1994, 105–121; *Mark M. Stolarik*, Slovak Historians in Exile in North America (1945–1992), in: Human Affairs 6, 1996, 34–44. *Ungarn*: *Péter Sipos*, Hungarian Scholarship and Marxism-Leninism, in: Glatz (Ed.), The Soviet System, 95–103; *Péter Hanák,* Il contributo degli storici ungheresi alla trasformazione democratia, in: Gustavo Corni (Ed.), I muri della storia. Storici e storiografia dalle dittature alle democracie 1949–1990. Triest 1996, 203–210.

[15]) Vgl. *Vilém Prečan* (Hrsg.), Acta Creationis. Unabhängige Geschichtsschreibung in der Tschechoslowakei 1969–1980. Vorgelegt auf dem XV. Internationalen Kongreß der Geschichtswissenschaften. Bukarest 1980. Dieser Band enthält neben einer instruktiven Einleitung, in der das Phänomen der „independent historiography" behandelt wird, eine Bibliographie von 182 Arbeiten unabhängiger tschechischer Historiker. Ausführlich dazu ein *Review Article* von *H. Gordon Skilling*, Independent Historiography in Czechoslovakia, in: Canadian Slavonic Papers 25, 1983, 518–539.

mitteleuropäischen Vergleichsfällen ist zudem ein Prozeß von „Selbsttransformation“ der Geschichtsschreibungen zu beobachten, den es in der DDR nicht gab.

III. Gespaltenheit als Phänomen der ostmitteleuropäischen Historiographien und ihre Bedeutung für den Vergleich mit der DDR-Geschichtswissenschaft

Für den Vergleich der einzelnen „sozialistischen“ Geschichtswissenschaften sprechen nicht nur die augenscheinlichen *Gemeinsamkeiten*, die sich aus der Kombination von politisch durchgesetztem Herrschaftsanspruch der marxistisch-leninistischen Ideologie, sowjetmodellhafter Ausformung der institutionellen Wissenschaftsorganisation und machtpolitischer Dominanz der Sowjetunion in allen ihren Satellitenstaaten ergaben. Auch die oft erst auf den zweiten Blick feststellbaren *Unterschiede* liefern Argumente für vergleichende historiographiegeschichtliche Forschung. Gerade sie schärfen den Blick auf Fragen nach der Singularität der nationalen Historiographieentwicklungen und provozieren Sonderfall-Debatten.

Allein die erwähnten Beiträge in der American Historical Review, namentlich die den Historiographien Ostmitteleuropas gewidmeten[16]), machen deutlich, wie sehr sich die Ausgangssituationen postkommunistischer Historiographiedebatten in diesen Ländern einander ähnelten und wie sehr sie sich zugleich von den deutsch-deutschen Gegebenheiten unterschieden. Wohl als Indiz dafür, daß man sich in der Redaktion der AHR dieser Unterschiede bewußt war, ist die Entscheidung zu werten, die DDR-Geschichtswissenschaft nicht in den besagten Band über Osteuropa aufzunehmen.

Gleichwohl hätten die Ähnlichkeiten, von denen die Historiographieentwicklungen aller sozialistischer Ländern geprägt waren, eine parallele Betrachtung der DDR möglich gemacht.[17]) Wie in den osteuropäischen Ländern

[16]) *Piotr S. Wandycz* über Polen, in: AHR 97, 1992, 1011–1025; *Jiří Kořalka* über die Tschechoslowakei, in: ebd. 1026–1040; *István Deák* über Ungarn, in: ebd. 1041–1063.

[17]) Einen in insgesamt neun Thesen zusammengefaßten Überblicksversuch unternahm *Ferenc Glatz* in seinem Hauptreferat „Politics and Historical Science in the Countries of the Soviet System“ auf der Budapester Tagung der Commission d'histoire de l'historiographie (am 16. Juli 1993). Abgedruckt in: ders. (Ed.) The Soviet System (wie Anm. 14), 7–24. Gekürzt und in deutscher Übersetzung in der von Glatz herausgegebenen Festschrift für Emil Niederhauser: Szomszédaink között kelet-európában. Budapest 1993, 409–421. *Niederhauser* selbst ist ein hervorragender Kenner der osteuropäischen Historiographien. Bemerkenswert ist ein als Aufsatz erschienener Vortrag vom 18. März 1987: Die Marxistische Geschichtswissenschaft in Osteuropa, in: Östereichische Osthefte 29, 1987, 147–157. Seine nur in ungarisch vorgelegte Monographie über die Geschichte der Geschichtsschreibung in Osteuropa behandelt die DDR nicht. *Emil Niederhauser*, A történetírás története Kelet-Európában. Budapest 1995.

folgte auch hier nach einer kurzen Übergangszeit während der ersten Nachkriegsjahre der Versuch einer Gleichschaltung der Geschichtswissenschaft auf institutioneller und ideologischer Ebene. In den Ländern des Ostblocks wurden die Akademien der Wissenschaften nach sowjetischem Muster neu- bzw. umgegründet, was dazu führte, daß sich die Forschung überwiegend an den Akademieinstituten ansiedelte, während die Universitäten vor allem, wenn auch nicht ausschließlich, der Lehre dienten. Die für alle diese Länder typische institutionelle Trias von Akademie-Universität-Parteiinstitut wurde mit der Gründung parteihistorischer Institute vollendet. Ähnlich wie in der Sowjetunion bestanden die Kommunistischen Parteien dieser Länder gerade in der Historiographie auf ihrer forschungs- wie wissenschaftspolitischen Richtlinienkompetenz.

Der Marxismus-Leninismus wurde zur Staatsideologie erhoben, die die parteiamtliche Großerzählung der Geschichte bestimmte. Die Ablösung der „bürgerlichen" Historiker zog in den fünfziger Jahren überall personelle Kontinuitätsbrüche nach sich, die in der DDR allerdings radikaler ausfielen als beispielsweise in Polen oder Ungarn. Nicht zuletzt die Auseinandersetzung mit nationalhistorischen Traumata wie den polnischen Teilungen im späten 18. Jahrhundert, den Territorialverlusten Ungarns nach dem Friedensvertrag von Trianon 1920 oder der tschechoslowakischen Katastrophe im Gefolge des Münchener Diktats von 1938 führte in Ostmitteleuropa zu einer starken Konzentration auf Fragen der Nationalgeschichte. In der DDR dominierte dagegen die auf Abgrenzung zielende Auseinandersetzung mit der Geschichtswissenschaft der Bundesrepublik, die unter anderem in den mehrfach aufgelegten Band „Unbewältigte Vergangenheit" mündete.[18])

Überall, auch in Ungarn und in Polen, wo sich nach 1956 die Zeichen für einen methodischen und theoretischen Pluralismus in der Geschichtswissenschaft mehrten, gab es bis 1989 eine Zensur und somit „weiße Flecken" im Geschichtsbild. Heikle Themen, wie der Hitler-Stalin-Pakt von 1939, die Ermordung polnischer Offiziere bei Katyn 1940 oder die Niederschlagung des ungarischen Aufstandes von 1956 konnten von der offiziellen Historiographie bis in die späten achtziger Jahre nicht in ihrer gesamten Breite auf einer sachlichen Basis behandelt werden. Verstöße gegen diese Regel führten zur politischen Verfolgung von Historikern, zuletzt nach Ausrufung des Kriegsrechtes in Polen Ende 1981, als einzelne Sozialwissenschafter inhaftiert wurden.

In keinem der osteuropäischen Länder indes, möglicherweise mit Ausnahme Bulgariens,[19]) war die Geschichtswissenschaft so zentralistisch organisiert wie in der DDR. In Jugoslawien z.B. blieben unter dem Deckmantel einer

[18]) *Gerhard Lozek* u.a. (Hrsg.), Unbewältigte Vergangenheit. Kritik der bürgerlichen Geschichtsschreibung in der BRD. 3. Aufl. Berlin 1977.
[19]) Vgl. den Beitrag von *Maria Todorova* über Bulgarien, in: AHR 97, 1992, 1105–1117.

offiziellen südslawischen Geschichtschreibung ethnisch-national geprägte Historiographien bestehen, die, wie im kroatischen Falle, eigene Geschichtsbilder entwickelten.[20]) Für die Kernländer Ostmitteleuropas ließe sich diese Entwicklung so skizzieren:

In *Polen* gelang es der Partei zu keiner Zeit, die traditionell dezentral organisierte Geschichtswissenschaft (Warschauer Schule versus Krakauer Schule) im ganzen marxistisch-leninistisch zu uniformieren. Immer gab es eine etablierte katholische Historiographie, die in Lublin ihr Zentrum hatte. Mit der Entstalinisierung Mitte der fünfziger Jahre setzte in der polnischen Geschichtswissenschaft eine Rückkehr zu historiographischen Vorkriegsentwicklungen ein. Auf dem Gebiet der Sozial- und Wirtschaftsgeschichte übernahmen die Schüler der als „bürgerlich" apostrophierten Historiker wie Bujak oder Rutkowski, unter ihnen Witold Kula und Jerzy Topolski, sehr früh führende Positionen. Die engen Kontakte mit dem „Annales"-Kreis in Paris, die vor dem Zweiten Weltkrieg bestanden hatten, wurden erneuert.[21]) Auf dem Gebiet der Methodologie knüpfte man an die starke Tradition der analytischen Philosophie und Soziologie an.[22]) Der Dialog mit der westlichen Historiographie bzw. mit der westlichen Sozialwissenschaft wurde auf den Seiten der in den siebziger Jahren gegründeten und in Amsterdam herausgegebenen „Poznań Studies in the Philosophy of the Sciences and the Humanities" geführt. Daran konnte auch das Kriegsrecht nichts ändern.

In *Ungarn*, dessen historische Forschung seit jeher in Budapest zentralisiert ist, vollzogen sich, unterbrochen von den Auswirkungen des niederschlagenen Aufstandes von 1956, analoge Prozesse. Auf dem Gebiet der Wirtschafts- und Sozialgeschichte vermochten es Historiker wie der 1988 verstorbene György Ránki und Ivan T. Berend, den Anschluß an die internationale Forschung seit Mitte der sechziger Jahre herzustellen. Wie in Polen konnte sich die Geschichtswissenschaft weitgehend von ideologischen Vorgaben befreien, wozu die von Erik Molnár initiierten und später quasi zur Institution gewordenen Diskussionen am Historischen Institut der Akademie der Wissenschaften[23]) einen wichtigen Beitrag geleistet haben. Bemerkenswert war zudem der hohe Grad an Popularisierung historischen Wissens namentlich über die Zeitge-

[20]) Vgl. den Beitrag von *Ivo Banac* über Jugoslawien, in: ebd. 1084–1104.

[21]) Vgl. *Jerzy Topolski*, Geschichte und Politik in Polen nach dem Zweiten Weltkrieg 1945–1980, in: Hartmut Bockmann/Kurt Jürgensen (Hrsg.), Nachdenken über Geschichte. Beiträge aus der Ökumene der Historiker in memoriam Karl Dietrich Erdmann. Neumünster 1991, 453–462.

[22]) Ein Diskussionsforum bot die seit 1967 in Krakau herausgegebene Zeitschrift „Historyka. Studia Metodologiczne".

[23]) Themen waren u.a. die Bewertung der Stellung Ungarns in der Habsburgermonarchie, die antihabsburgischen Unabhängigkeitskämpfe seit dem 17. Jahrhundert sowie der österreichisch-ungarische Ausgleichs von 1867.

schichte, die bis heute in der 1979 von Ferenc Glatz gegründeten Zeitschrift „História" realisiert wird .

Auch in der *Tschechoslowakei* begann während der sechziger Jahren eine ähnliche Öffnung, wie sie am polnischen und ungarischen Beispiel skizziert worden ist. Die sowjetische Okkupation vom August 1968 bedeutete für diesen schon weit fortgeschrittenen Prozeß ein mehr oder minder abruptes Ende. An den Historischen Instituten der Akademien in Prag und – in weitaus geringerem Maße in Bratislava – kam es zu Massenentlassungen. Der Versuch, die Historiographie in der Tschechoslowakei wieder auf den dogmatischen Standard der fünfziger Jahre zu „normalisieren", ist untrennbar mit dem Namen Václav Králs verbunden. Oberflächlich betrachtet schien die Lage der tschechoslowakischen Geschichtswissenschaft der siebziger und achtziger Jahre den in der DDR herrschenden Zuständen zu ähneln. Außerhalb von Prag und auch in der Slowakei aber gab es selbst nach 1970 „Nischen"[24]), an denen relativ autonome historische Forschung möglich war. Dutzende von tschechischen und slowakischen Historiker, die gezwungen waren, mit Tätigkeiten wie Heizer, Straßenbahnfahrer oder Wasserwerker materiell zu überleben, begannen sich nach der Charta 1977 durch Samisdat-Veröffentlichungen einen eigenen historiographischen Diskurs zu schaffen, in dem Tabuthemen der offiziellen Geschichtswissenschaft behandelt wurden.[25]) Diese Entwicklung einer unabhängigen Historiographie, die in der DDR keine Entsprechung hatte, gab es nach 1976 auch in Polen. Hier wurde sie „zweiter Umlauf" genannt.

Vielleicht ließe sich in den siebziger und achtziger Jahren dennoch eine Parallele zwischen der DDR und der Tschechoslowakei ziehen, denn in diesen beiden von Glatz als „countries of hard line communism"[26]) apostrophierten Nachbarstaaten gab es eine kleine Anzahl von Historikern, die sich ein Maß an Unabhängigkeit bewahrten, obgleich sie innerhalb der offiziellen wissenschaftlichen Strukturen beschäftigt waren. Im tschechoslowakischen Falle ist an solche international anerkannten Forscher wie Miroslav Hroch, Jan Havrá-

[24]) „Nischen" für die tschechische Geschichtswissenschaft in der Kommunistischen Ära (wie Anm. 14).

[25]) Vgl. *H. Gordon Skilling*, Samizdat and an Independent Society in Central and Eastern Europe. Oxford 1989, bes. 99–122. Skillings Hochschätzung der unabhängigen Historiographie konzentrierte sich auf die Tschechoslowakei und trug nahezu visionäre Züge: „The significance of this independent history can hardly be exaggerated. It restored to the discipline its cognitive and interpretative function, seeking to reassess important episodes of the Czech and Slovak past to rescue these events from the distortions and falsifications due to manipulations by the regime and its ‚court historians'. It replaced officially written history with objective, truth-seeking history, filling in blank spaces and ‚black holes' ... Independent history also provided a connecting link with future Czech and Slovak scholars, when normal conditions of free historical research and writing might once again be restored" (112f.).

[26]) *Glatz*, Politics and Historical Science (wie Anm. 17), 9.

nek oder Otto Urban zu denken. Nach der „sanften Revolution" von 1989 haben sie gemeinsam mit ihren bis dahin außerhalb der offiziellen Strukturen tätigen Kollegen wie Jan Křen oder Vilém Prečan und anderen aktiv dazu beigetragen, einen sachlichen Dialog über die Geschichte der deutsch-tschechischen „Konfliktgemeinschaft" in Gang zu setzen.[27])

Diese kurzen Bemerkungen über die Historiographieentwicklungen in Ostmitteleuropa sollten deutlich machen, daß sich in Polen, der Tschechoslowakei und in Ungarn nach 1945 Gruppen von Historikern entwickelt hatten, die es in der DDR gar nicht gab. Auch die Autoren der erwähnten AHR-Beiträge von 1992 über die „Historiography of the Countries of Eastern Europe" sind der Kategorie unabhängiger Historiker zuzuordnen: Piotr S. Wandycz ist ein polnischer Exilhistoriker (seit 1939 im Exil, zunächst in Frankreich, dann in England und den USA), Jiří Kořalka, ein tschechischer Historiker, der sich selbst (zwischen 1970 und 1989) zu einer zwischen offizieller und unabhängiger Geschichtsschreibung in der Tschechoslowakei anzusiedelnden „middle zone" rechnete, István Deák ein ungarischer Fachkollege, der seit Jahrzehnten in den USA wirkt. Alle drei bemühten sich um eine mehr oder weniger kritische Leistungsschau der jeweiligen Nationalhistoriographien, wobei vielfach die Leistungen von „Individualakteuren" gewürdigt wurden.[28])

Die in Deutschland zu diesem Zeitpunkt um die Geschichte der DDR-Geschichtswissenschaft zum Teil unter politischen und moralischen Prämissen geführten Auseinandersetzungen waren hingegen durch eine „evaluierende" Fundamentalkritik gekennzeichnet, deren Adressaten bis auf wenige Ausnahmen bereits außerhalb des gesamtdeutschen Wissenschaftsbetriebes standen. Ergebnis war eine nur schwer aufbrechbare Konstruktion von Historiographie in der DDR als „kollektivem Gesamtakteur", was sich unter anderem in der Meinung manifestierte, daß „die ehemals etablierten Historiker genaugenommen gar keine wissenschaftlichen Gesprächspartner" seien.[29])

Bei einer vergleichenden Betrachtung der Nachkriegshistoriographien in Ostmitteleuropa muß das mehr oder minder ausgeprägte Gespaltensein in offizielle und unabhängige Geschichtsdiskurse als typisches Strukturphänomen

[27]) Zu erwähnen ist vor allem die Tagungs- und Publikationstätigkeit der 1990 gegründeten „Deutsch-Tschechoslowakischen Historikerkommission". Die gemeinsam erarbeiten Hauptthesen sowie ein Überblick über die Veröffentlichungen der inzwischen umbenannten „Gemeinsamen deutsch-tschechischen und deutsch-slowakischen Historikerkommission" sind enthalten in dem zweisprachigen Band: Konfliktgemeinschaft, Katastrophe, Entspannung. Skizze einer Darstellung der deutsch-tschechischen Geschichte seit dem 19. Jahrhundert. München 1996.

[28]) Anzumerken ist, daß Kořalkas Versuch durch einen Hang zur Selbstpräsentation gekennzeichnet war, der von Seiten tschechischer Exilhistoriker nicht ohne Widerstand aufgenommen worden ist. Vgl. AHR 98, 1993, 651 f.

[29]) *Ilko-Sascha Kowalczuk*, Der Unabhängige Historiker-Verband (UHV), in: hochschule ost 2, 1993, H. 5, 72.

in Rechnung gestellt werden. Zu diesem Phänomen zählt auch die Tatsache, daß es zu jeder Zeit polnische, ungarische sowie auch tschechische und slowakische Historiker gab, die im westlichen Exil – institutionalisiert oder als Individualforscher – die Verbindung zur internationalen Diskussion aufrecht erhielten und über jene Schlüsselprobleme der Geschichte ihrer Heimatländer arbeiteten, die im Lande selbst als herrschaftssensible Themen aus dem offiziellen Diskurs herausgehalten wurden.

Im institutionellen Rahmen der DDR-Geschichtswissenschaft hat sich aufgrund außer- wie innerwissenschaftlicher Strukturbedingungen keine unabhängige Historiographie wie in Ostmitteleuropa zu entwickeln vermocht. Das lag nicht nur an der inzwischen vielbeschriebenen Omnipräsenz der Staatssicherheitsorgane. Allein die Tatsache der staatlichen Teilung machte eine Spaltung der DDR-Geschichtswissenschaft nach ostmitteleuropäischem Muster unmöglich. Die Existenz zweier deutscher Staaten zog die Trennung der deutschen Geschichtswissenschaft nach sich, die sich als „endgültiger" Bruch 1958 auf dem Historikertag von Trier manifestierte. Die Existenz der Bundesrepublik führte dazu, daß die Flucht von DDR-Historikern in den Westen nicht dasselbe bedeutete wie der Weg ihrer tschechischen, polnischen oder ungarischen Kollegen ins westliche Exil. Die Flucht eines DDR-Historikers hatte immer auch den Effekt des Übergangs von der zweiten zur ersten deutschen Klio.

In den Wendewochen des Herbstes 1989 bezog die Masse der DDR-Historiker im Gegensatz zu den Historikern in Ostmitteleuropa eine abwartende Haltung. Anders als in Prag, Warschau oder Budapest spielten die Geschichtswissenschaftler in der DDR, wie es Konrad H. Jarausch vorsichtig ausdrückte, „nicht gerade eine wesentliche Rolle in der Bürgerrevolution"[30]). Als in der Noch-DDR-Hauptstadt Anfang 1990 der „Unabhängige Historikerverband" gegründet wurde, gingen führende Vertreter der tschechoslowakischen unabhängigen Historiographie bereits daran, die Leitung alter wie neuer Akademieinstitute zu übernehmen sowie die wichtigsten Geschichtslehrstühle zu besetzen. In Ungarn, wo die Selbsttransformation der Geschichtswissenschaft hin zu einer pluralistisch verfaßten Historiographie bereits seit den späten sechziger Jahren eingesetzt hatte[31]), gelangten professionelle Historiker seit so wichtige politische Positionen wie die des Ministerpräsidenten, des Außenministers sowie die des Parlamentspräsidenten. Im Rahmen der traditionell dezentralisierten Forschungslandschaft Polens, wo es, wie erwähnt, mit der Katholischen Universität in Lublin immer ein unabhängiges Zentrum histori-

[30]) *Jarausch*, Zwischen Parteilichkeit und Professionalität (wie Anm. 3), 3.
[31]) *Holger Fischer*, Neuere Forschungen in der ungarischen Sozialgeschichtsforschung, in: AfS 34, 1994, 132, spricht vom Ende der Selbsttransformation in den achtziger Jahren.

scher Forschung gab, hat nach 1989 kein Historiker aus politischen Gründen seinen Arbeitsplatz verlassen müssen.

Das Fehlen einer unabhängigen Historiographie in der DDR ist somit eine wesentliche Besonderheit der zweiten deutschen Geschichtswissenschaft. Während die Wendejahre nach 1989 in allen anderen ehemals sozialistischen Ländern einschließlich der europäischen Nachfolgestaaten der Sowjetunion keinen abrupten personellen Bruch in den Geschichtsschreibungen nach sich zogen, deutete sich mit der Auflösung der Akademie der Wissenschaften und ihrer historischen Institute sowie mit der Neubesetzung der Lehrstühle an den ostdeutschen Universitäten und Hochschulen mit mehrheitlich westdeutschem Personal das vollkommene Ende der DDR-Geschichtswissenschaft an. Auf die Ende 1990 in der Historischen Kommission zu Berlin gestellte Frage, „was bleibt?", ist somit nur eine Antwort zu geben: nichts oder fast nichts. Auch die anfänglich gehegte Hoffnung auf eine Alternative zur etablierten westdeutschen Historiographie blieb illusionär.

Mit dem Wissen um dieses Ende allein könnte man geneigt sein, von einem Sonderfall DDR-Geschichtswissenschaft zu sprechen. Der Vergleich der Geschichtswissenschaft in der DDR mit den „gespaltenen" Historiographien Ostmitteleuropas ermöglicht jedoch ein differenzierteres Urteil. Unterschiede und Gemeinsamkeiten von Geschichtswissenschaften, die sich zeitgleich in mehreren Ländern und Wissenschaftstraditionen unter den Bedingungen des politisch durchgesetzten Herrschaftsanspruches einer verbindlichen Ideologie entwickelten, können nur mit der Methode eines länderübergreifenden Vergleichs diskutiert werden und der wiederum ist nur in internationaler Zusammenarbeit zu leisten. Erste Versuche im Rahmen der „International Commission for the Theory and History of Historiography" sind 1993 in Budapest und 1995 auf dem Weltkongreß in Montreal unternommen worden. Historiker aus den einzelnen Ländern haben dabei Erfahrungsberichte über die jeweilige nationale Historiographieentwicklung vorgestellt; ein kritisch reflektierender und zudem unter komparativen Gesichtspunkten geführter wissenschaftlicher Erfahrungsaustausch indes steht noch aus.

Abkürzungen

AfS	Archiv für Sozialgeschichte
AHR	The American Historical Review
AnnTrento	Annali dell'istituto storico italo-germanico in Trento
BlldtLG	Blätter für deutsche Landesgeschichte
BzG	Beiträge zur Geschichte der Arbeiterbewegung
DA	Deutschland Archiv
GG	Geschichte und Gesellschaft
GWU	Geschichte in Wissenschaft und Unterricht
HessJbLG	Hessisches Jahrbuch für Landesgeschichte
H & T	History and Theory
HZ	Historische Zeitschrift
IMS	Informationen zur modernen Stadtgeschichte
JbRegG	Jahrbuch für Regionalgeschichte
JbWG	Jahrbuch für Wirtschaftsgeschichte
KZSS	Kölner Zeitschrift für Soziologie und Sozialpsychologie
MEW	Marx-Engels Werke
MKF	Mitteilungen für Kulturwissenschaftliche Forschung
PolZG	Aus Politik und Zeitgeschichte
P & P	Past and Present
RhVjbll	Rheinische Vierteljahrsblätter
SAPMO	Stiftung Archiv der Parteien und Massenorganisationen der DDR im Bundesarchiv
ZfG	Zeitschrift für Geschichtswissenschaft
ZWLG	Zeitschrift für württembergische Landesgeschichte

Autorenverzeichnis

Wolfgang Bialas, Dr. sc. phil., wissenschaftlicher Mitarbeiter einer Forschungsgruppe der Max-Planck-Gesellschaft an der Universität Potsdam, Institut für Philosophie, Postfach 601553, 14415 Potsdam; Forschungsfelder: Intellektuellengeschichte; Philosophie der Weimarer Republik; Geschichtsphilosophie; zuletzt veröffentlicht: Vom unfreien Schweben zum freien Fall. Ostdeutsche Intellektuelle im gesellschaftlichen Umbruch. Frankfurt am Main 1996; Von der Revolution der Klasse zur Evolution der Vernunft. Vernunftphilosophie in kommunikationstheoretischer Begründung. Frankfurt am Main 1996; (Mithrsg.), Die Weimarer Republik zwischen Metropole und Provinz. Weimar 1996; Von der Theologie der Befreiung zur Philosophie der Freiheit. Hegel und die Religion. Freiburg (Schweiz) 1993.

Karlheinz Blaschke, Dr. phil. habil., Professor em. für sächsische Landesgeschichte an der Technischen Universität Dresden; Forschungsfelder: Sächsische Landesgeschichte und historische Landeskunde; Reformationsgeschichte; Stadtgeschichte; zuletzt veröffentlicht: Politische Geschichte Sachsens und Thüringens. Weimar 1991; Karl Lamprecht – Schöpferische Unruhe in der Geschichtswissenschaft, in: Helga Bergmann (Hrsg.), Abstand und Nähe. Vorträge im Rückblick. Berlin 1996; Die Stadt Leipzig und ihre Messen. Funktionale Beziehungen zwischen Stadtgrundriß, Messebetrieb und Stadtbild, in: Peter Johanek (Hrsg.), Europäische Messen und Märktesysteme in Mittelalter und Neuzeit. (Städteforschung, Rh. A, Bd. 39.) Köln/Weimar 1996; Rudolf Kötzschke – sein Werk und seine Nachwirkung, in: Günter Haase (Hrsg.), Fortschritte der Forschung. Berlin 1996.

Gerald Diesener, Dr. sc., Institut für Kultur- und Universalgeschichte e. V. Leipzig, Oststraße 41, 04317 Leipzig; Forschungsfelder: Historiographiegeschichte; Geschichte des 20. Jahrhunderts; zuletzt veröffentlicht: „DDR-Historiker“ oder „Historiker in der DDR“?, in: Berliner Debatte Initial 3, 1996; (Mithrsg.), Propaganda in Deutschland. Zur Geschichte der politischen Massenbeeinflussung. Darmstadt 1996.

Rainer Eckert, Dr. phil., Leiter Projektgruppe Leipzig bei der Stiftung Haus der Geschichte der Bundesrepublik Deutschland, Grassi-Museum, Johannisplatz 5–11, 04103 Leipzig; Forschungsfelder: DDR-Wissenschaft und MfS; Deutsche Besatzungspolitik im Zweiten Weltkrieg; Sozial- und Regionalgeschichte des Nationalsozialismus; Opposition und Widerstand in deutschen Diktaturen; zuletzt veröffentlicht: (Mithrsg.), Krise – Umbruch – Neubeginn. Eine kritische und selbstkritische Dokumentation der DDR-Geschichtswissenschaft 1989/90. Stuttgart 1992; Hure oder Muse? Klio in der DDR. Dokumente und Materialien des Unabhängigen Historiker-Verbandes, in: Rainer Eckert/lko-Sascha Kowalczuk/Isolde Stark (Hrsg.), Berliner Debatte. Berlin 1994; Zwischen Selbstbehauptung und Anpassung. Formen des Widerstandes und der Opposition in der DDR, in: Ulrike Poppe/Rainer Eckert/Ilko Sascha Kowalczuk (Hrsg.), Forschungen zur DDR-Geschichte, 6. Berlin 1995; Geschichte als Instrument: Geschichtsbild und Agitprop in der PDS und ihrem Umfeld, in: Rainer Eckert/Bernd Faulenbach (Hrsg.), Halbherziger Revisionismus: Zum postkommunistischen Geschichtsbild der PDS. Landsberg am Lech 1996.

Bernd Florath, Dr. phil.; Forschungsfelder: DDR-Geschichte; Geschichte der Geschichtswissenschaften; Geschichte der Arbeiterbewegung; zuletzt veröffentlicht: (mit Silvia Müller), Die Entlassung. Robert Havemann und die Akademie der Wissenschaften 1965/66. Berlin 1996; Verpaßte Möglichkeiten. DDR-Historiker in den sechziger Jahren, in: Utopie kreativ, 1996, 73/74; Der unromantische Antikapitalismus oder die realsozialistische Alternative der Geschichte der bürgerlichen Gesellschaft, in: Rainer Eckert/Wolfgang Küttler/Gustav Seeber (Hrsg.), Krise – Umbruch – Neubeginn. Eine kritische und selbstkritische Dokumentation der DDR-Geschichtswissenschaft 1989/90. Stuttgart 1992; Rosa Luxemburg: Kapitalismusanalyse zwischen allgemeiner Theorie und Realgeschichte, in: Historiographiegeschichte als Methodologiegeschichte. Zum 80. Geburtstag von Ernst Engelberg. (Sitzungsberichte der Akademie der Wissenschaften in Berlin, 1991/1.) Berlin 1991.

Mary Fulbrook, Professorin für deutsche Geschichte am University College London, London WCIE, Großbritannien; Forschungsfelder: nationale Identität in Deutschland seit 1945; Geschichtswissenschaft; Theorien der Geschichte; zuletzt veröffentlicht: Anatomy of a Dictatorship: Inside the GDR, 1949–1989. Oxford 1995; A Concise History of Germany. Cambridge 1990; The Divided Nation: Germany 1918–1990. London 1991; The Two Germanies 1945–1990: Problems of Interpretation. London 1997.

Georg Iggers, Ph. D., State University of New York at Buffalo, Distinguished Prof. em., Department of History, Park Hall, SUNY/Buffalo, Buffalo, NY 14260–4130; Präsident der International Commission for the History and Theory of Historiography; Forschungsfelder: Geschichte der Geschichtswissenschaft; europäische Ideengeschichte seit der Aufklärung; zuletzt veröffentlicht: Historiography in the 20th Century. New York 1997; Geschichtswissenschaft im 20. Jahrhundert. Göttingen 1993; (Hrsg.), Ein anderer historischer Blick. Beispiele ostdeutscher Sozialgeschichte. Frankfurt am Main 1991; (Mithrsg.), Leopold von Ranke. The Shaping of the Historical Discipline. Syracus, N. Y. 1990; Neue Geschichtswissenschaft. Vom Historismus zur Historischen Sozialwissenschaft. München 1978.

Frank Hadler, Dr. phil., Geisteswissenschaftliches Zentrum Geschichte und Kultur Ostmitteleuropas e. V., Luppenstraße 1b, 04177 Leipzig; Forschungsfelder: Geschichte Ostmitteleuropas im 19. und 20. Jahrhundert, speziell Historiographiegeschichte nach 1945; Geschichte der Tschechoslowakei; Veröffentlichung: (Hrsg.), Weg von Österreich! Das Weltkriegsexil von Masaryk und Beneš im Spiegel ihrer Briefe und Aufzeichnungen aus den Jahren 1914 bis 1918. Eine Quellensammlung. Berlin 1995.

Konrad H. Jarausch, Ph. D., Lurcy Professor of European Civilization, Department of History, University of North Carolina, Chapel Hill, NC 27599–3195, USA, und Direktor des Zentrums für Zeithistorische Forschung Potsdam; Forschungsfelder: Zeitgeschichte, Historiographiegeschichte, historische Methodologien; zuletzt veröffentlicht: (Mithrsg.), Uniting Germany: Documents and Debates. Providence, RI 1994; Die Unverhoffte Einheit 1989–1990. Frankfurt am Main 1995; (Mithrsg.), Amerikanisierung und Sowjetisierung in Deutschland 1945–1970. Frankfurt am Main 1997; (Hrsg.), After Unity: Reconfiguring German Identities, 1990–1995. Providence, RI 1997.

Wolfgang Küttler, Prof. Dr., wissenschaftlicher Mitarbeiter am Max-Planck-Institut für Wissenschaftsgeschichte Berlin, Wilhelmstr. 44, 10117 Berlin; Forschungsfelder: Theorie und Geschichte der Geschichtswissenschaft; zuletzt veröffentlicht: Max Weber und die Geschichtswissenschaft. Leipzig 1989; (Mithrsg.), Krise – Umbruch – Neubeginn. Eine kritische und selbstkritische Dokumentation der DDR-Geschichtswissenschaft 1989/90. Stuttgart 1992; (Mithrsg.), Geschichtsdiskurs. Bd. 1–4. Frankfurt am Main 1993–1997.

Siegfried Lokatis, Dr., wissenschaftlicher Mitarbeiter am Zentrum für Zeithistorische Forschung, Am Kanal 4/4a, 14467 Potsdam; Forschungsfelder: Verlagsgeschichte; Zensur im

20. Jahrhundert; Ideologiegeschichte; zuletzt veröffentlicht: Hanseatische Verlagsanstalt. Politisches Buch-Marketing im „Dritten Reich". Frankfurt am Main 1993; Wilhelm Stapel und Carl Schmitt – Ein Briefwechsel (Einleitung und Kommentar), in: Piet Tommissen (Hrsg.), Schmittiana V. Berlin 1996; Simone Barck/Martina Langermann/Siegfried Lokatis, „Jedes Buch ein Abenteuer!" Zensursystem und literarische Öffentlichkeit(en) in der DDR. Berlin 1997; Probleme der Ideologiewirtschaft im zentralen Parteiverlag der SED, in: Christian Jansen/Lutz Niethammer/Bernd Weisbrod (Hrsg.), Von der Aufgabe der Freiheit. Festschrift für Hans Mommsen. Berlin 1995.

Alf Lüdtke, Dr. phil. habil., wissenschaftlicher Referent am Max-Planck-Institut für Geschichte, Hermann-Föge-Weg 11, 37073 Göttingen; Forschungsfelder: Bilder und Konzepte der Arbeit im Kontext der Industrialisierung und Industrialismus (z. Z. vor allem: Bilder der Arbeit in der DDR); Herrschaft und Mitmachen im Nationalsozialismus; Visualisierung und Wirklichkeitserfahrungen im 19. und 20. Jahrhundert; Theorie von Alltagsgeschichte und historischer Anthropologie; zuletzt veröffentlicht: (Mithrsg.), Physische Gewalt. Studien zur Geschichte der Neuzeit, Frankfurt am Main 1995; (Mithrsg.), Amerikanisierung. Traum und Alptraum im Deutschland des zwanzigsten Jahrhunderts. Stuttgart 1996; Der Bann der Wörter: „Todesfabriken". Vom Reden über den NS-Völkermord – das auch ein Verschweigen ist, in: WerkstattGeschichte 13, 1996.

Matthias Middell, Dr. phil., wissenschaftlicher Geschäftsführer des Zentrums für Höhere Studien der Universität Leipzig, Augustusplatz 10/11, 04109 Leipzig; Forschungsfelder: Historiographiegeschichte des 20. Jahrhunderts; Geschichte Frankreichs im 18. Jahrhundert; Geschichte der deutsch-französischen Kulturbeziehungen im 18.–20. Jahrhundert; Globalgeschichte; zuletzt veröffentlicht: (Mithrsg.), Von der Elbe bis an die Seine. Kulturtransfer zwischen Sachsen und Frankreich im 18. und 19. Jahrhunderts. Leipzig 1993; (Mithrsg.), Alles Gewordene hat Geschichte. Die Schule der „Annales" in ihren Texten. Leipzig 1994; (Mithrsg.), 1968 – ein europäisches Jahr. Leipzig 1997; Einführung in die französische Geschichte 1500–1945. Leipzig 1996; Hrsg. der Zeitschrift Comparativ. Leipziger Beiträge zur Universalgeschichte und vergleichenden Gesellschaftsforschung 1 ff., 1991 ff.

Wolfgang J. Mommsen, Prof. Dr., Emeritus, Am Kleianskreuz 29A, 40489 Düsseldorf; Forschungsfelder: Deutsche Geschichte des 19. und 20. Jahrhunderts; Imperialismus; Kultur und Politik; Max Weber; zuletzt veröffentlicht: Aufstieg und Fall des deutschen Kaiserreiches 1850–1918. 2 Bde. (Propyläen-Geschichte Deutschlands, Bd. 7/1 u. 2.) Berlin 1993/95; Imperial Germany 1867–1918. Politics, Culture and Society in an Authoritarian State. London/New York/Sydney/Auckland 1995; (Hrsg.), Kultur und Krieg. Die Rolle der Intellektuellen, Künstler und Schriftsteller im Ersten Weltkrieg. (Schriften des Historischen Kollegs, Kolloquien, 34.) München 1995.

Jan Peters, Dr. phil. habil., Professor am Historischen Institut der Universität Potsdam, Postfach 601553, 14415 Potsdam; Forschungsfelder: Sozialgeschichte der Frühen Neuzeit; Geschichte der ländlichen Gesellschaft; Selbstzeugnisse von Nichtgebildeten; Historische Anthropologie; zuletzt veröffentlicht: „Der verlorene schwedische Korporal". Über Verhaltensbrüche im sächsischen Nachkriegsalltag (Tautenburg 1649–1650), in: Wolfgang Kaschuba u. a. (Hrsg.), Alltagskultur im Umbruch. Festschrift für Wolfgang Jacobeit. Weimar 1996; Ostelbische Gutsherrschaft. Forschungsbericht der Max-Planck-Arbeitsgruppe an der Universität Potsdam, in: GWU 47, 1996; Inszenierung von Gutsherrschaft im 16. Jahrhundert: Matthias von Saldern auf Plattenburg-Wilsnack, in: Jan Peters (Hrsg.), Konflikt und Kontrolle in Gutsherrschaftsgesellschaften. Göttingen 1995.

Ralf Possekel, Dr. phil., wissenschaftlicher Mitarbeiter der Gesellschaft für sozialwissenschaftliche Forschung und Publizistik, Oderberger Str. 44, 10435 Berlin; Forschungsfelder: Wissenschaftsgeschichte; Entnazifizierung in der SBZ; zuletzt veröffentlicht: Strategien im Umgang mit dem Dogma, in: Initial 1991, H. 2; (zusammen mit Rainer Land), Namenlose Stimmen waren uns voraus. Politische Diskurse von Intellektuellen aus der DDR. Bochum 1994; (zusammen mit Rainer Land), „Symbolhafte Verweigerung" und „konspirativer Avantgardismus", in: Hochschule Ost 1995/3; (Mithrsg.), Sozialwissenschaft in Rußland. Bd. 1 u. 2. Berlin 1996/97.

Martin Sabrow, Dr. phil., wissenschaftlicher Mitarbeiter am Zentrum für Zeithistorische Forschung e. V. Potsdam, Am Kanal 4/4a, 14467 Potsdam; Forschungsfelder: Konservative Opposition gegen die Weimarer Republik; Historiographiegeschichte nach 1945; Geschichte der DDR; zuletzt veröffentlicht: Der Rathenaumord. Rekonstruktion einer Verschwörung gegen die Republik von Weimar. München 1994; (Mithrsg.), Die DDR in der Geschichte. Fragen – Hypothesen – Perspektiven. Berlin 1994; (Mithrsg.), Historische Forschung und sozialistische Diktatur. Beiträge zur Geschichtswissenschaft der DDR. Leipzig 1995; (Mithrsg.), Die Mauern der Geschichte. Historiographie in Europa zwischen Diktatur und Demokratie. Leipzig 1996; (Hrsg.) Verwaltete Vergangenheit. Geschichtskultur mit Herrschaftslegitimation in der DDR. Leipzig 1997.

Adelheid von Saldern, Dr. phil., Professorin für Neuere Geschichte am Historischen Seminar der Universität Hannover, Im Moore 21, 30167 Hannover; Forschungsfelder: Arbeiterbewegung; Kommunalpolitik/Stadtkultur; Wohnungspolitik/Wohnkultur und Massenfreizeitkultur im 19. und 20. Jahrhundert; zuletzt veröffentlicht: Häuserleben. Geschichte städtischen Arbeiterwohnens vom Kaiserreich bis heute. Bonn 1995; „Kunst fürs Volk". Vom Kulturkonservatismus zur nationalsozialistischen Kulturpolitik, in: Harald Welzer (Hrsg.), Das Gedächtnis der Bilder. Ästhetik und Nationalsozialismus. Tübingen 1995; (Mithrsg.), Überfremdungsängste. Gegen die Amerikanisierung der deutschen Kultur in den zwanziger Jahren; Amerikanisierung. Traum und Alptraum im Deutschland des 20. Jahrhunderts. Stuttgart 1996; Arbeiterparteien, Klassenidentität und Aktionseinheit, in: Adelheid von Saldern (Hrsg.), Mythen in Geschichte und Geschichtsschreibung aus polnischer und deutscher Sicht. Münster 1996.

Wolfgang Schuller, Dr. iur., Professor an der Fachgruppe Geschichte der Universität Konstanz, Postfach 5560 D 3, 78434 Konstanz; Forschungsfelder: Griechische Geschichte; antike Frauengeschichte; antike Korruptionsgeschichte; DDR-Geschichte; zuletzt veröffentlicht: Einführung in die Geschichte des Altertums. Stuttgart 1994; Griechische Geschichte. 4. Aufl. München 1995; Frauen in der griechischen und römischen Geschichte. Konstanz 1995.

Helga Schultz, Dr. phil., Professorin an der Europa-Universität Viadrina Frankfurt an der Oder, Postfach 776, 15207 Frankfurt an der Oder; Forschungsfelder: Wirtschafts- und Sozialgeschichte der Neuzeit; Sozialgeschichte der deutschen Publizistik 1770–1830; Die deutsch-polnische Grenzregion 1945–1990; zuletzt veröffentlicht: Das ehrbare Handwerk. Zunftleben im alten Berlin zur Zeit des Absolutismus. Weimar 1993; (Mithrsg.), Die Wiederkehr des Stadtbürgers. Städtereformen im europäischen Vergleich. Berlin 1994; (Mithrsg.), Grenze der Hoffnung. Geschichte und Perspektiven der Grenzregion an der Oder. Potsdam 1996; Handwerker, Kaufleute, Bankiers. Wirtschaftsgeschichte Europas 1500–1800. Frankfurt am Main 1997.

NOTTINGHAM UNIVERSITY LIBRARY